MEMBUKA ISI ALKITAB

PERJANJIAN BARU

Kilas pandang unik seluruh Alkitab

J. David Pawson, M.A., B.Sc
bersama Andy Peck

Copyright © 2017 David Pawson

The right of David Pawson to be identified as author of this
Work has been asserted by him in accordance with
the Copyright, Designs and Patents Act 1988.

Pengakuan tentang hak David Pawson sebagai pengarang dari
Karya ini telah dikukuhkan olehnya sesuai dengan
the Copyright, Designs and Patents Act 1988.

Alih bahasa: Paul Santoso Hidajat

This translation published in Great Britain in 2017 by
Terjemahan ini diterbitkan di Inggris pada 2017 oleh
Anchor Recordings Ltd
DPTT, Synegis House, 21 Crockhamwell Road,
Woodley, Reading RG5 3LE

Dilarang mereproduksi atau mentransmisi bagian mana pun
dari terbitan ini dalam bentuk apa saja seperti elektronik atau
mekanik, termasuk fotocopy atau sistem penyimpanan dan
pengambilan informasi apa saja,
tanpa lebih dulu mendapat izin dari penerbit.

**Lebih banyak tentang pengajaran David Pawson,
Termasuk DVD dan CD, kunjungi
www.davidpawson.com**

**UNTUK PENGUNDUHAN GRATIS
www.davidpawson.org**

**Informasi lanjut, email
info@davidpawsonministry.org**

ISBN 978-1-911173-16-8

Printed by Lightning Source
Dicetak oleh Lightning Source

ISI

Pendahuluan	5
POROS SEJARAH	19
36. Injil-injil	21
37. Markus	35
38. Matius	41
39. Lukas dan Kisah Para Rasul	70
40. Lukas	83
41. Kisah Para Rasul	110
42. Yohanes	141
RASUL KETIGA BELAS	193
43. Paulus dan surat-suratnya	195
44. 1 & 2 Tesalonika	215
45. 1 & 2 Korintus	239
46. Galatia	267
47. Roma	317
48. Kolose	342
49. Efesus	357
50. Filipi	374
51. Filemon	396
52. 1 & 2 Timotius dan Titus	402

MELALUI PENDERITAAN
KEPADA KEMULIAAN 435
53. Ibrani 437
54. Yakobus 475
55. 1 & 2 Petrus 502
56. Judas 538
57. 1, 2 & 3 Yohanes 560
58. Wahyu 596
59. Milenium 711

 # PENDAHULUAN

Menurut perkiraan saya semua ini dimulai di Arab pada tahun 1957. Ketika itu saya adalah pendeta di Angkatan Udara Inggris (Royal Air Force), bertugas memelihara kesejahteraan rohani semua mereka yang bukan anggota Gereja Inggris atau Roma Katolik tetapi dari denominasi lainnya -- seperti Metodis, Bala Keselamatan, Budhis sampai yang ateis). Saya bertanggungjawab untuk rangkaian markas tentara dari Laut Merah sampai ke Teluk Persia. Kebanyakannya bahkan tidak ada jemaat yang disebut 'gereja,' apalagi bangunan gereja.

Sebagai seorang sipil saya adalah pendeta Metodis yang bekerja di mana saja dari Kepulauan Shetland sampai Lembah Thames. Di denominasi itu hanya perlu mempersiapkan beberapa khotbah setiap triwulan, yang diedarkan di 'himpunan kapel-kapel'. Yang saya kerjakan kebanyakannya adalah jenis 'teks' (membahas tentang satu ayat) atau jenis 'topik' (membahas tentang satu pokok dengan banyak dasar ayat dari seluruh Alkitab). Dalam kedua jenis khotbah itu saya seperti halnya banyak pengkhotbah lain pun, bersalah mengeluarkan teks dari konteksnya sebelum saya sadar bahwa baik penomoran pasal maupun ayat tidak diinspirasikan atau dimaksudkan oleh Tuhan dan telah menyebabkan akibat sangat buruk kepada Alkitab, setidaknya dengan mengubah arti 'teks' dengan melepaskan satu kalimat dari keseluruhan kitab. Alkitab telah dijadikan semacam bunga rampai 'teks-teks pembuktian,' yang dipilih semaunya dan dipakai untuk mendukung hampir apa saja yang pengkhotbah ingin katakan.

Dengan sekantong khotbah yang didasari pada teknik bermasalah ini, saya dalam pakaian seragam berhadapan dengan jemaat yang sangat berbeda -- yang semuanya laki-laki ketimbang yang saya terbiasa tadinya: pertemuan gaya perahu penyelamat untuk para perempuan dan anak-anak. Persediaan khotbah saya yang sedikit segera habis. Beberapa darinya telah gagal, khususnya dalam kebaktian parade wajib di Inggris, sebelum saya ditempatkan di luar Inggris.

Maka di sini saya di Aden, memulai sebuah gereja praktis dari awal, terdiri dari para Staf Permanen dan Sementara Tentara Nasional dari angkatan bersenjata termuda Yang Mulia Ratu. Bagaimana saya bisa membuat mereka tertarik akan iman Kristen dan kemudian menjadi orang yang berkomitmen kepadanya?

Sesuatu (kini akan saya katakan: Satu Pribadi) mendorong saya untuk mengumumkan bahwa saya akan menyampaikan serangkaian khotbah selama beberapa bulan, yang akan membimbing kami menelusuri Alkitab ('dari Kejadian ke Wahyu'!).

Terbukti itu menjadi perjalanan penemuan untuk kami semua. Alkitab menjadi sebuah buku baru apabila dilihat sebagai suatu kesatuan. Dengan memakai sebuah klise usang, kita telah gagal melihat hutan karena hanya memerhatikan pohon. Kini rencana dan tujuan Tuhan disingkapkan secara segar. Orang-orang itu mendapatkan sesuatu yang cukup besar untuk mereka kunyah.

Pemikiran tentang ambil bagian dari penyelamatan kosmis menjadi motivasi dahsyat. Kisah-kisah Alkitab dilihat sebagai hal yang nyata dan relevan.

Tentu saja, 'pandangan menyeluruh' saya waktu itu masih agak sederhana, bahkan naif. Saya merasa seperti turis Amerika yang 'berhasil' menjelajahi Museum Inggris dalam 20 menit -- dan dapat menjadikannya 10 menit jika ia mengenakan sepatu untuk lari! Kami balap melintasi abad-abad, memberi tidak lebih dari sekilas jengukan kepada beberapa kitab-kitab Alkitab.

Tetapi akibatnya melampaui pengharapan saya dan menetapkan arah kehidupan dan pelayanan saya seterusnya. Saya menjadi 'pengajar Alkitab,' meski baru dalam bentuk janin. Ambisi saya berbagi keasyikan mengetahui keseluruhan Alkitab menjadi sebuah gairah.

Ketika saya kembali ke kehidupan gereja 'normal,' saya berketetapan hati membimbing jemaat saya menelusuri keseluruhan Alkitab selama sepuluh tahun (jika mereka tahan bersama saya selama itu). Ini meliputi pembahasan satu 'pasal' pada setiap kebaktian. Ternyata ini memerlukan banyak waktu, baik untuk persiapan (sejam studi untuk tiap 10 menit di mimbar) dan penyampaian (45-50 menit lamanya). Perbandingan itu sama seperti memasak dan memakan. Dampak dari 'eksposisi' Alkitab sistematik ini mengukuhkan bahwa keputusan itu memang tepat. Ada kelaparan nyata akan Firman Tuhan yang terlihat. Orang mulai datang dari tempat jauh dan luas, 'untuk mengisi baterai mereka' demikian dijelaskan oleh beberapa orang. Segera lalu lintas ini berbalik. Pita rekaman, yang tadinya disiapkan untuk orang sakit dan tinggal di rumah, kini mulai tersebar jauh dan luas, pada puncaknya sampai ratusan ribu ke 120 negara. Tak ada yang lebih terkejut ketimbang saya.

Meninggalkan Gold Hill di Buckinghamshire pindah ke Guildford di Surrey, saya temukan diri saya ambil bagian dalam merancang dan membangun Millmead Center, yang memiliki aula yang ideal bagi kelangsungan pelayanan pengajaran ini. Pada saat pembukaannya, kami memutuskan untuk menghubungkannya dengan pembacaan keseluruhan Alkitab yang dibacakan dengan suara kuat tanpa henti. Itu memakai waktu 84 jam, dari Minggu petang sampai Kamis pagi, ketika tiap orang membaca selama 15 menit sebelum meneruskan Alkitab ke seorang lainnya. Kami memakai Alkitab versi 'Living' yang paling mudah untuk dibaca dan didengar, dengan hati maupun pikiran.

Kami tidak tahu akan mengharapkan apa, tetapi peristiwa itu agaknya menangkap imajinasi publik. Bahkan walikota ingin ambil bagian dan secara kebetulan saja (atau karena penyelenggaraan ilahi) mendapatkan dirinya sendiri membaca tentang seorang suami "yang terkenal, karena ia duduk dalam dewan kota bersama para tua-tua kota lainnya." Ia mendesak untuk membawa pulang satu salinan untuk istrinya. Seorang ibu lain dalam perjalanannya untuk menemui pengacaranya tentang pemutusan pernikahannya secara hukum singgah dan ia mendapat giliran membaca, "Aku benci perceraian, firman Tuhan." Akibatnya ia tidak jadi pergi ke pengacara itu.

Sejumlah 2.000 orang hadir dan membeli setengah ton Alkitab. Sebagian datang untuk setengah jam dan ternyata masih tinggal sampai tiga jam kemudian, sambil bergumam sendiri, "Ya, mungkin satu kitab lagi dan baru saya sungguh harus pergi."

Banyak dari mereka, termasuk pengunjung yang paling teratur yang untuk pertama kalinya mendengar Alkitab dibacakan keseluruhannya. Dalam kebanyakan gereja hanya beberapa kalimat dibacakan tiap minggu dan juga tidak selalu secara berurutan. Apalagi buku lain yang dapat membuat siapa pun tertarik, bahkan asyik, jika diperlakukan dengan cara tadi?

Maka pada hari-hari Minggu kami mendalami keseluruhan Alkitab, kitab demi kitab. Karena Alkitab bukan satu tetapi banyak buku -- bahkan, ia adalah sebuah perpustakaan (kata *biblia* dalam bahasa Latin dan Yunani berbentuk majemuk: 'kitab-kitab'). Dan tidak saja banyak buku, tetapi banyak jenis buku -- sejarah, hukum, surat, kidung, dsb. Apabila kami telah selesai mempelajari satu kitab, menjadi keharusan untuk memulai kitab berikutnya dengan pendahuluan khusus yang meliputi pertanyaan sangat mendasar: Apakah jenis kitab ini? Kapan ia ditulis? Siapa yang menulisnya? Untuk siapa ia ditulis? Paling utamanya, mengapa ia dituliskan? Jawaban atas yang satu itu menyediakan 'kunci' untuk membuka pesannya. Tidak satu pun dalam buku itu yang dapat dimengerti penuh kecuali dilihat sebagai bagian dari keseluruhan. Konteks dari setiap 'teks' bukan semata paragraf atau bagian tetapi pada dasarnya adalah keseluruhan kitab itu sendiri.

Lalu, saya jadi makin dikenal luas sebagai pengajar Alkitab dan diundang ke perguruan tinggi, konferensi dan konvensi -- mulanya di negara ini, tetapi makin meningkat di luar negeri, di mana kaset telah membuka pintu dan menyiapkan jalan. Saya suka bertemu orang baru dan melihat tempat-tempat baru, tetapi pengalaman baru duduk – dalam jet jumbo – memudar dalam 10 menit!

Ke mana saja saya pergi saya temukan semangat dan hasrat yang sama untuk mengetahui Firman Tuhan. Saya mensyukuri Tuhan atas temuan kaset rekaman yang tidak seperti sistem video, telah terstandarisasi di seluruh dunia. Kaset sungguh mengisi kekosongan nyata di banyak sekali tempat. Ada banyak sekali penginjilan yang berhasil tetapi sangat sedikit pelayanan pengajaran untuk memantapkan, membangun dan mendewasakan para petobat.

Saya mungkin dapat melanjutkan jalur pelayanan ini sampai akhir masa pelayanan aktif saya, tetapi Tuhan memiliki satu lagi kejutan untuk saya, yang merupakan mata rantai terakhir yang memimpin ke penerbitan jilid ini.

Di awal 1990-an, Bernard Thompson, sahabat yang menggembalakan sebuah gereja di Wallingford, dekat Oxford, meminta saya memberikan ceramah di rangkaian singkat pertemuan kebersamaan antar gereja dengan tujuan meningkatkan kesukaan akan dan pengetahuan Alkitab -- suatu sasaran yang pasti memancing saya!

Saya jawab saya akan datang tiap bulan sekali dan bicara selama tiga jam tentang satu kitab dalam Alkitab (dengan rehat kopi di tengahnya!). sebagai imbalan, saya minta mereka yang hadir untuk membaca kitab yang akan dibahas sebelum dan sesudah kunjungan saya. Semasa minggu-minggu berikutnya para pengkhotbah diminta mendasari khotbah mereka dan persekutuan rumah tangga mendiskusikan kitab yang sama. Semua ini paling tidak diharapkan menghasilkan keakraban dengan satu kitab itu.

Tujuan saya rangkap dua. Di satu pihak, membuat orang sangat tertarik akan kitab itu sampai mereka tidak dapat menunggu untuk mulai membacanya. Di pihak lain, memberi mereka cukup wawasan dan informasi supaya ketika mereka sungguh membacanya mereka akan mengalami keasyikan dengan tumbuhnya kesanggupan mereka untuk mengerti kitab itu. Untuk mendukung kedua tujuan ini, saya menggunakan gambar, diagram, peta dan model.

Pendekatan ini sungguh menarik. Sesudah hanya empat bulan saya didesak untuk membuat janji lagi untuk lima tahun berikutnya, untuk meliput semua 66 kitab! Sambil tertawa saya menolak, dan mengatakan bahwa saya mungkin sudah di surga jauh hari sebelumnya (sesungguhnya, saya jarang membuat janji lebih dari enam bulan di muka, tidak ingin menggadaikan masa depan, atau mengandaikan bahwa saya memiliki masa depan). Tetapi Tuhan memiliki rencana lain dan menyanggupkan saya menyelesaikan maraton tersebut.

Anchor Recordings (http://anchor-recordings.com) telah mendistribusikan kaset saya selama 20 tahun terakhir dan ketika Direktur saya, Jim Harris, mendengar rekaman pertemuan ini, ia mendesak saya mempertimbangkan untuk menjadikan itu video. Ia mengatur kamera dan krunya untuk datang ke Pusat Konferensi High Leigh, aula utamanya 'diubah' menjadi studio, selama tiga hari pada satu kesempatan, memungkinkan 18 program dibuat dengan para pendengar undangan. Perlu lima tahun tambahan untuk menyelesaikan proyek ini; yang didistribusikan dengan judul 'Membuka Alkitab' (*Unlocking the Bible*).

Kini video-video ini telah mengelilingi dunia. Mereka dipakai dalam persekutuan rumah, gereja, kampus, angkatan bersenjata, perkemahan gipsi, penjara dan jaringan televisi kabel. Semasa kunjungan yang diperpanjang ke Malaysia, mereka dilihat dengan tingkat seribu kali per minggu. Mereka telah menyusup ke semua enam benua, termasuk Antartika!

Lebih dari seorang menyebut ini adalah 'legasi saya untuk gereja.' Pastinya ini adalah buah dari kerja selama banyak tahun. Dan kini saya di dasa warsa ke delapan di planet bumi, meski saya tidak berpikir bahwa Tuhan sudah selesai dengan saya. Tetapi saya memang pernah berpikir bahwa tugas khusus ini telah mencapai kesimpulannya. Saya keliru.

HarperCollins mendatangi saya dengan ide untuk menerbitkan bahan ini dalam jilid-jilid berseri. Selama kurang lebih satu dasa warsa terakhir saya telah menulis buku-buku untuk penerbit lain, maka saya yakin bahwa ini adalah suatu cara yang baik untuk menyebar-luaskan Firman Tuhan. Namun demikian, saya memiliki dua pertimbangan besar tentang usulan ini yang membuat saya menjadi sangat ragu. Pertama berhubung dengan cara bahan ini telah disiapkan dan yang satu lagi berhubung dengan cara ia telah disampaikan. Saya akan jelaskan ini dalam urutan terbalik.

Pertama, saya tidak pernah menuliskan khotbah, ceramah atau presentasi saya secara penuh. Saya bicara dari catatan, terkadang terdiri dari banyak halaman. Saya memerhatikan komunikasi selain juga isinya dan secara intuitif tahu bahwa naskah yang ditulis lengkap mengganggu hubungan antara pembicara dan pendengar, setidaknya dengan mengalihkan matanya dari pendengar. Bicara yang spontan lebih dapat merespons kepada reaksi pendengar dan juga lebih dapat mengungkapkan emosi.

Hasilnya, bicara dan gaya tulisan saya sangat beda, masing-masing disesuaikan dengan fungsinya. Saya menikmati mendengarkan kaset saya dan dapat tersentuh sendiri secara mendalam. Saya entusias tentang membaca salah satu terbitan baru saya, dan kerap memberitahu istri saya, "Ini sungguh bahan yang bagus!" Tetapi, ketika saya membaca salinan apa yang saya katakan, saya malu dan tertegun. Begitu banyak pengulangan kata dan frasa! Bertele-tele, bahkan kalimat tidak lengkap! Bentuk waktu kata kerja yang bercampur, khususnya lampau dan kini! Sungguhkah saya telah melecehkan Bahasa Inggris Ratu seperti ini? Bukti petunjuknya tidak dapat disangkal.

Sudah saya jelaskan bahwa tidak mungkin saya berpikir

untuk menulis ulang semua bahan ini sepenuhnya. Itu telah mengambil sebagian terbesar dari masa kehidupan saya dan saya tidak memiliki lainnya. Memang, salinan dari ceramah telah dibuat, dengan ide untuk menerjemahkan dan mengisikan suara ke dalam bahasa Spanyol dan Tionghoa. Tetapi ide bahwa ini akan diterbitkan apa adanya membuat saya gentar. Barangkali inilah pergumulan akhir saya dengan kesombongan, tetapi perbedaan dengan buku-buku yang sudah saya tulis, dengan mengambil banyak waktu dan dengan susah payah, terlalu besar dari yang dapat saya tanggung.

Saya diyakinkan bahwa pemeriksa naskah akan memperbaiki kebanyakan kekeliruan yang ada. Tetapi usul perbaikan yang paling utama adalah mempekerjakan seorang 'penulis bayangan' yang selaras dengan saya dan pelayanan saya, untuk menyesuaikan bahan agar siap cetak. Perkenalan dengan pribadi yang dipilih, Andy Peck, membuat saya amat yakin bahwa ia dapat melakukan pekerjaan ini, bahkan meski hasilnya akan tidak seperti jika saya sendiri menulisnya -- juga karenanya, tidak seperti jika ia menulis sendiri.

Saya serahkan kepadanya semua catatan, kaset, video dan transkrip, tetapi jilid ini adalah juga karyanya seperti ini adalah karya saya. Ia telah bekerja luar biasa keras dan saya berterima kasih mendalam kepadanya karena memungkinkan saya mencapai lebih banyak orang dengan kebenaran yang memerdekakan manusia. Jika seorang mendapatkan pahala nabi hanya karena memberikan air minum kepada nabi itu, saya hanya dapat bersyukur kepada Tuhan untuk pahala yang Andy akan terima karena karya kasih yang sangat besar ini.

Kedua, saya tidak pernah secara teliti menyimpan catatan tentang sumber-sumber yang saya pakai. Ini karena

Tuhan memberkati saya dengan ingatan yang cukup baik untuk hal-hal seperti kutipan dan ilustrasi dan barangkali juga karena saya tidak pernah memakai bantuan sekretaris.

Buku telah memainkan peran besar dalam pekerjaan saya -- tiga ton buku, menurut pemindah perabotan yang baru-baru ini jasanya saya sewa, untuk mengisi dua ruang dan gudang di taman. Mereka terbagi tiga kategori: buku-buku yang sudah saya baca, yang ingin saya baca dan yang tidak akan pernah saya baca! Buku-buku telah sangat memberkati saya dan sangat menjengkelkan istri saya.

Bagian terbesar diisi dengan buku-buku tafsiran Alkitab. Ketika menyiapkan penelaahan Alkitab, saya melihat ke para penulis yang relevan, tetapi hanya sesudah saya sendiri menyiapkan sebanyak yang saya bisa. Lalu saya menambahkan dan memperbaiki usaha saya dalam terang tulisan ilmiah dan devosional. Akan mustahil menyebutkan semua mereka yang kepadanya saya telah berutang itu. Seperti banyak orang lain, saya melahap Bacaan Alkitab Sehari-hari (*Daily Bible Readings*) dari William Barclay secepat mereka diterbitkan kembali di tahun 1950-an. Pengetahuannya akan latarbelakang dan kosakata Perjanjian Baru sangat bernilai dan gaya tulisannya yang sederhana dan jelas menjadi model untuk diikuti, meski kemudian hari saya mempertanyakan tafsiran-tafsirannya yang 'liberal.' John Stott, Merill Tenney, Gordon Fee dan William Hendrickson adalah di antara mereka yang membukakan Perjanjian Baru untuk saya, sementara Alec Motyer, G. T. Wenham dan Derek Kidner melakukan yang sama untuk Perjanjian Lama. Waktu tidak akan cukup untuk menyebutkan Denney, Lightfoot, Nygren, Robinson, Adam Smith, Howard, Ellison, Mullen, Ladd, Atkinson, Green, Beasley-Murray, Snaith, Marshall, Morris, Pink dan banyak lagi lainnya. Juga saya tidak akan lupa tentang dua buku kecil berharga buah pena perempuan: Tentang Apakah Sebenarnya Alkitab itu (*What the Bible is all about*) oleh Henrietta Mears dan Kristus dalam seluruh Alkitab (*Christ in all the Scriptures*) oleh A. M. Hodgkin. Boleh duduk di kaki mereka telah merupakan kehormatan besar. Saya selalu menganggap kesediaan belajar sebagai salah satu prasyarat dasar menjadi seorang pengajar.

Saya bagaikan spons yang menyerap semua sumber ini. Saya ingat banyak sekali hal yang telah saya baca, tetapi tidak dapat dengan mudah mengingat di mana saya membacanya. Ketika mengumpulkan bahan untuk khotbah hal ini tidak begitu masalah, sebab kebanyakan para penulis ini tepatnya bertujuan menolong para pengkhotbah dan tidak berharap untuk terus menerus dikutip. Pasti, khotbah yang dipenuhi dengan kutipan dapat mengganggu, jika bukan disalahtafsirkan sebagai tahu banyak nama hebat atau mengklaim secara tidak langsung bahwa pengkhotbah itu telah banyak membaca, sebagaimana yang dapat dikesankan oleh paragraf saya di atas!

Tetapi tidak seperti khotbah, cetakan tunduk kepada hak cipta, sebab di dalamnya terlibat royalti. Dan takut melanggar ini mencegah saya dari mengizinkan pelayanan lisan saya mana pun untuk direproduksi dalam bentuk cetakan. Tak perlu ditanya lagi susahnya menelusur balik 40 tahun mengutip dan andai itu mungkin, keharusan mencantumkan catatan kaki dan ucapan terima kasih dapat menggandakan tebal dan harga buku ini.

Alternatifnya adalah menyangkal akses ke bahan-bahan ini untuk mereka yang dapat menerima manfaat darinya, yang diingatkan oleh penerbit saya sebagai hal salah. Paling tidak saya bertanggungjawab mengumpulkan dan menyatukan semua ini, tetapi saya yakin bahwa ada cukup kontribusi asli saya untuk membenarkan penerbitan buku ini.

Saya hanya dapat menyampaikan permohonan maaf dan terima kasih kepada semua yang studinya telah saya rampok sekian lama, entah dalam jumlah kecil atau besar, dengan berharap mereka boleh melihat ini sebagai contoh tentang imitasi yang merupakan bentuk sanjungan paling tulus. Dengan menyebut satu lagi kutipan yang saya baca entah di mana: "Beberapa pengarang tertentu, bicara tentang karya mereka, sebagai 'buku saya'... Seharusnya lebih tepat mereka mengatakan 'buku kami'... sebab biasanya dalam tulisan mereka ada lebih banyak karya orang lain ketimbang mereka sendiri saja' (aslinya berasal dari Pascal).

Jadi, inilah buku 'kami'! Saya duga sayalah yang dengan lugas disebut oleh orang Perancis sebagai 'pemasyhur.' Pemasyhur adalah orang yang mengambil apa yang para akademisi ajarkan dan membuatnya cukup sederhana untuk dapat dimengerti oleh orang 'biasa.' Saya puas dengan itu. Seperti seorang perempuan tua berkata kepada saya, sesudah saya menguraikan nas Alkitab yang cukup dalam, "Anda memecahkannya menjadi cukup kecil untuk kami dapat menerimanya." Sungguh, saya memang selalu bermaksud mengajar seperti itu sampai anak usia 12 tahun dapat mengerti dan mengingat pesan saya. Sebagian pembaca akan kecewa, bahkan frustrasi dengan sedikitnya rujukan teks, khususnya jika mereka ingin memeriksanya sendiri! Tetapi ketiadaan ini disengaja. Tuhan memberikan Firman-Nya kepada kita dalam kitab-kitab, tetapi bukan dalam pasal-pasal dan ayat-ayat. Itu adalah pekerjaan dua orang uskup, Perancis dan Irlandia, beberapa abad sesudahnya. Itu membuat lebih mudah mendapatkan 'teks' dan mengabaikan konteks. Berapa banyak orang Kristen yang mengutip Yohanes 3:16 dapat mengucapkan isi ayat 15 dan 17? Banyak yang tidak lagi 'menyelidiki Alkitab'; mereka hanya melihat (dengan diberinya penomoran). Maka saya telah mengikuti kebiasaan para rasul menamai hanya pengarangnya -- "sebagaimana Yesaya atau Daud atau Samuel mengatakan." Sebagai contoh, Alkitab berkata bahwa Tuhan bersuit. Di manakah ayatnya yang mengatakan itu? Di kitab Yesaya. Di mana? Anda carilah sendiri. Lalu Anda juga akan menemukan kapan Ia berbuat demikian dan mengapa. Dan Anda akan mengalami kepuasan boleh menemukan sendiri semua itu.

Satu hal terakhir. Di balik pengharapan saya bahwa pengantar kepada kitab-kitab Alkitab ini akan menolong Anda boleh mengetahui dan mengasihi kitab-kitab Alkitab lebih daripada sebelumnya, terdapat kerinduan lebih besar dan lebih dalam -- bahwa Anda akan juga mengenal lebih baik dan lebih mengasihi inti yang terdapat dalam semua kitab-kitab itu, yaitu Tuhan sendiri. Saya sangat tersentuh oleh komentar seseorang yang telah melihat semua video itu dalam beberapa hari: "Kini saya mengetahui jauh lebih banyak tentang Alkitab, tetapi yang terpenting ialah saya merasakan hati Tuhan tidak pernah seperti ini sebelumnya."

Apa lagi yang dapat diharapkan oleh pengajar Alkitab? Semoga Anda mengalami hal yang sama sementara Anda membaca halaman-halaman ini dan bersama saya berkata, Terpujilah Bapa, Anak dan Roh Kudus."

J. David Pawson
Sherborne St John, 2008

POROS SEJARAH

36. Injil-injil
37. Markus
38. Matius
39. Lukas dan Kisah Para Rasul
40. Lukas
41. Kisah Para Rasul
42. Yohanes

36. INJIL-INJIL

Pendahuluan

Alkitab adalah sebuah kepustakaan yang terdiri dari banyak kitab yang ditulis oleh 40 pengarang berbeda sepanjang 1,400 tahun. Tuhan tidak memilih untuk memberikan kita ringkasan teks dengan pasal dan ayat bernomor, tidak juga menyediakan kita kitab-kitab doktrin yang disusun secara sistematis. Sebaliknya Ia memberi kita sebuah kepustakaan yang terdiri dari **berbagai jenis sastra,** dengan ragam luas seperti puisi dan sejarah, surat dan penyataan, dalam tiga bahasa berbeda -- utamanya Yunani dan Ibrani, dengan sedikit bahasa Aram.

Keragaman

Kepustakaan ini mencerminkan keunikan **kepribadian dan perspektif** masing-masing pengarangnya, sebagaimana halnya dua buku mana pun dalam perpustakaan publik akan memiliki keunikan sesuai dengan kepribadian para penulisnya. Penting untuk diingat bahwa Roh Kudus, sang 'penyunting' ilahi Alkitab, tidak memperlakukan para pengarang Alkitab sebagai pengolah kata (*word processors*), yang mengkomunikasikan kebenaran-Nya sambil mengabaikan pemikiran dan hati mereka. Ia adalah sang penulis sejatinya, namun pada saat yang sama masing-masing individu pengarang itu bebas mengkomunikasikan dalam cara mereka sendiri. Sesungguhnya, sedikit dari para pengarang itu yang tahu bahwa apa yang mereka tuliskan suatu hari kelak akan dideklarasikan sebagai bagian dari Kitab Suci.

Dengan mengingat ini, apa yang terkesan sebagai pertentangan dalam Alkitab kerap dapat diselesaikan dengan memeriksa **maksud pengarangnya**. Ambillah contoh pertentangan mengenai penegasan Paulus bahwa kita diselamatkan oleh iman dan bukan oleh perbuatan, dan pengajaran surat Yakobus tentang pentingnya perbuatan. Ketika Paulus menegaskan tentang pokok iman di kitab Roma ia mengantisipasi rangkaian pertanyaan dan masalah yang berbeda dari Yakobus. Paulus memerhatikan soal kita tidak diselamatkan dengan berusaha berbuat baik, Yakobus memerhatikan soal perbuatan baik yang mengikuti iman dan dengan demikian membuktikan keasliannya.

Kesatuan

Kendati keragaman ini, pada saat yang sama Alkitab mendemonstrasikan kepengarangan ilahinya. Di dalamnya terdapat satu pokok menyeluruh: **penyingkapan drama** penebusan, yang mengalir dari Kejadian sampai Wahyu. Kejadian 1-3 dan Wahyu 21-22 memiliki kesamaan sangat berarti, yaitu secara mengherankan mencerminkan tangan Tuhan, kendati dituliskan pada jarak waktu 1,400 tahun. Adalah mungkin mengenali kesatuan Alkitab tanpa mengandaikan bahwa hal ini harus juga berarti keseragaman. Sebagaimana halnya Tuhan adalah esa tetapi tiga pribadi, demikian juga Firman-Nya mencerminkan baik keesaan maupun keragaman.

Pendekatan studi Alkitab

Kita perlu mengingat aspek tersebut ketika kita mulai mempelajari Alkitab. Ada dua pendekatan yang sama pentingnya:

1. Keragaman: menganalisis sebuah kitab dan melihat **perbedaannya** dari kitab-kitab lainnya.
2. Kesatuan: memerhatikan **kesamaan** kitab itu dengan kitab-kitab lainnya, dan bagaimana ia cocok ke dalam keseluruhannya.

Mereka yang berpandangan liberal tentang Alkitab cenderung berfokus pada keragaman tersebut, sambil menyangkali klaim tentang keutuhan Alkitab. Mereka yang berpandangan injili berfokus pada kesatuan, takut bahwa berfokus pada keragaman boleh jadi menyatakan adanya pertentangan dalam Alkitab.

Adalah perlu menjaga keseimbangan antara mengakui kepengarangan ilahi dan kesatuan melekat dari Alkitab, dan pada saat sama melihat tiap kitabnya sebagai karya manusia yang menulis dengan tujuan tertentu. Jika kita hanya berfokus pada kepengarangan ilahi, boleh jadi tanpa sadar kita akan menerima perspektif keliru tentang satu wilayah kebenaran yang penting, gagal memerhatikan bagaimana para pengarang yang berbeda memperlakukan suatu tema. Kita bisa keliru memperlakukan teks dari tema apa pun seakan hanya ada satu kitab dengan satu pesan dan satu gaya tulisan, sambil melupakan bahwa Tuhan telah memakai situasi unik tiap kitab dan pengarangnya untuk mengkomunikasikan kebenaran-Nya. Di pihak lain, jika kita hanya berfokus pada individualitas kitab masing-masingnya, kita mungkin melupakan bahwa ia adalah bagian dari kepustakaan yang telah Tuhan persatukan bersama, memeragakan kesatuan tema dan tujuan secara menakjubkan.

Kepentingan pendekatan ini khususnya jelas ketika kita mulai mempelajari **Injil-injil**. Di satu pihak ada kesatuan tema sementara masing-masing penulis menuliskan kabar baik tentang Yesus. Mereka memiliki periode waktu, orang dan tempat yang sama untuk dilaporkan, tetapi masing-masing memiliki perhatian dan sidang pembaca khusus yang mereka pikirkan. Khususnya demikianlah kasus Injil Yohanes, sebab ia sangat berbeda dibandingkan ketiga injil 'sinoptik' yang mengandung sangat banyak kesamaan. Sementara secara khusus kita melihat pada berbagai perbedaan ini, ciri khas Yohanes yang khas akan tampak jelas.

Injil-injil

Kitab-kitab Injil adalah hal paling dekat yang kita miliki menyangkut biografi tentang Yesus, yang meliput kehidupan, kematian dan kebangkitan-Nya. Namun demikian, sedikit orang menyadari bahwa mereka dituliskan dalam gaya yang unik, yaitu yang tidak pernah didengar sebelumnya di abad pertama dan yang tidak ada taranya dalam sastra modern. Para pembaca yang teliti tahu bahwa untuk menafsirkan Injil-injil dengan tepat mereka mesti melihat masing-masing ayatnya dalam konteks langsungnya *dan* dalam konteks kitabnya sebagai keseluruhan. Ini menyebabkan masalah jika mereka tidak mengerti *gaya* sastra bagian yang sedang mereka baca, kita perlu menjernihkan apa jenis kitab dari yang disebut 'Injil' itu sebelum melihat kepadanya dalam rincian masing-masingnya.

Apakah Injil sesungguhnya?

Jelasnya Injil bukan sebuah otobiogafi, sebab Yesus tidak pernah menulis satu kitab pun, tetapi juga bukan lazimnya biografi, sebab lebih dari sepertiga dari jumlah halaman setiap Injil memaparkan kematian Yesus. Tidak ada biografi yang akan memakai sepertiga dari jumlah halamannya pada pokok kematian, betapa pun luar biasa atau tragisnya kematian tersebut. Barang kali perbandingan terbaik dengan kehidupan modern sama sekali bukan dari dunia sastra, tetapi dari dunia media. Injil adalah seperti **buletin berita.**

Injil dalam bahasa Indonesia atau 'gospel' dalam bahasa Inggris adalah terjemahan untuk kata Yunani *evangelion*, yang dipakai dalam zaman Perjanjian Baru untuk memaparkan pencanangan kabar-kabar yang penting oleh seorang utusan yang dikirim berkeliling kota dan desa di suatu wilayah. Kekalahan musuh atau kematian raja dapat menjadi contoh khasnya. Dalam cara yang sama Injil adalah pewartaan kabar yang menyatakan secara langsung bahwa ini adalah kabar menarik untuk disampaikan. Implikasinya ialah bahwa dunia akan tidak pernah sama lagi begitu kabar ini didengar.

Sama halnya kabar atau berita umumnya dibacakan dengan suara kuat kepada para pendengar, demikian pun Injil dimaksudkan untuk dibacakan dengan kuat (sebagaimana yang lazim dengan bagian Perjanjian Baru lainnya). Kita dapat menarik banyak manfaat masa kini jika kita juga membacanya dengan suara kuat (bahkan hanya untuk diri sendiri) sebagaimana juga dengan membaca secara senyap.

Mengapa mereka ditulis?

Alasan untuk Injil-injil dituliskan dalam bentuk yang kini kita miliki jelas. Pada dekade awal sesudah kenaikan Kristus Gereja bertumbuh dalam jumlah dan menyebar melintasi dunia Romawi dengan para rasul menyebarluaskan pesan injil. Demikianlah banyak orang menginginkan 'kabar' dari mereka yang telah mengalami peristiwa dan melihat kehidupan Yesus secara langsung. Maka menjadi keharusan bahwa para **saksi** tentang apa yang Yesus lakukan dan katakan menuliskan **catatan terpercaya** tentang kehidupan-Nya dan masa-Nya.

Mengapa ada empat?

Hal pertama yang menghadang banyak orang ialah bahwa ada empat Injil yang isi dan cara penyusunan katanya bertumpang tindih secara berarti. Untuk sementara orang agaknya berlebihan bahwa harus ada empat, khususnya jika mereka mengatakan hal yang sama, sebagaimana yang tampak. Tidakkah akan lebih memudahkan jika kita hanya punya satu Injil? Mengapa tidak ada orang yang menyatukan saja keempatnya dan menghasilkan hanya satu jilid, dengan masing-masing penulis mengambil bagian sebagai kontribusi mereka?

Ini mungkin terkesan pendekatan yang logis dan masuk akal, tetapi akan ada hal penting yang hilang apabila orang berupaya menyerasikan Injil-injil ke dalam satu jilid saja. Tuhan memiliki alasan baik untuk mengilhamkan empat Injil, sebagaimana Ia juga memiliki alasan baik untuk membuat duplikasi dari bagian-bagian Alkitab lainnya. Sebagai contoh, ada dua catatan tentang penciptaan dalam Kejadian 1 dan 2 -- satu dari perspektif Tuhan, satunya lagi dari sudut manusia. Dan ada dua catatan tentang sejarah Israel dalam Raja-raja dan Tawarikh, ditulis dari perspektif yang sama sekali berbeda meski meliput periode waktu yang sama. Seperti itu juga kita memiliki empat catatan tentang kehidupan dan kematian Yesus sebab Tuhan ingin memberi kita sejumlah **sudut pemandangan berbeda** supaya kita meraih gambarannya secara penuh.

Jika Anda ingin mengambil foto untuk memperlihatkan bentuk dan lekuk pesawat Concorde kepada seseorang, Anda paling tidak harus mengambil empat atau lima foto, jika tidak mereka tidak akan pernah mengerti keseluruhan konsepnya sebab yang tampak dari setiap sudutnya akan sangat berbeda. Demikian juga Yesus adalah tokoh paling menakjubkan yang pernah hidup dan karenanya Tuhan menginspirasikan empat orang untuk melihat kepada-Nya dan menuliskan untuk kita apa yang mereka lihat. Para penulis Injil masing-masingnya menulis secara mandiri, dengan perspektif mereka sendiri tentang Yesus.

INSPIRASI

Perspektif tentang bagaimana Injil-injil ini sampai dituliskan memperlihatkan kepada kita sesuatu yang penting tentang pengilhaman Alkitab. Ini menggarisbawahi bahwa para penulis Alkitab bukan 'pengolah kata,' yang menulis dengan didikte secara langsung dari mulut Tuhan.* Tuhan bermaksud memakai para perorangan yang dapat membawa pengertian mereka tentang Yesus dan menyampaikan pesan-Nya dengan maksud mencapai tujuan khusus tertentu. Yang dituliskan itu sekaligus adalah kata-kata manusia dan Firman Tuhan. Karena itu, pengilhaman melibatkan kedirian masing-masing pengarangnya.

Bagaimanakah Injil-injil itu berbeda satu sama lainnya?

Apabila seorang yang termasyhur meninggal biasanya ada serangkaian tulisan yang mengikuti kematiannya.

1. Tulisan pertama biasanya menceritakan kepada kita **apa yang orang tersebut** lakukan; riwayat singkat yang ditulis saat meninggal orang tersebut (obituari) memenuhi tujuan ini.
2. Kemudiannya orang menjadi makin tertarik akan **apa yang orang tersebut katakan,** maka diterbitkanlah koleksi surat dan ucapan yang bersangkutan.
3. Kemudian datang tahap ketiga, yang menatap ke balik kata dan perbuatan untuk menemukan **siapa sesungguhnya orang tersebut,** yaitu dengan memeriksa karakter, motivasi dan seperti apa sesungguhnya mereka.

Keempat Injil cukup jelas mengikuti tiga tahap tahap ini, sebagaimana yang diperlihatkan pada tabel di halaman 33. Markus kebanyakannya memerhatikan tentang apa yang Yesus lakukan. Dengan fokus pada tindakan, mukjizat, kematian dan kebangkitan-Nya. Matius dan Lukas keduanya lebih banyak memasukkan apa yang Yesus katakan, mencatat lebih banyak dari yang ia khotbahkan daripada Markus. Namun demikian, Yohanes tidak hanya tertarik akan apa yang Yesus buat, tidak juga berfokus pada apa yang Ia katakan. Perhatian utamanya adalah tentang jatidiri Yesus, tentang siapa adanya Dia. Meskipun Injil-injil merupakan bentuk sastra yang khas, sesungguhnya mereka mencakup lingkup perenungan luas tentang Yesus, dengan menyediakan sebuah pemandangan menyeluruh serta memberikan pengertian komprehensif bagi pembacanya.

Bagaimana mempelajari Injil-injil

Sesudah memerhatikan kekhususan bentuk sastra Injil-injil, ada dua lapis pendekatan untuk kita dapat membuka arti Injil-injil. Yang pertama telah ditunjukkan, yaitu perlunya memeriksa masing-masing Injil dari sudut pandang **wawasan** penulisnya, melihat pada apa yang ia lihat dan mengerti tentang Yesus dari sudut pandangnya. Satunya lagi ialah melihat pada Injil dalam artian **maksud penulisnya** dan bagaimana ia ingin agar pembaca merespons. Kedua lapis ini saling tumpang tindih, tetapi akan sangat menolong kita ketika kita datang melihat ke masing-masing kitab.

Wawasan penulis

Setiap penulis Injil ingin menyampaikan wawasan khusus tertentu tentang Yesus dan karena itu menyusun bahan-bahannya sesuai dengan itu (lihat tabel di halaman 33). Ia ingin melakukan lebih ketimbang hanya menyampaikan ingatan tentang perkataan dan perbuatan Yesus -- ia juga ingin memberikan konteks di dalamnya kehidupan Yesus dapat dimengerti. Titik pandang penulis tidak mesti unik untuk Injilnya: terdapat tumpang tindih antara para penulis, tetapi jelas bahwa masing-masing penulis memiliki wawasan utama.

- Markus menulis Injil pertama dan paling singkat, melihat Yesus sebagai Anak manusia.
- Lukas menulis Injil kedua dan melihat Yesus sebagai Juruselamat Dunia.
- Matius menulis Injil ketiga, menyajikan Yesus sebagai Raja orang Yahudi.
- Yohanes menulis Injil keempat, dengan Yesus sebagai Anak Allah.

Para penulis tersebut memilih dan menyusun bahan mereka dalam cara yang dapat menyampaikan perspektif khusus mereka secara paling baik.

Maksud penulis

Namun demikian, kita juga perlu mempertimbangkan masing-masing Injil dari titik pandang pembacanya. Masing-masing penulis memiliki pembaca khusus dalam pikiran mereka dan bertujuan untuk menyampaikan pesannya tentang Yesus kepada mereka.

Studi secara teliti menyatakan bahwa Matius dan Yohanes ditulis untuk orang percaya:

- Matius memerhatikan orang percaya baru dan kitabnya disusun dalam rangka agar kita dapat mengetahui bagaimana hidup sebagai para murid Yesus.
- Yohanes menulis untuk orang percaya yang lebih dewasa, untuk mendorong mereka memegang iman mereka akan Yesus dan juga melawan bidat-bidat tentang Yohanes Pembaptis dan Yesus sendiri.

Di pihak lain, Markus dan Lukas terutama ditulis untuk orang tidak percaya.

- Markus bertujuan untuk membangkitkan ketertarikan pembacanya dengan berita tentang Yesus supaya mereka boleh memiliki iman kepada-Nya.
- Lukas, sebagai satu-satunya penulis bukan Yahudi dalam Alkitab, perhatiannya adalah agar sesama orang bukan Yahudi boleh tahu tentang Kristus.

Sidang pembaca yang berbeda memengaruhi apa yang para penulis ingin masukkan dan bagaimana mereka menyusun bahan mereka.

Kesamaan

Telah kami perhatikan bahwa ada tumpang tindih isi dan pilihan kata antara Injil-injil, dengan khususnya tiga yang pertama memiliki kesamaan. Bahkan, 95 persen dari Markus dimasukkan dalam Matius dan Lukas, dan dalam beberapa kasus dengan penyusunan kata yang sangat mirip atau persis sama. Tiga Injil pertama ini dikenal sebagai **Injil-injil 'sinoptik.'** Kata 'sinoptik' dibuat dari dua kata Yunani, *syn,* yang berarti 'bersama,' dan *optik* yang berarti 'melihat' atau 'pandangan.' Ketiga Injil pertama ini mencerminkan pandangan bersama tentang Yesus, yang berbeda dari Yohanes yang menulis secara lebih mandiri. Terdapat perubahan besar apabila selesai membaca Matius, Markus dan Lukas dan kita mulai membaca Yohanes.

Banyak kesamaan bahan pada ketiga Injil-injil ini. Sedikit hal terdapat hanya dalam Markus, tetapi baik Matius dan Lukas memakai kebanyakan bahan Markus, meski secara berbeda. Matius membagi Markus dalam potongan-potongan kecil dan menggabungkan ini dengan bahannya sendiri, sementara Lukas mengambil blok besar dari Markus, memakai keseluruhan blok itu sekaligus.

Tentu saja ada beberapa perbedaan pendapat: apakah Matius dan Markus menggunakan Lukas, atau Matius dan Lukas menggunakan dan meluaskan Markus, atau Markus menyingkatkan Matius dan Lukas? Kemungkinan besar Matius dan Lukas meluaskan Markus, bekerja dengan Injil Markus di depan mereka. Matius memiliki beberapa bahan yang unik untuknya, yang tidak ia dapatkan dari orang lain, dan Lukas pun memiliki beberapa yang khas dia.

MARKUS SEBAGAI DASAR

Tidak mengherankan, ketiga sinoptik memiliki hubungan sastra yang jelas, sebab didasarkan atas Markus. Meskipun dalam Perjanjian Baru kita ditempatkan ke dua, Markus hampir pasti adalah yang ditulis pertama. Ia membagi Injilnya dengan hati-hati ke dalam dua bagian dengan sela di antara keduanya. Bagian pertama meliput pelayanan Yesus di utara, di Galilea. Bagian kedua mencakup gerak Yesus ke selatan ke Yudea. Terlepas dari satu kejadian di Nazaret ketika penghuni desa berusaha melemparnya dari tebing, Yesus sangat populer di utara, dimana ribuan orang mengikut Dia. Tetapi Ia tidak populer di selatan, di mana kerap ia menghadapi masalah. Otoritas Yahudi bersikap memusuhi, dan sedikit yang mengikut Dia. Dengan pembagian ini, Markus membangun ke klimaks sementara Yesus meninggalkan utara yang bersahabat untuk selatan yang bermusuhan dan akhirnya mati di sana.

Kerangka kerja dua bagian ini dipakai oleh Matius dan Lukas sebagai dasar mereka juga. Lukas merupakan Injil berikutnya yang dituliskan. Ia menulis ulang Markus, dengan menambahkan bahannya sendiri dan isi lainnya yang sama dengan Matius. Ini mungkin berasal dari sumber terpisah, tertulis atau lisan, yang diketahui baik oleh

Matius dan Lukas, dan oleh para sarjana Perjanjian Baru ditunjuk sebagai 'Q' mengikuti kata Jerman *Quelle* yang berarti sumber. Matius karena itu menyusun Injilnya, dengan menambahkan bahan dari penelitiannya sendiri, termasuk bahan dari 'Q' tetapi menyusunnya secara berbeda agar sesuai dengan maksud khususnya sendiri.

Kesimpulan

Jika kita ingin menangkap pesannya secara penuh, penting kita mengerti apa sesungguhnya Injil dan untuk siapa ia dituliskan. Tabel di bawah ini menyimpulkan apa yang telah dikatakan tentang Injil-injil.

EMPAT INJIL
Markus – Anak Manusia
Matius – Raja orang Yahudi
Lukas – Juruselamat Dunia
Yohanes – Anak Tuhan

TIGA TAHAPAN
Apa yang Yesus lakukan – Markus
Apa yang Yesus katakan – Matius/Lukas
Siapakah Yesus – Yohanes

DUA SUDUT
Penulis – wawasan
apa? bagaimana?
Pembaca – maksud
siapa? mengapa?

Dalam Injil-injil kita memiliki empat buletin berita, yang menyampaikan kepada kita tentang pribadi dan karya Kristus, dengan kisah-kisah unik tentang kehidupan dan zaman-Nya dari mereka yang mengalami langsung, ditulis dengan maksud membangun kehidupan orang beriman atau meyakinkan orang tidak beriman untuk menujukan iman mereka kepada Dia yang telah diutus Tuhan. Paling baik mereka dibaca dalam satu kesempatan sekaligus, sebaiknya dengan suara kuat, sebagamana dulu berita itu dikhotbahkan sebelum kemudian dituliskan. Injil-injil adalah buku biasa, sebab mereka memaparkan 'poros sejarah.' Dunia tidak akan pernah sama lagi. Kristus telah datang, sebagai manusia namun juga pada saat yang sama adalah Tuhan, untuk menjadi Juruselamat dunia. Karena hal inilah, masa penghitungan waktu telah dibagi ke dalam dua epokh: SM (sebelum Masehi / Kristus) dan AD (*anno domini*, istilah Latin untuk 'tahun Tuhan').

37. MARKUS

Pendahuluan

Kita melihat dalam pendahuluan umum kepada Injil-injil (halaman 21-34) bahwa Markus adalah yang pertama ditulis di antara empat injil, meski ia ditempatkan di urutan ke dua dalam Perjanjian Baru kita. Injil ini ditulis terutama untuk **orang belum** percaya, dan segera Anda rasakan gayanya yang gamblang, dramatis dan emosional. Injil ini memiliki gaya yang membuat orang ingin membaca terus, tidak ingin berhenti sesudah memulainya.

Siapakah Markus?

Pengarang Injil Markus, seperti para pengarang ketiga Injil lainnya, tidak menyebutkan namanya. Ia menolak untuk menarik perhatian kepada dirinya, meski terdapat isyarat jelas yang memberitahu kita siapa penulis sesungguhnya. Hampir dapat dipastikan bahwa ia berkata bahwa ia ingin seluruh perhatian kita ditujukan pada Yesus, bukan dirinya. Ia adalah seorang dengan tiga nama, yang masing-masing memberi kita petunjuk kepada latarbelakangnya.

1. '**Markus**' adalah nama dalam bahasa Latin, yang memberitahu kita bahwa meski ia seorang Yahudi ia juga memiliki kewargaan Romawi resmi dalam cara tertentu. Kita tidak dapat memastikan apa itu, tetapi keluarganya memiliki rumah cukup besar di Yerusalem dan mestinya mereka memiliki kedudukan baik, dan paling tidak mempunyai pelayan.
2. Nama Ibraninya adalah **Johannan**, atau Yohanes, yang berarti 'Yahweh (Tuhan) telah menyatakan anugerah,' dan ia sering dikenal dengan nama Yohanes Markus.
3. Nama ketiganya tidak biasa: **Colobodactolus**, sebuah nama Yunani yang berarti 'berjari gemuk.' Injil pertama yang ditulis, dituliskan oleh seseorang yang berjari gemuk!

Jadi Markus memiliki tiga nama, nama kecil Yunani, nama Latin dan nama Ibrani.

RUMAH KELUARGANYA

Ibu Markus adalah Maria, dalam bahasa Ibrani Miriam. Ada kemungkinan kuat bahwa rumah keluarganya adalah tempat diadakannya Perjamuan Terakhir. Ini dapat dimengerti sebab adanya kejadian tidak lazim sesudah penangkapan Yesus di Taman Getsemani, segera sesudah Perjamuan Terakhir berlangsung di 'ruang atas' di Yerusalem.

Kita baca bahwa sementara Yesus ditangkap para prajurit menarik seorang muda yang hanya berpakaian kain penutup kasur. Ia jelas meronta, meninggalkan sprei itu di tangan prajurit, dan lari telanjang ke tengah malam. Ini merupakan rincian yang tidak lazim yang diikutkan kecuali Yohanes Markus sendiri adalah orangnya, yang telah ke luar rumah dalam ketergesaan untuk mengikuti para murid ke Taman Getsemani, lalu bersembunyi di balik salah satu pohon zaitun tua, mendengar Yesus berdoa dan melihat Ia ditangkap. Ini menjelaskan bagaimana kita mengetahui detail doa Yesus, yang dilakukan di luar jangkauan pendengaran para murid yang Ia ajak serta.

Ini adalah spekulasi, tetapi sangat mungkin bahwa tempat Perjamuan Malam Terakhir adalah rumah Yohanes Markus dan kejadian ini menyediakan dukungan untuk kepengarangannya.

Bagaimana ia mendapatkan informasi?

Yohanes Markus bukan bagian dari kelompok rasuli. Sebagai seorang muda ia pasti sudah pernah melihat Yesus, tetapi ia tidak pernah menjadi pemeran penting dalam berbagai peristiwa yang terjadi. Meski ia disebutkan di bagian lain Perjanjian Baru, itu selalu sebagai 'nomor dua,' sebagai penolong seorang lain. Jadi barangkali mengherankan bahwa dari semua orang yang ada Yohanes Markus yang pertama menuliskan Injil.

Ia adalah penolong pribadi untuk tiga orang pemimpin Kristen penting dalam Gereja pemula dan ini memberi kita petunjuk ke bahan sumber yang ia miliki. Pertama ia menolong kakak sepupunya, Barnabas, seorang Lewi dari Siprus. Agaknya **Barnabas** adalah yang membimbing dia dalam pelayanan Kristen.

Kemudian, Markus menjadi penolong bagi rasul **Paulus**, ikut bersama Paulus dan Barnabas pada perjalanan misionaris pertama mereka. Perjalanan itu tidak terlalu berhasil, sementara Yohanes Markus berpisah ketika mereka mencapai pesisir Asia Kecil. Lukas tidak mencatat secara persis untuk kita di Kisah Rasul mengapa ia pergi. Mungkin ia kangen keluarganya. Beberapa orang berspekulasi bahwa ia bergumul menerima kepemimpinan Paulus sebab ia merasa seharusnya sepupunya Barnabas yang menjadi pemimpin. Yang lain mengusulkan bahaya serangan para bandit membuat ia berhenti. Kita tidak tahu pasti. Namun demikian, kita tahu jelas bahwa ketika Paulus dan Barnabas bersiap untuk perjalanan ke dua mereka, Yohanes Markus menjadi pusat perdebatan, dengan Paulus menegaskan bahwa Yohanes Markus tidak dapat diikutsertakan karena sebelumnya telah meninggalkan mereka dan Barnabas beranggapan bahwa ia harus ikut. Akhirnya Paulus dan Barnabas berpisah karena hal ini.

Akhirnya, Markus menjadi penolong pribadi untuk rasul **Petrus**, yang tiba di Roma sesudah Paulus. Dari hubungan inilah Markus mendapatkan informasi bagi Injilnya. Tugas permulaannya adalah bertindak sebagai penafsir untuk pesan-pesan Petrus, menerjemahkannya ke dalam bahasa Latin sementara Petrus melakukan perjalanan ke gereja-gereja di Roma. Sebuah dokumen Gereja mula-mula memberitahu kita bahwa sebagian angota jemaat gereja di Roma bertanya jika mereka boleh mencatat khotbah Petrus dalam bentuk yang permanen. Mereka takut bahwa keberanian Petrus akan membuat dia ditangkap, khususnya karena waktu itu adalah masa kekuasaan Kaisar Nero yang ditakuti, dan mereka khawatir jangan sampai kenangannya tentang Yesus menjadi hilang. Catatan tersebut berkata bahwa Petrus tidak terlalu bersemangat tentang ide itu, tetapi 'ia tidak menghalangi tidak juga mendorong Markus untuk melakukan itu.'

Gaya

Sebagai hasil dari hubungan dekatnya dengan Petrus, Injil Markus dikenal juga sebagai '**Injil Petrus.**' Memang, bila diperiksa lebih teliti khotbah-khotbah Petrus di Kisah Rasul menyingkapkan korelasi dekat dengan Markus Temperamen Petrus sendiri bersinar melalui halaman-halaman Injil ini. Kita dapat menjuluki dia 'Manusia Tindakan,' karena ia demikian impulsif, sering kali bicara sebelum berpikir dan kerap siap bertindak sementara yang lain lebih hati-hati. Kita tahu bahwa Petrus satu-satunya yang ingin berjalan di atas air. Ia juga yang menjadi lelah menantikan Yesus menampakkan diri sesudah kebangkitan dan berkata, "Aku akan mencari ikan." Ia yang meloncat ke air ketika Yohanes berkata bahwa yang di pantai itu adalah Yesus.

Petrus tidak dapat duduk diam dan seluruh Injil ini menyajikan keasyikan yang menyita perhatian. Kata 'segera' muncul banyak kali, menyiratkan gairah hidup Petrus. Karena alasan ini Injil Markus adalah yang paling gamblang dan paling hidup dari empat injil dan paling menarik untuk dibaca dengan bersuara. Aktor Alec McCowen menyebabkan teater London penuh sesak selama tiga bulan hanya dengan membacakan Injil Markus.

Dalam bagian pertama, Markus relatif memberi sedikit waktu pada dua setengah tahun pertama pelayanan Yesus. Bagian ini dituliskan dalam gaya gerak cepat sementara Markus berupaya membangkitkan keasyikan pembaca dengan apa yang terjadi. Tetapi dalam bagian kedua ia memakai lebih banyak waktu pada bulan-bulan berikutnya, lalu bahkan lebih banyak waktu lagi menatap ke minggu-minggu terakhir Yesus, sampai ia berfokus tepat pada minggu terakhir dan hari terakhir, dengan setiap momennya dipaparkan. Itu seperti kereta api cepat yang jalan melambat dan mendekat ke terminal perhentian -- dan ia behenti tepat di depan salib.

Markus membangun strukturnya yang mengarahkan

segala sesuatu menuju kepada kematian Yesus, dan melambatkan semuanya untuk berhenti di depan salib. Ini suatu karya jurnalisme piawai, dan barangkali adalah Injil terindah yang disampaikan kepada orang yang masih berada di luar yang tidak tahu apa pun tentang Yesus serta ingin membaca tentang Pribadi luar biasa mengasyikkan ini yang adalah Juruselamat dan Tuhan kita.

Isi Injil Markus

Kelemahan Petrus

Kekhasan Injil Markus ialah menempatkan Petrus dalam sorotan buruk, sebab ada lebih banyak tekanan pada kelemahannya ketimbang kekuatannya -- kesannya seolah Petrus ingin agar para pembaca tahu tentang **kesalahan-kesalahannya.** Maka Markus meliput perkataan Yesus kepada Petrus: "Undurlah ke belakang-Ku, Iblis!" ketika ia mengecam Yesus yang menjelaskan tentang penderitaan-Nya akan datang. Berbeda dari ini, dalam Matius kita membaca, "Engkaulah Petrus, dan di atas batu karang ini Aku akan membangun gereja-Ku dan pintu alam maut tidak akan dapat mengalahkannya." Markus juga memasukkan catatan menyentuh tentang penyangkalan Petrus terhadap Tuhan, tetapi tidak memasukkan penetapannya ulang yang muncul dalam Injil Yohanes.

Mukjizat

Petrus jauh lebih terkesan dengan **apa yang Yesus lakukan** ketimbang apa yang Ia katakan, dan karena itu Injil ini memperlihatkan semangat besar untuk mukjizat-mukjizat Yesus. Ini mencerminkan hati seorang penginjil, yang tertarik tentang apa saja yang yang akan menarik perhatian orang yang belum percaya pada pesan Injil. Ini diperlihatkan dengan proporsi relatif yang Markus berikan kepada mukjizat dan ajaran. Markus memasukkan 18 mukjizat, yang sama dengan Matius dan Lukas. Namun demikian ia hanya memasukkan empat perumpamaan, dibandingkan 18 dalam Matius dan 19 dalam Lukas, serta hanya satu pengajaran panjang di Pasal 13.

Penghapusan

Ketidaktahuan Petrus juga tercermin dalam Injil ini. Kesannya Petrus tidak tahu bagaimana atau di mana Yesus dilahirkan. Tidak satu kali pun dalam khotbah-khotbahnya di Kisah Rasul ia menunjukkan pengetahuan apa pun tentang kelahiran Yesus. Pengetahuan Petrus mulai di Sungai Yordan, ketika ia dan saudaranya Andreas dibaptis dan Yohanes memperkenalkan mereka berdua kepada Yesus. Karenanya, dalam Markus tidak terdapat kisah Natal atau tentang masa kecil Yesus. Injil mulai di mana pengenalan Petrus berawal -- dengan khotbah dan pembaptisan Yohanes.

Lekuk

Injil ini meliput tiga tahun pelayanan publik Yesus, tetapi leluknya dicerminkan baik dalam waktu dan ruang, **kronologi** dan **geografi.** Narasinya dibangun melintasi dua setengah tahun pertama sampai ke momen percabangan (lihat di bawah, halaman 43), dan kemudian segala sesuatunya mengalir dari sana, meliput enam bulan terakhir kehidupan Yesus di bumi. Markus berfokus pada pelayanan Yesus di Galilea, menghapuskan kunjungan-Nya ke Yerusalem di tahun-tahun awal itu. (Lihat diagram di halaman berikut.)

STRUKTUR KRONOLOGIS

Ada tiga tahap dalam pelayanan Yesus.

- **Tahap pertama:** Yesus sangat populer. Ribuan orang datang untuk disembuhkan dan Ia menjadi pembicaraan seluruh penduduk negeri.
- **Tahap kedua**: Penentangan mulai. Mulai dari perbedaan pendapat tentang Sabat, ini lalu meluas ke wilayah lain dan segera Yesus mencipta banyak musuh ketimbang teman.
- **Tahap ketiga**: Yesus berkonsentrasi pada 12 murid, dari ribuan yang berkerumun untuk mendengarkan Dia.

Injil ini meliput tiga periode waktu berbeda. Dua setengah tahun yang pertama diliput dalam Pasal 1-9. Pasal 10 meliput enam bulan berikutnya, dan Pasal 11-16 meliput minggu terakhir kehidupan Yesus.

STRUKTUR GEOGRAFIS

Struktur geografis Injil ini menyejajari pembagian waktunya. Kisah mulai di Sungai Yordan, yang merupakan titik terendah pada permukaan bumi, dan dari sana bergerak ke Galilea, di mana Yesus melakukan banyak pelayanan-Nya. Pada diagram diperlihatkan tanjakan ke titik tertinggi di Tanah Perjanjian, Gunung Hermon, yang di kakinya terletak kota Kaisarea Filipi. Di sinilah Injil ini mencapai percabangannya. Sebegitu titik itu dicapai Yesus mengarahkan wajah-Nya ke Yerusalem dan itu menurun sepanjang jalannya -- secara harfiah menurun dari titik tinggi itu ke

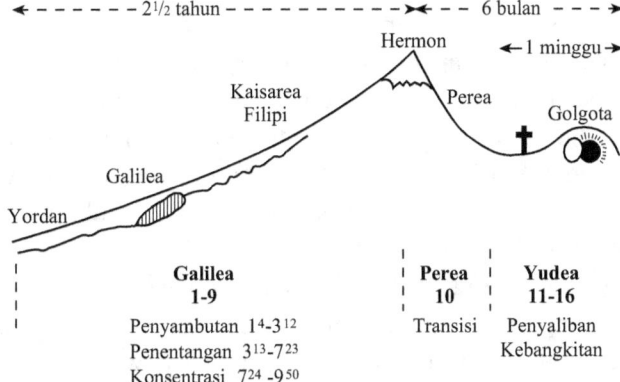

Yudea, melalui Perea, yang terletak di sisi timur Yordan, dan akhirnya ke Yerusalem, di mana Yesus mati di salib dan bangkit kembali tiga hari kemudian.

Maka apa yang terjadi di Kaisarea Filipi sesudah dua setengah tahun pertama itu yang mengubah secara total pelayanan Yesus, dan yang sedemikian tekun Markus soroti kepada para pembacanya?

MOMEN PERCABANGAN

Sedikit latarbelakang akan menolong kita. Kaisarea Filipi terletak di sumber Sungai Yordan, yang memancar di kaki Gunung Hermon dan berukuran antara 10-12 meter lebarnya. Sumber airnya adalah salju di puncak Gunung Hermon, yang meleleh dan disaring ketika turun melintasi isi gunung itu, mengalir ke luar dari sebuah lubang di balik permukaan sungai tersebut.

Gejala alami aneh ini menjadi pusat perhatian takhayul dan kultus keagamaan dan pusat penyembahan kafir selama berabad-abad. Di permukaan tebing di atas sungai itu terdapat ceruk-ceruk pahatan, di mana ditempatkan patung para dewa. Salah satu patung adalah dewa Yunani Pan dan sampai hari ini tempat itu disebut Paneas atau Baneas. Juga terdapat patung Caesar, ditaruh di sana oleh salah seorang dari empat putra Herodes Agung, Philip, yang diberikan bagian tanah tersebut ketika Herodes meninggal. Philip menyebut tempat itu menurut namanya sendiri dan menurut nama Kaisar Romawi, maka nama tempat itu adalah Kaisarea Filipi.

Maka di sini kita dapatkan patung dewa Yunani Pan, dewa yang dianggap telah muncul sebagai manusia fana, dan patung Kaisar, seorang yang dianggap dewa. Ke lokasi inilah Yesus mengajak 12 murid dan bertanya, "Siapakah Aku menurut kata orang?"

Para murid menjawab dengan beragam pandangan yang ada masa itu: kebanyakannya adalah reinkarnasi orang-orang besar dari sejarah mereka -- Yeremia, Elia, bahkan Yohanes Pembaptis.

Kemudian Yesus menujukan pertanyaan siapa Dia menurut anggapan *mereka*. Petrus orangnya yang memiliki jawaban yang tepat. Ia menyadari bahwa Yesus sudah hidup sebelumnya, tetapi bukan di bumi ini, **"Engkaulah sang Kristus,"** ucapnya, **"Anak Tuhan yang hidup."**

Itu adalah pertama kalinya ada laki-laki yang menangkap siapa Yesus sesungguhnya (perempuan pertama adalah Marta, yang pengakuannya dicatat di Injil Yohanes). Jawaban ini yang merupakan titik penentuan dalam Injil. Yesus menanti selama dua setengah tahun untuk menanyakan pertanyaan tersebut, dan kini Ia dapat berbicara kepada Petrus tentang dua hal yang belum pernah Ia sebutkan sebelumnya:

1. Ia berbicara tentang kesanggupan untuk **membangun Gereja-Nya**, sebuah pokok yang tidak pernah

dibicarakan sebelumnya, bahkan di dalam semua khotbah, penyembuhan dan mukjizat yang Ia buat. Alasannya jelas: Yesus tidak dapat membangun Gereja-Nya sampai orang tahu siapa Dia sesungguhnya, sebab Gereja hanya dapat dibuat dari orang-orang yang tahu jatidiri Dia. Pada kesempatan itu Yesus menamakan ulang Simon (yang berarti 'alang-alang') dan Ia menjadi Petrus. Nama itu adalah permainan kata, sebab 'Petrus' sangat dekat dengan kata untuk 'batu karang' dalam bahasa aslinya, sebagaimana dalam bahasa Inggris 'petrified' (membatu).'

2. Ia juga bicara untuk pertama kalinya tentang **maksud-Nya untuk pergi ke Yerusalem dan mati di salib.** Murid-murid sudah dua setengah tahun bersama Dia dan Ia tidak pernah memberikan isyarat bahwa Ia akan mati. Kini Ia menjelaskan bahwa Ia harus pergi ke salib dan tidak ada apa pun dapat menghentikan Dia. Petrus terkejut dan menyuarakan bahwa Ia tidak boleh pergi, hanya untuk ditegur oleh Yesus. Sejak dari kesempatan ini seterusnya, salib menjadi pusat perhatian untuk Injil itu.

Jadi, inilah **percabangan** dalam Injil Markus itu. Kita dapat dengan mudah kehilangan aliran riil dan perkembangan kisahnya jika tidak mengenali ini, karena hanya mengandaikan perkara-perkara tentang para murid sebab kita tahu bagaimana perubahan mereka, tetapi kehilangan penyataan progresif yang digambarkan dalam Injil ini.

Maka dengan para murid telah mengerti siapa sesungguhnya Yesus, peristiwa berikutnya mengikuti secara wajar. Yesus membawa Petrus, Yakobus dan Yohanes ke puncak gunung, ke atas wilayah salju, di tempat Ia dimuliakan di hadapan mereka. Untuk memaparkan peristiwa itu, Petrus berkata bahwa jubah Yesus menjadi putih cemerlang melebihi putihnya pakaian yang digelantang di bumi ini. Sesungguhnya ia memakai kata 'deterjen' (atau semacam zat pembersih yang dikenal waktu itu). Cahaya memancar melalui pakaian Yesus dari dalam dan mereka 'melihat kemuliaan-Nya.' Ia bertemu dengan Musa dan Elia untuk membahas 'keluaran'-Nya, yang melaluinya Ia akan menghasilkan pembebasan untuk umat-Nya, sebagaimana yang dicatat oleh Lukas.

Pokok kunci dari Injil, karenanya, adalah kesadaran para murid tentang siapa Yesus: Ia adalah sang Kristus, sang Mesias. Inilah pokok inti untuk para pembaca juga. Inilah **kabar baik** yang Markus komunikasikan melalui lekuk Injilnya. Ini diangkat oleh Matius dan Lukas, yang kemudian membangun di atas kebenaran ini.

Nilai Markus untuk kita

1. Gambaran jelas tentang pribadi Kristus

Markus utamanya memerhatikan apa yang Yesus lakukan, tetapi ia bukan tidak memerhatikan tentang pribadi Kristus. Sesungguhnya Markuslah yang membuat jelas bahwa **Yesus menyatakan diri-Nya kepada para pengikut-Nya secara bertahap.** Ciri yang menimbulkan kebingungan dari Injil ialah ia menyatakan pribadi Kristus sambil Yesus sendiri seakan menyembunyikan jatidiri-Nya.

Sejumlah referensi menegaskan pokok ini dengan sangat jelas:

1. Dalam 1:25 dan 1:34 Yesus tidak membiarkan roh-roh jahat bicara sebab mereka tahu siapa Dia.

2. Dalam 1:44, seusai menyembuhkan seorang yang menderita kusta, Yesus mengirim dia pergi dengan peringatan keras: "Pastikan engkau tidak menceritakan ini kepada seorang pun."
3. Dalam 3:12, kembali bicara kepada roh jahat, "Ia memerintah mereka dengan keras untuk tidak menceritakan siapa Dia kepada siapa pun."
4. Dalam 5:43, sesudah menghidupkan kembali putri Yairus, "Ia memerintah tegas untuk tidak memberitahu tentang hal ini kepada siapa pun."
5. Kejadian lain segaris dengan ini terjadi dalam 7:24, 7:36, 8:26, 8:30, 9:9 dan 9:30. Bahkan di Gunung Hermon Yesus meminta para murid untuk tutup mulut tentang jatidiri-Nya.

Ciri khas Markus ini dikenal sebagai 'rahasia Mesianik' dan mencerminkan keprihatinan Yesus untuk merampungkan misi-Nya tanpa interupsi. Ia ingin para murid mengerti dari Bapa-Nya siapa Dia sesungguhnya, dan Ia membatasi pemikiran mereka supaya mereka boleh mencapai kesimpulan dengan cara yang benar. Ia juga menjaga jatidiri-Nya tersembunyi sebab kesadaran yang terlampau dini tentang kemesiasan-Nya akan memimpin ke penyanjungan prematur dan dapat menyebabkan terhalangnya kematian-Nya.

2. Pengajaran tentang karya Kristus

Tema besar ke dua dari Injil Markus adalah karya Kristus. Ia menekankan **kematian Yesus**: sepertiga dari Injil ini adalah tentang salib -- sebuah fakta yang kerap luput dari mereka yang membuat drama dan film tentang kehidupan Kristus. Hal ini menekankan betapa tidak lazimnya Injil sebagai bentuk 'kisah tentang kehidupan.' Sukar kita bayangkan tulisan tentang tokoh publik termasyhur seperti Mahatma Gandhi atau John F. Kennedy bila memberikan sangat banyak perhatian kepada kematian mereka, kendati memang mereka mati dibunuh.

Salib menguasai isi keseluruhan Injil ini. Dari Markus jelas bahwa sejak dari awalnya orang menyusun siasat untuk membunuh Yesus. Melalui pengajaran-Nya Ia menimbulkan permusuhan di samping juga pertemanan. Bahwa Ia menantang status quo keagamaan, merupakan hal tidak populer bagi para pemimpin agama dan politik serta membangkitkan permusuhan besar. Khususnya orang Farisi membenci serangan-Nya atas tradisi mereka.

ASPEK MANUSIAWI DAN ILAHI DARI KEMATIAN YESUS

Penekanan Markus pada salib mencakup baik aspek manusiawi maupun ilahi dari kematian Yesus.

Manusiawi

Pada sisi manusia, **Yesus dituduh menghujat sebab mengatakan bahwa Ia adalah Tuhan,** yang dalam hukum Yahudi adalah kejahatan besar yang patut dihukum mati. Namun demikian, kita diberitahu bahwa dalam rangka mendukung keabsahan tuduhan tersebut para penuduh tidak sependapat tentang perkataan yang Ia pakai. Akhirnya hakim menanyai Yesus sendiri siapa sesungguhnya Dia. Tentu saja, sebagai seorang Yahudi, ketika ditanyai oleh Imam Besar Yesus harus bicara, maka Ia mengakui bahwa Ia adalah Kristus. Hakim mencabikkan jubahnya dan berkata, "Kalian dengar sendiri itu! Apa keputusan kalian?" dan Sanhedrin, yaitu dewan pemimpin terdiri dari 70 orang, berkata bahwa Ia patut dihukum mati.

Kendati keputusan ini, mereka tidak dapat melaksanakan hukuman mati secara resmi atas seseorang, sebab tanah itu diduduki oleh Romawi dan mengenai hukuman mati ada di bawah hukum Romawi. Karenanya, mereka perlu persetujuan Romawi untuk hukuman mati, tetapi dalam hukum Romawi penghujatan bukan kejahatan. Satu-satunya harapan adalah *mengubah* kejahatan yang dituduhkan dan pada saat Yesus menghadap Pilatus Ia dituduh melakukan **pengkhianatan**, bukan penghujatan. Injil Markus yang paling jelas tentang hal ini. Akhirnya pelanggaran yang mereka tuduhkan kepada-Nya bukan Ia telah berkata. "Aku adalah Tihan" (hujatan), tetapi bahwa Ia berkata, "Aku adalah raja, raja orang Yahudi" (pengkhianatan).

Sisi manusia dari kematian Kristus dari awal sampai akhir adalah tidak adil. Meski Ia tidak bersalah melakukan penghujatan maupun pengkhianatan, begitulah Ia dituduh dan dihukum.

Ilahi

Namun begitu, sisi ilahi dari kematian Kristus juga diangkat dalam Markus, sebab **Yesus yakin sejak dari paling awal bahwa Ia datang untuk mati.** Ia meramalkan kematian-Nya, dan kebangkitan-Nya, lebih dari sekali. Kita juga membaca tentang Yesus mengambil 'cawan,' suatu gambaran yang dipakai secara metaforis yang selalu bicara tentang murka Tuhan terhadap dosa. Markus jelas mendengar Yesus memakai kata tersebut di Taman pada malam Ia dikhianati.

Sejak saat Yesus pertama kali menyinggung tentang penderitaan yang di depan-Nya, kita mendapatkan kesan bahwa Ia harus dikhianati, bahwa Tuhan telah merencanakan itu demikian, Yesus menyadari itu, dan tidak berusaha untuk menghindarinya. Petrus tidak boleh mencobai Yesus untuk mengelak dari salib.

Kombinasi manusiawi dan ilahi ini sangat menarik, menghadang pembaca dengan realitas mencolok tentang misi Kristus. Ini membuatnya menjadi Injil yang sangat sesuai untuk orang yang belum percaya.

3. Reaksi orang kepada Yesus

Markus sering kali mencatat reaksi orang-orang terhadap pengajaran dan mukjizat Yesus. Ada dua kata kunci di sepanjang kitab ini -- **takut** dan **percaya.** Sejak dari permulaan ke akhir Injil ini, yang terjadi adalah seolah mereka yang berjumpa dengan Yesus diperhadapkan dengan dua pilihan. Markus seolah berkata: Apakah respons Anda kepada kisah ini, takut atau iman?

Dalam catatan tentang peredaan angin badai, misalnya, Yesus ada dalam perahu dan para murid berseru kepada-Nya: "Tidakkah engkau peduli jika kami tenggelam?" Yesus menjawab, "Mengapa engkau sedemikian takut? Masih jugakah kalian tidak beriman?" Salah satu ucapan favorit yang dinyatakan sepanjang Injil ini ialah, "Jangan takut." Takut dan iman adalah respons yang tidak sepadan kepada keadaan atau situasi apa pun.

Dasar untuk kepercayaan

Karena itu, dalam Injil Markus kita disajikan dengan gambaran jelas tentang pribadi dan karya Kristus, dan dorongan untuk merespons dalam iman ketimbang takut ketika unsur supernatural terjadi. Ini adalah alasan tambahan mengapa Markus adalah Injil yang tepat sekali untuk orang yang belum percaya. Markus memberikan mereka pengetahuan sangat mendasar tentang pribadi dan karya Kristus, dan mendorong mereka berespons tepat kepada keduanya.

Bagian Akhirnya

Injil Markus memiliki akhir yang sangat populer. Sesungguhnya injil ini **berakhir di tengah sebuah kalimat.** Dalam naskah salinan yang lebih awal kita memiliki Injil ini berakhir tepat di tengah ayat 8 Pasal 16, dengan tekanan sangat kuat "karena mereka takut..." Terjemahan Indonesia biasanya merapikan bahasanya menjadi "karena mereka takut" atau "mereka takut." Tetapi tidak ada apa pun dapat menyembunyikan fakta bahwa Injil ini berakhir mendadak, dan berakhir dengan catatan tentang takut itu.

Alasan untuk akhir yang terpenggal itu

Bahwa Injil ini harus berakhir dalam cara demikian adalah hal yang mengherankan, mengingat tema keseluruhan Markus adalah membuat orang berpindah dari takut ke percaya, dan itu membangkitkan serangkaian pertanyaan penting: Apa yang terjadi kepada sisa kisah itu? Mengapa dalam Injil Markus tidak terdapat catatan tentang penampakan Yesus sesudah kebangkitan? Yang ada hanya tentang kubur kosong dan tentang penemuan kubur kosong itu, tetapi tidak ada disebutkan tentang Yesus sungguh menjumpai para murid, dan ini sungguh hal yang sangat janggal bila dibandingkan dengan ketiga Injil lainnya.

Paling tidak ada tiga kemungkinan untuk menjelaskan semua ini.

1. Markus **bermaksud** mengakhiri di catatan yang tidak pasti ini dan membiarkan bagian akhirnya terbuka.
2. Markus **tertahan** dari mengakhiri -- yi. sesuatu menyelak penulisannya. Ia mungkin ditangkap atau berhenti secara tiba-tiba, atau barangkali ia mati mendadak, dan naskahnya tidak pernah diselesaikan.
3. Bagian akhir itu, entah bagaimana **hilang**. Entah naskah tersebut dipenggal oleh pihak penganiaya, atau barangkali juga bahwa *Petrus* yang mencabik dan membuangnya! Mengingat ini sesungguhnya adalah 'Injil Petrus,' ia dimaksudkan sebagai catatan tentang khotbahnya mengenai Yesus. Kita tahu dari 1 Korintus bahwa salah satu dari penampakan kebangkitan paling penting ialah kepada Petrus sendiri, tetapi kita tidak memiliki catatan tentang ini dalam Injil-injil. Mungkin aslinya hal itu dimasukkan oleh Petrus, tetapi Petrus ingin menyingkirkan itu sebab ia berpikir hal itu terlampau berharga, terlalu intim dan sangat pribadi sampai ia tidak ingin terdapat catatan tentangnya yang diterbitkan. Sementara teolog menganggap bahwa meski kita tidak memiliki akhir Injil Markus, bagaimana pun kebanyakan darinya dicakup dalam versi Lukas dan Matius, sebab mereka mengambil banyak sekali dari karya Markus.

Kita tidak tahu apa yang sesungguhnya terjadi, tetapi anggapan 1 sangat tidak mungkin, sebab itu berarti bahwa Markus dengan sengaja mengakhiri di tengah kalimat, dengan perkataan, "[para perempuan itu] tidak berkata apa pun kepada siapa pun, sebab mereka takut..." Ini akan merupakan akhir sangat tidak masuk akal untuk Injil yang dimaksudkan untuk menyampaikan kabar baik, khususnya yang ditujukan untuk orang yang belum percaya.

Akhir lain ditambahkan

Hal yang sungguh kita ketahui ialah bahwa akhir lain telah ditambahkan, baik yang versi lebih pendek juga yang lebih panjang. Seorang lain telah melengkapi Injil Markus supaya kita memiliki kisah yang lengkap.

Versi yang panjang, yang lazimnya dicantumkan dalam Alkitab masa kini, mengalir dari ayat 9 sampai ayat 20, dan menyeimbangi takut dengan iman -- meskipun ia tetap memberitahu kita bahwa para murid masih juga tidak percaya bahwa Yesus telah bangkit bahkan sesudah mereka melihat Dia. Akhir itu mencakup juga beberapa pernyataan penting oleh Yesus, banyak darinya tidak dihargai oleh berbagai bagian Gereja Kristen masa kini. Yesus berbicara tentang bahasa lidah (satu-satunya kesempatan yang dicatat bahwa Yesus mengatakan bahwa para pengikut-Nya akan berbicara bahasa-bahasa), dan mengatakan bahwa para pengikut-Nya akan mengusir roh-roh jahat, menyembuhkan orang sakit, dan memegang ular serta tidak cidera (yang terjadi pada Paulus di Malta). Juga ada pernyataan di mana Yesus membuat baptisan air menentukan untuk keselamatan. Ia berkata, "Barangsiapa percaya dan dibaptiskan akan selamat."

Kita tidak tahu siapa menuliskan akhir ini, tetapi ini sungguh mencerminkan apa yang Gereja awal percayai tentang tindakan Yesus di antara kebangkitan dan kenaikan-Nya, dan ini sungguh mencakup bahan-bahan dari Injil lainnya. Ada sedikit potongan dari kisah perjalanan murid yang ke Emaus dan bagian singkat yang mirip dengan Amanat Agung di Matius. Agaknya seolah ada seseorang yang mengutip berbagai unsur dari Injil-injil lain, menggabungkannya dan mengakhiri Injil Markus dengan cara demikian. Kita tidak perlu meragukan keotentikan akhir yang lebih panjang ini. Itu adalah bagian yang sah dari Firman Tuhan dan sungguh mencerminkan pengertian orang Kristen awal, bahkan meski ia tidak menyampaikan perkataan aktual Markus sendiri.

Kesimpulan

Injil Markus memusatkan perhatian pada apa yang Yesus lakukan, sebagaimana yang Petrus sampaikan tentang bagaimana ia menghargai tuannya dan ingin sekali agar orang yang tidak percaya boleh datang ke dalam iman kepada-Nya. Injil ini menyajikan dasar untuk kepercayaan dalam cara yang jelas dan gamblang. Injil ini juga memiliki nilai penting untuk mereka yang sudah menjadi pengikut Yesus, dengan mengingatkan kita mengenai pribadi dan karya Kristus, serta perlunya merespons kepada 'buletin berita' ini dengan iman dan percaya. Nadanya yang segar dan bersemangat adalah menawarkan ampunan untuk mereka yang perjalanan Kristennya tengah mengalami pelemahan sebab mereka kehilangan ketakjuban akan peristiwa Kristus. Sebagai yang paling singkat, Injil ini adalah yang paling mudah dibaca dalam sekali kesempatan. Jika dapat, usahakan Anda membacanya dengan bersuara kuat untuk mengalami dampak terbaiknya -- baik untuk diri sendiri, bahkan lebih lagi, untuk orang lain.

38. MATIUS

Pendahuluan

Siapakah penulisnya?

Umumnya disetujui bahwa pengarang Injil ini adalah Matius, yang juga dikenal sebagai Lewi, meskipun namanya tidak tampil pada dokumen aslinya. Namanya berarti 'karunia dari Tuhan' dan ia adalah salah satu dari dua belas rasul. Ia seorang pemungut cukai di Kapernaum dan Injil Matius serta Lukas keduanya mencatat bahwa ia meninggalkan segala sesuatu untuk mengikut Yesus, dan mengadakan perjamuan agar sahabat dan rekannya dapat berjumpa Yesus langsung. Meski salah seorang dari Dua Belas murid, ia bukan seorang yang menonjol dan jarang disebutkan dalam Injil-injil lain.

Bagaimanakah Injil ini ditulis?

Telah kita perhatikan bahwa Matius menulis dengan menggunakan isi dan kerangka kerja Injil Markus. Ada kesamaan berarti, termasuk pemilihan kata yang sama di beberapa tempat. Matius mengikuti pengaturan luas oleh Markus yang bertahap dua, sambil menambahkan struktur khasnya sendiri. Jadi ia memasukkan 'tahap satu,' dua setengah tahun di mana Yesus melayani di Galilea, dan 'tahap dua,' enam bulan terakhir di selatan di antara orang Yahudi Yudea yang lebih nasionalistik. Ia juga melihat percabangan pelayanan Kristus berbarengan dengan pengakuan Petrus tentang Kristus di Kaisarea Filipi dan gerak Yesus berikutnya menuju selatan dan salib.

Telah kita perhatikan juga pentingnya menangkap *wawasan penulis* -- yaitu apa yang ia lihat dan mengerti tentang Yesus dari titik pandangnya yang khusus -- dan dengan Matius hal ini dapat ditekankan dengan menanyakan mengapa ia merasa perlu untuk menulis ulang Markus. Dengan memeriksa perbedaan antara Injilnya dan Injil Markus maka tujuan Matius boleh menjadi jelas.

Perbedaan antara Matius dan Markus

Wawasan

Matius termasuk salah satu dari Dua Belas murid, dan memiliki waktu untuk merenungkan tentang tiga tahun yang ia pakai untuk hidup dekat dengan tuannya. Sementara Markus menekankan kemanusiaan-Nya (Anak Manusia), Matius melihat Yesus sebagai **Raja** orang Yahudi, yaitu Ia yang memenuhi janji-janji dari para nabi. Tidak ada seorang pun menduduki takhta Daud selama 600 tahun -- Raja Herodes yang sedang memerintah saat itu tidak memiliki hak mengklaim ke garis keturunan Daud. Kini paling tidak datang seorang yang akan menjadi raja yang berhak.

Sejak dari awal sekali Matius memfokuskan perhatian para pembacanya pada leluhur Kristus dalam garis kerajaan Daud, dengan memaparkan bagaimana kelahiran-Nya menggenapi nubuatan dan memiliki tanda-tanda keterlibatan Tuhan, diwartakan oleh penghulu malaikat dan disambut oleh paduan suara para malaikat. Sementara Lukas memasukkan para gembala, Matiuslah yang mencatat penyembahan kepada anak itu oleh para orang bijak dari timur. Tema tentang Raja orang Yahudi ini juga tampak dalam penderitaan-Nya, dengan Matius mencatat mahkota duri, 'tongkat' dan gelar yang diberikan kepada Yesus, semuanya mengejek bahwa Dia berpura-pura -- tetapi untuk Matius adalah layak bagi seorang pribadi kerajaan.

Tujuan

Matius menulis untuk sidang pembaca yang sama sekali berbeda dari Markus. Markus ditulis untuk orang tidak percaya, Matius untuk **orang percaya baru**, kebanyakannya waktu itu adalah para petobat Yahudi.

Tujuannya dapat dilihat dengan jelas di akhir Injil ini, di mana ia mencatat perkataan terakhir Kristus kepada para rasul-Nya, yang memerintahkan mereka untuk "menjadikan semua bangsa murid-murid-Nya." Pasti Matius memenuhi maksud tersebut, dengan menyediakan suatu manual pemuridan untuk mereka yang masuk ke kerajaan. Memang, demikian inilah Injil ini datang untuk dipakai dalam Gereja awal dan merupakan salah satu alasan mengapa ia dimasukkan pertama dalam Perjanjian Baru kita.

Sementara Injil Markus sesuai untuk orang yang tertarik akan Kristus tetapi belum yakin, karena itu dengan Matius menulis ulang Markus ia bertujuan mencapai sasaran yang sangat berbeda.

Permulaan lebih awal

Matius memulai catatannya jauh lebih awal ketimbang

Markus, dengan kelahiran Yesus diletakkan di konteks leluhur-Nya. Markus mulai dengan baptisan-Nya dan kurang tertarik pada, atau bahkan mengabaikan, kelahiran-Nya. Jadi jauh sebelum kita mendengar pengajaran Yesus dan melihat mukjizat-mukizat-Nya. Matius telah menggelar pemandangan ini bagi kita, dengan mencipta kesan pengharapan karena sang Mesias Yahudi tiba di panggung sejarah.

Catatan lebih panjang

Matius adalah catatan paling penuh dan paling sistematik tentang kehidupan Yesus, ini barangkali mencerminkan pemikiran teratur seorang ahli pembukuan. Ia memasukkan bahan dari pengamatannya sendiri sebagai salah seorang dari Dua Belas murid, termasuk juga beberapa penelitian yang ia lakukan. Baik Lukas maupun Matius tampaknya memakai sumber yang sama yang tidak diketahui atau yang diabaikan oleh Markus. Tidak saja Matius menambahkan tentang kelahiran Yesus, ia juga memiliki lebih banyak ucapan dan kumpulan perkataan Yesus, dan lebih terinci tentang kematian Kristus, dengan 14 ucapan tambahan Yesus dimasukkan dalam narasi kematian-Nya.

Pengubahan

Matius telah melakukan sejumlah pengubahan kepada teks Markus dalam rangka untuk mengangkat aspek yang ia rasa penting. Catatan Matius kerap lebih singkat, menghapuskan rincian kasar atau nyata untuk menghasilkan kisah yang lebih halus yang menjernihkan kesalahmengertian yang ada dan menjaga agar para murid tidak malu. Segi 'perasaan' Matius karena itu adalah lebih berhati-hati, kurang entusiastik dan kurang emosional ketimbang Markus. Ini adalah seorang yang berusia lebih lanjut merenungkan tentang pengalaman langsungnya sendiri, dan ia datang lebih sebagai pengajar ketimbang pengkhotbah.

Kumpulan ucapan

Matius mengumpulkan ucapan Yesus ke dalam lima 'khotbah' (lihat tabel di bawah), membentuk kesimpulan tentang pengajaran-Nya mengenai pemuridan. Khotbah di Bukit sangat terkenal, tetapi ada empat lainnya tentang tema terkait mengenai **kerajaan**. Ini berbeda dari Markus, yang hanya sedikit tentang ucapan Yesus, dan Lukas, yang menyebarkan ucapan-ucapan Yesus ke sepanjang narasi. Dengan sidang pembacanya yang kalangan Yahudi, sangat mungkin bahwa Matius memiliki alasan khusus untuk menyajikan secara tepat *lima* khotbah. Tempat mereka di inti Injilnya sejajar dengan lima kitab dari taurat Musa yang memulai Perjanjian Lama (Kejadian sampai Ulangan). Matius memberitahu para pembacanya bahwa Yesus membawa suatu **hukum baru** -- bukan lagi hukum Musa, tetapi hukum Kristus. Karena itu sepanjang Khotbah di Bukit kita miliki pernyataan ulang dari hukum taurat: "Kamu telah mendengar dikatakan dalam hukum Musa, tetapi Aku berkata kepadamu..." Keadaan tidak akan pernah sama lagi.

Struktur

Matius menggunakan kerangka kerja dasar Markus, sebagaimana telah kami catat, tetapi ia menambahkan strukturnya sendiri. Di samping pembagian dua tahap dari Markus ia menambahkan dua motif pendahuluan dengan ungkapan 'Dari saat itu...' Maka kita baca, 'Dari saat itu seterusnya Yesus mulai berkhotbah, "Bertobatlah, karena kerajaan surga telah dekat," dan "Dari saat itu Yesus mulai menjelaskan kepada para murid-Nya bahwa Ia harus pergi ke Yerusalem dan menderita banyak hal..."" Penampakan pertama ungkapan tersebut menangkap kesan tentang pelayanan-Nya di utara, dan kedua tentang keharusan kematian-Nya di selatan. Matius juga memakai perkataan, "Ketika Yesus telah selesai..." untuk mengubah arah narasinya.

Namun demikian, perubahan struktural paling penting dan jelas, menyangkut cara ia mengubah lima gugus pengajaran Kristus dengan empat gugus perbuatan-Nya. Kita dapat memetakannya sebagai berikut:

STRUKTUR MATIUS

Pendahuluan: kelahiran, baptisan, pencobaan

Perkataan Pasal 5–7
Perbuatan Pasal 8–9
Perkataan Pasal 10
Perbuatan Pasal 11–12
Perkataan Pasal 13
Perbuatan Pasal 14–17
Perkataan Pasal 18
Perbuatan Pasal 19–23
Perkataan Pasal 24–25

Kesimpulan: kematian dan kebangkitan
Maka kita memiliki lima khotbah, empat darinya diikuti oleh catatan tentang perbuatan-perbuatan Yesus yang berfungsi sebagai ilustrasi khotbah-Nya. Maksud dari hal ini akan diperiksa lebih terinci nanti, tetapi untuk sekarang

kita sekadar harus memerhatikan bahwa Matius rajin mendemonstrasikan bahwa Yesus berkomunikasi dalam perkataan *dan* perbuatan, memberi kita suatu model untuk diikuti. Markus mengundang kita untuk datang dan melihat apa yang Yesus lakukan, tetapi Matius mengundang kita untuk datang dan melihat apa yang Ia lakukan *dan* mendengar apa yang Ia katakan.

Narasi tentang salib

Matius memiliki akhir yang jauh lebih berisi ketimbang Markus. Dibandingkan dengan akhir Markus yang mendadak, beberapa orang telah berspekulasi bahwa sesungguhnya bagian terakhir Matius mungkin adalah akhir dari Markus. Kita tidak memiliki kemungkinan untuk tahu, tetapi dapat mendaftarkan kekhasan khususnya dalam dua pasal terakhirnya.

1. **Rincian tentang penangkapan:** Matius memerhatikan tentang ketidaksalahan Kristus, maka ia menekankan bahwa hal ini terjadi supaya Alkitab boleh digenapi.
2. **Akhir hidup Yudas:** Matius mencatat peringatan Yesus kepada para murid dan penyesalan Yudas ketika ia mengembalikan uang, meski saat itu sudah terlalu terlambat.
3. **Berbagai kejadian yang terjadi langsung sesudah Yesus mati:** Matiuslah yang mencatat kubur yang terbuka dan penampakan orang yang sebelumnya mati di kota Yerusalem.
4. **Kubur:** Matius mencatat tentang kubur yang dijaga dan laporan para prajurit bahwa jenazah Yesus telah dicuri.
5. **Sesudah kebangkitan:** Matius lebih banyak mengatakan dari Markus tentang peristiwa sesudah kebangkitan.

Ia mencatat kembalinya Yesus ke Galilea, dan pertemuan-Nya dengan 11 murid (dan sekitar 500 lainnya, beberapa di antaranya 'diragukan'). Ada kepentingan besar dalam lokasi itu. Galilea adalah persimpangan jalan dunia, dengan Gunung Megido sebagai titik penyeberangan di mana berbagai jalan dari timur, utara, selatan dan baat bertemu. Penduduk di sini bersifat kosmopolitan, 'Galilea bangsa-bangsa.' Yesus ada di gunung, yang mengingatkan tentang Musa di Gunung Nebo. Pada saat itulah Amanat Agung diberikan: mereka harus memuridkan semua bangsa (harfiahnya semua kelompok etnis).

Ciri khas Matius

A. Ketertarikannya akan orang Yahudi

Sambil juga mengambil bahannya dari Markus, Matius menambahkan sejumlah ciri khusus darinya sendiri, dan pembaca langsung dihadang oleh keyahudian Injil Matius. Jelas bahwa injil ini ditujukan pada pembaca Yahudi, meski tidak secara eksklusif. Kepekaannya akan keprihatinan dan perhatian orang Yahudi dapat dilihat dalam seluruh injil ini.

1. SILSILAH

Injil tersebut mulai dengan silsilah, yang tidak begitu penting bagi orang bukan Yahudi tetapi mengetahui tentang **leluhur Yesus** akan memesona orang Yahudi, karena dalam pemikiran mereka pohon keluarga menetapkan pribadi seseorang. Lagi pula, pengaturan silsilah itu membangkitkan perhatian orang Yahudi. Leluhur Yesus diatur dalam tiga kelompok yang masing-masing terdiri dari 14, kelompok pertama dari Abraham sampai Raja Daud, kedua dari Daud sampai ke pembuangan, dan ketiga dari pembuangan sampai Yesus. Ketiga periode ini mewakili zaman ketika umat Tuhan diperintah oleh gaya kepemimpinan tertentu: para nabi, raja dan imam.

Kepentingan dari tiga kelompok tersebut mungkin hilang sampai kita menyadari bahwa setiap nama Yahudi memiliki nilai numerik, dengan masing-masing huruf ditetapkan angkanya dan jumlahnya membentuk angka nama itu. Daud dalam Ibrani (yang ditulis tanpa huruf hidup) adalah DWD dan berjumlah 14. Maka segera kita mengerti perhatian Matius untuk menyajikan sebuah pola. Leluhur Kristus mencerminkan garis Daud, dan Ia telah datang pada waktu yang tepat.

Matius memilih untuk memberikan silsilah dari leluhur Yusuf. Kita mungkin menganggap bahwa tidak ada yang luar biasa tentang itu -- sampai kita mengingat bahwa Yesus tidak memiliki kaitan secara *jasmani* dengan Yusuf. Mengapa tidak mengikuti Lukas yang memberikan leluhur Maria? Sebab untuk pemikiran Yahudi yang penting adalah *hak legal,* dan itu datang melalui ayah, meski masa kini melalui ibu.

Satu pokok menarik tambahan ialah bahwa seorang Yahudi yang sangat terlatih dalam Perjanjian Lama akan memerhatikan bahwa jika Yesus adalah keturunan *jasmani* dari Yusuf, hak-Nya untuk takhta Daud akan dipertanyakan, sebab Yekhonya didaftarkan sebagai leluhur Yusuf. Tuhan, melalui Yeremia telah berfirman bahwa tidak ada keturunan Yekhonya (dikenal juga sebagai Yoyakhin) yang akan pernah menduduki takhta Daud. Tujuan Matius adalah menegakkan *legalitas* klaim Yesus sebagai 'anak Daud.'

2. TERMINOLOGI

Kepekaan Matius terhadap pembaca Yahudi lebih lanjut terlihat dalam bahasa yang ia gunakan. Yang paling jelas adalah rujukannya kepada 'kerajaan,' sebuah tema kunci dari pesan Yesus. Matius menulis tentang **'kerajaan surga,'** bukan 'kerajaan Tuhan' sebagaimana dalam Injil-injil lainnya. Orang Yahudi akan menghindar pemakaian nama Tuhan dalam percakapan karena takut mengucap itu dengan tidak hormat dan karenanya Matius memakai ungkapan 'kerajaan surga,' bahkan meski maksudnya untuk ungkapan itu sama dengan ungkapan 'kerajaan Tuhan' yang dipakai oleh para penulis lainnya.

3. PEMAKAIAN PERJANJIAN LAMA

Matius lebih banyak merujuk kepada Perjanjian Lama ketimbang Injil-injil lainnya. Salah satu ucapan favoritnya adalah 'supaya digenapi, apa yang dikatakan oleh para nabi.' Ini merupakan salah satu alasan mengapa Matius ditempatkan di urutan pertama dalam Perjanjian Baru, meskipun ia bukan yang pertama ditulis. Ia lebih menyediakan **keberlanjutan** dengan Perjanjian Lama dibandingkan semua lainnya. Keseluruhan terdapat 29 kutipan langsung dari Perjanjian Lama dan 121 tambahan rujukan atau acuan tidak langsung.

Ini terlihat khususnya dalam narasi kelahiran dalam Matius. Untuk mata orang bukan Yahudi terkesan ia memakai banyak waktu menjelaskan mengapa Yesus dilahirkan di Betlehem -- sebab para nabi telah menubuatkan bahwa Betlehem di Yudea akan menjadi tempat kelahiran sang raja. Namun hal ini sangat penting dan menentukan untuk orang Yahudi yang bertanya-tanya tentang kesungguhan bahwa Yesus adalah Mesias Tuhan yang dijanjikan sejak dulu. Matius berusaha tekun membuat pembacanya mengerti bahwa para nabi telah menubuatkan tentang kelahiran dari perawan, pembantaian anak-anak yang tak bersalah, pelarian ke Mesir dan kembali ke Galilea. Ungkapan 'supaya hal itu digenapi, yaitu yang dibicarakan oleh para nabi' muncul 13 kali dalam kisah kelahiran Yesus, di mana Matius mengutip Mikha, Hosea, Yeremia dan Yesaya.

4. MESIAS

Lagi pula, para pembaca Yahudi akan mengalami masalah khusus dalam memercayai bahwa Yesus adalah sang Mesias dalam terang terjadinya **penyaliban-Nya.** Bagaimana dapat Mesias dihukum sebagai penjahat dan dihukum mati? Maka Matius menekankan bahwa sesungguhnya Yesus tidak bersalah dari segala tuduhan. Yang bersalah adalah orang Yahudi karena tuduhan yang tidak adil, pengadilan yang tidak sah, dan pengubahan tuduhan dalam rangka supaya Romawi menjatuhkan keputusan dan hukuman kepada-Nya. Matius memerinci mengapa orang Yahudi tidak menerima Mesias mereka dan memasukkan daftar celaka terhadap orang Farisi, kelompok orang Yahudi yang paling religius.

5. HUKUM TAURAT

Dikaitkan dengan penekanan Yahudi itu adalah perhatian Matius bahwa kita mengerti taurat dengan benar dalam terang pengajaran Yesus. Melebihi para Injil lain, Matius menekankan bahwa Yesus tidak datang untuk membatalkan taurat, tetapi untuk **menggenapi**nya. Matius mencatat perkataan Yesus, bahwa 'tidak satu iota pun, atau satu pun bagian taurat akan berlalu.' Banyak orang Yahudi berpikir Yesus datang untuk meniadakan hukum taurat, tetapi Matius menjelaskan bahwa bukan itu tujuan Dia. Ia datang supaya taurat 'digenapi' -- dipenuhi ketimbang dibatalkan.

MENGAPA MATIUS MENULIS BEGITU KUAT UNTUK ORANG YAHUDI?

Untuk membuka pintu bagi orang Yahudi
Pada tahun 85, tidak lama sesudah Matius menulis Injilnya, orang percaya Yahudi dikucilkan dari sinagoge. Gereja secara keseluruhan makin terdiri dari orang bukan Yahudi. Konsekuensinya ada kesenjangan yang dalam antara orang Yahudi dan Gereja. Matius ingin agar pintu tetap terbuka untuk orang Yahudi, menolong mereka untuk sadar bahwa para pengikut Yesus tidak menyingkirkan Perjanjian Lama, tidak juga melupakan akar-akar Yahudi mereka. Ia seorang Yahudi, mereka adalah bangsanya, seperti halnya rasul Paulus, Matius memiliki kerinduan bahwa orang Yahudi akan percaya kepada Mesias mereka sendiri.

Untuk mengingatkan orang bukan Yahudi tentang akar mereka
Keduanya, Matius menulis Injil yang bersifat Yahudi ini sebab ia ingin orang Kristen bukan Yahudi untuk tidak melupakan tentang akar Yahudi kepercayaan mereka. Lebih daripada para penulis Injil lainnya, Matius mengakarkan Yesus dalam Yudaisme, menempatkan Dia dalam konteks tujuan Allah untuk Israel, dengan silsilah yang surut balik ke Abraham dan Daud.

Di satu pihak ia berkata kepada orang Yahudi, 'Jangan lari dari orang Kristen,' dan di pihak lain kepada orang

Kristen, 'Jangan lari dari orang Yahudi.' Injil ini dimaksudkan mempertemukan orang Yahudi dan orang Kristen.

B. Ketertarikannya akan orang bukan Yahudi

Tujuan Matius tidak hanya Yahudi. Ia juga teliti menyebutkan **perhatian Kristus kepada orang bukan Yahudi** juga.

1. Dalam silsilah di pasal pertama, Rut dan Rahab, keduanya orang bukan Yahudi, didaftarkan.
2. Kita diberitahu bahwa Yesus melayani di 'Galilea wilayah bangsa-bangsa lain.'
3. Matius mencatat iman penghulu laskar Romawi, dipuji sebagai luar biasa oleh Yesus.
4. Kita membaca tentang orang dari timur dan barat datang untuk duduk dalam kerajaan.
5. Injil adalah kabar baik untuk orang bukan Yahudi yang bersedia percaya akan nama-Nya.
6. Kita baca tentang iman perempuan Kanaan.
7. Matius mencatat bahwa Yesus adalah batu penjuru yang dibuang oleh para tukang bangunan dan bahwa kerajaan akan direbut dari orang Yahudi dan diberikan kepada orang bukan Yahudi.
8. Di akhir Injil ini Yesus memerintahkan para pengikut-Nya untuk pergi dan memuridkan sekalian 'bangsa,' dan kata yang Ia pakai berarti kelompok-kelompok etnis, yi. orang bukan Yahudi.

Selanjutnya, Matius tidak ragu mencatat **perkataan negatif yang Yesus pakai ketika merujuk kepada orang Yahudi.** Ia memasukkan satu pasal penuh yang ditujukan untuk 'celaka'; di samping juga berbagai komentar yang tersebar. 'Celaka' adalah ucapan kutukan. Pasal 23 adalah kumpulan ucapan celaka dari Yesus terhadap orang Farisi dan para pemimpin agama. Itu bagian yang keras.

Kita cenderung lebih memerhatikan berkat-berkat, lupa bahwa Yesus mengutarakan kutukan juga. Dalam zaman Yesus ada 250,000 orang tinggal di pesisir Galilea di empat kota besar. Masa kini hanya ada satu kota. Mengapa? Yesus berkata, 'Celakalah kamu, Korazin... Celaka kamu, Betsyaida... dan kamu, Kapernaum...' dan semua kota ini kini telah lenyap. Satu-satunya kota yang tidak pernah Ia kutuk adalah Tiberias dan kota ini masih ada.

C. Perhatiannya akan orang Kristen – Yahudi atau bukan Yahudi

MANUAL UNTUK PEMURIDAN

Telah kita lihat bahwa Matius menulis Injilnya dengan mengingat para petobat baru, dan bahwa tujuannya dapat disimpulkan dari perintah Yesus di bagian paling akhir Injil ini, ketika Ia memercayakan kepada para pengikut-Nya tugas untuk mereka lakukan sebelum Ia kembali kelak: "Pergi dan jadikanlah segala bangsa murid-Ku dan ajarkan mereka untuk melakukan segala sesuatu yang Aku ajarkan untuk kamu lakukan.' Perkataan ini menyediakan dasar untuk pengertian kita mengenai maksud Matius: **menolong para** murid dengan mengajarkan mereka apa yang telah Yesus perintahkan. Kita boleh menyebut Injilnya 'manual untuk pemuridan.'

Ini boleh dikata merupakan kitab terbaik dalam Perjanjian Baru untuk para petobat baru. Kitab ini dirancang dengan hati-hati untuk mengajar mereka bagaimana mereka harus hidup sesudah mereka kini menjadi para murid

Yesus. Kehidupan Kristen memang mulai dengan satu *keputusan* untuk menerima Yesus, tetapi perlu banyak tahun untuk menjadi seorang *murid*. Unsur kunci dalam pemuridan adalah belajar **bagaimana hidup dalam kerajaan surga di bumi** ini, dan tepatnya Matius menulis Injilnya untuk tujuan itu supaya kita dapat memuridkan orang lain.

GEREJA

Tujuan tersebut menjelaskan mengapa Matius adalah satu-satunya Injil yang mencatat perkataan Yesus tentang Gereja. Kata yang dipakai mengandung dua arti sangat berbeda -- **Gereja semesta** dan **gereja setempat**.

Pemakaian pertama datang sesudah pengakuan Petrus bahwa Yesus adalah 'Kristus, Anak Allah yang hidup,' suatu titik kelok penting dalam Injil ini. Begitu para pengikut-Nya menyadari siapa Dia, Yesus dapat membangun Gereja-Nya. Dan dengan membangun Gereja-Nya. Ia dapat mati di salib. Di sini kata 'gereja' merujuk ke Gereja semesta, keseluruhan Gereja Yesus. Hanya ada satu Gereja Yesus Kristus dan Ia sedang membangunnya.

Arti kedua kata itu datang dalam Pasal 18: "Jika saudaramu bersalah kepadamu pergilah kepadanya dan tegorlah ia. Jika ia bertobat darinya kamu menyelamatkan dia. Jika ia menolak mengakui bahwa ia salah, ajak dua atau tiga orang saksi. Jika ia masih juga menolak untuk mengakui itu beritahukan kepada gereja.' Ini tidak mungkin berarti Gereja semesta, tetapi komunitas gereja setempat yang di dalamnya si orang bersalah adalah bagiannya.

Dalam perkataan ini Matius memaparkan dua artian untuk kata 'gereja' dalam Perjanjian Baru: ada Gereja Yesus, yang Ia bangun, dan ada gereja setempat yang menjadi bagian dari Gereja semesta tersebut dan yang kepadanya Anda boleh membawa keluhan Anda apabila perlu.

Tidak saja merupakan satu-satunya yang bicara tentang Gereja, Matius juga jelas bahwa beberapa pengajaran khusus ditujukan untuk Gereja masa kemudian, pasca Pentakosta. Matius mencatat pengajaran yang tidak secara langsung relevan untuk pendengarnya. Contohnya, dari 37 ayat di Pasal 10 yang mengurus perintah Yesus kepada Dua Belas murid, hanya 12 ayat yang secara langsung relevan. Pasal itu bicara tentang penganiayaan bangsa-bangsa lain, tetapi pada saat itu bangsa lain belum terlibat dalam penganiayaan apa pun, maka Matius memasukkan bahan dari mulut Yesus yang khusus dimaksudkan untuk relevansi *masa depan*. Demikian juga, disiplin 'gereja' di Pasal 18 harus diberikan untuk periode kemudian, sebab para murid pada saat itu tidak dapat mengerti hal itu.

KERAJAAN

Jika pengajaran tentang Gereja adalah unik dalam Injil Matius, ajaran tentang kerajaan meliput tema-tema yang juga dimasukkan dalam Injil-injil lainnya. Tetapi 'kerajaan' merupakan perhatian *khusus* Matius. Tidak satu pun dari penulis lain memberikan perhatian sebesar yang Matius berikan. Sebelum ini kita lihat bahwa ia mengatur pengajaran Yesus ke dalam lima gugus. Semua ini tentang tema-tema kerajaan. Tambahan, perumpamaannya kerap dimulai dengan kata, "Kerajaan surga adalah seperti..." Tema dominan ini mencerminkan khotbah Yesus dan merupakan hal yang mengalir di seluruh kisah Alkitab sementara Tuhan menggelar penegakan ulang kerajaan surga di bumi. Tentunya, ini merupakan tema yang menyatukan baik orang Yahudi maupun Kristen sebab keduanya mencari kerajaan Tuhan. Ini sesuai dengan maksud Matius menyatukan orang Yahudi dan bukan Yahudi.

Namun demikian, ada perbedaan menentukan antara *pengharapan Yahudi* akan kerajaan dan *pengalaman Kristen* tentang kerajaan, yang menjelaskan mengapa begitu banyak orang Yahudi gagal mengerti bahwa Yesus adalah Mesias mereka. Penting mengerti hal ini jika kita ingin menangkap pengajaran Yesus tentang tema ini. (Lihat diagram di halaman berikut)

Untuk orang Yahudi kerajaan itu sepenuhnya di masa depan -- itu merupakan sesuatu yang belum datang dan karenanya mereka menyebut itu 'zaman yang akan datang.' Masa kini, apabila bangsa Yahudi merayakan Hari Raya Kemah Sembahyang seiap bulan September atau Oktober, mereka menanti penuh harap akan kedatangan Mesias yang membawa kerajaan surga di bumi. Itu adalah pusat pengharapan mereka. Mereka melihat masa kini sebagai 'zaman jahat kini,' di mana dunia diperintah oleh Iblis. Si iblis adalah penguasa dunia ini, ilah dunia ini. Inilah gelar yang diberikan baik oleh Yesus maupun Paulus untuk Iblis, tetapi gelar itu sudah dikenal baik oleh bangsa Yahudi.

Perbedaan dalam pengharapan Kristen akan masa depan ialah ini: **Orang Kristen percaya bahwa Mesias telah datang, tetapi juga bahwa Ia akan datang kembali.** Dalam Matius Yesus berbicara tentang hal ini sebagai rahasia kerajaan, yaitu bahwa Mesias akan datang dua kali, bukan sekali. Maka 'zaman yang akan datang' yang orang Yahudi nantikan telah mulai -- telah terbit bersama kedatangan Yesus. Kerajaan surga telah datang dalam artian sangat riil dan kini ada di sini, tetapi ia tumpang tindih dengan 'zaman jahat kini,' ketimbang

A. ORANG YAHUDI (Israel)	B. KRISTEN ('Gereja')
Kutipan	Bukan Yahudi
Acuan	Para Murid
Penjelasan	
Penggabungan	
(5x = 'hukum' Kristus)	Manual Pemuridan

KERAJAAN SURGA (= Allah)

A. YAHUDI

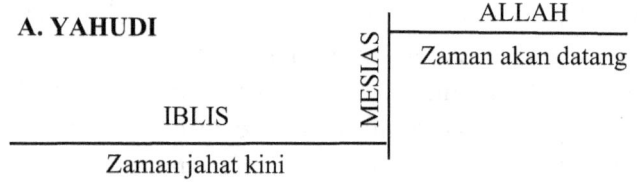

B. KRISTEN

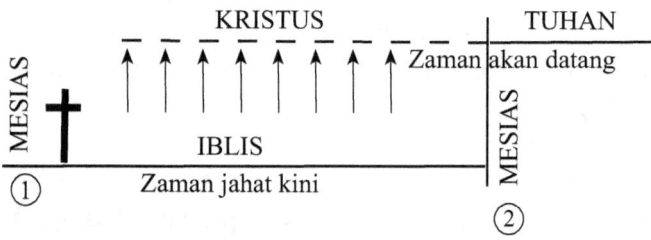

hanya menggantikannya sebagaimana yang orang Yahudi harapkan. Alasan mengapa orang Kristen ada dalam ketegangan ialah bahwa kita kini hidup dalam 'tumpang tindih zaman-zaman itu.' Kerajaan Tuhan sekaligus ada kini namun masih belum, sudah diresmikan tetapi belum rampung tuntas. Belum lagi selesai ditegakkan, ia masih dapat dimasuki sekarang ini.

Dengan pengertian tentang *kedatangan* kerajaan seperti ini, kita dapat mengerti lebih baik mengapa kabar Injil menjadi halangan untuk orang Yahudi yang berpikir mereka semua cukup baik untuk masuk ke zaman yang akan datang itu. Yohanes Pembaptis memberitahu mereka perlu dibersihkan dan dibaptiskan di Yordan, supaya dosa-dosa mereka boleh dibasuh bersih, sehingga siap untuk kerajaan yang sedang datang. Banyak yang sama sekali tidak menyadari kebutuhan itu. Sekali kita menangkap ide yang sangat berbeda ini tentang kedatangan kerajaan, kita akan mengerti jauh lebih baik pengajaran Yesus dan konflik-konflik yang Ia hadapi.

Matius ingin sekali agar tema kerajaan boleh diseimbangkan secara tepat dengan pengajaran lain, sebab perhatian pada kerajaan ini -- dengan orang percaya dilihat sebagai pihak yang tunduk ke bawah raja -- dapat membuat kita berpikir tentang hubungan dengan Tuhan semata dalam rangka tersebut. Kekerapan pemakaian sebuah kata sering menjadi kunci kepada penekanan penulis, dan Matius menyebutkan 'Bapa' seluruhnya 34 kali, dibandingkan hanya 4 kali di Markus dan 17 kali di Lukas. Ia menekankan bahwa sambil kita hidup sebagai bawahan dari Raja Surga, kita juga dapat memanggil Dia 'Abba, Bapa.' Selain sebagai bawahan kita juga adalah anak. Jika kita hanya bawahan yang berusaha menaati raja, kita dapat mulai berpikir bahwa ketaatan kita entah bagaimana menyelamatkan kita dan kita melupakan hubungan kasih kekeluargaan yang ke dalamnya Tuhan memanggil kita masuk. Jadi ini adalah penawar bagi legalisme dan kehidupan yang berdasarkan peraturan serta pengaturan. Dengan pengertian tentang kerajaan sebagaimana ringkasan di atas, adalah mungkin untuk kita menentukan tema utama Injil Matius sebagai berikut:

Bagaimana Anda hidup dalam kerajaan masa kini?
Mari kita menengok sejenak ke lima 'khotbah' yang di dalamnya Matius telah mengumpulkan pengajaran Yesus tentang kerajaan.

1. Gaya hidup kerajaan (Pasal 5–7)

Kompilasi ini lebih dikenal sebagai 'Khotbah di Bukit' dan kerap disalahmengerti secara buruk. Ini bukan nasihat Yesus tentang bagaimana hidup untuk orang tidak percaya. Untuk orang percaya saja pun ini sudah merupakan hal yang berat untuk diusahakan, lebih-lebih untuk orang yang tidak percaya. Bukan, khotbah ini mengajar kita **bagaimana orang percaya harus hidup, kini dengan mereka ada dalam kerajaan.**

Khotbah ini dimulai dengan serangkaian pernyataan penting: 'Berbahagialah orang yang miskin dalam roh, karena merekalah yang mempunyai kerajaan surga.. Berbahagialah orang yang lemah lembut, karena mereka akan mewarisi bumi... Berbahagialah orang yang murni hatinya, karena mereka akan melihat Tuhan...' Yesus memaparkan tentang jenis pribadi baru, dengan karakter yang berubah.

Sesudah pembukaan 'ucapan bahagia,' perintah-perintah dalam khotbah ini memiliki rentang yang luas dan sangat praktis. Berikut adalah sedikit contoh:
- Jika Anda menyebut seseorang gila, Anda pembunuh.
- Hukum Musa berkata, "Jangan tidur dengan perempuan yang tidak Anda nikahi," tetapi Yesus berkata, "Jangan lihat kepada perempuan dan berharap Anda dapat menidurinya."
- Ia juga berkata, "Jangan bercerai dan kawin lagi."
- Kita diajar untuk tidak khawatir, sebab jika kita

khawatir kita menghina Raja Surga, yang memelihara ciptaan-Nya sendiri dan karena itu akan memelihara kita.

Inilah gaya hidup kerajaan dan pasal-pasal ini menyediakan bahan istimewa untuk seseorang yang baru bertobat. Pokok vital untuk diraih ialah bahwa mereka tidak diselamatkan *oleh* tetapi *untuk* gaya hidup sedemikian.

2. Misi kerajaan (9:35–10:42)

'Khotbah' ini menurun logis seterusnya dari hal pertama tadi. Matius menunjukkan bahwa ketika seseorang memasuki kerajaan mereka memiliki misi untuk dijalankan dan membawa orang lain masuk. Bagian besar dari ajaran Yesus tentang **penginjilan**, karena itu, datang di Pasal 9 dan 10.

Yesus memerintahkan para murid-Nya untuk mendemonstrasikan realitas kerajaan dengan membangkitkan orang mati, mengusir roh-roh jahat dan menyembuhkan orang sakit, dan memberitahu mereka yang telah melihat itu bahwa kerajaan sedang datang. Maka *perbuatan* harus mendahului *perkataan* tentang kerajaan itu. Nas tersebut juga memberikan rincian berarti tentang bagaimana mereka harus melakukan perjalanan, apa yang boleh mereka bawa dan bagaimana mereka harus merespons tentangan.

3. Pertumbuhan kerajaan (13:1–52)

Berikut kita beralih dari misi ke pertumbuhan. Apa yang harus kita harapkan mengenai **peluasan kerajaan?** Di sini pengajaran tentang hal itu datang melalui serangkaian perumpamaan.

- Penabur: Kita tidak perlu khawatir jika tiga dari empat benih tidak menghasilkan apa pun. Dari satu yang jatuh di tanah yang baik akan didapatkan hasil 30, 60, dan 100 kali ganda, maka itu merupakan hal yang berarti.
- Gandum dan lalang bersama: Kerajaan Iblis akan tumbuh berdampingan dengan kerajaan Tuhan, sampai mereka dipisahkan di penuaian akhir.
- Biji sesawi: Yesus memaparkan satu benih dapat menjadi sebuah pohon yang besar, menggambarkan pertumbuhan kerajaan dari permulaan sangat kecil dan disejajarkan secara tepat sekali dengan pertumbuhan Gereja, yang Yesus mulai dengan 11 orang baik dan kini 1,5 milyard!
- Mutiara yang mahal: Kita diberitahu betapa tak ternilainya kerajaan itu, sebab ia dimiripkan seperti mutiara yang mahal. Kita harus siap melepaskan semua yang sudah kita punyai agar boleh memilikinya.
- Jala: Yesus memberitahu kita untuk tidak khawatir tentang petobat yang buruk, sebab kerajaan surga penuh dengan segala jenis ikan, yang baik maupun yang buruk. Pesan-Nya ialah kita mesti menunggu sampai 'ikan' akhirnya dibawa ke pantai pada hari akhir, ketimbang berusaha memilahnya secepat kita menangkap mereka.

4. Komunitas kerajaan (18:1–35)

Matius memasukkan di sini beberapa pengajaran yang Yesus berikan mengenai **hubungan di dalam gereja setempat.** Ia bicara tentang bagaimana kita harus mengurus mereka yang hanyut menjauh dari iman, dan bagaimana kita harus menangani mereka yang berdosa terhadap orang lain dalam komunitas orang percaya.

5. Masa depan kerajaan (Pasal 24–25)

Ketika Matius menulis Injilnya, banyak orang Kristen menanyakan kapankah Yesus akan datang kembali. Maka Matius (sebagaimana juga Lukas dan Markus) memasukkan bagian yang menolong para pembacanya untuk mengetahui apa yang harus mereka perhatikan melalui **tanda-tanda kedatangan-Nya.**

Lokasi untuk 'khotbah' ini penting: Yesus dan para murid sedang duduk di Gunung Zaitun menghadap ke bait dan para murid menanyai Yesus tentang akhir zaman. Matius mengaitkan pertanyaan para murid tentang hal ini dengan nubuatan Yesus bahwa suatu hari bait akan dihancurkan.

Yesus memberi mereka empat tanda untuk mereka perhatikan sebelum kedatangan-Nya:

1. Berbagai bencana dalam dunia: peperangan, kelaparan, gempa bumi, Kristus palsu.
2. Perkembangan dalam Gereja: penganiayaan meluas, jumlah yang gugur, para nabi palsu, dan misi digenapi.
3. Bahaya di Timur Tengah: diktator penista kekudusan, kesukaran tak tertandingi (tetapi dibatasi), Kristus palsu dan nabi palsu.
4. Kegelapan di angkasa: matahari, bulan dan bintang tidak bersinar, kilat selebar angkasa, kedatangan Kristus sejati dan orang Kristen dikumpulkan 'dari empat penjuru angin.'

Dari empat tanda ini, yang pertama telah terlihat; yang kedua sedang berlangsung; yang ketiga masih akan tampak, dan ketika itu terjadi yang keempat akan segera mengikuti.

Matius melanjutkan bagian ini dengan serangkaian perumpamaan yang memusatkan perhatian pada kesiagaan ketika sang Raja datang kembali. Dalam setiap perumpamaan terdapat ungkapan 'ia lama tidak datang-datang juga,' menekankan perlunya kesetiaan dalam kenyataan kemungkinan terjadinya penundaan yang cukup lama.

TEMA-TEMA BESAR

Telah kita lihat sejumlah tema yang merupakan bagian dari perhatian khusus Matius. Ada tiga lagi lainnya yang juga perlu kita pertimbangkan, semuanya penting untuk pemuridan dalam kerajaan.

1. Iman

Hal pertama yang muncul berulangkali adalah tema tentang iman. Ini tidak unik Matius, tetapi pasti merupakan perhatian khususnya. Pesannya ialah bahwa warga kerajaan yang juga adalah anak-anak dari Bapa hidup oleh iman. Ini tidak merujuk kepada iman yang selesai dengan satu kali keputusan saja, tetapi kepada orang yang sesudah sekali percaya, terus menerus percaya. Dalam Matius, Yesus kerap menanyai orang, "Percayakah kamu akan apa yang Ku katakan kepadamu? Percayakah kamu bahwa Aku dapat melakukan hal ini?" Yesus mencari **percaya yang** berkelanjutan kepada-Nya dan Firman-Nya. Ia menujukan pujian tertinggi-Nya kepada penghulu laskar yang datang kepada-Nya meminta kesembuhan, dengan membandingkan imannya yang besar dengan kurangnya iman dalam sebagian orang Israel.

2. Perilaku benar

Satu tema yang tidak akan Anda temukan dalam Injil lain ialah tentang perilaku kebenaran -- perlunya **berbuat sambil juga memercayai**. Ini dibuat cukup jelas bahwa urutannya penting: Anda percaya lebih dulu, tetapi Anda percaya supaya berbuat. Ambillah contoh salah satu perumpamaan terpendek dalam seluruh Injil, yaitu tentang seorang yang memiliki dua orang anak yang meminta mereka untuk pergi dan bekerja di kebun anggurnya. Yang satu berkata 'ya,' tetapi tidak pergi; yang lain berkata 'tidak,' tetapi pergi. Yesus kemudian bertanya yang mana dari kedua itu yang melakukan kehendak ayahnya, menyiratkan bahwa kita dapat mengaku taat, tetapi kita berdusta apabila tidak sungguh melakukan apa yang Ia perintahkan untuk kita lakukan. Menjadi murid bukan sekadar memercayai Dia tetapi secara aktif 'melakukan kebenaran.'

Ini dijelaskan di banyak tempat dalam Injil Matius. Ini merupakan alasan dasar bagi baptisan Yesus, dan menjelaskan artinya, yang kerap salah dimengerti. Mengapa Yesus dibaptiskan? Ia tidak memiliki dosa yang harus dibersihkan, namun Ia datang kepada Yohanes untuk dibaptiskan. Ketika Yohanes menyanggah bahwa harusnya Yesus yang membaptiskan dia, Yesus masih mendesak, karena "adalah benar untuk kita menggenapi semua perilaku benar." Baptisan bagi-Nya bukan suatu tindakan pertobatan sebagaimana bagi orang lain, tetapi itu adalah tindakan kebenaran. Bapa-Nya telah menyuruh Dia melakukan itu maka Ia lakukan. Di paling awal Injil itu, Yesus mendemonstrasikan pentingnya bertindak dengan menjadikan diri-Nya sendiri model tentang tindakan yang Ia harapkan dari para pengikut-Nya.

Karenanya, tidak heran bahwa pengajaran-Nya penuh dengan tema ini. Ia berkata bahwa, "kecuali kebenaranmu melebihi kebenaran para ahli Taurat dan orang Farisi, kamu tidak akan masuk dalam kerajaan Tuhan." Orang Farisi adalah kelompok yang luar biasa religius. Mereka berpuasa dua kali setiap minggu; mereka membayar persepuluhan dari semua yang mereka miliki; mereka menyeberangi lautan dan daratan untuk memproselitkan orang; mereka adalah para misionaris hebat; mereka membaca Alkitab; mereka berdoa. Namun begitu Yesus berkata bahwa kebenaran para pengikut-Nya harus melebihi itu semua.

Sebagaimana penting kita mengerti dengan tepat apa arti iman, maka kita harus mengerti benar tentang konsep kebenaran sebagaimana yang Matius kemukakan. Yesus tidak berkata bahwa kita diselamatkan *oleh* perbuatan kebenaran, tetapi kita diselamatkan *untuk* perbuatan kebenaran. Ini sangat berbeda. Jika Injil Matius diberikan kepada orang tidak percaya, mereka bisa mendapatkan kesan bahwa menjadi seorang Kristen berarti melakukan kebaikan, tetapi sesungguhnya sesudah Anda menjadi Kristenlah -- yaitu sesudah diselamatkan dan diampuni -- Anda dipanggil untuk menunjukkan perbuatan kebenaran sebagaimana yang Matius paparkan.

3. Penghakiman

Tema ketiga ini mungkin terkesan mengherankan: agaknya ini menentang tesis bahwa Matius menulis Injil untuk orang percaya. Namun ada cukup banyak ajaran tentang penghakiman dari bibir Yesus sendiri. Lagi pula, pemeriksaan lebih teliti tentang konteks masing-masing peringatan tentang neraka akan menyatakan bahwa semua kecuali dua diberikan kepada orang percaya lahir baru.

Matius **memperingatkan para murid tentang bahaya puas diri.** Mulai mengikut Yesus bukan tiket untuk masuk surga. Para pengikut sendiri harus takut neraka jika mereka ingin tetap ada 'di jalan itu.' Maka kendati ada dua peringatan tentang penghakiman diberikan kepada orang Farisi, sisanya ditujukan kepada mereka yang telah meninggalkan segala sesuatu untuk mengikut Yesus. Yang paling menghentak, Ia tidak pernah memperingatkan para pendosa dengan cara seperti ini.

Kebenaran ini khususnya menjadi jelas apabila kita mempertimbangkan konteks tentang pernyataan Kristus paling terkenal mengenai neraka: "Janganlah takut kepada mereka yang dapat membunuh tubuhmu dan sesudah itu tidak dapat melakukan apa pun; sebaliknya takutlah Dia yang dapat membinasakan tubuh dan jiwamu di neraka." Kepada siapakah Ia berbicara? Sesungguhnya Ia berbicara kepada para misionaris Kristen (Dua Belas murid) tepat sebelum Ia mengutus mereka pergi untuk memberitakan dan mendemonstrasikan kerajaan. Ia tidak berkata bahwa takut akan neraka harus menjadi bagian dari pesan mereka kepada orang berdosa, tetapi mereka sendiri harus takut hal itu, sebab apabila mereka takut neraka mereka tidak akan takut apa pun lainnya, bahkan juga kemartiran.

Jika kita hanya punya Injil Matius di dalam keseluruhan Perjanjian Baru kita akan cukup mengetahui bahwa orang Kristen harus takut berakhir di onggokan sampah Tuhan, yang Yesus sebut 'Gehena,' yaitu lembah Hinom di luar kota Yerusalem di mana segala sesuatu yang tidak berguna dibuang untuk dibakar. Matius adalah Injil yang sangat serius untuk para murid, yang mengajarkan mereka untuk serius, maju terus, tetap percaya, dan maju sepenuhnya bersama Yesus.

BAGAIMANA PESAN MATIUS DIAJARKAN

Dengan sasaran Matius menyediakan sebuah manual pemuridan, kita mungkin bertanya mengapa ia menaruh semua pengajaran ini ke dalam kerangka kerja Injil Markus. Mengapa ia tidak sekadar menyebutnya sebagai manual untuk pemuridan dan mencatat pengajaran yang dibutuhkan oleh para murid? Jawaban untuk pertanyaan ini memberikan wawasan menakjubkan tentang cara Yesus dan Matius ingin agar dapat dipelajari oleh para pendengar dan pembaca mereka.

Konteks
Matius berlaku setia kepada cara pengajaran itu asalnya diberikan oleh Yesus. Yesus memberikan pengajaran-Nya dalam konteks perbuatan-Nya dan Ia melakukan mukjizat dalam konteks pengajaran-Nya. Pengajaran perlu diberikan dalam konteks praktis ini. Kita perlu **keseimbangan perkataan dan perbuatan.**

Proses dua jalan
Kita juga perlu diberitahu mengenai *indikatif*-nya injil: yaitu **apa yang Kristus telah lakukan untuk kita,** dan kemudian diperhadapkan dengan *imperatif*-nya: **apa yang kita harus lakukan untuk Tuhan.** Kita akan tersesat jika berfokus hanya pada yang satu dan tidak pada yang lainnya. Jika kita berkonsentrasi pada apa yang Tuhan telah lakukan, kita mungkin membayangkan kita tidak perlu melakukan apa-apa, dan ini dapat menyebabkan kebebasan berlebihan. Jika kita berfokus hanya pada apa yang kita lakukan untuk Tuhan, kita mungkin menganggap bahwa semuanya bergantung pada kita, dan ini dapat memimpin kepada legalisme (yi. Perbuatan saya mendapatkan keselamatan). Sebaliknya, perilaku kita perlu menurun dari kepercayaan kita -- kita mengerjakan ke luar apa yang Ia kerjakan di dalam kita. Kuasa kerajaan melepaskan kita dari dosa supaya kita boleh hidup dalam kemurnian kerajaan. Kerajaan pada saat yang sama adalah ajakan dan tuntutan. Maka apa yang Tuhan lakukan bagi kita

dan apa yang kita lakukan untuk Dia semuanya adalah bagian dari injil, kabar baik tentang kerajaan Tuhan.

Perlunya keseimbangan indikatif dan imperatif adalah hal yang berlaku apabila kita mempertimbangkan salib Kristus, karena sangat bahaya menceraikan pengajaran Kristus dari semua yang Ia capai di sana. Kita tidak dapat mengajar orang bagaimana menghidupi kehidupan Kristen *tanpa* memberikan mereka pengajaran dalam kerangka apa yang telah Kristus capai untuk mereka di salib. Urutan Matius menolong kita untuk terus menerus mensyukuri Yesus atas semua yang telah Ia lakukan. Dengan bijak ia memutuskan untuk menampilkan pengajaran para murid dalam kerangka kerja kabar baik bahwa Yesus yang menuntut semua ini dari para pengikut-Nya adalah Yesus yang menyembuhkan oang sakit, membangkitkan oang mati, dan yang mati serta bangkit kembali untuk kita.

Kesimpulan

Pasti Injil Matius adalah kegemaran Gereja mula-mula. Perhatian mereka pada Amanat Agung, yaitu untuk pergi ke seluruh dunia dan menjadikan semua bangsa murid-Nya, mengajar mereka untuk melakukan semua yang Yesus ajarkan. Injil Matius menyanggupkan mereka untuk melakukan itu semata, sebagai petunjuk pemuridan untuk orang percaya Yahudi dan bukan Yahudi, menyatukan Perjanjian Lama dan Baru serta memberitahu dunia bahwa Kristus sang Raja orang Yahudi telah datang, untuk menggenapi janji-janji Tuhan kepada Abraham bahwa melalui Dia dan benihnya semua bangsa di dunia akan diberkati. Pada akhirnya inilah anak Daud -- dan beginilah kita harus hidup masa kini sebagai warga sang Raja.

39. LUKAS DAN KISAH PARA RASUL

Pendahuluan

Alkitab terbentuk dari kata-kata manusia dan Firman Tuhan - banyak manusia pengarangnya tetapi satu editor ilahi. Kebanyakan pengarangnya merespons kepada kebutuhan langsung dan tidak berpikir bahwa apa yang mereka tuliskan suatu hari akan menjadi bagian dari Alkitab. Karena itu kita dapat mempelajari kitab-kitab Alkitab di dua tingkatan: tingkat historikal dan eksistensial. Di tingkat historikal kita boleh bertanya: Mengapa ia ditulis? Apa alasan manusia di baliknya? Di tingkat eksistensial, kita bertanya: Mengapa ini ada dalam Alkitab kita? Mengapa Tuhan ingin kita mengetahui tentang hal ini? Ini akan merupakan metode kita sementara kita mempertimbangkan baik Injil Lukas dan kitab Kisah Para Rasul nanti. Kedua kitab ini dikarang oleh orang yang sama, dan keduanya bersama menjadi semacam kasus khusus. Maka siapakah Lukas dan mengapa ia menulis kedua jilid ini?

Siapakah Lukas?

1. SEORANG BUKAN YAHUDI

Lukas, di antara semua pengarang Alkitab adalah unik sebab ia satu-satunya orang bukan Yahudi. Namanya berasal dari *Loukas* dan ia seorang penduduk asli dari Antiokhia di Siria, yang adalah Parisnya dunia purba di ujung timur Laut Tengah, cukup jauh di utara dari Tanah Perjanjian.

Di Antiokhia inilah gereja bukan Yahudi pertama didirikan dan para pengikut Yesus Kristus pertama kali disebut 'Kristen' -- sesuatu yang merupakan julukan menghina yang memberikan kepada mereka oleh penduduk setempat yang memerhatikan bahwa mereka berusaha untuk mengikut 'Kristus.' Meski nama ini telah menjadi populer masa kini dan mengandung arti dengan rentang luas, dalam Kisah Rasul kata 'orang percaya' atau 'murid' umumnya lebih disukai.

Sebagai seorang bukan Yahudi, Lukas ada di tempat yang tepat untuk memperlihatkan melalui tulisannya bagaimana injil menyebar dari Yerusalem ke Roma Kita dapat dengan mudah melupakan bahwa untuk suatu agama melompati batas-batas etnis adalah hal yang unik, khususnya dari sifat dasarnya yang Yahudi sampai utamanya menjadi bukan Yahudi. Kebanyakan orang dilahirkan ke dalam agama bangsanya dan tetap di sana. Kini ada satu agama yang telah melompat dari satu orang ke orang lainnya. Perhatian pada pembaca bukan Yahudi ini didemonstrasikan dalam berbagai cara. Misalnya, Lukas menghindari ungkapan bahasa Ibrani dan Aram seperti 'rabi' dan 'Abba' yang dipakai dalam Matius dan Markus, dan lebih suka menerjemahkannya ke dalam bahasa Yunani untuk para pembacanya, untuk memastikan bahwa mereka mengerti.

2. SEORANG DOKTER

Menurut profesinya Lukas adalah seorang dokter -- rasul Paulus menyebut dia sebagai 'tabib Lukas yang kekasih' ketika menulis kepada gereja di Kolose. Masa itu pengobatan telah berkembang selama 400 tahun dan para dokter menerima pelatihan yang teliti. Lukas perlu jeli, analitis dan teliti dalam catatannya -- suatu keahlian yang juga ia pakai dalam menulis Injilnya dan kitab Kisah Rasul.

Ada banyak kejadian yang menyangkali latarbelakang medis Lukas. Kelahiran Yesus, sebagai contohnya, diceritakan dari sisi Maria. Kita memiliki rincian tentang penyunatan Yesus, penyebutan tentang kain lampin atau popok -- segala macam hal yang seorang dokter akan tertarik tentangnya. (Kebetulan, Lukas memberikan kita silsilah Maria untuk menelusur leluhur jasmani Kristus, sementara Matius memberikan kita garis Yusuf.) Ketika Markus memaparkan tentang penyakit ibu mertua Petrus ia menyebutnya demam, Lukas menulisnya sebagai 'demam keras [tinggi]'. Dari mukjizat-mukjizat yang Lukas catat, lima dari enam adalah mukjizat penyembuhan.

Tuhan memakai seorang dokter untuk melaporkan hal supernatural! Kelahiran dari perawan, mukjizat-mukjizat Yesus, dan tanda mukjizat di kitab Kisah Rasul semuanya datang dari pena Lukas. Sementara dokter bersikap skeptis tentang apa pun yang di luar ranah alami, jasmani, tetapi Lukas sanggup membawa keahlian signifikan sebagai penulis dan tabib yang mencatat kejadian yang sungguh terjadi, bahkan ketika hal itu di luar pengetahuan dan kesanggupan medis.

3. SEORANG SEJARAWAN

Lukas sangat teliti dalam memerinci, perkataan dan

kepekaan dengan nuansa budaya. Dengan dirinya sendiri bukan rasul, untuk pengetahuannya tentang Yesus ia bergantung pada mereka yang dekat dengan Dia. Beberapa sejarawan modern mengkritik tulisannya, mengatakan bahwa ia salah, tetapi temuan-temuan arkeologis akhir-akhir ini selalu menemukan hal yang mendukung Lukas, sampai ia kini diakui sebagai salah seorang sejarawan terbaik untuk zamannya. Sesungguhnya, jika kita memperlakukan 'Injil' sebagai jenis sastra beda dari 'sejarah,' sebagaimana diusulkan terdahulu (halaman 10-11), maka Lukas adalah satu-satunya penulis *sejarah* dalam Perjanjian Baru. Sasaran utamanya adalah menyediakan catatan akurat dan terpercaya tentang apa yang telah dikatakan dan dilakukan dalam kehidupan Yesus, ketimbang mencanangkan kabar baik keselamatan, meski memang ada batas dari keduanya yang tumpang tindih.

4. SEORANG WISATAWAN

Lukas juga seorang wisatawan sangat berpengalaman. Lukaslah yang merujuk ke 'Laut' Galilea sebagai 'danau' -- panjangnya hanya 13 kilometer dan lebar 8 kilometer. Untuk seorang wisatawan berpengalaman, ini jelas memang hanya sebuah danau! Ia menempuh perjalanan bersama rasul Paulus, sebagaimana ditunjukkan dengan penggunaan 'kami' dalam Kisah Rasul. Lukas sebagaimana para penulis Perjanjian Baru lainnya tetap anonim, karena berusaha mengalihkan perhatian dari dirinya, tetapi penggunaan kata 'kami' menyatakan fakta bahwa ia ada di sana. Lukas adalah teman perjalanan Paulus, khususnya ketika Paulus berlayar -- dari Troas ke Filipi, Filipi ke Yerusalem, dan Kaisarea ke Roma. Mungkin Paulus merasa perlu adanya tabib ketika ia berlayar? Beberapa dari tulisan terbaik Lukas menyajikan pelayaran di akhir Kisah Rasul dan kejadian karam kapal di pesisir Malta.

Kesediaan untuk ikut dalam perjalanan ini merupakan faktor penting dalam kita mengerti bagaimana Injil Lukas dan Kisah Para Rasul sampai dituliskan. Kita tahu bahwa Paulus ditahan selama dua tahun masing-masing di Kaisarea dan Roma. Akan kita lihat nanti bahwa barangkali pada masa inilah Lukas menghasilkan karya dua jilidnya -- Injil di Kaisarea, dan Kisah Para Rasul di Roma, di mana tentunya ia dapat mewawancarai Paulus dalam kesenggangan.

5. SEORANG PENULIS

Lukas menulis dalam bahasa Yunani terpelajar, dan tinggi yang serupa dengan yang dipakai para sarjana Helenistik. Keahliannya sebagai penulis akan diperiksa apabila kita mempertimbangkan Lukas dan Kisah Rasul secara lebih terinci. Catatannya tentang karam kapal di Malta telah dipuji sebagai salah satu karya sastra unggul dari dunia purba. Ia memiliki kosakata yang baik, gaya yang piawai, dan kesanggupan untuk meraih perhatian pembaca, dengan peralihan kehalusan dan kecepatan dari satu ke lain plot berikutnya. Keahliannya sebagai sejarawan juga nyata; penelitiannya lengkap dan ia tahu apa yang harus dimasukkan dan apa yang disngkirkan.

6. SEORANG PENGINJIL

Lukas seorang penginjil -- dengan tulisannya ketimbang dengan suaranya. 'Keselamatan' adalah kata kunci dari kedua kitabnya. Kata itu dan turunannya dipakai berulang kali. Sebagai seorang bukan Yahudi Lukas khususnya memerhatikan bahwa keselamatan datang untuk 'semua manusia.' Dalam Injilnya ia mencatat kutipan Yohanes Pembaptis dari Yesaya, "dan semua manusia akan melihat keselamatan dari Tuhan," dan banyak yang melihat ini sebagai tema kunci dari Injil Lukas.

Nanti dalam studi kita tentang Injil ini, kita akan lihat bagaimana perhatian khusus Lukas kepada beragam kelompok berbeda yang dapat dan akan melihat keselamatan dari Tuhan. Demikian juga, tema Kisah Rasul adalah Roh Kudus dicurahkan ke atas semua manusia -- atas orang Yahudi, orang Samaria, sampai ke ujung-ujung bumi. Agama 'Yahudi' ini adalah untuk setiap orang di seluruh dunia luas: Lukas menggambarkan Yesus sebagai Juruselamat dunia.

Sejarah mencatat bahwa Lukas meninggal pada usia 84 di Hoeotia Yunani, tanpa pernah menikah.

Sidang pembaca

Sesudah melihat pada penulisnya, kini kita beralih kepada sidang pembaca yang ia tuju dengan menuliskan karya dua jilid tulisannya. Lukas menulis kedua jilid ini untuk seseorang bernama Teofilus, yang secara harfiah berarti 'Tuan Sahabat Tuhan.' Agaknya janggal bahwa ia harus memakai empat tahun meneliti dalam rangka menulis hanya kepada satu orang, bahkan jika ia berpikir bahwa kemudian hari akan ada lebih banyak pembaca. Siapakah orang bernama Teofilus ini?

Salah satu teori adalah bahwa Teofilus seorang tokoh fiksional, sebagaimana seorang penulis mungkin saja menulis buku untuk perwakilan imajiner suatu kelompok -- 'Yang terhormat Bpk. Penanya yang Tulus.' Maka Teofilus adalah sebuah nama buatan, 'Sahabat Tuhan' berarti seseorang yang tertarik akan iman dan ingin menemukan

Tuhan. Bagaimana pun sahnya teori ini, namun demikian itu tidak sesuai dengan semua fakta yang ada.

Yang lain beranggapan bahwa ia sungguh ada, barangkali seorang penerbit yang tertarik akan Kekristenan -- pastinya ini sebuah ide yang menggelitik. Memang lebih baik melihat Teofilus sebagai seseorang yang sungguh ada. Jelasnya ia seorang yang cukup penting, yang menduduki jabatan publik, sebab Lukas memberinya julukan juga di samping namanya: 'Yang Mulia' Tuan Sahabat Tuhan. Ini tepat sebutan yang sama yang dipakai untuk Festus dan Felix ketika mereka memimpin persidangan atas Paulus, sehingga dengan kuat mengusulkan bahwa Teofilus adalah seorang berprofesi legal, entah pengacara atau jaksa / hakim. Namun, mengapa Lukas ingin memberikan kepada seorang pengacara catatan penuh tersebut, pertama tentang Yesus dan kemudian tentang Paulus?

Ahli hukum pembela Paulus

Jika kita membayangkan Teofilus adalah pengacara yang membela Paulus, atau bahkan penuntutnya di persidangan di Roma, maka itu menjadi jelas. Yang mana pun dari keduanya, akan memerlukan catatan penuh, yang memerinci lingkungan yang menyebabkan terjadinya persidangan itu.

Bagaimana asal mulanya agama baru ini? Siapakah pendirinya? Bagaimana sampai Paulus mengambil bagian dalam penyebarannya? Lagi pula, sang ahli hukum khususnya akan tertarik pada bagaimana iman ini dipandang oleh para penguasa Roma. Maka ketika Paulus dipenjara di Kaisarea, Lukas meneliti tentang kehidupan dan kematian Yesus, dan ketika Paulus dipindahkan ke penjara Roma, ia melakukan semua penelitian itu dan mencatat sumbangsih Paulus kepada agama baru ini.

Karyanya mencakup jejak ia mengadakan wawancara ke sejumlah orang yang kita tahu penting dalam Gereja Perjanjian Baru: Yakobus, barangkali Matius, dan pastinya Yohanes (ada sesuatu dalam Lukas yang hanya bisa ditemukan di Yohanes -- sebagai contoh, hanya ia dan Yohanes yang mencatat pemenggalan telinga Malkhus pada waktu Yesus ditangkap).

Pengumpulan kitab-kitab ini

Lukas jelas menghadapi berbagai kesulitan ketika menyangkut pengumpulan bahan yang diperlukan untuk 'ringkasan pembelaan' itu. Ia bukan salah seorang dari Dua Belas murid, ia tidak pernah bertemu Yesus, dan ia bukan saksi mata tentang kehidupan dan pelayanan-Nya. Ia mengumpulkan catatan tentang Yesus sementara ia menanti selama dua tahun di Kaisarea sampai Paulus dikapalkan ke Roma. Ketika Paulus tiba di Roma, ada dua tahun lagi masa ketika Lukas menuliskan kisah tentang Paulus dalam jilid keduanya, 'Kisah Para Rasul.'

Jika dugaan tentang 'catatan pembelaan' ini tepat, ini akan menjelaskan sangat banyak tentang kedua jilid kitab itu. Ini akan menjelaskan mengapa Romawi digambarkan sepenuhnya bersimpati kepada agama baru ini di sepanjang kedua kitab ini. Baik dalam pengadilan Yesus maupun dalam persidangan Paulus, Lukas memasukkan tiga pernyataan bahwa kedua orang itu sepenuhnya tidak bersalah. Pilatus mengucapkan bahwa Yesus tidak bersalah sampai tiga kali, dan tiga kali pula penguasa Romawi mengatakan Paulus harusnya sudah dapat dibebaskan jika saja ia tidak naik banding ke Roma. Maka dalam kedua jilid ini masalah yang mengitari orang Kristen bukan disebabkan oleh Romawi, tetapi oleh orang Yahudi yang berusaha menimbulkan masalah kepada iman baru ini.

Para saksi mata

Seorang ahli hukum meminta kesaksian tangan pertama, catatan para saksi mata, dan peristiwa-peristiwa yang telah melalui penelitian seksama (yi. Lukas 2:1 dan 3:1) dan kata pengantarnya kepada Teofilus dalam jlid pertama mengukuhkan tujuan tersebut: "Teofilus yang mulia, Banyak orang telah berusaha menyusun suatu berita tentang peristiwa-peristiwa yang telah terjadi di antara kita, seperti yang disampaikan kepada kita oleh mereka, yang dari semula adalah saksi mata dan pelayan Firman. Karena itu, setelah aku menyelidiki segala peristiwa itu dengan seksama dari asal mulanya, aku mengambil keputusan untuk membukukannya dengan teratur bagimu, supaya engkau dapat mengetahui, bahwa segala sesuatu yang diajarkan kepadamu sungguh benar."

Pilihan kata seperti ini pastinya cocok dengan jenis bahan yang diminta oleh pengacara hukum.

FOKUS PADA PAULUS

Teori ini pun menjelaskan ciri-ciri tidak lazim pada jilid yang kedua. Kisah Para Rasul dikenal sebagai 'Perbuatan para Rasul," tetapi kitab ini berpusat hanya pada dua dari mereka, jarang menyebutkan rasul yang lain dan meniadakan rujukan kepada yang mayoritas. Tambahan, sementara Petrus menjadi tokoh utama dalam 12 pasal pertamanya, ia menghilang hampir sebegitu Paulus bertobat. Kitab ini kemudian berfokus hampir sepenuhnya pada Paulus saja, dengan sekitar dua-per-tiga dari catatan di dalamnya. Proporsi ini mungkin terkesan tidak lazim, kecuali keseluruhan karya itu memang terutama dimaksudkan untuk membela Paulus dan memberi penjelasan kepada para penguasa Romawi bahwa tidak terdapat hasutan atau subversi tentang agama baru itu.karena itu Paulus diperkenalkan sebagai warga Romawi, yang tanpa salah menurut hukum Romawi dan layak menerima keputusan 'tidak bersalah' pada persidangannya.

Juga terdapat perbedaan menarik untuk diperhatikan dari persidangan Yesus di Yerusalem. Ia tidak bersalah menurut hukum Romawi, namun disalibkan karena tekanan orang Yahudi. Sebaliknya, Paulus disidang di tempat di mana orang Yahudi tidak dapat memengaruhi keputusan, bandingnya kepada Kaisar menyingkirkan campur tangan mereka.

Ini juga menjelaskan mengapa kesaksian Paulus diberikan tiga kali dalam kitab Kisah Para Rasul -- agak berlebihan (tidak ada dari rasul lainnya yang memberikan kesaksian mereka) kecuali karena Paulus sedang disidang dan penting bahwa pengacara mendengar apa yang ia katakan di tiap persidangan sebelumnya, supaya semua itu dapat dipakai sebagai bahan bukti untuk dia dan tidak memberatkan dia.

Tambahan, melihat Kisah Para Rasul sebagai catatan pembelaan hukum menolong menjelaskan mengapa Kisah Rasul berakhir sedemikian tiba-tiba. Ia berakhir dengan Paulus menantikan persidangan. Ini juga mendiskreditkan anggapan lain untuk tujuan Kisah Rasul. Jika kitab ini murni catatan tentang kehidupan Paulus, akan janggal ia diakhiri demikian. Kita tahu bahwa Lukas sendiri hidup sampai usia 84, maka ia masih hidup untuk mencatat kematian Paulus jika itu merupakan tujuan Kisah Rasul. Jika di pihak lain tujuan penulisan kitab ini adalah legal, maka catatan ini berakhir tepat sebagaimana yang dapat kita harapkan, yaitu dengan Paulus menantikan persidangan dirinya.

Satu kejanggalan terakhir dapat mengunci masalah ini. Mengapa sampai Dr. Lukas memberikan demikian banyak ruang untuk catatan sedetail itu tentang karam kapal di Malta jika ia bermaksud menulis sejarah Gereja awal? Dan mengapa ia hanya menulis tentang bencana di laut tersebut, sedangkan Paulus sudah paling sedikit tiga tahun melampaui itu. Pasti karena ia berharap menyoroti keteladanan perilaku Paulus dalam hal tidak berusaha melarikan diri dalam kekacauan tersebut, tetapi sebaliknya menyelamatkan hidup semua orang yang ada di kapal itu, termasuk para penjaga Romawinya, yang bertanggung-jawab membawa dia dengan selamat ke pengadilan Romawi. Sesudah menceritakan upaya heroik dan patriotik itu, dapat saya bayangkan pengacara yang membela Paulus di pengadilan menyimpulkan dengan perkataan, "Sekian pleidoi saya, yang mulia."

BERHASILKAH CATATAN PEMBELAAN INI?

Semua petunjuk yang ada menunjuk ke pembebasan Paulus di persidangannya pertama di Roma. Surat yang ia tulis kepada Timotius dan Titus mengandung rincian yang tidak cocok dengan kehidupannya sebelum itu dan karena itu menyiratkan bahwa ia telah dibebaskan. Bahkan ada tradisi kuat bahwa ia mencapai ambisinya pergi ke Spanyol. Sebagian dari gereja-gereja purba di Spanyol mengklaim bahwa Paulus adalah pendiri mereka.

Kita tidak dapat secara pasti mengatakan itu, tetapi bukti petunjuk dari tradisi mengarah ke fakta bahwa Paulus dibebaskan pada persidangannya pertama, tetapi kelak ia ditangkap ulang dan dipenggal. Kendati hasil sedemikian, tampaknya karya Lukas tidak sia-sia: jika ia menulis dua jilid itu teruama untuk menyelamatkan hidup Paulus dalam pesidangannya pertama, dan karena itu membuat rasul itu bebas untuk pelayanan lebih jauh, maka ia telah berhasil.

Kesimpulan

Di sini kita telah berfokus pada perhatian Lukas untuk Paulus, tetapi jelas juga bahwa persidangan terhadap Kekristenan berulang lagi hari ini di mana-mana. Bukan hanya Paulus tetapi *Kekristenan*-lah yang disidang: apa yang terjadi di Roma menyebar ke mana-mana, maka ini merupakan kasus ujian penting.

Dua jilid karya Lukas ini dapat disebut *Sejarah Kekristenan, Bab 1 dan 2*. Keduanya mencakup catatan yang ditulis secara piawai meliput periode 33 tahun, sejak dari awal pelayanan publik Yesus sampai ke pemenjaraan Paulus atau tahanan rumah di Roma. Ini penuh dengan informasi unik, sehingga pembaca asalnya dan juga pembaca yang kemudian dapat tahu dengan yakin apa yang telah terjadi dan bagaimana mereka harus merespons.

Lukas pasti sadar bahwa karyanya akan menarik perhatian **kalangan lebih luas** juga, dengan publik umum di Roma menjadi sadar tentang penyebaran Kekristenan secara menakjubkan. Segera Kekristenan tidak lagi akan dianggap sebagai sekte dari Yudaisme, tetapi sebagai iman yang menggeliat maju, universal dan internasional, serta menjadi berita penting di Roma sendiri. Karena itu, karya Lukas bukan sekadar catatan pembelaan, tetapi sebuah **deklarasi iman** dan yang sedemikian itu merupakan kontribusi menentukan untuk misi di antara orang bukan Yahudi.

Injilnya, karena itu adalah sebuah bahan yang unik. Di pembukaannya ia memberitahu Teofilus bahwa banyak lagi orang lain yang telah menuliskan catatan tentang apa yang terjadi. Ia pasti tahu tentang Markus, mungkin Matius dan boleh jadi catatan-catatan lainnya. Tetapi injilnya sendiri adalah buah dari **penelitian lingkup luas, dan asli,** termasuk wawancara dan catatan lisan dari para saksi mata, semuanya digelar dalam konteks dunia Romawi. Ia menggambarkan pemandangan luas dan kemudian mengarahkan fokus pemandangannya pada berbagai orang. Kendati fakta bahwa Lukas sendiri bukan rasul, tidak pernah diragukan bahwa Lukas-Kisah Para Rasul harus dimasukkan ke dalam 'kanon' Perjanjian Baru. Itu sungguh merupakan tanda tentang bagaimana Gereja awal memandang karyanya yang menonjol ini, sebagai 'rasuli' dalam konteks dan otoritasnya jika bukan juga dalam kepengarangannya.

40. LUKAS

Pendahuluan

Lukas adalah yang paling disukai tetapi paling kurang dikenal di antara semua empat Injil. Ini mungkin terkesan merupakan pengamatan yang mengherankan. Kebanyakan orang tahu benar bagian-bagian unik Lukas: perumpamaan Orang Samaria yang Baik adalah favorit dari banyak perumpamaan, dengan kata-katanya kini dimasukkan ke dalam bahasa masa kini; kebanyakan orang tahu apa artinya 'anak yang hilang pulang' dari kisah anak 'yang hilang'; catatan tentang Yesus berjumpa dengan Zakheus, Maria dan Marta, pencuri yang di salib dan dua murid di jalan menuju Emaus juga sangat dikenal baik.

Tetapi di mana bahan Lukas bertumpang tindih dengan Injil lainnya, kita cenderung lebih mengenal catatan mereka ketimbang dia. Sebagai contoh, apa yang dimaksudkan dengan deskripsi tentang para murid sebagai 'garam,' yang dicatat oleh Matius dan Lukas? Kebanyakan orang mengandaikan bahwa ini mengacu kepada karya orang percaya untuk menjadi pencegah kerusakan dan penyedap dalam masyarakat, dengan mengambil artian itu dari penggunaan garam dalam penyiapan makanan. Tetapi

Lukas mencatat lebih banyak rincian, mengatakan bahwa jika garam itu kehilangan asinnya ia tidak lagi berguna baik untuk tanah maupun untuk pupuk. Ini menyiratkan bahwa perumpamaan ini sebenarnya diambil dari konteks tanah bukan dari dapur. Garam berasal dari Laut Mati dan penuh dengan kalium karbonat dan berbagai garam lainnya. Ini dipakai untuk penyubur dalam pertanian dan pembasmi hama untuk kotoran manusia. Sebagai yang demikian, garam membuat hal baik tumbuh dan menghentikan hal buruk dari menyebar: para murid, menurut Yesus, harus melakukan yang sama. Kebanyakan orang gagal memerhatikan rincian tambahan dari Lukas dan memasukkan pengertian mereka sendiri ke dalam catatan Matius tentang 'garam dunia.'

Sebuah contoh lagi tentang kelalaian kita mengenai Lukas ada dalam ucapan, "Sebab kalau terhadap kayu yang masih hidup, orang sudah berbuat seperti ini, apa pula yang akan dilakukan mereka terhadap kayu yang sudah kering!" Pada kesempatan berkhotbah saya kerap menggoda pendengar saya dengan meminta mereka memilih apakah menurut mereka ucapan itu datang dari Perjanjian Lama, Perjanjian Baru atau William Shakespeare. Kebanyakannya biasanya salah! Sesungguhnya, Yesus mengucapkan kata-kata itu, yang rupanya hanya sedikti orang pernah membacanya.

Unsur unik untuk Lukas

Struktur Injil Lukas didasarkan atas pengaturan oleh Markus, dengan saat percabangan penting terjadi di Kaisarea Filipi, sesudah hal itu Yesus kemudian menuju ke Yerusalem. Tetapi injil ini boleh juga dilihat terdiri dari lima bagian:

1:1–4:13 30	tahun pertama kehidupan pribadi
4:14–9:50	Pelayanan di Galilea
9:51–19:44	Perjalanan ke Yerusalem, dengan pengajaran yang sangat diperluas
19:45–23:56	Hari-hari terakhir di Yerusalem (Bagian ini berbeda radikal dari pendekatan Markus)
24	Kebangkitan dan kenaikan

Mari kita tinjau bagian-bagian yang unik untuk Lukas

Kisah kelahiran

Kisah-kisah kelahiran semuanya dilihat dari sudut Maria, berbeda dari fokus Matius yang pada Yusuf. Ini menyebabkan kesan yang berbeda kepada narasi tersebut. Lukas lebih memiliki perhatian manusiawi dan memberikan rincian akrab tentang kehamilan dan kelahiran, bahkan menyebutkan tentang kain lampin. Lukas memasukkan silsilah Yesus sebagaimana halnya Matius, tetapi ia mengambil dari sisi Maria dan surut lebih jauh, ke Adam. Secara legal, Yesus adalah keturunan Daud melalui Yusuf, tetapi leluhur-Nya ditelusuri melalui Maria, juga ke Raja Daud. Jadi Yesus ada penguasa dalam garis kerajaan ganda.

Narasi kelahiran Lukas juga secara tidak langsung memberikan kita bulan kelahiran Yesus. Kita diberitahu bahwa Zakharia termasuk ke dalam suku keimamatan Abiya. Kita tahu dari 1 Tawarikh pada bulan mana suku ini dipanggil untuk melayani di bait: dalam siklus satu tahun mereka adalah suku ke delapan dari 24 suku. Maka Zakharia ada di sana di bulan ke empat dari almanak Yahudi. Kita tahu bahwa Elizabet mengandung pada saat itu, dan bahwa ini enam bulan sebelum Maria, maka kita dapat menghitung bahwa Yesus lahir 15 bulan kemudian, di bulan ke tujuh tahun berikutnya pada Hari Raya Kemah Sembahyang (akhir September atau awal Oktober dalam hitungan kita). Orang Yahudi mengharapkan Mesias datang pada hari raya tersebut dan masih menantikannya sampai hari ini.

Kisah masa anak-anak

Lukas mencatat satu-satunya kisah tentang 30 tahun pertama kehidupan Yesus. Pada usia 12 Yesus menerima *Bar Mitzvah*-Nya, yang berarti 'sanggup untuk melakukan perbuatan baik.' Ketika seorang anak laki-laki Yahudi mencapai usia ini ia menjadi bertanggungjawab atas perilakunya sendiri. Sampai usia 12 orangtua dihukum apabila anak melakukan kesalahan, tetapi sejak usia itu seterusnya ia bertanggungjawab untuk perilakunya dan untuk melaksanakan perintah-perintah Tuhan. Ia dibawa ke sinagoge dan ia membaca bagian dari hukum taurat Musa. Dari saat itu seterusnya ia dianggap seorang dewasa. Pada keadaan itu anak laki-laki itu menjadi rekan dengan ayahnya dalam pekerjaan atau usaha apa pun yang ayahnya miliki.

Ini menjelaskan kisah tentang kunjungan Yesus dengan Yusuf dan Maria ke Yerusalem. Pada masa itu kaum perempuan berjalan lebih dulu, berjalan sekitar 24 kilometer seharinya dan kemudian mendirikan kemah lalu memasak masakan untuk ketibaan para laki-laki. Anak-anak di bawah usia 12 berjalan bersama ibu mereka, dan anak laki-laki di atas usia 12 bersama ayah mereka. Yesus boleh jadi pergi ke sana bersama Maria, sebagaimana yang selalu Ia lakukan sebelumnya, tetapi dengan Ia sudah berusia 12 akan wajar untuk-Nya pulang bersama Yusuf.

Dapat dimengerti bahwa masing-masing orangtua-Nya beranggapan bahwa Ia bersama pihak satunya.

Ini juga menjelaskan lebih jauh lagi tentang jawaban yang Yesus berikan ketika Maria menemui Dia di bait. "Tidak tahukah kamu bahwa Aku harus ada dalam rumah Bapa-Ku [atau urusan Bapa-Ku]?" ini adalah perkataan Yesus pertama yang dicatat. Hal paling menakjubkan ialah bahwa kemudian dikatakan Ia kembali ke Nazaret dan tetap hidup dalam asuhan orangtua-Nya. Kisah tersebut menyingkapkan bahwa Yesus tahu siapa Ia sesungguhnya, bahkan di usia 12. Juga jelas bahwa Maria tidak pernah memberitahu Dia siapa Dia sesungguhnya (Maria menyebut Yusuf sebagai 'ayahmu').

Baptisan

Pada baptisan Yesus juga dicakup informasi unik. Lukaslah yang menceritakan kepada kita bahwa Yesus menerima Roh Kudus sesudah baptisan-Nya sebagai akibat dari doa. Matius dan Markus mencatat Ia menerima Roh seketika Ia keluar dari air, tetapi Lukas yang menyebutkan doa-Nya: "Dan sementara Ia sedang berdoa, langit terbuka dan Roh Kudus turun ke atas-Nya dalam wujud seperti burung merpati." Sesungguhnya, Lukas memberitahu lebih banyak hal tentang baptisan dalam Roh ketimbang para penulis lain dalam Perjanjian Baru. Ini merupakan tema yang akan kita pertimbangkan lebih terinci nanti (halaman 96-97).

Pengajaran Yesus

GUGUS PENGAJARAN UNIK

Perlakuan Lukas atas pengajaran Yesus juga berbeda.

Khotbah di Bukit dalam Matius menjadi Khotbah di Dataran dan setiap ucapan bahagia dipasangkan dengan ucapan celaka. Maka, sebagai contoh, "Berbahagialah kamu yang berdukacita" dipasangkan dengan "Celakalah kamu yang kini tertawa." Ini tidak perlu membuat kita menyimpulkan bahwa Matius dan Lukas bertolak belakang. Jelas bahwa Yesus mengkhotbahkan khotbah itu lebih dari satu kali dan dalam beragam bentuk. Lukas sekadar memberikan kita bentuk yang sangat berbeda dan lebih singkat dari khotbah tersebut.

PERUMPAMAAN UNIK

Sejumlah kisah-kisah Yesus yang seluruhnya terdapat di Lukas:

- Perumpamaan Orang Samaria yang Baik
- Perumpamaan anak yang hilang (dalam bahasa Inggris dijuduli anak yang boros; atau lebih tepat bapa yang boros dan dua anak yang hilang) -- lihat parafrase di halaman 105-107.
- Perumpamaan janda yang tekun.
- Perumpamaan orang Farisi dan pemungut cukai.
- Perumpamaans sahabat di tengah malam, mengetuk pintu rumah tetangganya untuk mendapatkan makanan bagi pengunjung yang datang dengan tidak diharapkan.
- Perumpamaan pohon ara yang tidak berbuah.
- Perumpamaan atasan yang kejam.
- Perumpamaan Lazarus dan orang kaya yang berakhir di neraka-- satu-satunya perumpamaan yang ada nama orangnya ('Lazarus' mungkin saja merujuk ke orang sungguhan; lihat parafrase di halaman 122-124).

BERBAGAI KEJADIAN UNIK

Di antara berbagai kejadian unik ialah:

- Penangkapan ikan secara ajaib.
- Misi 'Tujuh Puluh' murid (oleh beberapa versi lain disebutkan sebagai 72).
- Kenaikan Yesus. Ini adalah satu-satunya Injil yang memasukkan catatan tentang kenaikan, terlepas dari penyebutan singkat Markus di akhiran 'yang lebih panjang' (tambahan), dan Lukas juga mencatat tentang hal ini di permulaan Kisah Para Rasul, sehingga menghubungkan kedua karyanya dan menegaskan pentingnya peristiwa ini.

Lukas juga memasukkan beberapa peristiwa tentang orang yang secara khusus ia perhatikan.

- Pelacur yang mengurapi kaki Yesus di rumah seorang Farisi.
- Perempuan yang menyentuh ujung jubah Yesus di tengah kerumunan orang banyak.
- Perjamuan di rumah Marta dan Maria.
- Pemungut cukai (Zakheus) di atas pohon.
- Penyembuhan seorang yang menderita sakit busung air.
- Orang yang lumpuh.
- Sepuluh orang kusta.
- Persembahan seorang janda.
- Dua murid di jalan ke Emaus.

Semua kisah ini menegaskan bahwa Lukas lebih memberi perhatian kepada manusia ketimbang para penulis Injil lainnya -- ciri yang sewajarnya diharapkan dari seorang yang adalah dokter keluarga.

Perhatian pada manusia

Paling tidak ada enam kelompok manusia yang diberikan perhatian khusus oleh Lukas.

1. ORANG SAMARIA

Orang Samaria adalah kelompok yang dianggap sebagai orang buangan oleh orang Yahudi, sebab mereka adalah hasil pernikahan campur orang Yahudi dengan bukan Yahudi pada masa pembuangan. Ada banyak sekali pertentangan sampai orang Yahudi yang melakukan perjalanan antara Yudea dan Galilea menempuh perjalanan lebih jauh ke timur Yordan ketimbang melalui Samaria.

Hanya Lukas memberitahu kita bahwa seorang kusta yang kembali untuk mengucapkan 'terima kasih' dari 10 orang kusta yang sudah disembuhkan adalah orang Samaria. Lainnya adalah orang Yahudi, dan mereka menerima berkat penyembuhan tanpa sungguh menghargainya.

Lukas juga mencatat bagaimana Yakobus dan Yohanes ingin agar api diturunkan dari langit atas orang Samaria sebab mereka telah bersikap kasar terhadap Yesus. Ia lalu melanjutkan kisah ini di Kisah Rasul, di mana kita baca Yohanes datang kembali ke Samaria bersama Petrus, untuk berdoa agar orang Samaria menerima api Roh Kudus!

Tentu saja, ia juga memberitahu kisah Orang Samaria yang Baik, 'baik' bukan merupakan kata sifat yang lazim dianggap layak untuk diberikan untuk kaum ini. Dengan memainkan keheranan orang Yahudi bahwa orang semacam itu bisa sedemikian penuh perhatian, Lukas menyatakan perhatiannya bahwa kisah Yesus itu dipelihara -- sebagai dorongan untuk orang Samaria, dan pastinya, sebagai alat bantu untuk menyembuhkan ketegangan di antara kedua kaum tersebut.

2. ORANG BUKAN YAHUDI

Sendirinya seorang bukan Yahudi, adalah wajar bahwa orang bukan Yahudi akan menonjol dalam pengisahan Lukas, dan penjulukan itu sendiri jadi mengemuka. Lukas sejak awal menyangkali tema ini, ketika Simeon berkata bahwa Yesus akan menjadi 'terang bagi bangsa-bangsa lain.'

Ia mencatat Yesus menyebut tentang janda Zarfat dan Naaman orang Siria dalam khotbah-Nya di Nazaret. Hal itu mengusulkan bahwa orang bukan Yahudi ini lebih memiliki iman ketimbang orang Israel yang menyebabkan penduduk setempat berusaha membunuh hidup Yesus.

Lukas juga menceritakan kepada kita tentang pengutusan Tujuh Puluh, jumlah yang berdasarkan Kejadian 10 dipandang oleh orang Yahudi sebagai lambang bangsa-bangsa, dan ia mencakup pelayanan Yesus di sebelah timur Yordan di Perea. Para penulis Injil lainnya memasukkan perjalanan Yesus dari utara ke Yerusalem, tetapi meniadakan karya yang Ia capai pada perjalanan melalui perbatasan orang bukan Yahudi.

3. KAUM TERBUANG

Lukas memiliki perhatian besar pada semua yang terbuang, pada orang mana saja yang diperlakukan dengan perendahan oleh pihak lainnya. Ia mencatat penyembuhan 10 orang kusta, dan pemanggilan Zakheus si pemungut cukai. Profesi ini dihina karena dua alasan: pertama karena para pemungut cukai bekerja sama dengan Romawi, yang memberi mereka tanggungjawab untuk mengumpulkan pajak, dan kedua karena penghasilan mereka berasal dari apa saja yang dapat mereka bebankan ke atas pajak untuk diri mereka sendiri. Namun demikian tidak saja Yesus berjumpa dengan Zakheus. Salah seorang dari yang berprofesi tidak populer ini, tetapi kita diberitahu bahwa pada hari itu 'keselamatan' datang ke isi rumahnya.

Lukas juga mencatat keterlibatan para gembala dalam bersaksi dan menyiarkan berita tentang kelahiran Yesus. Pada masa itu para gembala memiliki reputasi sebagai parasit yang tidak dapat dipercaya di tengah masyarakat, mereka hidup dengan mencuri dari orang lain. Akibatnya, kesaksian seorang gembala tidak dianggap sah di sidang pengadilan.

Juga penting dicatat bagaimana Lukas mencakup kisah mantan pelacur yang mengurapi kaki Yesus, menjadi model respons kepada pengampunan-Nya untuk pokok pelajaran bagi orang-orang yang merasa diri benar.

4. KAUM PEREMPUAN

Lukas memperlihatkan perhatian khusus kepada kaum perempuan. Marta dan Maria telah kita sebutkan sebelumnya. Tambahan lainnya Lukas menulis tentang perempuan yang menyentuh ujung jubah Yesus, dan penyembuhan yang terjadi sesudahnya. Tidak ada penulis lain yang memberi komentar tentang para perempuan yang menangis ketika Yesus memanggul salib-Nya. Lagi pula, Lukas menyebut nama-nama para perempuan kaya yang mendukung pelayanan Yesus secara finansial. Injil ini mencakup 10 perempuan yang tidak disebutkan di tempat lain dan tiga lainnya dalam perumpamaan.

5. KAUM MISKIN

Lukas terkesan hampir memihak kepada kaum miskin. Contohnya, ia mencatat perkataan Yesus, 'Bahagialah kamu yang miskin' dan 'celakalah kamu yang kaya,' sedangkan Matius berkata, 'Berbahagialah kamu yang miskin di hadapan Tuhan' dan tidak mencatat rujukan kepada orang kaya. Dalam Injil Lukas kemiskinan dipandang sebagai berkat, berbeda dari cara itu dipandang oleh orang Israel, yang menganggap itu sebagai tanda Tuhan tidak berkenan. Ia mencatat bahwa Maria dan Yusuf membawa burung merpati ke bait untuk persembahan pada kelahiran Yesus. Ini adalah persembahan termurah yang diizinkan di bawah hukum Lewi.

Ia juga memasukkan sejumlah ucapan lain yang mencerminkan berbagai aspek pengajaran Yesus yang menyentuh pokok kemiskinan:

- 'Beri kepada siapa pun yang meminta kepadamu, dan jika ada yang mengambil apa yang kamu miliki jangan menuntut balik.'
- Yesus berkata kepada tuan rumah, 'Apabila kamu mengadakan perjamuan atau perhelatan, jangan mengundang sahabatmu, saudaramu atau kerabatmu atau tetanggamu yang kaya; jika kamu berbuat itu, mereka mungkin akan mengundangmu kembali dan dengannya kamu telah dibalas. Tetapi apabila kamu mengadakan perjamuan, undanglah orang miskin, orang lumpuh, orang pincang, orang buta, dan kamu akan diberkati. Meski mereka tidak dapat membalas kebaikanmu, kamu akan dibalas pada kebangkitan orang benar.'
- Pada perumpamaan perjamuan besar: 'Segera pergi ke jalan-jalan dan lorong-lorong kota dan bawalah orang miskin, orang lumpuh, orang buta dan orang pincang.'
- Dalam perumpamaan tentang orang kaya dan Lazarus:'Tibalah saat ketika pengemis itu mati dan para malaikat membawanya ke sisi Abraham. Di neraka di mana orang kaya itu disiksa, ia menatap ke atas dan melihat Abraham dari jauh, dengan Lazarus di sisinya...'

6. ORANG-ORANG BERDOSA

Kategori manusia yang kepadanya Lukas menunjukkan perhatian ini mungkin terkesan mengherankan. Tetapi bukankah Yesus memang datang untuk menyelamatkan orang berdosa? Seorang 'berdosa' pada masa itu merupakan ungkapan khusus untuk orang Yahudi yang telah menyerah dari berusaha menjalankan hukum taurat Musa. Ada 613 hukum Musa, yang cukup berat, tetapi para pemimpin keagamaan masih menambahkan lebih banyak lagi. Sebagian besar penduduk telah menyerah saja. Lukas mencatat kisah dan kejadian yang menegaskan bahwa orang-orang inilah yang sesungguhnya ingin Yesus jangkau. Ia menegaskan bagaimana orang Farisi membenci Yesus sebab Ia bercampur dengan orang yang tidak memelihara hukum taurat. Bagaimana mungkin Ia dapat akrab dengan Tuhan namun sedemikian akrab dengan 'para pendosa'?

Lukas adalah Injil yang sangat manusiawi. Manusia berarti untuk Lukas sebagaimana mereka berarti untuk Yesus. Ia memerhatikan mereka yang tidak dapat menolong diri sendiri, dan yang tidak *akan* ditolong oleh orang lain. Ia jelas suka akan kata *splanknidzomai*, yang berarti 'belas kasihan,' mengungkapkan Yesus sebagai orang yang hidup bukan untuk kuasa atau popularitas diri-Nya sendiri tetapi supaya mereka yang tidak berdaya boleh disentuh oleh Tuhan. Hal ini disimpulkan dalam sebuah pernyataan di akhir kisah tentang Zakheus: "Ia datang untuk mencari dan menyelamatkan yang sesat." Serupa itu, kita baca: "... dan semua orang berusaha menyentuh Dia, sebab ada kuasa yang ke luar dari Dia dan menyembuhkan mereka semua."

Penekanan lain dalam Lukas

1. MALAIKAT

Lukas memiliki ketertarikan khusus akan malaikat, khususnya di awal narasinya. Makhluk surgawi mewartakan kelahiran Yohanes kepada Elizabet, memberitahu Zakharia apa nama anaknya dan mewartakan kelahiran Yesus kepada Maria. Lalu kemudian, Lukas mencatat pelayanan para malaikat di Taman Getsemani seperti kita baca: "Seorang malaikat dari surga datang kepada Dia dan menguatkan Dia."

Dikatakan bahwa anggota profesi medis adalah yang paling skeptik tentang hal supernatural. Lukas sang tenaga medis dan sejarawan teliti tidak saja tidak melihat kesukaran untuk mencakup malaikat di dalam narasinya, tetapi rajin menegaskan tentang peran penting mereka.

2. ROH KUDUS

Lukas disebut 'Injil karismatik.' Terdapat lebih banyak tentang Roh Kudus dalam Lukas daripada dalam Matius dan Markus digabungkan.

- Lukas mencatat bagaimana Roh Kudus bertanggungjawab atas pembuahan Yesus: "Roh Kudus akan turun ke atasmu, dan kuasa Yang Maha Tinggi akan menaungimu."
- Baik Elizabet dan Zakharia disebutkan sebagai dipenuhi dengan Roh Kudus dan dinubuatkan bahwa Yohanes Pembaptis akan dipenuhi dengan Roh Kudus sejak dari dalam kandungan.
- Konsep Perjanjian Lama tentang pengurapan oleh Roh juga dilihat dalam Hana dan Simeon. Simeon

digerakkan oleh Roh untuk menemui bayi Yesus dan Hana disebutkan sebagai seorang nabiah.
- Roh Kudus datang ke atas Yesus pada pembaptisan-Nya. Ketika itu dikatakan: "Yesus, penuh oleh Roh Kudus, kembali dari Yordan dan dipimpin oleh Roh ke padang gurun."
- Sesudah masa pencobaan di padang gurun, "Yesus kembali ke Galilea dalam kuasa Roh..."
- Lukas mencatat Yesus mengajarkan tentang berdoa untuk mendapatkan Roh: "... lebih lagi Bapamu yang di surga akan memberikan Roh Kudus kepada mereka yang terus menerus meminta Dia kepada-Nya."

Injil ini berakhir dengan Yesus memberitahu para pengikut-Nya untuk menunggu di Yerusalem sampai mereka "diselubungi oleh kuasa dari tempat tinggi." Ketertarikan Lukas akan Roh Kudus berlanjut ke jilid keduanya, dan Kisah Para Rasul bahkan mencakup lebih sering lagi rujukan kepada Roh Kudus.

3. DOA

a) Oleh Yesus

Lukas lebih banyak menulis tentang doa-doa Yesus daripada para penulis Injil lainnya. Sebagaimana sudah dicatat sebelumnya, pemberian Roh pada baptisan-Nya adalah dalam respons kepada doa dari Yesus dan itu merupakan doa-Nya pertama yang dicatat. Doa-Nya terakhir diucapkan di salib: "Bapa, ke dalam tangan-Mu Aku serahkan roh-Ku."

Di antara kedua ini, Lukas mencatat sembilan kesempatan Yesus berdoa. Tujuh darinya unik Lukas. Yesus terkesan secara konstan berdoa kepada Bapa-Nya untuk arahan.

b) Oleh para murid

Lukas juga memerhatikan bahwa kita mengerti pentingnya doa untuk setiap murid. Pasal 11 khususnya mencakup pengajaran luas tentang hal ini. Sebagai tambahan, perumpamaan tentang janda yang tekun memberikan penguatan bahwa Tuhan bersedia menjawab doa, dan perumpamaan berikutnya, yang membedakan doa pemungut cukai dan orang Farisi, mendorong kerendahhatian dalam doa. Doa tidak kurang esensialnya untuk mereka yang ingin mengikut Yesus ketimbang untuk Yesus sendiri.

4. SUKACITA

Lukas memiliki lebih banyak kata terkait dengan akar kata 'sukacita' ketimbang kitab lain mana pun dalam Perjanjian Baru. Lukas adalah satu-satunya pengarang, sebagai contoh, yang memakai kata itu untuk tertawa. Ia juga mencatat sukacita di surga karena satu orang yang bertobat. Dan pada satu kesempatan, Yesus 'penuh dengan sukacita karena Roh Kudus.'

Tema ini terkait dengan tema pujian dan penyembahan. Narasi kelahiran dimulai dengan lagu pujian para malaikat, "Kemuliaan bagi Tuhan di tempat mahatinggi," dan diakhiri di bait dengan umat "memuji Tuhan." Lukas terus menerus menatang para pembacanya ke arah surga. Sebagian dari lagu pujian paling indah ada dalam Lukas, seperti 'Magnifikat' (Lagu pujian Maria) dan 'Nunc Dimittis' (lagu pujian Simeon).

5. INJIL UNIVERSAL

Lukas adalah Injil universal, yang memperlihatkan Yesus sebagai Juruselamat seluruh dunia. Ini adalah tema yang dapat dilihat di seluruh kitab ini, sementara penulis bukan

Yahudi ini menanamkan kesan pada para pembacanya yang sebagian besar adalah orang bukan Yahudi tentang bagaimana kabar baik ini dapat berlaku untuk mereka

- Pertama ia melakukan ini dengan silsilah Yesus. Ia tidak menekankan akar-akar Yahudi-Nya sebagaimana yang Matius buat, tetapi surut balik ke Adam, sambil menegaskan kemanusiaan Yesus dan kenyataan bahwa injil adalah untuk semua orang: Tuhan selalu mempedulikan semua bangsa.
- Sejak dari paling awal lagu pujian malaikat mencakup kata-kata 'damai di bumi, di antara orang yang diperkenan-Nya.' Sejak dari sangat awal nyanyian para malaikat mencaku[kata 'damai di bumi, atas orang yang diperkenan-Nya.'
- Lukas mengutip Yesaya, memberitahu kita bahwa 'semua manusia akan melihat keselamatan dari Tuhan.'
- Kelompok Tujuh Puluh diutus pergi bukan kepada 'para domba terhilang dari Israel,' sebagaimana kelompok Dua Belas yang diarahkan di Matius, tetapi ke 'setiap kota dan tempat.'
- Kita membaca bahwa 'orang banyak akan datang dari timur dan barat dan utara dan selatan, serta akan mengambil tempat mereka dalam perjamuan kerajaan Tuhan.'
- Di akhir Injil ini Yesus meramalkan bahwa 'pertobatan dan pengampunan dosa akan diwartakan dalam Nama-Nya kepada segala bangsa.'

Jadi di sini, yang dicatat dengan setia oleh Lukas, adalah iman dengan akar-akar Yahudi yang kuat, yang didasarkan dalam konteks Yahudi, dan yang mencapai puncaknya di Yerusalem -- sepenuhnya siap untuk kisah dalam

Kisah Para Rasul, ketika iman itu menyebar menjelajahi kerajaan Romawi, bahkan mencapai Roma sendiri. Dalam keadaan yang demikian, sebagaimana yang dapat kita harapkan dengan perhatian yang Lukas berikan untuk meyakinkan orang bukan Yahudi tentang kepastian dari segala peristiwa yang ia catat, injil ini menjadi yang paling kurang Yahudi dari semua Injil.

Bagaimanakah harusnya kita membaca Injil Lukas?

Injil yang manusiawi

Ini merupakan Injil untuk manusia yang terhilang dalam dosa. Yesus adalah sang Juruselamat. Satu-satunya dari semua Injil 'keselamatan' dipakai sebagai kata benda dalam Lukas. Lukas ingin pembacanya tahu keselamatan dari Kristus, didasari atas kejadian historis yang ia paparkan. Kata kerja 'menyelamatkan' dipakai lebih banyak di sini daripada dalam kitab Perjanjian Baru lainnya.

Lukas memberitahu kita bahwa 'hari ini' adalah hari keselamatan (ini dikatakan 11 kali, dibandingkan hanya 8 kali di Matius dan sekali di Markus), dan 'sekarang' keselamatan telah tiba (14 kali, dibandingkan 4 kali di Matius dan 3 kali di Markus). Ia menggarisbawahi bahwa rahmat, pengampunan dan pemulihan tersedia di sini dan kini. Keselamatan ini datang melalui salib Kristus -- salib seakan baptisan lain untuk Yesus. Sama halnya seperti orang Yahudi dibebaskan dari perbudakan di Mesir, maka salib-Nya menyediakan 'keluaran' baru untuk umat-Nya. Karena itu, ini merupakan Injil yang menyelamatkan. Lukas ingin pembacanya mendapatkan keselamatan dalam Yesus.

Injil bahagia

Tema pujian dan sukacita terus saja berulang. Injil inilah yang menyebutkan tentang tertawa dan ia mengandung lebih banyak kata terkait dengan sukacita ketimbang kitab lainnya. Dalam perumpamaan populer di Pasal 15 kita melihat sukacita dari mereka yang mendapatkan apa yang telah hilang, menyatakan sukacita di surga atas orang berdosa yang bertobat. Respons para murid kepada Tuhan yang bangkit adalah sukacita, dan Injil ini berakhir dengan sukacita. Dalam keadaan demikian injil ini menarik dan bersahabat bagi pembacanya, Injil yang ideal untuk orang luar yang ingin belajar lebih banyak tentang Yesus.

Injil surgawi

Lukas tetap berfokus ke surga. Ia menekankan kelahiran Yesus yang supernatural, keterlibatan Roh Kudus, dan pentingnya doa. Ia ingin mereka yang membaca hal ini, apa pun latarbelakang mereka, akan ada di surga. Perkataan Yesus dalam perumpamaan perjamuan besar menyimpulkan keinginan-Nya: "Pergi ke jalan-jalan dan tanah pedesaan dan usahakanlah mereka untuk datang, supaya rumahku menjadi penuh." Lukas tahu bahwa Tuhan ingin orang-orang dari segala bangsa dibawa masuk ke dalam surga -- sebab Yesus sungguh adalah Juruselamat dunia.

Injil yang paling banyak dibaca

Lukas sanggup menyatukan unsur-unsur kisahnya dengan keahlian luar biasa. Kita kerap menamakan kisah dalam Lukas 15 'perumpamaan anak yang hilang,' misalnya. Tetapi ini karena kita gagal melihat kesanggupan Lukas sebagai seorang penulis, dan kita juga gagal menghargai perumpamaan dalam konteksnya di dalam Injil. Sesungguhnya ini merupakan perumpamaan *ayah* yang boros, yang menyia-nyiakan uangnya dengan memberikan itu kepada kedua anak laki-lakinya. Apabila Anda membaca Pasal 15 dan 16 secara langsung, Anda dapat melihat bagaimana tema-tema tersebut mengalir -- dan bagaimana Lukas dengan hati-hati menggubah Injil yang paling siap dibaca.

Pasal 15 mulai dengan para pemungut cukai dan orang berdosa, makan di dalam rumah bersama Yesus, sementara orang Farisi dan ahli taurat bersungut-sungut di luar. Bagian selanjutnya dari dua pasal ini semuanya mengalir dari suasana ini dan menjelaskan hal itu. Yesus menceritakan kisah domba yang hilang, yang ada jauh dari tempat yang seharusnya ia berada. Kemudian Ia bicara tentang mata uang yang hilang di rumah, tetapi tidak mengetahui itu -- kisah yang satu untuk laki-laki yang satunya lagi untuk perempuan, tetapi dua barang yang 'hilang.' Lalu kita tiba ke kisah agung tentang dua orang anak yang hilang, dengan tekanan bukan pada yang lebih muda, tetapi pada anak yang lebih tua. Ia lebih 'terhilang' ketimbang adiknya tetapi ia tidak mengetahui itu. Anak yang lebih tua seperti mata uang yang hilang, terhilang di rumah tetapi tidak menyadari itu.

Namun demikian, kesejajaran itu tidak berakhir di sana, sebab apabila kita pindah ke Pasal 16, kembali kita melihat dua tokoh yang sesuai dengan dua anak di Pasal 15. Yang pertama adalah kisah yang menimbulkan teka-teki tentang bendahara yang tidak jujur yang dipuji oleh Yesus. Menariknya, kata yang persis sama yang dipakai untuk mengungkapkan tentang anak bungsu yang *menyia-nyiakan* hartanya di negeri yang jauh, dan untuk bendahara yang *menyia-nyiakan* harta tuannya. Maka kita memiliki kata yang sama dan pentokohan yang sama. Sama seperti itu juga, mirip anak yang lebih tua mengklaim ia telah melakukan segalanya dengan benar -- "Aku tidak pernah melanggar perintahmu" -- demikian pun orang kaya dalam kisah kedua di Pasal 16 tidak dikatakan bersalah tentang dosa apa pun, baik kecelaan atau kejahatan, namun ia berakhir di neraka sebab ketidakpeduliannya kepada orang lain, pemuasan diri sendiri dan kemandiriannya terhadap Tuhan.

Karenanya, itulah tema pemersatu yang mengalir melalui perumpamaan-perumpamaan ini, yang dengan teliti disajikan oleh Lukas. Sayangnya pembagian pasal dan ayat dalam Alkitab kita memisahkan apa yang Lukas gabungkan bersama dengan ahli dan sengaja. Parafrase berikut tentang kisah-kisah yang Yesus ceritakan itu dirancang untuk menekankan ulang tema pemersatu dari Lukas.

Perumpamaan dituturkan ulang

Dua orang dan uang mereka (Luke 15–16)

Beberapa waktu kemudian orang-orang yang tidak rohani, beberapa yang tidak beragama dan lainnya yang nyata-nyata melanggar moral, berkumpul di sekeliling Yesus untuk mendengarkan apa yang Ia ingin katakan. Tetapi orang Farisi dan para sarjana hukum taurat mengkritik Dia karena berkawan dengan mereka itu dan bergumam di antara mereka sendiri, "Orang ini agaknya suka berteman dengan mereka yang sama sekali tidak *berusaha* memelihara hukum-hukum Tuhan -- Ia malah bersantap bersama mereka!" Maka Yesus pun membela tindakan-Nya dengan menceritakan sebuah kisah kepada mereka.

'Siapakah di antara kalian,' Ia memulai, 'yang memiliki kawanan domba 100 ekor dan kehilangan seekor dari mereka, yang tidak akan meninggalkan yang 99 di padang rumput tempat mereka berada dan pergi mencari seekor yang hilang itu ke mana-mana sampai ia mendapatkannya kembali? Dan ketika ia mendapatkannya, ia begitu bahagia dan tanpa berpikir memondong domba hilang itu di bahunya sepanjang jalan pulang. Ketika ia tiba di rumahnya, ia mengundang semua sahabat dan tetangganya: "Ayo, datang dan bergembiralah bersamaku -- Aku telah menemukan domba ku yang hilang!" Aku berkata kepada kalian, seperti itulah keadaannya di surga, ada kesukaan besar di sana atas seorang pendosa yang dibawa balik dari kesesatan sengajanya ketimbang 99 warga terhormat yang tidak pernah melangkah salah!'

'Atau perempuan manakah yang memiliki kalung berharga dengan 10 matanya dari perak, dan kehilangan salah satunya, yang tidak mengambil obor dan sapu serta mencari di setiap sudut dan celah rumah sampai ia mendapatkannya kembali? Dan ketika ia menemukan itu, ia demikian bahagia dan mengundang semua sahabat dan tetangganya, "Ayo datang dan berialah bersamaku. Aku baru saja menemukan mata uang ku yang hilang!" Aku memberitahu kalian, seperti itulah di antara para malaikat Tuhan; mereka juga merayakan setiap kali seorang saja pendosa mengalami pengubahan hati.'

Kemudian Yesus menambahkan, 'Ada seorang ayah dengan dua orang putra. Yang lebih muda pergi kepada ayahnya dan menuntut, "Pak, saya ingin bagian saya dari usaha sekarang ini, sebelum bapak meninggal." Maka si ayah membagi asetnya di antara kedua bersaudara itu. Tidak lama sesudahnya anak yang lebih muda menguangkan modalnya dengan uang tunai dan pergi ke negeri lain. Di sana ia menyia-nyiakan keberuntungannya dalam gaya hidup bermewah-mewah. Ketika ia telah memakai semua uangnya, negeri itu diserang paceklik yang menyebabkan terjadinya kekurangan makanan. Harga-harga meroket dan ia segera menderita akibatnya. Supaya dapat tetap hidup ia mencari pekerjaan pada pemilik tanah setempat yang menyilakan dia menjaga kandang babi. Sering kali ia merasa ingin mengisi perutnya dari isi palungan makanan babi, tetapi tidak seorang pun terpikir untuk memberi dia apa pun.

'Ketika akhirnya ia sadar, ia berkata kepada dirinya sendiri, "Ingat -- semua orang upahan yang bekerja di ladang ayahku memiliki limpah makanan untuk dimakan, sedangkan aku kini, kelaparan setengah mati. Lebih baik aku balik kepada ayahku kembali. Aku akan berkata kepadanya, "Aku sadar aku telah bersalah besar, baik kepada Tuhan dan terhadap ayah. Aku tidak layak diperlakukan sebagai anakmu lagi, tetapi bagaimana jika aku diterima sebagai pekerja upahan bersama semua orang upahanmu?"

'Maka ia pergi kembali ke rumahnya. Tetapi sementara ia masih cukup jauh, ayahnya melihat ia datang. Ia tergerak sampai ke kedalaman keberadaannya dan berlari ke luar menjumpai anaknya itu, mengalungkan tangannya ke leher sang anak dan terus menciuminya. Anak itu mengucapkan perkataan yang telah ia persiapkan: "Ayah, aku sadar telah salah besar, dari sudut pandang Tuhan juga dari sudut pandang ayah -- aku sama sekali tidak layak dianggap sebagai anakmu lagi."

'Tetapi ayahnya menyela dia, berpaling kepada para hambanya yang datang untuk menyaksikan apa yang tengah terjadi, dan memerintahkan mereka, "Bawakan jubah terbaik ku agar ia memakainya dan tampil layak, kenakan cincin meterai ku ke jarinya dan ambil sepatu untuk kakinya. Juga sembelihlah lembu yang telah gemuk. Kita mesti mengadakan perjamuan besar untuk merayakan peristiwa ini. Putraku yang bagiku seakan sudah mati kini pulang hidup lagi ke dalam kehidupanku. Aku pikir aku telah kehilangan dia, tetapi kini kami kembali saling menemukan lagi!" Demikianlah perayaan pun berlangsung meriah.

'Sepanjang waktu itu anak yang lebih tua tengah bekerja di kebun. Begitu ia mendekati rumah keluarga di akhir hari, ia mendengar suara-suara perayaan -- orang bernyanyi dan menari dengan iringan musik. Lalu ia menanyai salah seorang anak kecil apa yang sedang terjadi. Anak itu cepat menjawab, "Adikmu pulang dan ayahmu telah menyembelih lembu yang kau gemukkan sebab ia telah pulang dengan baik dan selamat."

'Sang kakak menjadi marah dan tidak bersedia untuk masuk mendekat. Maka ayahnya bergegas ke luar untuk kedua kalinya hari itu, untuk mengajak dia mengubah sikapnya. Tetapi ia meledak dalam kemarahan, "Ingatlah bertahun-tahun ini aku telah menghamba untukmu di sini! Tidak pernah satu kali pun aku tidak menaati ayah atau melakukan hal yang menyimpang dari harapan mu. Namun engkau bahkan tidak pernah menyembelihkan anak domba untukku bersenang-senang dengan kawan-kawanku. Tetapi begitu anakmu ini kembali, sesudah menghamburkan harta simpananmu di rumah pelacuran, lalu engkau pergi dan menyembelihkan hewan terbaik di peternakan kita untuk menghormatinya!"

'Tetapi sang ayah menjawab lembut, "Anakku yang ku kasihi, engkaulah yang tetap mendampingku selama ini dan engkau tahu bahwa semua milik ini telah menjadi milikmu. Tidak mengertikah kau bahwa kita harus mengadakan perayaan ini? Sebab ini adikmu, yang seperti sudah mati untuk kita, dan kini ia hidup kembali bersama kita. Aku pikir kita telah kehilangan dia selamanya, tetapi kini kita telah saling mendapati kembali."

Yesus melanjutkan dengan menceritakan kisah lainnya kepada para pengikut-Nya. 'Suatu kali ada seorang kaya yang mempekerjakan pegawai untuk mengelola harta miliknya, dan datang laporan kepadanya bahwa orang ini menggelapkan modalnya. Maka ia memanggil orang tersebut dan memperhadapkannya dengan berita itu. "Kabar apa ini yang aku dengar tentangmu? Aku akan meminta agar catatanmu diperiksa secepatnya. Aku tidak dapat lagi mempekerjakanmu sebagai manajer."

'Maka pegawai itu memperhitungkan prospek masa depannya. "Apa yang bisa aku lakukan untuk melangsungkan hidup," pikirnya sendiri, "kini bos telah memecatku? Akan ku pastikan bahwa apabila aku ke luar dari pekerjaan ini akan ada banyak klienku yang bersedia memberikan bantuan."

'Ia lalu pergi ke setiap penyewa yang memiliki utang besar kepada majikannya. Kepada yang pertama ia datangi, ia berkata, "Berapa banyak utangmu kepada bos ku?"

"Empat ribu liter minyak," jawabnya.

'Lalu pegawai itu berkata, "Ini kontrak aslinya. Cepat, duduk dan ubah angkanya jadi dua ribu." Kemudian ia berkata kepada yang lainnya, "Kamu. Berapa yang kau sepakat untuk bayar?"

'Orang itu menjawab, "Dua ribu karung gandum."

'Lalu pegawai itu berkata, "Ini kontrakmu; kamu boleh memotong seperlimanya."

'Ketika sang tuan tanah mendengar tentang kontrak yang diubah itu, ia tidak dapat menahan pujiannya kepada sang pegawai tidak jujur yang berpikir cepat dan bertindak cerdik.

'Sayangnya sering kali kenyataannya pada mereka yang hidup untuk apa yang dunia ini tawarkan adalah lebih cerdik dalam mengurus usahanya dengan orang lain dibandingkan mereka yang telah dicerahkan hidupnya tentang dunia rohani. Jadi nasihat-Ku untuk kalian adalah ini,' ujar Yesus. 'Pakailah uang kotor dunia ini untuk memastikan kamu memiliki banyak sahabat, supaya ketika akhirnya kamu harus meninggalkan semua hartamu, mereka akan menyambutmu dengan tangan terbuka masuk ke surga itu sendiri.

'Orang yang dapat diandalkan dalam perkara remeh akan berintegritas sama dalam perkara besar juga. Dan orang yang tidak jujur atas jumlah kecil akan sama bengkoknya dalam urusan besar. Jadi jika kalian tidak dapat dipercaya untuk menangani komoditas yang dapat rusak seperti halnya uang, siapa yang akan memberikan kepadamu kepercayaan untuk mengurus perkara yang bernilai kekal? Dan jika kamu tidak dapat diandalkan dalam mengurus harta milik orang lain, siapa yang akan terpikir memberi kamu sesuatu untuk menjadi milikmu sendiri?

'Tidak ada pekerja dapat bekerja sepenuh hati untuk dua orang majikan. Ia cenderung akan membanding-bandingkan dan akan menyukai yang satu lebih dari yang lain, atau lebih setia kepada yang satu sementara kepada yang lain kurang. Itu sebabnya kamu tidak dapat membaktikan dirimu untuk mendapatkan uang sambil melayani Tuhan secara bersamaan.' Sebagian orang Farisi mendengar ucapan Yesus kepada para murid-Nya itu. Mereka berhasil menjadi kaya dan rohani maka mereka mencibir pernyataan itu. Tetapi Ia tahu apa yang mereka pikirkan dan berkata kepada mereka, 'Kalian boleh meyakinkan rekan kalian, tetapi Tuhan melihat tembus ke dalam kamu! Manusia mungkin bisa dibuat terkesan, tetapi Tuhan muak.

'Perintah Musa dan teguran keras para nabi ditegaskan dengan kuat oleh ketibaan Yohanes Pembaptis. Sejak itu perintah Tuhan mulai dirayakan dan orang merebut kesempatan untuk hidup di bawah hukum-Nya. Bahkan, akan lebih mudah untuk planet bumi dan angkasa luar lenyap ketimbang satu iota saja dari ketetapan ilahi untuk dibatalkan.

'Sebagai sebuah contoh untuk kalian: dalam pemandangan Tuhan, siapa saja yang menceraikan istrinya menikahi orang lain hidup dalam perzinahan, dan barangsiapa menikahi perempuan yang diceraikan juga melakukan perzinahan.

'Suatu ketika ada seorang kaya, yang biasa mengenakan pakaian paling mahal dan menikmati makanan mewah setiap hari sepanjang kehidupannya. Dan ada seorang pengemis miskin yang duduk di tepi selokan dekat pintu gerbang rumah si kaya, yang namanya dengan tepat disebut Tuhan-menolong-kita. Tubuhnya yang kotor dipenuhi oleh luka-luka dan ia memakan apa saja yang dibuang di keranjang sampah rumah tersebut. Anjing-anjing dari rumah tetangga sering datang dan menjilati lelehan nanah dari luka-lukanya. Dengan berjalannya waktu, pengemis itu mati dan rohnya dikawal oleh para malaikat masuk ke pelukan kasih Abraham. Tidak lama sesudah itu orang kaya itu juga mati dan upacara penguburan yang mengesankan diadakan. Tetapi ia sendiri tidak menghadirinya. Ia sudah menderita dalam neraka.

'Dalam kesengsaraannya, ia menengadah ke atas dan menampak Abraham di kejauhan, dan ia sedang memeluk sang pengemis tua itu, yang namanya 'Tuhan-menolong-kita!' "Bapa Abraham," teriak si kaya, "kasihani aku. Aku mau mengisap jari-jari si pengemis jika ia mencelupkannya ke dalam air lebih dulu! Panas ini tak tertahankan!"

'Tetapi dengan khusyuk Abraham menjawab, "Ingatlah betapa nyaman kehidupanmu dulu dan betapa sengsara nasib sahabatku si 'Tuhan-menolong-kita' ini. Kini saatnya untuk mu mengalami ketidaknyamanan dan untuk mu mengerti apa artinya menderita. Bagaimana pun, ada jurang dalam di antara kita. Tidak ada orang dapat menyeberang dari sini ke sana dan tidak ada orang dari sana dapat datang ke sini."

'Maka si orang kaya celaka itu terpikir tentang kemungkinan lain. "Aku mohon kepadamu, kalau begitu, Bapa Abraham. Jika engkau tidak dapat mengirim orang ke sini, tolong kirim seseorang ke rumah ku di bumi. Paling tidak ada lima saudaraku dapat diperingatkan tentang tempat mengerikan ini."

'Tetapi Abraham menggoyangkan kepalanya dan menunjuk, "Mereka punya Alkitab di rumah mereka. Jika saja mereka membaca apa yang Musa dan para nabi katakan, mereka cukup memiliki semua peringatan yang mereka perlukan."

'Tetapi orang terhukum itu tidak setuju. "Itu tidak cukup untuk meyakinkan mereka, Bapa Abraham. Tetapi jika seseorang kembali dari kubur untuk memberitahu mereka apa yang sesungguhnya terjadi, pasti mereka akan mengubah jalan hidup mereka."

'Tetapi Abraham hanya menjawab, "Jika mereka tidak memerhatikan firman Tuhan yang diberikan melalui Musa dan para nabi lain, bagaimana mungkin mereka akan percaya orang yang mengatakan sudah mati dan balik dari antara orang mati.""

41.
KISAH PARA RASUL

Pendahuluan

Ketika kita mempelajari kitab mana pun dalam Alkitab, kita perlu terlibat dengannya pada dua tingkatan. Pertama, kita memeriksa **tingkatan manusianya**, dengan mempertimbangkan siapa yang menulisnya dan mengapa, serta menyadari bahwa setiap kitab berakar dalam situasi khusus dengan sidang pembaca khusus di pikirannya. Pada tingkat ini kita melihat pada situasi sejarahnya, berusaha membuat Firman Tuhan itu menjadi *riil* dalam konteks aslinya.

Kedua, kita mempertimbangkan kitab itu pada **tingkatan** ilahinya, dengan bertanya mengapa Roh Kudus menujukan kitab itu untuk kita dan berusaha menentukan bagaimana *relevansi* kitab itu untuk kita masa kini.

Kita boleh mengistilahkan dua tingkatan ini sebagai **historikal** dan **eksistensial**. Tingkatan historikal bertanya mengapa ia ditulis, apa alasan manusia di balik penulisannya? Tingkatan eksistensial bertanya mengapa ia ada dalam Alkitab kita dan mengapa Tuhan ingin kita mengetahui tentangnya? Pendekatan rangkap ini khususnya pasti akan menolong kita ketika melihat ke kitab Kisah Para Rasul.

Kisah Para Rasul di tingkatan historikal

Siapa yang menulis dan mengapa?

SANG PENULIS

Penulisnya adalah Lukas, seorang dengan profesi dokter berasal dari Antiokhia, Siria, dan satu-satunya penulis bukan Yahudi dalam Alkitab. Ia adalah kawan pelayanan Paulus, kerap berpergian bersamanya, dan memiliki perhatian mendalam untuk meneliti kejadian-kejadian di sekitar kehidupan Yesus dan pertumbuhan Gereja. Barangkali di Kaisarea dan Roma ia menulis Lukas dan Kisah Para Rasul (lihat halaman 72-76 untuk lebih banyak rincian tentang Lukas sebagai penulis kedua kitab ini).

SUMIR PEMBELAAN

Telah kita lihat bahwa Kisah Rasul adalah jilid kedua dari dua jilid yang ditulis oleh Lukas, untuk menyiapkan pembelaan Paulus sementara ia menantikan persidangannya di Roma (lihat halaman 76-80). Kisah Rasul dimulai dengan menyapa orang yang sama yang disebutkan di permulaan Injil Lukas sebagai Teofilus 'yang mulia,' sebuah julukan yang mengusulkan ia seorang pengacara atau hakim dan yang dipakai di tempat lain dalam Kisah Para Rasul untuk Feliks dan Festus, keduanya gubernur yang bertemu dengan Paulus. Lukas pastinya sadar bahwa 'sumir'-nya mungkin akan lebih beredar luas karena penduduk Roma bertanya-tanya tentang iman yang karenanya Paulus dibawa ke persidangan.

Andai ini sejarah kehidupan Paulus, maka setidaknya Lukas akan mencantumkan hasil dari persidangan itu, jika bukan rincian tentang bagaimana ia mati. Jika ini adalah sejarah Gereja mula-mula kita dapat mengharapkan lebih banyak rincian tentang gereja di Roma, tetapi bukan maksud Lukas menyediakan rincian penuh tentang Paulus, bukan juga untuk meliput sejarah Gereja itu sendiri, tetapi untuk memberikan informasi secukupnya bagi Teofilus agar mengerti bagaimana iman Kristen telah berkembang dan mengapa rasul Paulus kini dituduh secara tidak adil. Karenanya para pembaca Kisah Rasul ditinggalkan di akhir kitab dengan situasi yang menggantung ketika Lukas menyelesaikan sumir itu untuk Teofilus.

Struktur dan garis besar outline

Sesudah mengerti mengapa kitab ini ditulis, pertanyaan berikutnya menyangkut garis besar kitab ini, karena ini pun memberi kita petunjuk lanjut tentang tujuannya. Ada tiga teori yang lazim dipegang mengenai struktur yang Lukas maksudkan untuk Kisah Para Rasul.

1. DUA BAGIAN

Teori paling sederhana ialah Lukas menstrukturkan Kisah Para Rasul di sekitar **dua rasul utama.** Petrus adalah rasul untuk orang Yahudi dan mendominasi Pasal 1-12, dan Paulus adalah rasul untuk orang bukan Yahudi dan mendominasi sisa kitab ini. Ada banyak data mendukung teori ini, karena ada banyak kesejajaran antara apa yang Lukas katakan tentang Petrus dan apa yang ia katakan mengenai Paulus. Mungkin ini dimaksudkan untuk menentang ancaman berkembangnya perpisahan dua gereja. Gereja Yahudi dan gereja bukan Yahudi, dengan masing-masing mengklaim rasul mereka sebagai yang mereka ikuti. Catatan Lukas menekankan bahwa kehidupan Paulus dan Petrus dapat disandingkan dalam banyak segi, sehingga kita tidak perlu melihat yang satu lebih penting daripada yang lain. Berikut adalah beberapa kesamaan itu:

- Mereka keduanya berbuat mukjizat.
- Mereka keduanya mendapat penglihatan.
- Mereka keduanya menderita karena iman mereka.
- Mereka keduanya menyampaikan khotbah panjang.
- Keduanya dipenuhi oleh Roh.
- Keduanya berkhotbah dengan berani.
- Mereka keduanya berkhotbah kepada orang Yahudi dan orang bukan Yahudi, meski Petrus terutama berkhotbah kepada Yahudi dan Paulus terutama kepada bukan Yahudi.
- Kedua mereka dipenjara dan dibebaskan secara mukjizat.
- Kedua mereka menyembuhkan orang sakit.
- Kedua mereka menyembuhkan orang yang lumpuh sejak lahir.
- Kedua mereka mengusir roh-roh jahat.
- Kedua mereka memiliki cara-cara luar biasa dalam penyembuhan, Petrus dengan bayangannya dan Paulus dengan sapu tangannya.
- Keduanya membangkitkan orang mati.
- Keduanya mencanangkan penghakiman terhadap para guru sesat.
- Keduanya menolak untuk disembah.
- Keduanya mati di Roma (meski Lukas tidak meliput hal ini dalam catatannya).

Analisis ini mengusulkan dengan kuat bahwa alasan Lukas menulis adalah keinginnnya untuk memastikan bahwa kedua orang ini sama dihormati dan dihargai sebagai para rasul dalam Gereja. Salah satu cara mendekati kitab Kisah Para Rasul, karenanya, adalah membagi saja ke dalam dua bagian.

2. TIGA BAGIAN

Dalam Kisah Rasul 1:8 kita baca, "Kamu akan menjadi saksi-Ku mulai di Yerusalem, Yudea dan Samaria sampai ke ujung-ujung bumi." Sebagian orang melihat pernyataan ini sebagai struktur yang Lukas ikuti dalam mengembangkan tema-temanya. Kesaksian untuk Kristus **mulai di Yerusalem,** di Pasal 1-7. Pasal 8 sampai 10 membawa kesaksian lebih jauh ke **Yudea dan Samaria,** dan akhirnya kesaksian itu menyebar dari sana ke **Eropa dan ke pusat kerajaan Romawi.** Jadi Lukas dipandang memperlihatkan bagaimana perkataan Kristus di awal kitab digenapi di akhir kitab, dengan injil mencapai Roma bersama Paulus, kesaksian Kristus sampai kepada Kaisar sendiri. Tetapi Roma bukanlah 'ujung-ujung bumi'!

3. ENAM BAGIAN

Struktur tiga tahapan mungkin dalam beberapa hal meyakinkan, tetapi ada cara lebih baik dan lebih rinci untuk mengerti pendekatan Lukas. Pengertian ini datang langsung dengan memerhatikan **alat sastra** yang agaknya dipakai oleh Lukas untuk menggarisbawahi temanya. Ia memasukkan **serangkaian ungkapan yang sama** pada beragam pokok dalam narasinya. Perhatikan hal berikut ini:

- **Kisah Rasul 6:7.** 'Demikianlah *firman Tuhan* tersebar, jumlah para murid di Yerusalem bertambah dengan cepat dan sejumlah besar imam menjadi taat kepada iman.'

- **Kisah Rasul 9:31.** 'Kemudian *gereja* di seluruh Yudea. Galilea dan Samaria menikmati masa damai. Gereja dikuatkan dan dihiburkan oleh Roh Kudus, *bertumbuh dalam* jumlah, hidup dalam takut akan Tuhan.'
- **Kisah Rasul 12:24.** 'Tetapi *firman Tuhan* selanjutnya bertambah-tambah dan tersebar.'
- **Kisah Rasul 16:5.** 'Demikianlah *gereja-gereja* dikuatkan dalam man dan *bertambah jumlahnya tiap-tiap hari.*'
- **Kisah Rasul 19:20.** 'Dalam cara ini *firman Tuhan tersebar* luas dan bertumbuh dalam kuasa.'

Lima pernyataan ini dalam Kisah Rasul entah tentang pertumbuhan Firman Tuhan atau Gereja, menyediakan kesimpulan yang menandai akhir sebuah bagian. Lukas memberitahu kita apa yang telah terjadi dan kemudian ia menyimpulkan hal itu karena apa yang terjadi membuat Gereja tumbuh dan menyebar.

Dalam terang pembagian ini, usulan yang diberikan di atas bahwa Lukas menyusun secara geografis sebagiannya tepat, sementara petanda ini mengusulkan enam bagian berikut:

1–6:7	Orang Yahudi di Yerusalem
6:8–9:31	Orang Yunani dan orang Samaria
9:32–12:24	Orang bukan Yahudi dan Antiokhia
12:25–16:5	Asia Kecil
16:6–19:20	Eropa
19:21–28:31	Roma

Lukas memaparkan tentang 'kuasa tak tertolakkan' dari agama baru ini di seluruh kerajaan Roma. Yang terjadi adalah seolah kematian dan kebangkitan Yesus bagaikan sebuah batu yang dilemparkan ke dalam kolam. Lukas memperlihatkan bagaimana riaknya menyebar, dengan masing-masing pernyataan penyimpul bahwa riak tersebut terus berkelanjutan, sampai akhirnya mereka mencapai Roma sendiri. Jelas ini merupakan paparan yang selektif -- peluasan itu hanya disajikan dalam satu arah, barat-daya. Satu-satunya petunjuk peluasan ke selatan adalah pertobatan sida-sida dari Etiopia pada perjalanannya pulang ke Afrika.

Peristiwa penting

Kini mari kita mempertimbangkan beberapa peristiwa yang Lukas anggap penting dalam peluasan ini, sebagaimana ia memperlihatkan cara melalui mana iman Kristen menyebar dari gerakan Yahudi pedalaman menjadi iman internasional dan kosmopolitan.

HARI PENTAKOSTA

Lukas memulai dengan **peristiwa besar pertama dalam penyebaran injil:** Hari Pentakosta (pasal 2). Roh Kudus datang ke atas 120 murid dalam bait sementara mereka berkumpul untuk doa pagi pada jam 9 di serambi Salomo. Karunia lidah mengiringi pencurahan itu dan menjadi pembalikan dari penghukuman Tuhan atas Menara Babel (dalam Kejadian 11) dan menyanggupkan beragam kebangsaan yang berkumpul pada perayaan itu mendengar khotbah Petrus. Sekitar 3,000 orang merespons dalam pertobatan dan baptisan dan ditambahkan ke Gereja. Banyak darinya yang kemudian kembali ke negeri asal mereka untuk menyebarkan berita tersebut, termasuk Roma sendiri.

KELUHAN DARI PARA JANDA

Herannya, Lukas mencatat di awal Pasal 6 bagaimana keluhan para janda bukan Yahudi bahwa mereka tidak mendapatkan pembagian makanan secara adil menjadi peristiwa menentukan dalam penyebaran Gereja, sebab itu datang langsung sebelum pernyataan penyimpulan pertama di 6:7. Para rasul tekun memastikan bahwa tidak ada **pembedaan antara orang Yahudi dan bukan Yahudi** apabila menyangkut soal pertolongan kebutuhan hidup. Sebagai akibat para rasul memilih tujuh orang diaken untuk menolong pendistribusian makanan. Dua darinya, Filipus dan Stefanus, akan membuat dampak mereka sendiri.

KEMARTIRAN STEFANUS

Stefanus sedang berkhotbah ketika ia ditangkap dan dibawa ke hadapan para pemimpin keagamaan, dengan tuduhan menyebarkan propaganda anti Yahudi. Kita hanya tahu sedikit saja tentang dia dari Kisah Para Rasul, namun khotbah terakhirnya dimasukkan sebagai salah satu pasal paling panjang dalam seluruh kitab ini (Pasal 7). Perkataannya menggarisbawahi maksud Lukas memaparkan bagaimana Kekristenan berubah dari awalnya berciri Yahudi, agama nasional menjadi **iman internasional, bukan Yahudi.**

Sampai membuat gentar para penuduhnya, di hadapan para pemimpin Yahudi Stefanus memberikan garis besar tentang betapa banyak kegiatan Tuhan yang terjadi di luar tanah mereka, sebelum ada bait. Perjanjian dengan Abraham, pelepasan dari Mesir dan pemberian hukum taurat semuanya terjadi di luar Tanah Perjanjian. Karena itu, tuduhan mereka bahwa ia berbicara menentang tempat kudus dan hukum taurat adalah salah, karena Firman dan kehadiran Tuhan melampaui batas-batas kebangsaan.

Pidato itu adalah penjelasan dan pembelaan teologis untuk penyebaran pesan Injil kepada orang bukan Yahudi, dan di dalam penyingkapan drama Kisah Rasul itu diperlihatkan bagaimana kematian Stefanus dan penganiayaan yang mengikutinya mendorong orang percaya pergi dari Yerusalem ke Samaria dan sampai sejauh Antiokhia, tempat kelahiran Lukas.

FILIPUS DI SAMARIA

Lukas kemudian mencatat bagaimana Filipus, seorang lagi dari tujuh diaken tersebut, pergi ke Samaria dan menyaksikan banyak yang merespons kepada khotbahnya. Masa itu terdapat sikap tidak senang antara orang Yahudi dan orang Samaria dan para murid sendiri tidak sepenuhnya bermurah hati. Terakhir kali Yohanes berada di Samaria bersama Yesus, ia dan Yakobus saudaranya bertanya apakah dapat berdoa agar Tuhan mengirimkan api dari langit untuk membakar semua orang Samaria. Kini **banyak orang Samaria yang datang ke dalam** iman, dan kemudian Petrus dan Yohanes datang untuk mendoakan agar orang Samaria boleh dibaptiskan dalam Roh Kudus, memohon agar api dari surga turun untuk alasan yang berbeda!

Kemudian Filipus dipindahkan secara ajaib untuk berkhotbah kepada seorang sida-sida Etiopia yang sedang dalam perjalanan pulang dari Yerusalem. Agaknya janggal memasukkan peristiwa ini, jika bukan karena Lukas bermaksud untuk memperlihatkan bagaimana injil menyebar. Demikianlah cara injil datang kepada orang Etiopia, dibawa oleh sida-sida itu, **petobat pertama dari orang Afrika.**

PERUBAHAN HIDUP SAUL

Perubahan hidup Saul juga merupakan momen menentukan dalam keseluruhan narasi itu (Pasal 9). Bahkan, kesaksian ini dicatat tiga kali, supaya Teofilus tahu tentang peristiwa yang diceritakan kepada para penimbang lainnya. Saul kemudian hari dikenal sebagai Paulus, dan kita belajar bagaimana ia **ditugasi untuk melayani Kristus** dan bagaimana ia bergabung dengan para orang percaya di Yerusalem supaya mereka dapat bekerja dengan strategi yang disepakati bersama. Ketika Barnabas dan Paulus diutus dari gereja di Antiokhia, pusat perhatian kitab ini pindah dari Petrus ke Paulus.

PETRUS DI KAESARIA

Peluasan injil menghadapi rintangan cukup berat: **peraturan makan orang Yahudi** melarang mereka makan bersama dengan orang bukan Yahudi. Lukas karena itu memasukkan catatan tentang bagaimana Tuhan mengajarkan Petrus bahwa memakan makanan 'tidak kosher' (makanan tidak halal) dibolehkan dan ia dikirim ke rumah orang bukan Yahudi untuk mewartakan injil.

Kisah Para Rasul 10 adalah pasal menentukan, yang memperlihatkan keheranan Petrus bahwa **Roh Kudus datang ke atas orang bukan Yahudi** sama persis seperti Ia datang ke atas orang Yahudi di tempat lain. Sedemikian menentukannya kejadian itu sampai Petrus harus menjelaskan apa yang terjadi kepada para rasul di Yerusalem dalam rangka supaya mereka diberitahu tentang cara Tuhan bekerja.

SIDANG YERUSALEM

Percakapan Petrus dengan orang percaya di Yerusalem

adalah pembuka untuk pertemuan Sidang Yerusalem di Pasal 15. Paulus membagikan tentang cara pelayanannya berlangsung di antara orang bukan Yahudi yang telah menyebabkan Gereja bertumbuh. Tetapi ia sadar tentang bahaya keretakan antara gereja Yahudi dan aliran masuk orang bukan Yahudi ini ke dalam kerajaan. Tentu saja mereka tidak atau kurang memiliki pengertian tentang warisan Yahudi. Surat yang kemudian dikirimkan kepada gereja-gereja bukan Yahudi memastikan bahwa **gereja bukan Yahudi dapat tumbuh dengan** bebas dengan penguatan dari gereja 'induk' di Yerusalem.

TUJUAN YANG SEDERAP

Jelas bahwa Lukas telah memilih berbagai peristiwa tertentu dalam rangka memperlihatkan kepada Teofilus bukan saja **fakta tentang peluasan** Gereja tetapi juga **bagaimana itu terjadi.** Semua ini bukan sekadar kisah sembarangan. Kisah-kisah ini memaparkan bagaimana iman Kristen menyebar ke seluruh dunia Romawi dan bagaimana ia tetap bersatu kendati harus menghadapi tekanan budaya. Lukas tidak menceritakan kepada kita tentang banyak pertobatan perorangan, tidak juga apa yang terjadi pada para rasul, melainkan memilih kejadian-kejadian tertentu yang sesuai tujuannya.

Kisah Para Rasul pada tingkatan eksistensial

Sesudah melihat pada tingkatan manusia atau aspek historis dari Kisah Para Rasul, kini kita mesti bertokus pada mengapa sang editor ilahi ingin kita memiliki kitab ini.

Kita tidak boleh meninggalkan studi kita tentang masa lampau, tetapi kita harus juga berusaha mendengar pesannya untuk masa kini. Jadi kita berpindah dari arti historikal ke arti eksistensial kitab ini, dengan bertanya apa yang kitab ini katakan kepada kita tentang Tuhan hari ini.

Kaitan

Kisah Rasul adalah **kaitan penting antara Injil dan Surat-surat kiriman.** Bayangkan Perjanjian Baru tanpa ada kitab ini. Akan ada banyak hal yang menjadi sukar untuk dimengerti. Orang dan ide yang disebut-sebut dalam Surat-surat kiriman menjadi tanpa penjelasan. Beberapa orang dan tempat penting tidak dapat dimengerti tanpa kitab ini.

1. PAULUS

Kebanyakan surat dalam Perjanjian Baru ditulis oleh Paulus, tetapi siapakah Paulus ini? Ia bukan salah seorang dari dua belas rasul, maka ia tidak disebutkan dalam Injil-injil. Tanpa kitab Kisah Para Rasul, kita hanya tahu sedikit tentang dia atau pelayanannya, atau bagaimana ia sampai menulis kepada gereja-gereja serta orang-orang dan mengapa surat-surat ini penting.

2. BAPTISAN AIR

Baptisan orang percaya adalah satu lagi hal yang menjadi kaitan penting dalam Kisah Para Rasul.

Hanya dalam Kisah Para Rasul baptisan dipaparkan sebagai di dalam air. Maka meski Paulus kerap kali merujuk kepada baptisan dalam *surat-surat*-nya -- misalnya, "Tidak tahukah kamu bahwa ketika kamu dibaptis kamu dibaptiskan ke dalam kematian-Nya?" -- ia tidak pernah mengaitkan kata 'dibaptiskan' dengan kata 'air.' Ini menyebabkan beberapa sarjana beranggapan bahwa Paulus tidak mengajarkan baptisan air dan bahwa 'baptisan ke dalam Kristus' berarti sesuatu yang murni rohani. Tetapi dalam Kisah Rasul Anda dapatkan bahwa Paulus sendiri dibaptiskan dan para petobatnya dibaptiskan. Jadi kita tahu bahwa ketika ia bicara tentang 'baptisan' dalam surat-suratnya ia bicara tentang baptisan dalam *air*.

3. BAPTISAN DALAM ROH

Ungkapan 'dibaptiskan dalam Roh' muncul dalam keempat Injil, tetapi tidak satu pun dari mereka yang memberitahu Anda apa arti sesungguhnya, atau apa yang terjadi ketika seseorang dibaptiskan demikian. Jika Anda mencari artinya dalam Surat-surat kiriman Anda akan kecewa juga. Paulus memakai ungkapan itu dalam 1 Korintus -- "Karena kita semua dibaptiskan dalam satu Roh ke dalam satu tubuh" -- tetapi ia tidak mengatakan apa arti praktisnya hal itu. Hanya dalam kitab Kisah Rasul dijelaskan **apa arti sesungguhnya dari dibaptiskan dalam Roh** Kudus, karena hanya di sana peristiwa itu sungguh dipaparkan.

4. HUKUM MUSA

Kisah Para Rasul juga menolong kita ketika kita mempertimbangkan pendekatan kepada hukum Musa masa kini. Bagaimana kita dapat mengetahui bahwa orang Kristen tidak diikat olehnya? Hukum Musa mengandung 613 tuntutan berbeda, maka kita perlu jelas entah kita bebas atau tidak dari hukum-hukum ini? Bagaimana kita tahu entah hukum-hukum ini masih mengikat? Jawabannya datang sementara kita membaca argumen hebat tentang sunat yang mencapai puncaknya dalam Kisah Rasul 15, ketika ditetapkan sekali dan seterusnya bahwa **orang Kristen bebas dari hukum Musa,** meski masih terikat oleh hukum Kristus.

5. GEREJA

Kita akan heran menemukan bahwa bahkan kata 'gereja' dapat disalahmengerti, andai tidak ada catatan Lukas di Kisah Para Rasul. Dalam Injil-injil hanya Matius menyebutkan kata itu, dan dua rujukannya tidak memaparkan tentang harus seperti apa keadaan gereja. Surat-surat kiriman pada umumnya ditujukan kepada berbagai gereja dan memberi kita petunjuk tentang gereja, tetapi hanya dalam Kisah Para Rasul kita belajar **apa gereja sesungguhnya,** termasuk bagaimana ia ditanamkan, bagaimana para rasul menetapkan para penatua dan apa hubungan antara para rasul dan gereja-gereja yang mereka dirikan.

6. PERUBAHAN HIDUP

Kisah Para Rasul penting bagi kita sebab kita belajar sangat banyak tentang **bagaimana tepatnya orang dapat dilahirkan kembali.** Injil-injil mencatat beberapa peristiwa sebelum kedatangan Roh Kudus dan Surat-surat ditulis kepada orang yang telah memiliki iman yang mantap. Keduanya tidak menyediakan model memadai tentang bagaimana orang datang kepada iman dalam Yesus pada zaman Gereja. Jadi kita melihat bagaimana para rasul membawa orang ke dalam kerajaan, dan kita baca pola normalnya adalah *pertobatan, iman, baptisan dalam air* dan *baptisan dalam Roh.* (Untuk penjelasan lebih lanjut tentang proses ini, lihat buku saya *The Normal Christian Birth* -- Kelahiran Kristen yang Normal).

Model untuk masa kini

Karena itu Kisah Rasul adalah sumber informasi dan penjelasan penting -- tetapi jelas bahwa ia lebih dari hanya itu. Banyak yang juga melihatnya sebagai model untuk kehidupan gereja di mana saja, dan merindukan datangnya masa ketika **gereja modern dapat memeragakan kualitas yang Lukas paparkan.** Ini terkesan merupakan pengandaian yang masuk akal. Akhirnya, hanya inilah sejarah Gereja satu-satunya dalam Alkitab yang kita miliki. Dapat kita duga bahwa Roh Kudus ingin ini dimasukkan supaya kita tahu apa yang Tuhan maksudkan untuk umat-Nya.

1. BURUK SAMBIL JUGA BAIK

Meski pendekatan 'model' ini sah, ada berbagai masalah yang muncul jika kita mengandaikan bahwa itu adalah model yang *memadai*. Penggambaran Lukas jauh dari idealistik dan mencakup juga berbagai kesukaran di samping berbagai berkat. Kisah Para Rasul mencatat **pertengkaran, perpecahan dan kesalahan di samping juga pertumbuhan luar biasa.**

- Sedikit orang bersedia menjadikan kisah Ananias dan Safira serta penipuan mereka sebagai model perilaku.
- Hasrat Simon yang bergelora untuk mendapatkan keuntungan dengan menerima Roh Kudus tidak menyediakan model baik untuk seorang petobat muda menempuh kemajuan.
- Bahkan rasul Paulus 'bertikai tajam' dengan Barnabas. Tidak ada yang disalahkan, tetapi pemilihan kata yang dipakai mengesankan bahwa pasti itu bukan persiapan ideal untuk pekerjaan misionaris.

- Lukas memaparkan sikap Gamaliel kepada gerakan baru itu. Ia menasihati para rekannya pemimpin untuk menunggu dan melihat apa yang terjadi ketimbang menyatakan entah mendukung atau menolak orang Kristen. Tetapi paparan Lukas tidak menyatakan bahwa objektivitas yang menjaga jarak itu adalah respons memadai dan sang pereda suasana itu tidak pernah disebutkan kembali.
- Sebaliknya Saul dari Tarsus, siswanya Gamaliel, memilih sikap yang agresif. Daripada "menunggu dan melihat' ia lebih berusaha untuk menghentikan iman baru itu di tengah jalan dan menganiaya Gereja. Permusuhannya dibalikkan di jalan ke Damaskus, dan ini membuat ia menjadi rasul besar, bahkan mungkin yang terbesar.

Catatan tentang komunitas orang percaya di Kisah Rasul, karena itu merupakan campuran antara baik dan buruk. Terdapat persaingan, perbedaan pendapat, kemunafikan, immoralitas dan ajaran bidat. Kita diberikan contoh tentang apa yang *tidak* boleh dilakukan, di samping juga model untuk diikuti.

2. ABNORMAL DAN JUGA NORMAL

Apabila menyangkut bagaimana berlangsungnya berbagai peristiwa dalam Kisah Para Rasul, ada pembedaan yang harus dibuat antara yang abnormal dan yang normal. Ada beberapa hal pasti dalam Kisah Rasul yang **tidak normal dan tidak boleh diharap terjadi secara berkelanjutan**.

Contohnya adalah perubahan hidup Paulus. Ia mendengar suara dari Yesus dan menjadi buta oleh cahaya. Ini jelas pengalaman yang terjadi hanya sekali. Jika kita menjadikannya paradigma atau pola untuk perubahan hidup masa kini, tidak banyak yang akan lulus pengujian. Memang, Paulus sendiri mengklaim pengutusannya menjadi seorang rasul adalah sesuatu yang unik.

Pikirkan juga tentang kematian Ananias dan Safira. Bukankah orang Kristen masa kini melakukan hal yang lebih buruk namun tidak diterpa kematian? Atau apakah penggantian Yudas dengan membuang undi adalah model untuk masa kini? Jelas tidak.

Tambahan lagi, jika beberapa kejadian diharapkan untuk berulang, orang akan harus berpikir keras untuk memutuskan yang mana harus dijadikan contoh untuk diikuti untuk kasus tertentu. Rasul Petrus diluputkan dari Herodes, tetapi rasul Yakobus tidak. Akibat yang mana yang harus kita harapkan terjadi masa kini? Kita harus berhati-hati menjadikan suatu peristiwa atau pengalaman dari Gereja awal dan membuatnya menjadi norma untuk seluruh Gereja pada segala periode.

Pembahasan ini membawa kita ke pertanyaan kunci: **Bagaimana kita membedakan antara apa yang abnormal dan apa yang normal?** Tidakkah Gereja cukup sering mengandaikan bahwa beberapa fenomena merupakan hal yang tidak normal dan bukan untuk masa kini, hanya untuk kedapatan keliru? Serangkaian pertanyaan akan menolong kita dalam pertanyaan semacam ini.

a) Apakah kejadian itu hanya disebutkan satu kali?

Jika suatu kejadian hanya disebutkan sekali dan tidak pernah diulang, kemungkinannya -- meski tidak pasti benar -- itu adalah abnormal. Di Hari Pentakosta, misalnya, beberapa hal yang unik terjadi. Kita tidak berharap untuk melihat angin dan lidah api setiap kali seseorang menerima Roh. Pada kesempatan lain kita baca bahwa bangunan berguncang ketika orang percaya berkumpul berdoa. Akan kurang tepat jika masa kini itu dijadikan pedoman untuk menilai apakah doa yang terjadi sungguh asli. **Beberapa dari peristiwa awal itu seharusnya memang hanya sekali.** Jika sesuatu hanya disebutkan satu kali, karena itu, *boleh* jadi itu terjadi lagi, tetapi salah mengatakan bahwa itu *harus* berulang.

b) Apakah kejadian itu diulang?
Namun demikian, dalam paparan tentang baptisan Roh dalam Kisah Para Rasul, kita dapat melihat beberapa kesamaan. Di Hari Pentakosta angin dan lidah api jelas hal unik, tetapi fenomena lainnya berulang. Ketika di rumah Kornelius (10:46) dan para murid Yohanes menerima Roh, mereka berbicara bahasa-bahasa lidah -- ini mengusulkan bahwa itu mungkin merupakan fenomena berulang, bahkan jika angin dan lidah apinya bukan. Memang, bila mana seseorang dibaptiskan dalam Roh di Kisah Para Rasul, selalu terjadi sesuatu yang membuat jelas baik penerima maupun penyaksinya bahwa Roh memang datang, **kejadian yang berulang meningkatkan kemungkinan bahwa kita sedang membaca sesuatu yang normal untuk Gereja masa kini juga.**

c) Adakah peneguhan mandiri di bagian lain dalam Alkitab?
Jika Injil-injil atau Surat-surat memberikan **pengujian mandiri bahwa kejadian yang dipertanyakan adalah bagian normal dari kehidupan Kristen masa itu, cukup pasti bahwa kita dapat menerimanya untuk masa kini.** Sebagai contoh, tidak saja Kisah Rasul 2:33 yang bicara tentang Roh 'dicurahkan.' Yoel 2:28 dari Perjanjian Lama dan Titus 3:6 juga mengukuhkan hal ini sebagai istilah dengan keabsahan umum.

Penetapan para penatua dalam Kisah Rasul adalah contoh lainnya. Apakah ini sebuah kejadian yang terjadi hanya sekali? Tidak, ini bukan jabatan yang sementara dalam Kisah Rasul: Titus, 1 Timotius dan Ibrani semuanya mengikutkan rujukan ke kepentingan universal untuk kepemimpinan jenis ini.

3. MASA KINI DAN JUGA MASA LAMPAU

Sekali kita telah menanyakan ketiga pertanyaan di atas, kita berada di posisi lebih baik untuk membedakan antara peristiwa yang terjadi satu kali saja yang sekadar bagian dari catatan historis Lukas dan hal-hal yang Tuhan maksudkan untuk kita kenali sebagai hal yang *harus* selalu terjadi, bahkan jika dalam rata-rata gereja masa kini hal tersebut jauh dari apa yang *nyatanya* terjadi.

Adalah penting bahwa kita memakai tiga pertanyaan tadi dan kita memkai Kisah Rasul sebagai model, sebab jika tidak kita dapat tergelincir ke kesalahan memercayai bahwa periode lain dalam sejarah Gereja ingin kita jiplak. Banyak pengelompokan denominasional sesungguhnya mengambil posisi mereka dengan meniru dari periode lain itu, entah itu Reformasi, masa Puritan, Metodis atau Pentakosta awal. Mereka lupa bahwa **Alkitab menyediakan model yang cukup dan merupakan standar tertinggi yang melaluinya zaman lainnya dinilai.**

Kisah Para Rasul memberi kita sebuah model tentang apa yang para anggora Gereja awal lakukan dan siapa mereka adanya.

Apa yang mereka lakukan

Kisah Rasul memberitahu tentang kehangatan persekutuan mereka bersama, sentralitas pengajaran para rasul, pentingnya doa, dan penginjilan spontan mereka sementara Roh memberdaya mereka dan mengutus mereka pergi memberitahu orang lain tentang Kristus. Kitab ini juga memberitahu tentang penyampaian injil tanpa kenal takut ketika mereka menghadapi tentangan dari orang Yahudi mau pun orang bukan Yahudi. Ini sebuah kitab bergairah penuh tindakan Tuhan dan pertumbuhan kerajaan.

Siapakah mereka

Mereka adalah orang-orang yang dipenuhi dengan sukacita pengenalan akan Tuhan, bahkan mereka memuji Dia sementara berada dalam penjara. Mereka adalah orang yang takut Tuhan. Dan mereka adalah orang yang penuh pengharapan dan keberanian: Petrus dan Yohanes bersedia tidak menaati para pemimpin Yahudi dan menolak untuk berhenti berkhotbah. Stefanus juga bersedia menentang mereka, meski itu berarti ia harus kehilangan hidupnya.

Kisah Para Rasul sebagai manual misionaris

Menerima Kisah Rasul sebagai model untuk kita masa kini, bagaimana kita harus membacanya? Salah satu pendekatan paling bermanfaat disediakan oleh seorang yang menulis di awal abad ke dua puluh, Roland Allen. Ia menulis tiga buah buku yang telah memengaruhi pemikiran banyak orang yang ingin mengerti bagaimana Kisah Para Rasul harus dibaca masa kini. Buku tersebut dijuduli Metode Misionaris -- Metodenya Paulus atau Metode Kita? Peluasan Spontan Gereja dan Pelayanan Roh. (*Missionary Methods – St. Paul's or Ours? The Spontaneous Expansion of the Church* and *The Ministry of the Spirit.*) Pemikirannya jauh melampaui zamannya sendiri, dan saya berutang banyak kepada wawasan-wawasannya. Ia beranggapan bahwa **Kisah Rasul bukan sekadar model untuk kelakuan Gereja tetapi manual misionaris untuk peluasan Gereja.** Kisah Rasul memberitahu kita bagaimana menggenapi Amanat Agung dan menyebarkan injil. Dari satu kitab ini kita dapat menemukan tujuh rangkap strategi yang dapat kita ikuti masa kini.

1. MENGUTUS PARA RASUL

Kata 'rasul' secara harfiah berarti 'orang yang diutus.' Itulah pengertian Gereja awal bahwa orang-orang tertentu ditugasi oleh Tuhan untuk menyebarkan injil. Ada lima jenis rasul dalam Perjanjian Baru:

1. Yesus sang *Rasul Kepala*– tiada yang lain yang seperti Dia.
2. Kedua belas rasul, *para saksi kebangkitan* -- tidak ada lagi yang seperti mereka masa kini (Matias menggantikan Yudas).
3. Paulus, rasul nomor 13, yang 'terakhir dari semua yang seperti bayi lahir terlambat' -- tidak ada lagi orang seperti dia masa kini, *menulis Alkitab berilham.*
4. *Seorang perintis penanam gereja* yang membangun gereja-gereja baru dengan para petobat baru -- rasul Paulus masuk ke dalam jenis ini juga, temasuk Barnabas dan lainnya, yang selalu diutus dalam tim.
4. *Orang Kristen mana saja diutus dari A ke B untuk melakukan apa saja* adalah 'rasul,' mis., Epafroditus, yang diutus untuk menolong Paulus mengurus rumah di Roma -- dalam artian ini siapa pun dapat menjadi 'rasul.'

Definisi keempat dan kelima yang berlaku masa kini. Gereja Yesus Kristus membutuhkan **para penanam gereja**

dan mereka yang bersedia diutus untuk melakukan tugas-tugas tertentu dalam nama Tuhan.

Inisiatif dan dukungan semestinya datang dari gereja setempat. Jelas dalam Kisah Para Rasul bahwa Roh Kuduslah yang mengkhususkan orang untuk pekerjaan tertentu. Pengutusan tidak datang dari keputusan yang diambil oleh umat, tetapi oleh arahan dari Roh. Demikianlah, Roh yang berkata bahwa Paulus dan Barnabas harus dikhususkan untuk pekerjaan yang diuntukkan bagi mereka. Gereja bersedia mengutus orang-orangnya yang terbaik dalam rangka supaya Kristus boleh diperkenalkan.

Juga penting untuk diperhatikan bahwa para rasul diutus dalam tim. Minimum selalu ada dua orang yang melakukan perjalanan bersama (sama seperti Yesus mengutus para murid-Nya berdua-dua). Tidak ada dukungan untuk misionaris 'lone-ranger' di Kisah Rasul.'

2. MENCAPAI KOTA-KOTA

Lazimnya para rasul mulai bekerja di pusat-pusat yang berpenduduk tinggi, sehingga gereja-gereja yang bertumbuh dapat berdampak bagaikan riak ke seluruh wilayah sekitarnya. Jadi, sebagai contoh, ketika Paulus pergi ke Efesus dan tiap hari mengajar dalam ruang kuliah Tiranus, kita baca bahwa 'semua orang Yahudi dan Yunani yang tinggal di provinsi Asia mendengar Firman Tuhan.' Sangat mungkin bahwa seorang bernama Epafras masuk dalam iman melalui kuliah-kuliah ini dan menanam gereja di Kolose. Paulus menulis kepada gereja tersebut, meski ia sendiri tidak pernah berkunjung ke sana atau terlibat dalam pertumbuhannya.

Karenanya pergi ke **wilayah perkotaan besar sebagai jembatan utama untuk peluasan berikutnya,** merupakan strategi yang masuk akal dan efektif, dan itu sesuatu yang perlu kita ingat masa kini.

3. BERITAKAN INJIL

Khasnya, Paulus akan memusatkan perhatian pertamanya pada sinagoge. "Sebagaimana kebiasaannya, Paulus masuk ke dalam sinagoge dan pada tiga hari Sabat ia berbincang dengan mereka dari Kitab Suci."

Ketika bersama orang Yahudi Paulus akan memakai Perjanjian Lama. Tetapi perhatikan juga, bagaimana **pendekatannya berubah sesuai siapa pendengarnya.** Ketika Paulus berkhotbah kepada orang Yahudi ia mengutip Alkitab, tetapi ketika ia berkhotbah kepada orang bukan Yahudi ia berusaha menemukan titik temu sebelum memperkenalkan konsep alkitabiah. Ambillah contohnya, catatan dari dalam Kisah Rasul 17 yang ia sampaikan kepada orang Atena. Ini bukan pewartaan yang sungguh berhasil, meski ada beberapa petobat yang dicatat. Lukas memasukkan ini supaya kita boleh melihat bagaimana Paulus bicara kepada pendengar orang yang bukan Yahudi.

Dalam pesannya kepada orang Atena Paulus merujuk kepada berbagai peristiwa yang terjadi di masa lalu mereka dan kepada pujangga yang mereka tahu. Ia tahu bahwa pernah terjadi gempa bumi di Atena beberapa waktu sebelumnya, merujuk kepada berbagai peristiwa yang terjadi di masa lalu mereka dan kepada pujangga yang mereka tahu. Ia tahu bahwa pernah terjadi gempa bumi di Atena beberapa waktu sebelumnya yang menghancurkan kota itu dan merusak bangunan-bangunan mereka. Sebagai penganut politeisme, orang Atena mengandaikan bahwa mereka telah membuat marah para dewa mereka, dan ingin sekali tahu yang mana yang marah itu. Maka mereka memutuskan untuk melepas beberapa ekor domba di jalan utama. Berhala mana yang dihampiri oleh domba tadi akan menunjukkan itulah dewa yang telah dibuat marah oleh orang Atena. Namun demikian, domba itu menolak untuk mengikuti rencana tadi dan berakhir dengan berbaring di tengah lapangan. Lalu dewa kota bertemu dan menyimpulkan bahwa jika mereka masih tidak tahu dewa mana yang telah mereka buat marah maka mungkin ada dewa yang mereka lupakan, yang marah karena tidak dibangunkan mezbah untuknya. Maka mereka membangun mezbah tambahan, dengan ukiran atasnya 'Kepada dewa yang tidak dikenal.'

Paulus, yang melihat mezbah itu pada kunjungannya ke kota tersebut, memakainya sebagai dasar untuk memberitahu mereka tentang Tuhan yang tidak mereka kenal. Segera ia didatangi para pendengar. Dari titik temu tersebut ia dapat lanjut menceritakan kepada mereka tentang Tuhan yang harus dan dapat mereka kenal, dan tentang Yesus, yang dibangkitkan oleh Tuhan tersebut dari kematian dan ditetapkan sebagai hakim seluruh umat manusia.

Konsentrasi pada pewartaan injil ini dilihat hampir di tiap halaman Kisah Para Rasul sementara Roh Kudus memberikan keberanian dan kuasa untuk orang Kristen mendeklarasikan pesan mereka.

4. MEMURIDKAN

Para rasul menganggap penting bahwa orang yang mengaku percaya sungguh menjadi 'murid.' Mereka tidak tertarik pada metode modern kita merespons dalam pertemuan publik: yaitu, mengangkat tangan, maju ke muka atau menandatangani kartu keputusan. Mereka menyadari bahwa **menjadikan murid perlu waktu** dan karena itu Paulus tinggal cukup lama untuk memastikan bahwa orang percaya tersebut sungguh dimantapkan. Di Efesus ia mengajar tentang kerajaan Tuhan setiap sore dari jam 12 sampai jam 4 (waktu untuk mereka istirahat siang) selama dua tahun dalam rangka memungkinkan para petobat baru belajar dan orang lain yang baru datang kepada iman. Karena itu, sementara Lukas mencatat bagaimana asal usul kata 'Kristen' muncul di Antiokhia, mereka yang menjadi beriman umumnya dikenal sebagai 'murid' atau 'pengikut 'jalan' itu. Yang penting adalah **ketekunan di perjalanan,** bukan keputusan sekali saja yang berdampak pada kehidupan keseharian.

5. MENANAM GEREJA

Kisah Para Rasul mencatat bagaimana pewartaan injil meneguhkan kelompok orang percaya dan bagaimana para rasul kemudian hari mengunjungi mereka kembali, sehingga setiap perjalanan misionaris menghasilkan buah dalam bentuk **pemantapan komunitas orang percaya yang berkelanjutan.** Aspek dari strategi misionaris tersebut dapat dengan mudah dilewati jika kita tinggal dalam suatu negara yang sudah terdapat banyak gereja. Kita gagal mengerti bahwa sebagian gereja hanya melayani di satu sektor masyarakat, barangkali dari jenis sosiologis yang relatif sempit. Kerap tidak ada gereja yang menjangkau jenis kelompok lainnya. Gaya penanaman gereja di Kisah Para Rasul ini memastikan bahwa gereja-gereja yang ada tidak mesti menunggu sampai para pendatang baru mendatangi teritori mereka, karena mereka akan **menjangkau kelompok sosiologis yang sama sekali berbeda,** bahkan jika kelompok tersebut sangat dekat secara geografis.

6. MENETAPKAN PENATUA

Kita membaca bagaimana Paulus dan Barnabas kembali

ke Listra, Ikonium dan Antiokhia serta 'menetapkan para penatua di setiap gereja, dan dengan doa serta puasa, mempercayakan mereka kepada Tuhan, yang kepada-Nya mereka menaruh percaya mereka.'

Mengingat gereja-gereja itu masih baru, berarti 'para penatua' tersebut mungkin baru 12 bulan saja dalam iman, tetapi ini tidak masalah. Sejauh para calon itu lebih maju daripada lainnya dan mengalami pendewasaan, mereka dapat **dipercaya untuk memimpin.** Pola pengangkatan para penatua ini tampak di seluruh Kisah Para Rasul, dengan para rasul mencari untuk menemukan kepemimpinan setempat supaya komunitas pemercaya yang ada dapat mengatur diri sendiri dan tidak bergantung pada pendiri mereka. Agaknya para penatua itu diangkat oleh seluruh gereja, dengan para pemercaya setempat mengukuhkan pilihan rasuli. (Kata 'mengangkat' secara harfiah berarti 'mengangkat tangan,' maka para penatua itu dipilih melalui angkat tangan.)

Karena itu, karya rasul jelas dapat didefinisikan sebagai berikut:

- Mencapai kota-kota penting
- Mewartakan injil sambil menyesuaikannya kepada para pendengar
- Memuridkan ketimbang meminta keputusan
- Tinggal bersama dan melatih mereka
- Menanam gereja sehingga mereka menghasilkan komunitas percaya
- Mengangkat para penatua untuk memimpin komunitas itu

7. RASUL PERGI

Tahap ke tujuh dan terakhir dalam model misionaris ini

juga sangat menentukan. Begitu gereja telah dimantapkan, rasul bergerak lanjut. Kontak lebih lanjut mungkin terjadi melalui surat, kunjungan, atau mengutus 'delegasi' rasuli. **Sekali suatu persekutuan telah memiliki pemimpin setempat, sang rasul dapat meninggalkan mereka untuk melanjutkan pekerjannya.** Gereja-gereja itu melakukan sendiri penyiaran, pemerintahan dan pembiayaan mereka (self-propagating, self-governing, self-supporting). Dengan demikian, pelayanan rasul sejati bersifat dinamis. Secara khas mereka juga akan mendukung keperluan diri mereka sendiri melalui usaha dan tidak menjadi beban finansial kepada siapa pun sementara gereja sedang dimantapkan.

PENIADAAN DALAM RENCANA

Analisis tentang metode 'misionaris' yang digunakan dalam Kisah Para Rasul ini mengandung beberapa peniadaan yang kerap penting untuk dipertimbangkan masa kini.

- Tidak ada bangunan gereja -- para orang percaya bertemu di rumah-rumah atau gedung sewaan.
- Investasi dalam harta tidak bergerak dianggap tidak perlu.
- Tidak ada pembedaan rohaniwan-awam.
- Semua jabatan dalam gereja didasari atas karunia dan fungsi -- dan setiap orang percaya dianggap memiliki pelayanan.
- Tidak ada hirarki.
- Tidak ada markas pusat.
- Tidak ada baptisan anak.
- Tidak ada gereja yang didasari pada kebangsaan atau garis denominasional.

- Tidak ada aturan untuk penyembahan -- meski kita memiliki petunjuk tentang bagaimana gereja-gereja itu beribadah, kita tidak memiliki pola tetap untuk diikuti dari zaman itu.
- Para rasul tidak mendirikan rumah sakit, sekolah, klinik atau organisasi bantuan.

Sedemikian banyak dari apa yang kita anggap sebagai bagian wajar kegiatan Gereja atau Kristen masa kini tidak dianggap sebagai hal wajar untuk Gereja awal.

Segi teologis

Pertimbangan kami Kisah Para Rasul memusatkan perhatian pada banyak wilayah. Telah kita pelajari tujuan kitab ini, jatidiri para penerimanya, cara Lukas menyusun kitabnya untuk mencapai maksudnya itu, dan bagaimana kitab ini dapat dipakai sebagai 'manual misionaris.' Ada lagi satu hal terakhir untuk kita melihat kitab ini yang sesuai dengan analisis yang telah kita buat tersebut, yaitu melihat kitab ini dari sudut teologis. Bagaimanakah kita harus melihatnya pada tingkatan ini?

Perbuatan siapa?

Mari kita mulai dengan judulnya. Kitab ini asalnya hanya disebut 'Perbuatan-perbuatan.' Itu datang dari kata bahasa Yunani *praxis*, dari mana kita mendapatkan kata 'praktik/ praktis.' Kisah Para Rasul dengan demikian memaparkan **praktik Kekristenan**, tetapi praktik siapakah ini? 'Perbuatan' siapakah semua ini? Ada empat jawaban yang mungkin dapat diberikan.

1. PARA RASUL

Kitab ini biasanya disebut 'Kisah Para Rasul' yang seperti telah kita lihat, agak kurang tepat sebab **kebanyakan rasul tidak tampil di dalam kitab ini.**! Yakobus telah dipenggal di pasal awal, Yohanes disebut bersama Petrus, tetapi hanya Petrus menerima ruang dan lebih dari separuh kitab ini berfokus pada Paulus, yang tidak termasuk dalam kelompok Dua Belas. Jadi kitab ini tidak sepenuhnya tentang 'Kisah Para Rasul.'

2. YESUS

Kitab ini mulai dengan perkataan, 'Kitabku yang terdahulu, Teofilus, seluruhnya adalah tentang Yesus *memulai* pekerjaan dan pengajaran-Nya,' jelas menyiratkan bahwa jilid yang satunya ini adalah tentang **semua yang Yesus *lanjutkan* kerjakan dan ajarkan.** Karena itu kita dapat menyebutnya 'Kisah Kelanjutan Perbuatan Yesus.' Nama Yesus disebutkan 40 kali dalam 13 pasal pertama. Ia merupakan tokoh yang para rasul khotbahkan dan Nama-Nyalah yang menyebabkan penyembuhan terjadi. Jadi ada alasan untuk menamai kitab ini 'Kisah Perbuatan Yesus.'

3. ROH KUDUS

Namun demikian, penyelidikan lebih teliti menyingkapkan, bahwa **yang paling menonjol dalam Kisah Para Rasul adalah Roh Kudus,** yang juga disebutkan 40 kali dalam 13 pasal pertama , dan 70 kali dalam keseluruhannya. Jadi barangkali kita harus menyebut kitab ini 'Kisah Perbuatan Roh Kudus.' Pasti itu sesuatu yang adil dengan peran-Nya. Roh Kuduslah yang memberdayakan 120 murid untuk bersaksi pada Hari Pentakosta dan yang kerap disebut sebagai memenuhi orang percaya. Sebagian dari keputusan besar dalam Kisah Rasul adalah karena arahan dari Roh Kudus, dan pewartaan Petrus di rumah Kornelius disela oleh Roh yang turun ke atas mereka yang hadir. Roh Kuduslah yang mencegah orang percaya pergi ke Asia dan Bitinia, dan yang sebaliknya mengutus mereka ke Troas. Ia yang menyediakan dinamika untuk peluasan misionaris. Jadi pastinya sah jika kita mengerti kitab ini sebagai 'Kisah Perbuatan Roh Kudus.'

4. TUHAN

Tetapi, akan masuk akal untuk satu lagi pihak lain yang juga menonjol dalam kitab ini. Meski Roh Kudus disebutkan 40 kali dalam 13 pasal pertama, satu pihak lainnya disebutkan sampai 100 kali: Tuhan sendiri. Jika kita jadikan Yesus atau Roh Kudus sebagai fokusnya, secara tidak sadar ini membuat kita berteologi 'unitarian', ini sering merupakan perangkap yang menjerat sebagian kelompok jatuh ke dalamnya. **Roh Kudus memusatkan perhatian kita pada Yesus, dan Yesus membawa kita balik kepada Tuhan.**

Tritunggal

Maka sesungguhnya teologi Kisah Para Rasul adalah Trinitarian. Istilah 'Tritunggal / *Trinity*' sesungguhnya tidak terdapat dalam Alkitab, tetapi merupakan ungkapan ringkas untuk tiga pribadi yang adalah satu Tuhan kita yang esa. Karena itu Kisah Para Rasul adalah tentang tiga hal:

1. Kerajaan dari Tuhan Bapa
2. Nama dari Yesus sang Putra
3. Kuasa dari Roh Kudus

Jadi judul komprehensif paling baik untuk kitab ini tepatnya adalah **Kitab 'Perbuatan Tuhan melalui Yesus Kristus oleh Roh Kudus dalam para rasul.'**

Kesimpulan

Kisah Para Rasul adalah catatan penting tentang penyebaran Kekristenan dari Yerusalem ke Roma. Lukas menyaring bukti petunjuk dan memilih peristiwa yang memetakan peluasan ini, dengan menyediakan sebuah model untuk kehidupan gereja dan manual misionaris untuk menyanggupkan peluasan berlanjut terus. Secara simultan ia mencapai sasaran menyeluruhnya memberikan pembelaan ringkas kepada Teofilus sehingga sahabatnya Paulus boleh dinyatakan tidak bersalah dalam persidangannya. Pada saat yang sama Tuhan bermaksud agar kita mengerti bagaimana Ia bekerja membangun kerajaan-Nya, supaya siapa pun kita dan di mana pun kita tinggal kita boleh jelas tentang ideal yang harus kita kerjakan dan doakan.

42. YOHANES

Pendahuluan

Di dalam pendahuluan ke Injil-injil (halaman 7-15) kita melihat bahwa ada tiga tingkatan yang dapat ditemukan dalam seorang besar yang telah meninggalkan dunia ini: perhatian pada apa yang telah ia lakukan, pada yang ia katakan dan pada apa atau siapa dia. Jelas bahwa utamanya Yohanes tertarik pada wilayah ketiga ini. Ia melihat kepada Yesus dari sisi *dalam* dan bertanya, Siapakah Dia?

Matius, Markus dan Lukas berfokus pada apa yang Yesus lakukan dan katakan, dan jarang memerhatikan pertayaan mengenai motivasi dalam diri-Nya. Yohaneslah yang memberi kita gambaran tentang kehidupan batin Yesus dan jatidiri-Nya. Dalam bagian akan datang kita akan melihat bahwa ini bukan alasan satu-satunya untuk ia menulis, tetapi ini merupakan aspek penting yang perlu kita raih jika kita ingin mengerti Injil ini.

Dalam keseluruhannya ada lima perbedaan besar dari Matius, Markus dan Lukas.

1. Penghapusan

Perbedaan Yohanes dari Injil-injil sinoptik khususnya akan menjadi jelas ketika kita mempertimbangkan isi Injilnya. Bukan saja bahwa Yohanes menulis dengan sudut pandang khusus tentang Yesus, tetapi ia menghapuskan sejumlah wilayah yang dianggap penting oleh para penulis Injil lainnya:

- Konsepsi dan kelahiran Yesus
- Baptisan-Nya
- Pencobaan-Nya
- Pengusiran roh-roh jahat
- Pemuliaan-Nya
- Perjamuan Malam Terakhir
- Pergumulan Yesus dalam doa di Getsemani
- Kenaikan-Nya

Penghapusan ini mengherankan, khususnya jika kita perhatikan keutamaan yang para penulis lain berikan kepada beberapa dari peristiwa-peristiwa ini. Sebagai contoh, pemuliaan, dilihat sebagai peristiwa yang menentukan dalam Injil-injil sinoptik. Dan Yohanes diminta oleh Yesus di salib untuk merawat ibu-Nya, maka barangkali ia menghapuskan kisah kelahiran untuk menyelamatkan Maria dari perhatian lebih dari publik. Namun demikian, alasan utama untuk penghapusan ini, tidak lain bahwa rincian sedemikian tidak sesuai dengan tujuan Yohanes. Ia memaparkan sesuatu yang cukup berbeda dari Injil-injil lain dan tidak ada kepentingannya memasukkan bahan yang ia anggap sebagai tidak perlu.

Bukan saja ada penghapusan, tetapi juga ada peremehan atas beberapa tema yang dianggap penting atau layak mendapatkan lebih banyak ruang di ketiga Injil lainnya.

Mukjizat berlimpahan dalam Injil Matius, Markus dan Lukas, sebagai contohnya, tetapi dalam Yohanes hanya ada tujuh. Yohanes juga sedikit menyebut salah satu tema khotbah Yesus: yaitu kerajaan Tuhan. Kata itu hanya muncul dua kali, ketika Yesus berbicara dengan Nikodemus bahwa kecuali ia dilahirkan kembali ia tidak dapat melihat kerajaan Tuhan, dan ketika Ia memberitahu Pilatus bahwa kerajaan-Nya bukan dari dunia ini. Sekali lagi, ini tidak berarti bahwa mukjizat atau kerajaan merupakan hal yang tidak penting, tetapi semata karena Yohanes memiliki tujuan berbeda dari para penulis lainnya, dan cara berbeda mencapai tujuan itu.

2. Penambahan

MUKJIZAT

Seperti halnya ada penghapusan, juga ada penambahan sangat penting. Dari tujuh mukjizat yang Yohanes sebut, lima sama sekali baru:

- Air diubahkan menjadi anggur di pesta nikah di Kana
- Seorang di tepi kolam Betesda
- Penyembuhan anak seorang terhormat
- Penyembuhan seorang yang buta sejak lahir
- Pembangkitan Lazarus dari kematian

Hanya dua mukjizat, berjalan di atas air dan memberi makan 5,000 orang yang diulang.

Tambahan lagi, Yohanes memakai kata berbeda untuk mukjizat, ia merujuk itu sebagai 'tanda.' Sebuah tanda selalu menunjuk kepada sesuatu yang melampaui dirinya sendiri. Maka ia tidak mencatat sebagian mukjizat lain bukan karena ia menganggap bahwa itu kurang penting, tetapi dalam rangka menegaskan bagaimana mukjizat adalah tanda yang menunjuk kepada Yesus. Nanti kita akan melihat dampak penuh hal ini untuk maksud Yohanes.

PERORANGAN

Yohanes memasukkan lebih banyak kisah tentang perorangan dan jumlahnya ini unik untuk Injilnya. Penolakan awal Petrus untuk dicuci kakinya, percakapan dengan perempuan Samaria di tepi sumur, dan percakapan dengan Nikodemus semua ini diliput. Memang, percakapan satu kepada satu ini lebih diutamakan ketimbang perjumpaan dengan orang banyak yang terkesan memenuhi tiga Injil lainnya. Perkataan Yohanes Pembaptis dalam Injil semuanya adalah dalam percakapan pribadi, bukan proklamasi umum.

PERNYATAAN TENTANG YESUS

Juga terdapat tujuh pernyataan besar tentang diri Yesus sendiri dalam Yohanes, yang dikenal sebagai ucapan 'Aku adalah':

- Aku adalah roti hidup
- Aku adalah terang dunia
- Aku adalah pintu
- Aku adalah gembala yang baik
- Aku adalah kebangkitan dan hidup
- Aku adalah jalan, kebenaran dan hidup
- Aku adalah pokok anggur yang benar

Pernyataan ini hanya terdapat dalam Injil Yohanes dan semua ini berfungsi untuk menekankan tujuannya dengan memberikan kita wawasan kepada bagaimana Yesus memandang diri-Nya sendiri

3. Penekanan

Injil-injil sinoptik didasari pada garis besar Markus dan cenderung memakai kerangka kerjanya tentang 30 bulan di utara di Galilea, diikuti oleh enam bulan di selatan di Yudea, dengan memberikan perhatian khusus pada Yerusalem. Tetapi Yohanes sangat berbeda. Hampir semua dari Injilnya memerhatikan selatan dan mencakup bahan dari pelayanan awal Yesus. Ia memilih untuk menekankan kejadian ketika Yesus pergi ke Yerusalem untuk pesta (mungkin sampai tiga kali dalam setahun). Banyak dari Injil Yohanes, karena itu, berkisar pada Perayaan Kemah Sembahyang, Paskah dan pentahbisan bait, dan mengabaikan sebagian besar dari pelayanan Yesus di utara.

4. Gaya tulisan

Perbedaan gaya tulisan dalam Yohanes khususnya dapat dilihat pada dua wilayah.

BAHASA

Bahasa Yohanes berbeda dari Injil-injil lainnya. Mereka memiliki cukup banyak tumpang tindih, dengan pemilihan kata yang identik dipakai di banyak tempat. Bahasa Yohanes mengusulkan bahwa karyanya sepenuhnya mandiri. Sebagai contoh, ketika Injil-injil sinoptik menceritakan pemberian makan 5,000 orang terdapat 53 kata yang sama di antara mereka tetapi hanya 7 yang sama dalam Yohanes. Bahkan kata untuk 'ikan' yang dipakai berbeda.

PERSENGKETAAN

Injil-injil sinoptik mengutamakan perumpamaan Yesus. Bagian pengajaran yang lebih panjang tidak sering.

Namun demikian, dalam Yohanes, Yesus agaknya terlibat dalam perdebatan tanpa akhir, dengan ucapan panjang yang lebih berfokus pada isu kepercayaan ketimbang kelakuan. Karena sebagian besarnya ini dari perjalanan di selatan, tampaknya ketika Yesus pergi ke selatan Ia mengubah gaya mengajar-Nya, barangkali karena Ia terlibat dalam banyak perdebatan dengan orang Yudea tentang jatidiri-Nya.

Ambillah sebagai contoh diskusi panjang di Yohanes 8. Yesus telah bicara tentang hubungan-Nya dengan Bapa-Nya, Tuhan. Orang Farisi menanyai Yesus, "Di manakah bapa-Mu?" -- tersirat di dalamnya bahwa Yesus tidak dapat berbicara dengan pasti tentang orangtua-Nya dan tersiar kasak-kusuk bahwa Ia bukan anak dari perkawinan sah.

'Kamu tidak mengenal Aku atau Bapa-Ku,' jawab Yesus. 'Jika kamu mengenal Aku, kamu pasti akan mengenal Bapa-Ku juga." Maka Yesus memberitahu mereka bahwa Ia sungguh kenal siapa Bapa-Nya, dan membalikkan argumen pada orang Farisi. Seharusnya mereka tahu Dia juga, tetapi nyatanya jauh dari demikian.

Ini membangkitkan isu menarik mengenai para penentang Yesus, yang kerap tidak dimengerti. Ketika kita membaca Injil Yohanes bahwa 'orang Yahudi' membenci Yesus, bahwa Yesus selalu mendebat orang Yahudi dan bahwa orang Yahudi menyalibkan Dia, kita membuat kesalahan besar jika kita menerapkan nama 'Yahudi' kepada seluruh bangsa itu. Sesungguhnya, kesalahmengertian ini telah mendorong sikap anti-semitisme selama 2,000 tahun lebih. Ketika Yohanes merujuk kepada 'orang Yahudi' ia memaksudkan itu untuk orang di selatan, orang Yudea, yang berbeda dari orang Galilea di utara, yang sikapnya (dengan sedikit perkecualian) sama sekali berbeda dan lebih positif terhadap Yesus.

5. Cara Pandang

Cara pandang Yohanes sangat berbeda dari sinoptik. Yohanes sadar akan **kebutuhan untuk pengkomunikasian kepada dunia Yunani juga seperti kepada dunia Ibrani.** Ia menulis Injilnya di Asia (Turki Barat sekarang ini), di mana terjadi pertemuan antara pemikiran Yunani dan Ibrani. Pengertian tentang perbedaan antara mereka diperlukan jika kita ingin meraih sebagian dari pendekatan yang Yohanes gunakan dalam menyusun bahan-bahannya.

Secara sederhana, Ibrani memakai *garis waktu horisontal* dalam pemikiran mereka, memegang ide umum tentang masa lampau, kini dan kelak. Mereka mengenal Tuhan sebagai yang Esa yang dulu pernah ada, sekarang ada dan akan selalu ada. Semua pemikiran mereka dikaitkan dengan garis waktu sedemikian itu, di mana waktu memiliki baik tujuan maupun kemajuan. Sebaliknya, pemikiran Yunani menganggap *waktu menurut garis vertikal dalam ruang* dan memberi perhatian pada kehidupan di atas dan di bawah, di surga dan di bumi.

Jika Anda berpikir dalam kerangka Ibrani, karenanya, Anda memiliki konsep waktu yang berjalan pada satu arah, dengan Tuhan memutuskan ke mana segala sesuatu menuju. Ketiga Injil mengandaikan jenis garis waktu seperti ini, dan Yohanes tidak sepenuhnya menolak itu. Pada akhirnya ia sendiri seorang Yahudi. Sebagai contoh, ia menyimpulkan konsep tentang 'jam' sebanyak lima kali.

Namun begitu, ia juga memakai pendekatan Yunani, dengan garis vertikal antara surga dan bumi, atas dan bawah. Karena itu ia melihat Yesus sebagai Ia yang datang dari surga, mengutip perkataan Yesus di 3:13: "Tidak ada orang yang pernah ke surga kecuali Dia yang datang dari surga -- Anak Manusia." Dan dalam 6:33: "Karena roti dari Tuhan ialah Ia yang turun dari surga dan memberi hidup untuk dunia ini."

Kita lihat sebelum ini bahwa terdapat sedikit penyebutan tentang kerajaan Tuhan dalam Injil Yohanes. Sedangkan Injil-injil sinoptik menekankan kerajaan terbit ke dalam zaman jahat kini dan menanti saat penyempurnaannya. Yohanes lebih berfokus pada aspek *vertikal* tentang Tuhan mengasihi dunia dan mengutus Yesus turun ke bumi. Kita dapat berkata bahwa Yohanes terutama merupakan Injil 'naik dan turun,' sedangkan Injil-injil lain adalah 'kini dan kelak.'

Mengerti Injil Yohanes

Sesudah mengerti cara yang membuat Injil Yohanes berbeda dari ketiga lainnya, kita perlu melihat lebih dekat pada Yohanes sendiri.

Siapakah Yohanes?

SEORANG PENANGKAP IKAN

Sebelum dipanggil untuk mengikut Yesus, Yohanes adalah seorang penangkap ikan yang terlibat dalam kedua aspek bisnis tersebut, baik menangkap maupun menjualnya. Kita tahu ia memiliki koneksi di Yerusalem dan sangat mungkin bahwa ini mencakup usaha eceran untuk menjual ikan yang telah ditangkap di Galilea. Jadi ia adalah **orang dari dua dunia,** yaitu dunia pedalaman di utara dan kota Yerusalem di selatan. Dalam keadaannya yang demikian, ia paling menonjol di antara para rasul, yang sepenuhnya berasal dari utara -- satu-satunya orang asal selatan adalah Yudas Iskariot.

KERABAT YESUS

Ia seorang sepupu Yesus dan saudara dari Yakobus, seorang murid lainnya. Bahkan, setidaknya lima, bahkan barangkali tujuh dari Dua Belas adalah kerabat Yesus, meski saudara-saudara-Nya sendiri tetap skeptik sampai sesudah kebangkitan, ketika Yakobus dan Yudas tidak saja menjadi orang percaya tetapi juga menuliskan dua dari kitab-kitab dalam Perjanjian Baru. Kedekatan ini nyata di salib, ketika Yesus meminta Yohanes untuk merawat ibu-Nya.

SAHABAT YESUS TERKARIB

Namun demikian, Yohanes tidak saja akrab dengan Yesus karena ia adalah sepupu-Nya. Ia juga bersama Yakobus dan Petrus adalah bagian dari **lingkar dalam**, yaitu mereka yang secara khusus akrab dengan Yesus. Ia merujuk ke dirinya sendiri sebagai 'murid yang dikasihi oleh Yesus,' yang dimaksud untuk membelokkan perhatian dari dirinya dengan tidak menyebutkan namanya, tetapi tetap saja itu menyediakan kita wawasan bahwa dari semua Dua Belas itu, Yohanes adalah yang paling akrab. Pada Perjamuan Malam Terakhir Yohanes duduk di sebelah Yesus sambil mereka duduk bersila di sekitar meja rendah untuk menyantap makanan mereka. Yesus ingin sahabat baik-Nya ada di dekat-Nya sementara mereka melewati kejadian penting tersebut bersama.

RASUL TERAKHIR

Yohanes tidak saja yang paling akrab dengan Yesus, tetapi ia juga rasul yang hidup paling lama. Ia menulis Injilnya sebagai seorang **lanjut usia,** yang merenungkan Yesus dengan wawasan yang unik. Di bagian akhir ia mencatat kisah bagaimana Petrus belajar dari Yesus bahwa Ia harus disalibkan, dan bagaimana Petrus menanyai Yesus tentang kematian Yohanes. Yesus menjawab bahwa itu bukan urusan Petrus dan bahwa jika Yesus ingin agar Yohanes hidup sampai kedatangan-Nya, itu terserah kepada-Nya. Sejak itu beredar kasak-kusuk bahwa Yesus akan datang kembali sebelum Yohanes mati, tetapi itu bukan apa yang Yesus katakan, dan Yohanes menjelaskan hal tersebut di akhir Injilnya.

Kedekatan Yohanes kepada Yesus tercermin dalam cara ia **merasa bebas untuk meluaskan perkataan Yesus** yang aktual. Yohanes membahasakan ulang sebagian dari ucapan Yesus untuk mengeluarkan artinya secara penuh, sebab ia percaya ia tahu pikiran Yesus cukup baik untuk menjelaskan apa yang Ia maksudkan. Maka, contohnya, jika Anda membaca Yohanes 3:16, 'Karena Tuhan sedemikian mengasihi dunia ini sehingga Ia memberikan Anak-Nya yang tunggal...' tidak jelas siapa yang mengucapkan itu. Apakah Yesus dalam percakapan dengan Nikodemus, atau Yohanes meluaskan bagian itu dengan perenungan dari dirinya sendiri? Jelas aneh jika Yesus mengucapkan itu, dan terdengarnya seperti orang ketiga yang berbicara tentang Yesus secara tidak langsung. Hal ini merupakan ciri khas Yohanes di seluruh Injil tersebut. Ia meluaskan apa yang Yesus katakan sebab ia sungguh mengerti apa yang Ia maksudkan. Ia menimba implikasinya di bawah bimbingan Roh Kudus. Karena alasan ini Eusebius, salah seorang dari Bapa Gereja awal, menyebutnya 'Injil rohani,' dan mudah untuk kita melihat alasannya.

Tujuan Yohanes

Apakah tepatnya tujuan Yohanes dalam menulis? Memikirkan pertanyaan ini akan sungguh membukakan pengertian kita tentang kitab ini. Sudah kita tinjau perhatian Yohanes akan keberadaan hati Yesus, tetapi ini sesungguhnya adalah bagian dari perhatian lebih luas yang ia nyatakan dengan jelas di akhir Injilnya. Ia memberitahu kita bahwa ia memilih bahan tersebut **supaya para pembacanya boleh percaya bahwa Yesus adalah Kristus, Anak Tuhan yang hidup,** dan bahwa memercayai hal ini, mereka boleh memiliki hidup dalam Nama-Nya. Pernyataan ini cukup jelas, tetapi penting bahwa kita meraih *kepenuhan* arti dari yang Yohanes katakan.

ARTI TEPATNYA

Pertama sekali kita perlu mengerti pemilihan kata tepatnya dalam bahasa aslinya, Yunaninya. Bahasa Yunani memiliki bentuk waktu 'masa kini berkelanjutan' untuk kata kerja yang tidak mudah diterjemahkan ke dalam bahasa Inggris atau Indonesia, tetapi yang sangat menentukan bagi pengertian tepat teks ini. Itu berarti **secara terus menerus melakukan** sesuatu. Untuk menerjemahan bentuk waktu ini perlu menambahkan dua kata 'terus menerus.' Sebagai contoh, Yesus tidak berkata, "Mintalah dan kamu akan menerima, carilah dan kamu akan mendapatkan, ketuklah dan pintu akan dibukakan bagimu,' yang menyiratkan bahwa setiap tindakan hanya perlu dilakukan sekali saja. Sesungguhnya Ia berkata, *'Mintalah terus menerus* dan kamu akan menerima, *carilah terus menerus* dan kamu akan mendapatkan, *ketuklah pintu terus menerus* dan itu akan dibukakan untukmu.' Jadi jika seseorang tidak menerima Roh Kudus ketika mereka meminta pertama kali, mereka tidak usah panik: mereka harus terus menerus meminta.

Kata kerja dalam bentuk waktu kini dan berlangsung terus ini dipakai oleh Yohanes dalam 20:31, maka ayat itu lebih tepat diterjemahkan: "Semua ini dituliskan supaya kamu boleh *percaya terus menerus* bahwa Yesus adalah Anak Tuhan dan dengan *percaya terus menerus* kamu akan *terus menerus memiliki hidup.*" Konstruksi yang sama ini menerangi ayat yang paling terkenal dalam Injil. Yohanes 3:16 lebih baik dimengerti sebagai, "Karena demikian besar Tuhan mengasihi dunia ini sehingga Ia memberikan Anak Tunggal-Nya, supaya barangsiapa *percaya terus menerus* tidak akan binasa tetapi *terus menerus memiliki kehidupan kekal.*"

UNTUK ORANG TIDAK PERCAYA ATAU PERCAYA?

Yohanes tidak menulis supaya para pembacanya boleh mulai memercayai bahwa Yesus adalah Anak Tuhan. Injil ini ditulis supaya mereka boleh *terus menerus* memercayai itu. Kebanyakan isi Yohanes tidak sesuai untuk orang yang datang kepada Injil tanpa memiliki pengetahuan awal tentang Yesus. Kitab ini ditulis untuk **orang Kristen dewasa,** untuk menolong mereka berpegang terus kepada iman mereka supaya tidak menyimpang dari pengertian mereka tentang siapa Yesus, tetapi terus menerus percaya dan karenanya terus menerus memiliki kehidupan kekal.

Ini merupakan prinsip Yohanes dalam menyeleksi bahan-bahannya. Injil ini tidak ditujukan agar mencakup luas, tetapi ditujukan untuk menyediakan apa yang ditubuhkan oleh pembacanya supaya mereka boleh berkelanjutan memiliki hidup melalui **percaya yang konstan.** Secara sederhana, sasaran akhir Yohanes menulis adalah hidup -- dan cara untuk mencapai itu adalah percaya berkelanjutan dan ketaatan.

HIDUP ADALAH SASARAN AKHIR

Yohanes memaparkan hidup yang Yesus berikan sebagai **hidup yang berkelanjutan.** Kehidupan kekal mencakup kuantitas -- ia bersifat kekal, tetapi juga kualitas -- ia bersifat berkelimpahan. Ini bukan sekadar jaminan terhadap kematian, tetapi suatu kehidupan yang boleh kita nikmati di sini dan kini. Pernyataan tujuan Yohanes yang terdapat dalam 20:31 menyiratkan bahwa hidup kekal adalah sesuatu yang kita miliki tetapi bisa hilang jika kita tidak terus menerus memiliki iman. Maka tema hidup dan percaya sangat menentukan untuk keseluruhan tujuan Yohanes. Hidup adalah tujuan akhir yang ingin ia capai dalam menulis Injilnya -- yaitu supaya para pembacanya boleh memiliki hidup -- sementara percaya adalah cara untuk memiliki hidup tersebut. Jika kita terus menerus percaya, kita terus menerus memiliki hidup.

IMAN ADALAH CARANYA

Bahwa perhatian Yohanes adalah pada percaya dikukuhkan oleh seringnya ia menggunakan kata tersebut -- sebanyak 98 kali. Ini jauh melampaui ketiga Injil digabungkan bersama. Tetapi kita perlu berhati-hati, sebab ia tidak selalu memakai kata yang sama dengan arti yang sama. Untuk Yohanes ada **tiga tingkatan atau tahapan percaya.**

a) Sikap percaya
Bersikap percaya berarti **memercayai bahwa sesuatu adalah benar.** Kata operatifnya adalah 'bahwa.' Maka kita percaya *bahwa* Yesus telah mati, *bahwa* Ia telah bangkit kembali. Ini adalah percaya akan fakta-fakta historis tertentu, menerima kredibilitas injil, menerima kebenarannya. Sikap percaya didasari atas perkataan dan

perbuatan yang menopang klaim-klaim Kristus.

Di dalam dirinya sendiri ia belum merupakan iman yang menyelamatkan, sebab pada tahap ini siapa pun dapat berkata mereka percaya bahwa beberapa hal adalah benar. Ini baru *permulaan* dari iman yang menyelamatkan yaitu untuk menerima kebenaran. (Iblis pun percaya fakta-fakta dan 'gemetar'; tetapi ini tidak membuat ia menjadi pemercaya. Yakobus 2:19)

b) Keyakinan
Keyakinan adalah tahap kedua dari percaya: yaitu, sesudah menerima kebenaran, kita kemudian menaruh keyakinan *dalam* Yesus dengan memercayai dan menaati Dia. Itu berarti mengambil kebenaran tersebut dan bertindak atas dasar apa yang kita katakan benar. Menjelang akhir Injil ini Yesus berkata kepada Petrus, "Ikutlah Aku' -- ini suatu tindakan keyakinan, didasari atas percaya dan taat. Kita boleh mengklaim percaya akan seseorang, tetapi jika kita tidak memiliki keyakinan akan mereka, 'iman' kita kosong.

c) Keberlanjutan
Dimensi ketiga dari percaya menyangkut aspek yang telah kita pertimbangkan di atas ketika melihat pada tujuan utama Yohanes. Kita perlu **terus menerus percaya.** Baik dalam bahasa Yunani maupun Ibrani, 'iman' (faith) dan 'kesetiaan' (faithfulness) adalah kata yang sama, dan terkadang kita tidak tahu yang mana yang dimaksudkan. Jika Anda sungguh memercayai seseorang Anda akan terus menerus memercayainya. Jika Anda penuh iman (*full of faith*) maka Anda akan setia (*faith-ful*). Anda akan terus menerus percaya akan seseorang apa pun yang terjadi dan apa pun konsekuensinya. Karena itu, iman bukanlah

satu *langkah* saja (secara sesaat) tetapi *keadaan berjalan* (secara berkelanjutan).

Yesus dengan jelas menyatakan ini ketika mengajar para murid-Nya dalam Yohanes 15. Ia menggunakan penggambaran pohon anggur untuk memaparkan diri-Nya dan memberitahu bahwa mereka adalah carang-carang dari pohon anggur itu. Ia memperingatkan mereka untuk tetap tinggal, diam di dalam Dia. Jika mereka tidak demikian, mereka akan menjadi tidak berbuah, dipotong dan dibakar. Maka meski Yohanes mengajarkan bahwa tidak ada orang dapat datang kepada Yesus kecuali Bapa menarik dia, Ia juga mengajarkan keharusan orang percaya untuk *tinggal dalam Kristus* jika yang bersangkutan ingin menikmati hidup kekal, hidup ini ada dalam pokok anggur, bukan dalam carang-carang itu (bdk. 1 Yohanes 5:11).

Karenanya, menyimpulkan apa yang kita pelajari tentang tujuan Yohanes: tujuannya ialah agar para pembaca memercayai Yesus secara berkelanjutan supaya mereka memiliki hidup kekal berkelanjutan. Kepercayaan ini mencakup tiga tahapan, yaitu menerima kebenaran, bertindak berdasarkan kebenaran itu dan berpegang terus pada kebenaran itu. Yesus sendirilah sang Kebenaran.

Kebenaran tentang Yesus

Ada aspek kelanjutan pada tujuan Yohanes yang akan menolong kita mengerti beberapa rincian teksnya. Pada saat Yohanes menulis sekitar tahun 90, terdapat **spekulasi penting tentang Yesus,** bahkan mengenai kehidupan-Nya yang awal. Sejumlah injil 'non-kanonik' yang ditulis mengakui bahwa mereka memaparkan masa kecil Yesus. Salah satu menyatakan Yesus ketika masih anak kecil bermain di jalan di Nazaret. Seseorang mendorong-Nya masuk ke dalam lumpur dan Yesus mengutuki orang itu dengan kusta. Ada lagi kisah lain tentang Yesus kecil membuat burung-burungan dari tanah liat, memberkati dan menyaksikan burung itu terbang pergi.

Sesungguhnya Yesus tidak membuat satu mukjizat pun sampai Ia berusia 30, sebab Ia tidak dapat melakukan itu tanpa kuasa Roh Kudus. Yesus melakukan mukjizat bukan sebagai Anak Tuhan tetapi sebagai Anak Manusia, yang penuh dengan Roh. Dengan adanya pengajaran salah yang beredar pada zamannya. Yohanes ingin membungkamkan sekali dan seterusnya semua spekulasi tentang jatidiri Yesus. **Sesungguhnya siapakah Dia?** Khususnya ada dua anggapan yang beredar di Efesus yang dirasa oleh Yohanes perlu untuk diperbaiki.

1. PANDANGAN TERLALU TINGGI TENTANG YOHANES PEMBAPTIS

Dari Kisah Para Rasul 19 kita tahu bahwa ada sekelompok pengikut Yohanes Pembaptis tetapi yang tidak memercayai Yesus sampai Paulus mengoreksi mereka. Dalam zaman Yohanes, agaknya, masih ada pihak yang meninggikan Yohanes Pembaptis sampai terdapat bahaya mereka berubah menjadi sekte Kekristenan, dengan **mementingkan pertobatan dan moralitas sebagaimana Yohanes Pembaptis tetapi tanpa menekankan Roh Kudus yang dibawa oleh Yesus.**

Rasul Yohanes mulai menulis Injil yang dapat mengoreksi pandangan yang meninggikan Yohanes Pembaptis ini. Setiap kali ia menyebutkan Yohanes Pembaptis ia merendahkan dia. Ia berkata bahwa Yohanes bukan terang dunia -- ia hanya menunjuk kepada sang terang. Ia berkata bahwa Yohanes tidak membuat mukjizat. Ia mencatat perkataan Yohanes sendiri bahwa ia harus semakin berkurang dan Yesus harus semakin bertambah, bahwa Yesuslah sang mempelai laki-laki sementara Yohanes Pembaptis hanyalah pendamping-Nya.

Yohanes Pembaptis mengucapkan dua hal penting tentang Yesus:

- Ia akan menjadi **Domba Tuhan** yang mengangkut dosa-dosa dunia.
- Ia yang akan **membaptiskan dalam Roh Kudus.**

Kedua hal ini perlu diajarkan jika ingin agar para pengikut mendapatkan keseimbangan tepat dalam mengerti Yesus. Yohanes Pembaptis menjadikan jelas bahwa *hanya* Yesus yang dapat mengangkut dosa dan membaptiskan dalam Roh Kudus. Tetapi kendati semua yang Yohanes telah katakan, sebagian besarnya tidak diingat oleh para pengikut Yohanes dan Yesus tidak diberikan tempat yang khusus.

2. PANDANGAN RENDAH TENTANG YESUS

Jauh lebih serius lagi fakta bahwa di Efesus mereka sudah memegang pandangan terlalu rendah tentang Yesus. Hal ini dapat dimengerti sebagiannya dengan merenungkan tentang pengaruh kuat filsafat Yunani. Seperti sudah kita lihat terdahulu, para filsuf Yunani membagi kehidupan ke dalam dua lingkup. Beragam istilah dipakai saling ganti untuk hal ini: bawah dan atas, jasmani dan rohani, sementara dan kekal, sekuler dan sakral. Tidak saja mereka membagi ke dalam dua lingkup, mereka juga meninggikan yang satu di atas yang lainnya. Plato berkata bahwa yang rohani lebih nyata, Aristoteles berkata bahwa yang jasmani yang lebih nyata.

Dalam keadaan demikian, orang Yunani menghadapi masalah dengan pengajaran bahwa Yesus berkeadaan baik jasmani dan rohani, bumiah dan surgawi, manusiawi dan ilahi. Dalam pemikiran mereka **jasmani dan rohani tidak dapat ada bersama** seperti itu, dan karena itu mereka mengembangkan sejumlah variasi dalam rangka memutuskan di sisi realitas yang mana Yesus berada.

1. **Lebih ilahi ketimbang manusia?** Sebagian mengatakan bahwa Yesus lebih ilahi daripada manusia, bahwa Ia tidak pernah sungguh manusia tetapi hanya *tampaknya* Ia seolah manusia. Ajaran sesat ini dikenal sebagai 'docetisme,' dari akar kata yang berarti 'bayangan / hantu' -- yi. Yesus kesannya saja manusia. Yesus tidak pernah sungguh mengalami kemanusiaan, karena keilahian-Nya selalu membayangi sisi kemanusiaan-Nya.
2. **Lebih manusia ketimbang ilahi?** Sebagian lainnya mengatakan bahwa Ia lebih manusia daripada ilahi, seorang yang merespons kepada Tuhan dengan sempurna dan mengembangkan secara penuh kapasitas ilahi yang ada di dalam semua kita. Ini disebut 'adopsionisme' -- yi. Yesus hanya *dianggap* sebagai Anak Tuhan, lazimnya dinggap itu terjadi pada baptisan-Nya ketika Ia dipenuhi dengan Roh. Sayangnya, ajaran sesat ini masih juga diajarkan sampai hari ini.
3. **Sebagian manusia, sebagian ilahi?** Beberapa lagi mengajukan anggapan bahwa Ia sebagiannya ilahi dan sebagian lagi manusia tanpa mengatakan salah satunya lebih dari yang lainnya. Pandangan ini masih berlangsung hari ini. Para Saksi Yehovah beranggapan bahwa kita harus memandang Yesus sebagai setengah dewa, setengah manusia, *makhluk* pertama yang diciptakan. Karena ayat pertama Injil Yohanes secara jelas

menyatakan bahwa Ia adalah Tuhan, dan ada bersama Tuhan sejak dari awalnya, Para Saksi Yehovah menerjemahkan nas itu dengan berkata bahwa Ia adalah *satu* Tuhan, menyisipkan kata sandang tidak definit yang tidak ada dalam bahasa asli Yunaninya.

4. **Sepenuhnya manusia, sepenuhnya ilahi?** Injil Yohanes dengan jelas menekankan bahwa Yesus sepenuhnya ilahi *dan* sepenuhnya manusia. Adalah penting untuk memperlihatkan hal ini jika tujuan Yohanes ingin dapat dicapai. Hanya pihak yang sepenuhnya ilahi dan sepenuhnya manusia dapat menyelamatkan manusia dari dosa -- *kemanusiaan*-Nya menyanggupkan Dia untuk mati menggantikan kita dan *keilahian*-Nya memastikan bahwa Ia akan mengalahkan kematian dan memberikan kehidupan kepada mereka yang percaya akan Dia. Jika para pembaca Yohanes diharapkan memiliki hidup dalam nama Yesus, mereka harus kenal Yesus yang *sama* yang rasul ini kenal.

Karena itu Yohanes ingin agar orang tahu kebenaran tentang Yesus dan karenanya ia secara sengaja memusatkan perhatian pada dua wilayah, pada kemanusiaan dan keilahian Yesus.

1. KEMANUSIAAN-NYA YANG SEJATI

Sesungguhnya Yesus lebih 'manusia' dalam Injil ke empat ketimbang dalam ketiga Injil lainnya. Ambillah sebagai contoh, ayat tersingkat dalam Alkitab: 'Yesus menangis.' Itu memperlihatkan Yesus sepenuhnya manusia, berdiri di depan kubur salah seorang sahabat karib-Nya, sambil mengetahui bahwa sesaat lagi Ia akan memanggilnya ke luar dari kubur, namun menangis di situasi tersebut. Yohanes mencatat Yesus lapar dan haus, lelah dan heran, semuanya sungguh merupakan ciri khas manusia. Secara tanpa disadari Pilatus menyimpulkan apa yang Yohanes gambarkan dengan kata-kata ini, 'Lihat, sang manusia!' Dalam diri Yesus Yohanes memperlihatkan **seperti apa manusia sejatinya,** atau seperti apa manusia seharusnya.

Kemanusiaan Yesus ini juga terlihat dalam tekanan Yohanes pada kehidupan **doa Yesus,** di mana diberikan lebih banyak rincian ketimbang dalam Injil-injil lain. Yohanes menyajikan Yesus yang sangat manusia yang perlu berdoa, bergantung kepada Bapa-Nya untuk mengarahkan apa yang Ia katakan dan apa yang Ia kerjakan. Sebagian dari doa-Nya yang paling indah terdapat dalam Injil ini.

Tambahan, pusat perhatian Injil pada **kematian Yesus** menekankan lebih dari lainnya bahwa Ia sungguh telah mati. Yohanes mencatat bagaimana salah seorang prajurit menikam pinggang Yesus dengan tombak, menyebabkan keluarnya darah dan air. Kemudian Yohanes menambahkan kalimat, "Ia tahu bahwa ia mengatakan kebenaran, ia memberi kesaksian itu supaya kamu juga boleh percaya." Untuk Yohanes, penting bahwa para pembacanya tahu bahwa Yesus sungguh mati. Kebetulan, gejala luar biasa ini menyatakan pecahnya selaput jantung, (dalam bahasa Inggris bisa disebut 'hancur hati' -- *broken heart*.)

Begitu pula, Yohanes menyediakan juga para saksi mata tentang peristiwa **kebangkitan,** dengan mencatat pengamatannya tentang kain kapan dan pembungkus kepala yang tergeletak dalam kubur itu. Tidak saja Yesus sungguh telah mati, tetapi Ia juga sungguh telah bangkit dari kematian.

2. KEILAHIAN-NYA

Tekanan utama dalam Yohanes, adalah pada **kepenuhan keilahian Yesus.** Ini membawa kita kembali kepada tujuan

Yohanes untuk Injilnya, dan memberi kita kesempatan untuk melihat dengan jelas pada cara menarik yang Yohanes kembangkan tentang pokok ini. Telah kita lihat bagaimana Yohanes menyadari bahwa iman mulai dengan sikap percaya, kepercayaan bahwa sesuatu memang demikian adanya. Yohanes meletakkan dasar untuk kepercayaan bahwa Yesus sepenuhnya ilahi dengan mengatur bukti petunjuk di sekitar angka tujuh, yang dalam pemikiran Ibrani merupakan angka kesempurnaan. Yohanes memasukkan ke dalam Injilnya **tiga kumpulan bukti petunjuk lengkap untuk keilahian Yesus:** tujuh saksi, tujuh mukjizat dan tujuh perkataan.

a) Tujuh saksi
Kata benda 'saksi' dan bentuk kata kerjanya 'bersaksi' muncul sebanyak 41 kali dalam Injil ke empat ini. Yohanes menekankan bahwa kita memiliki **kesaksian pribadi** kepada kebenaran tentang Yesus. Ada tujuh orang yang mengaitkan sifat keilahian kepada Yesus dalam Injil ini:

- Yohanes Pembaptis
- Natanael
- Petrus
- Marta (perempuan pertama yang menyaksikan demikian)
- Tomas
- Yohanes, murid yang kekasih
- Yesus sendiri

Dalam hukum orang Yahudi dua atau tiga orang saksi sudah cukup untuk menegakkan kebenaran, tetapi di sini Yohanes memasukkan jumlah manusia dalam angka sempurna yang menyaksikan bahwa Yesus sungguh adalah Anak dari Tuhan yang hidup.

b) Tujuh mukjizat

Telah kita catat sebelumnya bagaimana Yohanes mencatat hanya tujuh mukjizat keseluruhannya, dan ia menyebut itu 'tanda-tanda' sebab mereka menunjuk kepada siapa Yesus adanya. Sesungguhnya ia memasukkan tujuh mukjizat (tanda) yang paling supernatural dan karya paling sensasional yang Yesus telah buat. Ia tidak memasukkan pengusiran roh-roh jahat, sebab ada banyak orang yang melakukan itu dalam dunia purba, termasuk orang Farisi. Sebaliknya ia menyoroti **mukjizat-mukjizat yang tidak dapat dibuat oleh seorang pun lainnya:**

- Mengubah air menjadi anggur -- suatu mukjizat yang tidak mungkin dapat diragukan.
- Penyembuhan anak laki-laki seorang bangsawan sementara Yesus masih 10 kilometer jauhnya dari si sakit, tanpa melihat atau meletakkan tangan ke atasnya.
- Menyembuhkan seorang laki-laki di Kolam Betesda yang telah menderita demikian 38 tahun lamanya, jelas menderita kondisi kronis.
- Memberi makan 5,000 orang, suatu mukjizat yang dicatat oleh keempat Injil mencakup -- suatu mukjizat yang bersifat mencipta (kreatif), yaitu menghasilkan banyak dari sedikit.
- Berjalan di atas air.
- Memberikan penglihatan kepada seorang yang buta dari lahir.
- Membangkitkan Lazarus dari kematian -- bukan kebangkitan mayat segera sesudah kematian, sebagaimana dengan anak perempuan Yairus atau anak laki-laki janda di Nain, tetapi membangkitkan orang yang jasadnya sudah mengalami pembusukan.

Yohanes melalui tujuh mukjizat ini mengatakan bahwa inilah 'tanda-tanda' yang menunjuk kepada keilahian Yesus. Nikodemus berkata, tidak ada orang dapat melakukan perkara-perkara yang Yesus buat kecuali Tuhan bersama Dia.

c) Tujuh perkataan
Yohanes secara unik mencatat untuk kita tujuh 'perkataan' yang Yesus berikan tentang diri-Nya, sebagaimana disinggung sebelumnya. Untuk telinga orang Yahudi klaim--Nya tidak mungkin keliru, sebab setiap kali Ia mulai dengan istilah Ibrani untuk Tuhan, YHWH, yang juga berarti 'Aku adalah.' Dengan hati-hati Yohanes mencakup perkataan ini dalam latar yang **mendemonstrasikan bahwa klaim Yesus sah adanya.**

- 'Aku adalah roti dari surga' yang diucapkan sesudah pemberian makan 5,000 orang dengan lima ketul roti dan dua ekor ikan.
- 'Aku adalah terang dunia' sesudah Ia memberikan mata yang melihat kepada seorang yang lahir buta.
- 'Aku adalah kebangkitan dan hidup" yang diucapkan sementara Ia membuat Lazarus ke luar dari kuburan.

Ia juga berkata, 'Aku adalah pintu,' 'Aku adalah gembala yang baik,' 'Aku adalah jalan, kebenaran dan hidup,' dan 'Aku adalah pokok anggur yang benar.' Inilah orang yang tahu diri-Nya adalah Tuhan dalam daging manusia dan ketujuh perkataan ini, yang dengan sengaja ditempatkan di sepanjang Injil ini, menentukan bagi upaya Yohanes meyakinkan bahwa Yesus layak menerima percaya para pembaca Injilnya.

Hubungan terbuka kepada Bapa
Dalam Injil Yohanes, hubungan Yesus kepada Bapa jauh lebih terbuka ketimbang dalam catatan Injil sinoptik. Yohanes mencatat bahwa Yesus **diutus oleh Bapa, satu dengan Bapa, dan menaati Bapa** dalam perkataan yang Ia ucapkan dan pekerjaan yang Ia lakukan.

Sedemikian banyaknya pertikaian Yesus dengan orang Yahudi adalah menyangkut jatidiri-Nya dan inilah yang mencetuskan permusuhan terbesar, khususnya ketika Ia mengklaim sebagai Tuhan: '"Aku mengatakan kebenaran kepadamu," jawab Yesus, "sebelum Abraham lahir, Aku ada!"' Saat itu mereka mengambil batu untuk merajam Dia, tetapi Yesus menyembunyikan diri, menyelinap di antara orang banyak dan pergi dari halaman bait." Sebenarnya, Yohanes adalah satu-satunya Injil yang secara langsung menyatakan Yesus sebagai Tuhan, meski implikasi ini juga terdapat dalam ketiga Injil lain. Yohanes mulai dengan pernyataan, "Firman itu adalah Tuhan" dan menjelang akhir Tomas mengakui Yesus sebagai 'Tuhanku dan Sesembahanku.'

Tema

Akhirnya kita tiba pada mempertimbangkan tema-tema yang merupakan bagian integral kepada tujuan menyeluruh Yohanes bahwa iman akan Kristus boleh berkelanjutan.

1. Kemuliaan

'Kemuliaan' adalah kata kunci dalam Yohanes, sebab ini adalah kata yang dikhususkan Perjanjian Lama untuk

Tuhan sendiri. Dalam pasal paling pertama, Yohanes memakai kata yang sama karena Firman diam di antara manusia dipakai untuk *shekinah* yaitu kemuliaan Tuhan ketika Ia menyatakan diri-Nya melalui kemah sembahyang di akhir Keluaran. Yohanes melihat semarak kemuliaan Tuhan dalamYesus ini sepanjang keseluruhan kehidupan, kematian kebangkitan dan kenaikan-Nya. Bahkan salib adalah tempat di mana Yesus dimuliakan. Dari sejak mula sekali, karenanya, kita diperkenalkan kepada seorang yang **benar-benar berbeda** dari orang sezaman-Nya dan terpisah dari semua para hamba Tuhan lainnya.

2. Logos

Yohanes memulai Injilnya secara unik. Ketika Markus menulis catatannya tentang Yesus, ia mulai ketika Yesus berusia 30 tahun, karena saat inilah Ia mulai terjun ke pemandangan publik. Matius kemungkinan adalah pengarang dari Injil berikutnya, tetapi memutuskan untuk melangkah jauh lebih ke belakang, mengajukan anggapan bahwa perlu memasukkan soal Yesus dikandung dan kelahiran-Nya, dan karena Ia adalah seorang Yahudi, silsilah-Nya harus undur ke Abraham. Lukas merasa bahwa, karena Yesis adalah Anak Manusia Ia harus dilihat sebagai manusia yang menjadi bagian dari keseluruhan umat manusia, dan ia memulai silsilahnya dengan Adam.

Berbeda dari ketiga tersebut, Yohanes memutuskan untuk mulai lebih awal lagi, dengan menekankan bahwa Yesus sudah ada sebelum penciptaan. Maka ia mengambil kata-kata dari Kejadian1:1 sebagai dasar untuk pembukaan kepada Injilnya: "Pada mulanya adalah Firman, dan Firman itu ada bersama Tuhan, dan Firman itu adalah Tuhan" (lihat parafrase tentang pembukaan Yohanes di halaman 175-177).

NAMA YESUS

Di sini muncul satu pertanyaan menarik yang akan menolong kita mengerti apa yang Yohanes tulis. Bagaimana Anda menyebut Yesus sebalum Ia dilahirkan? Kita terbiasa bicara tentang 'Yesus' sampai kita lupa bahwa ini adalah nama baru yang diberikan ketika Ia datang ke bumi. Jadi apa nama Dia sebelumnya? Jika Yohanes menulis tentang seorang yang telah ada sejak dari mula sekali, apa panggilan yang akan ia berikan?

Yohanes memilik sebuah nama unik, 'Logos,' yang dalam kebanyakan versi Alkitab diterjemahkan menjadi 'Firman.' Ia memilih ini karena nama ini mengungkapkan siapa Yesus dengan baik sekali, dalam cara yang dapat dimengerti oleh mereka yang membacanya. Umumnya kita berpikir tentang 'firman / kata' sebagai ungkapan dari pikiran yang ke luar dari mulut dan masuk ke dalam telinga. Firman diungkapkan oleh seseorang dan berdampak pada orang lainnya. Dalam artian ini Yesus adalah suatu **komunikasi** -- sebuah kata dari Tuhan untuk kita.

LATARBELAKANG 'LOGOS'

Sedikit sejarah akan menolong menjelaskan mengapa Yohanes memilih untuk memanggil Yesus dengan Logos. Konsep ini memiliki arti khusus di Efesus, di mana Yohanes menulis. Enam ratus tahun sebelumnya tinggal di Efesus seorang bernama Heraclitus, yang diakui sebagai pendiri sains. Ia percaya tentang keharusan **penyelidikan ilmiah,** meneliti dunia natural, menanyakan bagaimana dan mengapa segala sesuatu ada sebagaimana keadaannya sekarang. Apakah ini sekadar kebetulan? Apakah kita berada dalam alam semesta yang kacau atau adakah keteraturan?

Ia mencari semacam pola atau 'aturan' yang dapat dilihat dan dipakai untuk menyimpulkan semacam logika di balik berlangsungnya dunia natural. Ia memakai kata *logos* untuk mewakili penjelasan tentang 'alasan mengapa,' yaitu **tujuan di balik apa yang berlangsung.** Apabila ia melihat pada kehidupan (*bio*); ketika ia mempelajari iklim (*meteor*) ia mencari *logos*. Konsep ini kini tampak dalam istilah-istilah yang kita pakai untuk pelajaran mengenai berbagai wilayah sains: biologi, meteorologi, geologi, psikologi, sosiologi, dst.

Jadi Heraclitus berkata bahwa *logos* adalah 'alasan mengapa.' Setiap cabang sains mencari *logos*, alasan mengapa hal-hal tersebut berkeadaan seperti adanya mereka. Yohanes, menyadari bahwa **Yesus adalah alasan tertinggi dari 'mengapa' segala sesuatu terjadi,** mengambil ide ini dan menyebut Yesus sebagai logos, 'sang Firman.' Seluruh alam semesta dicipta untuk Dia. Ia adalah Logos sebelum ada segala sesuatu lainnya, untuk berkomunikasi dengannya. Itulah alasan mengapa kita ada di sini. Semua ini menuju kepada Dia. Ia adalah 'Alasan Mengapa.'

Kata tersebut juga memiliki tahap lainnya lagi dalam sejarahnya, kali ini melintasi Laut Mediteranea dari Efesus di Alexandria, Mesir. Alexandria memiliki dua sekolah yang menggabungkan pemikiran Yunani dan Ibrani, sebagiannya karena di sana ada banyak orang Yahudi yang tersebar diam di kota itu. Sekolah atau universitas di kota itu adalah tempat untuk penerjemahan Perjanjian Lama ke dalam bahasa Yunani oleh 70 sarjana yang dikenal sebagai 'Septuaginta' atau LXX. Salah seorang Yahudi yang terlibat di dalamnya adalah seorang profesor bernama Philo. Dalam usaha menerjemahkan pemikiran Ibrani ke dalam pemikiran Yunani, Philo mengambil kata *Logos* dan berkata bahwa Logos tidak boleh disebut dengan 'itu' (kata ganti untuk bukan pribadi), tetapi sebagai 'ia.' Ia **mempersonifikasikan** Logos, agak seperti dalam Kitab Amsal Salomo hikmat dipersonifikasi sebagai seorang perempuan.

FIRMAN YANG HIDUP

Yohanes menggabungkan pemikiran Heraclitus dan Philo. Ada suatu prinsip pengatur, suatu 'mengapa' di akar segala sesuatu, dan Logos ini tidak saja harus dipersonifikasi: Ia adalah seorang pribadi dan nama-Nya adalah Yesus. Ia adalah sang Firman, dengan 'F' huruf besar, satu-satunya dan hanya Ia yang adalah Firman yang hidup.

Di halaman pertama Injilnya, Yohanes mengatakan empat hal yang mutlak penting tentang sang Logos.

1. **Kekekelan-Nya.** Pada awal mula *sudah ada* Logos di sana. Kita tidak dapat undur lebih jauh ke belakang dalam imajinasi kita daripada ke awal mula alam semesta. Ia tidak diciptakan, tetapi memiliki status setara dengan Tuhan sebagai pencipta dunia.
2. **Kepribadian-Nya.** 'Sang Logos ada *muka dengan muka* bersama dengan Tuhan.' Itulah terjemahan harfiahnya. Itu adalah kata yang dipakai untuk dua orang yang saling bertatapan mata satu sama lain dan saling mengasihi. Dari semua orang di bumi ini hanya Orang Kristen dapat berkata bahwa Tuhan kasih adanya, sebab hanya merekalah yang percaya bahwa Tuhan adalah tiga yang esa. Orang Yahudi dan Muslim tidak dapat mengatakan bahwa Ia kasih adanya, sebab mereka percaya Ia hanya satu pribadi, dan tidak

mungkin ada kasih bila hanya ada satu pribadi. Tuhan lebih dari satu pribadi, dan jika Ia adalah Bapa dan Anak saling mengasihi, Anda dapat mengatakan bahwa Ia kasih adanya dan sejak dulu selalu kasih adanya.
3. **Keilahian-Nya.** Pada awal mula Logos telah ada, berhadapan muka dengan Tuhan dalam hubungan pribadi, dan Ia *'adalah Tuhan.'* Sang Logos itu tidak dicipta, tidak juga kurang dari Tuhan; Ia sepenuhnya setara dengan Tuhan. Ketika Tomas berseru, 'Tuhanku dan Sesembahanku!' ia menyatakan kebenaran tentang Yesus. Ia telah ada dan terlibat dalam penciptaan. Para ilmuwan hari ini bicara tentang kerak bumi yang terbentuk dari 'lempeng-lempeng tektonik.' Kata tersebut berhubungan dengan kata Yunani *tekton*, yang berarti 'tukang kayu'! Yesus, sang tukang kayu dari Nazaret telah membuat planet bumi kita. Ia adalah sumber terang dan hidup. Segala sesuatu ada untuk kesukaan-Nya.
4. **Kemanusiaan-Nya.** Tidak jauh sesudah itu dalam pasal pertama kita baca perkataan yang menakjubkan: 'Sang Logos *menjadi daging* dan menegakkan kemah-Nya di antara kita, dan kita melihat kemuliaan-Nya, kemuliaan seperti yang kita lihat hanya dalam Anak tunggal Bapa.' Adalah mungkin untuk mengenal Tuhan secara pribadi. Yesus adalah Tuhan yang memiliki wajah. Tuhan adalah Yesus di mana-mana.

Dengan pasal pertamanya yang mengejutkan ini Yohanes sejak dini mencanangkan bahwa ada alasan sah untuk percaya.

- Sebab Yesus kekal adanya, Ia dapat memberi kita kehidupan kekal.

- Karena kepribadian-Nya kita dapat mengalami hubungan pribadi dengan Dia.
- Dalam keilahian-Nya Ia dan hanya Dia saja dapat mengampuni dosa.
- Dalam kemanusiaan-Nya Ia dapat membuat penyelamatan untuk kita.

3. Hidup

Jika tema Logos memulai Injil ini, 'hidup' adalah suatu tema penting yang mengalir di dalamnya, disebut sebanyak 34 kali. Sebagaimana kita lihat terdahulu, Injil ini ditulis supaya orang Kristen boleh terus menerus percaya dan terus menerus memiliki hidup dalam Kristus. Kita perhatikan juga bahwa hidup ini bersifat *berkelimpahan, kini* dan *kekal* adanya. Yohanes menarik serangkaian perbandingan tentang apa artinya bahwa orang percaya memiliki hidup ini.

HIDUP/MATI

Ia menjelaskan bahwa memiliki hidup ini berarti bahwa **orang percaya tidak akan melihat maut.** Hidup akan terus saja berlanjut melampaui kematian. Kematian tidak dapat menyentuhnya. Maka ia mengkontraskan mereka yang pasti akan mati dengan mereka yang tidak pernah akan mati. 'Karena Bapa-Ku berkehendak bahwa setiap orang yang melihat kepada sang Anak dan percaya akan Dia akan memiliki hidup kekal, dan Aku akan membangkitkan dia pada akhir zaman.'

TERANG/GELAP

Yohanes juga memakai perbedaan antara terang dan gelap.

Ketika Yesus bicara tentang 'tidak akan pernah berjalan dalam kegelapan,' Ia merujuk kepada **kegelapan moral.** Ia berkata bahwa jika kita berjalan dengan Dia tidak akan ada hal yang perlu kita sembunyikan, karena kita berjalan dalam terang dengan segala sesuatu tampak dan tanpa rahasia. Namun demikian, kegelapan adalah metafora untuk kematian dan ketidakhadiran Tuhan. Yesus berkata, 'Akulah terang dunia. Barangsiapa mengikut Aku tidak akan pernah berjalan dalam kegelapan, tetapi akan memiliki terang hidup.'

KEBENARAN/DUSTA

Telah kita perhatikan bagaimana Yohanes menyoroti tiga tahapan tentang menerima kebenaran, melakukan kebenaran dan berpegang kepada kebenaran, jika iman sungguh asli adanya. Tetapi ia juga mengkontraskan kebenaran dengan dusta dan meliput satu bagian penuh di Pasal 8 di mana tema ini mendominasi percakapan antara Yesus dan para penentang-Nya. Kata untuk 'kebenaran' dan kata untuk 'nyata/riil' sama dalam bahasa Ibrani dan Yunani. **Jika kita hidup dalam kebenaran, kita juga hidup dalam realitas.** Yesus berkata, 'Jika kamu berpegang pada pengajaran-Ku. Kamu sungguh adalah murid-Ku. Maka kamu akan mengetahui kebenaran, dan kebenaran akan memerdekakan kamu.'

KEMERDEKAAN/PERBUDAKAN

Ini adalah pokok diskusi antara Yesus dan orang Farisi, yang mengklaim mereka tidak pernah menjadi budak kepada siapa pun tetapi mereka lupa tentang perbudakan di Mesir! Yesus berkata bahwa siapa pun yang berdosa adalah budak dosa, karena setiap kali Anda berdosa Anda menyebabkan rantai kebiasaan yang akan membuatnya semakin kuat menjadi tuan atas Anda. Ia datang untuk memerdekakan mereka. Hidup sejati, karenanya, berarti **kemerdekaan dari belenggu spiritual.** 'Jadi jika Anak memerdekakanmu, kamu akan sungguh merdeka.'

KASIH/MURKA

Yohanes jelas dalam pengetiannya tentang dua aspek berbeda dari kegiatan Tuhan. Entah orang ada dalam kasih Tuhan atau di bawah murka-Nya. Tidak ada jalan tengah. **Konsekuensi kekal** dari yang satu bertentangan terhadap yang lain dibuat sangat jelas, Yesus berkata, 'Barangsiapa percaya akan Anak memiliki hidup kekal, tetapi barangsiapa menolak Anak tidak akan melihat hidup, karena murka Tuhan tetap ada di atasnya.'

HIDUP SEJATI

Karena itu, hidup sejati, adalah **hubungan pribadi dengan Yesus dan Bapa-Nya.** Ini adalah hidup dalam terang dan kebenaran, dalam kemerdekaan dan kasih. Ketika berdoa kepada Bapa-Nya, Yesus berkata, 'Inilah hidup yang kekal itu, bahwa mereka boleh mengenal Engkau, satu-satunya Tuhan sejati, dan Yesus Kristus, yang telah Kau utus.'

4. Roh Kudus

Tidak ada Injil lain yang memberitahu kita tentang Roh Kudus sebanyak Injil Yohanes. Dalam keadaan demikian, ia ditempatkan tepat sebelum Kitab Kisah Para Rasul, kendati Kisah Para Rasul memiliki kaitan sangat kuat dengan Injil Lukas. Melalui Roh Kuduslah kita dapat menikmati hidup yang Yohanes paparkan. Pengajaran tentang Roh Kudus karenanya menonjol dalam tulisan Yohanes.

- Dalam Pasal 1 Yohanes Pembaptis menyaksikan bahwa Yesus menerima Roh Kudus dan bahwa Ia akan **membaptiskan** orang dalam Roh Kudus.
- Dalam Pasal 3 Yesus bicara tentang keharusan **dilahirkan dari air dan Roh,** sebelum kita dapat memasuki kerajaan Tuhan.
- Dalam Pasal 4 Yesus berbicara tentang Roh sebagai **air kehidupan dan berkata kita harus menyembah Tuhan dalam Roh dan dalam kebenaran.**
- Dalam Pasal 7 Yesus pergi menghadiri Hari Raya Kemah Sembahyang di Yerusalem, perayaan yang diadakan pada bulan September atau Oktober di akhir musim kering. Pada hari terakhir perayaan Kemah Sembahyang orang Yahudi melakukan peringatan dengan para imam mengisi kendi besar dengan air di Kolam Siloam, membawanya ke bait dan menuangkan air ke mezbah, sambil berdoa agar turun hujan awal musim gugur. Pada peristiwa itu Yesus berdiri dan berseru, "Jika ada orang yang haus, biarlah ia datang kepada-Ku. Aku akan memberikan dia **sumber air kehidupan,** yang akan memancar di dalam kedalaman keberadaannya.' Teks tersebut memberitahu kita bahwa Ia sedang bicara tentang Roh Kudus, yang kelak akan diterima oleh semua mereka yang percaya kepada-Nya.
- Pasal 14 sampai 16 penuh dengan **'Penghibur'** baru yang akan datang, yaitu Roh kebenaran. Nama Yunani untuk Roh Kudus adalah *parakletos* (para berarti 'mendampingi,' *cletos* berarti 'dipanggil') -- yaitu Ia yang ada di samping Anda, atau Ia yang dipanggil untuk mendampingi Anda. Roh Kudus juga disebut sebagai Ia yang sama saja sebagaimana dengan Yesus. Ia akan melanjutkan pekerjaan Yesus sesudah Ia

pergi, meyakinkan dunia tentang dosa, kebenaran dan penghakiman, memberdaya orang percaya dan mengingatkan mereka tentang segala sesuatu yang Yesus katakan.

- Dalam Pasal 20 Yesus menyiapkan para pengikut-Nya untuk **Hari Raya Pentakosta** dengan memberikan mereka tanda dan perintah. Tandanya ialah Yesus menghembus pada masing-masing mereka, dan perintahnya adalah, 'Terimalah Roh Kudus.' Pada saat itu mereka tidak menerima apa pun, tetapi itu adalah geladi resik untuk Pentakosta beberapa minggu kemudian. Pada hari itu, ketika mereka duduk di bait, mereka mendengar suara angin, mengingatkan mereka tentang hal yang telah Yesus lakukan. Kemudian mereka menaati perintah-Nya dan menerima Roh Kudus yang telah Ia janjikan.

Parafrase dari bagian pembukaan Injil Yohanes

Pernyataan pembuka Yohanes penting dan menentukan untuk tujuan penulisan Injilnya. Namun bagian ini sedemikian dalam sampai bahkan orang percaya dapat merasa tidak sanggup menyelami kedalamannya -- satu lagi peneguhan bahwa Injil ini bukan yang langsung bermanfaat untuk dibagikan di antara orang belum percaya. Yang berikut adalah parafrase yang dimaksudkan untuk membuat bagian ini menjadi lebih akrab bagi pembaca, dengan menerjemahkan 'Logos' sebagaimana yang sudah kami definisikan, yaitu sebagai 'alasan mengapa.'

Pada saat pertama sekali dari keberadaannya, sang alasan penuh untuk alam semesta kita telah ada dan sudah lebih dulu ada sejak dari kekekalan sendiri. Baik tujuan maupun pola dari semua yang ada dapat ditemukan dalam satu pribadi, Ia yang dapat menatap ke wajah Tuhan sebab Ia juga sepenuhnya ilahi. Sejak awal dari yang kita sebut 'Waktu,' Ia bekerja berdampingan dengan sang Pencipta. Karena kerekanan inilah segala sesuatu beroleh keberadaannya. Bahkan, tidak ada satu hal pun yang dicipta tanpa keterlibatan pribadi-Nya. Bahkan hidup itu sendiri berasal dalam Dia dan hidup-Nya sendiri memancarkan terang tentang arti kehidupan untuk setiap anggota ras manusia. Terang-Nya senantiasa bersinar ke seluruh kesuraman sejarah manusia, sebab tidak mungkin kegelapan dapat memadamkan terang.

Dalam perjalanan waktu seorang datang dengan penugasan khusus dari Tuhan sendiri. Namanya adalah Yohanes dan ia datang untuk mewartakan penampakan segera dari terang hidup ini, supaya setiap orang dapat menaruh iman mereka akan Tuhan dengan mengenal pribadi tersebut. Yohanes sendiri tidak dapat menerangi orang lain, tetapi Tuhan mengutus dia untuk menunjuk kepada Ia yang dapat menerangi itu. Penerangan sejati itu sudah memasuki dunia pada saat itu juga dan sedang akan memperlihatkan semua orang dengan percaya di antara mereka. Ia datang langsung ke dalam dunia ini, dunia yang Ia sendiri ciptakan sampai jadi ada -- namun dunia ini tidak mengenali siapa Dia! Ia datang ke tempat milik-Nya sendiri, tetapi umat kepunyaan-Nya itu tidak bersedia menyambut Dia. Namun demikian, ada sebagian orang yang menerima Dia, memakai Nama-Nya dengan sangat yakin, dan mereka ini diberikan kuasa-Nya untuk menganggap diri mereka sebagai anggota baru keluarga Tuhan -- yang benar-benar karena kelahiran, yaitu karena kelahiran yang bukan disebabkan oleh sebab jasmani (entah akibat dorongan impuls atau pilihan sengaja), tetapi oleh tindakan langsung dari Tuhan.

Demikianlah pribadi ilahi ini, yang merupakan alasan mengapa di balik seluruh keberadaan alam semesta kita, berubah menjadi manusia dan berkemah di antara kemah kita. Kita adalah penyaksi dari kemilau kecemerlangan-Nya, yang hanya dapat dipancarkan dari Anak Tuhan sendiri, melalui kemurahan dan integritas-Nya.

Yohanes adalah seorang saksi yang andal dan beseru kepada orang banyak: "Inilah orangnya yang tentang-Nya pernah kukatakan kepadamu. Aku memberitahu kamu bahwa penerusku akan melebihi aku, sebab Ia sudah ada sebelum aku dilahirkan."

Dan kita juga beroleh begitu banyak manfaat dari semua yang Ia miliki dalam seluruh kepenuhan, menerima perkenan demi perkenan yang sebenarnya tidak layak kita terima. Yang kita terima dari Musa hanyalah peraturan ketat yang harus berusaha kita lakukan, tetapi pertolongan dan kejujuran yang kita butuhkan untuk hidup benar datang melalui Yesus, sang Mesias sejati. Tidak ada seorang pun sebelumnya yang pernah melihat Tuhan sebagaimana adanya Ia; kini sang Anak Tuhan sendiri, yang sedemikian akrab hubungan-Nya dengan Bapa-Nya melampaui siapa saja, telah memperlihatkan kepada kita segala sesuatu yang kita butuhkan untuk mengenal Dia.

Kesimpulan

Yohanes adalah Injil yang luar biasa, sama sekali berbeda dari ketiga lainnya. Injil ini mencerminkan wawasan unik tentang orang yang paling akrab dengan Yesus ketika Ia ada di bumi, dan penuh dengan perhatian bahwa kita tidak saja harus mengetahui tentang apa yang Yesus lakukan, tetapi harus juga menyadari siapa Dia sesungguhnya. Injil ini mencerminkan juga beban Yohanes bahwa pemercaya akan Yesus tidak akan disimpangkan oleh ajaran salah, entah tentang jatidiri Yesus atau tentang kebenaran klaim-klaim-Nya. Ia ingin orang percaya sepenuhnya yakin bahwa para saksi mata, perkataan Yesus sendiri dan pekerjaan ajaib-Nya semua menunjuk ke Dia yang sejatinya adalah Tuhan yang telah datang menjadi manusia, sang Firman hidup, kemuliaan Tuhan sendiri di antara manusia. Bukti petunjuk yang Yohanes kumpulkan dan semua bukti lainnya menjadi kesaksian sangat meyakinkan kepada hak Yesus untuk menuntut kepercayaan dan ketaatan dari kita.

RASUL KETIGA BELAS

43. Paulus dan surat-suratnya
44. 1 & 2 Tesalonika
45. 1 & 2 Korintus
46. Galatia
47. Roma
48. Kolose
49. Efesus
50. Filipi
51. Filemon
52. 1 & 2 Timotius dan Titus

43.
PAULUS DAN SURAT-SURATNYA

Kita tahu jauh lebih banyak tentang Paulus ketimbang tentang rasul lain mana pun. Sepertiga dari Perjanjian Baru entah ditulis oleh dia atau tentang dia. Ini termasuk paruh kedua Kisah Para Rasul dan 13 surat yang ia tulis kepada gereja dan perseorangan. Ia memiliki lebih banyak pengaruh pada 2.000 tahun sejarah Gereja ketimbang orang lainnya, kecuali Yesus sendiri. Bahkan, hanya ada sedikit orang yang berpengaruh lebih besar pada sejarah Eropa. Jika kita ingin mengerti surat-surat Paulus penting kita mengerti latarbelakangnya dan bagaimana ia sampai menduduki posisi kunci tersebut.

Kehidupan awal Paulus

Nama asli Paulus adalah Saulus, dinamai menurut Saul raja Israel pertama -- Paulus adalah nama Latinnya, dipakai sesudah perubahan hidupnya, tetapi kita akan merujuk kepadanya sebagai Paulus saja. Ia lahir di Tarsus, sebuah kota di pojok timur laut Mediteranea, di pesisir dari yang kini adalah Turki tenggara. Universitas Tarsus adalah ketiga paling masyhur di dunia Mediteranea, sesudah Atena dan Aleksandria.

Paulus dididik dengan tiga pengaruh besar atas kehidupannya. Pertama, orangtuanya adalah Yahudi, dan karenanya sejak kecil ia telah diajarkan tentang Tuhan dari Alkitab Perjanjian Lama. Ia dilahirkan dalam suku Benyamin -- suku yang termasyhur karena menghasilkan Saul, raja pertama Israel, dan karena nyaris dilenyapkan sesudah suatu episode mengerikan yang dipaparkan dalam Kitab Hakim-hakim. Agaknya keluarga itu pindah ke Galilea pada masa ia masih muda dan mengirim Paulus ke Yerusalem untuk belajar di bawah seorang rabi liberal terkenal bernama Gamaliel.

Guru besar Yahudi ini disebut di Kisah Para Rasul 5 bahwa, sehubungan dengan pertumbuhan gerakan Kristen di Yerusalem, ia berkata bahwa jika hal itu berasal dari manusia, maka akan lenyap, tetapi jika dari Tuhan, adalah tidak bijak bila Sanhedrin melawannya. Dengan kata lain, dengan gigih ia menunda pendiriannya! Tetapi Paulus tidak menerima sikap mengambil jarak dari profesornya itu, karena percaya bahwa orang Kristen adalah ancaman terbesar yang pernah ada terhadap Yudaisme. Ia berketetapan memeranginya demi iman Yahudi dan, jika mungkin melenyapkan sekte baru ini.

Sesudah khotbah Stefanus kepada Sanhedrin (lihat Kisah Para Rasul 7), mereka merajam dia sampai mati karena pandangannya yang dianggap 'menghujat', dan Paulus menyetujui hukuman tersebut. Ia bahkan menjagai pakaian orang yang melempar batu. Stefanus adalah orang pertama sekali yang mati karena imannya kepada Yesus.

Kematian Stefanus boleh jadi menggoreskan kesan mendalam pada Paulus, sebab Kisah Para Rasul 7 memberitahu bahwa Stefanus menengadah dengan wajah bersinar dan berseru bahwa ia melihat Yesus di sebelah kanan Tuhan. Tetapi saat itu, kemartiran tersebut hanya membuat Paulus semakin gigih menjadi misionaris anti Kristen pertama, dan ia bahkan bersedia meninggalkan tempat asalnya untuk menganiaya orang Kristen di tempat lain.

Pengaruh kedua pada kehidupan Paulus adalah ia belajar bahasa Yunani. Tinggal di Tarsus, ia bicara bahasa Yunani, yang merupakan bahasa pergaulan dunia purba, mirip seperti bahasa Inggris di dunia masa kini. Jadi ketika sesudah perubahan hidupnya Paulus dipanggil melayani sebagai misionaris, ia sanggup berkhotbah di mana saja, karena tahu bahwa ia dapat dimengerti.

Ketiga, hukum Romawi memengaruhi Paulus. Ayahnya adalah warga negara Roma, juga membuat Paulus mewarisi kewarganegaraan itu. Ini memberinya hak istimewa yang kadang ia pakai dalam pekerjaan misionarisnya. Di satu kesempatan ia memakai kewarganegaraannya untuk menghindari deraan pra-peradilan, dan ketika ia dituduh melanggar hukum bait Yahudi ia banding kepada Kaisar, yang merupakan hak legal semua warga negara Roma. Ketika dihukum mati ia tidak disalibkan, sebagaimana halnya Petrus, tetapi ia dipenggal -- metode hukuman mati cepat yang dikhususkan untuk para warga negara. Kewarganegaraan Romanya tidak membuat kehidupan Paulus bebas dari penderitaan -- jauh dari itu -- tetapi itu merupakan faktor berarti dalam beberapa momen terpenting dalam pelayanannya.

Kombinasi unik Yahudi, Yunani dan pengaruh Romawi ini memengaruhi Paulus dengan latarbelakang ideal untuk bekerja sebagai misionaris untuk Yesus kepada dunia bukan Yahudi. Ini menggarisbawahi kebenaran bahwa Tuhan kerap menyiapkan orang untuk pelayanan bahkan sebelum mereka masuk ke dalam iman kepada Yesus.

Perubahan hidup Paulus

Menarik untuk dicatat bahwa perubahan hidup Paulus terjadi di dekat kota kecil bernama Kuneitra di Dataran Tinggi Golan, hanya beberapa mil dari Damaskus. Ia seorang laki-laki yang bangga akan akar keyahudiannya, berjuang memelihara kemurnian iman Yahudi, tetapi secepat ia pergi melewati perbatasan Israel ia bertemu dengan Yesus dari Nazaret yang bangkit, yang memberitahu dia bahwa ia akan diutus kepada orang bukan Yahudi. Kebetulan, ini terjadi di bawah gunung tempat Yesus mengalami pemuliaan di hadapan Petrus, Yakobus dan Yohanes, meski kali ini Yesus jauh lebih bercahaya, sebab Ia telah naik ke surga dan mendapatkan kembali kemuliaan yang Ia miliki sebelumnya.

Perubahan hidupnya dramatis. Paulus mulai mengerti bahwa Yesus sungguh sang Mesias dan bahwa pertobatan dan iman sajalah respons yang perlu ia buat. Proses kelahiran baru ini mengambil waktu tiga hari dan belum lengkap sampai seorang percaya setempat bernama Ananias berdoa bersamanya. Ananias tahu benar tentang reputasi Paulus sebagai penganiaya orang Kristen tetapi menaati perintah Tuhan untuk pergi kepadanya. Sesudah Ananias berdoa untuknya, Paulus dipenuhi dengan Roh Kudus dan dibaptiskan.

Dalam buku saya Kelahiran Kristen yang Normal (*The Normal Christian Birth*), saya menjelaskan mengapa saya percaya bahwa empat unsur pertobatan, iman, baptisan dan menerima Roh adalah bagian hakiki dari kelahiran kembali ke dalam Kerajaan, dan ini didemonstrasikan dalam 'awal' iman Kristen diri Paulus.

Sesudah perubahan hidup

Mengherankan bahwa Paulus tidak langsung memulai pekerjaan sebagai misionaris. Ia mulai berkhotbah di tempat ia berada, namun begitu, dan dengan sangat cepat bangkitlah permusuhan di antara orang Yahudi. Pada satu kesempatan ia harus diturunkan dalam keranjang dari jendela di tembok kota untuk menyelamatkan hidupnya.

Perlu paling sedikit tiga belas tahun sebelum Paulus mulai melakukan panggilan Tuhan untuknya di hari ia mengalami perubahan hidup. Ia pergi ke Arab dan selama tiga tahun menyendiri dengan Tuhan, memikirkan kembali teologinya dalam terang perjumpaannya dengan Yesus. Ia adalah orang terakhir yang ditugaskan oleh Tuhan yang bangkit dan menjadi rasul ke tiga belas dan terakhir. Sementara orang beranggapan bahwa Paulus harus dianggap sebagai rasul ke dua belas, mengisi tempat Yudas Iskariot, tetapi Paulus selalu mengakui Dua Belas itu dan tidak pernah menghitung dirinya bagian dari mereka. Namun demikian, ia rajin menegaskan bahwa ia adalah rasul khusus, dan panggilan khusus ini yang memberi dia otoritas untuk menulis demikian banyak dari Perjanjian Baru.

Kita hanya dapat berspekulasi tentang bagaimana ia tiba pada kedalaman teologinya semasa tiga tahun dia ada di tanah Arab. Jelas, mendapatkan bahwa Yesus ternyata adalah sang Mesias yang telah dijanjikan kepada orang Yahudi pasti memiliki dampak berarti atas pengertiannya tentang Perjanjian Lama. Juga Yesus telah menanyai Paulus mengapa ia menganiaya Dia, apabila kenyataan sesungguhnya Paulus sedang menganiaya orang Kristen, bukan diri Yesus sendiri. Jadi ia pasti sadar bahwa apa pun yang dilakukan kepada orang Kristen sesungguhnya dilakukan kepada Kristus. Hal ini jelas mendasari pemikirannya tentang Gereja sebagai tubuh Kristus di bumi.

Ketibaan Paulus di Yerusalem untuk menemui para rasul menyebabkan kegemparan besar. Pada akhirnya, ia bertanggungjawab untuk pemenjaraan para anggota keluarga mereka yang ia kunjungi. Namun demikian, Barnabas sedia mengambil risiko menemani Paulus dan memeriksa kesungguhannya supaya ia dapat diperkenalkan kepada Gereja Kristen di Yerusalem. Orang Yahudi di Yerusalem menganggap Paulus pengkhianat: ia pernah menjadi salah seorang rabi terbaik yang mereka latih, dan kini ia bergabung dengan orang Kristen yang mereka benci. Maka ia dikirim balik ke Tarsus selama sepuluh tahun. Periode ini kerap diabaikan. Kita berpikir tentang perubahan hidup Paulus, dan membayangkan bahwa perjalanan misionarisnya langsung mengikuti peristiwa itu. Tetapi kenyataannya ia memakai tiga tahun di Arab memikirkan semuanya itu, dan sepuluh tahun kembali di kota asalnya menantikan agar panggilannya diteguhkan. Hanya ketika Barnabas mengundang dia menolong gereja di Antiokhia dan mereka kemudian mengakui panggilannya untuk menjadi misionaris maka ia sanggup memulai pekerjaannya. Kita dapat membandingkan dengan 18 tahun Yesus sebagai tukang kayu.

Pekerjaan misionaris Paulus mulai

Kota Antiokhia di Siria banyak berperan dalam Perjanjian Baru. Kemungkinan inilah tempat yang Yesus pikirkan ketika ia bicara tentang kepergian Anak yang Hilang ke 'negeri yang jauh.' Antiokhia adalah 'negeri jauh' untuk orang Yahudi; ia adalah Paris dunia purba. Tetapi, kendati reputasinya itu, di sanalah gereja Kristen bukan Yahudi pertama dimulai. Kata 'Kristen' pertama kali diberikan oleh penduduk Antiokhia sebagai panggilan untuk para anggota gereja itu.

Peneguhan tentang panggilan misionaris Paulus sebelumnya datang sewaktu persekutuan doa di Antiokhia berlangsung (lihat Kisah Para Rasul 13). Sebuah nubuat disampaikan yang mengatakan bahwa saatnya tiba untuk Paulus dan Barnabas dikhususkan dari gereja itu supaya mereka dapat memulai pekerjaan yang Tuhan panggil untuk mereka. Demikianlah Paulus menerima panggilan dari Yesus saat pertobatannya, dan panggilan itu diteguhkan melalui nubuatan dalam Gereja. Pola ini layak diperhatikan. Terlalu banyak orang percaya bahwa mereka mendapatkan panggilan dari Tuhan tetapi tidak menanti untuk hal itu diteguhkan oleh Gereja.

Barnabas dan Paulus telah terlibat dalam tugas yang oleh kita masa kini mungkin dianggap sebagai tugas yang di bawah martabat para misionaris. Terjadi kelaparan berat di Yudea, maka gereja di Antiokhia mengadakan pengumpulan bantuan dan meminta Paulus dan Barnabas mengurus dan memastikan dukungan itu sampai ke tujuannya. Tetapi itu bukan terakhir kali bahwa Paulus terlibat dalam pengumpulan dana.

Peta di halaman berikut menunjukkan bagaimana pertamanya Yerusalem dan kemudian Antiokhia menjadi basis untuk kegiatan misionaris. Antiokhia ketika itu adalah pusat, dengan riak-riaknya menyebar bahkan sampai ke Roma sendiri. Ambisi pertama Paulus adalah menginjili seluruh bagian timur-laut dunia Mediteranea, sejauh ibukota kerajaan itu. Maka mereka mulai dengan pergi ke Siprus, dan kemudian balik ke daratan. Mereka menanam gereja-gereja di Antiokhia Pisidia, Listra dan Derbe,

202 MEMBUKA ISI ALKITAB

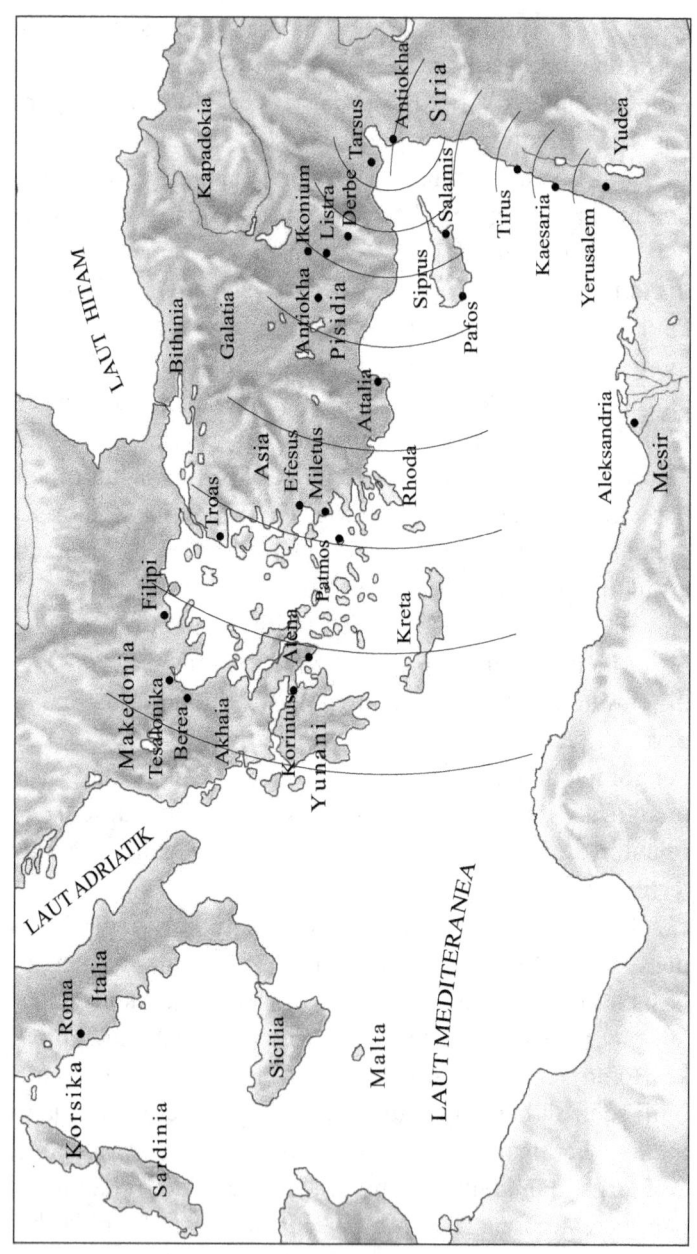

lalu mereka kembali melapor ke basis asal di Antiokhia. Nama-nama wilayah selanjutnya yang lebih jauh kini lebih kita ketahui, karena kebanyakan surat ditulis oleh Paulus kepada gereja-gereja di sekitar Laut Aegea. Pada perjalanannya ketiga dan terakhir ia meninggalkan Kreta, mengalami karam kapal di Malta dan akhirnya tiba, sebagai tahanan di Roma.

Strategi misi Paulus

Strategi Paulus adalah menanam komunitas Kerajaan di setiap kota penting dan kemudian pindah secepat mungkin. Kadang ia ada di sebuah kota hanya tiga minggu. Dalam kasus lain ia dapat tinggal jauh lebih lama. Sebagai contoh, ia di Korintus selama 18 bulan. Kadang ia harus pergi, dan kadang ia memilih tinggal, tetapi yang pasti ia meninggalkan sebuah gereja yang kemudian menginjili seluruh distriknya.

Ia tidak berusaha meliput setiap kota dan desa, lebih berfokus pada kota penting di tiap provinsi. Maka sebagai rasul sejati ia senantiasa bergerak. Menjelajahi perbatasan baru, menerobos wilayah baru.

Tetapi strategi itu berat, dan Paulus menghadapi banyak bahaya besar. Ia tiga kali mengalami karam kapal. Ia hampir mati pada beberapa kesempatan, sekali bahkan dilempari batu dan dibiarkan supaya mati. Ia kerap kelaparan dan keletihan. Lebih jauh, sebagaimana yang ia tuturkan dalam suratnya, beban terberatnya adalah tanggungjawab menggembalakan gereja-gereja.

Maka strateginya adalah bergerak seseringkali, tetapi ini tidak berarti bahwa ia melupakan gereja-gereja yang telah ia tanam dan layani. Karya tindak lanjutnya memastikan bahwa gereja-gereja tumbuh dalam kualitas dan kuantitas. Ada dua cara ia menindaklanjuti. Yang satu adalah mengunjungi kembali dan lainnya adalah menulis surat.

Ketika ia mengunjungi kembali sebuah gereja ia kerap menetapkan para penatua untuk mengemban kepemimpinan. Namun demikian, satu kunjungan ulang tidak selalu cukup, sebab ia tidak punya waktu untuk mengurus semua isu pribadi yang muncul, khususnya karena ia juga ingin menginjil ke pesisir utara Mediteranea sampai sejauh Spanyol.

Maka surat-surat Paulus merupakan cara utamanya melakukan tindak lanjut seterusnya sementara ia melanjutkan pekerjaan penginjilan. Surat-suratnya itu bukan karya teologis seperti yang terdapat dalam kepustakaan seorang dosen. Melainkan, mereka mencerminkan perhatian rasul yang ingin para petobatnya lanjut dalam iman.

Akhirnya ia tiba di Roma, tetapi dalam cara tidak seperti yang ia harapkan -- ia tiba sebagai seorang tahanan, dan pekerjaan misionarisnya adalah mewartakan injil kepada para serdadu Roma yang menjaganya. Ia tahanan dengan ancaman hukuman mati, dan sahabatnya Dr. Lukas menulis surat pembelaan untuk Teofilus, hakim atau ahli hukum pembelanya -- kita kenal ini sebagai Injil Lukas dan Kitab Kisah Para Rasul. Paulus dinyatakan tidak bersalah dan dibebaskan, dan ada bukti petunjuk kuat bahwa ia melanjutkan karya misionarisnya, mungkin pergi sejauh Spanyol. Ia mengunjungi lagi tempat seperti Kreta dan Nekapolis dan pergi ke sejumlah tempat lain yang belum pernah ia kunjungi. Lalu, sesudah dikhianati oleh perajin logam bernama Aleksander, Paulus ditahan kedua kali semasa pemerintahan Nero. Ia diciduk begitu cepatnya sampai tidak sempat mengumpulkan catatan atau baju hangatnya.

Orang macam apakah Paulus?

Kita hanya memiliki satu kemungkinan pemaparan tentang tampilan Paulus, yang tidak terlalu menyanjung. Ia pendek (Paulus berarti 'kecil'), berkaki lengkung, hidung bengkok dan botak. Alis matanya bertemu di tengah, matanya terlihat aneh dan ia memiliki tangan sangat kasar. Bayangkan gereja yang menganggap Paulus sebagai pastor mereka, apa yang akan mereka pikirkan mendengar tentang paparan ini?! Lalu tambahkan fakta ia tidak pernah tinggal sangat lama di satu tempat, ia kerap membuat orang susah, ia pernah bermasalah dengan polisi, ia pernah mendekam dalam penjara, dan seorang pengkhotbah yang sangat dogmatik. Tambahan lagi, ia tidak menikah, ia secara paruh waktu membuat tenda, ia menyebabkan jemaatnya terbagi dan ia berbicara bahasa lidah. Tetapi Tuhan punya kebiasaan memilih orang yang kita pikir sangat tidak tepat!

Paulus juga memiliki banyak kualitas positif, seperti dedikasi, entusiasme, kebulatan tekad dan konsentrasi luar biasa. Ia percaya bahwa kesendiriannya menyanggupkan ia bertokus penuh pada satu hal yang merupakan panggilannya. Ia menghadapi bahaya dengan keberanian besar, dan ia menentang para lawannya dengan kemarahan yang tepat. Sungguh, beberapa suratnya merah membara! Ia dapat keras dan tajam, namun ia dapat juga memperlihatkan kepedulian jebat, perhatian dan belas kasihan.

Tema-tema kunci Paulus

Tetapi rahasia keberhasilan Paulus tidak ditemukan dalam kualitas manusianya -- tetapi dalam tema-tema fundamental yang meresapi surat-suratnya.

Dalam Kristus

Tidak dapat diragukan bahwa orang ini mutlak hidup untuk Kristus. Ia berkata dalam suratnya kepada jemaat di Filipi, 'bagiku hidup adalah Kristus.' Sejak hari ketika ia berjumpa Kristus di jalan ke Damaskus ia sepenuhnya terserap dengan Yesus. Maka sejauh menyangkut dirinya, jika ia mati ia akan lebih beruntung. Ia berkata, 'keinginanku adalah pergi dan bersama Kristus, hal yang jauh lebih baik bagiku.'

Ia menyebut dirinya 'hamba Kristus.' Seorang hamba atau budak di dunia purba adalah seseorang yang tertolak, sepenuhnya milik orang lain, tanpa ada waktu luang dan uang. Namun dalam 2 Korintus Paulus juga menyebut dirinya sebagai duta untuk Kristus, hal ini merupakan bahasa yang lebih mengesankan. Ia bangga menjadi duta besar, namun juga bangga menjadi hamba.

Ungkapan 'dalam Kristus' beda tajam dengan cara kebanyakan orang Kristen bicara tentang hubungan mereka dengan Kristus masa kini. Paulus sangat jarang memakai ungkapan yang paling sering dipakai oleh orang Kristen modern, 'Kristus dalam aku.' Ketika kita bicara tentang 'Yesus dalam aku,' kita ada dalam bahaya mengerdilkan Yesus menjadi Yesus kecil dalam hati kita, tetapi kita yang lebih kecil ini yang ada dalam yang lebih besar. Paulus suka bicara tentang 'Roh Kudus dalam aku,' tetapi ketika ia bicara tentang Kristus ia berkata, 'aku dalam Kristus.'

Di dalam Kristuslah kita diberkati dengan setiap berkat; di dalam Dia segala sesuatu menjadi milik kita. Maka di mana saja Paulus ada di kerajaan Romawi, alamatnya sesungguhnya adalah 'dalam Kristus.'

Untuk injil

Paulus hidup untuk injil. Ia akan melakukan apa saja untuk menyebarluaskan pesan injil. Maka meski saat dalam penjara, ia mendapatkan bahwa injil adalah sesuatu yang memberi sukacita. Maka meski ia terbelenggu ke seorang serdadu Romawi setiap delapan jam sekali, ia bersukacita bahwa ia punya tiga pendengar setiap hari! Menurut suratnya kepada jemaat di Filipi, ia melihat sebagian dari orang-orang ini menjadi orang percaya. Ketika mendengar bahwa sebagian mengkhotbahkan Kristus karena persaingan dan iri kepadanya, ia berkata dengan sukacita bahwa injil diwartakan juga, apa pun motif mereka yang memberitakannya. Ia berkata ia ingin pergi ke mana saja menceritakan kepada siapa saja apa yang telah Tuhan lakukan dalam Kristus.

Ada dua kata yang menjadi kualifikasi pesan injilnya. Pertama, itu adalah injil eskatologis. Kata 'eskatologis' datang dari kata Yunani *eskaton*, berarti 'perkara akhir.' Paulus percaya bahwa masa depan telah menyerbu masa kini. Jika kita melupakan dimensi masa depan injil itu, kita melupakan injil itu sendiri. Injil bukan sekadar kabar baik tentang kehidupan di sini dan kini; injil adalah kabar baik tentang dunia baru yang akan datang, tentang tubuh baru yang akan kita terima ketika kita melihat Kristus.

Kedua, ini adalah injil etis. Paulus tidak tertarik akan 'penyelamatan jiwa-jiwa' yang kehidupannya tetap tidak berubah. Injil memiliki implikasi etika untuk seluruh segi kehidupan, dan ia merasa penting menekankan ini kepada para petobatnya.

Oleh anugerah

Paulus seterusnya dibuat takjub oleh fakta bahwa Yesus mengklaim dirinya ketika ia dalam perjalanan untuk memenjarakan orang Kristen. Ia tidak dapat menyelami kenyataan bahwa keselamatannya sepenuhnya tidak layak, dan jika Yesus memberikan apa yang layak ia terima ia sudah ada dalam neraka. Maka kata 'anugerah,' yang berarti menerima apa yang tidak layak kita terima, menyimpulkan perasaan Paulus. Dalam Roma ia berkata, 'Ketika kita masih berdosa, Kristus mati untuk kita.' Anugerah ini menghasilkan syukur dalam Paulus, dan syukur adalah motivasi di balik begitu banyak karya-karyanya.

Surat-surat Paulus

Paulus adalah penulis surat paling masyhur dalam sejarah, namun menulis surat waktu itu sangat langka di antara orang Yahudi. Orang Yahudi zaman purba jarang ada alasan untuk menulis surat, sebab mereka tinggal dalam negeri kecil, maka relatif mudah mengunjungi sahabat dan kerabat.

Menulis dan mengirim surat adalah cara berkomunikasi yang mahal dan hanya dipakai bila perlu. Dalam kerajaan Romawi cukup banyak surat yang telah ditulis, tetapi biasanya oleh pejabat atau orang kaya yang dapat membayar kepada pengirim surat untuk menyampaikannya ke tujuan. Maka dengan tidak adanya layanan pos publik, harus ada alasan penting untuk menulis surat, semisal adanya krisis atau masalah besar.

Dalam dunia purba surat kebanyakannya sangat singkat, umumnya ditulis hanya atas sehelai papirus dan barangkali tidak lebih panjang dari 20 kata. Surat yang lebih panjang membutuhkan beberapa helai untuk direkatkan bersama. Surat-surat Paulus adalah beberapa dari surat paling panjang yang kita miliki dari dunia purba. Panjang rata-ratanya adalah 1,300 kata, dan surat Roma sampai 7,114 kata -- barangkali surat paling panjang yang pernah ditulis pada masa itu!

Paulus mengikuti format yang sama dalam setiap suratnya. Namanya selalu di awal, supaya apabila membuka gulungan surat bagian awal, penerimanya dapat melihat siapa yang menulis surat itu. Ia kemudian menambahkan alamat tertuju, supaya sang pengirim tahu ke mana surat itu dikirim. Hal berikut yang Paulus tulis adalah menyalami para penerima. Ini adalah pola khas dari kebanyakan surat yang ditulis masa itu, tetapi Paulus memakainya untuk menguatkan gereja atau perseorangan yang untuknya ia menulis. (Ketujuh surat kepada gereja-gereja di Asia dalam Kitab Wahyu persis mengikuti pola yang sama, dengan Yesus yang telah naik memuji setiap gereja sebelum mengkritiknya.) Kemudian datang pokok yang ada dalam pikiran Paulus, yang normalnya membentuk isi surat itu. Di akhir surat ada kesimpulan singkat yang membungkus pokok-pokok utama dalam surat. Akhirnya ada beberapa salam tambahan dan tanda tangan.

Dalam dunia purba kebanyakan orang menyusun surat mereka dengan asisten penulis (seseorang yang kepadanya pengirim mendiktekan perkataannya), dan ini tidak terkecuali pada Paulus juga. Silas, teman perjalanannya pada perjalanan misionaris yang belakangan, adalah salah seorang yang menolongnya dalam hal ini. Jadi Paulus tidak menulis sendiri suratnya dari meja tulis, tetapi lebih mungkin mendiktekannya sambil ia berlalu lalang sekitar ruangan, atau sambil terbelenggu kepada serdadu Romawi. Surat-suratnya mengandung gaya percakapan, dan seperti halnya dengan Injil-injil diucapkan sebelum dituliskan. Paulus menambahkan tandatangannya sendiri di akhir surat, karena sopan santun dan sebab beberapa surat palsu telah beredar dengan klaim itu ditulis oleh dia. Maka di akhir 2 Tesalonika Paulus menegaskan bahwa ia adalah pengarangnya. Ada kemungkinan bahwa Paulus mengalami kesulitan jasmani melakukan tindakan menulis surat. Di akhir surat Galatia ia menjelaskan bahwa huruf-huruf besar tanda tangannya disebabkan oleh penglihatannya yang buruk.

Tiga jenis surat

Paulus menulis tiga jenis surat. Pertama, ada empat surat pribadi kepada perseorangan. Ia mengirim surat jenis ini kepada Filemon, Timotius (dua kali) dan Titus. Lalu ada delapan surat ditulis kepada gereja-gereja. Surat jenis ini disebut 'sewaktu-waktu' sebab mereka ditulis karena sesuatu yang terjadi dalam gereja yang bermasalah, bukan karena mereka ditulis dari waktu ke waktu.

Lalu ada surat Efesus, satu-satunya surat umum oleh Paulus yang kita punyai hari ini. Surat ini tidak memiliki hubungan khusus dengan perseorangan atau gereja mana pun, tidak juga ditulis sebab ada kebutuhan spesifik atau krisis yang terkait dengan penerima. Sementara orang keliru memercayai bahwa surat Roma pun adalah surat umum, tetapi studi teliti menyingkapkan bahwa ada situasi dalam gereja di Roma yang mendorong Paulus menulis surat itu. Surat Efesus ini relatif mudah diterapkan kepada kehidupan kita, tetapi surat-surat pribadi dan surat sewaktu-waktu tadi menghadirkan lebih banyak tantangan. Ini seperti kita secara kebetulan mendengar percakapan telepon. Kita harus berusaha menghubungkan temanya sementara kita hanya mendengar perkataan dari satu pihak saja. Sebagai contoh, seseorang mungkin menjawab panggilan telepon dan berkata seperti berikut ini: 'Halo?... Oh datang ya? Selamat!... Seberapa beratnya?... Warnanya apa?... Jangan izinkan istrimu memegangnya!... Kamu nanti mengalami ia minumnya banyak... Untuk *caterpillar*, jalannya cukup cepat... Ingat, kamu ada di lapangan, bukan?... Saya juga ingin memilikinya... OK ya!'

Hanya sedikit orang sanggup menebak bahwa ini percakapan tentang penyerahan sebuah traktor baru (merk *caterpillar*)! Kadang kita harus bekerja seperti detektif untuk berusaha menyusun kembali sisi lain dari 'percakapan.' Sebagai contoh, Paulus menulis dua surat kepada orang Kristen di Tesalonika. Yang pertama adalah surat yang hangat. Tetapi yang kedua sangat dingin. Pasti telah terjadi sesuatu yang menyebabkan perubahan nada itu, jadi kita perlu membaca kedua surat itu dengan teliti untuk menemukan apa itu.

Sebagai tambahan dari hanya memiliki satu sisi percakapan, kita juga memiliki masalah kesenjangan budaya antara kita dan Paulus, sebab kita ribuan mil dan 2,000 tahun jauhnya dari surat-surat ini. Kita perlu mendapatkan prinsip di balik praktik tertentu dan kemudian menerapkannya ke kehidupan masa kini. Sebagai contoh, apakah petunjuk Paulus kepada orang Korintus tentang tutup kepala perempuan berarti bahwa kaum perempuan harus memakai itu dalam kebaktian-kebaktian gereja masa kini?

Syukur kepada Tuhan bahwa gereja-gereja Perjanjian Baru tidak sempurna! Itu dapat mendorong kita menemukan bahwa gereja-gereja Perjanjian Baru pun memiliki masalah. Kita perlu juga memerhatikan bahwa tanpa masalah-masalah ini kita hanya akan memiliki satu surat dari Paulus! Sebagai contoh, hanya karena gereja Korintus sedemikian karismatik dan duniawi kita memiliki uraian tentang kasih dalam 1 Korintus 13. Karena sementara orang dalam gereja di Korintus mabuk sewaktu ibadah maka kita memiliki penjelasan tentang pelembagaan Perjamuan Tuhan. Sebab Paulus mengurusi begitu banyak isu dalam surat-suratnya, kita sanggup mendapatkan pengertian lebih baik tentang apa arti sejati dari mengikut Yesus.

Surat, bukan ceramah!

Menarik untuk diingat bahwa tidak ada agama lain memakai surat untuk penyataan ilahi. Tidak saja langka dalam dunia purba, juga tidak pernah terdengar bahwa surat dilihat sebagai cara melalui mana Tuhan dapat berbicara. Meski Paulus tahu bahwa ia menulis dengan otoritas seorang rasul, ia tidak terpikir bahwa surat-suratnya akan dianggap sebagai Alkitab. Tetapi dengan sangat cepat mereka beredar luas dalam gereja-gereja di kerajaan Romawi. Akhirnya mereka dikumpulkan dan disusun menurut ukuran, mirip halnya dengan kitab-kitab kenabian di bagian akhir Perjanjian Lama. Kesembilan surat kepada gereja-gereja datang sebelum empat yang untuk perseorangan. Bahkan sebelum kanon Perjanjian Baru selesai, Petrus merujuk kepada surat-surat Paulus sebagai 'Tulisan Suci.' Paulus dianggap sebagai rasul khusus, dan pekerjaannya cepat diakui menjadi bagian dari penyataan ilahi.

Mengingat sifatnya sebagai surat berarti mereka bukan pernyataan sistematik tentang kepercayaan atau perilaku. Mereka hanya mencakup apa yang langsung relevan untuk situasi yang berlangsung. Sebagai contoh, Kolose tidak menyebutkan istilah 'pembenaran,' bahkan meski hal itu adalah ciri dari banyak surat Paulus lainnya.

Kita dapat mencatat dua alasan mengapa Tuhan memilih untuk memakai surat. Pertama, mereka membuat firman Tuhan menjadi personal. Surat-surat itu ditujukan kepada orang biasa seperti kita. Mereka menampung unsur pribadi dan emosional yang dapat kita harapkan ada dalam komunikasi sedemikian. Maka meski ada kesenjangan budaya yang perlu dijembatani, unsur kemanusiaan dari surat-surat itu membuatnya mudah untuk kita berinteraksi dengannya.

Kedua, surat-surat itu membuat firman Tuhan menjadi praktis. Mereka berhubungan dengan kehidupan nyata, kebutuhan riil, pernikahan, perbudakan, anak-anak di rumah, pekerjaan keseharian. Tuhan ingin kita memiliki firman-Nya dalam bentuk praktis dan pribadi, supaya pemikiran kita tidak pernah menjadi filosofis atau rahasia. Tuhan memilih untuk memberikan kita firman dalam surat ketimbang ceramah!

Kesimpulan

Sekilas pandang ini bertujuan melengkapi sebagian latarbelakang rasul Paulus dan surat-suratnya, tetapi bukan pengganti dari mengambil waktu membacanya sendiri. Ada baiknya membaca setiap surat dalam sekali pembacaan. Ketika membaca surat dari seorang teman, kita tidak akan membaca bagian-bagian tertentu saja; kita ingin membaca dan mengerti keseluruhan surat itu. Demikian pun, dalam membaca surat-surat Paulus, kita harus meraih keseluruhannya jika kita ingin mengerti rinciannya. Dalam pasal-pasal berikut Anda akan mendapatkan sekilas pandang masing-masing surat yang dirancang untuk menolong Anda untuk membaca langsung surat-suratnya itu.

44.

1 & 2 TESALONIKA

Pendahuluan

Dua surat Paulus kepada jemaat di Tesalonika ditulis dalam waktu antara beberapa bulan dan yang lebih mudah dimengerti ketimbang beberapa surat lainnya yang Paulus tulis. Mereka dikirim oleh Paulus, Silas dan Timotius, tim yang mengunjungi Tesalonika, meski jelas Pauluslah pengarangnya. Meski ditulis kepada orang yang sama di tempat sama dalam selang waktu singkat, kedua surat berbeda jauh dalam suasana, suhu dan nadanya. Mereka mengurus pokok yang sama, tetapi dalam cara yang berbeda. Surat pertama sangat hangat dan pribadi, mencerminkan perhatian Paulus untuk gereja di Tesalonika. Namun demikian sikap Paulus dalam surat kedua dingin, tajam, berjarak dan jauh.

Kita ditolong mengerti surat-surat Paulus dengan memeriksa latarbelakang khusus setiap surat, khususnya kapan ia menulisnya dan lokasi penerimanya.

Peta di halaman berikut memperlihatkan posisi Tesalonika di bagian atas Laut Aegea. Waktu itu ia merupakan pelabuhan utama, tetapi pelabuhan itu kini ditutupi lumpur dan kota itu tidak lagi dekat laut. Tesalonika dulu adalah

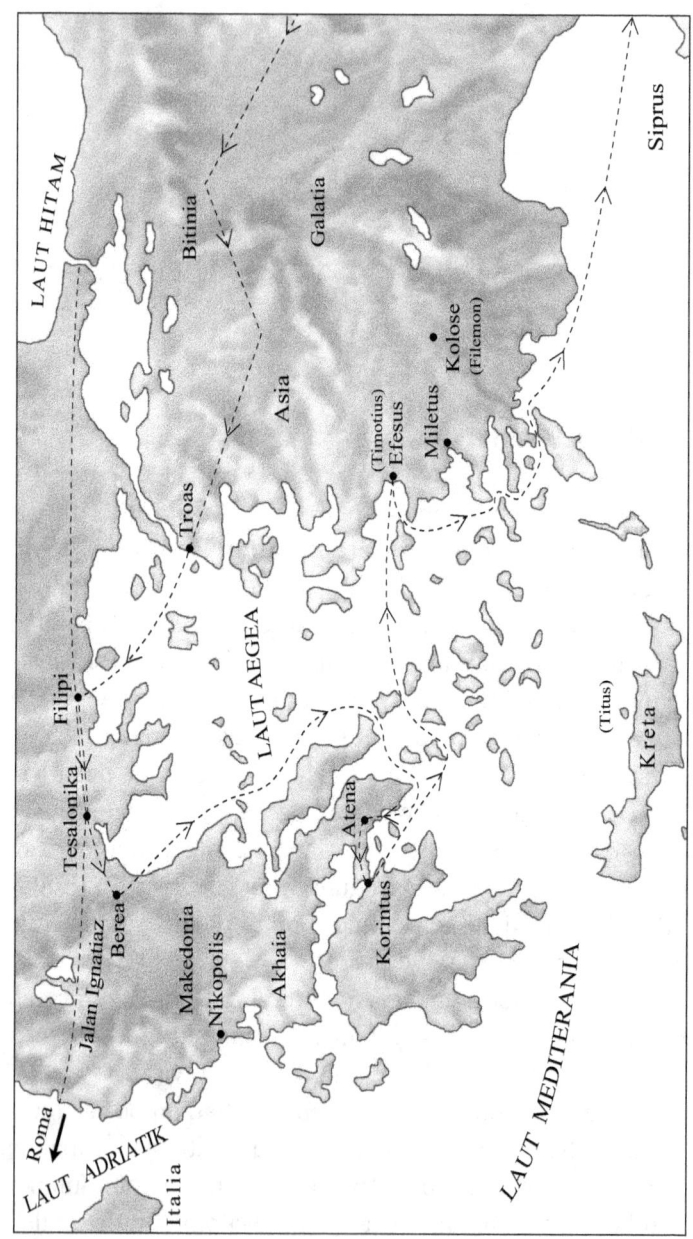

kota penting di wilayah itu. Ia terletak di Jalan Ignatian, jalan utama Romawi dari Roma ke Asia, dan pelabuhannya adalah terminal untuk rute dagang utama utara-selatan. Kota itu menghasilkan lebih banyak uang ketimbang kota lainnya di sekitar Laut Aegea, maka ia merupakan pusat keuangan penting. Kota itu ideal sebagai lokasi bisnis dan tentu saja Paulus melihatnya dapat menjadi strategi penting untuk penyebaran injil.

Kota tersebut memiliki banyak penduduk campuran, termasuk sejumlah pedagang Yahudi. Arkeologi telah cukup membukakan tentang Tesalonika di zaman Paulus. Penggalian arkeologis menyingkapkan gedung pertemuan Romawi, gelanggang pacuan kuda, pasar helenistik dan sinagoge Samaritan. Bahkan temuan terakhir mendukung paparan Lukas tentang pemimpin setempat sebagai 'politarkus' (diterjemahkan dalam Alkitab Indonesia sebagai 'penguasa kota'). Sebelumnya diandaikan bahwa Lukas keliru, sebab julukan itu tidak dikenal di kota-kota lainna. Tetapi para arkeolog telah menemukan 41 prasasti termasuk julukan itu dan di sekitar Tesalonika periode tersebut.

Paulus di Tesalonika dan Berea

Paulus tiba di Tesalonika semasa perjalanan misionarisnya kedua sekitar tahun 49. Ia telah berupaya menginjil, pertama di Asia dan kemudian di Bitinia, tetapi tiap kali ia memiliki kesan Roh Kudus mencegah dia pergi ke wilayah tersebut. Sementara mereka ada di Troas (Troi purba) Paulus bermimpi tentang seorang yang mengundang dia untuk datang ke Makedonia untuk menolong orang di sana. Maka mereka menyeberangi Laut Aegea, mencapai pelabuhan bernama Neapolis. Paulus berkhotbah di Filipi tetapi dilempar ke luar kota itu, maka akhirnya ia tiba di Tesalonika.

Sebagaimana kebiasaannya, Paulus berkhotbah kepada orang Yahudi di sinagoge mereka. Meski ia adalah rasul untuk orang bukan Yahudi, ia memiliki tanggungjawab khusus untuk orang Yahudi. Ia percaya bahwa begitu mereka mengalami perubahan hidup, mereka akan membentuk gereja yang akan menjangkan orang bukan Yahudi di pertetanggaan mereka.

Namun demikian, kelompok yang paling berdampak dalam sinagoge itu ternyata bukan orang Yahudi tetapi orang yang disebut 'orang-orang yang takut Tuhan.' Mereka tidak menjadi Yahudi dan tidak disunat, tetapi mereka tertarik akan Yudaisme karena merasa bahwa Tuhan orang Yahudi adalah Tuhan yang sejati.

Tetapi kebijakan mengunjngi sinagoge ini menyebabkan pertentangan sengit di Tesalonika, dan beberapa orang Yahudi membuat mustahil untuk Paulus bekerja lebih lanjut di sana. Khususnya mereka marah tentang klaim Paulus bahwa orang yang takut Tuhan itu dapat menjadi milik Tuhan tanpa harus menjadi Yahudi. Kerusuhan buruk ditimbulkan oleh orang Yahudi ini, dan karena itu sesudah tiga minggu Paulus secara sukarela meninggalkan kota itu, dan dalam keadaan tidak gentar tiba di Berea. Maka ia ada di Tesalonika hanya untuk waktu sangat singkat, tetapi meninggalkan sebuah gereja yang kuat, dan di antara anggotanya terdapat para perempuan dari masyarakat kelas atas.

Paulus di Atena dan Korintus

Di Berea sekali lagi ia dipaksa pergi, dan pergi ke selatan ke Atena, dengan meninggalkan Silas dan Timotius untuk melanjutkan pekerjaan di Berea. Di Atena tentangan terhadap pewartaan Paulus datang dari kubu berbeda. Filsafat Yunani mengajarkan bahwa roh manusia secara mulia dilepaskan dari tubuh pada saat kematian, maka kepercayaan Paulus akan kebangkitan jasmani ditertawai. Ada sedikit petobat baru, tetapi tidak cukup untuk membentuk gereja.

Dari Atena Paulus pergi ke Korintus, dan jelas bahwa mulai tahap itu ia sepenuhnya mengalami lemah semangat.

Ia telah diusir pergi dari Filipi, kemudian Tesalonika dan lalu Berea. Di Atena ia ditertawai dan hanya menyaksikan sedikit petobat. Ketika tiba di Korintus ia dalam keadaan tertekan batin. Bahkan, kita baca dalam surat pertamanya untuk gereja di Korintus, "aku datang kepadamu dalam kelemahan dan dengan sangat ketakutan, dan gentar." Seakan hampir putus syarafnya, dan dapat dimengerti mengapa sampai demikian. Kita berpikir tentang Paulus sebagai misionaris paling berhasil yang pernah ada, tetapi tidak banyak orang dapat menanggung pengalaman seberat itu.

Maka bayangkan bagaimana perasaan Paulus ketika Timotius dan Silas menyusulnya di Korintus dan membawa berita bahwa gereja di Tesalonika umumnya berjalan baik. Itu mengangkat roh Paulus. Ia tidak dapat meninggalkan pekerjaannya di Korintus, maka ia memutuskan untuk menulis sepucuk surat kepada Tesalonika.

Tambahan lagi, Timotius dan Silas juga membawa sejumlah uang dari Filipi. Paulus tiba di Korintus tanpa uang dan terpaksa kembali ke usahanya sebelumnya membuat tenda, tetapi ia telah berteman dengan pasangan nikah Yahudi bernama Priskila dan Akwila. Mereka pun pembuat tenda dan baru saja lari dari Roma. Maka Paulus mengalami penguatan ganda sementara ia mendiktekan suratnya kepada orang percaya di Tesalonika.

Penerimaan mereka (1 Tesalonika 1)

Suasana positif hati Paulus tercermin dalam pembukaan pasal 1 Tesalonika, di mana ia berkata ia disukakan mendengar bahwa orang percaya di Tesalonika berdiri teguh dalam iman mereka. Ia memakai kata 'menerima' banyak kali. Ia sangat bergembira bahwa mereka tidak saja *mendengar* firman Tuhan tetapi *menerima*-nya juga. Mari kini kita berusaha mendapatkan selayang pandang tentang isi 1 Tesalonika dengan melihat ke empat kelompok kata-kata.

Firman, perbuatan dan tanda ajaib

Paulus berkata bahwa ia menyampaikan injil kepada mereka dalam tiga cara: dengan perkataan, dengan perbuatan dan dengan tanda ajaib. Banyak orang Kristen percaya bahwa jika Anda memberitakan firman tentang injil kepada orang, Anda telah menyampaikan injil kepada mereka. Tetapi orang yang telah mendengar perkataan itu belum lagi diberikan bukti bahwa perkataan itu benar. Penting mereka *melihat* injil juga seperti halnya mereka *mendengar* injil. Di antara perkataan, perbuatan dan tanda ajaib, yang dua adalah untuk penglihatan dan hanya satu untuk pendengaran. Jika keseimbangan demikian membuat komunikasi menjadi efektif dalam zaman Paulus, pastinya itu merupakan keniscayaan untuk zaman televisual kita kini.

Paulus tidak mengandaikan bahwa orang menantikan untuk mendengar injil, tetapi ia mengandaikan bahwa mereka berharap untuk melihatnya. Perbuatan baik adalah bukti manusia bahwa perkataan itu benar, dan tanda ajaib adalah bukti ilahi bahwa perkataan itu benar.

Terlalu sering kita berfokus hampir sepenuhnya hanya pada penginjilan berbasis kata-kata. Mewartakan firman Tuhan memang penting, tetapi itu harus didukung dengan cara kita hidup dan oleh tanda ajaib dan mukjizat dari Tuhan.

Ketika Yesus mengutus para murid-Nya berpasangan, Ia berpesan kepada mereka (dalam parafrase saya sendiri), 'Ini sederhana saja. Yang kalian harus lakukan adalah pergi ke kota, bangkitkan orang mati, sembuhkan orang sakit, usir roh-roh jahat, lalu kalian beritahukan mereka bahwa Kerajaan Tuhan telah datang kepada mereka. Dengan kata lain *demonstrasikan* injil sebelum kalian *mendeklarasikannya*.'

Iman, harap dan kasih

Tiga kata berikutnya sering dipakai oleh Paulus. Ini lebih kita kenal di akhir 1 Korintus 13, tetapi ia memakainya juga dalam 1 Tesalonika. Jelas bahwa orang Tesalonika lebih kuat iman dan kasih mereka ketimbang dalam pengharapan. Iman menyatakan kepada mereka apa yang telah Tuhan lakukan di masa lalu, dan kasih memperlihatkan mereka apa yang sedang Ia lakukan kini. Tetapi orang Tesalonika kurang pengertian tentang apa yang akan Tuhan lakukan untuk mereka di masa depan.

Perlu kita perhatikan bahwa iman, harap dan kasih tidak dimaksudkan hanya sebagai sikap hidup. Mereka semua mengandung dimensi aktif juga: iman yang bertindak, kasih yang berjuang dan pengharapan yang memberi keteguhan.

Tuhan, Yesus dan Roh Kudus

Paulus berkata bahwa pengalaman orang percaya Tesalonika tentang Tuhan sepenuhnya bersifat trintiarian. Mereka tidak berfokus pada salah satu anggota Tritunggal sambil menyingkiran dua lainnya. Mereka bertobat kepada Tuhan, percaya akan Yesus dan mereka menerima Roh Kudus.

Berpaling, melayani dan menantikan

Triplet terakhir memberi kita definisi Paulus tentang orang Kristen yang baik. Ia memakai tiga kata kerja untuk memaparkan iman mereka: mereka berpaling dari berhala-berhala untuk melayani Tuhan yang hidup dan menantikan kedatangan kembali Anak-Nya dari surga. Kehidupan Kristen mencakup bertobat tentang masa lampau, pelayanan berkelanjutan di masa kini, dan menantikan kedatangan Kristus di masa depan.

Integritasnya (1 Tesalonika 2–3)

Masalah pertama yang ditangani dalam 1 Tesalonika datang di pasal 2. Paulus menghadapi tentangan di mana saja ia pergi -- tentangan manusia, sebagian besar berasal dari orang Yahudi, dan tentangan satanik yang bekerja di balik unsur manusia. Keduanya disebabkan oleh kecemburuan, sebab baik orang Yahudi maupun Iblis cemburu kehilangan pengikut mereka. Iblis adalah bapak pembohong, dan dalam rangka membatalkan karya baru Tuhan, ia entah akan merendahkan sang pemberita atau menghancurkan isi beritanya. Hal pertama yang ia lakukan adalah mengaitkan motif buruk kepada orang yang memulai pekerjaan itu dan menceritakan dusta tentang orang itu.

Hal ini telah terjadi di Tesalonika. Kita dapat menangkap beberapa ide tentang sifat penghinaan itu dengan melihat pada cara Paulus membela dirinya di pasal 2 dan 3. Sembilan kali ia mempertahankan integritasnya terhadap kebohongan. Ia tidak mempertahankan diri karena kepentingannya sendiri, tetapi karena ia tahu bahwa jika reputasinya rusak, maka orang Kristen di Tesalonika tidak akan memiliki keyakinan akan injil yang ia sampaikan kepada mereka.

Inilah sembilan tuduhan yang diajukan terhadap Paulus:

1. *Paulus seorang pekerja yang tidak baik.* Ia meninggalkan Tesalonika dalam situasi kacau, tidak sanggup menyelesaikannya dan memuaskan setiap orang.
2. *Paulus seorang pengecut.* Ia meninggalkan Tesalonika karena ia penjahat yang melarikan diri. Sebenarnya, kita tahu ia pergi supaya para petobat di Tesalonika tidak perlu sampai membayar uang jaminan untuk dia.
3. *Paulus seorang fanatik.* Ia sedemikian terfokus dalam pemikirannya sampai mentalnya tidak seimbang.
4. *Paulus bersikap bejat terhadap perempuan.* Ada banyak perempuan kaya dalam persekutuan itu, dan Paulus diisukan memberi mereka perhatian yang tidak pada tempatnya.
5. *Paulus seorang penipu.* Mereka menuduh dia sebagai penipu yang mengaitkan diri dengan orang Kristen Tesalonika sebab menganggap ia dapat memanfaatkan mereka.

6. *Paulus seorang penjilat.* Mereka mengklaim bahwa ia bersandiwara, bahwa sesungguhnya ia hanya punya sedikit perkataan yang layak didengar, dan bahwa ia tidak murni memedulikan gereja Tesalonika.
7. *Paulus seorang oportunis.* Mereka berkata bahwa ia berkhotbah hanya untuk uang yang akan diberikan oleh gereja itu kepadanya.
8. *Paulus seorang pemalas.* Mereka berkata ia tidak sungguh bekerja dan memiliki hidup enak.
9. *Paulus seoang diktator.* Mereka berkata bahwa ia keras dan menjadikan dirinya tuan atas para petobatnya.

Tidak satu tuduhan pun yang benar, tetapi tentu saja hal yang dikatakan cenderung melekat. Mereka tetap dalam pikiran orang, betapa pun meyakinkannya penyangkalan diberikan.

Iblis ada di balik tuduhan ini, tetapi kenyataannya semua ini benar tentang si iblis itu sendiri. Si musuh mengenakan motif-motif sataniknya sendiri kepada Paulus.

Paulus membela dirinya dengan 11 cara, sambil membanding ke jemaat Tesalonika dan kepada Tuhan sebagai dua saksi terpisah kepada kenyataan bahwa tidak satu tuduhan pun yang benar.

1. *Ia menunjuk kepada keefektifan pelayanannya.* Ia berkata kepada mereka, 'Kalian adalah gereja yang kuat, penuh iman dan kasih, dan kalian menginjili orang lain. Apakah itu hasil dari pekerja yang kurang baik?'
2. *Ia menegaskan keberaniannya.* Ia telah dijebloskan ke dalam penjara Filipi, namun ketika ia datang ke kota berikutya, Tesalonika, ia mulai mewartakan injil kembali. Seperti apakah kelakuan pengecut? Seorang pengecut akan lari ke negeri lain.

3. *Ia mengklaim tidak memiliki tipu daya.* Ia mengatakan apa yang ia maksudkan, dan memaksudkan apa yang ia katakan. Ia tidak berusaha membodohi siapa pun.
4. *Ia membanding ke kesalehannya.*
5. *Ia membanding ke kerendahhatiannya.* Ia memilih untuk tidak mempertahankan hak atau martabatnya.
6. *Ia membanding ke kelembutannya.* Ia berkata ia memperlakukan jemaat Tesalonika seperti perawat memperlakukan bayi. Tidak ada orang lain yang memerhatikan mereka seperti dia.
7. *Ia membanding kepada sikap tidak mementingkan diri sendiri.* Ia mengingatkan mereka bahwa ia memberi waktu, uang dan dirinya sendiri.
8. *Ia membanding kepada kesibukannya.* Jauh dari malas, ia bekerja sejak fajar sampai petang tiap harinya.
9. *Ia membanding ke kekudusannya.* Ia berkata, 'Kalian adalah saksinya, dan demikian juga Tuhan, betapa kudus, benar dan tak bercela kami di antara kalian.' Bahkan ia seakan hanya mengulang pembelaan Yesus, sebab sesungguhnya ia berkata 'Siapa dari antaramu dapat menunjuk dosaku?'
10. *Ia membanding kepada ketulusannya.* Ia mengklaim bahwa ia bukan saja seperti ibu untuk mereka, tetapi seperti ayah juga. Ia keibuan ketika mereka butuh penghiburan dan kebapaan ketika mereka butuh disiplin.
11. *Akhirnya, ia membanding ke ketegasannya.* Ia berkata ia tidak pernah mengkompromikan standarnya dengan mereka dan tidak pernah berusaha menipu mereka untuk tujuan apa pun.

Situasi yang Paulus hadapi mengenai gereja Tesalonika memberi kita wawasan bermanfaat ke dalam cara iblis memakai kritik untuk merendahkan pelayanan Kristen. Ia suka membuat orang Kristen curiga tentang para pemimpin mereka dan berusaha menuduhkan motif palsu kepada mereka.

Tetapi Paulus tidak heran tentang tentangan sedemikian. Ia memberitahu jemaat Tesalonika bahwa mereka pun harus siap menerima itu. Untuk orang Kristen, menderita demi Kristus adalah bukti pemilihan, tanda kehormatan dan meterai iman. Orang yang sesungguhnya perlu khawatir adalah mereka yang tidak pernah menderita karena injil, tidak pernah mengalami kesukaran, tidak pernah menghadapi permusuhan, dan tidak pernah membayar harga karena mengikut Yesus. Untuk Paulus, penderitaan adalah wajar. Ia bersedia menerima pemenjaraan, penderaan, perajaman, dan selalu akan melawan siapa pun yang menuduhkan motif-motif tidak layak kepada pelayanannya dalam rangka ingin menghancurkannya.

Kedewasaan mereka (1 Tesalonika 4–5)

Dalam 1 Tesalonika 4 dan 5 Paulus berusaha menolong jemaat Tesalonika untuk bertumbuh dalam kedewasaan rohani. Ada dua isu yang secara khusus ia perhatikan yaitu tentang *kekudusan* dan *pengharapan.*

Kekudusan

Ini hal sentral untuk kehidupan Kristen, sebab merupakan kehendak Tuhan bahwa setiap orang percaya harus menjadi kudus. Paulus sadar akan dua wilayah yang digumuli oleh jemaat Tesalonika.

PEREMPUAN

Yang pertama adalah *kaum perempuan*.

Orang Yunani memiliki gaya hidup longgar dan menyimpang, mirip seperti para dewa yang mereka sembah. Istri boleh diganti secara teratur dan gundik adalah hal lazim. Seorang bernama Demosthenes mengatakan tentang gaya hidup Yunani ini: 'Kami mengadakan pelacuran untuk kesenangan, kami menyimpan gundik untuk kebutuhan keseharian tubuh kami dan kami memelihara istri untuk melahirkan anak-anak serta untuk mengurus rumah kami dengan setia.'

Seneca berkata: 'Perempuan dinikahi untuk diceraikan dan diceraikan untuk dikawini.' Kemurnian hampir tidak pernah terdengar.

Terhadap latar buruk ini, Paulus memberitahu kaum kaki-laki di Tesalonika bahwa mereka harus menolak pelacuran dan pergundikan, dan menghindari sikap longgar yang berlaku.

Mereka harus menghormati pernikahan dengan memelihara kemurnian ranjang pernikahan. Istri tidak boleh diperlakukan seperti pelacur atau gundik.

PEKERJAAN

Wilayah pergumulan lain untuk jemaat Tesalonika adalah *pekerjaan*. Ini kerap dilewati begitu saja! Kita cenderung mendengar sedikit sekali khotbah tentang kerja, barangkali karena kebanyakan khotbah dalam gereja dilakukan oleh orang yang tidak melakukan pekerjaan yang dilakukan sepanjang jam-jam kerja. Mereka mungkin bekerja 16 jam sehari untuk gereja, tetapi mereka tidak memiliki 'pekerjaan' dalam artian katanya yang lazim. Sedikit pelajaran pemuridan yang pernah membahas tentang kerja.

Mereka menjelaskan bagaimana menjadi Kristen dalam waktu senggang Anda -- bagaimana berdoa, bagaimana membaca Alkitab Anda, bagaimana bersaksi, bagaimana melayani gereja. Ini menimbulkan kesan khas bahwa mereka dimaksudkan untuk melayani Tuhan di luar jam-jam kerja, dan menghasilkan orang Kristen berkaki gatal yang segera ingin meninggalkan pekerjaan dan masuk ke dalam pelayanan Kristen.

Mereka lupa bahwa Kristen sebenarnya sudah ada dalam pelayanan penuh waktu untuk Tuhan. Cara kita bekerja dimaksudkan untuk menjadi bagian dari kekudusan kita. Kehidupan kerja kita harus mengungkapkan kasih kita untuk Tuhan dan untuk sesama kita. Memuliakan Tuhan harus menjadi motivasi kita dalam pekerjaan. Kehidupan kerja kita menjadi tidak penting sampai dilihat sebagai bagian dari kekudusan kita.

Sebagian orang Tesalonika telah meninggalkan pekerjaan mereka dan menganggur untuk menantikan kedatangan kembali Tuhan. Cara pandang ini tidak asing dalam kebudayaan di sekeliling. Orang Yunani secara keseluruhan hidup untuk kesenggangan. Mereka percaya bahwa pekerjaan (khususnya pekerjaan manual) adalah jahat dan merendahkan, dan karenanya apabila mungkin mereka memakai para budak untuk melakukannya bagi mereka. Pemikiran Ibrani, didasarkan atas Perjanjian Lama, melihat kerja sebagai bagian dari penyembahan. Tidak ada pembagian antara bekerja dengan tangan dan bentuk pekerjaan lainnya. Semua pekerjaan memiliki kehormatan setara di hadapan Tuhan dan harus dipakai untuk menyukakan Dia.

Maka Paulus harus memberitahu orang-orang ini untuk mencari nafkah untuk kehidupan mereka dan memiliki ambisi untuk tidak bergantung pada siapa pun.

Orang Kristen yang bertubuh sehat tidak boleh hidup atas kemurahan orang lain, tetapi harus mengupayakan nafkah hidup mereka sendiri untuk dapat mendukung keluarga mereka dan menolong mereka yang sungguh membutuhkan. Paulus bukan bicara tentang mereka yang *tidak dapat* bekerja, tetapi mereka yang *tidak mau* bekerja.

Pengharapan

Paulus juga menganggap perlu mengajarkan tentang pengharapan kepada jemaat Tesalonika. Ini adalah tema kunci dalam Perjanjian Baru -- kedatangan kembali Kristus disebutkan lebih dari 300 kali. Maka Paulus menganggap pengharapan sebagai pengajaran mendasar untuk orang Kristen baru. Meski orang Tesalonika kuat dalam iman dan kasih, mereka lemah dalam pengharapan, sebagiannya disebabkan oleh sikap dunia Yunani terhadap kematian. Iscillus berkata, 'Ketika seorang meninggal, tidak ada kebangkitan.' Teokrates menulis: 'Ada harapan hanya untuk orang yang hidup, tetapi untuk mereka yang telah mati tidak ada pengharapan.' Seorang filsuf lain berkata: 'Ketika kehidupan singkat kita usai, hanya ada malam abadi yang di dalamnya kita tertidur.' Sebuah batu nisan dari Yunani purba bertuliskan: 'Aku tadinya tidak ada, aku menjadi ada. Kini aku tidak ada, aku tidak peduli.'

Maka orang Kristen Tesalonika mengandaikan bahwa ketika anggota gereja mereka meninggal, mereka akan absen pada kedatangan kembali Kristus. Kita tidak pasti apakah ini disebabkan mereka percaya bahwa orang mati sama sekali tidak akan dibangkitkan atau mereka percaya bahwa orang mati hanya akan dibangkitkan. Maka Paulus perlu meyakinkan jemaat Tesalonika bahwa mereka tidak perlu berduka sebagaimana orang lain, sebab ketika Yesus kembali, orang matilah yang pertama sekali akan dibangkitkan untuk menjumpai Dia. Mereka akan bangkit lebih dulu, diikuti kemudian oleh mereka yang masih hidup.

Tentu saja, ini berarti bahwa orang Kristen akan kembali ke bumi sesudah kematian mereka. Sesudah berjumpa Yesus di angkasa, mereka akan kembali ke bumi dengan tubuh baru. Surga, karena itu, hanyalah ruang tunggu -- akomodasi sementara untuk mereka yang telah mati dan yang menantikan kedatangan kembali Kristus ke bumi, ketika mereka akan bersama dengan Dia selamanya.

Jelas bahwa gereja Tesalonika juga telah salah mengerti ajaran yang mereka terima tentang kapan Yesus akan kembali. Paulus mengutip ungkapan yang pertama Yesus ciptakan, bahwa Ia akan kembali seperti 'pencuri pada malam hari' -- yang menyiratkan bahwa itu sepenuhnya akan merupakan kejutan, tanpa peringatan. Banyak yang mengandaikan bahwa Yesus akan datang pada saat kapan saja.tetapi Paulus memperbaiki pengandaian ini, dengan mengatakan bahwa Ia akan datang dengan tidak terduga kepada mereka yang tidak menantikan Dia. Kata-kata 'pencuri pada malam hari' tidak ditujukan kepada orang Kristen, tetapi kepada mereka yang tidak berjaga-jaga. Jika mereka berjaga-jaga, mereka tidak akan terkejut. Bahkan, jelas dari bagian pengajaran Paulus lainnya dan bagian Perjanjian Baru lainnya bahwa Kedatangan Kedua akan didahului oleh beberapa tanda pasti. Ini adalah tema yang dalam 2 Tesalonika akan ia tinjau lagi.

Nasihat akhir (1 Tesalonika 5:12–28)

Tema-tema menjadi makin dimampatkan di akhir surat ini, seakan Paulus ingin mengkhotbahkan selusin khotbah kepada mereka, Pasal 5 dipadati dengan sejumlah isu yang tidak berhubungan.

Pemimpin dan anggota

Kota Tesalonika beroperasi dengan bentuk pemerintahan demokratis. Satu akibat positifnya ialah bahwa para perempuan di sana mendapatkan tingkat emansipasi yang tidak dinikmati oleh perempuan di wilayah Yunani lainnya. Tetapi negatifnya sistem demokratis ini mengakibatkan anggota gereja tersebut kurang atau tidak menghormati para pemimpin mereka. Maka Paulus memberitahu jemaat Tesalonika untuk menghormati para pemimpin mereka, sebab mereka tidak dapat memimpin jika tidak dihargai. Gereja bukan demokrasi tetapi teokrasi, sebab ia diatur oleh Roh Kudus. Peraturan ini didemonstrasikan melalui para pemimpin yang dipenuhi Roh dan para pengikut yang dipenuhi Roh. Pemimpin bukan diktator, juga anggota bukan bagian dari demokrasi.

Paulus memberitahu tiga larangan untuk para anggota dan lima hal yang harus ada pada mereka: *jangan* menganggur, malu atau lemah; *jadilah* sabar, mengampuni, bersukacita, berdoa dan bersyukur.

Tritunggal

Paulus mengakhiri surat ini dengan beberapa pengajaran tentang masing-masing pribadi Tritunggal:

Roh Kudus: Gereja tersebut diajar untuk tidak mendukakan Roh atau meremehkan nubuatan, tetapi untuk menguji segala sesuatu. Mereka harus berpegangan kepada apa yang baik dan menghindari apa yang jahat.

Tuhan. Paulus berdoa bahwa Tuhan Bapa akan menguduskan mereka di tengah kebudayaan yang melingkupi mereka yang sedemikian menentang Tuhan.

Yesus. Paulus berdoa bahwa Yesus akan memelihara mereka tanpa cacat sampai hari ketika Ia datang kembali. Kedatangan Kedua harus menjadi motivasi untuk kehidupan yang saleh.

Kegigihan mereka (2 Tesalonika 1)

Surat kedua Paulus untuk jemaat Tesalonika, ditulis hanya beberapa bulan sesudah yang pertama, dan memiliki nada yang sangat berbeda. Dalam surat kedua ini, ia terkesan dingin dan menjaga jarak, terkejut dan sedih. Agaknya ia telah mendengar berita buruk tentang gereja itu. Dan karenanya ia merasa perlu menulis kembali dan meliput beberapa hal dasar yang telah ia urus dalam surat pertamanya. Ia mulai dengan memuji mereka atas kenyataan bahwa iman mereka tetap kuat kendati mengalami penganiayaan berat. Kebencian yang tadinya diarahkan terhadap dia kini diarahkan kepada mereka. Ia memberitahu bahwa penderitaan mereka harus dilihat sebagai bagian dari hidup demi injil.

Meskipun mereka kini menanggung penganiayaan berat, ia meneguhkan mereka bahwa di masa depan, Tuhan yang adil akan mengurus orang-orang yang menyusahkan mereka. Ia memakai enam kata untuk memaparkan apa yang Tuhan akan lakukan dengan mereka yang menganiaya orang Kristen: 'kehancuran,' 'penolakan,' 'penghukuman,' 'penganiayaan,' 'pembalasan' dan 'kekekalan.'

Maka ketika kita mendengar tentang orang yang menyusahkan orang Kristen, kita perlu gemetar tentang nasib mereka yang menganiaya. Kita perlu ingat bahwa ada dua nasib akhir menantikan semua orang: pertama adalah bersama Tuhan untuk selamanya; lainnya adalah di neraka selamanya.

Kemantapan mereka (2 Tesalonika 2-3)

Dalam 2 Tesalonika Paulus masih memerhatikan dua isu besar yang ia urus dalam suratnya pertama -- kekudusan dan pengharapan mereka -- tetapi kali ini ia meliput itu dalam urutan terbalik.

Pengharapan

Kendati pengajaran Paulus yang teliti tentang kedatangan Yesus, gereja itu masih saja bingung tentang pokok tersebut. Pengharapan mereka telah berubah dari terlalu lemah menjadi terlalu kuat. Sebagian mereka percaya bahwa kedatangan Tuhan telah terjadi atau sangat dekat, sehingga tidak ada gunanya berbuat apa pun kecuali menantikan kedatangan Dia. Konsekuensinya sebagian dari mereka telah melepaskan pekerjaan mereka.

Agaknya pemikiran salah ini disebabkan oleh sepucuk surat menyesatkan yang mereka terima. Surat yang mengklaim berasal dari Paulus itu, mengusulkan bahwa Kedatangan Kedua sudah terjadi. Dalam 1 Tesalonika kita lihat bagaimana iblis menyerang Paulus, utusan Tuhan.

Kini iblis menyerang pesan injil itu sendiri. Ia tahu bahwa sangat mudah membuat orang Kristen tidak seimbang tentang Kedatangan Kedua, entah dengan ketidaktahuan atau fanatisme.

Paulus memberikan respons luar biasa kepada penyimpangan berita injil. Ia memberitahu mereka bahwa Kedatangan Kedua tidak dapat dekat sebab paling tidak ada satu hal besar yang masih harus terjadi sebelum Yesus dapat datang. Ia menulis tentang kemunculan 'manusia durhaka,' yang akan tidak menghargai hukum dan akan meninggikan dirinya sebagai Tuhan. Di bagian Alkitab lainnya ia disebut 'binatang buas' atau 'antikristus.' Karena orang ini belum lagi tiba, ide bahwa Kedatangan Kedua sudah di ambang pintu pasti salah.

Perspektif Paulus menolong kita untuk menghargai perbedaan antara pandangan Perjanjian Baru tentang sejarah dan yang dari filsafat lainnya.

Filsafat Yunani percaya bahwa sejarah bergerak dalam lingkaran -- kerajaan-kerajaan datang dan pergi, tetapi tidak pernah sampai ke mana pun. Masa kini variasi lazim pandangan ini adalah bahwa sejarah memang berjalan, tetapi dalam lingkar-lingkar naik dan turun. Ada masa baik, lalu buruk; perang, kemudian damai; inflasi, lalu deflasi. Sekali lagi, tidak ada kemajuan yang positif.

Pandangan progresif tentang sejarah berlaku umum pada permulaan abad ke dua puluh. Pandangan itu percaya bahwa hidup menjadi makin membaik, bahwa masa depan akan lebih terang ketimbang masa kini. Namun demikian, kini di abad ke dua puluh satu, saya berpendapat bahwa pandangan yang berlawanan tentang sejarah adalah yang paling umum. Banyak orang merasa bahwa segalanya menjadi memburuk, dan kata kunci masa kini adalah bertahan hidup, bukan kemajuan.

Tetapi pandangan tentang sejarah yang dipegang bersama oleh orang Yahudi, Kristen dan Komunis adalah pandangan sejarah *apokaliptik* -- yaitu, bahwa segala sesuatu akan menjadi makin buruk sampai menghantam batu keras di dasar, dan kemudian secara tiba-tiba terjadi perbaikan dan seterusnya makin baik. Dalam Alkitab kita temui pandangan ini khusus dalam para nabi Yahudi seperti Daniel.

Variasi pandangan sejarah Yahudi, Kristen dan Komunis ini berbeda mengenai siapa yang akan *menyebabkan* perubahan itu. Komunis percaya bahwa manusia yang akan melakukannya, meski impian ini semakin cepat sirna. Orang Yahudi berkata bahwa Tuhan akan melakukannya. Orang Kristen berkata bahwa Yesus akan melakukannya dan bahwa ini akan terjadi pada Kedatangan Kedua Yesus. Maka pandangan Perjanjian Baru tentang sejarah, yang tampak rinciannya dalam Kitab Wahyu, ada di balik apa yang Paulus katakan dalam surat-suratnya kepada jemaat Tesalonika.

Paulus berkata bahwa meski kedatangan kembali Tuhan tidak akan terjadi segera, pengaruh 'manusia durhaka' sudah ada dalam dunia. Ada kedurhakaan, namun ini ditahan. Suatu hari Tuhan akan mengangkat pencegah itu, tetapi Yesus sendiri berkata bahwa itu hanya untuk saat sangat singkat (dari Kitab Wahyu dapat kita andaikan bahwa masa itu akan selama tiga setengah tahun), sesudahnya Yesus akan datang kembali. Sementara itu, orang Tesalonika harus menantikan dengan sabar dan tetap sibuk.

Kekudusan

Ajaran Paulus tentang kerja terdengar sangat kasar, sebab ia berkata, 'Jika seorang tidak bekerja, ia jangan makan.'

Menurut Paulus, orang Kristen tidak boleh memberi makan seorang percaya yang meninggalkan pekerjaannya, sebab ia seorang malas. Di sini Paulus bukan sedang membicarakan permasalahan pengangguran -- itu adalah kejahatan sosial yang harus kita perangi; ia tidak bicara tentang mereka yang *tidak dapat* bekerja, tetapi tentang mereka yang *tidak mau* bekerja.

Ketika Tuhan datang, Ia ingin kita melakukan pekerjaan kita dengan setia dan untuk Dia. Perumpamaan-perumpamaan tentang Kedatangan Kedua semuanya menekankan hal ini. Yesus menceritakan perumpamaan tentang majikan yang datang terlambat. Penundaan itu akan menguji dedikasi para hamba Yesus. Tuhan tidak begitu tertarik pada *apa* pekerjaan yang Anda lakukan seperti pada seberapa *baik* Anda melakukan pekerjaan yang Anda miliki. Ia lebih menyukai pengendara taksi yang teliti ketimbang misionaris yang sembrono, sebab Ia lebih tertarik akan karakter ketimbang pencapaian. Terlalu sering kita memegang hirarki dari berbagai kegiatan yang dianggap mulia, dengan misionaris, penginjil dan pastor di puncak, lalu dokter dan jururawat, kemudian guru sekolah dan seterusnya. Tetapi tidak ada yang lebih salah dari pandangan itu. Dalam Alkitab pekerjaan tangan di puncak! Yesus adalah tukang kayu, Paulus pembuat tenda dan Petrus serta Yohanes penjala ikan -- kegiatan ini adalah bagian dari pekerjaan mereka untuk Tuhan.

Orang yang telah bekerja 40 tahun di kantor yang sama dan berharap agar mereka dapat melayani Tuhan salah mengerti kebenaran ini. Ketika Yesus datang kembali, Ia akan memerintah dunia ini bersama kita dan akan mencari orang yang dapat Ia percayai untuk menjalankan pengadilan dan bank dan semua lainnya. Paulus menegur orang Kristen Korintus karena telah saling memperkara ke pengadilan, dan menjelaskan bahwa mereka akan menghakimi bangsa-bangsa suatu hari kelak. Orang Kristen harus hidup dan bekerja sedemikian rupa sehingga menyiapkan diri mereka untuk pekerjaan yang akan mereka terima ketika Yesus datang kembali.

Doa

Doa adalah tema yang menjadi ciri kuat di kedua surat Paulus kepada orang Tesalonika. Ia memberitahu mereka bahwa ia senantiasa mendoakan mereka dan meminta mereka berdoa untuknya. Ia bahkan berkata bahwa doa-doanya untuk mereka dapat merupakan pertolongan sama kuat sebagaimana khotbahnya untuk mereka. Maka ia cepat bersyukur kepada Tuhan untuk mereka dan meminta Tuhan menyempurnakan mereka dalam anugerah dan kebaikan, untuk melindungi mereka dari Iblis dan mengarahkan mereka dalam kasih dan kesetiaan.

Ia juga menghargai doa-doa mereka untuk dia. Kendati seorang misionaris terbesar dari semua dan rasul ke tiga belas, ia tahu ia butuh doa-doa mereka. Ia meminta mereka berdoa agar pesan injil boleh menyebar dengan cepat, sebab ia sadar bahwa setiap momen berharga. Ia juga meminta mereka berdoa untuk keselamatannya, sebab ia sadar bahwa sebagai seorang pemberita injil, ia terlibat dalam perang di wilayah si musuh.

Kesimpulan

Kedua surat Paulus untuk jemaat di Tesalonika mengingatkan kita tentang dua aspek kunci kehidupan Kristen:

1. *Berjalan.* Ketika kita datang kepada Kristus, itu adalah awal perjalanan kita bersama Dia. Kita harus memastikan bahwa kita terus berjalan dengan-Nya, dalam kekudusan. Keselamatan adalah suatu proses -- kita diselamatkan dari neraka dan untuk surga. Mengusahakan kekudusan adalah bagian hakiki dari kehidupan kita.
2. *Menanti.* Menjelang akhir dari setiap pasal kedua surat ini ada beberapa rujukan kepada Kedatangan Kedua. Dengan menemukan tema ini dalam khotbah dan penyembahan kita masa kini kita melakukan hal yang baik. Sebagaimana halnya Yesus akan datang kembali ke dunia ini, demikian kita pun akan. Ia mencari umat yang akan memerintah bersama Dia.

Untuk Paulus, hidup dalam terang Kedatangan Kedua adalah bagian fundamental dari pemuridan Kristen, dan kedua surat ini menekankan bahaya pemikiran keliru tentang isu penting ini.

45.

1 & 2 KORINTUS

Pendahuluan

Banyak orang Kristen membayangkan bahwa kehidupan Kristen akan jauh lebih mulus jika saja kita mengalami kembali kondisi era sebelumnya. Sebagian orang merindukan masa Kebangunan yang pernah terjadi, seperti di Welsh tahun 1904; atau Kebangunan Metodisme dari abad delapan belas; dan bahkan era Puritan akhir-akhir ini banyak disukai orang. Tetapi barangkali pilihan paling populer adalah masa Perjanjian Baru. Orang mengandaikan bahwa jika kita dapat kembali ke masa-masa itu, segalanya akan baik. Orang lupa, tentunya, bahwa Gereja masa Perjanjian Baru pun memiliki masalah juga. Ada berbagai tekanan luar dari orang Yahudi dan bukan Yahudi yang bereaksi dengan sikap bermusuhan kepada pesan injil, dan juga terjadi pertikaian dalam Gereja.

Bila kita berpaling ke surat-surat Paulus kepada jemaat Korintus, kita temukan sebuah gereja dengan berbagai masalah yang mengancam menghancurkan kehidupan dan pelayanannya. Tidak ada gereja yang Paulus dirikan yang punya lebih banyak masalah ketimbang gereja Korintus itu, tetapi kita patut bersyukur kepada Tuhan bahwa akibat dari kesukaran-kesukaran mereka, kita memiliki dua surat yang menakjubkan. Termasuk di dalamnya paparan tak tertandingi tentang kasih dalam 1 Korintus 13, dan dalam 1 Korintus 15 kita memiliki catatan terawal dalam Perjanjian Baru tentang penampakan kebangkitan Tuhan.

Masalah-masalah tersebut pastinya parah. Gereja terbagi secara mendalam, dengan klik-klik orang mengikuti pemimpin yang berbeda. Mereka memiliki immoralitas dari jenis paling buruk -- seorang laki-laki hidup dalam dosa dengan ibunya (kemungkinan adalah ibu tirinya), suatu praktik yang bahkan akan disalahkan oleh orang yang tidak kenal Tuhan. Sebagian dari mereka bermabuk-mabukan di meja perjamuan Tuhan. Yang lainnya mempraktikkan bentuk feminisme agresif. Lebih lanjut, mereka telah salah mengerti doktrin Kristen dasar. Orang bisa tergoda untuk membuang saja gereja semacam itu, tetapi Paulus tidak. Ia menulis kepada mereka dan mengunjungi mereka dalam harapan bahwa mereka akan menyadari kesalahan mereka dan kembali kepada cara hidup yang lebih baik.

Kota Korintus

Pemeriksaan tentang tempat gereja itu berada menolong kita mengerti mengapa ia menghadapi kesukaran sedemikian besar.

Kota Korintus adalah tanah genting sempit yang menghubungkan dataran utama Yunani ke Peloponnese (semenanjung sebelah selatan Yunani). Tanah genting itu menjadi tujuan penting untuk para pedagang yang berharap menghindari rute selatan yang berbahaya antara pesisir selatan Akhaia dan Kreta. Muatan dari kendaraan besar diangkut melalui tanah genting tersebut dan ditempatkan di kapal lain yang melanjutkan pelayaran. Perahu lebih kecil akan ditarik ke darat dengan penggelinding dan kemudian dilepaskan untuk pelayaran tahap berikutnya.

Korintus sendiri terletak tiga kilometer dari laut tetapi memiliki pelabuhannya sendiri, Lekhaeum. Sebuah tembok ganda kota merentang sepanjang jalan dari kota ke pelabuhan itu. Tepat di luar Korintus terletak Gunung Akrokorintus, yang tingginya 700 meter, dengan pemandangan Atena sekitar 60 kilometer dari situ. Korintus dan Atena seperti Edinburgh dan Glasgow masa kini. Atena adalah kota universitas di mana para filsuf tinggal dan perayaan seni diadakan, dan Korintus adalah pelabuhan yang sibuk. Persaingan antara keduanya tinggi sekali.

Kota pertama

Para arkeolog telah menemukan banyak hal dalam Korintus, khususnya karena gempa bumi tahun 1858, yang menimbun sebagian reruntuhannya. Mereka menemukan kursi pengadilan di mana Paulus diadili dan sebuah sinagoge Yahudi. Semua bukti petunjuk cocok dengan catatan Lukas dalam Kitab Kisah Para Rasul. Dalam zaman modern sebuah jurang yang dalam dikenal sebagai Kanal Korintus telah digali melintasi tanah genting itu, sehingga para perantau melalui laut dapat melalui jalan pintas tersebut. Nero telah berusaha menggali sebuah kanal pada masa hidup Paulus tetapi gagal. Kota pertama dihancurkan oleh orang Romawi pada tahun 146 SM dan dibangun serta dihuni kembali pada tahun 44 SM oleh Yulius Kaisar. Sejak tahun 26 SM kota itu adalah ibukota dari propinsi senatorial Akhaia. Ia memiliki penduduk kosmopolitan termasuk orang Yahudi, yang membangun sinagoge mereka, dan orang Yunani yang memengaruhi arsitektur dan pandangan filosofis. Tetapi ia dibangun atas hukum Romawi dan sebagian besar mempraktikkan agama Roma. Tidak ada aristokrasi yang tetap, maka pembedaan kelas apa pun murni terjadi melalui kekayaan yang dicipta oleh pasar dan pelabuhan. Dengan sangat cepat immoralitas dari kota terdahulu kembali lagi, dengan keangkuhan yang datang melalui kekayaan dan kesombongan intelektual.

Kota kedua

Kota yang Paulus kunjungi sangat kaya dan luar biasa kafir. Penduduknya menyembah dewa Yunani dan Romawi, termasuk Poseidon, dewa laut, dan Afrodit dewi cinta. Kuil besar Afrodit menampung 2,000 imam perempuan yang praktis adalah pelacur bakti, sebab penyembahan di sana melibatkan persetubuhan dengan para imam perempuan itu. Bahkan istilah 'ber-Korintus' menjadi kata kerja dalam bahasa Yunani, yang berarti 'melakukan pelanggaran seks.' Maka latarbelakang ini menjelaskan sebagian alasan Paulus perlu berkonsentrasi pada soal hubungan laki-laki-perempuan dalam surat Korintus.

Gereja

Konteks sosial

Kota tersebut kebanyakannya dihuni oleh orang-orang yang telah dibebaskan -- yaitu para mantan budak yang entah membeli kebebasannya atau mendapatkan kebebasan itu dengan beberapa cara. Karena itu, Paulus menulis komentar dalam surat pertamanya bahwa tidak banyak anggota gereja itu yang merupakan orang terpandang dari lahir. Mereka adalah orang sangat biasa, tetapi pada saat yang sama mereka cukup kaya, hasil dari kerja mereka meniti tangga sosial. Ini mungkin menjelaskan adanya kecenderungan pemimpin gereja yang satu melebihi yang lain -- mereka yang bekerja keras menjadi kaya biasanya sanggup untuk memilih, dan mereka suka memiliki cara mereka sendiri bila menyangkut kebijakan gereja.

Konteks moral

Dalam 1 Korintus 6:9–10 Paulus mendaftarkan jenis dosa yang menjadi bagian dari cara kehidupan orang percaya Korintus tadinya. Mereka pernah 'immoral secara seksual... penyembah berhala... pezinah... pelacur laki-laki... pencuri.. . serakah.. pemabuk... penghujat... penipu.' Jelas bahwa perilaku demikian adalah khas orang Korintus. Dan di antara para anggota gereja beberapa dari praktik itu masih merupakan masalah.

Konteks spiritual

Penyembahan berhala adalah bagian dari kebudayaan Korintus. Tetapi pada saat sama, gereja sendiri memperlihatkan bukti adanya pekerjaan Roh Kudus. Para anggotanya telah dibaptis dalam Roh dan memperlihatkan banyak karunia Roh dalam penyembahan mereka.

Pengaruh budaya

Dua perang paling besar untuk perhatian gereja mana saja adalah bagaimana memelihara gereja dalam dunia (yi.

Penginjilan) dan bagaimana menjaga agar dunia di luar gereja (yi. Kekudusan). Kebanyakan masalah pastoral dapat ditaruh di bawah salah satu dari dua hal tadi, dan ini khususnya benar pada gereja di Korintus. Secara khusus, ada beberapa latarbelakang masalah yang memengaruhi orang percaya di sana.

Moralitas kafir

Korintus adalah pelabuhan khas apabila menyangkut soal kelonggaran seksual. Boleh dikata apa saja dapat diterima di Korintus, dan jelas bahwa gereja di sana pun tidak kebal terhadap pengaruh pelabuhan tentang hal itu.

Hukum Roma

Meski letaknya di Yunani, kota itu menerima banyak pengaruh Romawi. Secara khusus, ia menikmati hukum dan aturan Romawi. Dalam dirinya sendiri ini bukan hal buruk -- Paulus sendiri memakai hak istimewa sebagai warga negara Romawi sepanjang pelayanannya. Tetapi gereja di sana telah membawa hal itu terlalu jauh. Mereka saling memperkara sesamanya ke pengadilan ketimbang membereskan perkara itu secara baik-baik, dan Paulus merasa perlu menyoroti isu tersebut.

Filsafat Yunani

Filsafat Yunani merupakan latarbelakang dari cara pandang orang Korintus, dan ini menjelaskan banyak dari masalah mereka. Bahkan, karena peradaban Barat didasari atas pemikiran Yunani, ini pun menjelaskan banyak tentang kehidupan dan praktik gereja masa kini, maka ada baiknya untuk kita mempertimbangkan ini secara cukup terinci.

Kata 'demokrasi,' sebagai contoh, asalnya adalah dari Yunani. Demokrasi adalah ide politik Yunani. Meski tidak ada demokrasi dalam Alkitab, banyak orang Kristen mengandaikan bahwa ini harus memerintah kehidupan gereja. Contoh lainnya, olah raga adalah hal penting untuk orang Yunani, tetapi terlepas dari beberapa ilustrasi dalam surat Paulus, tidak ada pembahasan tentang olah raga dalam Alkitab. Tetapi olah raga adalah agama kaum laki-laki di negara ini, dan ini kerap mendominasi kehidupan orang Kristen.

Tubuh dan jiwa

Namun demikian, aspek terburuk pemikiran Yunani adalah pemisahan jasmani dan rohani. Untuk orang Yunani tubuh dan jiwa adalah dua hal terpisah, dan ini kerap lazim dalam pemikiran Kristen juga. Dalam pemikiran Ibrani 'jiwa' adalah tubuh yang bernafas. Tanda pertolongan 'SOS' (*save our souls,* selamatkan jiwa kami) sesungguhnya berasal dari pemikiran Ibrani -- sejatinya ini berarti 'selamatkan tubuh kami,' meskipun kata yang digunakan adalah 'jiwa.'

Orang Yunani percaya bahwa tubuh bukan bagian yang tidak terpisahkan dari jiwa. Mereka menganggap bahwa apabila tubuh hancur pada saat kematian, jiwa dibebaskan. Mereka bicara tentang jiwa yang abadi dalam tubuh yang fana, karena percaya bahwa hanya apa yang terjadi kepada jiwa yang penting.

Dalam hal ini pemikiran Kristen adalah lawan langsung dari pemikiran Yunani. Dalam pandangan Ibrani tentang keberadaan, kita memiliki jiwa yang fana dan kita membutuhkan tubuh yang abadi. Tubuh sangat penting. Maka orang Kristen harus memihak pemikiran Ibrani sebagaimana diuraikan dalam Perjanjian Lama, dengan menolak kepercayaan Yunani tentang keabadian jiwa, dan bersama orang Yahudi percaya akan kebangkitan tubuh.

Perbedaan dalam dua kepercayaan ini menjelaskan mengapa jemaat Korintus bergumul untuk menangkap apa perilaku yang dapat diterima untuk seorang Kristen. Orang Yunani melakukan salah satu dari tiga kemungkinan berikut dengan tubuh mereka: entah mereka memanjakannya, mengingat apa yang dilakukan kepada tubuh tidak memengaruhi jiwa; atau mereka mengabaikan tubuh dan berusaha menghidupi kehidupan bertarak, bebas dari keinginan jasmani; atau mereka akan memujanya, membuat patung dari tubuh yang sempurna. Oleh karena alasan inilah olahraga mereka dilangsungkan dengan telanjang. Maka Paulus harus mengingatkan orang Kristen Korintus bahwa tubuh mereka adalah bait dari Roh Kudus. Apa yang kita lakukan dengan tubuh kita memengaruhi kehidupan rohani kita, dan jika mereka mendatangi pelacur, akibatnya mereka mempersatukan Kristus kepada pelacur itu, sebab tubuh mereka sesungguhnya adalah anggota dari Kristus.

Sikap tidak tepat terhadap tubuh ini juga menjadi sebab dari banyak masalah masa kini, sebab banyak kaum injili yang pada hakikatnya berpemikiran Yunani. Banyak yang tidak bersedia menerima kegunaan tubuh dalam penyembahan, karena percaya bahwa penyembahan harus bersifat batiniah. Maka memakai tubuh -- misalnya dengan mengangkat tangan -- dianggap tidak pada tempatnya, bahkan meski praktik semacam itu dianjurkan dalam Alkitab. Satu-satunya anggota tubuh yang diharapkan untuk dipakai adalah mulut, kendati fakta bahwa Kitab

Roma memberitahu kita untuk mempersembahkan tubuh kita (sepenuhnya) sebagai persembahan yang hidup.

Surat menyurat

Paulus sebenarnya menulis empat pucuk surat kepada gereja Korintus, meski kini kita hanya memiliki dua dari antaranya. 1 Korintus sesungguhnya adalah suratnya kedua kepada gereja itu dan 2 Korintus adalah suratnya yang keempat. Dua yang lainnya barangkali telah hilang, tetapi beberapa penafsir percaya bahwa surat tersebut boleh jadi tercakup dalam 2 Korintus. Yang satu adalah surat tergesa-gesa yang mungkin kemudian Paulus menyesal menuliskannya, dan yang lainnya sepucuk surat yang sangat panas yang menurut Paulus sendiri, sangat keras.

Garis besar singkat tentang gerakan Paulus seperti yang ditemukan di Kisah Para Rasul dan surat-surat Korintus akan menolong kita mengerti bagaimana surat-surat itu sampai dituliskan.

Paulus tiba di Korintus untuk pertama kalinya sendirian, sesudah menghadapi tentangan di Tesalonika, Berea dan Atena. Ia kembali ke usahanya sebelumnya membuat kemah, di satu masa bekerja sama dengan pasangan Yahudi bernama Priskila dan Akwil, yang telah diusir dari Roma, bersama dengan banyak orang Yahudi lainnya, semasa pemerintahan Klaudius. Ia berkhotbah di sinagoge, dan pelayanannya kemudian hari dibantu oleh Timotius dan Silas, yang tiba dengan pemberian uang dari Filipi yang menyanggupkan dia membaktikan lebih banyak waktu untuk berkhotbah. Belakangan ia diusir dari sinagoge, maka ia memindahkan operasinya ke rumah Titius

Yustus. Dalam suatu mimpi Tuhan meyakinkan dia bahwa banyak orang di kota itu akan datang kepada iman, maka ia dikuatkan untuk melanjutkan pekerjaannya. Pemimpin sinagoge yaitu Krispus dan keluarganya adalah di antara mereka yang mengalami perubahan hidup. Pada waktu Paulus meninggalkan Korintus 18 bulan kemudian, sebuah gereja telah didirikan.

Paulus pergi dari Korintus ke Efesus, kemudian ke Yerusalem, lalu kembali ke gereja asalnya di Antiokhia. Ketika kembali ke Efesus ia terganggu karena mengetahui tentang immoralitas seksual yang berlangsung di antara anggota keluarga dalam gereja di Korintus.

Maka ia mengirim surat pertamanya -- yang ditulis tergesa memberitahu mereka untuk membereskan hal tersebut. Tetapi kemudian datang laporan lisan dari keluarga Kloe, mungkin dari Stefanas, Fortunatas dan Akhaiakus, yang mengunjungi Paulus di Efesus. Mereka memberitahu dia bahwa surat pertama ini telah mendapatkan penerimaan yang negatif. Beberapa sarjana mengusulkan bahwa surat ini sesungguhnya adalah 2 Korintus 6-7, sebab kedua pasal ini terdengar seperti pendekatan yang mungkin Paulus telah gunakan. Keluarga Kloe juga membawa surat menanyakan sejumlah masalah tentang karunia rohani dan tentang pernikahan serta perceraian, meski hal itu mengabaikan isu yang menjadi perhatian Paulus. Maka ketika kita baca 1 Korintus kita harus memutuskan apakah tiap bagiannya adalah respons kepada laporan lisan dari isi rumah Kloe itu atau kepada pertanyaan dalam surat mereka.

Paulus mengutus Timotius untuk menyampaikan suratnya kepada jemaat di Korintus, dengan ia sendiri bermaksud menyeberang ke Makedonia sesudah ia meluangkan lebih banyak waktu dengan jemaat Efesus, karena pelayanannya dengan mereka berhasil. Dari situ ia kemudian bekerja ke arah selatan untuk melewati musim dingin di Korintus. Tetapi ia mengubah rencananya ketika menerima laporan dari Timotius yang mengatakan bahwa kendati ia telah menulis surat, jemaat Korintus bahkan lebih buruk lagi. Maka Paulus langsung pergi ke Korintus.

Tetapi kunjungan kedua Paulus merupakan bencana, dan ia harus segera pergi. Kelak ia memaparkan itu sebagai konfrontasi yang menyusahkan hati. Mereka yang menetapkan diri sendiri sebagai pemimpin gereja, yang kerap menyebut diri 'rasul,' tidak ingin Paulus ada di Korintus dan menghina dia.

Maka ia mengirim surat ketiga yang lebih keras dan dengan tangisan yang menuntut bahwa gereja itu harus mengurus pemimpin pengacau itu. Surat itu dipercaya telah hilang, meski mungkin tersirat di 2 Korintus 10-13, karena nada dari bagian surat ini pastinya sesuai dengan keadaan tersebut.

Titus mengumpulkan dana bantuan dari gereja-gereja di Makedonia dan Akhaia, dan ia juga membawa surat bersamanya. Ia berkompetensi dalam memilah masalah, dan agaknya ia sanggup memberikan dukungan lisan kepada permintaan Paulus untuk keteguhan. Sementara itu, Paulus menghadapi masa sukar di Efesus -- kemungkinan kerusuhan yang dirujuk dalam Kisah Para Rasul 19. Ia pergi ke Troas, dengan berharap untuk mendengar kabar baik dari Korintus dari Titus, tetapi ia kecewa mendapatkan bahwa Titus tidak ada di sana. Akhirnya ia bertemu Titus di Makedonia dan disukakan karena mendengar bahwa krisis telah berlalu. Paulus sedemikian bersukacita sampai ia mengirim surat keempat (2 Korintus) bersama Titus. Kunjungan Paulus ketiga dan terakhir ke gereja Korintus adalah kunjungan bahagia.

1 KORINTUS	2 KORINTUS
Isu praktis	Sindiran pribadi
Apa yang ia anggap salah dengan mereka	*Apa yang mereka anggap salah dengan dia*
Para anggota gereja	Para pelayan gereja

1 Korintus – 'isi'

1 Korintus seperti *sandwich*, dengan banyak 'isi.' Dua lapis 'roti'-nya adalah masalah-masalah orang Kristen Korintus menyangkut kepercayaan tentang salib dan kebangkitan. 'Isi'-nya adalah masalah menyangkut perilaku mereka.

Mari pertama kita lihat pada 'isi' tersebut. Paulus pertamanya mengurus laporan yang telah ia terima dari isi rumah Kloe tentang kesalahan yang sedang terjadi, dan keduanya dengan pertanyaan yang muncul dari surat yang dibawa oleh keluarga Kloe. Maka bagian besar dari 1 Korintus ini adalah campuran dari kedua hal itu. Berikut ini adalah masalah yang melanda gereja di Korintus:

1. *Perpecahan.* Terjadi pengelompokan (klik) yang berpusat pada para pemimpin perseorangan. Sebagian orang adalah pengikut Paulus, sebagian Petrus, sebagian Apolos -- mirip pada masa kini, sebagian Kristen memusatkan kesetiaan mereka ke sekitar para pemimpin gereja masa lampau atau masa kini.

2. *Immoralitas*. Terjadi incest (hubungan seksual sesama anggota keluarga) dan pelacuran dalam gereja itu, tanpa pemberlakuan disiplin.
3. *Ke pengadilan*. Anggota gereja saling menuduh sesamanya ke pengadilan ketimbang menyelesaikan perkara yang ada antara mereka sendiri.
4. *Penyembahan berhala*. Sebagian orang Kristen di Korintus mencampur penyembahan kepada Tuhan dengan praktik-praktik kafir.
5. *Laki-laki dan perempuan*. Keyakinan '*feminis*' telah membuat sebagian orang berusaha menghapuskan perbedaan gender.
6. *Makanan yang dipersembahkan kepada berhala*. Mereka bertanya-tanya apakah layak mereka membeli daging di pasar yang telah lebih dulu dipersembahkan kepada berhala.
7. *Perjamuan Tuhan*. Pada masa itu Perjamuan Tuhan dirayakan sebagai makan lengkap, roti dan anggur dikonsumsi sebagai bagian dari makanan lengkap. Tetapi dalam gereja Korintus Perjamuan Tuhan telah diberlakukan salah -- sebagian orang makan berlebihan dan lainnya minum sampai mabuk. Perjamuan kasih yang tadinya dimaksud agar mereka memperingati Yesus telah menjadi sesuatu lelucon.
8. *Karunia-karunia rohani*. Praktik karunia-karunia rohani telah membuat pertemuan gereja itu menjadi kacau. Paulus memberitahu mereka bahwa jika orang tidak percaya mendatangi salah satu pertemuan mereka dan mendengar orang berbicara bahasa lidah bersamaan, mereka akan menyimpulkan bahwa para anggota gereja itu gila.

Ketika mempertimbangkan masalah-masalah gereja di

Korintus, adalah berguna membedakan antara hal yang diangkat dalam surat Paulus dalam suratnya dan yang Paulus angkat dari laporan lisan yang ia dengar. Dalam beberapa kasus pembedaan ini dibuat jelas oleh pilihan kata Paulus: 'Kini mengenai...' Tetapi dalam kasus lain tidak jelas apakah Paulus mengutip orang Korintus atau bicara sendiri. Sebagai contoh, apakah dalam 1 Korintus 7:1 Paulus sungguh berkata bahwa tidak baik untuk seorang menikah, atau ia mengutip pengertian mereka tentang isu tersebut? Dalam 1 Korintus 14:34 ia berkata bahwa perempuan harus berdiam diri, tetapi apakah ini pandangannya atau mereka? Karena alasan ini penting mempelajari konteksnya dan tidak saja teksnya.

Beberapa pertanyaan jelas. Mereka bertanya tentang daging yang telah dipersembahkan kepada berhala sebab kebanyakan daging yang mereka beli sudah terlibat dalam upacara keagamaan kafir. Rumah jagal adalah tempat keagamaan, dan daging yang sebelumnya dipersembahkan kepada berhala dijual di pasar, maka ini membuat masalah untuk nurani orang Kristen. Mereka juga bertanya tentang pernikahan dan perceraian dan tentang karunia-karunia rohani. Paulus bersyukur kepada Tuhan bahwa mereka gereja yang sangat karismatis tetapi memberitahu mereka bahwa mereka juga gereja yang kedagingan. Mereka memiliki semua karunia rohani, tetapi kurang karakter yang diperlukan untuk mengarahkan mereka dengan tepat.

Menerapkan 1 dan 2 Korintus ke kehidupan masa kini penuh dengan masalah. Beberapa orang Kristen berusaha menerapkannya secara harfiah dan legalistik, sebagaimana yang mereka buat dengan bagian Alkitab lainnya. Heran betapa banyak orang Kristen berpikir bahwa Yesus ingin kita memiliki upacara pencucian kaki di gereja semata karena Ia pernah mencuci kaki para murid-Nya. Ini contoh jelas tentang penerapan Alkitab secara legalistik. Yesus mencuci kaki para murid sebab kaki mereka kotor -- sederhana saja! Berjalan di jalan berdebu dengan sandal terbuka membuat kaki mereka panas, lengket, bau dan kotor.

Topi dalam gereja?

Maka mari kita ambil satu isu yang muncul dalam 1 Korintus 11:2–15. Haruskah perempuan memakai topi/kerudung dalam gereja? Banyak orang percaya menekankan bahwa mereka harus, atas dasar pengajaran dalam ayat-ayat ini.

Tetapi dalam keseluruhan nas itu tidak ada apa pun tentang topi -- kata itu bahkan tidak muncul. Kata untuk penutup kepala yang Paulus pakai adalah 'tutup,' dan kata ini hanya muncul sekali dalam keseluruhan pasal itu, dalam konteks yang menjelaskan bagaimana perempuan diberikan rambut panjang ketimbang penutup. Maka tidak ada satu kalimat pun yang bicara bahwa perempuan harus memakai penutup kepala, apalagi topi!

Bagian tersebut sesungguhnya tentang rambut laki-laki lebih pendek daripada rambut perempuan. Secara sederhananya, prinsipnya ialah bahwa orang yang duduk di belakang Anda bisa mengetahui mereka yang di depannya laki-laki atau perempuan. Prinsipnya yang lebih dalam ialah bahwa laki-laki dan perempuan berbeda, sebab pesan sejatinya bukan tentang topi atau tentang rambut, tetapi tentang kepala. Jadi ketika kita melihat pada laki-laki, kita harus berpikir tentang kepalanya tetapi ketika kita melihat ke perempuan kita harus berpikir tentang rambutnya. Ini memberitahu kita perbedaan antara laki-laki dan perempuan serta mengingatkan kita bahwa Tuhan adalah kepala dari Kristus, Kristus adalah kepala dari setiap laki-laki, dan laki-laki adalah kepala dari perempuan. Jadi nas itu beranggapan bahwa laki-laki harus memiliki rambut lebih pendek supaya kepala mereka dapat terlihat dan perempuan harus memiliki rambut lebih panjang supaya kepala mereka dapat tidak terlihat.

Prinsip yang mendasarinya ialah bahwa dalam Kristus kita masih laki-laki dan perempuan -- kita tidak dijadikan tak berjenis kelamin (*neuter*). Kita masih sebagaimana adanya Tuhan menciptakan kita, maka ketika kita menyembah Tuhan kita melakukan itu bukan sekadar sebagai pribadi. Tetapi sebagai laki-laki dan perempuan, yang bersedia menerima sebagaimana Tuhan telah menciptakan kita. Maka *transvestisme* disalahkan dalam Alkitab, sebab ketika laki-laki ingin menjadi perempuan dan perempuan ingin menjadi laki-laki, terjadi pemberontakan terhadap bagaimana Tuhan telah menciptakan kita. Ketika kita menyembah Tuhan sebagai Pencipta, kita datang kepada Dia sebagai makhluk ciptaan-Nya, dan kita perlu mengizinkan perbedaan itu terlihat jelas.

Kebudayaan modern umumnya mengatakan hal yang justru berlawanan. Ia mengajukan peniadaan perbedaan antara laki-laki dan perempuan, dan kepercayaan ini sedang menyelinap masuk ke dalam Gereja. Tetapi laki-laki dan perempuan berbeda *ada*-nya. Kita saling melengkapi, dengan nilai dan martabat serta status setara di hadapan Tuhan, tetapi dengan peran, tanggungjawab dan fungsi berbeda di hadapan Tuhan.

Ada dua cara salah menerapkan pengajaran dalam 1 Korintus 11:2-15 ini:

1. *Menerapkan nas tersebut kepada tubuh, tetapi tidak kepada roh.* Di sini seorang perempuan memakai topi,

tetapi ia 'memakai celana panjang juga.' Saya pernah melihat perempuan yang setia memakai topi di gereja, tampaknya karena ketaatan kepada penafsiran mereka tentang nas ini, tetapi mereka mendominasi para suami mereka, dengan demikian membuktikan bahwa mereka sama sekali tidak menangkap idenya dengan benar! Mereka telah menerapkan nas ini kepada tubuh mereka tetapi tidak kepada roh mereka.

2. *Menerapkan nas ini kepada roh tetapi tidak kepada tubuh.* Sementara orang berkata bahwa sejauh mereka mengakui kekepalaan laki-laki, tidak soal entah mereka mencerminkan ini kepada penampakan luar mereka atau tidak. Tetapi karena tubuh adalah bagian dari diri kita dan kita menyembah Tuhan dengan tubuh kita, posisi ini juga kehilangan maksud dari nas ini. Adalah tepat bahwa perempuan menegaskan diri mereka sebagai perempuan melalui rambut yang mereka kenakan dan cara berpakaian mereka.

Pentingnya kasih (1 Korintus 13)

Tidak saja kekhasan gender merupakan masalah, tetapi jemaat Korintus juga gagal menangkap apa yang Alkitab ajarkan tentang kasih. Kata 'kasih' (Inggris: 'love') tidak memberi kita manfaat di sini, sebab istilah ini mencakup banyak sekali konsep, sehingga kerap kita memiliki masalah sama dalam mengerti kasih dalam zaman kita ini.

Pasal termasyhur tentang kasih ini sesungguhnya adalah bagian dari bagian lebih besar tentang karunia-karunia rohani (pasal 12-14). Pasal 12 adalah tentang karunia-karunia rohani sendiri; pasal 13 adalah tentang karunia rohani kasih; dan pasal 14 adalah tentang cara benar, istimewa -- pelaksanaan karunia-karunia rohani *dengan* kasih. Maka sebenarnya pasal 13 bukan puisi kasih untuk dipakai dalam upacara pernikahan, bagaimana pun itu terkesan tepat!

Dalam Perjanjian Baru ada tiga kata Yunani yang diterjemahkan sebagai 'kasih':

Eros	**Filadelfia**	**Agape**
nafsu	*suka*	*kasih*
ketertarikan	*sayang*	*perhatian*
tubuh	*jiwa*	*roh*
perasaan	*pikiran*	*kehendak*
reaktif	*timbal-balik*	*tanpa syarat*
bergantung	*saling bergantung*	*tidak bergantung*

Eros adalah kata yang dipakai untuk ketertarikan seksual. Terkait erat dengan *eros* tetapi kurang umum adalah *epithumia*, kata kotor yang dipakai untuk jenis hawa nafsu paling buruk. Eros tidak harus merupakan kata buruk, tetapi *epithumia* pasti demikian, karena berarti ketertarikan seksual menyimpang dalam hubungan antar lawan jenis atau sesama jenis kelamin. Eros pada dasarnya adalah soal daging, kasih emosional, kasih yang bergantung. Ia bergantung pada keberlanjutan daya tarik objek yang Anda sukai itu kepada nafsu Anda. Secepat hal itu berhenti, secepat itu hubungannya lalu bermasalah.

Kata *filadelfia* datang dari *philo*, 'mengasihi,' dan *adelphia*, 'saudara.' Kata itu berarti menyukai seseorang. Ini kata tentang rasa sayang ketimbang ketertarikan. Pada dasarnya ini kata tentang kesamaan pikiran. Para sahabat umumnya memiliki selera dan pandangan serupa; mereka memiliki simpati dan empati satu sama lain, dan karenanya tumbuh ikatan sayang. Ini pada hakikatnya soal intelektual, sebagai lawan kepada ikatan emosiomal, dan ini saling bergantung.

Orang Yunani jarang sekali memakai kata *agape* untuk menyatakan kasih, barangkali karena mereka jarang melihat hal itu didemonstrasikan. Ini adalah kasih yang memberikan perhatian kepada manusia. Ia bukan kasih yang tertarik oleh mereka, bukan juga sayang yang timbal balik dan saling bergantung. Karenanya ini terutama adalah tindakan kehendak. Ketika seseorang mengasihi dalam cara ini, ini karena mereka melihat bahwa seseorang membutuhkannya. Karena merupakan tindakan kehendak, ini adalah satu-satunya kasih yang dapat diperintahkan. Tidak mungkin memerintahkan seseorang untuk jatuh cinta atau sayang kepada orang lain, tetapi adalah mungkin memberitahu seseorang untuk mengasihi orang lain dengan kasih *agape*.

Kasih *agape* adalah kasih Tuhan sendiri. Tuhan tidak mengasihi kita karena kita menarik atau layak dikasihi. Alkitab berkata Ia mengasihi kita sebab Ia mengasihi kita. Dalam Perjanjian Lama, kita dapatkan bahwa Tuhan tidak mengasihi orang Yahudi karena mereka bangsa yang besar, tetapi karena Ia mengasihi dan Ia memilih untuk memerhatikan sekelompok budak yang tidak diperhatikan. Ini adalah jenis kasih yang berkorban -- kasih yang bersedia membayar harga apa pun untuk memerhatikan orang lain. Inilah kasih yang Tuhan miliki untuk kita -- sementara kita masih berdosa, Tuhan sudah mengasihi kita.

Alasan mengapa begitu banyak gereja terbagi karena isu-isu karismatis ialah karena kurang adanya kasih *agape*. Jenis kasih ini dapat mendekatkan orang-orang yang mungkin memiliki pandangan sangat berbeda tentang sesuatu. Mereka dapat memilih untuk saling mengasihi kendati adanya titik pandang berbeda.

'Roti' dari *sandwich*

Di awal dan akhir surat 1 Korintus Paulus mengurus dua masalah kepercayaan sangat mendasar.

Penyaliban

Kata salib adalah sesuatu yang mengganggu bagi orang Yunani, sebagian karena mereka menolak anggapan bahwa tubuh memiliki nilai. Maka mereka mengejek ide bahwa tubuh di salib dapat membawa keselamatan rohani. Karena mereka gagal menyadari pentingnya salib inilah menjadi sebab terbesar mereka terbagi ke dalam klik-klik, yang sebenarnya kurang penting. Paulus harus mengingatkan mereka bahwa tidak seorang pemimpin gereja pun yang disalibkan untuk mereka -- hanya Yesus. Jadi mengapa mereka mengikuti pemimpin manusia?

Kebangkitan

Di akhir 1 Korintus Paulus mengurusi soal keraguan mereka tentang kebangkitan. Sebagai orang Yunani, mereka pasti memercayai keabadian jiwa dan tidak akan melihat adanya nilai dalam kebangkitan tubuh. Paulus harus mengoreksi pemikiran mereka dan menolong mereka mencerap masa depan dalam artian jasmani. Sama seperti Yesus memiliki tubuh baru sesudah kebangkitan yang dapat makan ikan bakar dan memasak makan pagi, demikian juga orang Kristen akan memiliki keberadaan jasmani di masa depan. Perkataan Paulus dalam 1 Korintus 15, barangkali ditulis di tahun 56, adalah catatan paling awal tentang para saksi kebangkitan tubuh Yesus.

2 Korintus – surat pribadi

Ini adalah surat Paulus yang paling kurang beraturan, tetapi juga paling pribadi. Surat ini hampir bersifat autobiografi, sebab Paulus bicara sangat eksklusif tentang dirinya dan pelayanannya. Jika 1 Korintus untuk para anggota gereja, 2 Korintus untuk para pemimpin dan pelayan gereja. Jika dalam surat pertama tentang apa pikiran Paulus mengenai jemaat Korintus, surat kedua adalah tentang apa pikiran mereka mengenai Paulus -- dan di situasi itu hubungan mereka dalam keadaan sangat buruk.

Kita dapat membagi sikap mereka ke dalam dua tahap.

Tahap pertama menyangkut para pemimpin lain yang adalah orang baik -- baik Apolos dan Petrus sangat dihormati. Tetapi orang mulai membandingkan yang satu dengan yang lain, maka berkembanglah pengelompokan, sebagaimana telah kita perhatikan di surat pertama.

Dalam tahap kedua mereka memiliki beberapa pemimpin buruk. Para pemimpin datang ke Korintus mengklaim diri sebagai rasul khusus. Mereka mengkritik para pendahulu mereka, membesarkan diri mereka sendiri dan merendahkan Paulus. Kita harus waspada terhadap pemimpin yang berkelakuan seperti itu. Banyak hal yang mereka katakan tentang Paulus tidak benar.

Dalam 2 Korintus Paulus merespons mereka yang mengkritik baik pesan maupun pelayanannya. Kritikan mereka banyak -- itu merupakan pembantaian karakter secara menyeluruh.

- Mereka menuduh dia tidak menentu, perencanaannya selalu berubah.
- Mereka berkata ia pengecut, lebih suka menulis ketimbang datang mengunjungi mereka.

- Mereka berkata ia pemalu waktu berada bersama mereka langsung.
- Mereka mengkritik dia tidak memiliki surat rekomendasi. Menurut 2 Korintus, para rasul palsu itu punya sedangkan ia sama sekali tidak memiliki surat sedemikian. Penilaian tentang pelayanan seseorang pada akhirnya bukan kualifikasi atau latihan akademisnya, tetapi jenis orang yang ia hasilkan.
- Mereka menuduh dia menyimpan rahasia dan kurang terus terang.
- Mereka berkata ia mengambil jarak, renggang, tidak berperasaan dan tidak memberikan perhatian.
- Mereka menuduh dia bukan pembicara yang fasih.
- Mereka mengkritik dia sebab ia tidak memungut biaya. Di Yunani, hiburan disediakan oleh para filsuf yang berkelana, dan semakin besar bayarannya, semakin besar reputasi si pembicara.

Cukup sekian tentang kritikan. Bagaimana Paulus membela dirinya?

Pembelaan Paulus – (2 Korintus 1–9)

Bagian terdahulu dari surat ini merupakan respons tulus Paulus kepada tuduhan-tuduhan tersebut. Ia tidak membebankan bayaran sebab ia ingin orang Korintus menerima injil secara cuma-cuma. Ia berkata bahwa pekerjaan setiap orang akan diuji, maka mereka yang sesudah dia harus berhati-hati bagaimana mereka membangun. Ia menolak tuduhan bahwa ia pemalu, dengan mengingatkan mereka tentang kunjungannya kedua, ketika sikap malu adalah perkecualian padanya.

Semua itu -- pembelaan dirinya sekadar mengalir ke luar. Beberapa dari pernyataan teragung darinya ada dalam surat kedua:

Dalam segala hal kami ditindas, namun tidak terjepit; kami habis akal, namun tidak putus asa; kami dianiaya, namun tidak ditinggalkan sendirian, kami dihempaskan, namun tidak binasa... Dalam hal apapun kami tidak memberi sebab orang tersandung, supaya pelayanan kami jangan sampai dicela. Sebaliknya, dalam segala hal kami menunjukkan, bahwa kami adalah pelayan Allah, yaitu: dalam menahan dengan penuh kesabaran dalam penderitaan, kesesakan dan kesukaran, dalam menanggung dera, dalam penjara dan kerusuhan, dalam berjerih payah, dalam berjaga-jaga dan berpuasa; dalam kemurnian hati, pengetahuan, kesabaran, dan kemurahan hati; dalam Roh Kudus dan kasih yang tidak munafik; dalam pemberitaan kebenaran dan kekuasaan Allah; dengan menggunakan senjata-senjata keadilan untuk menyerang ataupun untuk membela ketika dihormati dan ketika dihina; ketika diumpat atau ketika dipuji; ketika dianggap sebagai penipu, namun dipercayai, sebagai orang yang tidak dikenal, namun terkenal; sebagai orang yang nyaris mati, dan sungguh kami hidup; sebagai orang yang dihajar, namun tidak mati; sebagai orang berdukacita, namun senantiasa bersukacita; sebagai orang miskin, namun memperkaya banyak orang; sebagai orang tak bermilik, sekalipun kami memiliki segala sesuatu.

2 Korintus 4:8–9; 6:3–10

Serangan Paulus (2 Korintus 10–13)

Pasal 10–13 sangat berbeda dari bagian sebelumnya surat ini. Sebaliknya dari membela diri, kini ia menyerang orang lain. Ia memakai ironi dan sarkasme ketika berbicara tentang para rasul palsu yang telah masuk dan mengambil alih.

Nas ini harus dibaca dengan suara kuat jika gairah di dalamnya sungguh ingin dapat dihargai. Mari kita lihat satu nas yang luar biasa keras:

> *Alangkah baiknya, jika kamu sabar terhadap kebodohanku yang kecil itu. Memang kamu sabar terhadap aku! Sebab aku cemburu kepada kamu dengan cemburu ilahi. Karena aku telah mempertunangkan kamu kepada satu laki-laki untuk membawa kamu sebagai perawan suci kepada Kristus. Tetapi aku takut, kalau-kalau pikiran kamu disesatkan dari kesetiaan kamu yang sejati kepada Kristus, sama seperti Hawa diperdayakan oleh ular itu dengan kelicikannya. Sebab kamu sabar saja, jika ada seorang datang memberitakan Yesus yang lain dari pada yang telah kami beritakan, atau memberikan kepada kamu roh yang lain dari pada yang telah kamu terima atau Injil yang lain dari pada yang telah kamu terima. Tetapi menurut pendapatku sedikitpun aku tidak kurang dari pada rasul-rasul yang tak ada taranya itu. Jikalau aku kurang paham dalam hal berkata-kata, tidaklah demikian dalam hal pengetahuan; sebab kami telah menyatakannya kepada kamu pada segala waktu dan di dalam segala hal.*
>
> *Apakah aku berbuat salah, jika aku merendahkan diri untuk meninggikan kamu, karena aku memberitakan Injil Allah kepada kamu dengan cuma-cuma?*

Jemaat-jemaat lain telah kurampok dengan menerima tunjangan dari mereka, supaya aku dapat melayani kamu! Dan ketika aku dalam kekurangan di tengah-tengah kamu, aku tidak menyusahkan seorangpun, sebab apa yang kurang padaku, dicukupkan oleh saudara-saudara yang datang dari Makedonia. Dalam segala hal aku menjaga diriku, supaya jangan menjadi beban bagi kamu, dan aku akan tetap berbuat demikian. Demi kebenaran Kristus di dalam diriku, aku tegaskan, bahwa kemegahanku itu tidak akan dirintangi oleh siapapun di daerah-daerah Akhaya. Mengapa tidak? Apakah karena aku tidak mengasihi kamu? Allah mengetahuinya. Tetapi apa yang kulakukan, akan tetap kulakukan untuk mencegah mereka yang mencari kesempatan guna menyatakan, bahwa mereka sama dengan kami dalam hal yang dapat dimegahkan.

Sebab orang-orang itu adalah rasul-rasul palsu, pekerja-pekerja curang, yang menyamar sebagai rasul-rasul Kristus. Hal itu tidak usah mengherankan, sebab Iblispun menyamar sebagai malaikat Terang. Jadi bukanlah suatu hal yang ganjil, jika pelayan-pelayannya menyamar sebagai pelayan-pelayan kebenaran. Kesudahan mereka akan setimpal dengan perbuatan mereka.

Kuulangi lagi: jangan hendaknya ada orang yang menganggap aku bodoh. Dan jika kamu juga menganggap demikian, terimalah aku sebagai orang bodoh supaya akupun boleh bermegah sedikit. Apa yang aku katakan, aku mengatakannya bukan sebagai seorang yang berkata menurut firman Tuhan, melainkan sebagai seorang bodoh yang berkeyakinan, bahwa ia boleh bermegah. Karena banyak orang yang bermegah secara duniawi, aku mau bermegah juga. Sebab kamu suka sabar terhadap orang bodoh, karena kamu begitu bijaksana: karena kamu sabar, jika orang memperhambakan kamu, jika orang menghisap kamu, jika orang menguasai kamu, jika orang berlaku angkuh terhadap kamu, jika orang menampar kamu. Dengan sangat malu aku harus mengakui, bahwa dalam hal semacam itu kami terlalu lemah.

Tetapi jika orang-orang lain berani membanggakan sesuatu, maka akupun--aku berkata dalam kebodohan--berani juga! Apakah mereka orang Ibrani? Aku juga orang Ibrani! Apakah mereka orang Israel? Aku juga orang Israel. Apakah mereka keturunan Abraham? Aku juga keturunan Abraham! Apakah mereka pelayan Kristus? --aku berkata seperti orang gila--aku lebih lagi! Aku lebih banyak berjerih lelah; lebih sering di dalam penjara; didera di luar batas; kerap kali dalam bahaya maut. Lima kali aku disesah orang Yahudi, setiap kali empat puluh kurang satu pukulan, tiga kali aku didera, satu kali aku dilempari dengan batu, tiga kali mengalami karam kapal, sehari semalam aku terkatung-katung di tengah laut. Dalam perjalananku aku sering diancam bahaya banjir dan bahaya penyamun, bahaya dari pihak orang-orang Yahudi dan dari pihak orang-orang bukan Yahudi; bahaya di kota, bahaya di padang gurun, bahaya di tengah laut, dan bahaya dari pihak saudara-saudara palsu. Aku banyak berjerih lelah dan bekerja berat; kerap kali aku tidak tidur; aku lapar dan dahaga; kerap kali aku berpuasa, kedinginan dan tanpa pakaian, dan, dengan tidak menyebut banyak hal lain lagi, urusanku sehari-hari, yaitu untuk memelihara semua jemaat-jemaat. Jika ada orang merasa lemah, tidakkah aku turut merasa lemah? Jika ada orang tersandung, tidakkah hatiku hancur oleh dukacita?

Jika aku harus bermegah, maka aku akan bermegah atas kelemahanku. Allah, yaitu Bapa dari Yesus, Tuhan kita, yang terpuji sampai selama-lamanya, tahu, bahwa aku tidak berdusta.

2 Korintus 11:1–31

Paulus percaya bahwa pembelaan sedemikan diperlukan, bukan karena ia memikirkan reputasinya tetapi karena ia memikirkan reputasi injil. Ia cemburu untuk jemaat di Korintus; ia tidak ingin mereka menjauh dari kebenaran. Ia takut bahwa jika mereka memercayai para guru palsu, mereka mungkin akan ditipu dan disimpangkan dari kebenaran yang ada dalam Yesus.

Pada masa kini tidak ada lagi rasul seperti kerasulan Paulus, maka kita mungkin berpikir bahwa nas ini kurang relevan bagi kita. Tetapi ada kesejajarannya masa kini, sebab para hamba Tuhan masih diserang sebagaimana yang Paulus alami. Entah mereka pastor, penginjil atau nabi. Mereka perlu memerhatikan pentingnya berdiri teguh atas injil, dan seperti Paulus mereka harus berusaha memastikan motivasi mereka tepat.

Mengatasi kelaparan (2 Korintus 8–9)

Akhirnya, kita harus memerhatikan bahwa pasal bagian tengah 2 Korintus mengurus soal berbeda. Paulus memiliki kepedulian tentang bagaimana mengatasi kelaparan, dan barangkali ia berpikir bahwa dengan mengarahkan pemikiran mereka ke memerhatikan orang lain boleh jadi dapat menolong mereka menempatkan masalah mereka pada perspektif yang tepat. Maka dalam pasal 8-9 ia memberikan beberapa pengajaran indah tentang pemberian Kristen, sambil mendorong jemaat Korintus untuk mengalami berkat Tuhan sambil mereka memberi dengan murah hati kepada orang lain. Bagian ini suatu tulisan sangat indah, yang menyingkapkan hati gembala sang rasul dan kekuatan keyakinannya tentang penggunaan uang secara tepat.

Kesimpulan

Maka, kendati fakta bahwa jemaat Korintus adalah gereja yang paling menyulitkan Paulus, kedua surat ini kaya dalam ajaran untuk Gereja masa kini. Mereka memberi kita pengajaran praktis tentang bagaimana hidup dalam lingkungan yang bermusuhan dan bagaimana gereja harus mendisiplin anggotanya serta mengatur kegiatannya. Mereka juga memberi kita wawasan langka tentang bagaimana rasul Paulus mengatasi tentangan, dan karena itu mereka menyediakan suatu model istimewa untuk diikuti oleh para hamba Tuhan, di mana pun mereka melayani dan siapa pun penentang mereka.

46. GALATIA

Pendahuluan

Surat Paulus kepada jemaat Galatia cenderung membagi manusia ke dalam dua kelompok: mereka yang berpikir tinggi tentangnya dan mereka yang tidak demikian.

Sementara orang Kristen yang berpengaruh di masa lampau telah sangat positif tentang Galatia. Luther berkata ini adalah buku terbaik dalam Alkitab. Ia berkata, 'Ini adalah surat kiriman kesukaan saya, saya menikah kepadanya.' John Bunyan, pengarang *Pllgrim's Progress* (Perjalanan seorang Musafir, berkata 'Saya lebih mengutamakan tafsiran Luther tentang surat Galatia, disamping Kitab Suci, sebelum semua buku yang pernah saya lihat untuk hati nurani saya yang terluka.' Jelas, Surat Galatia berdampak dalam pada Bunyan. Surat ini memiliki pengaruh mendalam pada sejarah Kristen, dan banyak orang Kristen mencintainya.

Namun demikian, sementara orang sangat tidak menyukai Surat Galatia. Ia telah dijuluki 'surat kiriman penyaliban' dan 'rimba belukar.' Sebagian lagi mengatakan bahwa setiap kalimatnya mengandung halilintar.' Berikut adalah lima alasan mengapa mereka sangat tidak menyukainya:

'Surat ini terlalu emosional'

Ini adalah surat yang sangat bertegangan tinggi. Ia ditulis dalam bara panas, barangkali atas papirus asbes! Dalamnya penuh dengan emosi, dan ini membuat sebagian orang menjadi tidak nyaman. Banyak orang, khususnya di Inggris, telah berupaya menjauhkan emosi dari agama, tetapi ketika mereka membaca surat Galatia mereka mendapatkan seorang yang menyala-nyala dengan amarah, dan ini mengganggu mereka.

'Surat ini terlalu pribadi'

Sebagian orang beranggapan bahwa Surat Galatia ini terlalu pribadi. Pastinya, Paulus memasukkan dirinya ke dalam surat ini lebih banyak ketimbang dalam suratnya yang lain. Ia bicara tentang kendala jasmani di satu kesempatan, sambil memohon para pembacanya berdasarkan kelemahannya itu. Ia menyebutkan perbantahannya di hadapan publik terhadap rasul Petrus, di mana ia harus berdiri menentang Petrus di hadapan seluruh jemaat dan memberitahu bahwa Petrus salah -- suatu peringatan bahwa bahkan dalam Gereja perdana para rasul memiliki perbedaan di hadapan umum. Kadang kita terlalu berusaha untuk bersetuju ketimbang berbeda, terlalu cemas menghindari konfrontasi. Ketika kebenaran dipertaruhkan, bahkan Petrus dan Paulus bersedia untuk saling berhadapan dan bertengkar demi kebenaran.

'Ia terlalu intelektual'

Dalam Surat Galatia, Paulus memakai latarbelakang dan pendidikan kerabiannya untuk mendukung anggapan yang ia ajukan, dan itu merupakan argumen intelektual yang sangat ketat. Tidak satupun terjemahan yang pernah saya baca yang sungguh dapat mengangkat benang argumennya, maka saya akui saya harus menerjemahkannya sendiri (terjemahan itu ada di akhir pasal ini). Argumennya cukup halus dan ada beberapa pokok sangat bagus di dalamnya, yang menuntut pemikiran cukup keras. Jangan biarkan ini menghalangi Anda. Kita harus mengasihi Tuhan dengan segenap akal budi kita. Satu komentar sangat sering saya terima sesudah berkhotbah adalah semacam teguran halus yang berkata, 'Wah, Anda memberi kami sesuatu untuk dipikirkan hari ini.' Itu diucapkan dengan nada 'Saya tidak datang ke gereja untuk berpikir, tahu!' Saya tidak meminta maaf karena telah membuat Anda berpikir keras, dan Paulus pun membuat Anda berpikir keras juga. Kita perlu mempelajari Surat Galatia dengan sangat teliti dan membacanya berulang-ulang untuk mengerti apa yang Paulus katakan.

'Surat ini terlalu spiritual'

Surat Galatia menguliti lapis-lapis menghantam kepada keangkuhan individual. Jika Anda memiliki sisa kesombongan, maka jangan baca Surat Galatia, sebab Anda tidak akan memilikinya lagi sesudah usai membaca surat ini. Surat ini sungguh masuk ke akar masalah, bahkan melampaui itu --

'Surat ini terlalu kontroversial.'

Di atas semuanya, orang mendapatkan Surat Galatia terlalu argumentatif. Suasana hati modern menginginkan kita tidak berargumentasi tentang agama. Kita tidak ingin bertengkar, tetapi untuk merasa nyaman satu sama lain. Surat Galatia bukan surat untuk hal semacam itu. Paulus berargumentasi dengan orang Kristen lain, bukan dengan orang tidak percaya, dan pesannya dalam surat ini pada gilirnya telah menyebabkan banyak argumen.

Argumen bisa jadi baik. Jika Luther tidak bersedia terlibat dalam argumen, Reformasi tidak pernah terjadi. Maka argumen telah memberi kita manfaat besar. Alasan mengapa hal ini tidak populer kini ialah kita takut bahwa perbedaan menghasilkan perpecahan. Dua kebajikan yang masa kini diutamakan adalah toleransi dan kelicinan, meski tidak satu pun merupakan kebajikan dalam Alkitab. Yesus tidak toleran atau licin.

Apakah keengganan untuk menghadapi perbedaan ini hal yang baik atau buruk? Saya percaya ini bergantung pada apakah isunya utama atau sekunder. Masalahnya ialah kita cenderung cepat panas tentang isu-isu sekunder sampai kita tidak sungguh mengkonfrontasi orang tentang hal primer. Apakah penting soal kita memakai anggur beralkohol atau tidak beralkohol untuk Perjamuan Tuhan? Namun orang marah tentang hal ini.

Ambil contoh isu Sabat. Saya tidak percaya bahwa ini merupakan isu yang harus terlalu dipersoalkan oleh orang Kristen. Paulus berkata bahwa setiap orang harus diyakinkan penuh dalam pertimbangannya. Jika orang ingin menganggap Hari Minggu sebagai istimewa, itu adalah hak istimewanya. Jika yang lain ingin menganggap setiap hari sebagai hari Tuhan, itu pun hak istimewanya. Kita tidak memiliki hak untuk memaksakan hari Minggu pada setiap orang percaya, apalagi pada orang tidak percaya.

Tetapi ketika kita datang kepada Surat Galatia, kita menangani beberapa isu paling besar dari semua lainnya. Ada isu-isu fundamental yang berpengaruh pada keberadaan injil Kristen, maka, saya takut bahwa pertikaian perlu terjadi. Banyak dari pertikaian terbesar yang orang

Kristen hadapi ada dalam gereja, bukan di luarnya. Itu menyakitkan. Siapa yang suka satu keluarga yang bertikai? Apabila si iblis menyerang Gereja dari luar, Gereja menjadi lebih kuat dan lebih besar. Serangannya jauh lebih berhasil bila datang dari dalam, dan satu cara paling cepat adalah menyimpangkan atau merusakkan atau mengikis injil. Jika ia dapat melakukan itu, ia tahu ia telah menghancurkan Gereja dari dalam.

Di Galatia kita melihat dua orang yang berpengaruh, Petrus dan Paulus, terlibat dalam konfrontasi publik tentang isu fundamental. Saya percaya bahwa Tuhan telah memberikan kepada orang Kristen tanggungjawab untuk berjuang bagi dan melindungi doktrin yang Gereja ajarkan, dan adalah tragedi bahwa kita tidak memiliki orang yang berkeyakinan kuat yang bersedia berjuang membela injil. Ada banyak perempuan yang ingin dan yang berusaha untuk itu, tetapi saya percaya bahwa kurang kaum laki-laki yang bersedia mengangkat kepala mereka dan menantang kesalahan ketika mereka mendengar atau melihatnya.

Petrus dan Paulus sungguh bertikai. Petrus di pihak salah dan Paulus di pihak benar, dan Alkitab dengan jujur membagikan itu kepada kita. Jelas, Tuhan ingin kita tahu tentang konfrontasi tersebut.

Membaca surat-surat Perjanjian Baru

Penting membaca suatu surat Perjanjian Baru sekaligus seluruhnya, khususnya jika surat itu menyoroti satu isu tertentu, seperti halnya dengan Filemon dan Ibrani, sebagai contoh. Hanya dengan cara demikian Anda mendapatkan kesan tentang apa yang penulisnya katakan.

Anda harus ingat bahwa Anda hanya mendengarkan satu sisi percakapan. Itu seumpama mendengarkan di sebuah ruang ketika telepon berdering dan seseorang lain menjawab panggilan itu, dan Anda hanya mendengar apa yang dikatakan orang itu. Dalam situasi itu mudah menangkap ide salah tentang apa yang sang penelepon katakan, sebab Anda hanya mendengarkan dengan menduga-duga. Apabila Anda membaca sebuah surat kiriman, Anda perlu membuat rekonstruksi situasi yang tentangnya itu dituliskan dan Anda membaca di antara dua pihak yang terlibat. Anda harus bertanya sendiri, 'Apa yang terjadi yang memotivasi Paulus menulis surat ini?' Anda akan dapatkan bahwa ini cara menolong mempelajari surat-surat.

Inilah metode yang akan kita pakai ketika mempelajari Surat Galatia. Kita akan menanyakan beberapa pertanyaan penting seperti:

Mengapa ini ditulis?
Pertanyaan apa yang surat ini jawab?
Masalah apa yang surat ini selesaikan?

Mungkin hanya ada satu isu yang dibahas, sebagaimana dengan surat Filemon, atau banyak isu, sebagaimana dalam Surat Korintus, tetapi Anda perlu menanyakan pertanyaan tadi jika arti surat itu boleh menjadi jelas.

Paulus, orang Yahudi yang entusias

Tidak ragu bahwa pengarang Surat Galatia adalah Paulus. Itu mungkin merupakan surat pertama yang ia tulis kepada sebuah gereja. Berdasarkan ukuran apa pun, Paulus adalah salah seorang terbesar yang pernah hidup. Ia dilahirkan di Tarsus yang kini terletak di selatan Turki. Tarsus memiliki universitas Romawi ketiga terpenting sesudah Atena dan Aleksandria. Ia seorang Yahudi, tetapi juga warga negera Romawi dan berbicara bahasa Yunani -- laterbelakang ideal untuk tugas yang Tuhan pikirkan baginya. Tuhan menyiapkan kita untuk pelayanan bahkan sebelum kita dilahirkan, tetapi Ia juga menyiapkan kita melalui pengalaman panjang kita sebelum mengenal Dia. Ia menaruh berbagai hal ke dalam kita yang kelak dapat Ia pakai.

Paulus diajar tentang perdagangan, sebagaimana setiap anak laki-laki Yahudi baik lainnya. Usahanya adalah pembuatan tenda. Namun demikian, dalam masyarakat Yunani, jika Anda bekerja dengan tangan Anda turun lebih rendah pada skala sosial ketimbang mereka yang bekerja dengan otak dan pena -- suatu sikap yang sedihnya kita warisi. Tetapi dalam Alkitab pekerjaan semacam membuat tenda dan menangkap ikan dihargai dengan baik. Paulus berkata, dalam salah satu suratnya kepada jemaat Tesalonika, bahwa orang percaya harus bekerja dengan tangan mereka, sebab ia telah memberi mereka teladan untuk itu. Maka Alkitab menyandangkan martabat kepada pekerjaan manual. Pada akhirnya, Tuhan Yesus sendiri pernah bekerja sebagai tukang kayu.

Demikianlah Paulus bekerja sebagai pembuat tenda, barangkali untuk tentara Romawi, dan kemudian belajar di universitas di Yerusalem di bawah Profesor Gamaliel. Ia menjadi seorang Yahudi fanatik, ultra ortodoks -- 'Ibrani atas semua orang Ibrani,' 'Farisi atas semua Farisi,' seperti sebutannya sendiri. Sikapnya adalah: Jika Anda ingin memelihara hukum Taurat, Anda harus memelihara semuanya. Hanya menaati Sepuluh Perintah tidak cukup. Ia memang mengakui pergumulannya dengan perintah ke sepuluh, 'Jangan menginginkan.' (Menarik bahwa ini adalah perintah yang menyangkut motivasi hati; yang lain mengurusi perilaku lahiriah.) Namun demikian, Paulus percaya bahwa ia telah berhasil memelihata keseluruhan hukum Taurat. Ia tanpa cacat cela. Tidak banyak orang Yahudi dapat berkata demikian.

Ia telah mencapai anggapan bahwa dirinya sangat benar dan menyerang setiap orang yang menyerang Yudaisme, khususnya orang Kristen, yang mengklaim bahwa Yesus adalah Tuhan. Paulus berpikir klaim ini adalah hujatan paling besar. Ia memutuskan untuk menghancurkan iman baru ini dan menyaksikan Stefanus dirajam sampai mati. Tetapi dari saat itu seterusnya ia mulai mengalami gangguan dalam hati nuraninya. Ketika mati Stefanus berkata, 'Aku dapat melihat Yesus di sebelah kanan Tuhan. Ke dalam tangan-Mu aku menyerahkan rohku.' Ini menggerakkan Paulus untuk menyerang iman baru itu semakin gigih, sebab kini ia juga memerangi hati nuraninya sendiri. Akhirnya ia kalah dalam perang itu ketika di jalan menuju Damaskus, ia berjumpa Yesus.

Paulus sang misionaris yang gigih

Orang yang menulis Surat Galatia telah menjadi salah seorang pengikut Yesus yang paling entusias yang pernah ada, seorang penganjur menyala-nyala dari iman yang tadinya ia berusaha untuk menghancurkan. Ia mengenal baik Yudaisme dan Kekristenan luar dalam, dengan beralih dari yang satu ke yang lainnya. Semasa perjalanan misionarisnya ia menanam banyak gereja di seluruh dunia yang dikenal waktu itu, terus menerus merintis pembukaan teritori baru. Ia menyebut itu 'penaklukan demi Kristus.'

Pembaca

Ada dua tempat dalam geografi yang bernama Galatia, dan para sarjana banyak menulis yang mana yang merupakan Galatia tujuan surat. Di tempat yang kini kita sebut Turki terdapat kelompok kota-kota di utara yang disebut Galatia Utara, dan ada kelompok kota-kota di selatan yang disebut Galatia Selatan. Khususnya Galatia Utara yang menarik untuk orang Inggris sebab asalnya itu adalah koloni orang dari Gaul (Perancis), yang berhubungan dengan orang Celtic di Kepulauan Britania. Namun demikian, saya percaya bahwa surat Paulus sesungguhnya ditulis untuk orang Kristen di Galatia Selatan ketimbang Galatia Utara. Galatia Selatan adalah kelompok terdiri dari kota-kota -- Listra, Derbe, Antiokhia dan Ikonium -- yang Paulus pernah kunjungi. Maka dapat dimengerti bahwa ia akan menulis surat seperti ini, sebab ia sendiri yang menanam gereja-gereja di sana dan mempercayakan itu kepada para penatua baru dan kepada sang Kepala Gereja di surga.

Pengajaran alternatif

Sayangnya, yang terjadi pada mereka telah terjadi pada banyak persekutuan baru masa kini. Orang lain datang dan mengambil alih pekerjaan. Kita perlu waspada tentang orang baru yang datang dan berusaha mengambil alih, sebab kerap mereka orang berbahaya, yang membangun kerajaan mereka sendiri dengan mengambil harta milik persekutuan yang telah ditanam oleh orang sebelumnya. Sering kali pemimpin sedemikian memimpin gereja baru atas jalan salah, dan Paulus menghadapi yang demikian di Galatia, orang yang melakukan itu adalah orang percaya Yahudi, yang mengikuti Paulus ke mana pun ia pergi. Mereka merupakan masalah terbesar bagi dia. Mereka berkata kepada orang bukan Yahudi, 'Jangan dengarkan Paulus -- ia hanya memberikan separuh kisahnya. Memang ia telah membawa kalian kepada iman, tetapi ia tidak membawa kalian sepenuhnya ke dalam iman, sebab kalian butuh hukum Taurat Musa di samping Kristus.'

Fokus pada Taurat ini masih bersama kita hari ini. Saya heran betapa sering saya ke gereja-gereja dan melihat Sepuluh Perintah dipajang di dinding. Gereja pertama di Inggris yang saya menjadi pendetanya di tahun 1954 menggantung Sepuluh Hukum di dinding atas kepala saya di mimbar dengan huruf-huruf Gotik cokelat tua! Saya memutuskan bahwa hal pertama yang akan saya lakukan adalah menutupinya, maka saya membeli sekaleng cat dan mencat seluruhnya. Terjadilah protes keras. Beberapa mengeluh tidak ada hal yang dapat dibaca sewaktu khotbah disampaikan! Mereka berkata harus ada sesuatu di sana, maka saya menaruh salib di dinding itu sebagai gantinya.

Ke mana saja Paulus pergi dan membawa injil penuh tentang Kristus, para pemercaya Yahudi ini mengikuti dan berkata, 'Pastilah, ia tidak memberitahu kalian semuanya, dan kini kami akan memberikan kalian seluruh kisahnya.' Persis seperti itu juga yang dikatakan oleh sementara pemimpin masa kini ketika mereka berusaha merebut orang dari persekutuan. Mereka mengklaim bahwa ajaran sang pastor memang baik, tetapi mereka lebih berhikmat.

Kabar buruk

Paulus mendengar kabar sangat buruk tentang gereja-gereja muda yang lahir melalui kerja kerasnya. Pekerjaannya menjadi batal, dan terjadi dua hal.

Penambahan kepada pesan Paulus

Sebagaimana dalam banyak bidat modern, para pemimpin baru menambah kepada injil -- hal tersebut bisa kita sebut sebagai 'injil plus.' Maka banyak sekte dan bidat masa kini menambahkan sesuatu kepada injil, dan biasanya mereka menambah buku lain kepada Alkitab, seperti halnya Mary Baker Eddy dengan *Science and Health*, atau Joseph Smith dengan *Book of Mormon*. Berhati-hatilah tentang siapa pun yang menekankan bahwa Anda butuh buku lain di samping Alkitab Anda, sebab itu adalah argumen 'injil plus' juga. Sesuatu ditambahkan, dan Anda hanya dapat membawa beban terbatas dalam perahu sebelum ia terbalik. Atau dengan memakai perumpamaan lain, pembusukan mulai dari mimbar. Adalah penting untuk kita berwaspada terhadap pengajaran yang buruk.

Serangan pada sang pemberita

Para guru palsu itu tidak hanya menambahkan sesuatu pada injil yang Paulus beritakan, mereka pun menyerang sang pemberita. Mereka mengklaim bahwa Paulus tidak mewartakan injil yang penuh, bahwa ia bukan rasul sejati, bahwa injilnya adalah versi tangan kedua dan ia tidak disahkan oleh Gereja. Dengan merendahkan otoritas Paulus mereka berusaha menegakkan otoritas mereka sendiri.

Apakah isu sebenarnya?

Pada pembacaan pertama surat ini Anda akan berpikir isunya adalah sunat, sebab agaknya ini merupakan hal yang Paulus perhatikan. Muncul pertanyaan: Apakah ia sedang membesar-besarkan isu sepele? Jika orang ingin disunat, tentu itu dapat diterima. Apakah ia dapat dibenarkan dengan memakai kebiasaan sunat orang Yahudi sebagai alasan untuk hal yang ingin ia sampaikan?

Sunat adalah operasi kecil -- pemotongan bagian dari organ reproduktif laki-laki. Ini tidak dilakukan pada kaum perempuan dalam Yudaisme, meski beberapa suku tertentu di Afrika melakukannya. Kebiasaan ini masih berlaku luas dalam dunia Semitik, utamanya untuk alasan kesehatan dalam iklim tersebut. Tetapi untuk orang Yahudi hal itu memiliki makna keagamaan. Itu adalah tanda orang Yahudi. Tentu saja, hanya laki-laki yang disunat, sebab dalam dunia Yahudi kaum laki-laki adalah pewaris, dan janji diturunkan melalui garis laki-laki. Sunat adalah tanda kelayakan untuk mewarisi berkat yang dijanjikan kepada Abraham. Hal itu bahkan difirmankan oleh Tuhan kepada Abraham bahwa jika ada laki-laki Yahudi tidak disunat, ia harus dikeluarkan dari umat Tuhan sebab ia telah melanggar perjanjian. Sebagian dari perjanjian dengan Abraham adalah bahwa setiap keturunan laki-laki harus menyandang tanda ini.

Jadi untuk orang Yahudi sunat sangat penting. Ada beberapa hal yang sangat berarti untuk orang Yahudi: Paskah, makanan kosher, Sabat dan sunat. Apa pun lainnya yang mungkin mereka lakukan atau tidak lakukan -- mereka bisa bersikap bebas atau tidak mempraktikkan tradisi Yahudi -- tetapi, empat hal ini tetap berlaku.

Penting untuk kita menangkap argumen Paulus tentang janji Tuhan kepada Abraham. Dalam Galatia 3 ia beranggapan bahwa janji yang dibuat kepada Abraham, hanya dimaksudkan untuk seorang keturunan laki-laki dari Abraham. Kata yang Tuhan pakai untuk 'benih' dalam bentuk tunggal, maka ketika Tuhan berbicara kepada 'Abraham dan benihnya' Ia tidak memaksudkan itu kepada semua keturunan laki-lakinya, tetapi kepada seorang dari mereka. Paulus berargumen bahwa ketika laki-laki yaitu benih tersebut datang, yaitu Yesus, sunat menjadi kedaluwarsa, sebab kini janji tersebut telah diwarisi. Ia yang kepada-Nya hal itu dijanjikan telah menerima warisan itu, maka tidak ada lagi kepentingan sunat pada siapa pun kini. Maka sunat adalah tanda warisan, dan Yesus memiliki tanda itu. Ia telah disunat dan Ia adalah sang pewaris.

Tentu saja, Paulus sebagai seorang laki-laki Yahudi telah disunat, dan agaknya aneh dalam terang argumen ini bahwa ia sungguh menyunat Timotius, yang datang dari Galatia. Hal ini memang bisa memberi kesan bertentangan, tetapi itu dilakukan karena Timotius akan menyertai Paulus dalam pekerjaan misionarisnya, dan Paulus selalu lebih dulu pergi ke sinagoge dan bekhotbah kepada orang Yahudi. Timotius tidak akan pernah dapat bersama dia ke sinagoge jika belum disunat, maka Paulus melakukan itu murni sebagai tindakan penyesuaian diri demi penginjilan. Sama seperti itu, C. T. Studd dan para misionaris lainnya ke Tiongkok dengan memelihara rambut kuncir, dalam rangka untuk menempatkan diri sejajar dengan bangsa itu. Tetapi Paulus, yang telah menyunat Timotius karena alasan yang sama, kini berkata kepada jemaat di Galatia, 'Betapa beraninya kalian mempertimbangkan itu!' Sunat jelas sangat penting, tetapi di baliknya ada sesuatu yang lain.

Bahasa Paulus yang sangat keras dalam Surat Galatia mengingatkan saya sekali lagi bahwa Alkitab bukan buku untuk anak kecil -- ini buku untuk orang dewasa. (Tragedinya ialah kebanyakan orang berhenti membacanya ketika mereka menjadi dewasa.) Ia berkata, 'Aku berharap mereka yang ingin memotong kulit khatan kalian sendirinya memotong seluruhnya saja sekalian.' Lalu mereka tidak akan dapat lagi menghasilkan keturunan. Bahasa keras benar!

Mengapa ia begitu menentang sunat?

Jawabannya ialah bahwa di balik sunat ada Yudaisme. Yudaisme dapat dengan mudah menjadi agama perbuatan. Itu adalah agama penyelamatan diri sendiri dengan memelihara Perintah Tuhan. Itu adalah tugas mustahil, tetapi begitu banyak orang mengusahakannya. Ini adalah bahaya dari menggantung Sepuluh Hukum di dinding. Hal itu mengkomunikasikan kepada orang bahwa Anda harus hidup berdasarkan hukum-hukum ini supaya benar dengan Tuhan. Orang luar yang masuk langsung diperhadapkan dengan daftar 'Janganlah,' yang memberikan kesan bahwa kita melawan segala sesuatu, bahwa kita negatif, dan bahwa jika Anda mendekat ke Tuhan Ia akan menghentikan Anda mengalami kesukaan.

Yudaisme

Kekristenan berakar dalam Yudaisme, yang pada gilirannya berakar dalam Perjanjian Lama. Tetapi seberapa banyak dari Perjanjian Lama harus masuk ke yang Baru?

Berapa banyak dari 613 hukum yang benar-benar berlaku kepada kita? Itu adalah pertanyaan terbesar yang harus Anda hadapi ketika Anda belajar Perjanjian Lama dan Baru.

Izinkan saya memberikan sebuah contoh. Saya tidak pernah mengajarkan orang Kristen untuk memberikan persepuluhan, sebab itu adalah bagian dari Hukum Musa dan tidak pernah disebutkan dalam Perjanjian Baru dalam hubungan dengan orang percaya bukan Yahudi. Orang Yahudi melakukannya, tetapi tidak ada orang percaya bukan Yahudi yang diajar untuk memberikan persepuluhan. Namun demikian, kita diajarkan untuk *memberi*.

Suatu ketika saya mendengar khotbah seorang muda tentang persepuluhan. Jelas, ia memakai komputernya untuk mencari kata 'Persepuluhan' dan mendapatkan semua referensi Alkitab tentang pokok itu. Ia mengatakan bahwa ada berkat melekat pada persepuluhan, dan ia menyampaikan semua itu. Tuhan berkata dalam Maleakhi, 'Ujilah Aku, apakah Aku tidak akan membukakan tingkap-tingkap surga dan mencurahkan berkat ke atasmu.' Ia lalu berkata ada juga kutuk terkait dengan persepuluhan. Ia lanjut mengatakan tentang kutukan dalam Perjanjian Lama, bahwa cucu dan buyut kita akan menderita jika kita tidak membawa persepuluhan kita. Saya melihat ke wajah para jemaat dan dapat melihat rona takut bahwa mereka menyebabkan cucu mereka menderita. Tidak heran bahwa persembahan Minggu berikutnya menjadi cukup banyak. Tetapi saya menjadi ngeri. Dalam Perjanjian Baru pemberian dilaksanakan sama sekali atas prinsip yang berbeda. Tuhan menyukai pemberi yang sukarela, yang tidak dengan duka dan paksa. Anda harus memberi sebab Anda *ingin* memberi, bukan karena Anda terpaksa, karena cucu atau cicit Anda akan menderita. Itu termasuk dalam perjanjian yang lama.

Contoh lainnya adalah hukum Sabat. Kita mesti mempertimbangkan apa yang kita lakukan sebelum kita menerapkan hukum perjanjian lama kepada orang Kristen, sebab jika Anda menerapkan sebagiannya Anda harus menerapkan semuanya, dan jika Anda menerapkan berkatnya, Anda harus menerapkan juga kutukannya. Nah, apakah kita siap melakukan itu? Saya tidak. Maka Paulus berkata, 'Jika kamu menerima untuk disunat. Itu seperti membiarkan hidung unta masuk ke dalam tenda, dan tidak lama Anda akan mendapatkan punuk dan seluruh badannya juga. Jika Anda menempuh jalan sunat, karena alasan yang diberikan oleh para guru ini, maka semua 613 hukum lainnya akan mengikuti.'

Itulah sebab Paulus sedemikian cemas. Masalahnya bukan sunat itu sendiri, tetapi caranya ia membuka pintu kepada Yudaisme. Ia telah mencoba Yudaisme, dan ketika mempertimbangkan semua perintah yang telah ia jalani (bukan hanya yang ia rasa suka melakukannya), ia berkata ia mensyukuri Tuhan karena telah dilepaskan dari semua itu. Dalam cara yang sama, jika kita memberitahu orang untuk memelihara Hukum Musa, kita menyerahkan mereka ke neraka, sebab mereka tidak dapat melakukannya.

Penting kita menempatkan orang di bawah anugerah, ketimbang di bawah hukum Taurat. Kita memang berada di bawah hukum, tetapi itu adalah hukum Kristus, bukan Hukum Musa. Hukum Taurat telah kedaluwarsa; ia telah disingkirkan. Tetapi masalah terbesar dalam Gereja hari ini ialah kita memberikan gabungan hukum Kristus dan Hukum Musa kepada orang. Mengapa menurut Anda gereja memiliki jubah, altar, ukupan dan imam? Kita tidak memerlukan itu semua -- mereka termasuk ke dalam Hukum Musa, tetapi mereka merayap masuk kembali.

Sepanjang Kitab Kisah Para Rasul kita melihat pelonggaran keterkaitan antara Yudaisme dan Kekristenan. Stefanus, martir pertama Gereja, dirajam dengan batu karena isu khusus ini. Ketika Filipus membaptiskan sida-sida Etiopia, ia membawa selangkah lebih jauh lagi, dan Petrus diutus Tuhan kepada Kornelius, seorang bukan Yahudi di Kaisarea. Segera para pemercaya Yahudi di Yerusalem menjadi teramat sangat curiga tentang iman baru yang dibawa kepada orang bukan Yahudi ini. Kesan mereka itu tidak cukup Yahudi, dan lalu akhirnya Paulus pergi ke Yerusalem untuk menantang pusat Gereja sendiri, yang telah mengirim para anti-misionaris tersebut yang berkata tidak cukup hanya percaya -- orang harus disunatkan juga. Jadi isu sejatinya bukanlah sunat, tetapi apakah orang bukan Yahudi harus menjadi Yahudi ketika mereka menjadi Kristen.

Keselamatan

Isu sejatinya adalah keselamatan itu sendiri -- pertanyaan tentang bagaimana keselamatan diperoleh. Orang memberikan beberapa jawaban berbeda kepada pertanyaan ini, dan semua diandaikan sebagai Kristen.

Perbuatan saja

Kebanyakan agama dunia mengajarkan keselamatan melalui perbuatan. Anda harus berdoa, Anda mesti berpuasa, Anda perlu memberikan sedekah dan seterusnya, dan kemudian di akhir semua itu, Anda akan menjadi benar dengan Tuhan. Anda menyelamatkan diri Anda dengan usaha Anda sendiri. Agama lakukan-itu-sendiri menarik untuk kebanyakan orang sebab itu menyebabkan mereka sanggup menyombongkan diri, sebab mereka merasa mereka telah mencapai keselamatan. Itu adalah kebenaran diri sendiri, dan itu hal yang Tuhan benci. Ia lebih baik mengurus dosa ketimbang orang yang benar sendiri. Yesus sama sekali tidak dapat bersama dengan orang yang benar sendiri. Ia adalah sahabat orang berdosa, tetapi dengan orang yang benar sendiri, seperti orang Farisi, Ia sama sekali tidak dapat menerima mereka.

Perbuatan plus iman

Kepercayaan tentang perlunya perbuatan adalah hal sangat umum. Saya pernah menjadi pendeta D. L. (Denominasi Lain) di Angkatan Udara Kerajaan Inggris. Ketika sekelompok orang baru tiba pendeta, Anglikan akan mengambil 70 persen dari mereka, lalu pendeta Roma Katolik mengambil semua yang beraksen Irlandia, dan saya sisanya dengan pengikut Baptis, Metodis, Bala Keselamatan, Budhis, Hindu, Muslim, agnostik dan ateis. Menarik sekali bisa menjadi pendeta untuk orang ateis.

Ketika mereka duduk di depan saya, saya akan tanyakan siapa saja yang Metodis, siapa yang Baptis dan seterusnya, dan masing-masing kelompok akan mengangkat tangan mereka. Dengan nada suara yang sama saya tanya lagi siapa saja yang Kristen. Diam total! Kadang kala seorang muda mengangkat tangannya dan tersenyum, tetapi biasanya mereka akan melihat ke sekeliling untuk melihat jika ada yang lainnya yang mengangkat tangan mereka.

'Ayo,' kata saya. 'Anda beritahu saya siapa yang Metodis dan Baptis dan seterusnya. Nah, siapa dari Anda yang Kristen?'

'Tetapi, apa maksud Anda dengan "Kristen," Pendeta?' jawab mereka.

'Menurut kalian apa yang saya maksudkan?' tanya saya lagi.

'Seorang yang memelihara Sepuluh Hukum,' adalah respons yang biasanya diberikan.

'Baik, saya akan terima bahwa seorang Kristen adalah seorang yang memelihara Sepuluh Perintah. Jadi berapa dari kalian yang Kristen di sini?'

Sejenak terjadi ketidakpastian, dan seseorang kemudian akan berkata, 'Tetapi Pendeta, Anda tidak dapat menjalani semuanya!

'Baik, berapa harus dijalani supaya orang menjadi Kristen?'

'Enam dari sepuluh.'

'Baik, saya terima bahwa seorang Kristen adalah yang memelihara enam dari Sepuluh Perintah. Jadi berapa dari kalian yang Kristen di sini?'

Itu menyebabkan diskusi seru tentang apa Kristen sesungguhnya. Anda lihat, perbuatan plus iman menyiratkan bahwa kita menjalani sebanyak mungkin perintah, dan kemudian kita minta Tuhan mengampuni kita atas perintah-perintah yang tidak sanggup kita jalani. Itu adalah pengertian paling umum tentang Kekristenan di negeri kami. Kita boleh menyebut ini sebagai 'Kekristenan-berbuat-baik.'

Iman plus perbuatan

Sebagian orang percaya bahwa Anda mulai dengan iman dan kemudian Anda lanjutkan dengan perbuatan. Sesudah Anda percaya akan Yesus, Anda harus memelihara Hukum Taurat. Inilah yang para penganjur Yudaisme masa Paulus katakan.

Iman semata

Paulus berkata kepada jemaat Galatia, 'Sesudah mulai dalam Roh, akankah kalian melanjutkan dalam daging? Hukum Taurat termasuk ke dalam usaha daging -- itu adalah usaha kalian, itu bukan pekerjaan Roh dalam kalian.' Paulus bertempur untuk menegaskan iman semata, iman dari pertama sampai terakhir, sebagaimana sering ia katakan -- iman dari awal sampai akhir. Ia berkata, 'Aku tidak malu akan injil. Injil adalah kuasa Tuhan yang menyelamatkan setiap orang yang terus menerus percaya,' iman dari pertama sampai ke akhirnya.

Dengan kata lain, kita tidak dapat berkompromi tentang hal ini -- Anda harus terus menerus percaya. Itulah intisarinya. Anda tidak percaya di awal dan kemudian melanjutkan dengan perbuatan. Ada perbedaan besar antara mengatakan bahwa orang perlu terus percaya dan mengatakan kini mereka perlu memelihara Taurat. Yang Paulus perjuangkan adalah kemerdekaan Kristen. Memperkenalkan Taurat di tahap mana pun berarti menaruh orang ke bawah kutukan, sebab satu-satunya tanda-masuk yang Yesus akan terima berdasarkan Taurat adalah 100 persen tanpa gagal. Entah Anda memelihara semua Taurat atau Anda telah melanggar Taurat.

Bahkan sama halnya dengan hukum manusia. Jika saya melanggar lampu merah dan saya dihentikan oleh polisi lalu lintas, dan saya berkata kepadanya, 'Tetapi, pak polisi, saya berhenti di semua lampu merah di sini,' ia akan menjawab, 'saya tidak peduli bahwa Anda berhenti di setiap lampu merah lain -- Anda telah melanggar aturan!' Itulah yang Tuhan katakan. Taurat bukan sehelai kalung dengan mutiara tunggal -- ia seumpama kalung rangkaian mutiara, sesuatu yang lengkap. Jika Anda memutuskannya di mana saja, semua mutiara itu jatuh ke lantai. Anda telah melanggar Taurat, maka tidak penting entah Anda melanggar satu atau semua hukumnya.

Bayangkan tiga orang terdampar di sebuah batu karang ketika pasang datang, dan ada sebuah kanal air tiga meter antara karang dan pantai. Jika orang pertama berhasil melompat sepertiga jarak itu, ia akan tenggelam. Jika orang kedua melompat lebih jauh sampai dua-per-tiga jarak, ia tetap akan tenggelam. Orang ketiga hanya kurang 20 sentimeter, tetapi ia tenggelam juga.

Firman Tuhan berkata, 'Terkutuklah orang yang tidak berlanjut dalam semua hukum ini, yang terus melakukan semuanya.' Inilah kutukan yang di bawahnya Anda berada jika Anda berusaha melakukan perintah-perintah untuk masuk surga dengan kekuatan Anda sendiri. Tetapi injil memiliki jalan kebenaran yang sama sekali berbeda.

Pertanyaan jelas yang muncul ialah, Mengapa Tuhan memberikan Sepuluh Hukum? Mengapa Ia memberi Hukum Musa? Jawabannya ada dalam Surat Galatia ini.

Pertama, Tuhan memberikan Taurat untuk *menghalangi dosa*. Taurat menolong agar kehidupan dapat berlangsung lebih baik. Paling tidak sebagian akan dijalani dan sebagian lain diusahakan.

Kedua, Tuhan memberikan hukum Taurat untuk *membongkar dosa*. Oleh ketajaman Tauratlah kita menyadari betapa jahatnya kita. Dengan kata lain, hanya Taurat yang memberitahu Anda bahwa Anda adalah pendosa. Anda tidak mendapatkan seberapa salah Anda sampai Anda mempelajari Taurat dari Tuhan. Hukum Taurat diberikan untuk mempersiapkan kita bagi Kristus dengan memperlihatkan bahwa kita tidak sanggup memelihara Taurat. Itulah sebab mengkhotbahkan Sepuluh Hukum dapat membawa orang kepada kesadaran tentang dosa, sebab mereka tahu tidak mungkin mereka dapat memeliharanya -- khusus secara yang ditafsirkan oleh Yesus.

Tema kunci

Kemerdekaan adalah tema kunci dalam Surat Galatia. Kerinduan akan kemerdekaan adalah hal yang universal, tetapi pertanyaannya adalah, kemerdekaan dari apa? Pesan Alkitab ialah bahwa Kristus datang untuk memerdekakan kita, untuk mengubah para budak menjadi anak-anak dan pewaris. Maka sama seperti orang Yahudi dibebaskan dari Mesir, kita dibebaskan melalui Kristus dari perbudakan kepada dosa. Tetapi kemerdekaan mudah sekali hilang. Sebagaimana dikatakan oleh Edmund Burke, 'Kesiagaan kekal adalah harga kemerdekaan.' Masalahnya bukan semata mendapatkan kemerdekaan tetapi *memelihara* kemerdekaan. Kemerdekaan dapat hilang.

Gambar berikut memeragakan keseluruhan Surat Galatia. Gambar itu sangat sederhana, tetapi saya perlu menjelaskannya. Saya memperlihatkan tiga konsep kunci dalam Surat Galatia: legalisme, kemerdekaan dan penyalahgunaan kebebasan. Legalisme jelas adalah musuh kemerdekaan, tetapi apa yang tidak selalu orang sadari ialah bahwa penyalahgunaan kebebasan pun demikian. Galatia 1-2 bicara tentang bagaimana kemerdekaan kita dalam Kristus di bawah perkenan Bapa dan dalam cahaya kasih-Nya. Kita ada dalam kemerdekaan dari Roh, dan fondasinya adalah iman akan Anak. Maka Bapa, Anak dan Roh memberikan kita kemerdekaan untuk berdiri di puncak gunung ini.

Gambar itu memperlihatkan bahwa ada dua jalan kita dapat kehilangan kemerdekaan. Yang satu adalah

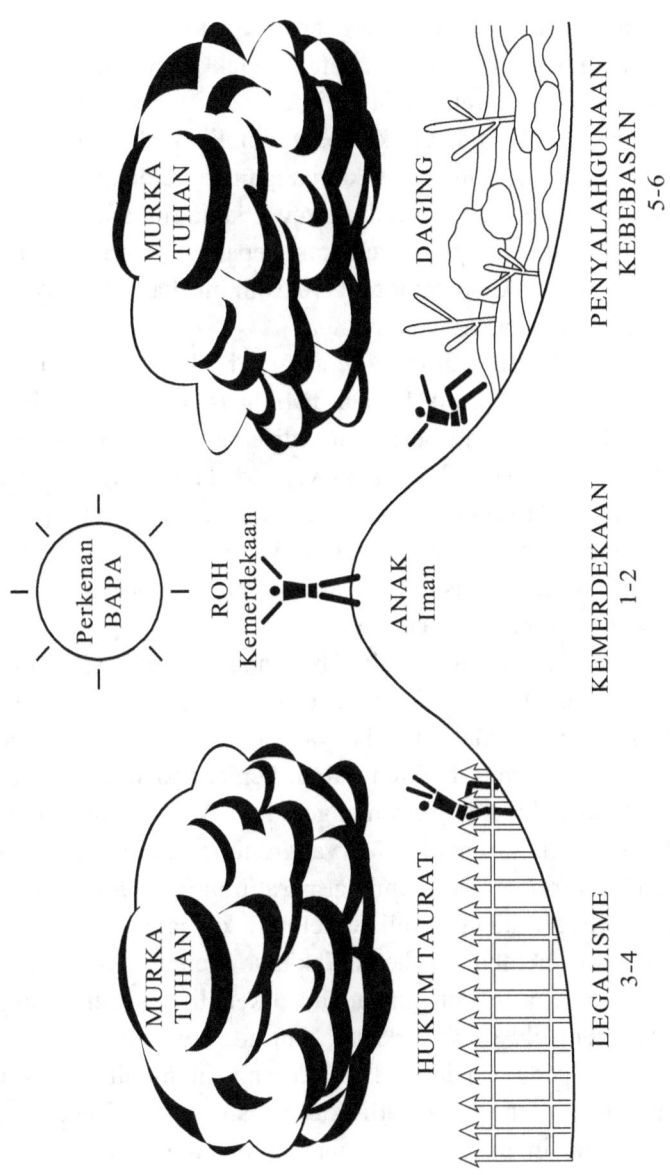

tergelincir balik ke dalam Taurat, digambarkan sebagai kerangkeng. Kita terperangkap di dalamnya -- kita berusaha memanjat ke luar, tetapi tidak dapat, jika Anda kembali ke Taurat, Anda balik kembali ke bawah murka Tuhan, sebab Anda tidak dapat memelihara Taurat. Tetapi ada jalan lain Anda dapat kehilangan kemerdekaan Anda, itulah tergelincir ke dalam rawa kedagingan. Itu pun perbudakan, tetapi perbudakan kepada keinginan Anda sendiri, dan Anda kembali ke bawah murka Tuhan. Anda kehilangan kemerdekaan Anda.

Gambaran sempurna tentang ini adalah meniti tubir *Helvelynn* di Distrik Danau di Inggris. Di kedua sisinya ada dua cekungan besar yang disebut *corries* yaitu dinding batu curam di gunung yang di bawahnya terdapat danau. Pada zaman es terakhir dua bola es besar berputar menciptakan lubang dan tepi yang sangat tajam itu. Matterhorn di Swiss adalah akibat putaran bola es, menyisakan tiga puncak menjulang.

Kemerdekaan adalah tubir sangat sempit yang kita jalani dalam kemedekaan dari Roh. Sangat mudah untuk tergelincir ke salah satu sisinya. Menurut saya bahaya terbesar bagi orang Kristen dalam kemerdekaannya adalah legalisme. Ini mungkin mengejutkan Anda. Penyalahgunaan kebebasan adalah hal yang cukup gamblang, tetapi ketika gereja mulai membuat peraturan dan regulasi ekstra, Anda mudah sekali tergelincir ke dalam legalisme, dan itu membunuh kemerdekaan. Kemerdekaan yang legalistik dapat dengan mudah dikenali -- setiap orangnya memiliki bibir berkerut, dan ada semacam ekspresi tertentu pada wajah mereka. Berusaha memelihara Taurat membuat orang menjadi kaku dan keras. Legalisme membuat iman Kristen menjadi semacam aturan ketimbang hubungan. Orang berpikir mereka Kristen sebab menjalani aturan-aturan -- jangan merokok, jangan berjudi, jangan minum minuman keras, jangan lakukan ini, jangan lakukan itu -- tetapi hubungan dengan Tuhan lenyap.

Kemerdekaan dari Roh bukan melakukan apa yang Anda *inginkan,* dan tidak juga melakukan apa yang orang lain *katakan* kepada Anda. *Hal itu berarti mengizinkan Roh memimpin Anda.* Sebagaimana yang Paulus katakan dalam Surat Galatia, ini bukan kemerdekaan untuk berdosa, ini adalah kemerdekaan untuk *tidak* berbuat dosa. Itulah kemerdekaan sesungguhnya. Tidak ada orang yang tidak percaya yang memiliki kemerdekaan itu -- itu adalah kemerdekaan yang Tuhan inginkan untuk kita. Tetapi begitu mudahnya untuk berusaha menghentikan orang berdosa dengan menaruh mereka di bawah Taurat, dan demikian itulah sebagian gereja beroperasi. Mereka berusaha menjaga para anggota mereka dari melakukan ini dan itu, tanpa menyadari bahwa legalisme sama merupakan musuh dari kemerdekaan sebagaimana halnya penyalahgunaan kebebasan. Itulah seluruh argumen dalam Surat Galatia. Pasal 1 dan 2 bicara tentang kemerdekaan ini, pasal 3 dan 4 tentang legalisme yang dapat merusakkan kemerdekaan, lalu pasal 5 dan 6 bicara tentang bahaya kebalikannya, yaitu penyalahgunaan kebebasan. Maka sesungguhnya Paulus berperang di dua fron, dan itulah masalah sesungguhnya. Untuk memelihara kemerdekaan dan menghindari baik legalisme maupun penyalahgunaan kebebasan adalah suatu operasi yang sangat pelik.

Mari kita tinjau legalisme, penyalahgunaan kebebasan dan kemerdekaan secara lebih detail.

Legalisme

Sunat adalah kait pertama dalam rantai untuk orang Kristen di Galatia itu. Itu dapat menjadi permulaan dari legalisme. Sunat bukan bagian dari injil, dan mereka akan harus juga memelihara semua Taurat selebihnya.

Sebagian berkata, 'Tetapi tidakkah orang akan menyalahgunakan bila Anda katakan mereka tidak di bawah Taurat? Bukankah mereka akan menjadi para pelanggar hukum? Jika Anda tidak memberikan hukum kepada mereka, tidakkah mereka akan memuaskan diri mereka?'

Ketika saya melayani di Gereja metodis ada buku setebal setengah inci bernama *Praktik dan Disiplin Gereja Metodis*. Kini itu telah menjadi delapan sentimeter lebih tebalnya! Banyak halaman lepas ditambahkan setiap tahun. Jadi, jika aturan dan peraturan dapat menghasilkan kebangunan rohani, kaum Metodis pasti membuat kita tegak! Tetapi bukan demikian yang terjadi. Betapa mudahnya berusaha mengatur dan memberikan peraturan untuk ini, itu dan lainnya, dan menganggap bahwa entah bagaimana organisasi kita akan menghasilkan kehidupan. Tidak begitu. Kemerdekaan menghasilkan kehidupan, dan Tuhan memerdekakan kita agar kita merdeka. Kita harus mewaspadai legalisme seperti burung elang. Jika Anda tergelincir ke dalam legalisme, tidak ada pilihan lain Anda akan menjadi keras dan munafik, sebab Anda tidak berani memberitahu kepada orang lain jika Anda melanggar Hukum.

Penyalahgunaan kebebasan

Ada bahaya nyata dari apa yang Paulus sebut 'perbuatan daging.' Waspadai mereka. Mereka adalah bentuk lain dari perbudakan. Mereka seperti rawa dan dengan mudah kita tergelincir ke dalamnya dan sukar untuk dapat ke luar darinya. Perbuatan daging didaftarkan oleh Paulus dalam Surat Galatia. Sebagiannya jelas, seperti perzinahan dan okultisme. Tetapi ada sebagian yang lebih halus, seperti bertengkar, persaingan, cemburu, iri hati dan prasangka.

'Jadi apa yang terjadi,' tanya Paulus, 'apabila seseorang tergelincir ke dalamnya? Ada banyak kulit pisang di jalan Kristen. Ia berkata bahwa jika seorang terpeleset ke dalam dosa, angkat mereka cepat, kembalikan mereka ke dalam persekutuan dan tolong mereka untuk disembuhkan. Tetapi jika seseorang dengan sengaja dan berniat terus saja berkubang dalam dosa, dengan serius sekali ia berkata bahwa mereka tidak akan mewarisi Kerajaan. Mereka boleh berkata, 'Saya tidak masalah -- saya sudah mendapat tiket ke surga,' tetapi Paulus berkata, 'Kamu bermasalah -- kamu tidak akan mewarisi Kerajaan.' Ini sungguh peringatan teramat serius.

Anda dapat tergelincir ke dalam legalisme, Anda dapat tergelincir juga ke dalam penyalahgunaan kebebasan. Tetapi jika Anda dengan sengaja dan berniat memilih untuk hidup entah dalam kerangkeng atau dalam rawa, Anda tidak akan mewarisi Kerajaan.

Kemerdekaan

Kemerdekaan adalah kebebasan untuk tidak berdosa. Bukankah itu kebebasan yang indah? Kini dalam Kristus, Anda merdeka untuk tidak berdosa. Anda tidak perlu mengatakan ya kepada pernyataan itu. Sebagaimana yang Paulus katakan dalam suratnya kepada Titus, 'Kita telah dikaruniai anugerah untuk dapat mengatakan tidak.' Indah bukan? Mari kita lihat apa yang terjadi dengan merujuk kepada gambar tadi lagi. Bayangkan sebuah jalan di puncak gunung, yang merentang melampaui orang di jalan itu. Kita perlu berjalan dalam Roh, sepanjang bentangan tubir -- sambil menghindari jebakan legalisme dan penyalahgunaan kebebasan. Sementara Anda berjalan dalam Roh, sesuatu yang indah terjadi. Tumbuh buah dalam kehidupan Anda -- buah Roh. Hanya ada satu buah Roh, namun memiliki sembilan rasa, sementara di pihak lain ada banyak perbuatan daging.

Di Mediteranea ada buah yang disebut *Mysterio Deliciosus*. Jika Anda menggigitnya sekali, ia terasa seperti jeruk, dan jika Anda menggigitnya lagi, ia terasa seperti lemon! Satu jenis buah itu memiliki banyak rasa di dalamnya. Dalam orang Kristen Anda akan mendapatkan semua rasa dari buah Roh. Anda melihat beberapa rasa itu pada orang tidak percaya, bukan? Sebagian orang tidak percaya memiliki sukacita, yang lain damai, tetapi Anda tidak akan pernah melihat kesembilannya bersama kecuali dalam Kristus dan dalam mereka yang dipenuhi dengan Roh dan yang berjalan dalam Roh. Kesembilan rasa itu menghubungkan Anda kepada Tuhan, orang lain dan diri Anda sendiri. Tiga dari rasa itu -- kasih, sukacita dan damai sejahtera -- membawa Anda ke dalam keserasian sempurna dengan Tuhan. Tiga berikutnya -- kesabaran, kemurahan, kebaikan -- membawa Anda ke dalam keserasian dengan orang lain. Lalu kesetiaan, kelembutan dan pengendalian diri membawa Anda dalam hubungan baik dengan diri Anda sendiri. Betapa indahnya buah itu! Buah Roh tentu saja terbatas, jika tanpa karunia Roh, sebagaimana juga karunia tidak memadai tanpa buah. Jika saya pergi ke rumah sakit mengunjungi orang sakit -- saya dapat memperlihatkan kasih dengan mengunjungi mereka, dan sukacita dengan mengangkat hati mereka, serta kedamaian dengan menenangkan mereka, dan kesabaran dengan mendengarkan mereka tentang rincian operasi yang dialami, dan kemurahan dengan membawakan buah-buah, dan kebaikan dengan menawarkan perhatian kepada anak-anak mereka, dan kesetiaan dengan mengunjungi tiap hari, serta kelembutan dengan pergi pulang ketika perawat memperingatkan batas kunjungan, dan pengendalian diri dengan tidak memakan makanan yang ada di sana! Saya telah mendemonstrasikan semua rasa buah Roh dalam kunjungan itu, tetapi saya belum menyembuhkan mereka, sebab itu adalah karunia Roh. Kita butuh keduanya karunia dan buah. Kita tidak boleh mempertentangkan yang satu terhadap yang lain.

Paulus berkata bahwa sementara Anda berjalan dalam Roh, buah itu tumbuh. Ia memakai kata 'berjalan' di sini dengan dua arti berbeda, dengan memakai dua kata Yunani. Dalam Alkitab Inggris barangkali keduanya diterjemahkan dengan *walk* (berjalan). (Dalam terjemahan LAI dua kata itu diterjemahkan dengan 'dipimpin oleh' dan 'hiduplah oleh.') Di akhir pasal 5 dan 6 ia berkata, 'berjalanlah dalam Roh' (dalam terjemahan LAI diterjemahkan dengan 'hiduplah oleh Roh'). Dalam bahasa Yunani, 'berjalan' dipasal 5 adalah dalam artian mengembara atau berkelana. Itu berarti pergi untuk berjalan sendiri. Tetapi dalam 5:26 (kata berjalan yang kedua) dan 6:16 kata 'berjalan' sesungguhnya adalah 'sederap dengan Roh, melangkah serasi dengan semua orang lain yang berjalan dalam Dia' (dalam LAI diterjemahkan dipimpin oleh). Maka ada dua jenis berjalan dalam Roh. Ada berjalan dalam Roh ketika kita berjalan sendiri, dan ada berjalan sederap dengan saudara dan saudari Kristen lainnya, dan kita perlu melakukan keduanya. Kemerdekaan sejati adalah berjalan bersama dalam jejak langkah saudara saudari Anda, berjalan bersama dalam Roh.

Demikianlah pesan dari surat Paulus untuk jemaat di Galatia. Ini salah satu surat paling relevan, walaupun bukan yang paling mengenakkan, dan saya ingin membagikan pendapat mereka yang berkata bahwa surat ini adalah *Magna Carta* (Piagam Agung) tentang kemerdekaan Kristen. Saya sungguh percaya bahwa itu judul yang sangat indah untuknya. Banyak orang mendukung jenis kemerdekaan lain, baik atau buruk, tetapi kemerdekaan yang kita dukung adalah kemerdekaan untuk tidak berdosa, kemerdekaan untuk tetap di luar kerangkeng yang bernama legalisme dan di luar rawa yang bernama penyalahgunaan kebebasan, dan kemerdekaan untuk tetap berada di ketinggian, sambil menikmati perkenan Tuhan.

Legalisme masih ada bersama kita

Legalisme ada di mana-mana. Orang berusaha masuk surga dengan perbuatan mereka sendiri. Atau, sesudah mulai dengan iman, mereka kembali ke perbuatan, hal yang menyedihkan. Almarhum Dr. W. E. Sangster pergi mengunjungi seorang perempuan yang sekarat di rumah sakit. Ia berkata kepadanya, 'Siapkah Anda berjumpa Tuhan? Anda akan mengatakan apa ketika bertemu Dia?'

Perempuan itu mengangkat tangannya yang kisut dan berkata, 'Saya janda. Saya telah membesarkan lima orang anak, maka saya tidak punya waktu untuk gereja atau Alkitab atau hal keagamaan lainnya. Tetapi saya telah berbuat yang terbaik untuk anak-anak saya, dan ketika saya melihat Tuhan saya akan mengangkat tangan ini, dan Ia akan melihatnya dan Ia akan cukup mengerti.

Nah, apa yang akan Anda katakan kepada perempuan seperti itu? Ternyata, Dr. Sangster hanya berkata kepadanya, 'Anda terlambat, bu. Anda sudah sangat terlambat.'

Ia bertanya, 'Apa maksudmu?'

Dan ia menjawab, 'Ya, ada seorang lain yang kedapatan berada di depan Anda, dan Ia mengangkat tangan-Nya di hadapan Tuhan, dan Tuhan tidak melihat kepada lainnya.'

Ia berkata lagi, 'Apa maksudmu?'

Ia memberitahu dia, 'Jangan menaruh percaya kepada tangan Anda -- percayailah tangan-tangan-Nya.'

Legalisme masih bersama kita dan dalam keadaan kuat. Rata-rata orang Inggris berpikir bahwa menjadi Kristen berarti menjadi baik kepada nenek mereka dan kucing mereka. Mereka berpikir, 'Saya seorang Kristen karena sama baiknya dengan semua orang yang pergi ke gereja.' Ketika mereka mengatakan itu, mereka terperangkap ke dalam legalisme. Kita perlu memberitahu mereka bahwa hanya yang 100 persen baik yang pergi ke surga. Dan jika pergi seperti adanya mereka, mereka akan kedapatan gagal sebagaimana orang lainnya juga!

Kita temukan legalisme dalam gereja juga. Mereka sedemikian cenderung menambahkan peraturan mereka kepada para anggota mereka. Ada empat langkah untuk masuk ke pintu depan sebuah gereja: bertobat, percaya, dibaptiskan dan menerima Roh Kudus. Tidak boleh ada langkah tambahan untuk masuk dalam gereja. Anak tangganya ada di dalam. Ada banyak langkah-langkah yang harus dinaiki di dalam, sebagaimana kita temukan dalam 1 Petrus dan 2 Petrus, tetapi hanya empat saja yang di luar. Tetapi sayangnya gereja-gereja cenderung mengatakan, 'Anda harus didukung oleh uskup,' atau 'Anda harus menjadi ini atau itu,' atau 'Anda harus berkomitmen,' atau "Anda harus menerima kepemimpinan,' dan seterusnya.

Semua langkah-langkah tersebut merupakan bagian dalam gereja, bukan di luar.

Penyalahgunaan kebebasan masih bersama kita

Masih ada orang yang berpikir bahwa perzinahan oleh orang yang tidak percaya akan membuat mereka masuk neraka, tetapi perzinahan oleh orang percaya dapat diterima. Masih ada orang yang percaya bahwa jenis dosa dalam orang percaya dapat dimaklumi, bahwa Anda mungkin kehilangan sedikit berkat atau pahala, tetapi tidak akan kehilangan tiket ke surga. Surat Galatia mengurus hal tersebut dengan sangat tegas dan berkata bahwa Anda tidak akan mewarisi Kerajaan Tuhan jika Anda sengaja balik kepada dosa.

Kemerdekaan masih bersama kita

Kita harus tetap dan berjalan bersama orang percaya lainnya sepanjang jalan sempit, angin dari Roh bertiup ke wajah kita dan berkat anugerah Tuhan menaungi kita. Kita bebas untuk tidak berdosa dan bebas untuk berani, jika saja kita akan berjalan dalam Roh.

Surat Galatia adalah salah satu surat paling berdampak yang pernah Anda baca. Bagaimana pun, bacalah surat ini dan perhatikan pesannya. Berikut adalah surat ini dalam parafrase yang saya buat:

GALATIA

Dari: Paulus, utusan Tuhan (tidak ditunjuk oleh kelompok resmi manusia mana pun atau bahkan oleh bimbingan ilahi melalui perwakilan manusia, tetapi secara pribadi diutus oleh Yesus sang Mesias dan Tuhan Bapa-Nya, yang telah membangkitkan Dia hidup kembali dari kematian sesudah penguburan-Nya). Semua orang percaya Kristen telah membaca dan menyetujui surat saya.

Kepada: Kumpulan umat Tuhan di propinsi Galatia.

Kiranya Anda sekalian menikmati kemurahan yang sebenarnya tak layak kita terima dan keserasian sempurna dengan Tuhan Bapa kita dan Anak-Nya Yesus, Tuhan dan Mesias kita. Perbuatan jahat kita membuat Ia mengorbankan hidup-Nya, tetapi Ia memberikan itu dengan sukarela demi untuk melepaskan kita dari kondisi immoralitas zaman kita ini. Rencana penyelamatan itu telah diputuskan oleh Tuhan Bapa kita, yang harus selalu menerima pujian kita. Jadilah demikian.

Aku terpukul mendapatkan bahwa semua kalian telah meninggalkan Tuhan yang mengangkat kalian ke luar karena tawaran khusus-Nya dalam pemberian bebas dari Kristus, kepada injil lain yang sama sekali bukan 'kabar baik.' Kalian dibingungkan oleh sementara orang yang bertujuan menggulingkan injil, tetapi perhatikan -- jika kami sendiri, atau bahkan pewarta supernatural dari dunia lain, datang kepadamu membawa pesan yang bertentangan dari apa yang telah aku sampaikan, kiranya terkutuklah mereka! Telah kami beritahukan ini kepada kalian sebelumnya, tetapi aku harus mengulanginya lagi -- jika ada siapa pun mewartakan injil yang berbeda dari yang pertama telah kalian terima, maka terkutuklah dia!

Apakah itu terdengar seperti orang yang berusaha menyukakan manusia, atau Tuhan? Apakah aku dituduh mencari kemasyhuran? Jika aku masih ingin menyenangkan manusia, jauhlah aku dari menjadi seorang pekerja Kristus.

Saudara-saudariku, aku harus membuatnya cukup jelas kepada semua kalian bahwa Kabar Baik yang aku sampaikan bukan dongeng manusia, aku tidak mendengar itu dari seorang lain, atau seseorang meneruskannya kepadaku. Aku mendapatkannya langsung dari Yesus Mesias, sebagaimana terbukti dari peristiwa-peristiwa kehidupanku.

Kalian pasti telah mendengar tentang karirku dulu dalam agama Yahudi. Dalam fanatisme yang sangat ekstrim aku memburu para sahabat Tuhan yaitu orang percaya Kristen dan menyebabkan kekacauan pada mereka. Sebagai pendukung gigih Yudaisme, aku mendorong banyak orang sebangsa seusiaku, karena aku bersemangat untuk mengukuhkan adat istiadat para leluhurku.

Lalu Tuhan turun tangan. Ia telah menandai aku sebelum aku ke luar dari kandungan ibuku dan dengan murah hati memilih aku dari antara semua orang untuk menunjukkan kepada semua orang siapakah sesungguhnya Anak-Nya itu, khususnya mereka yang biasa aku sebut orang asing. Langsung saja aku memutuskan untuk tidak mencari nasihat siapa pun. Maka aku tidak pergi ke Yerusalem untuk berkonsultasi dengan mereka yang telah bekerja sebagai utusan Tuhan. Sebaliknya aku pergi sendirian ke gurun pasir Arab untuk memikirkan semuanya kembali; dan dari sana aku langsung kembali ke Damaskus.

Baru sesudah tiga tahun kemudian akhirnya aku mengenal Petrus di Yerusalem. Bahkan itu pun aku hanya tinggal selama dua minggu dan tidak bertemu dengan para rasul lainnya, meski aku memang bertemu Yakobus, saudara dari pemimpin ilahi kita (demi Tuhan yang melihat apa yang ku tulis, aku tidak membesar-besarkan). Sesudah itu aku pergi ke berbagai tempat di Siria dan Silisia, sehingga kumpulan Kristen di Yudea masih belum mengenali wajahku. Satu-satunya yang mereka ketahui tentang aku adalah cerita bahwa musuh besar mereka kini menyebarkan kepercayaan yang tadinya ingin ia hancurkan -- dan mereka mensyukuri Tuhan karena perubahan itu.

Empat belas tahun lagi berlalu sebelum aku mengunjungi Yerusalem kembali. Kali ini Barnabas dan Titus pergi bersama aku. Tuhan sendirilah yang menyuruh aku pergi dan mengadakan pembicaraan pribadi dengan para pemimpin terkemuka dari orang Kristen Yahudi. Aku bermaksud memeriksa bersama mereka injil yang aku sebarkan di antara bangsa-bangsa, supaya semua usahaku tidak kedapatan sia-sia. Aku mengajak Titus sebagai semacam ujian, sebab ia seorang Kristen Yunani. Tetapi tidak sekali pun mereka mendesak upacara inisiasi penyunatan kepadanya. Bahkan, hal itu sama sekali tidak ditanyakan andai bukan karena beberapa penyusup yang sama sekali tidak berhak untuk hadir dalam pertemuan itu. Mereka menyelinap untuk mengintai kemerdekaan yang kita nikmati dalam hubungan kita dengan Kristus; mereka mencari jalan untuk mengembalikan kami ke bawah kendali sistem mereka. Tetapi tidak sekejap pun kami menyerah kepada tuntutan mereka, atau kalian pastinya tidak mendengar kabar baik sejati itu. Sejauh menyangkut para pemimpin yang dianggap terpandang itu (posisi tepat mereka tidak memengaruhi aku, sebab Tuhan tidak memerhatikan status manusia; maksudku mereka yang dipandang penting oleh orang lainnnya), mereka tidak menambahkan apa pun kepada pengajaran yang ku paparkan. Sebaliknya, mereka dapat melihat bahwa aku memenuhi persyaratan seperti mereka untuk membawa kabar baik kepada orang tidak bersunat sebagaimana Petrus kepada orang bersunat. Sebab Tuhan yang sama yang bekerja sedemikian efektif melalui penjangkauan oleh Petrus kepada orang Yahudi jelas melakukan hal sama melalui aku kepada orang bukan Yahudi. Yakobus, Yohanes dan Kefas (nama Ibrani Petrus) yang agaknya merupakan tokoh peletak dasar dan ketika mereka menyadari betapa Tuhan memberkati pekerjaan ku dengan melimpah, mereka menjabat tanganku dan Barnabas sebagai tanda kerekanan penuh, atas pengertian bahwa mereka akan berkonsentrasi pada orang Yahudi dan kami pada orang bukan Yahudi. Satu-satunya permintaan mereka ialah kami tidak lupa mengirimkan bantuan keuangan kepada orang Kristen Yahudi miskin dan aku lebih dari bersedia melakukan hal ini.

Tetapi terjadilah krisis serius ketika Petrus membalas kunjungan kami dan datang ke Antiokhia. Aku harus menentang dia berhadap muka, sebab jelas ia di posisi salah. Ketika pertama kali datang, ia dengan senang makan bersama para petobat bukan Yahudi. Lalu sebagian sahabat Yakobus datang lalu Petrus takut tentang apa pendapat mereka, maka ia mulai makan secara terpisah. Orang Yahudi lainnya berpura-pura setuju dengannya dan bahkan sahabat ku Barnabas terseret ke dalam kemunafikan tersebut. Ketika aku melihat bahwa perilaku sedemikian tidak sesuai dengan realitas injil, aku berkata kepada Petrus di depan semua orang, 'Kamu berkebangsaan Yahudi, tetapi kamu menyingkirkan keberatanmu dan menyesuaikan gaya hidupmu dengan orang asing bukan Yahudi, mengapa tiba-tiba kini kamu berusaha menerima adat istiadat Yahudi?'

Kami dilahirkan dalam umat pilihan Tuhan dan bukan di antara bangsa lain yang tidak memiliki hukum Taurat. Namun kami sepenuhnya tahu bahwa di hadapan Tuhan orang tidak dapat tanpa salah dengan berusaha menaati perintah-perintah tersebut tetapi hanya dengan memercayai Yesus Kristus untuk membuang dosa-dosanya. Jadi bahkan kami orang Yahudi harus mengandalkan karya Yesus sang Mesias untuk dapat benar dengan Tuhan ketimbang pada upaya kami sendiri untuk hidup sesuai standar Tuhan. Kitab-kitab suci kami mengakui bahwa 'dinilai oleh hukum-hukum Tuhan, tak seorang pun dapat lulus' (Mazmur 143:2). Tetapi andai pencarian kita untuk benar dengan Tuhan melalui Kristus menyebabkan kami hidup di luar hukum Yahudi, apakah itu membuat Kristus menjadi pelawan hukum, yang sengaja menganjurkan pelanggaran hukum? Sama sekali tidak!

Yang sesungguhnya akan membuat aku pelanggar hukum adalah membangun kembali seluruh sistem hukum yang pernah ku runtuhkan. Sejak lama aku telah menemukan bahwa berusaha memelihara hukum Tuhan adalah kesibukan mematikan. Kegagalan membunuh ego ku -- tetapi itu menyebabkan aku harus berhenti yang memang ku butuhkan untuk hidup sebagaimana yang Tuhan inginkan. Sebab ketika aku menyadari bahwa Yesus mati di salib untuk aku, diri ku yang tadinya ku hidupi itu pun turut mati. Aku tahu aku masih ada, tetapi sesungguhnya bukan aku yang dulu lagi; itu adalah Kristus menghidupi kehidupan-Nya di dalam aku. Jadi hidup sejatinya yang kini aku hidupi dalam tubuh fana ini memancar dari mempercayai Anak Tuhan secara berkelanjutan, yang sangat mengasihi aku sampai Ia mengorbankan hidup-Nya untuk aku. Apa pun yang orang lain lakukan, aku tidak akan menjadi orang yang membuat kemurahan Tuhan mubasir. Sebab jika aku dapat masuk surga dengan memelihara hukum Taurat maka kematian Kristus sama sekali menjadi tidak bernilai.

Kalian orang Galatia bodoh! Siapakah yang telah menipu kalian, sampai kalian tidak lagi bertindak atas dasar yang benar? Mata kalian telah terpaku pada Yesus Kristus oleh paparan gamblang kami tentang kematian-Nya di salib. Jawab saja satu pertanyaan ku ini -- ketika pertama kalian mengalami Roh Tuhan, apakah itu karena kalian telah melakukan tuntutan hukum taurat atau karena percaya apa yang kalian dengar?

Tepat! Jadi apakah kalian telah hilang akal? Sesudah mulai dengan kuasa supernatural Roh Tuhan, apakah kalian pikir dapat mencapai garis finish dengan tenaga natural kesanggupan kalian sendiri?

Tidakkah kalian belajar sesuatu apa pun dari semua yang telah kalian alami? Pastinya kalian tidak akan membuang semua begitu saja, bukan? Beritahu aku, ketika Tuhan terus saja memberikan kalian pasokan Roh-Nya dengan begitu limpah, sampai mukjizat nyata terjadi di antara kalian, apakah ini karena kalian menaati hukum Taurat atau karena kalian mendengarkan apa yang diberitakan dengan kepercayaan penuh?

Pengalaman kalian persis sama dengan Abraham, sebab ia 'percaya bahwa Tuhan dapat melakukan apa yang Ia janjikan, dan karena percaya ini ia didaftarkan dalam catatan Tuhan tentang orang baik' (Kejadian 15:6). Maka, sadarilah bahwa keturunan sejati Abraham adalah mereka yang memiliki percaya yang sama ini akan Tuhan. Dan Alkitab, melihat ke depan ke hari-hari ketika Tuhan akan menerima berbagai ras lain atas dasar iman yang sama, mencakup pewartaan kabar baik ini kepada Abraham sendiri -- 'Melaluimu semua orang di dunia akan menikmati berkat Tuhan bersama dengan manusia Abraham ini, yang sedemikian penuh iman.'

Tetapi mereka yang bergantung pada mengerjakan perintah sesungguhnya ada di bawah kutukan Tuhan, bukan berkat-Nya. Sebab hukum Musa menyatakan cukup jelas bahwa 'barangsiapa gagal memelihara semua peraturan dalam kitab ini selamanya akan dikutuk' (Ulangan 27:26). Sudah sangat jelas bahwa tidak ada seorang pun mungkin mencapai standar sedemikian, jika Tuhan melihat kita dengan cara ini. Maka bahkan Perjanjian Lama menunjuk kepada jalan lain agar boleh benar dengan Tuhan -- 'Orang benar akan hidup dengan jalan percaya' (Habakuk 2:4). Hukum Taurat tidak pernah menyebut hal tentang percaya ini, tekanannya hanya pada hal mencapai -- 'Orang yang menaati peraturan ini akan hidup baik' (Imamat 18:5).

Kristus telah menebus kita dari ikatan kutuk hukum taurat ini dan harganya ialah Ia dikutuk di tempat kita. Secara harfiah, Ia membayar hukuman terberat dari hukum Taurat -- 'Tubuh orang yang digantung terkutuk oleh Tuhan' (Ulangan 21:23). Dengan menyingkirkan kutuk menurut cara ini, Yesus Mesias kita melepas berkat Abraham kepada orang bukan Yahudi. Maka kini kita menerima janji kuasa Roh, semata dengan percaya.

Saudara-saudari, semua ini sama sekali bukan hal luar biasa: Aku dapat menggambarkan apa yang terjadi dari kejadian keseharian. Sekali surat wasiat seseorang telah dimeteraikan, itu tidak dapat dibatalkan atau ditambahkan oleh pengaturan lainnya. Tuhan telah membuat perjanjian-Nya yang memperkenan Abraham 'dan keturunannya' (Kejadian 22:18). Perhatikan saja bahwa kata itu dalam bentuk tunggal bukan jamak, menunjukkan seorang keturunan ketimbang banyak; sesungguhnya, itu merujuk kepada Kristus. Tetapi yang ingin ku tekankan adalah ini -- sebuah persetujuan yang telah disahkan oleh Tuhan tidak dapat dibatalkan oleh peraturan hukum yang diperkenalkan empat ratus tiga puluh tahun kemudian, atau bila demikian perjanjian itu tidak bernilai. Keduanya tidak sepadan. Jika berkat itu kini diwarisi dengan memelihara hukum Taurat, itu bukan lagi diterima atas dasar kesepakatan asalnya. Tetapi Tuhan dengan murah hati memberikan janji pertama itu kepada Abraham dan Ia akan selalu menyertainya.

Lalu apakah kepentingannya hukum Taurat? Itu adalah tambahan sementara untuk mengurus kedurhakaan manusia! Sampai 'keturunan' Abraham tiba untuk mewarisi berkat yang dijanjikan, perbuatan salah harus disingkapkan keberadaannya dan dikendalikan. Tidak seperti janji itu, hukum Taurat tidak diberikan langsung kepada manusia, Tuhan mengkomunikasikannya melalui utusan surgawi yang diteruskan oleh pengantara bumiah. Biasanya seorang pengantara dipakai untuk berunding di antara dua pihak; dan dalam artian itu hukum Taurat adalah semacam kontrak timbal balik, yang persyaratannya harus diterima oleh kedua pihak. Tetapi kepercayaan kita adalah bahwa Tuhan berdiri sendirian. Ia bukan pihak yang setara yang dengan-Nya kita boleh menawar, tetapi dapat bertindak sepenuhnya atas syarat-Nya sendiri, sebagaimana yang Ia lakukan dalam memberikan janji secara langsung.

Apakah perbedaan ini berarti Tuhan memperkenalkan dua sistem keagamaan yang bersaingan? Tidak sama sekali! Jika memberikan hukum dapat membuat orang menghidupi kehidupan yang baik, maka hukum menjadi jawaban. Tetapi hukum-hukum dalam Alkitab hanya menutup kemungkinan ini dengan membuktikan bahwa setiap orang berbuat salah, menyisakan hanya satu jalan ke luar yaitu mempercayai janji Tuhan dengan percaya akan Yesus sang Mesias.

Sampai kesempatan untuk iman tiba, kita harus diserahkan dalam pengawasan dan dijaga di bawah penjagaan kuat hukum Taurat, sambil menanti hari ketika kita diperlihatkan bagaimana boleh percaya. Dengan kata lain kita seperti anak-anak dan hukum Taurat adalah penjaga yang tegas, yang menjaga kita di bawah disiplin keras sampai Kristus dapat mengambil alih dan menjadikan kita benar melalui percaya kita akan Dia. Memercayai Yesus Kristus menghasilkan status penuh dan kemerdekaan yang dimiliki oleh anak-anak Tuhan yang telah dewasa.

Semua kalian yang telah dimasukkan ke dalam kehidupan Kristen melalui pembaptisan dalam air kini dilingkupi dalam Kristus. Jadi kalian bukan lagi perseorangan yang terpisah -- yang satu Yahudi yang lain

Yunani, yang satu budak yang lain merdeka, yang satu laki-laki yang lain perempuan. Semua kalian menjadi satu pribadi di dalam Yesus. Sebagai bagian dari Kristus kalian terhisab kepada Dia, yang membuat kalian seorang keturunan Abraham yang berhak mengklaim berkat yang dijanjikan kepada 'keturunannya.'

Lihat ini seperti berikut ini -- seorang anak dapat mewarisi sebuah bisnis, tetapi selama ia masih di bawah umur ia tidak lebih baik daripada para pegawai, meskipun ia memiliki seluruh bisnis itu. Ia dipandu oleh para pembimbing dan urusannya diatur oleh orang kepercayaan, sampai saat yang ayahnya tetapkan. Dalam cara yang sama, ketika kita anak-anak rohani, perilaku kita diatur oleh kerohanian takhayul yang kekanak-kanakan dari dunia ini.

Tetapi Tuhan telah menetapkan saat untuk momen-kedewasaan kita dan ketika itu tiba, Ia mengutus Anak-Nya ke dalam dunia ini. Ia datang dalam cara sama seperti kita, dari tubuh seorang perempuan. Ia perempuan Yahudi, maka Ia dilahirkan tunduk kepada hukum Taurat. Ini memungkinkan Dia menebus kemerdekaan mereka yang hidup di bawah tirani hukum Taurat dan memberi kita status anak dewasa penuh.

Karena Anda pun telah diakui sebagai anak-anak Tuhan, Ia mengirim Roh Anak-Nya ke dalam keberadaan terdalam kita supaya kita memiliki insting untuk menyeru, 'Abba! Bapa!' (panggilan yang tepat sama seperti Yesus memanggil Bapa surgawi-Nya). Ini membuktikan bahwa setiap kalian adalah anak Tuhan dan bukan lagi hamba; dan jika kalian adalah anak-Nya kalian juga adalah pewaris-Nya, dan Ia akan memastikan kalian memperoleh warisan tersebut.

GALATIA

Ada masanya ketika kalian tidak memiliki hubungan pribadi dengan Tuhan. Tetapi agama kalian membelenggu kalian untuk melakukan begitu banyak untuk 'para dewa' yang sama sekali tidak ada! Tetapi kini sesudah kalian mengenal Tuhan sebagaimana adanya Ia (atau, lebih tepat bahwa Ia telah memperkenalkan diri-Nya kepada kalian) bagaimana dapat kalian berbalik kepada takhayul yang lemah dan papa tersebut? Sungguhkah kalian ingin berada dalam cengkeraman mereka kembali? Kalian telah melaksanakan kalender yang disebut 'kudus' tentang hari dan bulan dan musim dan tahun. Aku mulai merasa takut bahwa semua usahaku menolong kalian menjadi sia-sia.

Saudara-saudariku, aku mohon, mari berdiri di pihakku. Pada akhirnya, aku bersedia menempatkan diri bersama kalian. Kalian tidak pernah menyusahkanku sebelumnya. Kalian tahu oleh karena penyakit jasmani aku mulanya datang mewartakan kabar baik kepada kalian. Keadaanku waktu itu pasti menjadi beban untuk kalian, tetapi kalian tidak mengolok-oloknya, tidak juga muak dengan aku. Bahkan, kalian menyambut aku bagaikan menyambut malaikat surga atau bahkan sang Mesias Yesus sendiri. Kalian begitu senang dan bangga memiliki aku. Ke manakah perginya semua perasaan tersebut? Aku masih ingat jelas bahwa kalian berharap menyumbangkan mata kalian untuk dicangkokkan kepadaku. Kini kalian seperti mencurigai aku seakan musuh. Apakah itu disebabkan aku telah jujur dengan kalian?

Aku tahu orang-orang lain ini yang giat sekali menarik kalian; tetapi motif mereka tidak baik. Mereka ingin menarik kalian semua, supaya kalian menjadi pengikut mereka.

Jangan salah mengerti -- perhatian khusus selalu boleh saja, asalkan niatnya benar. Kalian merupakan perhatian khususku, bahkan ketika aku tidak sedang bersama kalian. Anak-anakku, aku merasa seperti seorang ibu yang menderita sakit melahirkan sampai Kristus diwujudkan dalam kehidupan kalian. Aku hanya berharap dapat bersama kalian saat ini supaya kalian dapat mendengar perubahan dalam nada suaraku. Aku sungguh kehabisan akal harus bagaimana dengan kalian.

Beritahu aku ini -- nampaknya kalian memiliki dorongan kuat untuk diatur oleh hukum Musa, tetapi sudahkah kalian sungguh mendengarkan semua yang dikatakannya? Ambillah satu kejadian berikut ini:

Abraham adalah ayah dari dua orang anak melalui dua perempuan, yang seorang budak yang seorang lagi merdeka. Anak dari gadis budak itu adalah hasil natural dari tindakan jasmani; tetapi anak dari perempuan merdeka itu datang hanya dari akibat supernatural janji ilahi. Perbedaan ini dimaksudkan untuk menggambarkan realitas spiritual, sebab kedua anak itu mewakili dua jenis hubungan sangat berbeda dengan Tuhan.

Yang satu berasal dari Gunung Sinai dan anak-anaknya dilahirkan ke dalam perbudakan. Ibu simbolis mereka adalah Hagar si budak perempuan itu, yang hubungannya adalah dengan Arab, di mana Gunung Sinai terdapat. Ia merujuk kepada Yerusalem ibukota Yahudi masa kini, yang para pemimpin dan takluknya di bawah tekanan. Tetapi ada lagi sebuah 'Yerusalem' asal surgawi, diwakilkan oleh sang perempuan merdeka, dan ia adalah ibu dari semua kita yang percaya. Alkitab berkata tentang dia, 'Bergembiralah, hai kamu perempuan mandul yang tidak pernah memiliki anak; bersukacitalah dengan air mata kesukaan, kamu yang tidak pernah merasakan sakit beranak; karena istri yang kesepian itu akan memiliki keluarga jauh lebih besar daripada ia yang memiliki suami' (Yesaya 54:1).

Saudara-saudariku, kita seperti Ishak, sebab hidup kita dijadikan oleh janji ilahi. Seperti pada zamannya, anak yang dilahirkan secara normal itu menyiksa anak yang lahir oleh kuasa Roh Tuhan, demikian juga yang terjadi kini. Tetapi lihat apa yang Alkitab katakan tentang hasil dari semua ini: 'Usirlah budak perempuan itu dan anaknya, sebab ia tidak pernah akan mewarisi harta ayahnya bersama dengan anak dari perempuan merdeka itu' (Kejadian 21:20). Jadi, saudara-saudari, ingatlah hal ini dengan jelas dalam pemikiran kalian -- kita bukan anak dari budak perempuan itu tetapi dari perempuan merdeka.

Ketika Kristus membebaskan kita, itu sungguh kemerdekaan sejati! Maka berpeganglah kepadanya dan jangan mengaitkan diri kembali dengan rantai perbudakan. Dengar! Aku, Paulus, seorang Kristen Yahudi, membuat pernyataan serius ini -- jika kalian memberi diri disunat, Kristus sendiri menjadi tidak bernilai untuk kalian. Ku ulang sekali lagi. Aku beri kalian jaminan serius kepada siapa saja yang tunduk kepada upacara inisiasi penyunatan, bahwa ia menempatkan dirinya di bawah kewajiban untuk menaati setiap ketetapan hukum Yahudi. Operasi ini tidak saja akan memotong bagian dari tubuh kalian; itu kan memotong kalian dari Kristus! Siapa pun dari kalian yang berusaha benar dengan Tuhan melalui memelihara perintah akan kedapatan tergelincir ke luar dari lingkup kemurahan Tuhan yang melampaui kelayakan kita.

Kita Kristen membangun pengharapan kita atas dasar yang sangat berbeda. Oleh pertolongan Roh Tuhan kita menantikan posisi dan keadaan benar dengan Tuhan itu dengan rindu yang merupakan hasil dari memercayai Yesus sang Mesias. Sekali kita menjadi bagian dari Dia, tidak penting apakah kita disunat atau tidak disunat. Satu-satunya yang menentukan adalah jenis percaya yang mengungkapkan diri dalam perbuatan kasih.

Kalian tengah maju dalam perlombaan kehidupan Kristen. Siapa yang menyebabkan penghambatan dan menghentikan kalian dari mempraktikkan kebenaran ini? Anjuran salah jenis ini tidak pernah berasal dari Tuhan, yang selalu memamggil kalian untuk terus maju. Sebagaimana dikatakan, 'Tidak perlu banyak ragi untuk mengkhamirkan seluruh adonan.' Namun entah bagaimana Tuhan memberikan aku keyakinan bahwa kalian tidak akan mengubah pandangan kalian. Tentang orang yang mengganggu kalian, suatu hari ia akan menerima hukumannya, apa pun posisinya sekarang.

Mengenai diriku, saudara-saudari, jika aku menyimpulkan bahwa aku harus mengkhotbahkan perlunya sunat, bahkan sesudah aku melalui seluruh waktu ini; jika ini benar, bagaimana mungkin orang dapat menjelaskan tentangan hebat yang ku hadapi dari tangan orang Yahudi? Jika aku menganjurkan hukum taurat mereka, mereka pasti tidak akan sedemikian tersingung ketika aku bicara tentang salib, aku hanya berharap bahwa mereka yang menghasut kalian menyunat kulit khatan kalian sendirinya mengebiri diri mereka saja!

Jadi, saudara-saudariku, Tuhan bermaksud agar kalian merdeka. Di pihak lain, jangan menjadikan kemerdekaan ini alasan untuk memuaskan diri lama kalian. Pakailah kemerdekaan untuk memperlihatkan kasih kalian kepada orang lain dengan menempatkan diri kalian sebagai pelayan mereka. Karena seluruh hukum taurat dapat diungkapkan dalam satu prinsip, yaitu 'Kamu harus memerhatikan sesamamu manusia sebagaimana kepada dirimu sendiri' (Imamat 19:18). Tetapi jika kalian saling tarik dan cabik, awaslah jangan-jangan akhirnya kalian sama sekali binasa!

Pendekatan yang aku anjurkan ialah izinkan Tuhan memutuskan setiap langkah yang kalian ambil. Maka kalian pasti tidak akan berusaha memuaskan keinginan diri lama kalian, yang dorongannya langsung bertentangan dengan yang Roh Tuhan inginkan -- dan sebaliknya. Keduanya tidak sepadan, itu sebab kalian mengalami bahwa tidak selalu dapat melakukan yang sungguh kalian ingin lakukan. Jika Roh memimpin hidup kalian, tidak ada hal dari hukum taurat yang perlu kalian takuti.

Apabila diri lama bekerja, akibatnya cukup jelas. Itu mungkin menghasilkan perzinahan, pikiran kotor atau hal tidak pantas. Itu juga ada di balik okultisme dan kecanduan narkoba. Hal itu menampakkan diri dalam kebencian, pertengkaran, iri hati, pemarah, persaingan, kecurigaan dan kecemburuan. Ia menyebabkan mabuk-mabukan, pesta pora seks dan hal semacam itu yang telah ku katakan sebelumnya, orang yang melakukan hal-hal sedemikian tidak akan berbagian dalam pemerintahan Tuhan yang akan datang.

Apabila Roh Tuhan bekerja, muncul buah dalam karakter. Setiap gugusnya mencakup perhatian kasih, kebahagiaan mendalam dan ketenangan yang dalam; kesabaran yang tanpa akhir, kebaikan nyata dan kemurahan melimpah; keandalan teguh, kerendahhatian lembut dan pengendalian diri yang kokoh. Tidak ada hukum yang pernah diberikan yang melarang kebajikan sedemikian! Ada ruang untuk mereka tumbuh sebab orang kepunyaan Kristus telah menyalibkan diri lama mereka di salib, bersama semua hawa nafsu dan seleranya.

Jika Roh Tuhan memimpin kehidupan kita, izinkan Roh yang sama membuat kita melangkah serasi dengan sesama saudara. Kita keliru melangkah ketika kesombongan dangkal kita menginginkan reputasi penonjolan diri, menganggap orang lain sebagai saingan dan iri tentang kemajuan mereka.

Saudara-saudari, jika seseorang tergelincir dan kedapatan berbuat salah, kalian yang lebih dewasa secara rohani harus menegakkan ia kembali. Tetapi tangani dia dengan lembut dan rendah hati, sambil kalian sendiri mengawasi diri sendiri, sebab pencobaan mendadak bisa dengan mudah menghantam kalian.

Apabila ketegangan menjadi terlalu parah, saling bertolonganlah menanggung beban sesama; ini semata melaksanakan perintah Kristus. Jika ada orang berpikir ia terlalu penting untuk merunduk melakukan ini, ia sesungguhnya tidak layak untuk apa pun dan hanya membodohi diri sendiri.

Biarlah tiap orang menimbang apa kontribusinya, sambil memastikan apakah perbuatannya cukup. Kemudian ia boleh berbangga akan pekerjaannya, tanpa membuat perbandingan menjijikkan dengan apa yang orang lain lakukan. Sebab setiap orang harus menanggung beban tanggungjawabnya sendiri.

Orang yang diajar untuk mengerti Firman Tuhan harus memberi bagian material untuk mendukung kehidupan pengajarnya.

Jangan berkhayal -- tidak ada orang yang menentang Tuhan yang dapat berlalu begitu saja. Hukum semesta berlaku yaitu orang harus menuai apa yang ia tabur. Jika ia mengembangkan diri lamanya, ia akan menuai karakter yang busuk. Jika ia mengembangkan Roh Tuhan, Roh itu akan menghasilkan kehidupan yang berkualitas menetap.

Jadi jangan pernah lelah berbuat baik. Suatu hari akan ada penuaian agung, jika kita tidak menyerah. Jadi kapan saja kita memiliki kesempatan, mari kita memberi sebisa mungkin kepada setiap orang, dan khususnya kepada keluarga dekat kita sesama pemercaya. Lihat betapa besarnya huruf-huruf yang aku tulis sendiri ini!

Mereka yang memerhatikan penampilan luar dan suka pamer, merekalah yang mendesak kalian untuk disunat. Tujuan mereka sesungguhnya adalah menghindari ketidakmasyhuran yang terkait dengan salib sang Mesias. Meski pun mereka melakukan sunat, agaknya mereka tidak peduli dengan bagian hukum Taurat lainnya. Mereka hanya ingin kalian disunat supaya mereka dapat membanggakan jumlah yang berhasil mereka tobatkan ke dalam upacara mereka.

Jangan pernah menyombongkan apa pun atau siapa pun -- kecuali salib Yesus sang Mesias, Tuhan kita. Melalui hukuman salib-Nya itu aku telah mati kepada masyarakat dan masyarakat mati kepada ku. Posisi kita dalam Kristus tidak ditolong oleh keadaan bersunat tidak juga dirintangi dengan tetap tidak bersunat. Hal yang sungguh penting ialah kita telah dijadikan pribadi baru di dalam kita. Semua yang hidup berdasarkan prinsip sederhana ini akan menerima keserasian teguh dan pertolongan yang tidak layak kita terima dari Tuhan, entah orang bukan Yahudi atau Yahudi.

Mulai sekarang dan seterusnya, jangan ada lagi orang menggerecoki pekerjaanku. Aku memiliki tanda yang ku inginkan pada tubuhku; aku telah ditandai dengan bekas-bekas luka yang kudapat dalam pelayanan Yesus.

Kiranya kasih rahmat Yesus, Tuan ilahi kita dan Juruselamat kita yang diurapi, memenuhi keberadaan terdalam kalian. Jadilah demikian.

47.
ROMA

Pendahuluan

Cara terbaik mempelajari Alkitab adalah kitab per kitab. Alkitab adalah kepustakaan kitab-kitab, dan dengan demikian setiap kitab dari kepustakaan ini perlu dilihat sebagai unit tersendiri, dengan pengarangnya sendiri, periode waktunya sendiri, jenis sastranya sendiri, dan ditulis untuk sidang pembaca tertentu. Perhatian kepada hal ini menolong banyak orang yang mempelajari Surat Roma yang lupa bahwa ini adalah surat, sehingga mereka gagal bertanya jenis pertanyaan yang akan membuka arti dan tujuannya.

Meski surat sangat mahal dan sukar mengirimnya dalam zaman Romawi, sekitar 14,000 surat telah ditemukan oleh para arkeolog dari periode ini. Sebuah surat biasanya terdiri dari antara 20 sampai 200 kata, yang panjangnya sebagian ditentukan oleh fakta bahwa surat dibawa dan disampaikan oleh orang yang sama, jadi beratnya berpengaruh. Surat yang lebih panjang jarang ada. Surat paling panjang dari Cicero adalah 2,500 kata, dan surat Seneca yang 4,000 kata adalah catatan segala masa. Rata-rata surat Paulus adalah 1,300 kata, tetapi suratnya untuk jemaat di Roma ini, lebih dari 7,000 kata, suratnya yang paling panjang. Bahkan ini yang paling panjang yang kita punya dari dunia purba.

Surat tidak biasa

Surat ini juga tidak biasa karena beberapa alasan lain. Salam pembuka dan penutupnya tidak sepanjang biasanya. Bahkan, pasal terakhirnya adalah adalah sebuah daftar panjang orang-orang yang berkirim salam kasih mereka. Adalah sangat tidak biasa memakai bagian surat sepanjang itu untuk menyampaikan salam dari sahabat kepada sahabat. Lagi pula, Surat Roma lebih menyerupai ceramah ketimbang surat. Ini bukan surat berisikan percakapan di mana pengarangnya menceritakan tentang kehidupannya kepada pembaca. Ini lebih seperti kuliah, dengan kadang ada dialog, seakan penulisnya menjawab timpalan pengejek.

Surat ini juga berbeda dari surat Paulus lainnya karena ia menulis kepada gereja yang dengannya ia tidak memiliki kontak. Paulus selalu berusaha memerhatikan gereja-gerejanya dengan sangat setia. Dan tidak menyela pekerjaan siapa pun lainnya, maka heran bahwa ia perlu menulis surat terpanjangnya kepada gereja yang tidak ia rintis dan tidak pernah ia kunjungi. Namun jelas dari nadanya, bahwa meski ia tidak memiliki hubungan pribadi dengan mereka, ia ingin menjumpai mereka, ingin agar mereka mengenal dia.

Tambahan lagi, surat ini lebih intelektual ketimbang suratnya yang lain, tanpa menyebut krisis atau kontroversi apa pun yang menuntut koreksi darinya (meski, sebagaimana akan kita lihat kelak, ada masalah yang perlu ia soroti). Kebanyakan surat-suratnya mengandung suasana perang, tetapi tidak ada hal itu di sini.

Mengingat gayanya yang unik, para penafsir Alkitab telah berusaha menjelaskan tujuan Surat Roma dalam beragam cara. Kita dapat mengelompokkannya ke bawah tiga judul dasar.

Sebagian mulai dengan Paulus dan berkata bahwa alasannya menulis harus didapatkan dalam dirinya. Sebagian mengatakan alasan itu terdapat baik dalam penulis maupun para pembacanya dan hubungan di antara mereka. Yang lain berkata alasan penulisan terdapat dalam pembaca saja.

Penulisnya

Penjelasan pertamanya seperti ini: Saatnya adalah sekitar tahun 55, dan Paulus telah berkhotbah selama 20 tahun. Strateginya adalah menanam koloni Kerajaan yang mandiri dalam dukungan keuangan, pemerintahan dan penyiaran di tiap pusat kependudukan penting. Hal ini telah mencapai banyak kota besar di Mediteranea timur.

Tindakan akhirnya di timur adalah mengadakan pengumpulan dana besar untuk orang miskin di Yerusalem. Gereja Yerusalem sedang mengalami paceklik dan dalam kemiskinan hebat, maka Paulus mengajar gereja-gereja yang ia dirikan untuk berbagi apa yang mereka miliki dan melakukan pengumpulan uang untuk kaum miskin di Yerusalem. Ia tiga bulan berada di Yunani, menantikan cuaca baik untuk berlayar, sebelum ia membawa uang tersebut ke Yerusalem. Karena ada waktu, ia menulis surat panjang ini selagi musim dingin sebagai sebuah catatan permanen tentang injil yang ia beritakan. Ada dua versi tentang teori ini:

Sebuah pernyataan

Sebagian orang beranggapan bahwa Surat Roma adalah pernyataan tentang injil yang ia telah khotbahkan -- semacam surat warisannya terakhir. Ia tidak tahu berapa lama lagi ia akan sanggup bepergian dan berkhotbah, sebab ia telah diperingati bahwa aniaya dan penjara akan ia alami. Jadi Surat Roma adalah surat edaran yang menyimpulkan pengajaran Paulus. Mereka yang percaya teori ini menunjuk kepada perkataan Paulus, 'Aku tidak malu tentang injil' sebagai bukti petunjuk.

Sebuah argumen

Sebagian lain mengambil teori ini untuk beranggapan bahwa ia menuliskan keberatan-keberatan terhadap injil yang ia temui, seperti seorang Josh McDowell yang menulis buku-buku yang menjelaskan bagaimana menjawab keberatan yang orang ajukan ketika diperhadapkan dengan pesan injil masa kini. Paulus terbiasa berargumen dan berdiskusi tentang injil dan telah memakai cara ini dengan dampak baik, khususnya ketika memakai ruang kuliah di Efesus. Jadi ia tahu pertanyaan dan keberatan utama dan berharap menghasilkan sebuah buku pegangan tentang keberatan-keberatan terhadap injil.

Masalah

Tetapi ada masalah besar dengan dua pendekatan ini.

Pertama, jika ini merupakan kesimpulan dari injilnya, mengapa mengirimkan hanya ke satu gereja? Mengapa tidak mengedarkan ke banyak gereja? Tidakkah Yerusalem atau salah satu gereja lain yang telah ia tanam merupakan tujuan yang lebih tepat?

Kedua, Surat Roma tidak mencakup semua unsur injil Paulus. Sebagai contoh, tidak ada satu hal pun tentang Kerajaan, namun kita tahu bahwa Paulus mewartakan Kerajaan Tuhan. Ada lagi penghapusan mencolok lain: hanya ada sedikit tentang kebangkitan Yesus atau kenaikan-Nya; hampir tidak ada tentang Gereja; tidak ada penyebutan tentang Perjamuan Tuhan; dan tidak ada penjelasan tentang surga atau neraka. Pertobatan hampir tidak hadir, dan konsep kelahiran kembali sama sekali hilang. Juga jelas tidak ada rujukan kepada Tuhan sebagai Bapa.

Maka kekosongan ini memberitahu kita bahwa ini bukan rangkuman dari khotbah Paulus, sebab ini bukan keseluruhan injil sebagaimana yang kita baca dalam surat-suratnya yang lain dan seperti yang kita dengar dikhotbahkan dalam Kisah Para Rasul. Mereka yang membangun pewartaan injil atas surat Paulus kepada jemaat di Roma akan mengalami kekurangan dalam sejumlah wilayah. Juga, beberapa tema terkesan lebih menonjol ketimbang yang diperlukan. Mengapa begitu banyak waktu dipakai untuk pokok pembenaran dan tindakan Abraham?

Alasan ketiga mengapa kami tidak percaya bahwa Paulus menulis pernyataan definitif tentang injil ialah pasal 9-11 sama sekali tidak cocok. Dalam pasal-pasal ini Paulus membuka bebannya untuk orang Yahudi, dengan mengatakan ia lebih ingin ke neraka jika itu dapat membuat mereka ke surga. Jika surat ini merupakan pernyataan rangkuman, aneh bahwa tema tidak biasa ini dicakup. Para sarjana memberitahu kita bahwa pasal 9-11 adalah bagian dalam kurung, dan tidak sungguh merupakan bagian dari argumen umumnya. Saya mempelajari Surat Roma di Cambridge di bawah pengajar Alkitab yang cemerlang yang kepadanya saya berutang banyak, John A.

T. Robinson, Uskup dari Woolwich (meski sesudahnya ia beralih dari pendirian injili untuk sementara). Kendati pemahamannya yang cemerlang tentang kitab ini, ia hanya mengajar Roma 1-8, sambil mengklaim bahwa pasal 9-11 tidak secara langsung berhubungan dengan tujuan Paulus dalam menuliskan Roma.

Tetapi teori yang tidak memperhitungkan pasal 9-11 tidak mungkin tepat, karena alasan sederhana bahwa Paulus tidak membagi suratnya ke dalam pasal-pasal sebagaimana yang kita buat. Pemikirannya mengalir dari pasal 8 ke pasal 9 dan dari pasal 11 ke pasal 12 sama sekali tanpa putus. Pasal-pasal ini bukan bagian dalam tanda kurung. Maka di akhir pasal 8 ia berkata bahwa tidak ada satu pun yang dapat memisahkan kita dari kasih Tuhan dalam Kristus Yesus, dan lanjut mendaftarkan hal-hal yang tidak dapat memisahkan orang percaya. Lalu pemikiran itu berlanjut dalam pasal 9, dengan ia menjawab kemungkinan penolakan terhadap pandangan ini: jika demikian, lalu bagaimana tentang orang Yahudi? Tidakkah Tuhan membuang mereka? Juga ada bagian pemikiran yang konsisten dari akhir pasal 11 ke awal pasal 12. Pasal 1 berakhir dengan paparan pujian gempita kepada kemurahan Tuhan dan diikuti langsung di pasal 12 dengan 'Aku menasihati kamu demi kemurahan Tuhan...'

Penulis dan pembaca

Teori kedua memeriksa hubungan antara Paulus dan jemaat Roma dan mencari alasan mengapa Paulus mengirim surat itu.

Ibukota kerajaan

Pandangan ini memerhatikan bahwa Roma, sebagai ibukota kerajaan, akan menjadi tempat wajar yang ingin Paulus layani. Ini bisa menjadi tempat strategis untuk injil, sebab pada masa itu semua jalan sungguh menuju ke Roma.

Ada unsur kebenaran di sini. Itu berarti bahwa ia menulis semacam pengantar untuk mereka, ketimbang ia meminta seseorang menulis kepada mereka mewakili dia, untuk memperlihatkan bahwa ia bukan pengkhotbah kontroversial tetapi pengkhotbah injil yang telah mereka dengar.

Pintu gerbang ke barat

Teori berikut adalah penyesuaian dari yang di atas dan jauh lebih meyakinkan. Pandangan ini beranggapan bahwa untuk Paulus, Roma adalah pintu gerbang ke Spanyol di barat. Sesudah ia menginjili setengah dari bagian timur Mediteranea, ia ingin pergi ke barat dan karenanya butuh basis baru yang lebih dekat kepada medan misi yang ia maksudkan. Yerusalem adalah basisnya pertama dan Antiokhia kedua, tetapi Antiokhia jauh dari Spanyol, maka Roma dapat menjadi basis ketiga untuk kegiatan misionarisnya.

Mungkin ada unsur kebenaran dalam kedua teori ini, tetapi bukan keseluruhan kebenaran.

1. Kedua teori ini mengandaikan bahwa Paulus sedang berusaha mendapatkan sesuatu dari para pembacanya untuk dirinya. Tetapi nada surat ini justru kebalikannya. Ia berkata ia ingin memberi kepada mereka, bukan mendapatkan sesuatu dari mereka. Sesungguhnya ia mengatakan ingin melayani mereka.

2. Juga, kedua teori tadi tidak menjelaskan pasal 9-11. Mengapa ia harus menyebutkan Israel sepanjang itu, jika ia hanya ingin dukungan mereka untuk pekerjaan misionarisnya di barat? Bahkan, pasal-pasal membingungkan ini, yang menjadi masalah untuk banyak teori, adalah bagian paling penting dari surat ini.

Tambahan, teori-teori ini juga gagal menjelaskan pasal 12-16, yang berfokus pada beberapa aspek yang jemaat Roma perlukan untuk menghidupi iman mereka. Mengapa Paulus tidak memberikan uraian umum tentang etika dan perilaku Kristen? Mengapa ia hanya mengkhususkan sedikit masalah praktis?

Pembaca

Kini mari kita lihat teori yang mendekati surat ini dari sudut pandang Roma. Di sini kita bertanya mengapa gereja di Roma membutuhkan surat ini.

Eksternal – kota itu

POLITIS

Paulus cepat mengukuhkan arti pemerintah, yang menurut dia, telah Tuhan tempatkan di atas Gereja. Di pasal 13 ia memberitahu mereka untuk menghargai para pemimpin politik dan membayar pajak. Bahkan, pemimpin memegang pedang sebagai hamba dari Tuhan sendiri. Maka jika sebagai gereja mereka dianiaya, mereka harus memastikan bahwa itu bukan karena mereka telah berbuat salah dan layak menerima hukuman.

SOSIAL

Roma adalah sebuah metropolis besar, dan perilaku orang dalam kota itu tampak dalam surat ini. Pasal 1 terbaca seakan surat kabar yang diterbitkan di Roma. Secara khusus Roma adalah sarang dari homoseksualitas. Dari 15 raja pertama Romawi, 14 mempraktikkan homoseksual. Jika para raja seperti itu, dapat Anda bayangkan seperti apakah para petinggi lainnya. Ia menyebut beragam praktik dosa yang lazim di sana waktu itu: letusan perilaku anti sosial; anak-anak tidak taat kepada orangtua mereka; masyarakat melanggar hukum dan aturan; kekejaman dan kejahatan tak terkendali. Itu adalah gambaran penting dari ibu kota purba kerajaan itu, dan ada banyak kesejajarannya dengan masa kini kita. Mereka memiliki masalah besar dalam memungut pajak, sebab bekerja sambilan dan penghindaran pajak melimpah. Jadi secara khusus ia memerhatikan bahwa gereja tidak dirusakkan oleh masyarakat sekeliling mereka. Perahu penyelamat berfungsi paling baik ketika ada di laut, bukan ketika laut masuk ke dalamnya!

Internal – gereja tersebut

Maka sementara orang beranggapan bahwa surat ini adalah pelayanan Paulus sebelum ia tiba di Roma, sebab ia tidak yakin apakah ia akan sampai di sana. Roh Kudus telah menyatakan bahwa ia akan ditangkap dan diadili sewaktu-waktu. Ia tidak tahu apakah ia akan sanggup mencapai ambisinya dan berkhotbah di Roma, maka ia berketetapan untuk berkhotbah melalui surat sebelum ia tiba di sana, supaya mereka tidak ragu bahwa injil adalah jawaban untuk situasi ini. Maka ada benang ketiga yang merentang sepanjang surat ini yang melayani orang

Kristen yang harus hidup di kota ini sementara mereka dibingungkan dengan kejahatan, kriminalitas dan kekejaman.

Kita tahu sedikit sekali tentang gereja di Roma. Kita tahu bahwa Petrus dan Paulus mengunjungi kota itu, tetapi kunjungan itu sesudah gereja berdiri. Kita tahu ada orang dari Roma di Yerusalem pada Hari Pentakosta, dan pasti sebagian dari mereka bertobat pada hari itu. Sebagian pasti membawa balik injil ke Roma, sebab ada koloni Yahudi dengan jumlah 40,000 orang di Roma waktu itu.

Jadi gereja pertama di Roma adalah Yahudi dan mulai di dalam gheto dengan orang percaya Ibrani yang dipenuhi Roh Kudus. Gereja itu bertumbuh dan pasti itu didorong oleh penginjilan di antara para pedagang Yahudi dan para pedagang lain yang masuk ke luar kota tersebut.

Kaisar Roma, Klaudius anti Yahudi dan mengusir seluruh 40,000 orang Yahudi itu dari kota tersebut. Kisah Para Rasul 18 memberitahu kita bahwa suami-istri bernama Akuila dan Priskila berjumpa Paulus sesudah pengusiran tersebut. Jadi gereja Kristen di Roma waktu itu telah sepenuhnya menjadi bukan Yahudi.

Pada tahun 54 Klaudius meninggal dan orang Yahudi kembali sebab kaisar berikutnya, Nero menyadari bahwa orang Yahudi ahli dalam bisnis dan mengundang mereka untuk kembali. Tetapi, tentu saja mereka kembali dan mendapatkan orang bukan Yahudi yang menyelenggarakan gereja di sana. Orang Yahudi khususnya tidak menyukai hal tersebut, maka terjadilah ketegangan.

Latarbelakang ini menolong kita membuka surat kepada jemaat Roma ini, sementara kita membaca surat ini, kita dapatkan bahwa hampir setiap bagiannya mengurusi situasi ini. Sebagai seorang Yahudi yang dipanggil untuk orang bukan Yahudi, Paulus diperlengkapi secara unik untuk mendamaikan mereka.

Pasal 1–8

Dosa

Ia memulai surat ini dengan melihat pada dosa di kota Roma dan mengingatkan kedua kelompok itu bahwa mereka adalah orang berdosa. Orang Yahudi tidak lebih baik dari orang bukan Yahudi, orang bukan Yahudi tidak lebih baik dari orang Yahudi. Ia berkata bahwa karena kematian Kristus berlaku untuk orang Yahudi dan bukan Yahudi, kita harus datang kepada Roh untuk dapat hidup.

Pembenaran

Ia meliput cara yang melaluinya orang berdosa dapat dinyatakan sebagai orang kudus yang tanpa salah di hadapan Tuhan. Lalu ia pindah ke pertimbangan bagaimana orang Yahudi dan bukan Yahudi dapat menjadi benar di hadapan Tuhan dan menjelaskan bahwa keduanya 'dibenarkan' dengan cara yang sama, yaitu oleh iman. Darah yang sama yang menyelamatkan mereka, maka tidak perlu mengadu anggapan tentang siapa yang lebih penting.

Penyalahgunaan kebebasan dan legalisme

Di pasal 6–7 Paulus menyoroti dua masalah khusus yang orang Yahudi dan bukan Yahudi hadapi dengan injil. Orang bukan Yahudi cenderung kepada penyalahgunaan kebebasan dan orang Yahudi cenderung kepada legalisme. Penyalahgunaan kebebasan terjadi ketika orang Kristen keliru percaya bahwa kemerdekaan mereka dalam Kristus mengizinkan mereka untuk mengabaikan hukum-hukum ilahi, sementara legalisme menyebabkan orang Kristen percaya bahwa memelihara Hukum Taurat memberi mereka jasa di hadapan Tuhan. Maka di pasal 6 Paulus mengurus masalah penyalahgunaan kebebasan dan mengingatkan mereka bahwa ketika mereka dibaptis mereka menyadari bahwa dosa tidak lagi berkuasa atas mereka. Di pasal 7 Paulus mengurus masalah legalisme dan merujuk ke kesukarannya sendiri dalam memelihara Taurat, khususnya perintah jangan mengingini.

Lalu di pasal 8 Paulus menulis tentang kemerdekaan dari Roh dan menjelaskan bagaimana hal itu menyatukan orang Yahudi dan orang bukan Yahudi.

Pasal 9–11

Pembahasan pasal 9-11 tentang tempat orang Yahudi menentukan untuk keseluruhan surat ini. Orang bukan Yahudi tergoda untuk berpkir bahwa mereka adalah Israel baru, yang menggantikan umat Yahudi, yang kini ada di luar rencana Tuhan. Maka pasal 9-11 mengurus ketegangan antara Yahudi dan bukan Yahudi.

Banyak gereja Inggris yang percaya teologi yang disebut 'teologi penggantian.' Bahkan, nama Israel tidak pernah diberikan kepada Gereja dalam Perjanjian Baru, dan Paulus harus mengingatkan para pembacanya bahwa Tuhan belum selesai dengan orang Yahudi, hanya karena mereka menolak Dia. Ia memberitahu orang bukan Yahudi jangan sombong sebab orang Yahudi dipotong keluar dan mereka dicangkokkan, sebab mereka pun akan dipotong keluar jika mereka tidak berlanjut dalam kebaikan Tuhan. Lagi pula, ia menjelaskan bahwa suatu hari semua Israel akan diselamatkan. Bahkan, selama 2,000 tahun terakhir selalu ada sedikit orang Yahudi yang percaya Yesus. Jurang antara orang Yahudi dan bukan Yahudi sebagian terjadi karena bait di Yerusalem memiliki penghalang besar antara halaman untuk orang bukan Yahudi dan ruang lainnya. Ada catatan pada tirai pemisah itu yang mengatakan 'Bukan Yahudi tidak boleh masuk,' dan Paulus ditangkap karena dituduh salah telah membawa seorang bukan Yahudi melewati pemisah itu. Maka meski orang Yahudi dan bukan Yahudi kini adalah orang percaya dalam Yesus, masih terdapat ketegangan tertentu di antaranya.

Maka Paulus berusaha mengurus masalah yang ada dengan memberitahu mereka bahwa mereka semua adalah orang berdosa dan dibenarkan oleh iman, baik Yahudi maupun bukan Yahudi. Bahkan, ia menyebut orang bukan Yahudi sebagai anak-anak Abraham oleh iman, dengan memakai istilah yang tadinya hanya diuntukkan bagi orang Yahudi.

Pasal 12-16

Tema tentang ketegangan Yahudi dan bukan Yahudi ini berlanjut di pasal 12-16. Meski bagian ini lebih mengurus isu-isu perilaku yang lebih praktis, ia berfokus pada isu-isu yang akan menyebabkan ketegangan antara orang percaya Yahudi dan bukan Yahudi. Makanan jelas merupakan masalah besar, sebab orang bukan Yahudi nyaman memakan makanan yang bukan kosher atau yang telah dipersembahkan kepada berhala. Lalu ia mengurus soal hari khusus tiap minggu, sebab orang percaya bukan Yahudi tidak memelihara Sabat. Paulus sanggup menjelaskan bahwa entah orang percaya mengakui Hari Minggu sebagai khusus terserah pada mereka.

Bahkan tentunya, Minggu bukanlah Sabat. Kita harus menyembah Tuhan di hari Minggu karena ini adalah hari ke delapan dari penciptaan, bukan karena hari itu menggantikan Sabat Yahudi. Itu adalah hari pertama dari minggu kedua penciptaan dan hari pertama dari minggu Tuhan berkarya. Jika kita merayakan perhentian-Nya, kita akan menyembah pada hari Sabtu, tetapi kita merayakan fakta bahwa Ia telah kembali ke pekerjaan, yaitu apa yang Ia lakukan pada Minggu Paskah, ketika Ia memulai mencipta ulang seluruh alam semesta. Namun demikian, apabila di enam hari pertama penciptaan Ia mencipta langit dan bumi dan manusia terakhir, kini Ia mencipta manusia baru lebih dulu dan langit serta bumi baru terakhir.

Minggu adalah hari paling sibuk untuk Tuhan. Lebih banyak orang menjadi ciptaan baru dalam Kristus di hari Minggu ketimbang pada hari lain sepanjang minggu. Roh dicurahkan pada hari Minggu, maka Minggu adalah hari perayaan untuk orang Kristen. Tetapi itu tidak pernah menjadi hari perhentian Gereja perdana. Selama 300 tahun orang Kristen tidak dapat beribadah pada jam 11 pagi atau 6.30 petang tetapi harus menyembah sangat pagi atau malam hari, sebab orang percaya Yahudi hanya memiliki hari libur pada hari Sabtu. Orang percaya bukan Yahudi memiliki hari libur Romawi, yaitu setiap hari ke sepuluh, dan para budak sama sekali tidak libur. Karena kebanyakan dari orang Kristen awal adalah para budak, mereka tidak dapat merayakan Minggu selama 300 tahun.

Tetapi dalam gereja yang terdiri dari orang percaya Yahudi dan bukan Yahudi, ketegangan mengenai hari-hari itu sangat tinggi. Orang Yahudi memelihara Sabat (Sabtu) sebagai hari khusus mereka dan orang bukan Yahudi tidak memelihara hari khusus sama sekali. Paulus menjelaskan bahwa ini semata adalah soal pilihan.

Apabila kita menghadapi isu serupa masa kini kita perlu memiliki jenis kelenturan yang sama. Tuhan mungkin memimpin kita kepada suatu tindakan, tetapi itu tidak berarti kita harus memberitahu semua orang bahwa hal sama itu harus juga mereka lakukan.

Perlu jelas dari garis besar yang diberikan di halaman 347 bahwa Surat Roma bukan terutama karya doktrinal. Melainkan, Paulus memakai doktrin untuk tujuan-tujuan praktis.

Sesudah mempertimbangkan alasan surat ini, mari kita beralih untuk mempertimbangkan beberapa tema utamanya. Saya tidak bermaksud memberikan tafsiran tentang surat ini, tetapi saya dapat memberikan Anda beberapa petunjuk sementara Anda membacanya.

Kata-kata kunci dalam Surat Roma

Analisis tentang kata-kata kunci memperlihatkan kepada kita apa tema-tema penting di dalamnya.

Tuhan

Kata Tuhan (*theos* -- keberadaan yang Mahatinggi) disebut sebanyak 153 kali, lebih banyak dari kata lainnya. Paulus menekankan bahwa orang percaya di Roma adalah umat Tuhan (baik Yahudi maupun bukan Yahudi). Tuhanlah yang menjadi pusat gereja mereka. Gelar 'Kristus' dan 'Tuhan' (*kurios* -- yang dipertuan) muncul 65 kali dan 43 kali.

Taurat

Kata 'hukum taurat' muncul 72 kali dalam Surat Roma. Telah kita perhatikan bahwa Paulus perlu berfokus pada kecenderungan legalistik orang Yahudi.

Dosa

'Dosa' juga adalah kata yang sering dipakai dan muncul 48 kali. Paulus menyorot masalah dosa dalam kota Roma, dan juga dosa di antara orang percaya. Ia berkata tidak soal di mana adanya dosa -- Tuhan menentang dosa, entah dalam kehidupan orang percaya atau bukan orang percaya. Orang Kristen dibenarkan oleh iman, tetapi mereka akan dihakimi oleh perbuatan, sebab perbuatan adalah buah iman. Dosa dalam orang Kristen tentu masalah.

Iman

'Iman' disebutkan 40 kali. Iman adalah yang menyatukan orang Yahudi dan bukan Yahudi. Tadinya mereka dipersatukan dalam dosa, tetapi kini mereka disatukan dalam iman, sebab mereka semua adalah anak-anak Abraham melalui iman.

Kebenaran

Konsep kunci yang mengalir dari perhatian Paulus pada iman adalah perilaku benar, dan khususnya kebenaran Tuhan. Orang yang terutamanya bertanggungjawab untuk Reformasi, Martin Luther, tiba pada pengertian vital tentang pentingnya pembenaran oleh iman melalui surat ini. Sebelumnya ia gentar akan ungkapan 'kebenaran Tuhan,' untuk kemudian mendapatkan bahwa ini adalah sesuatu yang Tuhan berikan kepada kita oleh iman. Kita tidak boleh melupakan bahwa salib adalah penggantian ganda. Yesus tidak saja mengambil dosa-dosa kita tetapi juga membagikan kebenaran hidup-Nya kepada kita. Itu bukan sekadar transaksi agar kita luput dari neraka.

Kebenaran dari Tuhan ini bisa sukar untuk dipahami.

Ketika kebanyakan orang mendengar kata 'pertobatan,' mereka berpikir tentang semua perbuatan buruk yang darinya mereka harus bertobat, tetapi hal yang paling sukar adalah bertobat dari perbuatan baik. Paulus berkata bahwa ketika ia mempertimbangkan perilaku benarnya sendiri, ia menganggap itu sama saja dengan kotoran. Nabi Yesaya juga sama kerasnya. Ia berkata bahwa kebenaran Israel adalah seperti kain resapan menstruasi -- bukan sesuatu yang ingin mereka pamerkan di depan umum. Paulus berkata bahwa kebenaran *kita* dapat menjadi penghalang terbesar dalam hubungan kita dengan Tuhan. Ketika kita mengkhotbahkan ini, orang 'baik' yang paling akan bergumul dengan ini. Mereka yang sadar bahwa mereka memang jahat akan menjadi yang pertama merespons.

Jarang kita dengar pengkhotbah mendorong jemaatnya untuk bertobat dari perbuatan baik mereka, tetapi perbuatan baik paling mungkin menjadi sebab orang tetap di luar surga ketimbang sebab lainnya. Juga jarang dalam persekutuan doa terdengar seseorang memohon kemurahan -- ini tragis, sebab Tuhan demikian penuh dengan kemurahan sampai setiap orang yang memintanya akan mendapatkannya.

Konsep Paulus tentang kebenaran jauh lebih dari hanya menginginkan agar para pendengarnya aman ketika mereka meninggal. Kata yang lebih dekat dengan 'keselamatan' adalah 'penyelamatan,' bukan 'aman.' Ada banyak sekali orang yang ingin selamat (aman) ketika mereka meninggal, seakan mereka memiliki tiket ke surga, tetapi proses pendauran butuh waktu. Kata 'diselamatkan' muncul dalam tiga bentuk waktu dalam Perjanjian Baru. Paulus memakai istilah teologis untuk memaparkan proses penyelamatan yang menunjuk kepada bentuk waktu berbeda -- pembenaran, pengudusan dan pemuliaan. Mari kita tinjau artinya.

Pembenaran

Dalam Alkitab bahasa Inggris *New Guinea* , ketimbang memakai 'pembenaran' dikatakan di sana bahwa 'Tuhan -- Ia berkata, "aku sungguh benar ",' sungguh suatu terjemahan luar biasa. Pembenaran berarti ada dalam catatan kitab-kitab baik Tuhan. Ini suatu berkat indah, tetapi hanya awal dari keselamatan. Dalam pembenaran Tuhan membebaskan kita dari hukuman dosa, yang merupakan akibat dari hancurnya hubungan kita dengan Tuhan. Tuhan menyatakan bahwa kita ada dalam yang benar. Kebanyakan agama lain beranggapan bahwa kita membuat diri kita benar dulu sebelum kita dapat memiliki hubungan benar dengan Tuhan. Tetapi dalam Kekristenan, Tuhan lebih dulu berkata kita benar adanya.

Tetapi banyak orang berpikir bahwa itu semua-muanya. Mereka berpikir mereka telah selesai saat mereka dibenarkan, ketika sesungguhnya mereka baru saja berangkat dari panggung yang tepat.

Pengudusan

Ini merupakan bagian kedua dari keadaan diselamatkan. Sesudah kita dibebaskan dari hukuman dosa dan dengan hubungan hancur kita kini dipulihkan, kita kini bebas dari kuasa dosa. Cengkeram dosa dihancurkan, dan pengudusan datang seperti halnya dengan pembenaran, yaitu oleh iman. Kita dibenarkan oleh iman dan kita dikuduskan oleh iman. Kita tidak harus menghasilkan itu sendiri, tetapi kita sungguh perlu untuk terus menerus percaya di setiap saat setiap hari.

Pemuliaan

'Pemuliaan' memaparkan akhir dari keseluruhan proses, ketika kita dibebaskan dari kehadiran dosa secara tuntas -- waktu ketika kita akan hidup dalam dunia dimana tidak ada hal yang tidak dapat kita nikmati, di mana tidak ada lagi pencobaam. Pada keadaan inilah kita akhirnya dapat berkata dengan keyakinan besar, 'sekali selamat, selamanya selamat.'

Imputasi dan impartasi

Berbagai pertimbangan ini terkait dengan pembedaan yang dibuat oleh para teolog antara kebenaran yang diperhitungkan (*imputed*) dan kebenaran yang diberikan (*imparted*). Kita dibenarkan atas dasar iman dalam Kristus supaya kebenaran-Nya menutupi ketidakbenaran kita. Gambarannya ialah tentang kita 'mengenakan' Kristus, seperti seperangkat baju baru, ketika kita dibaptis ke dalam Kristus. Kita dibuat berpakaian Dia, sehingga Tuhan hanya dapat melihat Dia ketika Ia melihat ke kita. Kita disembunyikan dalam Kristus. Ini yang dimaksud diperhitungkan. Tuhan ingin juga memberikan kebenaran diri-Nya kepada kita, tidak hanya memperhitungkannya pada kita. Inilah proses pengudusan itu.

Jadi pada saat kita percaya, kita dibenarkan, tetapi Tuhan juga ingin kita menjadi sungguh benar (yi. Pengudusan). Pada puncaknya proses ini akan lengkap ketika kita berada dalam kemuliaan dan melihat Dia sebagaimana adanya Dia (yi. Pemuliaan).

Menarik untuk diamati bahwa meskipun Paulus memulai surat itu dengan berfokus pada pesannya, ketika kita tiba di akhir surat itu ia tidak bicara tentang pesannya, tetapi tentang metode penginjilannya. Ia berkata, 'Kalian telah mendengar berita dari ku, kalian melihat bagaimana aku hidup dan kalian menyaksikan tanda dan mukjizat, semuanya oleh Roh Kudus, jadi aku telah menyampaikan injil sepenuhnya kepada kalian.' Pelajarannya untuk kita jelas: kita harus juga mendemonstrasikan injil seperti kita memberitakannya.

Garis besar surat ini

Apabila menyangkut soal menganalisis surat ini, nasihat utama saya adalah membacanya dan membacanya terus. Ada beragam cara membagi surat ini. Yang paling sederhana adalah membaginya secara sangat rapi ke dalam 'iman,' 'harap,' dan 'kasih.' Pasal 1-4 semuanya mengenai iman. Lalu, dalam pasal 5, Paulus mulai bicara tentang pengharapan. Iman melihat ke masa lalu dan apa yang telah Tuhan lakukan dalam Kristus. Pengharapan melihat ke depan pada apa yang Tuhan akan lakukan, bukan saja dengan orang bukan Yahudi tetapi dengan Israel juga.

Lalu, dalam pasal 12-16, kata yang ketiga muncul -- kasih. Paulus memerhatikan masa kini dan bagaimana orang percaya menampakkan iman mereka sampai mewujud ke dalam masyarakat dan dalam gereja.

Sesudah mengenali garis besar secara kasar ini, kita dapat menganalisis surat ini secara lebih mendalam:

Prakata – Pesan Paulus -- dari Yahudi dan bukan Yahudi

Diselamatkan dengan cara yang sama

1. Kebenaran untuk Tuhan
   (a) Penghakiman untuk orang berdosa di bawah murka
   (b) Pembenaran untuk orang kudus melalui iman
2. Pendamaian melalui Kristus
   (a) Maut adalah hukuman dosa -- Ia mati untuk orang berdosa
   (b) Dominasi kuasa dosa -- kita mati terhadap dosa
3. Pembaruan dalam Roh Kudus
   (a) Belenggu Hukum dalam daging -- kekalahan dan keputusasaan
   (b) Kemerdekaan hidup dalam Roh -- penaklukan dan keyakinan

Kepunyaan Tuhan yang sama
1. Di masa lalu Israel telah dipilih
2. Di masa kini Israel keras kepala
3. Di masa depan Israel akan diselamatkan.

Hidup dalam dunia yang sama
1. Tanggungan pribadi mereka -- dalam pelayanan dan penderitaan
2. Perilaku publik mereka -- dalam negara dan masyarakat
3. Persaudaraan praktis mereka -- dalam kesukaran dan kesukaan

Penutup
Metode Paulus – kata, tanda, perbuatan

Salam perseorangan

Israel

Meski bukan maksud saya untuk menyediakan tafsiran tentang surat ini, Roma 9-11 menyebabkan banyak kebingungan, maka kita akan meluaskan tentang pengajaran Paulus mengenai Israel.

Pemilihan masa lalu Israel (Roma 9)

Ia mengungkapkan kesedihannya yang dalam karena bangsanya. Ia bahkan menulis bahwa ia bersedia pergi ke neraka jika itu dapat membuat mereka ke surga. Ia menjelaskan bahwa meski mereka telah menerima segala sesuatu yang mereka alami, mereka masih menolak Dia yang diutus Tuhan. Tetapi ini bukan perenungan tentang Tuhan. Ia tidak berharap semua mereka akan memercayai Yesus, sebab Ia tidak memilih semua mereka. Paulus memakai contoh dari sejarah Israel untuk menjelaskan pesannya ini.

1. *Ismael and Ishak.* Ishak dipilih melampaui Ismael yang lebih tua. Abraham telah berusaha mengatur masa depannya melalui persatuannya dengan Hagar, tetapi janji Tuhan tentang sang putra yang dijanjikan itu tetap berlaku.
2. *Yakub dan Esau.* Sekali lagi, yang lebih muda mewarisi berkat, ketimbang yang lebih tua, kendati fakta bahwa ia yang sangat dimanja.
3. *Musa dan Firaun.* Paulus menjelaskan tangan Tuhan yang mengeraskan hati Firaun -- menyiratkan bahwa Tuhan memilih untuk melakukan itu, dalam respons kepada keengganan Firaun menerima jalan Tuhan.
4. *Bangsa bukan Yahudi dan Yahudi.* Dalam cara sama

sebagaimana Tuhan memilih yang satu dan bukan yang lainnya dalam contoh-contoh Perjanjian Lama tersebut, demikian juga Tuhan telah memilih orang bukan Yahudi, dan untuk sementara 'menolak' orang Yahudi. Ia tidak 'dikecewakan' dengan keadaan yang terjadi masa kini -- ini adalah hal yang telah Ia putuskan.

Pengajaran Paulus tentang predestinasi tersirat dalam argumennya ini dan dapat disimpulkan sebagai berikut:

1. Tuhan tidak wajib untuk bermurah hati kepada siapa pun.
2. Tuhan memilih dengan suatu tujuan -- agar Ia boleh memeragakan murka dan hukuman-Nya.
3. Mereka yang dipilih untuk menerima keadilan memang layak untuk itu (yi. Firaun diberikan kesempatan berulang kali untuk berubah pikiran). Mereka yang dipilih untuk menerima kemurahan tidak layak untuk itu.

Kedegilan Israel masa kini (Roma 10)

Di sisi manusia, Paulus mengajarkan bahwa kita memiliki tanggungjawab untuk hidup dalam hubungan benar dengan Tuhan. Tetapi kita memiliki dua pilihan:

1. Perbuatan (Taurat) -- Percaya oleh Taurat. Dengan metode ini kita berusaha menghasilkan kebenaran diri kita sendiri. Tentu saja, hal ini pasti akan gagal -- tetapi ini adalah pendekatan umum dari bangsa Yahudi.
2. Perkataan (injil) – Percaya akan Tuhan. Dengan metode ini kebenaran Tuhan disediakan untuk kita. Kita menerima kesanggupan untuk memelihara Taurat, dan kita

menatap kepada Ia yang telah memelihara Taurat keseluruhannya.

Keselamatan Israel di masa depan (Roma 11)

Paulus berusaha menjawab pertanyaan apakah Tuhan menolak umat-Nya dengan menunjukkan bahwa Tuhan selalu memelihara sisa bangsa. Memang benar bahwa sebagian orang Yahudi telah dikeraskan, tetapi ini tidak berarti bahwa umat itu secara keseluruhan telah jatuh tanpa kemungkinan diperbaiki. Karena itu orang bukan Yahudi tidak boleh menjadi sombong tentang penyambutan mereka ke dalam umat perjanjian Tuhan, sebab sebagaimana orang Yahudi telah 'dipatahkan ke luar,' demikian juga mereka dapat mengalami itu, dan sebagaimana mereka telah dicangkokkan -- demikian juga orang Yahudi dapat dikembalikan. Dan suatu hari mereka akan. Itu adalah 'misteri,' yang dalam Alkitab berarti 'rahasia yang kini dapat dinyatakan.'

Kesimpulan

Meski banyak yang telah membayangkan bahwa Surat Roma adalah karya teologis yang jauh dari kegiatan misionaris Paulus, analisis kami menunjukkan bahwa surat ini sangat praktis. Dalam menjawab pertanyaan menjengkelkan di sekitar keesaan Gereja, surat ini menyediakan wawasan tentang bagaimana Gereja harus tumbuh dari akar-akar Yahudinya, sambil pada saat sama menyediakan penjernihan tentang isu-isu kunci tentang iman bagi umat Tuhan dalam setiap generasi. Dalam keadaan sedemikian ini adalah maha karya pemikiran logis dan jelas, dan banyak orang merasa bahwa ini adalah tulisan Paulus paling bagus. Banyak orang Kristen yang menghafal Surat Roma -- ia telah diperlakukan sedemikian pentingnya. Karenanya ini adalah kitab kunci untuk setiap orang percaya boleh memahaminya. Saya menganjurkan Anda untuk membacanya dan membacanya ulang sampai Anda meraih pesannya.

48.
KOLOSE

Pendahuluan

Apabila Paulus tidak sanggup mengunjungi gereja-gereja umumnya ia akan menulis surat. Pada berbagai kesempatan, ia akan mendengar tentang suatu situasi tetapi tidak dapat meninggalkan pekerjaannya untuk memberikan perhatian pada situasi itu. Menjelang akhir pelayanannya menulis surat menjadi satu-satunya cara ia berkomunikasi, sebab ia lama berada dalam penjara -- dua tahun di Kaisarea, dirantai kepada seorang serdadu Romawi, tetapi ia dapat menerima pengunjung, dan melalui kunjungan seorang bernama Epafras yang menuliskan baginya surat kepada jemaat di Kolose.

Paulus menulis tiga jenis surat: kepada perseorangan, diketahui dalam Alkitab dengan nama perseorangan; surat yang ditulis sewaktu-waktu untuk menyorot situasi tertentu dalam sebuah gereja; dan surat umum yang untuk diedarkan secara umum dan tidak mengurus masalah tertentu. Ketika Paulus menulis Surat Kolose, termasuk surat yang ditulis sewaktu-waktu, ia juga menulis sebuah surat perseorangan kepada Filemon, dan surat umum yang dikenal sebagai Surat Efesus, meski surat itu ditujukan untuk dipakai di sejumlah gereja. Mereka dikirim pada saat yang sama dan dikirim melalui pembawa surat yang sama, Tikhikus, ke wilayah yang sama.

Sebagaimana sudah kita lihat, surat-surat Paulus mengikuti pola yang berlaku umum dalam dunia Yunani purba. Surat dimulai dengan nama pengirim, kemudian alamat penerima, lalu salam, kemudian pujian, lalu isi surat, lalu kesimpulan, kemudian salam penutup dan akhirnya tanda tangan. Tetapi kendati disertai kesimpulan, ciri yang menjamin bahwa surat itu bersifat 'sewaktu-waktu' tidak selalu langsung terlihat jelas. Itu seperti mendengarkan ke satu sisi percakapan telepon. Kita perlu membaca baris-baris antaranya untuk mengerti mengapa surat itu ditulis.

Kolose

Latarbelakang geografis surat ini menyediakan petunjuk pertama untuk kita dapat mengerti surat ini. Kolose terletak di sebelah barat Turki, bersituasi di lembah dekat ke kota Hierapolis dan Laodikea. Di zaman Paulus kota tersebut telah surut kepentingannya dibanding dengan dua tetangganya, tetapi lembah tempat mereka terletak itu sangat dihargai. Di sana terdapat mata air panas yang disebut Air Spa Istana Kapas. Pelancong pergi ke sana untuk mandi dalam air bergaram panas dan mandi cahaya matahari di tebing putih, meski kota tersebut sudah tidak lagi ada.

Kolose terletak di tepi selatan Sungai Likus, anak dari Sungai Meander (meander = berliku-liku), yang kelokannya menjadi nama bagi ciri geografis dari alur khas sungai itu di bagian tengahnya. Sungai ini merupakan jalur perdagangan utama dari Efesus ke Efrat dan karenanya memiliki penduduk yang sangat bercampur. Para pelancong dari seluruh Eropa membuat rumah mereka di sana. Penduduk asli Kolose disebut orang Frigia, dan disekutukan oleh orang Yunani, yang bermukim di sana pada masa Aleksander yang Agung. Orang Yahudi telah tiba di sana untuk memanfaatkan kesempatan dagang, dan tentu saja pengaruh Romawi telah menguat dengan bertumbuhnya kerajaan mereka. Di abad ke tujuh orang Saracen membuatnya menjadi kota Saracen, tetapi siapa pun yang mengendali, kota ini tetap mempertahankan cita rasa internasionalnya.

Penduduk yang bercampur itu menyebabkan kota tersebut memiliki banyak agama berbeda. Masa kini kita bisa menyebutnya kota yang majemuk, tanpa ada satu pun agama yang dominan. Budaya keagamaan ini menolong menjelaskan pendekatan Paulus, sebagaimana akan kita lihat. Kita dapat menemukan enam wilayah utama kepercayaan keagamaan di sana.

Animisme dan takhayul

Penduduk asli orang Frigia percaya akan kuasa roh-roh primitif (elemental), yang mengoperasikan kuasa mereka di dalam dan melalui dunia natural. Maka ada roh yang mengontrol sungai, atau pohon, atau tinggal dalam gunung -- gunung putih di sana berfungsi memajukan kepercayaan ini. Hal itu mengembangkan suasana takhayul dan takut dengan para penyembah berusaha menenangkan roh-roh dan memastikan bahwa kehidupan berjalan mulus. Itu sangat mirip dengan jenis kepercayaan yang masih dipegang oleh para suku-suku terpencil masa kini. Beberapa bagian dari Gerakan Hijau memiliki kesamaan dengan cara pandang ini.

Astrologi

Kepercayaan bahwa bintang dan planet dapat memengaruhi kehidupan manusia juga berpengaruh luas. Kepercayaan itu barangkali dibawa oleh para penjelajah dari Timur yang menemukan penduduk setempat sangat terbuka untuk menambah pola kepercayaan tersebut kepada cara pandang mereka. Sekali lagi, ada paralel modernnya. Enam dari sepuluh laki-laki dan tujuh dari sepuluh perempuan di Inggris membaca horoskop mereka setiap hari. Sebagian bahkan mengambil keputusan bisnis berdasarkan ramalan bintang mereka.

Para dewa Yunani dan Romawi

Semua dewa dan dewi Yunani dan Roma ada di Kolose, bersama dengan praktik kafir terkait. Sementara orang percaya bahwa para dewa menuntut pertarakan keinginan jasmani secara ketat seperti makanan dan seks; yang lain menganggap bahwa para dewa tersenyum atas perilaku seksual longgar yang menjadi karakteristik kehidupan Romawi.

Agama misteri

Yang ini berasal di Timur dan kerap disebut sebagai agama-agama Gnostik, dari kata Yunani *gnosis*, yang berarti 'mengetahui,' yang merupakan lawan dari 'agnostik.' Seorang agmostik adalah seorang yang tidak tahu, tetapi seorang Gnostik adalah seorang yang percaya bahwa mereka termasuk 'dalam tahu,' kerap karena mereka mengerti rahasia khusus melalui pengalaman spiritual. Terkadang ada upacara inisiasi untuk mencapai kesempurnaan spiritual. Gnostisisme menggoda Gereja pada abad-abad awal, dan meski diberi nama-nama lain, ia masih bersama kita hari ini.

Yudaisme

Gaya Yudaisme yang di Kolose sangat berbeda dari yang di Tanah Suci. Yang ini bersifat filosofis, kurang moral dan lebih mistik ketimbang Yudaisme Israel, sebagian karena pengaruh Gnostik. Yudaisme di sini penuh dengan spekulasi, dan sifatnya yang demikian sangat menggugah dan meyakinkan orang. Kepercayaan ini menjunjung para malaikat, sebagai agen baik dalam penciptaan dan dalam pemberian Hukum Taurat. Ia menganggap bahwa para malaikat mengontrol komunikasi antara Tuhan dan manusia. Tetapi ada juga rujukan yang lebih tradisional yang diberikan kepada almanak Yahudi dan hukum tentang makanan.

Kekristenan

Iman Kristen tidak datang ke Kolose dari rasul Paulus. Tidak ada bukti petunjuk bahwa ia pernah melalui kota tersebut. Orang yang mengunjungi Paulus di penjara, Epafras, yang telah menanam gereja tersebut. Kisah Para Rasul memberitahu kita bahwa Paulus tinggal dua tahun di Efesus, setiap hari berkhotbah dan berdiskusi di ruang kuliah Tiranus. Lukas mencatat bahwa firman Tuhan telah diketahui di seluruh Asia. Epafras bertobat melalui khotbah Paulus dan membawa injil ke kota asalnya, Kolose. Jadi Paulus menulis kepada gereja atas dasar laporan yang ia terima dari Epafras, yang menjadi alasan mengapa ada begitu banyak salam. Ia menyebut Aristarkhus, Markus, Demas, Lukas dan Epafras sendiri, menulis tentang Epafras sebagai pekerja keras yang selalu berdoa untuk mereka. Tetapi kurangnya pengenalan pribadi Paulus akan gereja ini menyebabkan ia tidak memiliki otoritas atas mereka, dan karena itu nadanya agak dingin dan lembut dalam seluruh surat ini.

Pengajaran sesat

Para sarjana dan pelajar Alkitab mengajukan berbagai anggapan tanpa akhir tentang apa yang telah terjadi di Kolose. Jelas bahwa pengajaran salah telah memengaruhi gereja tersebut, tetapi para sarjana tidak sanggup bersetuju tentang masalah tepatnya, sebab apabila Anda melihat pada argumen kontra dari Paulus, itu tidak dapat mengusulkan suatu agama atau kultus tertentu.

Jelas bahwa ia tidak menghadapi ajaran Yahudi yang ketat yang ia hadapi di gereja-gereja lain. Juga jelas bahwa ia tidak hanya menghadapi agama misteri atau astrologi. Namun argumennya terkesan merespons campuran agama dan filsafat, sehingga satu-satunya solusi yang cocok dengan bukti petunjuk itu ialah menyimpulkan bahwa Paulus berargumen melawan semua ideologi dari kebudayaan tempat gereja Kolose berada. Ada banyak kesamaan dengan apa yang kini kita kenal sebagai Gerakan Zaman Baru. Seperti Gerakan Zaman Baru, ajaran itu lebih merupakan suasana hati ketimbang iman yang jelas. Percampuran iman Kristen dengan ide-ide lain itu dikenal sebagai sinkretisme, dan Paulus tahu bahwa itu dapat menghancurkan iman gereja, sebab ketika iman Kristen dicampur dengan iman lain, pesan Kristus tidak lagi utama.

Maka Paulus menulis terhadap filsafat-filsafat kosong dan menipu dengan klaim menawarkan kepenuhan dan kemerdekaan, yang berusaha menaklukkan kuasa-kuasa jahat dan mengutamakan puasa. Ia berkata bahwa gereja diperdaya untuk memercayai bahwa Kristus tidak cukup. Dalam hal ini, surat itu mengandung pesan sangat penting untuk Gereja di Milenium baru kini, sebab ini mengingatkan kita tentang bahaya dari praktik-praktik keagamaan yang memasuki Gereja, entah itu terkesan berakar alkitabiah atau kafir. Kekristenan untuk banyak orang di Inggris adalah sebuah agama -- saya menyebutnya 'Churchianity -- kegerejaan' sebab ini sekadar upacara, dengan sedikit sekali memerhatikan Yesus yang dalam Alkitab. Sebagian orang Kristen menganjurkan refleksologi dan yoga, sebagai contohnya.

Dampak sinkretisme

Karena respons Paulus kepada sinkretisme merupakan ciri utama surat ini, kita harus mempertimbangkan dua dampak besar yang hal ini akibatkan pada gereja di Kolose.

Kedekatan (imanensi) Tuhan

Orang-orang percaya telah kehilangan kesan mereka tentang kedekatan Tuhan. Orang Kristen percaya bahwa Tuhan bersifat transendens (kemahaan Tuhan) dan imanens (kedekatan Tuhan), atau dengan kata lain Ia jauh melampaui kita dan sekaligus dekat kepada kita. Kebenaran ini suatu paradoks. Jika Anda melupakan salah satu sisi dari paradoks ini, Anda kehilangan kepercayaan Kristen tentang Tuhan. Tuhan sekaligus lebih besar daripada alam semesta dan lebih dekat daripada nafas kita. Maka orang Kristen Kolose melihat Tuhan sebagai keberadaan yang jauh, menganggap Dia jauh melampaui pencapaian kita. Maka mereka memenuhi kesenjangan yang ada dengan kepercayaan akan para malaikat dan roh, karena percaya bahwa mereka diperlukan sebagai pengantara untuk berkomunikasi dengan Tuhan. Mereka dengan demikian menekankan secara berlebihan kepercayaan akan transendensi Tuhan, dan akibatnya ada dalam bahaya kehilangan penghargaan akan kehadiran-Nya yang penuh anugerah bersama mereka.

Pra-eminensi (keunggulan) Kristus

Kepercayaan tentang perlunya para pengantara tersebut datang sebagiannya karena, beda dari anggapan mereka yang terlalu tinggi tentang Tuhan, mereka menganggap Yesus terlalu rendah dalam pemikiran mereka. Maka meski Paulus dapat memuji gereja tersebut karena tanda-tanda iman mereka, ia tidak terkesan dengan apa yang Epafras ceritakan tentang doktrin mereka. Mereka kehilangan kepercayaan akan pra-eminensi Kristus, karena Kristus mereka tempatkan pada posisi bersama keberadaan lain yang mereka percayai. Mereka telah gagal menyadari posisi-Nya sebagai Tuhan atas ciptaan dan kepala Gereja -- melainkan seperti Para Saksi Yehovah masa kini melihat Yesus hanya sebagai keberadaan yang dicipta ketimbang Tuhan sendiri.

Pengaturan perilaku

Paulus menyebutkan dua praktik penting bukan Kristen yang telah menjadi bagian dari kehidupan mereka.

Pemeliharaan almanak

Jemaat di Kolose mulai melaksanakan perayaan-perayaan tahunan, bulanan dan mingguan, kendati fakta bahwa tidak ada petunjuk tentang orang Kristen melakukan pemeliharaan almanak seperti itu dalam Perjanjian Baru -- bahkan, almanak yang dipelihara Gereja sebagian besarnya adalah dari asal kafir yang bercampur ke dalam Kekristenan.

Pemeliharaan almanak ini menyediakan contoh nyata tentang sinkretisme dari sumber yang tak terduga -- contohnya, perayaan Hari Natal. Kebanyakan orang Kristen menolak ide bahwa orang Kristen tidak boleh merayakan Natal, tetapi tidak ada ayat dalam Perjanjian Baru yang memerintahkan orang Kristen untuk membuat sesuatu yang khusus pada hari Natal. Kenyataannya, hari raya Natal didasarkan atas perayaan tengah musim salju tentang yang mereka anggap sebagai 'kelahiran kembali' matahari pada 25 Desember. Upacara itu di-'Kristen'-kan ketika Agustinus diutus dari Roma oleh Paus Gregorius untuk menginjili Inggris pada tahun 597, dan ia mendapati bahwa penduduk setempat tidak bersedia mengubah perayaan mereka. Mereka mencakup kayu bakar Natal, lagu dan pesta liar. Setiap desa memilih 'Tuan penyimpang aturan' selama 12 hari, yang boleh memilih gadis muda mana saja yang ia inginkan sepanjang '12 hari masa Natal.' Maka Paus menasihati untuk 'meng-Kristenkan' perayaan itu. Legasi keputusan itu ialah Kristus dikerdilkan menjadi bayi dalam palungan, dan kerap Ia diabaikan seperti itu.

Tambahan, tidak ada petunjuk spesifik untuk merayakan Paskah juga. Kristus bangkit 'tiap hari,' dan hidup-Nya harus dinikmati dan dirayakan sesuai keaadaan itu.

Bahkan perayaan hari Minggu sesungguhnya tidak pernah diperintahkan dalam Perjanjian Baru. Kita bebas memelihara Minggu sebagai hari khusus jika kita ingin, dan kita bebas menganggap setiap hari sebagai hari Tuhan jika kita ingin. Kita tidak boleh berada di bawah aturan apa pun tentang Minggu, Natal atau Paskah, namun banyak sekali orang Kristen menganggap kita perlu melakukan itu.

Pantang

Praktik pantang Yunani dari kenikmatan jasmani yang sah juga populer di Kolose. Sebagian melarang nikah, dengan anggapan bahwa selibat lebih diutamakan. Yang lain memiliki daftar hal yang tidak boleh mereka sentuh atau cicipi. Paulus harus mengatakan bahwa Tuhan telah memberikan semua hal kepada kita untuk dinikmati dengan bebas. Orang Kristen bebas untuk berpuasa atau berpesta, menurut keinginan dan hati nurani mereka sendiri.

Dari pengajaran Paulus dalam Surat Kolose dan surat-surat lainnya, khususnya Galatia dan Roma, jelas bahwa Kekristenan bukan mengenai memberikan kembang gula untuk masa pra-Paskah (dalam almanak gereja Inggris) tetapi mengenai membuang sikap dan praktik yang tidak menyukakan Tuhan, seperti kesombongan, hawa nafsu dan iri hati. Itu berarti hidup konsisten dalam Kristus setiap hari sepanjang kehidupan Anda. Maka dalam artian demikian setiap hari adalah khusus.

Tema tentang pantangan jasmani ini khususnya diperlihatkan dalam kehidupan Martin Luther. Dalam masa ia masih sebagai rahib, ia berusaha mendapatkan keselamatan dirinya dengan mengikuti apa yang menurut pengertiannya merupakan praktik yang layak. Ia berdoa kepada tiga santo setiap hari dan mencambuki dirinya sampai ia jatuh tidak sadar di lantai sel. Ia pergi berziarah dan mendaki anak tangga kudus di Roma dengan lututnya. Ia tidak mendapatkan kedamaian. Pembimbing rohaninya bertanya, 'Jika engkau menyingkirkan benda pusaka, ziarah dan doa kepada para santo dan semua praktik devosional ini, apa yang akan kau tempatkan sebagai gantinya?' Martin Luther menjawab, 'Kristus, manusia hanya membutuhkan Yesus Kristus.' Demikian itulah Reformasi Protestan mulai. Ia menyingkirkan praktik agama yang tidak perlu dan menempatkan Kristus kembali ke tempat-Nya.

Seluruh kepenuhan ilahi dalam Kristus yang kekal

Paulus bermain mengikuti permainan para guru palsu itu. Mereka berfokus pada bagaimana 'kepenuhan' dapat ditemukan melalui praktik-praktik mereka, maka Paulus memakai kata yang sama untuk memaparkan Kristus. Ia memberitahu mereka bahwa 'seluruh kepenuhan ketuhanan berdiam di dalam Dia.' Charles Wesley menuliskan hal ini dalam sebuah himne: 'Tuhan kita membatasi diri, tak terselami menjadi manusia.' Paulus menjelaskan bahwa ketika kita punya Yesus, kita punya keseluruhan diri Tuhan.

Secara khusus Ia adalah:

Pencipta Alam Semesta

Menurut Paulus, kuasa-kuasa anasir alami yang sedemikian dipuja itu ada di bawah kendali Yesus. Ini dicapai di salib ketika Yesus membatalkan utang kita dan melucuti mereka yang kepadanya kita berutang. Maka salib jauh lebih dari sekadar hidup yang berkorban, tetapi merupakan jalan kemenangan nyata dan abadi.

Penakluk para kuasa

Ia adalah penakluk kuasa-kuasa, sebab semua penguasa dan kuasa dalam alam semesta ada di bawah Yesus. Bahkan, seluruh harta hikmat dan kebijaksanaan terdapat di dalam Dia. Ia adalah semua dan di dalam semua.

Pengendali Gereja

Sebagai penakluk atas kuasa-kuasa, berikutnya Ia adalah kepala dari Gereja juga. Gereja hanya memiliki satu kepala, bukan banyak. Ia tidak memiliki kepala manusia, tetapi satu kepala ilahi. Kepala Gereja adalah Yesus, dan kekepalaan ini tidak didelegasikan kepada siapa pun. Jika gereja lokal tidak bereleasi benar dengan sang kepala, ia menjadi kejang, karena saluran komunikasi antara kepala di surga dan tubuh di bumi rusak.

Semua manusia berfokus pada Kristus yang telah ditinggikan

Dalam terang pemuliaan Kristus, fokus kita harus tepat tertuju pada Dia. Paulus memaparkan bagaimana orang percaya menyatu dengan Kristus, dan mengalami pembaruan hati. Tindakan luar yang mengabaikan karya hati ini menjadi mubasir.

Kemurnian dalam keinginan

Maka kehidupan orang percaya dalam Kristus harus diwujudnyatakan ke dalam banyak wilayah praktis. Paulus mengajar bahwa keinginan natural untuk kejahatan harus 'ditanggalkan' dan Kristus harus 'dikenakan' dalam tindakan kemauan. Hawa nafsu, keserakahan, kemarahan dan kejahatan tidak boleh ada dalam kehidupan Kristen. Paulus bicara tentang mematikan perilaku semacam itu.

Amal dalam gereja

Selanjutnya, perhatian Kristen pada Kristus berarti perubahan dalam hubungan. Kita harus menjadi seperti Tuhan dalam cara kita berperilaku satu terhadap yang lain -- dalam kerendahhatian, belas kasihan, kebaikan, pengampunan dan kasih. Orang Kristen harus hidup sebagai orang yang pemikirannya tertuju ke atas, dan karakter Tuhan menyediakan model yang sempurna.

Keserasian dalam rumah tangga

Paulus ingin mendemonstrasikan bahwa hidup seperti Kristus meluas ke rumah tangga, maka ia memberikan garis besar kunci hubungan-hubungan untuk keluarga -- antara suami dan istri, antara orangtua dan anak, dan antara majikan dan budak (sebab yang terakhir pun bagian dari rumah tangga). Ada hubungan yang timbal balik, dengan masing-masing pihak memainkan peran tepat mereka dalam hubungan itu. Ia memakai kata 'tunduk' untuk memaparkan cara orang harus merespons -- ketundukan istri kepada suami, anak kepada orangtua dan hamba kepada majikan. Tetapi pada saat yang sama, tanggungjawab suami dan orangtua dan majikan untuk menyatakan kasih yang berkorban kepada mereka yang tunduk itu.

Kesimpulan

Kita dapat menarik dua kesimpulan dari Surat Kolose

Negatif

Pertama ialah Paulus menyatakan dalam Surat Kolose bahwa adalah mungkin bagi seseorang, sesudah mulai menjalani jalan kepada keselamatan, tidak pernah sampai di tujuan. Kesimpulan ini bukan hanya terdapat dalam surat ini atau pada ajaran Paulus, sebab ini terdapat juga di bagian lain Perjanjian Baru, terutama di Matius dan Ibrani. Ketika merujuk kepada pengharapan akan surga, Paulus berkata bahwa ini akan terjadi 'jika kalian berlanjut dalam iman.' Ia memperingatkan mereka bahwa apabila mereka memberi kesempatan kepada keinginan yang tidak serasi dengan Kristus, mereka akan kehilangan hak untuk luput dari murka Tuhan di hari akhir. Ajarannya ini mendesak, sebab ia cemas bahwa mereka disesatkan oleh limpah ide yang menjangkiti orang percaya. Pada satu saat ia memakai kata 'diculik' untuk memaparkan apa yang bisa terjadi, sebab seakan mereka mengizinkan diri mereka untuk kehilangan kemerdekaan dalam Kristus. Jika mereka berpaling lagi kepada agama, mereka kehilangan segalanya.

Positif

Sisi positif surat ini ialah bahwa sekali kita telah beriman kepada Kristus, kita harus berlanjut memercayai Dia. Surat ini penuh dengan anjuran untuk berlanjut dalam Dia. Seperti halnya Yesus berjanji bahwa jika kita tetap dalam pokok anggur kita akan menghasilkan banyak buah, demikian juga Paulus mendorong jemaat Kolose untuk tetap berfokus pada Kristus jika kehidupan mereka adalah untuk menyukakan Tuhan. Maka ia mendorong mereka di pasal 2 bahwa sebagaimana mereka telah menerima Kristus, mereka harus berlanjut hidup dalam Dia.

Tidak cukup hanya datang kepada Kristus. Kita harus berakar dan dibangun dalam Dia, didirikan dalam Dia. Kita perlu terus menerus ada dalam Kristus dalam segala hal. Pengajaran Paulus sama seperti yang Yesus sendiri ajarkan, yang berkata, "Akulah pokok anggur yang benar. Tinggallah di dalam Aku, tetaplah berada dalam Aku. Carang yang tetap diam dalam Aku akan berbuah-buah. Carang yang tidak tinggal dalam Aku akan dikerat dan dibakar' (Yohanes 15). Maka meski Paulus tidak mengenal anggota gereja tersebut, namun demikian ia memerhatikan mereka tentang kemungkinan mereka kehilangan apa yang asalnya mereka miliki dalam Kristus.

49. EFESUS

Pendahuluan

Surat Paulus kepada jemaat di Efesus hampir pasti ditulis pada saat sama seperti suratnya untuk jemaar di Kolose. Ada beberapa alasan mengapa demikian.

Pertama, tema dalam Surat Efesus sama dengan tema di Surat Kolose sampai ada usul bahwa Efesus memodel Surat Kolose. Surat Kolose ditulis sebagai perlawanan terhadap sinkretisme dan memberikan uraian jelas tentang kepercayaan dan perilaku Kristen. Surat Efesus juga meliput wilayah yang sama. Dalam kedua surat ini Gereja digambarkan sebagai tubuh, hubungan kekeluargaan disorot dengan pemilihan kata yang sama, dan pokok tentang perbudakan pun sama disoroti. (Tema ini juga merupakan tema dalam surat Paulus kepada Filemon, yang kemungkinan ditulis pada saat sama).

Kedua, Paulus berkata ia ingin surat kepada jemaat Kolose dibacakan tidak saja di Kolose tetapi juga di Laodikea dan Hierapolis, dua gereja lagi di lembah Likus, dan ini mengusulkan bahwa masalah yang ia soroti juga terjadi di sana. Mengingat Efesus hanya sekitar 200 km jauhnya dari sana, bukan tidak beralasan mengharapkan bahwa masalah sama mungkin memengaruhi gereja di sana juga, khususnya karena Surat Efesus ditulis sebagai surat umum, tidak secara khusus untuk Efesus. Ungkapan 'Di Efesus' tidak terdapat di beberapa naskah awal.

Tambahan, kurangnya salam pribadi dalam Surat Efesus mengherankan jika surat ini ditujukan khusus pada gereja di Efesus, sebab Paulus pernah tinggal dua tahun di sana dan pasti akan menyebutkan nama-nama orang, sebagaimana yang ia buat dalam surat lainnya.

Tetapi, sesudah mencatat kesamaan dengan Surat Kolose, kita juga harus menyadari bahwa Surat Efesus berbeda dari surat-surat Paulus lainnya sebab surat ini tidak begitu didominasi oleh perhatian kepada pembacanya. Dalam surat umum semacam ini, Paulus tidak mengurusi ajaran sesat tertentu sebagaimana dalam surat-suratnya yang lain, juga tidak mengurus masalah atau pertanyaan tertentu.

Kota Efesus

Kota Efesus terletak di perpotongan jalan-jalan besar timur-barat dan utara-selatan. Efesus berdiri dipintu gerbang jalan ke Asia bagian dalam, dengan para penjelajah dari Persia, Mesir, Yunani dan Roma bertemu di balik tembok-temboknya. Pada zaman Paulus ini adalah pelabuhan besar, meski pelabuhan itu kini telah tertimbun lumpur dan lokasi modern Efesus agak ke dalam di tempat bernama Ayasohuk, sementara kota tua itu kini tinggal reruntuhan. Sebagai salah satu dari 12 kota di dalam Liga Ionia, Efesus adalah pusat perdagangan dan keuangan, dengan teater yang dapat menampung 24,000 orang dan sebuah kuil kafir sangat besar, berukuran 130 meter kali 75 meter. Kuil itu didedikasikan untuk sebuah meteor hitam yang jatuh di Efesus. Itu adalah blok material berwarna hitam, mengkilat, besar, dipenuhi dengan benjolan-benjolan, yang masing-masingnya mirip bentuk payudara perempuan. Meteor ini dianggap sebagai tanda dari dewi Diana (dinamai Artemis di Yunani), dan demikianlah penyembahan payudara perempuan berkembang di Efesus. Batu meteor dengan banyak bentuk payudara ini ditempatkan di atas mezbah dan tiruannya kecil dari perak dijual. Orang yang datang sebagai turis membelinya dan membawa pulang tiruan perak itu untuk ditaruh di gantungan pakaian di rumah.

Gereja di Efesus

Kita lebih banyak tahu tentang gereja di Efesus ketimbang gereja lain di Perjanjian Baru. Kita membaca tentangnya pertama kali dalam Kisah Para Rasul 18-20 ketika Paulus berkunjung ke sana. Ada banyak surat menyurat tentang gereja itu: sebagai tambahan dari surat ini, kita dapatkan bahwa 1 dan 2 Timotius keduanya ditujukan kepada Timotius di Efesus, dan tentang gereja Efesus. Di Kitab Wahyu sebuah surat ditujukan kepada gereja di Efesus, dan tiga surat dari Yohanes serta Injil Yohanes ditulis di Efesus, sebab rasul Yohanes tinggal di sana bersama Maria ibu Yesus.

Kita juga memiliki bukti dari sumber ekstra Alkitab bahwa gereja tersebut telah menjadi mapan. Kota itu menjadi penting dalam sejarah Gereja awal, dengan Konsili di Efesus diadakan pada tahun 431. Pelancong hari ini dapat melihat reruntuhan gereja St. Yohanes dan kuburannya. Hampir dapat dipastikan bahwa di sinilah rasul lanjut usia itu meninggal.

Paulus tinggal di kota itu di dua kesempatan selama total dua tahun, semasa itu gereja tersebut bertumbuh. Iman menjadi sangat populer dan respons kepada klaim-klaim Yesus sedemikian cepat sampai membuat perniagaan pernak-pernik Diana menderita. Sedemikian banyak para penyembah Diana beralih ke Tuhan yang benar sampai Paulus menghadapi kesulitan dari perajin perak. Perniagaan patung perak meteor itu praktis lenyap.

Struktur surat

Sepertinya jelas bahwa Paulus merasa hal terbaik yang dapat ia lakukan untuk mencegah bidat-bidat di Asia dari menghancurkan Gereja adalah mengirim surat dengan ringkasan tentang kepercayaan dan perilaku Kristen. Itu adalah cara terdekat yang kita miliki kepada pernyataan injilnya, khususnya mengingat Surat Roma bukan pernyataan injilnya sebagaimana yang dipercaya banyak orang. Surat Efesus lebih sistematis ketimbang surat lainnya, dan banyak yang menganggap ini adalah surat terbaik Paulus, dan menyebutnya 'Ratu dari semua surat kiriman.'

Struktur surat ini sangat jelas. Secara sederhananya, paruh pertamanya adalah tentang hubungan kita dengan Tuhan dalam Kristus, dan paruh keduanya adalah tentang hubungan kita dengan orang lain dalam Tuhan. Apabila Paulus menulis tentang hubungan kita dengan Tuhan, ia memakai kata 'Kristus,' tetapi ketika ia menulis tentang hubungan kita dengan orang lain ia memakai 'Tuhan.' Kristuslah yang memberi kita hubungan dengan Tuhan, dan Ia adalah Tuhan yang memerintah hubungan kita satu sama lain.

Maka di paruh pertama surat ini, Paulus memaparkan bagaimana keselamatan datang kepada orang percaya, dan di paruh kedua ia memperlihatkan bagaimana mereka harus berperilaku sekali mereka telah menjadi orang percaya. Penting diperhatikan bahwa kita bukan diselamatkan *oleh* perbuatan baik, tetapi kita diselamatkan *untuk* perbuatan baik.

Bagian 1:	**Bagian 2:**
Maksud dan kuasa-Nya	Kehidupan dan peperangan kita
Hubungan dengan Tuhan (dalam Kristus)	Hubungan dengan orang lain (dalam Tuhan)
Keselamatan bekerja di dalam	Keselamatan dikerjakan ke luar
Ajaran	Kewajiban
Apa yang menyelamatkan kita	Kita diselamatkan untuk
Penyembahan	Penerapan
Pengampunan	Kekudusan
Pembenaran	Pengudusan
Kelepasan kita	Respons kita
Kedaulatan Ilahi	Tanggungjawab manusia
Di dalam Gereja	Di luar Gereja

Dunia berpikir bahwa menjadi baik menyelamatkan kita. Injil sungguh menyatakan bahwa kita diselamatkan supaya menjadi baik, dan kedua ide ini sama sekali berbeda!

Dua kata kunci dalam paruh pertama adalah *maksud* dan *kuasa*. Kita lihat apa yang Tuhan bermaksud lakukan dan kita memerhatikan kuasa yang Ia miliki untuk mencapai maksud itu. Kata kunci untuk paruh kedua adalah *berjalan* dan perang. Kita harus berjalan dalam terang, berjalan dalam kasih, berjalan sebagai anak-anak terang, dan kita harus berperang dalam peperangan rohani.

Maka paruh pertama sesungguhnya berkonsentrasi pada apa yang terjadi di dalam Gereja dan paruh kedua pada apa yang terjadi di luar Gereja. Paruh pertama mengurus dimensi vertikal injil, dan paruh kedua mengurus dimensi horizontal injil.

Penting bahwa kita menjaga kedua unsur ini bersama. Jika kita percaya kita telah selamat dan memiliki tiket ke surga tidak pandang bagaimana kita hidup, kita tidak mengerti injil.

Struktur surat kiriman memberitahu kita sesuatu yang penting tentang keselamatan, sebab urutannya sangat penting. Ada sementara orang berpikir bahwa Kekristenan hanya tentang 'menjadi baik.' Tetapi sama salahnya mengatakan bahwa Kekristenan hanya tentang 'hal diselamatkan.' Kita harus memiliki keduanya, tetapi kita harus memilikinya dalam urutan yang benar. Kebanyakan agama dunia menempatkan pengudusan sebelum pembenaran -- mereka menuntut orang mencapai kebaikan (bagaimana pun itu didefinisikannya) sebelum Tuhan menerima mereka. Kekristenan unik. Ia berkata kita diterima oleh Tuhan lebih dulu, sebagaimana kita ada, dalam rangka supaya Tuhan boleh membuat kita sesuai apa yang Ia inginkan. Pembenaran harus terjadi sebelum pengudusan, sebab kita tidak dapat menghidupi kehidupan Kristen sebelum kita berhubungan benar dengan Tuhan. Perilaku Kristen dibangun atas kepercayaan Kristen. Kewajiban Kristen memancar dari pengajaran Kristen.

Pemeriksaan atas pasal 1-3 memperlihatkan bahwa Paulus menjelaskan doktrin keselamatan dalam konteks pelayanan penyembahan. Urutannya adalah pujian, doa, khotbah, doa, pujian dan tema keseluruhan pelayanan itu adalah kuasa dan maksud Tuhan.

Pujian – maksud: menyimpulkan segala sesuatu
  dalam Kristus.
Doa– untuk mengenal maksud dan kuasa.
Khotbah – kuasa dan maksud.
1. *Kristus*: – bangkit untuk memerintah.
2. *Bukan Yahudi*: – dibangkitkan untuk ikut serta.
3. *Paulus*: – dibangkitkan untuk menyatakan.
Doa –untuk mengenal kuasa dan maksud.
Pujian – kuasa: melakukan dengan teramat
  sangat melimpah.

Rasul sangat menekankan tentang kesatuan Yahudi/bukan Yahudi. Paulus rajin menekankan bahwa Tuhan telah menghancurkan tembok pemisah antara Yahudi dan bukan Yahudi, yang sedemikian dahsyatnya didemonstrasikan oleh tembok di Bait yang mencegah orang bukan Yahudi masuk ke bagian dalam dengan sengat kematian. Legasi pembagian tajam ini mewabahi Gereja mula-mula, dan Paulus khusus menyadari implikasinya. Ia menulis dari penjara sebab tuduhan palsu bahwa ia membawa masuk seorang bukan Yahudi bernma Trofimus (dari Efesus), ke dalam wilayah eksklusif Yahudi di Bait.

Tetapi penekanan Paulus pada Gereja sebagai 'bangunan baru' yang menggantikan bait tidak boleh membuat kita mengandaikan bahwa Tuhan telah selesai dengan Israel lama. 'Teologi penggantian' yang melihat Gereja sebagai penganti Israel, adalah kesalahan pengertian, sebab sebagaimana penjelasan Paulus dalam Roma 9-11, Tuhan masih memiliki maksud-Nya untuk umat-Nya.

Berjalan dalam Roh

Pasal 4-6 menyoroti soal respons kita kepada apa yang telah Tuhan lakukan. Kebanyakan Alkitab bahasa Inggris memakai kata 'walk' (berjalan), sedangkan Alkitab bahasa Indonesia memakai kata 'hidup' sepanjang pasal ini. Kata kerja berjalan sangat membantu memaparkan bagaimana kita harus merespons. Kita dapat meloncat dalam Roh dan berjingkrak dalam Roh, tetapi Tuhan ingin kita berjalan (hidup) dalam Roh. Berjalan tidak begitu spektakuler seperti melompat dan berjingkrak, tetapi ini adalah membuat satu langkah pada satu saat dalam arah yang benar.

Paulus mendaftarkan delapan wilayah yang harus kita jalani.

Kerendahhatian

Kita berjalan dalam kerendahhatian sebab itu adalah rahasia kesatuan. Kita tidak dapat memiliki kesatuan Kristen jika kita tidak memiliki kerendahhatian, sebab di mana ada kesombongan, kesatuan hancur. Jadi kita tidak perlu terlalu susah ketika orang mengatakan apa-apa tentang kita -- pada akhirnya, kita harus ingat bahwa akan lebih buruk lagi jika mereka mengetahui kita sesungguhnya!

Salah satu puisi kesukaan saya menyoroti hal ini dengan baik sekali:

Sekali waktu dalam hasrat saleh aku berteriak dengan duka mendalam,
'Oh Tuhan, hatiku hitam oleh tipu daya, aku pendosa paling berat.'

Lalu malaikat penjagaku berkata, sambil berbisik dari belakang,
'Sia-sia, sobat kecilku, kau sama sekali tidak begitu.'

Merendah yang palsu bukanlah kerendahhatian. Kerendahhatian sejati menyadari bahwa kita ada sebagaimana kita ada oleh anugerah Tuhan, dan jika bukan karena anugerah-Nya kita sudah tidak ada.

Kesatuan

Berikutnya kita dianjurkan untuk berjalan dalam kesatuan. Paulus mengingatkan kita bahwa ini adalah *satu* tubuh, *satu* Roh, *satu* iman dan *satu* baptisan. Hanya ada satu Tuhan dan Bapa dari semua kita. Maka kita berjalan dalam kesatuan, sebab kita semua diselamatkan oleh darah Yesus, apa pun ketidaksetujuan antara kita. Memelihara kesatuan Roh berarti bertindak aktif -- kita boleh mengandaikan bahwa karena kita semua pergi ke gereja yang sama, dengan sendirinya semuanya beres. Kita harus mengerjakannya agar menjadi nyata.

Kedewasaan

Paulus mendorong gereja untuk berjalan dalam kedewasaan. Ia berkata bahwa kita beranjak dari kesatuan ke pertumbuhan ke kepenuhan Yesus Kristus dan menjelaskan bahwa inilah alasan Tuhan telah mengaruniakan para rasul, nabi, penginjil, gembala dan pengajar, yaitu untuk membangun kita supaya boleh menjadi dewasa dan bertumbuh. Persekutuan Kristen mulai dengan kesatuan Roh dan berakhir dengan kesatuan dalam iman. Kesatuan Roh dipelihara sampai kesatuan iman tercapai. Terlalu banyak kaum injili telah menjadikan persetujuan doktrinal secara meluas sebagai basis kesatuan, dan karenanya mereka mengkritik sebagian dari kita yang bersekutu dengan, katakanlah karismatik Katolik. Tetapi dasar kesatuan adalah Roh yang esa. Jika kita berjumpa seseorang yang telah dibaptis dalam Roh yang sama seperti kita dibaptiskan, kita memiliki persekutuan dengan saudara atau saudari itu. Jadi kapan saja kita bertemu dengan orang yang di dalamnya Roh Kudus diam, mereka adalah bagian dari satu tubuh Kristus. Kita sendiri tidak mungkin memiliki seluruh kebenaran!

Integritas

Di pasal 5 integritas mengemuka. Kita didorong untuk memastikan bahwa kehidupan kita sepadan apa yang kita katakan, dan bahwa apa yang kita ucapkan sesuai dengan keberadaan kita sebagai anak Tuhan. Kita diberitahu untuk tidak mengucapkan lelucon jorok -- sedemikian praktisnya anjuran itu.

Kasih

Kita harus memiliki kasih satu kepada lain. Kita harus saling mengampuni sebagaimana Kristus telah mengampuni kita. Orang Kristen memiliki sikap saling bertoleransi sambil diimbangi dengan sikap tidak toleran tentang salah dan dosa. Sukar menjaga keseimbangan sukar tetapi penting dilakukan.

Kemurnian

Kita harus dipenuhi dengan Roh Kudus. Kata kerja yang

dipakai mengusulkan pemenuhan terus menerus. Kita harus berjalan dalam kemurnian motif dan hati jika kita ingin menyukakan Tuhan yang telah memanggil kita.

Kepatuhan

Banyak dari perkataan Paulus memiliki konotasi negatif dalam bahasa modern. Tetapi kepatuhan, atau ketundukan satu sama lain dalam Kristus, adalah tanda indah tentang kedewasaan.

Ia menyebutkan tiga wilayah:

> Para istri harus tunduk kepada para suami mereka;
> Anak-anak harus tunduk kepada orangtua mereka;
> Para hamba harus tunduk kepada majikan atau atasan mereka.

Dalam setiap kasus yang disebut terdahulu harus 'menaruh diri mereka di bawah' yang disebut kemudian karena hormat kepada Kristus. Ketundukan ini adalah contoh manusia tentang ketundukan mereka kepada Kristus.

Tanggung jawab

Mereka yang kepadanya orang tunduk, memiliki tanggungjawab untuk layak atas peran mereka. Ini sangat menantang. Para suami harus mengasihi para istri mereka sebagaimana Yesus mengasihi Gereja -- tidak kurang. Istri saya lebih dari sekali mengatakan kepada saya bahwa apabila saya tunduk kepada Kristus, ia senang untuk tunduk kepada saya. Maka para suami, orangtua, dan majikan memiliki tanggungjawab terhadap mereka yang kehidupannya ada dalam pengaruh mereka. Pengajaran tentang penundukan diri ini sama sekali tidak merupakan alasan untuk perilaku yang menindas atau mendominasi.

Peperangan rohani

Bagian tentang peperangan rohani merupakan bagian paling terkenal dari surat ini. Kita diberitahu untuk mengenakan senjata lengkap dari Tuhan, sebab kita bukan sedang berperang melawan manusia. Adalah lebih mudah melawan manusia -- sebagian orang Kristen sepertinya lebih menyukai itu. Tetapi Paulus menjelaskan bahwa kita bukan sedang bergumul dengan darah dan daging, tetapi melawan para penguasa dan kuasa di angkasa. Sesungguhnya, kita sedang bergumul di tempat di mana kita telah ditempatkan dalam Kristus. Pasal 1 memberitahu kita bahwa kita duduk bersama Dia di sorga (pasal 6:12 memakai kata yang sama dengan pasal 1:3, 2:6).

Jelas bahwa satu hal yang tidak pernah boleh kita lakukan adalah melangkah mundur, sebab dalam paparan Paulus senjata yang tersedia tidak menyebut tentang perlindungan untuk bagian punggung. Anda mungkin sewaktu-waktu tidak sanggup maju, tetapi Anda harus bertahan dan tidak boleh melangkah balik. Rujukan kepada perisai iman pemadam anak panah berapi hampir pasti merujuk kepada perisai serdadu Romawi yang dilapisi dengan kayu lunak. Anak panah berapi yang menikam lapisan itu akan menjadi padam. Demikian juga semua anak panah berapi si jahat dapat diredam oleh iman kita.

Predestinasi

Studi tentang Surat Efesus tidak akan lengkap tanpa melihat pada predestinasi. Ini adalah tema yang khususnya menonjol dalam pasal pertama. Predestinasi adalah pokok yang sering disalahmengerti. Sebagian orang bicara seakan kita adalah para robot atau boneka yang tidak dapat menolak apa pun yang Tuhan pilih untuk lakukan.

Pengertian ini sebagian bersumber dari penafsiran nas dalam Yeremia 18 di mana manusia diumpamakan sebagai tanah liat di tangan tukang periuk. Tanah liat itu tidak punya pilihan. Tetapi Yeremia 18 mungkin malah membuat tekanan berlawanan. Sebab dalam perumpamaan itu, tukang periuk bermaksud kuat untuk menjadikan tanah liat menjadi jambangan yang indah, tetapi tanah liat tidak menuruti kemauan tangannya, maka ia membuat itu menjadi gumpalan tanah lagi dan menaruhnya balik ke pelarikan dan membuatnya menjadi periuk kasar. Jadi sesungguhnya Tuhan mengajar Yeremia agar kita memilih untuk bekerjasama dengan sang penjunan dan mengizinkan Dia menjadikan sesuatu yang indah dari kita. Penerapan untuk zaman Yeremia adalah bahwa Tuhan ingin membuat Israel menjadi wadah indah penampung kemurahan-Nya, tetapi kebalikannya Ia telah membuat mereka menjadi bejana buruk penghukuman.

Perumpamaan ini menolong kita menjawab pandangan bahwa kita tidak dapat menolak Tuhan. Ini memperlihatkan bahwa jika kita merespons kepada Tuhan, destini yang Ia rencanakan bagi kita sejak dari peletakan fondasi dunia akan menjadi milik kita. Tetapi tidak ada apa pun yang mengusulkan bahwa jika Ia mempredestinasikan kita menjadi sesuatu, kita tidak dapat menolak kehendak-Nya.

Dengan memakai ilustrasi pribadi, ayah saya tahu saya ingin menjadi petani. Saya memakai setiap masa liburan di peternakan dan ketika saya pulang sekolah jam 16:00 saya pergi bekerja di tanah peternakan; saya memerah susu dari 90 ekor sapi tiap jam 4:00 pagi. Saya suka berternak. Saya tidak tahu bahwa ayah saya telah merencanakan agar saya meneruskan peternakan di Skotlandia ketika saya berusia 21. Peternakan itu milik keluarga dan ia telah mengatur ini. Tetapi ketika ayah saya mengatakan bahwa peternakan itu siap untuk saya, saya harus memberitahu dia bahwa Tuhan memimpin saya ke arah lain. Andai saya menerima peternakan tersebut, saya dapat berkata bahwa ia telah merencanakan itu sebelum saya mengetahuinya.

Sama halnya,'memilih' secara harfiah berarti memutuskan suatu destini sebelumnya. Tetapi ide bahwa Tuhan hanya memperlakukan kita sebagai boneka membuat kita melakukan apa yang telah Ia predestinasikan adalah ide salah, sebagaimana ayah saya tidak memaksakan apa yang telah ia pilihkan bagi saya. Tuhan memilih kita untuk kemuliaan. Kita dapat menolak atau mengabaikan hal yang dipredestinasikan-Nya itu, atau kita dapat menerimanya. Jika kita menerimanya, kita dapat berkata sesudahnya untuk selamanya bahwa Ia telah merencanakan untuk kita sebelum dunia dijadikan.

Dua pandangan tentang predestinasi

Pandangan lazim mengatakan bahwa predestinasi berarti para individu dipilih untuk diselamatkan oleh Tuhan, sementara lainnya dipilih untuk tidak diselamatkan. Dalam pengertian ini, Tuhan memutuskan sebelum kita lahir apakah kita akan selamat. Anugerah Tuhan dikatakan sebagai tidak tertolakkan, sebab sekali Tuhan telah memilih kita akan diselamatkan, tidak ada hal yang dapat menghentikan itu. Maka seluruhnya adalah pilihan Tuhan apakah orang akan berakhir di surga atau neraka, karena tanpa anugerah-Nya bekerja dalam kehidupan kita, mustahil untuk kita merespons Tuhan dalam pertobatan dan iman. Dengan telah dipilih, kita dijamin tempat di surga. Pandangan sedemikian tentang predestinasi dihubungkan dengan teolog asal Perancis, John Calvin -- walau meski Calvin mengajarkan anugerah pemilihan, dalam *Institusio*-nya ia mengajar bahwa orang percaya dapat kehilangan keselamatan mereka.

Namun demikian pandangan ini telah ditantang. Pertama, jika kita mempelajari rujukan kepada predestinasi dalam Alkitab, kita dapatkan bahwa orang percaya bukan terutama dipilih untuk keselamatan seperti dipilih untuk pelayanan. Kedua, penekanannya bukan pada pemilihan atas perseorangan tetapi atas suatu umat, bangsa atau umat terpilih atau pilihan. Ketiga, Alkitab tidak berkata bahwa anugerah Tuhan tidak tertolakkan. Anugerah dapat ditolak. Dalam khotbahnya di Kisah Para Rasul, Stefanus mengkritik Sanhedrin karena selalu menolak Roh Kudus. Anugerah bersyarat atas iman. Hanya jika kita terus percaya, kita sungguh berlanjut dalam iman itu.

Selanjutnya, destini kita tidak bergantung pada pilihan Tuhan tetapi pada kita, apakah kita merespons anugerah-Nya atau memilih untuk menolaknya. Jelas bahwa kita dilahirkan kembali sesudah bertobat dan percaya, bukan sebelumnya. Karena kita telah bertobat dan percayalah maka Tuhan memberi kita kehidupan baru dalam Kristus.

Akhirnya, ketekunan kita adalah sesuatu yang dituntut ketimbang dijamin. Alkitab bicara tentang ketekunan, tinggal dalam pokok anggur, menang, tetap dalam Kristus, terus menerus percaya. Semua ini adalah kata-kata yang mencerminkan keberlanjutan iman pada pihak kita. Ini bukan keselamatan karena perbuatan, tetapi keselamatan oleh iman yang berkelanjutan, dan hal ini penting untuk ditekankan. Argumen ini menentang pandangan Calvin tentang predestinasi dan sering disebut Armenianisme, dinamai menurut teolog Belanda bernama Arminius.

Jadi saya percaya akan predestinasi. Saya percaya bahwa Tuhan mempredestinasikan saya menjadi sebagaimana saya ada sekarang. Saya percaya bahwa Ia memutuskan Ia menginginkan saya di surga bahkan sebelum saya tahu bahwa Ia ada. Ia mengasihi saya sebelum saya mengasihi Dia, dan Ia memilih saya ketimbang saya memilih Dia. Dengan mengatakan semua itu, saya percaya bahwa karena saya tidak menolak anugerah-Nya dan menerima itu serta terus menerus percaya maka saya akan berakhir di kota surgawi.

Bagan berikut menggambarkan pendekatan berbeda ke predestinasi:

Calvin	Arminius
Kepada keselamatan individual	Kepada pelayanan kelompok
pribadi	umat
tak tertolakkan	bersyarat
anugerah	iman
destini ditentukan oleh pilihan Tuhan	destini bergantung pada pilihan kita
terhilang -- maka tidak dipilih	terhilang -- maka pilihan salah
lahir kembali sebelum pertobatan dan iman	lahir kembali sesudah pertobatan dan iman
ketekunan dijamin	ketekunan dituntut

Sekali selamat, selamanya selamat?

Pertimbangan kita tentang predestinasi memengaruhi sebuah slogan yang banyak dipakai secara luas. Orang berkata, 'Sekali diselamatkan, selamanya selamat.' Masalah terbesar di sini ialah, kata 'selamat,' itu rancu. Apa maksud dari 'sekali diselamatkan'? Saya sudah diselamatkan, tetapi saya masih memiliki banyak hal lain yang darinya perlu diselamatkan. Keselamatan adalah proses, bukan mukjizat yang bersifat instan dan karenanya, seperti orang lain juga, saya menantikan Kedatangan Yesus Kedua, ketika Ia akan membawa keselamatan untuk mereka yang menantikan Dia. Pada saat itulah saya akan 'diselamatkan selamanya,' sebab saat itu keseluruhan diri saya akan diselamatkan, termasuk tubuh saya.

Merupakan keyakinan teguh saya bahwa diskusi tentang predestinasi tidak perlu merusakkan persekutuan Kristen. Terlepas dari pandangan kita, kita dapat bersatu di sekitar Kristus.

Kesimpulan

Surat untuk jemaat di Efesus ini mungkin merupakan penyajian paling jelas tentang doktrin dan kewajiban Kristen, kepercayaan dan perilaku, teologi dan etika dari semua surat Paulus. Tidak heran bahwa ini menjadi favorit untuk banyak orang percaya dan di antara banyak denominasi. Barangkali penekanannya pada kesatuan adalah faktor utama dalam ketenarannya di lingkungan ekumenis, meski penting memerhatikan kesejajaran perhatian pada kebenaran dan integritas.

50. FILIPI

Pendahuluan

Surat Paulus kepada jemaat di Filipi ditulis semasa pemenjaraan pertamanya di Roma sewaktu berada dalam tahanan rumah. Filipi adalah kota pertama yang ia kunjungi di daratan utama Eropa dan merupakan tempat gereja pertamanya ditanam. Ini adalah tempat spesial untuk Paulus dan sebagaimana akan kita lihat, gereja itu memiliki tempat khusus dalam hatinya.

Pada masa Paulus Filipi adalah kota besar dan makmur karena lokasinya pada rute utama perdagangan timur-barat yang disebut Jalan Ignatian. Kota itu terletak di celah lebar dalam rentang pegunungan dari Laut Hitam ke Adriatik. Kandungan emas dan perak dalam gunung yang dekat itu menambah kekayaannya. Pada awal 1990 arkeolog mendapatkan sebuah kuburan yang penuh dengan harta karun dari emas di Filipi -- temuan yang hanya kedua dibanding dengan kuburan Tutankhamen di Mesir. Itu adalah kuburan Philip, raja Makedonia (Yunani utara), yang dengan namanya kota itu disebut. Anaknya yang lebih termasyhur adalah Aleksander yang Agung, yang membangun kerajaan raksasa sebelum kematiannya di usia 31.

Wilayah itu merupakan pemandangan dari beberapa perang purba penting. Pada 168 SM Romawi datang dan menaklukkan bangsa itu. Pada 42 SM Anthoni mengalahkan Brutus dan Cassius di Filipi. Pada 31 SM Anthony dan Cleopatra dikalahkan dan dibunuh di sana. Dengan merupakan medan perang penting, orang Romawi menjadikannya koloni mereka. Kaisar Augustus memberinya nama hebat 'Kolonia Yulia Augusta Philipensis," tetapi orang menyingkatnya dengan 'Filipi.' Kota ini sebuah metropolis mini dan kepadanya diberikan hak yang persis sama seakan ia merupakan tanah Romawi, dan banyak orang romawi yang merasa suka tinggal di sana.

Koloni surga

Lokasi Filipi menyebabkan ia memiliki peran strategis sebagai basis untuk injil, ia menjadi pintu gerbang untuk Eropa. Dari catatan Lukas tentang peluasan Gereja di Kisah Para Rasul jelas bahwa Tuhan memaksudkan Filipi sebagai 'koloni surga.' Dalam Kisah Para Rasul 16 kita baca bagaimana Paulus dicegah oleh Roh Kudus dari pergi ke Bitinia di Asia. Paulus dan para rekannya pergi ke barat, tidak pasti tentang tujuan akhir mereka sampai Paulus mendapatkan penglihatan tentang seorang berpakaian penduduk asli Makedonia memberi isyarat agar mereka datang ke negerinya. Maka Paulus dan kelompoknya berlayar ke pelabuhan Neapolis dan kemudian pindah ke Filipi. Khotbahnya dicatat di Kisah Para Rasul merupakan catatan pertama tentang ketibaan injil di daratan Eropa. Mungkin injil dibawa ke sana oleh penduduk asli Eropa yang mengunjungi Yerusalem dan bertobat ketika Roh datang pada Hari Pentakosta, tetapi kita tidak memiliki bukti petunjuk tentang ini.

Gereja Filipi

Gereja tersebut mulai dari sedikit orang sekitar tahun 52. Strategi Paulus untuk menginjili suatu wilayah adalah memulai pekerjaannya di sinagoge Yahudi dalam kota yang ia kunjungi. Tetapi tidak ada sinagoge di Filipi, sebab yang ada tidak sampai 10 orang sebagaimana syarat untuk mendirikan sinagoge, maka sebaliknya Paulus bertemu dengan kelompok doa para perempuan Yahudi. Di antaranya terdapat seorang yang menjadi instrumen dalam pekerjaan gereja di Filipi -- seorang perempuan pengusaha bernama Lydia. Ia aslinya dari Asia, ia penjual kain ungu sebagai nafkahnya. Kisah Para Rasul memberitahu kita bahwa ia memiliki budak-budak dan keluarga dan seluruh keluarganya dibaptiskan. Para penganjur pembaptisan anak dikecewakan oleh temuan bahwa kata 'isi rumah' bukan berarti 'keluarga,' tetapi mencakup para budak dan segala jenis kerabat. Jadi tidak ada usul bahwa anak kecil termasuk di dalamnya.

Tetapi tidak semua orang senang dengan kedatangan Paulus, dan khotbahnya segera menemui tentangan. Itu datang dalam bentuk tak terduga yaitu dengan seorang gadis yang selalu mengikuti Paulus dan timnya berkeliling, memberitahu para pendengar: 'Kalian harus mendengar orang-orang ini! Mereka dari Tuhan Mahatinggi! Mereka menyatakan kebenaran!' (Kisah Para Rasul 16). Tetapi hal yang tadinya terkesan sebagai publisitas baik ternyata adalah kebalikannya, karena gadis itu adalah petenung yang dipekerjakan oleh pebisnis yang memilikinya dan memakai kemampuannya untuk menghasilkan uang. Maka Paulus mengusir roh jahat keluar dari gadis itu, dan ia berhenti mengganggu pertemuan mereka. Tetapi pemiliknya marah dan menimbulkan masalah untuk Paulus. Tidak lama sesudah itu Paulus kemudian dipenjarakan, dengan tuduhan menganjurkan pembenturan hukum Roma -- hal ini merupakan perubahan sebab biasanya orang Yahudi yang menuduh Paulus.

Kisah Para Rasul mencatat bagaimana Paulus dan kawanannya mengubah sel di mana mereka ditahan menjadi pelayanan penyembahan. Mereka ada di penjara dalam kegelapan total tengah malam namun mereka memuji Tuhan! Seakan merespons penyembahan mereka, Tuhan mengirimkan gempa bumi, membuat sel penjara runtuh, dan seluruh penjara terbuka lebar. Kepala penjara, menyadari bahwa hukuman atas kehilangan tahanan berarti penyaliban, berteriak, 'Harus berbuat apakah aku supaya selamat?' Paulus langsung menjawab, 'Percayalah pada Yesus!' Kita mesti mengandaikan bahwa Paulus berkhotbah kepadanya dan isi rumahnya berjam-jam sepanjang malam itu, sebab paginya mereka telah siap untuk dibaptis. Maka bersama Lydia, kepala penjara dan isi rumahnya, dan mungkin para perempuan Yahudi dari kelompok doa itu, menjadi permulaan dari gereja di Filipi.

Tetapi Paulus masih dalam penjara, dan ia tahu haknya sebagai warga negara Romawi di Filipi, koloni Romawi itu. Ia memberitahu penguasa kota bahwa mereka telah memperlakukan dia secara tidak adil. Pihak penguasa yang menyadari bahwa mereka dapat menghadapi hukuman penjara jika perlakuan mereka atas Paulus kedapatan tidak adil, memohon agar ia meninggalkan kota itu. Ia menjawab, 'Baik, jika Anda datang dan mengeluarkan saya dari penjara dan ikut saya ke luar kota, saya akan pergi!' Jadi ia berada di Filipi hanya sebentar saja -- beberapa hari atau paling lama beberapa minggu, namun ia meninggalkan di belakang 'koloni surga' pertama di Eropa.

Surat ini ditulis lama kemudian hari. Paulus melanjutkan pekerjaan misionarisnya sebelum ditangkap di Yerusalem. Tuduhannya tidak adil -- ia dituduh secara tidak benar membawa seorang bukan Yahudi masuk ke wilayah terlarang dalam bait. Ia naik banding kepada Kaisar, akhirnya dikirim ke Roma dengan dirantai, dan selama dua tahun menantikan pengadilan dirinya. Selama dua tahun ini Dokter Lukas menulis Injil Lukas dan Kisah Para Rasul, dua jilid yang dimaksudkan sebagai pembelaan Paulus di pengadilan dan yang menyebabkan ia dilepaskan.

Alasan Paulus menulis

Keinginan Paulus menulis surat ini lahir dari dua hal yang ia terima dari Filipi.

Dukungan finansial

Pertama adalah pemberian uang. Gereja tersebut demikian bersyukur kepada Paulus karena membawa injil untuk mereka sampai mereka memutuskan untuk mendukung Paulus secara finansial, kendati fakta bahwa Paulus tidak pernah meminta apa pun. Mereka adalah satu-satunya gereja yang mendukung dan ingin memperlihatkan kepedulian mereka untuk kelangsungan pelayanan Paulus dengan cara ini.

Dukungan fisik

Pemberian kedua bahkan lebih disambut. Seorang tiba tidak hanya dengan uang tetapi dengan ketrampilannya mengurus rumah untuk melayani Paulus sementara ia berada di dalam tahanan rumah. Jelas gereja itu bertanya sendiri, 'Bagaimana kita dapat menolong dia?' dan memutuskan bahwa bantuan jasmani adalah kontribusi terbaik mereka. Orang yang diutus itu bernama Epafroditus. Ia disebut 'rasul.' Kata itu berarti 'utusan' (dari kata kerja Yunani, *apostolos,* berarti 'aku mengutus'). Seorang rasul adalah seorang yang diutus dari A kepada B untuk melakukan sesuatu.

Lima jenis 'rasul'

Ada banyak kebingungan di sekitar istilah 'rasul.' Sesungguhnya ada lima jenis 'rasul' dalam Perjanjian Baru.

1. Yesus disebut rasul sebab Tuhan mengutus Dia dari surga ke bumi untuk menyelamatkan kita, maka Ia adalah Rasul Kepala.
2. Jenis kedua dari rasul adalah 'Dua Belas' rasul yang menjadi para saksi kebangkitan Yesus dan yang diutus ke dunia oleh Dia. Kualifikasi mereka adalah mereka mengenal Yesus sebelum dan sesudah kebangkitan-Nya.
3. Paulus sendiri adalah rasul khusus. Ia tidak termasuk Dua Belas rasul sebab ia tidak mengenal Yesus sebelum kematian-Nya. Tetapi meski demikian di jalan ke Damaskus ia dipanggil oleh Yesus yang bangkit, dan naik ke surga, maka ia adalah rasul jenis ketiga.
4. Kategori keempat ialah Paulus mengenakan topi misionaris perintis yang diutus untuk menanam gereja-gereja di teritorial yang belum dijangkau. Sesungguhnya, kata 'diutus' dalam bahasa Lain adalah *mitto,* darinya kita mendapat kata 'misionaris' dan 'misil.'

Misionaris adalah misil balistik antar benua yang diisi dengan dinamit injil! Kita masih memiliki rasul-rasul penanam gereja seperti ini hari ini.
5. Epafroditus adalah rasul kategori kelima -- seseorang yang diutus dari satu tempat ke lain tempat untuk mengerjakan apa saja. Maka ini merupakan kelompok sangat luas dan tidak harus menunjukkan status tinggi sebagaimana yang kita harapkan.

Epafroditus jatuh sakit

Meski Paulus menghargai kunjungan Epafroditus, kita diberitahu dalam surat ini bahwa ia juga menyebabkan kesedihan, sebab tidak lama kemudian ia jatuh sakit. Menariknya, doa-doa Paulus tidak menyembuhkan dia. Ini tidak perlu membuat kita heran. Kesembuhan dalam Perjanjian Baru biasanya dikaitkan dengan penginjilan dan tidak dengan penyembuhan orang Kristen. Beberapa penolong Paulus pernah mengalami masalah jasmani yang tidak disembuhkan. Timotius dianjurkan untuk minum anggur untuk menyembuhkan masalah pencernaannya, dan Trofimus disebut ditinggal karena 'sakit.' Pelayanan penyembuhan dalam Perjanjian Baru bukan agar orang Kristen terpelihara sehat, tetapi untuk mendemonstrasikan injil dalam penginjilan.

Tetapi beritanya kembali ke Filipi bahwa orang yang mereka utus mengalami sakit berat dan hampir mati. Maka Paulus memutuskan bahwa hal terbaik adalah mengutus Epafroditus kembali ke Filipi dengan surat untuk gereja Filipi, untuk mengucapkan terima kasih kepada gereja itu atas uang yang mereka kirim.

Surat Filipi

Surat ini agak beda dari surat Paulus lainnya. Ini tidak berkonsentrasi pada masalah atau krisis tetapi pada hubungan antara Paulus dan jemaat Filipi, dan memberi kita jendela untuk melihat bagaimana perasaan Paulus tentang salah satu gereja yang telah ia tanamkan. Kita jadi mengenal Paulus sebagai pribadi dan sahabat ketimbang sebagai pengkhotbah atau misionaris, dan kita beroleh kilas tentang betapa mendalam jalinan hubungan antara dia dan para petobatnya.

Salah satu ciri menggelitik surat ini ialah bahwa Paulus terkesan tidak tahu bagaimana mengakhirinya. Ia terus menerus mengatakan 'dan akhirnya.' Ini tidak perlu membuat kita heran -- sebab itu hal yang lazim terjadi dalam penulisan surat. Ia terus saja mengingat hal lain lagi, sama halnya dalam menulis surat ke seorang sahabat kita terus saja berkata, 'Oh, saya harus menyebut itu dst.... Oh, ada satu hal lagi...' Maka surat ini mengandung perasaan spontan, yang mencerminkan momentum pemikirannya sementara ia mendiktekan surat itu.

Koinonia

Sebelum mempertimbangkan bagaimana Paulus mengatur pengajaran utamanya, kita akan memeriksa dua tema kunci yang ia kembangkan.

Satu kata yang tampil cukup mencolok dalam surat ini ialah *koinonia*, diterjemahkan sebagai 'persekutuan' di kebanyakan versi Alkitab. Sesungguhnya kata ini jauh lebih dalam ketimbang arti yang kerap kita berikan kepadanya. Kita bicara tentang 'persekutuan nge-teh di aula gereja seusai ibadah' -- seolah secangkir teh atau kopi menciptakan persekutuan! Hal itu bisa mencipta suasana persahabatan, tetapi persekutuan jauh lebih dari secangkir kopi.

Sesungguhnya *koinonia* adalah kata yang dapat dipakai untuk para rekan bisnis. Tetapi kekuatan artinya barangkali paling baik dilihat dengan cara kata itu dipakai dalam masa Perjanjian Baru. Kembar Siam yang dilahirkan di zaman purba disebut memiliki darah *koinonia*, sebab jika yang seorang mati yang lainnya mati juga. Dalam cara sama, persekutuan kita satu sama lain harus memiliki kualitas seperti itu -- apa yang terjadi pada yang seorang akan terjadi juga pada yang lainnya -- itulah *koinonia*.

Gereja di Filipi bebas dari jenis masalah besar yang Paulus hadapi di gereja-gereja lain yang ia tulisi surat, tetapi ada beberapa perhatian. *Koinonia* dalam gereja Filipi dipengaruhi oleh dua orang perempuan bernama Euodia dan Sintikhe -- meski melihat cara mereka berkelakuan, 'Jijik' dan 'Sensitif' mungkin adalah nama yang lebih tepat. Mereka telah bekerja sama dengan Paulus tetapi ketidaksetujuan mereka menimbulkan masalah. Kelakuan mereka menjadi petunjuk tentang ketidaksehatian yang Paulus soroti di bagian lain surat ini. Itu bukan jenis ketidaksehatian seperti yang mengganggu jemaat di Korintus, di mana mereka mengikuti beberapa pelayan atau pemimpin. Yang ini adalah jenis ketidaksatuan di mana orang menjadi sombong -- lebih memerhatikan diri mereka sendiri ketimbang saling memerhatikan. Paulus harus berkata 'Apabila masing-masing kamu lebih memerhatikan kepentingan orang lain, kalian akan bersatu.'

Sukacita

Kata lain yang menjadi ciri surat ini adalah *sukacita*. Kendati situasi yang Paulus alami, surat ini penuh dengan sukacita. Ia menghadapi masa depan yang sepi dan pengadilan yang bisa menyebabkan kematian, dan orang yang menentang dia berkhotbah sementara dia merana di penjara -- namun kata favoritnya adalah 'sukacita' dan bersukacitalah' dan 'mengucap syukur.' Bengenel mengatakan: 'Pokok utama surat ini ialah 'Aku bersukacita, kamu harus bersukacita.' Von Hugel menyebut surat ini 'bercahaya di tengah badai dan tekanan kehidupan.'

Paulus mendaftarkan sumber sukacita itu dalam surat ini: doa, Kristus dikhotbahkan, iman, penderitaan, kabar dari orang yang dikasihi, penyambutan, menerima dan memberi. Tetapi jauh di kedalaman ada dua sumber sukacitanya:

Karena tujuan hidupnya

Perspektif yang sedemikian dipenuhi oleh sukacita itu dimungkinkan karena ia hidup agar injil boleh diketahui orang. Hal ini benar berdasarkan dua pernyataan. Seluruh penjaga istana telah mendengar pesan injil, sebab agaknya ia memiliki pendengar sesama tahanan. Dan bahkan meski sebagian orang mewartakan dari persaingan sementara ia ada dalam penjara, Paulus bersukacita bahwa Kristus telah diperkenalkan.

Kesanggupan untuk mengenal sukacita dalam Tuhan ini digambarkan dalam Perang Dunia Kedua. Paul Schneider adalah pastor gereja di Berlin yang dipenjara oleh Hitler karena khotbahnya yang melawan Fasisme. Akibatnya ia tidak pernah lagi melihat istrinya dan anak lelakinya yang berusia dua tahun. Kendati pukulan, siksaan dan akhirnya hukuman mati, surat-surat yang ia tulis dari kamp konsentrasi Dakhau kepada istrinya penuh dengan sukacita. Ia hidup untuk Kristus dan karena itu ia tidak kehilangan apa pun.

Jika Anda hidup untuk Kristus, mati adalah keuntungan! Paulus sangat ingin pergi, tetapi sedia untuk tetap hidup. Ia berkata kepada jemaat di Filipi, 'Kalian khawatir tentang aku. Sesungguhnya justru kebalikannya -- akulah yang khawatir tentang kalian. Aku sendiri sama sekali tidak khawatir tentang diriku!' Ia berkata, 'Aku telah mati dan kembali ke pelayananku, tetapi aku ingin sekali pergi.'

Ketika David Watson mendapatkan dirinya menderita kanker serius, saya menulis surat kepadanya, yang ia kutip dalam bukunya *Fear No Evil* (Tidak Takut Bahaya). Saya memberitahu dia ada perbedaan antara 'bersedia pergi untuk bersama dengan Tuhan, tetapi ingin tetap hidup' dari 'ingin pergi untuk bersama dengan Tuhan, tetapi bersedia untuk tetap hidup.' Inilah posisi ideal untuk orang percaya, sebagaimana dicontohkan oleh Paulus, yang sanggup berkata bahwa ia 'besedia tetap hidup jika dibutuhkan lebih lama lagi, tetapi sangat ingin untuk pergi.'

Fokus pada injil ini selanjutnya ditekankan dengan memerhatikan betapa sering Paulis menulis tentang Yesus. Ada 38 kesempatan dalam surat ini ketika ia bicara tentang Yesus. Kita cenderung bicara tentang Kristus dalam kita -- tetapi dalam surat ini Paulus menulis tentang berada dalam Kristus. Kristus adalah pihak yang lebih besar, Paulus kedapatan 'di dalam Dia.'

Karena dasar hidupnya

Sumbangan finansial jemaat Filipi adalah satu-satunya

yang Paulus terima. Bahkan gereja Antiokhia yang mengutus dia sebagai misionaris, tidak diketahui apakah mereka menyediakan dukungan untuknya. Maka menjelang akhir suratnya Paulus berterima kasih kepada gereja Filipi atas uang itu, tetapi melakukannya dengan cara menarik. Sesungguhnya ia berkata, 'Aku tidak membutuhkan ini, tetapi kalian perlu memberi, maka aku sangat gembira dengan pemberian ini -- bukan karena kepentingan ku tetapi kepentingan mu, sebab tindakan itu membuat kalian kaya.' Ia mengucapkan selamat kepada mereka tentang memberi itu ketimbang gembira karena menerimanya.

Ketika saya mengajar berkhotbah saya menguji para pembicara dengan mengutip teks lepas dari konteksnya, memakai teks, 'Segala perkara dapat kutanggung di dalam Dia yang memberi kekuatan kepadaku.' Saya bertanya: 'Nah, apa arti teks ini? Apa saja menurut Anda dapat Anda buat melalui Kristus yang menguatkan Anda?' Saya menerima segala macam jawaban, tetapi tidak ada yang menyebut uang. Tetapi dalam konteksnya pernyataan itu adalah tentang uang. Ia berkata, 'Aku dapat mengelola dengan berapa saja pendapatan ku, entah itu besar atau kecil. Jika aku mendapat banyak uang, aku dapat mengelolanya melalui Kristus yang menguatkan aku.'

Ada dua hal berlawanan dalam Alkitab jika menyangkut soal uang: 'serakah' adalah ekstrim yang satu dan 'cukup' adalah lawannya. Di tempat lain Paulus berkata, 'Ibadah disertai perasaan cukup adalah keuntungan besar' dan 'Aku telah belajar mencukupkan diri.' Ini luar biasa, mengingat kesaksian Paulus dalam Roma 7 bahwa satu dari sepuluh perintah yang tidak dapat ia pelihara adalah yang ke sepuluh, 'Jangan kamu menginginkan.' Paulus ciri khas seorang Farisi, dan kelemahan Farisi adalah mereka suka mendapatkan uang. Mereka rohani dan kaya bersamaan.

Yesus memberitahu mereka, 'Kalian tidak dapat memiliki keduanya, kalian tidak dapat hidup untuk uang dan untuk Tuhan, kalian tidak dapat menyembah Tuhan dan mamon bersamaan.' Orang Farisi menyeringai kepada-Nya, berkata, 'Ya, itu karena kamu miskin!' Tetapi Yesus tahu apa yang Ia katakan. Maka heran bahwa Paulus orang serakah ini -- seorang Farisi, seorang yang menyukai uang dan suka mendapat uang -- berkata, 'aku telah belajar merasa cukup.'

Nas yang kontroversial

Apa pun pelajaran tentang surat ini harus mempertimbangkan satu nasnya yang lebih terkenal: Filipi 2:5-11. Di samping merupakan sebuah nas yang indah, ia juga telah menjadi sumber pertentangan besar. Pertanyaan terbesarnya ialah: Mengapa ini ada dalam Surat Filipi, dan mengapa ini sedemikian berbeda dari bagian lain surat ini?

Nas ini mengandung dua tema, dan ini sangat jelas -- dikosongkan/dimuliakan atau turun/naik. Itu merupakan keseimbangan yang indah, dengan Yesus terus turun sampai ke salib dan kemudian balik sampai ke puncak tertinggi. Ia mengosongkan diri-Nya, dan Tuhan memuliakan Dia.

Liturgis

Sementara orang mengusulkan bahwa Paulus mengutip sebuah himne yang dinyanyikan oleh Gereja awal dan yang cocok dengan pokok yang sedang ia tegaskan. Tetapi kita tidak memiliki bukti pendukung untuk itu -- mungkin saja Paulus yang sedang menggubah himne di sini. Pada akhirnya, ketika sesuatu menyentuh hati Paulus secara mendalam, ia kerap masuk ke dalam puisi. Dalam Alkitab prosa dipakai untuk mengkomunikasikan pemikiran Tuhan, tetapi puisi dipakai untuk mengkomunikasikan perasaan-Nya.

Teologis

Walaupun boleh jadi Paulus mengutip himne atau bahkan mungkin ia sendiri menggubah himne, kontroversi terbesar tentang nas ini terjadi ketika orang memperlakukannya sebagai karya teologis -- seakan nas ini mendiskusikan sifat dan pribadi Kristus.

Sebagian orang memakai nas ini untuk mendukung pandangan yang disebut teori Kenotik tentang Kristus. Kata 'kenotik' datang dari kata Yunani *kenosis,* yang berarti 'mengosongkan.' Mereka memperdebatkan seberapa jauh Tuhan Kristus mengosongkan diri-Nya ketika Ia menjadi manusia. Apa yang Ia lepaskan?

Dari pemikiran ini datang suatu pengandaian teologis yang sangat berbahaya -- bahwa Yesus tidak 100 persen Tuhan ketika Ia ada di bumi, Ia mengosongkan diri-Nya dari bagian keilahian-Nya dalam rangka menjadi manusia.

Cukup jelas bahwa Ia meninggalkan kemuliaan-Nya -- Pada Hari Natal kita menyanyi,

Lembut, Ia mengesampingkan kemuliaan-Nya,
Lahir, supaya manusia tidak perlu lagi mati.

Ia juga meninggalkan kemahahadiran-Nya -- Ia tidak dapat ada di mana-mana. Yesus hanya dapat ada di satu tempat pada satu saat -- itu jelas pembatasan.

Jelas juga Ia tidak tahu segala sesuatu -- Ia mengakui bahwa ada beberapa hal yang tidak Ia ketahui. Ia tidak tahu saat kedatangan-Nya kembali -- hanya Bapa mengetahui itu. Ia terkadang heran, yang berarti Ia tidak tahu apa yang sedang terjadi. Ia meninggalkan kemahakuasaan-Nya juga, sebab Ia hanya dapat melakukan mukjizat sesudah kuasa Roh Kudus datang ke atas-Nya. Ia tidak melakukan mukjizat sebagai Anak Tuhan tetapi sebagai Anak Manusia yang dibaptis dalam Roh Kudus.

Maka tidak ada keraguan bahwa Ia memang mengosongkan diri-Nya dari banyak privilese dan kuasa-Nya. Tetapi utamanya ialah Ia tidak berhenti sebagai Tuhan dalam artian apa pun; Ia tetap 100 pesen ilahi dan 100 persen manusia -- Ia sepenuhnya keduanya.

Maka penting untuk disadari bahwa hal yang Ia lepaskan itu bukan hakikat tetapi hak istimewa-Nya. 'Kepenuhan KeTuhanan masih berdiam di dalam Dia secara jasmani,' bahkan meski Ia menyingkirkan hak istimewa-Nya. Jika saya meninggalkan rumah tempat saya tinggal dan mobil yang saya kendarai dan privilese lainnya yang saya punyai, itu tidak berarti saya bukan lagi saya. Saya mungkin saja memilih untuk melepas privilese saya tetapi saya masih 100 persen David Pawson. Maka dalam cara yang sama, meski Ia mengosongkan diri-Nya dari kesetaraan-Nya dengan Tuhan, Ia tidak mengosongkan diri dari keberadaan-Nya sebagai Tuhan.

Etis

Sesungguhnya, seluruh nas ini bukan liturgis bukan juga teologis, tetapi dari konteks surat ini, nas ini bersifat etis -- ini mengenai sikap dan pilihan Kristus. Anda dapat mengenali sifat seseorang dari pilihan-pilihannya, dan di sini kita melihat pilihan luar biasa yang Yesus buat.

Pilihan yang Yesus buat

Menjadi manusia

Pilihan-Nya pertama adalah menjadi manusia. Suatu ilustrasi yang saya pakai dengan anak-anak mungkin menolong di sini. Saya berkata, 'Lihat ikan-ikan tropis di kolam itu. Andaikan kalian melihat mereka berkelahi dan saling membunuh dan kalian tahu dapat menyelamatkan mereka jika menjadi ikan dan masuk untuk hidup dalam kolam itu, dengan menyadari bahwa mereka barangkali akan membunuhmu -- maukah kalian melakukan itu?'

Pada saat itu mereka tidak dapat menjawab pasti. Saya lanjutkan: 'Jangan khawatir -- kami akan mengangkat tubuhmu ke luar dari kolam dan memberimu ciuman menghidupkan dan membawamu balik ke kehidupan. Tetapi ada satu syarat. Kami tidak dapat mengembalikanmu ke keadaanmu sebelumnya -- kamu harus tetap sebagai ikan sepanjang hidupmu!'

Tuhan Anak setara dengan Tuhan, dengan segala kemuliaan surga. Ia memilih menjadi manusia, mengetahui bahwa Ia akan dibunuh ketika Ia datang ke bumi. Ia tahu juga bahwa bahkan sesudah Tuhan membangkitkan Dia dari kematian, Ia akan harus tetap menjadi manusia sepanjang kekekalan seterusnya. Maka Ia tetap sebagai 'seorang dari antara kita' dan akan selalu juga -- satu pribadi dari Tritunggal akan selalu seorang manusia seperti kita.

Status sosial-Nya

Pilihan kedua menyangkut kelahiran-Nya. Jika Anda boleh memilih standar hidup tertentu, apa yang akan Anda pilih? Bayangkan memiih orangtua Anda, rumah tempat Anda dilahirkan, dan tingkat masyarakat Anda akan hidup -- pilih yang bagaimana? Yesus memilih ada di dasar masyarakat, lahir dalam pasangan miskin. Lebih dari semuanya, Ia memilih peran seorang hamba.

Kematian-Nya yang dini

Tetapi pilihan terbesar tiba, ketika di usia 33 Ia memilih untuk mati dalam kematian mengerikan, hina, dan sengsara -- yang terburuk yang pernah diciptakan untuk manusia -- penyaliban. Paulus menulis tentang pikiran Kristus dan menjelaskan bahwa pikiran kita harus seperti pikiran Dia. 'Pikiran' ini bukan menyangkut intelek, tetapi merujuk ke karakter kita. Paulus berkata bahwa pilihan ini menyebabkan Yesus sesuai untuk diberikan otoritas dan kuasa, sebab Tuhan mencari orang yang dapat Ia percayai. Tuhan hanya dapat memercayai mereka yang tidak hanya memerhatikan kuasa atau status atau kekayaannya sendiri. Maka kita baca, 'Karena itu Tuhan meninggikan Dia dan memberi Dia suatu nama diatas semua nama' (2:9). Ia dapat memercayai Yesus mengendalikan alam semesta sebab Ia tahu Yesus tidak akan pernah mengutamakan kepentingan diri-Nya saja.

Penting bahwa kita jelas tentang apa maksud Paulus dengan 'Hendaklah kamu memiliki pikiran ini di antara kamu.' Ia tidak berkata 'Tirulah Kristus' tetapi 'Milikilah pikiran ini di antara kamu, yang sudah kalian miliki di dalam Kristus.' Jadi Ia bukan berkata, 'Inilah pikiran Kristus, maka jadilah seperti Kristus.' Melainkan, 'Kalian telah mendapatkan pikiran Kristus jika kalian ada di dalam Kristus. Karena itu, hendaklah pikiran Kristus itu diwujudkan dalam hubungan kalian dengan orang lain.' Ini merupakan hal yang jauh lebih dalam ketimbang hanya mengatakan, 'Tirulah sikap Kristus.'

Sebagaimana biasanya, konteks nas ini memberikan kita artinya. Paulus mendorong para pembacanya untuk tidak memerhatikan kepentingan mereka sendiri, tetapi memiliki sikap yang sama seperti yang Yesus miliki. Mereka harus membuat pilihan untuk turun ke bawah ketimbang berusaha untuk naik ke atas. Hanya bila demikian Tuhan dapat memercayai mereka dengan otoritas.

Maka nas ini bukan tentang teologi, liturgi atau menyanyikan himne, tetapi tentang etika dan kesatuan. Paulus berkata, 'Jika kita memiliki pikiran Kristus, kita akan memiliki kesatuan dalam persekutuan.' Ia menjelaskan bahwa mereka mesti memiliki kesatuan supaya sanggup mendemonstrasikan injil kepada orang di luar gereja. Ia berkata, 'Aku rindu mendengar bahwa kalian berdiri erat bersama demi kepentingan injil.' Ketidaksatuan dalam gereja adalah cara paling cepat untuk menghentikan pengaruh gereja pada masyarakat, tetapi kesatuan dalam gereja adalah demonstrasi paling kuat tentang Tuhan yang esa dan Kristus yang esa.

Mewujudnyatakan iman

Pengajaran utama surat ini mengikuti puisi tentang Yesus tadi. Paulus memberitahu gereja Filipi bagaimana mewujudnyatakan iman mereka dalam praktik.

Penebusan– pengalaman untuk diterapkan

a. Tuhan mengerjakannya dalam kita.
b. Kita mengerjakannya ke luar (mewujudnyatakannya).

Paulus menjelaskan bahwa seperti halnya mereka telah

mengalami penebusan dalam Kristus, maka mereka mesti mendemonstrasikan apa yang mereka percayai. Keselamatan tidak pernah merupakan sesuatu yang kita alami secara pasif -- kebenaran harus menjadi realitas di dalam semua yang kita lakukan.

Kebenaran hidup – tujuan untuk dikejar

a. Bukan punya kita,
b. tetapi punya Dia.

Kita mewujudnyatakan keselamatan kita dengan berusaha hidup benar. Tetapi ada dua macam kebenaran hidup -- kebenaran kita sendiri dan kebenaran Kristus. Kendati berasal dari Yahudi kuat yang mengikuti Hukum Taurat dengan ketat, Paulus tahu bahwa perbuatan baiknya tidak dapat menyelamatkan dia. Kebanyakan orang mengalami kesukaran untuk mengerti bahwa kita mesti bertobat dari perbuatan baik kita sebagaimana dari yang buruk. Dalam hal ini jauh lebih mudah menobatkan orang yang jelas berdosa ketimbang orang yang religius dan terhormat yang berpikir mereka tidak sangat buruk sampai butuh 'penyelamatan.'

Paulus berkata, 'Apabila aku menimbang kebenaran diriku, aku merasa seperti seorang anak yang baru saja mengeluarkan isi perutnya dan memegang pot kotorannya dan berkata, "Lihat apa yang telah kulakukan, o Tuhan."' Ilustrasi ini terkesan kasar, tetapi kata yang dipakai dalam bahasa Yunani memang adalah kata untuk kotoran manusia. Maka Paulus berkata, 'Aku ingin kebenaran hidup Kristus, bukan kebenaranku.'

Kebangkitan – peristiwa untuk diinginkan

a. Ke luar dari kematian.
b. Dengan tubuh baru.

Paulus berkata, 'Aku berlari-lari kepada tujuan, aku mengambil bagian dalam penderitaan-Nya dan kebangkitan-Nya supaya aku boleh mencapai kebangkitan (keluar) dari kematian.' Sesungguhnya ia memakai kata 'keluar' itu dua kali. Bahasa Yunaninya mengatakan, 'supaya aku boleh mencapai keluar-kebangkitan keluar dari kematian.' Terdengarnya tidak masuk akal, tetapi Kitab Wahyu menjelaskan bahwa akan ada dua kebangkitan di akhir sejarah: pertama kebangkitan orang benar, dan kedua kebangkitan semua orang lainnya untuk penghukuman, dengan kesenjangan lama di antara kedua peristiwa itu.

Yang pertama adalah kebangkitan keluar dari antara orang mati, yang kedua adalah kebangkitan orang mati yang sisanya, dan Paulus berkata 'Aku ingin ada dalam kebangkitan pertama. Tujuan ku adalah dibangkitkan dari orang mati ketika Yesus datang kembali' -- kebangkitan keluar dari orang mati.

Tanggungjawab – usaha untuk dilakukan

a. Melupakan masa lalu.
b. Berjuang keras menuju masa depan.

Kehidupan Kristen membutuhkan usaha -- hal ini merupakan berita untuk sementara orang. Kehidupan Kristen bukan sekadar menyanyikan puji-pujian di tempat tunggu bus sampai bus datang membawa Anda ke surga, tetapi berusaha sungguh mengejar kekudusan. Ia memberitahu gereja itu untuk melupakan perkara-perkara yang di belakang dan berlari-lari menuju ke sasaran yang untuk itu mereka telah dipanggil.

Paulus berkata bahwa ia tidak merasa telah sampai tetapi ia masih sedang berjuang keras untuk memeluk semua yang telah Tuhan rencanakan untuk dia.

Reproduksi – contoh untuk diikuti

a. Buruk – berpemikiran duniawi.
b. Baik – berpemikiran surgawi.

Saya memiliki deretan buku-buku tentang kekudusan di lemari buku saya, tetapi saya telah belajar tentang kekudusan dari orang yang saya tahu berjalan dengan Tuhan ketimbang dari membaca buku. Ada orang yang memperlihatkan Kristus hanya dengan berada bersama kita. Mereka mendorong kita untuk ingin menjadi lebih baik. Dalam cara sama, Paulus ingin agar jemaat Filipi mengikuti jenis orang yang teoat. Ia berkata bahwa ada dua macam orang dalam gereja -- mereka yang 'Tuhannya adalah perut mereka,' yang menggali kuburan mereka dengan sendok-garpu dan pisau mereka, dan kemudian ada lagi orang yang telah mengarahkan pikiran mereka kepada perkara-perkara yang di atas. Pastikan Anda mengikuti model yang benar.

Jadi ini adalah sasaran yang masih ia kerjakan dengan kuat. Ia tidak berkata bahwa ia pasti masuk surga tetapi bahwa ia ingin ada dalam kebangkitan yang pertama itu.

Damai Kristus

Di akhir surat ini Paulus memberi gereja tersebut janji tentang kecemasan. Ia berkata bahwa damai Kristus akan menjagai hati dan pikiran mereka (4:7). Tetapi ada syarat melekat -- yaitu, bahwa mereka mengendalikan pemikiran mereka dan hanya memikirkan tentang perkara-perkara yang jujur dan baik dan murni dan benar. Jadi janji dan syarat tersebut harus berjalan bersama.

Kesimpulan

Telah kita lihat bahwa tekanan utama surat ini bukan pada apa yang Tuhan lakukan dalam orang percaya tetapi pada apa yang orang percaya perlu lakukan sebagai responsnya. Banyak janji dalam surat ini bersyarat, dan jelas bahwa kita harus melakukan bagian kita.

Ketiadaan konflik dan kehangatan hubungan membuat surat Filipi merupakan surat yang paling menyenangkan untuk dibaca di antara surat Paulus lainnya, dan dengan perkecualian sejumlah kecil nas, ini merupakan yang paling mudah dimengerti. Dari semua surat, ini memberikan wawasan paling jelas ke dalam tingkat kerekanan yang telah terjadi dalam pelayanan Paulus -- kerekanan yang tidak saja merupakan kesaksian menarik untuk dunia tetapi yang menopang Paulus sendiri dalam saat ia mengalami kebutuhan. Pada saat sama, jelas di sini sang rasul yang sepenuhnya merasa cukup, kendati kondisi yang sedang ia tanggung. Ia cukup dengan segala sesuatu kecuali dirinya! Ia tahu ia dapat memperoleh kekuatan dari Tuhan, dan karena itu ia mendorong para pembacanya untuk melakukan yang sama. Ia tekun menginginkan mereka turut bersukacita bersama dia.

51. FILEMON

Pendahuluan

Surat-surat Paulus telah disusun atas prinsip sama seperti para nabi dalam Perjanjian Lama -- semakin panjang bukunya, semakin lebih awal ia ditempatkan dalam Alkitab. Maka surat-surat Paulus disusun dalam dua blok -- suratnya untuk gereja-gereja dan suratnya untuk para perseorangan -- dan dalam masing-masing blok itu yang paling panjang ditempatkan lebih awal dan yang lebih singkat sesudahnya. Maka mereka bukan diurut secara kronologis. Filemon ditempatkan terakhir hanya karena ini singkat. Ini satu-satunya surat yang murni tentang seorang individu -- budak yang melarikan diri. Ini yang jelas paling pribadi dari semua surat-menyurat dalam Perjanjian Baru.

Ada dua pertanyaan yang perlu dijawab sementara kita memasuki surat ini: Mengapa surat ini ditulis?' dan 'Mengapa Tuhan menempatkan surat ini dalam Alkitab jika ini adalah surat pribadi tentang seorang individu?'

Jawaban kepada pertanyaan pertama cukup jelas, sebab kisah di balik surat ini cukup sederhana. Ini adalah drama pribadi tentang seorang budak bernama Onesimus yang tadinya pemurung, pemalas, pemberontak, dan pemarah. Ia lari ke Roma, dengan pikiran bahwa kota metropolis besar itu akan menjadi tempat persembunyian yang baik. Tidak jelas bagaimana ia berjumpa Paulus, khususnya sementara Paulus dalam tahanan rumah, dirantai kepada seorang prajurit Romawi.

Pada zaman itu hukuman normal untuk budak yang melarikan diri adalah penyaliban, tetapi jika tuannya sangat baik ia hanya akan menandai budak itu di dahinya dengan huruf 'FF,' yang berarti *fugitilis* (pelarian). Ia harus memakai cap itu selamanya sesudah itu tetapi paling tidak nyawanya selamat.

Paulus memberitahu Onesimus untuk kembali kepada tuannya, Filemon, yang Paulus kenal sebagai seorang Kristen di Kolose. Ia menulis surat itu untuk memuluskan pemulihan. Karena hukuman untuk pelarian sedemikian keras, nada dan isi surat ini penting adanya. Tetapi Paulus tahu bahwa surat ini juga penting supaya Onesimus tidak melarikan diri dari masa lampaunya. Bagian penting dari pertobatan meliputi penempatan masa lampau secara tepat.

Paulus berkata kepada Onesimus, 'Kamu sadari bahwa aku harus mengirim kamu kembali.' Tetapi Tuhan pasti campur tangan dalam situasi ini, sebab tuannya adalah seorang Kristen di Kolose yang mengenal rasul Paulus. Maka Paulus berkata, 'Aku akan mengirim kamu kembali dengan suratku kepadanya, dan aku akan menjelaskan segala sesuatunya.'

Kita dapat menghargai nada Paulus dengan memerhatikan bagaimana ia secara sengaja memainkan penggunaan nama Onesimus. Nama itu berarti 'berguna' -- dugaannya itu diberikan oleh tuannya kepadanya. Tetapi Paulus menulis kepada Filemon, 'Mungkin dulu kamu mendapatkan dia tidak berguna, tetapi kini aku mengirimkan dia balik sebagai budak yang 'berguna' untukmu. Lebih dari itu, ia mengirim dia balik sebagai seorang saudara dalam Kristus. Paulus bahkan berkata bahwa ia bersedia membayar kembali uang yang telah dicuri oleh Onesimus.

Kita dapat dengan mudah melupakan bahwa surat itu langka pada zaman Romawi, khususnya yang dikirim menempuh jarak sejauh itu antara Roma ke Turki barat. Maka sangat mungkin bahwa ketika mengirim surat itu kepada Filemon, Paulus juga mengirim surat yang untuk gereja Kolose dan gereja Efesus dengan pembawa suat yang sama, Tikhikus.

Kisahnya dapat dipertimbangkan dari beberapa sudut:

Sudut pribadi

Ada tiga tokoh utama:
1. *Paulus.* Kendati sedang ada dalam penjara, ia masih punya waktu untuk orang seperti Onesimus. Dari nadanya jelas bahwa ia mengasihi budak ini, meski perlu dikatakan bahwa Paulus mengajukan permintaan yang cukup berat. Ia berkata, 'Aku seorang yang telah tua dan seorang tahanan' -- ini terkesan kisah yang menyedihkan, tetapi ini memperlihatkan surat ini sebagai dokumen yang sangat manusiawi.
2. *Filemon.* Ada gereja yang bertemu di rumahnya, dan ia punya istri dan seorang anak. Paulus menjelaskan bahwa akan sukar untuk ketiga mereka -- berat untuk Paulus melepas Onesimus pergi, sebab ia telah menjadi sangat berguna baginya; sukar untuk Onesimus balik kembali sebab ia pernah melarikan diri; dan sukar

untuk Filemon menerimanya dan mengampuninya. 'Namun demikian' ujar Paulus, 'mari kita semua melakukan hal yang sukar ini.'
3. *Onesimus*. Sang budak yang berguna yang segera akan dipulihkan kepada isi rumah tuannya, kembali bekerja.

Surat itu memperlihatkan bahwa Paulus tahu beberapa orang lain yang terlibat dalam gereja di rumah Filemon -- Apfia dan Arkhipus disapa bersama dengan Filemon. Epafras, Markus, Aristarkhus, Demas dan Lukas semuanya mengirim salam mereka kepada gereja tersebut.

Jika kita bertanya, 'Apakah surat itu mencapai sasaran yang ingin dicapai?' jawabannya hampir pasti 'Ya.' Kita tidak akan memiliki surat ini jika itu tidak tercapai -- Filemon tentunya telah merobek surat itu, dan surat itu pasti tidak akan dimasukkan ke dalam kanon Perjanjian Baru.

Sudut sosial

Kita juga dapat mempelajari surat ini dari sudut sosial, dengan mempertimbangkan masalah perbudakan. Sebagian orang terkejut bahwa Paulus tidak berusaha menghapuskan perbudakan. Mereka berpendapat bahwa meski Paulus menulis tentang hal itu dalam surat-suratnya, ia tidak pernah mengusulkan agar hal itu dihentikan. Bagaimana mungkin memperlakukan orang sebagai milik, serasi dengan ajaran Alkitab tentang nilai yang Tuhan taruh pada kehidupan setiap kita?

Tetapi pandangan ini salah informasi. Sesungguhnya, Paulus menyalahkan perdagangan budak (bersama dengan pembunuhan, perzinahan dan dusta dalam 1 Timotius 1:10 -- dalam Alkitab Indonesia perdagangan budak diterjemahkan 'penculik'). Keengganannya mengusahakan penghapusan perbudakan dapat dijelaskan oleh fakta bahwa sekitar dua-per-tiga penduduk kerajaan Romawi adalah budak -- maka mengupayakan penghapusannya bisa berarti menganjurkan kekacauan dalam masyarakat. Paulus lebih ingin dikenal sebagai pengkhotbah injil ketimbang kampiun isu-isu sosial.

Sebaliknya, ia semata memutus perbudakan dari sisi sebelah dalamnya yaitu dengan mengubah hubungan dan sikap yang terlibat. Maka ia mendorong Filemon untuk melihat Onesimus sebagai saudara, bukan sebagai harta milik. Ia menulis tentang Onesimus sebagai 'anakku'; yang 'terkasih untukku.' Dalam suratnya kepada gereja di Kolose dan Efesus ia juga mengusulkan bahwa majikan dan budak harus memiliki sikap baru satu kepada lain. Ia tahu bahwa akhirnya perspektif sedemikian akan mengabaikan fondasi perbudakan itu sendiri.

Sudut spiritual

Tetapi masih ada sisi spiritual surat ini yang mesti kita lihat. Saya percaya surat ini termasuk dalam Alkitab kita sebab ini merupakan gambaran sempurna tentang keselamatan kita. Kita adalah para budak yang lari dari Tuhan. Kita tidak berguna bagi Tuhan, tetapi Yesus datang dan membayar utang kita serta mempersembahkan kita kembali kepada Tuhan sebagai hamba yang berguna lagi. Maka kita memiliki gambaran tentang pembenaran -- Onesimus harus diterima sebagai anak -- dan kita memiliki gambaran tentang pengudusan -- kini ia menjadi berguna untuk tuannya.

Sudut etis

Paulus semata melakukan untuk si budak Onesimus apa yang Yesus lakukan untuk dia. Ia berkata kepada Onesimus, 'Yesus telah membayar untukmu, meluputkan kamu, mengubahkan kamu serta mengutusmu balik untuk melayani Bapa. Nah pergilah kamu dan lakukan itu kepada orang lain.' Dengan kata lain, hubungan kita kepada orang lain dikondisikan oleh apa yang Kristus telah lakukan untuk kita. Kita harus mendaur ulang orang dan mengirim mereka balik kepada Bapa. Kita harus bersedia membayar harga untuk mereka, sebagaimana Kristus telah membayar harga untuk kita.

Kesimpulan

Jadi perilaku kita kepada orang lain harus didasari pada cara Tuhan telah memperlakukan kita.

Kita mesti menerima sebagaimana kita diterima, mengampuni sebagaimana kita diampuni, memperlihatkan kemurahan sebagaimana kita telah menerima kemurahan, mengasihi sebagaimana kita telah dikasihi. Jika kita tidak melakukan ini, itu berarti kita mendemonstrasikan bahwa kita tidak sungguh mengerti anugerah Tuhan (lihat perumpamaan tentang hamba yang tidak mengampuni).

Paulus memperlihatkan di sini bahwa keselamatan pribadinya dalam Kristus menjadi cara ia memilih bagaimana ia harus hidup. Semua yang Kristus lakukan untuk dia, kini ia lakukan kepada orang lain. Ini sebuah teladan indah tentang 'kerjakan/wujudnyatakan keselamatan mu.'

52.
1 & 2 TIMOTIUS DAN TITUS

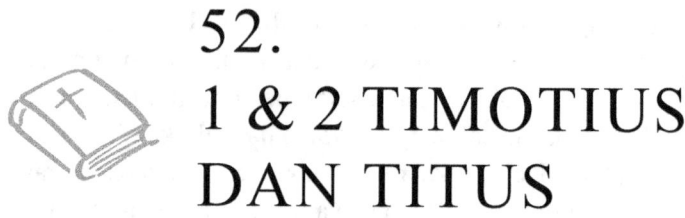

Pendahuluan

Surat Paulus kepada Timotius dan Titus cenderung dilihat bersama karena dua alasan berbeda. Di satu pihak, surat-surat ini berbeda dari surat lain yang Paulus tulis, sedangkan di pihak lain, ketiga surat ini memiliki kesamaan satu dengan lainnya. Maka para penafsir secara teratur memperlakukan ketiganya sekaligus. Seperti akan kita lihat, ini membuat kesan menonjol, meski pengandaian yang dibuat para sarjana tidak selalu benar.

Tidak seperti surat lainnya

Surat-surat ini menonjol sebab dengan satu-satunya perkecualian surat Filemon, surat Paulus ditujukan kepada gereja-gereja, dan juga meski bukan tanpa penjelasan teologis, surat-surat itu terutamanya bersifat praktis. Kebanyakan dari surat-suratnya yang lain, paruh pertamanya berfokus pada soal doktrinal, dengan isu-isu praktis diliput di paruh keduanya, tetapi dalam surat-surat ini nasihat praktis diberikan di keseluruhan suratnya. Paulus memberikan komentar singkat tentang sejumlah isu, sambil menahan diri dari pembahasan yang telah ia berikan dengan lebih rinci dalam surat-suratnya yang lain.

Saling menyukai

Para sarjana lama telah mengenali bahwa ketiga surat ini membentuk satu kelompok tersendiri. Pengarang yang sama menuliskan surat-surat ini pada saat sama untuk alasan yang sama, bahkan meski alamat yang ditujunya berbeda.

Kepengarangan

Tetapi ciri dari surat kiriman ini telah menyebabkan keraguan tentang kepengarangan Paulus. Alasannya diberikan berikut ini:

Gaya tulisan – perbedaan internal

Isi surat-surat ini, gaya dan kosa katanya membuat mereka beda dari karyanya yang lain. Pencarian kata telah mengusulkan sedikit kesamaan antara kosa katanya dalam surat-surat ini dengan karyanya yang terdahulu.

Isi – perbedaan eksternal

Para sarjana lainnya mengusulkan bahwa Paulus memaparkan jenis Kekristenan yang berbeda dalam surat-surat ini dibanding dengan karyanya yang lain. Apabila Paulus dari surat-surat lainnya menulis tentang iman, di sini penulisnya menambahkan kata sandang definit -- iman *itu*. Agaknya ia memaparkan pelayanan yang lebih terstruktur ketimbang dalam surat terdahulu. Pertikaiannya dengan bidat Gnostik terkesan makin berkembang, dan dalam pewujudnyataan imannya ia terkesan menyukai ideal kafir ketimbang Kristen -- semisal, 'bersahaja dalam segala hal.'

Rencana perjalanan

Sarjana lainnya mengusulkan bahwa Paulus tidak dapat menulis surat-surat ini karena tidak sesuai dengan rencana pejalanan di akhir kehidupan Paulus sebagaimana yang dipaparkan dalam Kisah Para Rasul.

Perbedaan dijelaskan

Sesungguhnya perbedaan antara surat-surat ini dan beberapa dari karya Paulus lainnya dapat dijelaskan dengan mudah.

Pertama, mereka ditulis jauh hari kemudian. Penulis mana pun akan berubah gaya tulisannya selang beberapa waktu, dan ini dapat merupakan penjelasan mudah untuk perubahan yang ditemukan. Kita tidak perlu mengandaikan bahwa ada penulis lain di sini.

Kedua, tidak saja Paulus sudah lebih tua, tetapi gereja-gereja pun sudah lebih tua. Banyak yang merupakan orang Kristen generasi kedua, dan struktur gereja boleh jadi memang sudah berubah. Tulisan Paulus sekadar mencerminkan hal ini.

Ketiga, tidak heran bahwa rincian tentang perjalanan Paulus tidak sesuai dengan catatan Lukas dalam Kisah Para Rasul, sebab Kisah Para Rasul tidak mencakup tahun-tahun terakhir kehidupan Paulus. Kisah Rasul selesai dengan Paulus menjadi tanahan rumah di Roma, tetapi ada banyak kejadian sesudah ia dilepaskan, sebagaimana tercermin dalam surat-surat ini. Ia dibebaskan, dan dapat melanjutkan pelayanannya, mengunjungi Kreta dan mungkin Spanyol sebelum ditangkap kembali sesudah ia dikhianati oleh Aleksander si pengrajin logam. 2 Timotius ditulis semasa pemenjaraan Paulus yang kedua.

Maka saya cukup yakin bahwa memang Paulus yang menulis ketiga surat ini. Mereka ditulis di bulan-bulan terakhir kehidupannya. Ia menulis kepada para sahabat mudanya dan rekannya, Timotius dan Titus, ketika mereka diutus untuk menyelamatkan gereja dari kematian.

Surat pastoral?

Surat-surat ini umumnya dikenal sebagai 'Surat Penggembalaan / Pastotal' -- judul yang diperkenalkan oleh D. N. Berdot pada tahun 1703. Tetapi kendati popularitasnya, julukan itu menyesatkan. Pertama, surat-surat ini tidak lebih 'pastoral' ketimbang surat-surat Paulus lainnya. Setiap surat yang ia tulis bersifat pastoral, sebab mereka mengurus masalah-masalah pastoral, temasuk Surat Roma, yang keliru dikatakan sebagai garis besar pandangan teologis Paulus.

Kedua, surat-surat ini tidak ditujukan kepada para pastor. Timotius dan Titus bukan 'pastor,' dan surat-surat ini tidak dimaksudkan kepada kepemimpinan tetap gereja sebagaimana yang kita jumpai masa kini. Kita mesti hati-hati tidak membaca perkembangan mutakhir balik ke dalam Perjanjian Baru.

Bahaya dari menyebut surat-surat ini 'pastoral' ialah bahwa mereka cenderung diperlakukan sebagai buku pegangan untuk para pastor, seakan mereka memaparkan 'bagaimana mengatur gereja setempat.' Memang benar bahwa mereka mencakup berbagai instruksi, tetapi mereka berfokus pada para penatua dan diaken, bukan para pastor, dan mereka mengharapkan sejumlah orang diangkat sebagai tua-tua. Surat-surat ini bukan mandat untuk kepemimpinan satu orang, seperti yang akan kita lihat.

Tambahan pula, sebagai mereka sangat tidak memadai untuk menjadi manual bagi para pastor, sebab tidak ada nasihat tentang wilayah yang orang harapkan untuk diikutsertakan. Tidak disebutkan tentang bagaimana memilih para penatua. Apa tugas mereka, berapa banyak harusnya jumlah mereka, dan berapa lama masa jabatan itu seharusnya. Surat-surat ini menyebutkan tentang khotbah, tetapi terlepas dari sedikit rujukan tentang doa, tidak membicarakan tentang memimpin penyembahan. Meski kita dapat menangkap sedikit rincian, jelas bahwa tujuan utamanya bukanlah menyediakan nasihat untuk para pastor. Kita harus mengandaikan bahwa Timotius dan Titus sudah mengetahui semua yang perlu mereka ketahui tentang soal sedemikian.

Surat penginjilan?

Melabelkan 'pastoral' pada surat-surat ini mengusulkan bahwa mereka melihat ke dalam, tetapi perhatian Paulus tidak terbatas kepada gereja setempat. Dalam pemikiran Paulus, kepemimpinan penting sebab ia memengaruhi keanggotaan, dan keanggotaan penting sebab kualitas orang percaya menentukan keefektifan kesaksian mereka kepada dunia luar. Bahkan, desakan menyeluruh surat-surat ini adalah membuat gereja menjadi benar agar dunia boleh diinjili. Maka sementara orang beranggapan bahwa deskripsi yang lebih tepat untuk mereka adalah 'surat-surat penginjilan.' Pada akhirnya, perhatian pada penginjilan ini mengalir di sepanjang surat-surat tersebut. Paulus menulis tentang pentingnya perbuatan baik yang 'menghiasi injil,' sehingga membuat injil menarik untuk orang yang tidak percaya. Reputasi dengan orang tidak percaya bersifat menentukan dan merupakan ukuran tentang kecocokan orang untuk kepemimpinan. Timotius secara khusus diberitahu untuk 'melakukan pekerjaan penginjil.'

Pada saat yang sama, Paulus mendorong rekan-rekannya untuk membereskan apa yang membuat injil ditolak. Para pengajar palsu merusakkan karakter gereja dan menciptakan halangan bagi injil. Hubungan antar anggota tidak membuat injil menarik -- melainkan, mereka membuat orang luar enggan mendengarkan apa yang gereja percayai. Paulus percaya penting mengadakan pemilahan dalam gereja, jika injil ingin membuat kemajuan di antara pertetanggaan. Ia memberitahu Timotius bahwa Tuhan 'ingin semua orang diselamatkan,' dan karenanya mereka mesti memastikan bahwa umat Tuhan adalah para saksi positif kepada realitas-Nya.

Surat kiriman rasuli

Tetapi secara ketat menyebut surat-surat ini adalah tentang 'penginjilan' pun kurang tepat. Deskripsi paling baik ialah bahwa mereka merupakan surat kiriman rasuli, sebab Timotius dan Titus sesungguhnya boleh kita sebut 'delegasi rasuli.' Apabila kita membaca bagian di antara baris-baris surat ini kita temukan bahwa fungsi mereka bukan diutus sebagai pastor gereja-gereja setempat itu, bukan juga sebagai penginjil. Melainkan, Paulus mengutus mereka dengan otoritasnya sebagai delegasi rasuli.

Ketika Paulus dan timnya melihat sekelompok orang percaya terbentuk di suatu wilayah, tindak lanjut mereka akan mencakup satu atau lebih dari antara empat bentuk. Paulus akan kembali ke gereja itu untuk melihat bagaimana keadaan mereka; atau ia akan mengirim surat kepada mereka; atau ia akan mengutus seorang anggota tim kepada gereja tersebut untuk periode tertentu; atau ia akan meninggalkan untuk menolong gereja tersebut menjadi mantap. Jadi di sinilah terlihat peran dari 'delegasi rasuli' itu.

Gelar 'rasul' perlu beberapa penjelasan, karena ini banyak disalah mengerti. Secara harfiah ia berarti 'yang diutus' dan dipakai dengan rujukan kepada beberapa kelompok dalam Perjanjian Baru.

'Rasul' adalah salah satu dari sejumlah gelar untuk perseorangan yang terlibat dalam pelayanan Kristen dalam Perjanjian Baru. Kata Yunani *episkopos* pun dipakai, dari kata ini dibentuk kata 'episkopal.' Seorang *episkopos* adalah seorang yang mengawasi sebuah gereja. Kata 'penatua' juga dipakai, diambil dari kata Yunani *presbuteros*, darinya kita dapat kata 'penatua/presbiter.' Sesungguhnya *presbuteros* dan *episkopos* dipakai silih ganti -- mereka semata berarti orang Kristen yang lebih tua, lebih dewasa yang mengawasi pekerjaan gereja. Kata yang satu memaparkan sifat mereka, yang lainnya fungsi mereka.

Akhirnya, kita memiliki kata *diakonos* yang berarti 'pelayan,' yaitu seseorang yang melaksanakan sisi praktis gereja.

Maka dalam Perjanjian Baru, rasul menanam gereja, memastikan bahwa ia berakar teguh, dan menyerahkannya kepada para penilik/penatua dan pelayan/diaken.

Hal kuncinya ialah bahwa semua pelayanan ini selalu majemuk. Tidak ada yang merupakan pelayanan seorang diri dalam Perjanjian Baru. Ada tim para rasul, ada tim para penatua, ada tim para diaken. Pada masa itu mereka memiliki banyak uskup untuk satu gereja, bukan banyak gereja di bawah satu uskup -- itu sepenuhnya kebalikan dari situasi Perjanjian Baru.

Hanya satu orang dalam Perjanjian Baru yang adalah rasul, penilik dan diaken pada saat bersamaan -- namanya adalah Yudas Iskariot! -- Jika Anda membaca Kisah Para Rasul 1 dengan cermat, Anda akan melihat Petrus berkata, 'Kita harus menggantikan Yudas -- kita harus mendapatkan seorang rasul/penilik/diaken untuk mengganti dia.' Maka saya pikir menggabungkan ketiga pelayanan ini bukanlah contoh yang baik! Wajarnya pelayanan ini dipisah dan dibedakan. Rasul harus menanam gereja, sampai ke saat ketika gereja itu memiliki penatua dan diaken, dan kemudian meninggalkannya, sebab tugasnya telah selesai. Sebagai contoh, dalam surat Paulus kepada Titus, kita baca bahwa Paulus meninggalkan Titus di Kreta untuk menyelesaikan tugas itu dengan menetapkan para penatua di tiap kota dan kemudian menemui Paulus di Roma. Sayangnya, sejak abad pertama, peran rasul dan penatua/uskup telah dikacaukan, dan kita akhirnya memiliki satu uskup menilik banyak gereja atau satu orang dalam gereja menyebut dirinya rasul. Ini sangat berbeda dari situasi Perjanjian Baru.

Tim rasuli

Maka di dalam konteks tim rasuli inilah Timotius dan Titus berfungsi. Paulus telah menanam gereja-gereja, dan tugas mereka adalah menyaring berbagai masalah yang muncul kemudian. Timotius diutus ke Efesus dan Titus ditinggal di Kreta, keduanya dalam kapasitas sebagai delegasi rasuli (atau 'penyelesai masalah'), untuk memilah berbagai isu atas dasar penugasan jangka pendek. Dalam kedua kasus itu Paulus mendorong mereka untuk melakukan tugas tersebut secepat mungkin sebelum bergabung dengannya di Roma.

Ini bukan pertama kalinya mereka diberikan peran demikian. Kedua mereka telah diutus ke Korintus pada saat berbeda dan dengan hasil berbeda. Timotius bergumul, tetapi Titus jelas lebih berhasil. Hasil berbeda pada pekerjaan mereka dapat dianggap merupakan bagian dari pendekatan mereka yang berbeda kepada konflik. Timotius seorang pemalu yang butuh banyak penguatan. Sebaliknya Titus, lebih kuat dalam pendekatannya. Maka Titus hanya perlu diberitahu apa yang harus dilakukan, sementara Timotius perlu banyak penguatan untuk membangkitkan karunia yang ada dalam dirinya. Paulus harus mengingatkan dia bahwa Tuhan telah memberikannya roh kuasa, kasih dan penguasaan diri.

Studi tentang cara Paulus berkomunikasi dalam surat-surat tersebut mengusulkan bahwa ia khususnya menyayangi Timotius. Ia menyebut Timotius 'anakku yang kekasih.' Agaknya Timotius adalah orang terdekat yang seperti keluarga Paulus sendiri. Ada hubungan yang istimewa dengan Timotius, dan mungkin Paulus melihat Timotius sebagai wakilnya, kendati mereka berbeda dalam temperamen dan latarbelakang.

Tidak jelas benar seberapa besar otoritas yang kedua orang itu miliki untuk melaksanakan tugas mereka. Timotius kerap diberitahu untuk 'memerintah' gereja itu, tetapi ini harus seturut ajaran rasuli yang Paulus ajarkan, bukan seturut ide-idenya sendiri.

Yang jelas ialah bahwa otoritas bukan bersifat hirarkis, juga tidak diteruskan. Tugas delegasi rasuli selesai ketika mereka menyerahkan kepemimpinan gereja kepada para penatua dan diaken yang dapat meneruskan kepemimpinan di bawah arahan Kristus. Mereka tidak 'mencipta' rasul-rasul penerus berikutnya.

Dalam ketiga surat ini, Paulus ingin kedua sahabatnya memastikan bahwa gereja-gereja di kedua tempat tersebut memiliki kepemimpinan yang sehat dan keanggotaan yang sehat. Sebagaimana biasanya, Paulus tidak mementingkan kuantitas tetapi kualitas. Ia ingin para pemimpin berkualitas dan para angota berkualitas, karena tahu bahwa ini akan membawa kepada jumlah besar petobat.

Menarik untuk memerhatikan apa yang tidak Paulus minta, ia tidak menyebut soal ukuran gereja atau kepemimpinannya, tetapi agaknya lebih memerhatikan kualitas kepemimpinan dan keanggotaan. Ia meninggalkan Titus di Kreta untuk meningkatkan kualitas keanggotaan, tetapi di Efesus kualitas kepemimpinannya yang tidak benar. Surat Titus memberitahu Anda apa jenis anggota yang rasul ingin hasilkan, tetapi surat Timotius mempertimbangkan jenis kepemimpinan yang harus ada.

Kita dapat melihat surat-surat ini dalam tiga cara: dari sudut pandang penulisnya, dari sudut pandang pembacanya, Titus dan Timotius, dan akhirnya dari melihat pada situasi di Kreta dan Efesus yang butuh bimbingan dari para delegasi rasuli ini.

Saya merasa heran bahwa ada orang dapat mempertanyakan apakah Paulus pengarang aslinya, sebab kita dapat membangun keseluruhan kehidupan Paulus dari surat-surat ini. Ada lebih banyak informasi pribadi tentang Paulus dalam surat-surat ini ketimbang dalam surat lainnya, maka sukar membayangkan bahwa surat-surat ini bukan dari Paulus.

Pola kehidupan Paulus

Perubahan masa lampau

Paulus menulis perubahan dalam kehidupannya, dengan merenungkan tentang bagaimana sebagai seorang penghujat yang kejam ia telah menganiaya Gereja Tuhan dan menempatkan dirinya di sisi yang melawan Kristus. Ia menyebut dirinya seorang pendosa paling besar dan sangat berterima kasih kepada Tuhan, yang telah menangkap dan menetapkan dia sebagai rasul kepada orang bukan Yahudi. Ketika Tuhan mengampuni kita, Ia melupakan apa yang pernah kita lakukan, tetapi kita tidak akan pernah melupakan itu, dan perenungan Paulus memperlihatkan ini.

Keadaan masa kini

Paulus memberitahu rekan-rekannya yang lebih muda tentang kesukaran yang pernah ia alami dan riwayatnya terkini. Dalam 1 Timotius kita baca bahwa ia telah mengunjungi Efesus, Kreta, Nikopolis, Korintus, Miletus, Troas dan Spanyol untuk pertama kalinya. Dalam 2 Timotius ia merenungkan situasinya di penjara di Roma -- ia tidak memiliki kebebasan yang sama seperti sebelumnya ketika ia dalam tahanan rumah. Kini ia dalam sel terdakwa, sesudah dikhianati oleh Aleksander si pengrajin logam, dan berkemas dalam ketergesaan sampai baju hangatnya serta buku catatanya tertinggal. Dalam suratnya ia meminta Timotius untuk datang segera dan membawa barang-barang itu sebelum musim dingin. Ia tahu bahwa ia dapat berada di sana beberapa waktu dan Nero tidak dapat diramalkan dan tak dapat diandalkan akan adil dan benar.

Prospek masa depan

Maka dengan latarbelakang menyentuh ini Paulus menulis kepada Timotius, sahabat mudanya. Kita boleh menyebut surat ini 'surat warisan dan perjanjian terakhir' darinya. Ia sudah lebih dari enam puluh tahun dan sadar bahwa kehidupannya sedang menuju ke akhir. Semasa pemenjaraannya pertama, Lukas menulis Kitab Kisah Para Rasul, terutama sebagai pembelaan untuk membuktikan kepada otoritas Romawi bahwa Paulus tidak layak hukuman mati. Tetapi dalam pemenjaraannya kedua, Paulus tahu bahwa pembelaan tersebut tidak akan menolong, dan ia merasakan ketakutan besar; surat itu mencerminkan kesedihannya bahwa Demas telah meninggalkan dia dan yang lain telah menjadi pengecut, menolak untuk mendukung dia. Kini saatnya tiba untuk menyerahkan tongkat estafet kepada Timotius, yang masih muda dan dapat mengemban pekerjaan ini. Ia menulis tentang telah menyelesaikan tugasnya, dan memenangi perlombaan.

Tujuan hidup Paulus

Seperti dengan pola kehidupan Paulus, kita juga melihat tujuan hidupnya. Jelas dari surat-suratnya bahwa Paulus hidup untuk injil (juga disebut sebagai 'iman itu' dan 'kebenaran itu' dalam surat-suratnya) dan mendorong rekan-rekan mudanya untuk memiliki sikap yang sama. Sebagai akibatnya ia ingin memaparkan secara garis besar kegiatan Tuhan dan respons manusia supaya para rekan mudanya yang dalam pekerjaan itu, dan akhirnya gereja-gereja, boleh menerima pengajaran yang 'sehat.' Kata Yunani yang ia pakai berarti 'sehat,' dan Paulus melihat ini sebagai obat penawar sempurna untuk kata-kata beracun dari para pengajar palsu dan orang-orang tidak saleh dalam gereja-gereja.

Sasaran (ilahi)

TUHAN

Di dalam bagian-bagian dari setiap suratnya Paulus berfokus pada apa yang Tuhan telah lakukan, ia menulis tentang kepribadian Tuhan, kasih dan anugerah-Nya, dan menyebut Dia 'sang Juruselamat.' Tuhan lebih umum dikenal sebagai Hakim, dengan Yesus sebagai 'Juruselamat,' tetapi menyebut TUHAN Juruselamat cocok dengan apa yang kita ketahui tentang Tuhan Bapa mengambil prakarsa mengutus Anak-Nya dan menyerahkan seluruh penghakiman di Akhir Zaman kepada sang Anak.

Gelar lain memaparkan keagungan sifat Tuhan dalam surat-surat ini. Ia adalah Raja atas Zaman (yi. Kekal), abadi, tidak nampak, yang tidak pernah dilihat oleh manusia dan yang mendiami terang yang tak terhampiri Ia sajalah Tuhan Mahabijaksana, Tuhan yang hidup, Raja atas segala raja dan Tuhan atas segala tuan.

YESUS

Yesus dilihat baik sebagai Hakim dan Juruselamat. Karya-Nya di salib dipaparkan dalam beragam cara. Kita diberitahu bahwa 'Kristus Yesus datang ke dalam dunia untuk menyelamatkan orang berdosa,' dan bahwa Ia 'telah menghancurkan maut dan membawa keabadian ke dalam terang' dan bahwa kematian-Nya adalah penyelamatan untuk semua orang. Tambahan, kita diberikan garis besar singkat tentang kehidupan-Nya: 'Ia menampakkan diri dalam tubuh, dibela oleh Roh, dilihat oleh para malaikat, dikhotbahkan di antara bangsa-bangsa, dipercaya di dunia dan diangkat ke dalam kemuliaan' (1 Timotius 3:16).

ROH KUDUS

Paulus juga menyebutkan dua aspek tentang karya Roh Kudus. Pertama, ia menulis tentang pengalaman akan Roh, meningatkan Timotius tentang saat ketika ia menerima karunia Roh, ketika Paulus dan lainnya menumpangkan tangan atas dia. Ia diingatkan bahwa Roh Kudus adalah Roh kasih, kuasa dan pengendalian diri.

Kedua, ia menulis tentang melatih karunia-karunia rohani, sambil mendorong Timotius untuk memakai apa yang telah ia terima ketika penumpangan tangan atasnya. Kita tidak tahu karunia-karunia apa yang telah ia terima saat itu, atau apakah rujukan kepada 'penumpangan tangan' di 1 dan 2 Timotius itu merujuk ke pertobatan atau pentahbisannya. Tetapi yang mana pun, ia didorong untuk memakai apa yang telah ia terima.

Subjektif – (manusia)

Berikut kita pindah untuk mempertimbangkan respons sepadan manusia kepada prakarsa Tuhan.

Sepanjang tulisannya Paulus menjelaskan bahwa ada tiga dimensi keselamatan untuk orang percaya, dan surat-surat ini tidak terkecuali. Keselamatan tidak sekejap atau otomatis, tetapi ada tiga jenis waktu yang dipakai untuk memaparkan proses keselamatan.

MASA LAMPAU (PEMBENARAN) – EKSPERIENSIAL

Paulus mengajarkan bahwa keselamatan adalah masa

lampau, dalam arti bahwa kita menatap ke belakang ke titik permulaan ketika kita pertama memercayai Kristus. Pra-posisi yang dipakai penting diperhatikan. Keselamatan datang oleh anugerah, bukan oleh perbuatan baik atau 'melakukan hukum Taurat.' Orang percaya diselamatkan dari perbuatan jahat, bukan terutama dari neraka, sebagaimana anggapan sebagian orang. Akhirnya, keselamatan datang melalui Roh Kudus.

Dalam Surat Titus, Paulus menulis tentang 'pemandian pembaruan,' yang bicara tentang baptisan oleh air dan baptisan dalam Roh Kudus. Keduanya dibutuhkan untuk inisiasi yang tepat ke dalam Kerajaan.

MASA KINI (PENGUDUSAN) – ETIS

Aspek masa kini dari keselamatan merupakan perhatian utama Paulus, meski bukan fokus utamanya. Paulus jelas bahwa doktrin itu harus dilaksanakan. Ia tidak punya waktu untuk debat akademis, gimnastik intelektual dan argumen spekulatif yang tidak mengubah kehidupan.

Injil memimpin kepada perbuatan baik. Injil memimpin kepada perpisahan dari kejahatan dan anugerah berkata tidak kepada ketidaksalehan. Secara positifnya, kita dipisahkan untuk kebaikan. Kita seperti bejana untuk penggunaan mulia, dibersihkan dari penggunaan kotor.

Perbuatan baik memimpin kepada injil. Surat-surat ini mengingatkan kita bahwa kehidupan baik oleh orang percaya dapat menarik orang yang mencari Tuhan bagi diri mereka.

MASA DEPAN (PEMULIAAN) – ESKATOLOGIS

Tetapi itu bukan akhir dari keselamatan, sebab tidak

seorang pun kita yang sudah selamat penuh sekarang ini. Kita sekadar sedang berada di jalan keselamatan, sedang berjalan di jalan yang disebut Jalan itu. Sesungguhnya, saya khawatir ketika orang memberitahu saya, 'Tujuh orang diselamatkan pada malam Minggu lalu.' Jawaban standar saya ialah, 'Anda maksudkan bahwa tujuh orang *mulai* diselamatkan di malam Minggu lalu?' Mereka belum lagi selamat sempurna.

Dan untuk Paulus, keselamatan masa depan adalah fokus utama dari ketiganya. Kehidupan kekal adalah sesuatu yang kita warisi, tetapi sementara itu kita perlu untuk tetap bertekun dalam iman kita. Paulus menulis tentang mereka yang telah tersesat dari iman. Ia memperingatkan Timotius bahwa ia harus mengawasi kehidupannya dan ajarannya dengan cermat, sebab hal itu akan menyelamatkan dirinya sendiri dan para pendengarnya.

Dalam surat-surat ini Paulus mencakup 'lima ucapan setia,' dan salah satunya dalam 2 Timotius 2:11-12, berfungsi memberikan ilustrasi tentang pokok ini. Mari kita tinjau masing-masingnya.

Positif:
'Jika kita mati bersama Dia, kita akan hidup juga bersama Dia' (merujuk kepada pertobatan/baptisan dan bukan kemartiran). 'Jika kita bertekun kita akan juga memerintah bersama Dia.'

Negatif:
'Jika kita menyangkali/menolak Dia, Ia juga akan menolak kita.'

Tetapi baris terakhirnya mengubah pola tersebut: 'Jika kita tidak setia, ia akan tetap setia, sebab Ia tidak dapat menyangkali diri-Nya sendiri.' Sementara orang beranggapan bahwa Ia akan tetap benar kepada diri-Nya. Paulus mengkontraskan kestabilan Tuhan dengan ketidakstabilan kita. Benar bahwa tidak ada orang percaya yang dapat terhilang, tetapi orang yang tidak lagi beriman sesungguhnya telah berhenti menjadi orang percaya, karena secara harfiah mereka tidak-beriman. Dalam surat-surat ini Paulus menulis tentang mereka yang 'menyimpang' dari iman, menyiratkan bahwa meski tadinya mereka percaya, mereka tidak lagi demikian.

Sebagian dari pengertian Paulus tentang keselamatan masa depan adalah bahwa kita akan mendapatkan mahkota. Kita harus bertekun seterusnya supaya kita boleh mendapatkan semua yang Tuhan miliki untuk kita.

John Calvin, teolog Perancis yang berpengaruh, kerap dikutip sebagai mengajarkan bahwa sekali orang percaya Kristus, keselamatan masa depan mereka terjamin. Tetapi sesungguhnya ia menulis:

> *Penebusan kita tetap belum sempurna jika Ia tidak memimpin kita terus maju menuju sasaran akhir keselamatan kita. Dengan demikian, saat kita berpaling sedikit saja dari Dia, keselamatan kita yang bertumpu teguh dalam Dia berangsur-angsur sirna. Akibatnya, semua mereka yang tidak bertumpu pada-Nya secara sukarela memiskinkan diri mereka dari semua anugerah.*

Sekarang ini saya jarang memakai kata 'keselamatan,' dan sebaliknya lebih suka memakai kata 'daur ulang.' Jika seseorang menanyai saya apa pekerjaan saya, saya jawab mereka saya dalam bisnis daur ulang. Tatapan mereka menyatakan bahwa saya berada dalam pekerjaan yang baik. Hanya ketika saya memberitahu mereka bahwa saya bukan mendaur ulang kertas dan logam, tetapi bahan mentah saya adalah manusia, lalu mereka mulai memperlihatkan keterkejutan. Tetapi saya percaya bahwa gambaran ini sepenuhnya alkitabiah. Pada akhirnya, manusialah yang butuh untuk didaur ulang, mereka perlu direstorasi kepada tujuan asal mereka diciptakan. Sesungguhnya, kata 'Gehena' dalam Perjanjian Baru dipinjam dari tempat pembuangan sampah di Yerusalem.

Sebuah ayat penting untuk kita mengerti keselamatan adalah Titus 3:5, yang mengingatkan kita bahwa Tuhan telah menyelamatkan kita melalui baptisan air dan baptisan Roh. Bahkan, sebagaimana saya tunjukkan dalam buku saya, *The Normal Christian Birth* (Kelahiran Kristen yang Normal), Paulus melihat baptisan air dan baptisan Roh sebagai hal hakiki untuk keselamatan. Hanya karena kita telah diajarkan tentang keselamatan sebagai mendapatkan tiket ke surga maka kita masuk ke dalam pemikiran salah bahwa kedua baptisan itu tidak hakiki untuk keselamatan. Sekali kita melihat keselamatan sebagai proses daur ulang, kedua hal ini menjadi bagian hakiki. Paulus berkata Tuhan menyelamatkan kita melalui pemandian kelahiran baru dan pembaruan Roh Kudus, yang Ia curahkan ke atas kita dengan penuh rahmat. Maka daur ulang mulai dalam baptisan kita dan berlanjut dengan kita dibaptiskan dalam Roh Kudus.

Timotus dan Titus

Kontras atara Timotius dan Titus mencolok. Titus seorang bukan Yahudi yang tidak disunat dan berasal dari latarbelakang kafir. Timotius dilahirkan di Listra, salah satu kota pertama yang Paulus injili di Galatia. Persekutuan di

Listra mengusulkan Timotius kepada Paulus sebagai seorang magang, dan dengan demikian hubungan mereka dimulai.

Timotius memiliki ibu Yahudi dan nenek Yahudi yang mengajarkan dia Alkitab ketika ia masih anak-anak. Ia tidak disunat, sebab ayahnya bukan seorang Yahudi, tetapi kemudian hari Paulus menyunat dia, bukan karena berpikir bahwa sunat penting untuk Timotius tetapi karena itu akan menolong ketika ia berkunjung ke sinagoge. Paulus rajin memerhatikan bahwa timnya tidak menyebabkan pelanggaran yang tidak perlu.

Perjanjian Baru mencakup rujukan kepada tiga penugasan khusus untuk Timotius sebelum mengunjungi Efesus. Ia diutus ke Tesalonika, Korintus dan Filipi sebagai delegasi Paulus. Ia juga berkerja sama dengan Paulus dalam menulis paling tidak enam surat: dua surat kepada gereja Tesaonika, dua kepada gereja Korintus, surat kepada gereja Filipi dan satu kepada Filemon. Namun demikian, Timotius umumnya tidak sehat. Ia mengidap masalah pencernaan berlanjut, sampai Paulus merasa perlu mendorong Timotius supaya minum sedikit anggur untuk pencernaannya. Bahkan, Paulus harus mendorong Timotius untuk menjadi seperti serdadu atau olahragawan dalam melakukan disiplin diri yang dituntut untuk kedewasaan Kristen. Kita tidak tahu jika Timotius dapat tiba di Roma sebelum Paulus dihukum mati, tetapi kita lihat betapa Paulus merindukan kedatangannya dalam suratnya kedua untuk Timotius.

Berbeda dari suratnya untuk Timotius, surat Paulus untuk Titus mengandung sedikit rujukan pribadi. Titus jelas seorang pekerja istimewa yang telah mencapai hasil besar di Korintus, dan agaknya Paulus memiliki keyakinan penuh akan dia. Tetapi kita hanya dapat melihat sedikit tentang dia dari surat itu. Paulus tidak memberikan Titus nasihat sebagaimana yang ia berikan kepada Timotius.

Kebanyakan surat Paulus mengisyaratkan krisis atau kesukaran yang perlu disorot dalam bagian pembukaan, dan Titus tidak terkecuali. Meski ada gereja di setiap kota di Kreta, *tidak ada penatua* untuk memimpin mereka, dan karena itu ada kebutuhan mendesak agar seseorang mengangkat para pemimpin lokal yang dapat menolong mereka untuk tumbuh. Tugas Titus adalah memastikan bahwa pemimpin demikian diangkat.

Surat-surat kepada Timotius ditulis sebab gereja di Efesus memiliki *penatua yang salah*. Maka Timotius diberi tugas menyingkirkan pemimpin yang salah itu dan menempatkan yang tepat sebagai gantinya. Sesungguhnya, tugas di Efesus terkesan lebih sesuai untuk Titus ketimbang Timotius!

Paulus memerhatikan tentang kualitas keanggotaan di Kreta. Dari komentarnya terkesan bahwa latarbelakang kafir mereka masih berpengaruh pada mereka dan kehidupan gereja. Orang Kreta memiliki reputasi berperilaku buruk, dan pengaruh ini terasa dalam gereja-gereja di pulau itu. Sebaliknya, di Efesus, kepemimpinannya membutuhkan perhatian. Dalam kedua kasus ini ada pengajaran salah. Di Kreta hal ini berlaku di sisi luar kehidupan gereja, sedangkan di Efesus ajaran buruk diberikan oleh para pemimpin salah. Maka mutlak penting untuk gereja melakukan sesuatu tentangnya.

Kita dapat membagi pekerjaan yang Paulus berikan kepada Timotius dan Titus ke bawah tiga judul.

Selesaikan peralihan

Tugas pertama untuk mereka adalah menyelesaikan peralihan dari gereja yang mengandalkan rasul kepada yang dipimpin oleh para pemimpin lokal. Mereka perlu menjadi mandiri dalam artian kata yang benar supaya kontak mereka dengan para pendiri dapat berlalu.

Para pemimpin berkualitas

PENATUA

Paulus menegaskan pada dua sahabatnya jenis pemimpin yang harus mereka cari. Ia menekankan karakter, dengan perhatian khusus pada cara penatua berfungsi sebagai kepala keluarganya, khususnya karena penatua kerap adalah kepala rumah tangga di mana gereja bertemu. Ia menyebut tentang bayaran, dengan mengajukan anggapan bahwa seorang yang berkhotbah dan mengajar layak menerima 'honorarium ganda.'

Menarik untuk diperhatikan bahwa Paulus menyebut kebutuhan untuk memiliki penatua yang bereputasi baik dengan pihak luar. Ketika gereja memilih para penatuanya, akan berguna meminta pendapat pihak luar gereja memberikan rekomendasi mereka. Laporan baik dapat menjadi tanda baik.

Paulus mengajarkan bahwa para penatua dipercayakan kepada laki-laki. Jika ada orang menanyakan bolehkah perempuan menjadi penatua, saya jawab bahwa syarat bagi penatua menurut ajaran Paulus ialah harus beristri satu. Pada akhirnya inilah kualifikasi untuk seorang penatua. Beban dari nas lainnya meyakinkan saya bahwa kepenatuaan adalah tanggungjawab laki-laki, sebagaimana disiplin dalam rumah adalah tanggungjawab utama ayah.

Pemimpin kerap menggerutu bahwa masalah mereka akan selesai jika saja anggota mengikuti mereka. Saya curiga bahwa masalah sejatinya justru adalah pada pemimpin! Tidak dapat dihindari bahwa secara tidak sadar orang mengikuti para pemimpin mereka. Mereka mungkin tidak mengikuti apa yang pemimpin katakan, tetapi mereka mengikuti apa yang pemimpin lakukan. Salah satu dari tanggungjawab yang menakjubkan dan menakutkan menjadi pemimpin gereja ialah bahwa Anda melihat kekuatan dan kelemahan Anda terpampang dalam gereja. Tentu saja, ini merupakan bahaya khas dalam pelayanan yang dilakukan seorang diri, di mana karakternya akan menjadi karakter dari persekutuan yang dipimpin. Dengan kepemimpinan jamak, kekuatan dan kelemahan para pemimpin perseorangan akan cenderung saling menyeimbangi menjadi lebih baik. Sebagian karena alasan ini maka kualifikasi para pemimpin gereja (yi. Penatua dan diaken) berfokus pada karakter dan bukan karunia. Terutama bukan apa yang pemimpin dapat lakukan yang membuatnya menjadi pemimpin, tetapi siapa dia baik di rumah dan di publik. Satu-satunya kesanggupan yang dituntut dari penatua adalah mereka sanggup mengajar, entah kepada perseorangan atau kepada jemaat.

DIAKEN

Kualitas yang dituntut dalam diaken sangat mirip, meski ada usulan bahwa perempuan dapat menjadi diaken. Paulus menulis tentang perempuan, tetapi ada perdebatan mengenai apakah yang dimaksud adalah para istri diaken atau diaken perempuan (diakones). Siapa pun yang melayani gereja dalam kapasitas praktis harus memperlihatkan kesalehan, betapa pun sanggupnya mereka. Hal yang penting dalam pekerjaan Tuhan dalam gereja adalah hubungan, bukan kesanggupan.

Jelas bahwa tidak ada hirarki. Pengangkatan sebagai diaken bukan langkah pertama di anak tangga yang menuju ke kepenatuaan, bahkan meski kadang dilihat demikian. Diaken mengurus soal kebutuhan sementara gereja, sedangkan penatua berfokus pada kebutuhan spiritual.

Kualitas anggota

Surat-surat ini juga memberikan garis besar pentingnya kualitas para anggota pada keseluruhan hal-hal praktis. Paulus menulis tentang pentingnya kesahajaan dalam gereja dan tentang perilaku terhormat dalam masyarakat, yang ditunjukkan melalui doa-doa yang memerhatikan para pemimpin politik mereka. Ia juga memerhatikan persediaan memadai yang harus dipenuhi untuk mereka yang kekurangan dalam isi rumah mereka.

Ia mengajarkan pentingnya para perempuan yang lebih tua menolong perempuan lebih muda, dengan penghormatan diberikan kepada kaum tua, dan para janda layak beroleh persediaan.

Surat kepada Titus khususnya berfokus pada kualitas keanggotaan. Paulus menulis bahwa karakter saleh harus dilihat di gereja, rumah, tempat kerja. Sesungguhnya surat ini adalah kurikulum bagus untuk latihan keanggotaan gereja, yang memperlihatkan bagaimana anggota menghiasi injil. Dalam surat-surat ini Paulus memberi perhatian tetap bahwa gereja terlihat benar kepada dunia. Menarik diperhatikan bahwa katalog kebajikan yang Paulus pakai dalam surat ini bikan daftar kebajikan Kristen tetapi Yunani. Orang Yunani memang memiliki daftar tentang apa yang mereka anggap baik untuk manusia, dan Paulus sesungguhnya memakai daftar budaya luar ini dan menantang orang Kristen untuk hidup mencapai standar ini.

Ini bukan mengusulkan bahwa Gereja perlu meniru standar moralitas dunia ini, tetapi ini berarti bahwa paling tidak kita harus mencapai hal yang dunia ini sebut baik. Mereka kerap mendorong orang Kristen ke tingkat dasar.

Peran perempuan

Barangkali ajaran paling kontroversial dalam surat-surat ini adalah tentang perempuan. Paulus tampaknya mengenakan pembatasan ketat pada pelayanan kaum perempuan.* Teolog feminis tidak suka dengan surat-surat ini. Mereka membuat sejumlah klaim:

1. *Pseudepigrafikal.* Sebagian berkata surat-surat ini bukan oleh Paulus tetapi penulis palsu abad ke dua yang memakai namanya. Dengan demikian surat-surat ini tidak boleh jadi bagian dari kanon.
2. *Rabinikal.* Yang lainnya beranggapan bahwa jika surat-surat ini dari Paulus, ajaran tentang perempuan adalah kemunduran ke masa kerabiannya sebelum ia bertobat. Sebagai seorang yang telah tua ia kembali ke prasangka yang berasal dari masa kecil Yahudinya.
3. *Kultural.* Mereka beranggapan bahwa ajaran ini murni kultural. Jika Yesus hidup masa kini, Ia pasti akan memilih enam laki-laki dan enam perempuan sebagai rasul. Ungkapan favorit yang menyimpulkan posisi ini berkata bahwa Paulus terkondisi secara budaya. Maka pilihan Yesus akan 12 laki-laki menjadi rasul-Nya

---

* Untuk pembahasan penuh tentang pokok ini dan isu-isu terkait, lihat karya penulis: *Leadership is Male* (Kepemimpinan untuk Kaum Lelaki).

adalah bijak, karena dalam zaman-Nya memiliki rasul perempuan akan menyinggung perasaan budaya -- argumen ini gagal menyadari bahwa Yesus tidak pernah bertindak apa pun semata karena itu 'diplomatis'! Salah satu komentar yang diucapkan orang Farisi kepada-Nya ialah, 'Kamu tidak memerhatikan pendapat siapa pun! Jika sesuatu dipandang baik oleh-Nya, Ia akan melakukan itu.

4. *Bidat.* Orang lainnya mengklaim bahwa perempuan dicegah dari mengajar karena perempuan banyak memimpin dalam penyembahan sesat. Gereja perlu menjaga diri dari praktik ini, maka ia melarang perempuan dari mengajar. Namun demikian, tidak ada bukti pendukung untuk membela teori ini.

5. *Pendidikan.* Argumen berikut mengusulkan bahwa kurangnya pendidikan kaum perempuan dalam zaman Paulus membuat tidak bijak untuk mereka melakukan peran mengajar/memimpin. Tetapi jika ini benar, Paulus harusnya tidak mengizinkan orang laki-laki yang tidak berpendidikan memimpin Gereja. Dalam Kisah Para Rasul, Sanhedrin menyebut 12 rasul sebagai orang yang tidak berpendidikan, dan memang demikianlah mereka.

Tetapi jelas bahwa Paulus mengajarkan perbedaan gender antara laki-laki dan perempuan masih berlaku dalam Gereja. Kita tidak dijadikan tanpa perbedaan jenis dalam Kristus; Tuhan ingin kita menjadi laki-laki sejati dan perempuan sejati. Ajaran Paulus menentang kemerosotan anggapan modern kepada kepribadian (*personhood*), dimana pembedaan diminimalkan atau dihapuskan sama sekali.

Tuhan menciptakan kita laki-laki dan perempuan, dan kita saling memerlukan. Ia menciptakan kita untuk peran dan tanggungjawab berbeda. Apabila laki-laki berperilaku seperti perempuan dan perempuan berperilaku seperti laki-laki, kita mengacaukan keindahan kreatif Tuhan. Maka laki-laki diberikan tanggungjawab memimpin. Meski ini bukan ajaran populer masa kini, ini ada dalam Alkitab. Kita tidak dapat menghindarinya.

Hadapi pembuat masalah

Tugas besar kedua adalah menentang para pembuat masalah. Ketika Paulus meninggalkan para pemimpin di Efesus untuk terakhir kalinya, ia memberitahu mereka bahwa sesudah kepergiannya akan datang serigala berjubah domba ke tengah-tengah kawanan yang telah ia layani. Maka dalam masa Timotius, nubuatan itu menjadi kenyataan, yang menjelaskan mengapa Paulus mengutus Timotius untuk menghindari para serigala.

Sorotan tentang pengajaran sesat ini adalah kesamaan yang terdapat dalam surat-surat ini. Ini menjadi latarbelakang dalam surat kepada Titus dan menjadi latardepan dalam surat-surat kepada Timotius. Sesungguhnya, itulah alasan tepatnya mengapa Paulus menulis kepada Timotius. Jika Anda mengabaikannya masalah itu akan memburuk, tetapi jika Anda bersedia menghadapinya secepat ia muncul, maka perbaikannya dapat lebih cepat dalam jangka panjangnya.

Kesalahan yang mereka anjurkan

Sukar menemukan sifat tepat dari pengajaran tersebut. Sebagian beranggapan bahwa itu serupa dengan Gnosticisme abad kedua.

1. *Unsur Yunani.* Mereka percaya bahwa tubuh jahat adanya dan karena itu mengajarkan bahwa seks salah, dan bahwa orang perlu menaati beberapa peraturan makanan tertentu agar berterima kepada Tuhan. Mereka juga memasukkan pengertian dualistik tentang dunia dan eskatologi yang menekankan realisasinya secara berlebihan (yi. Bahwa kebangkitan sudah terjadi).
2. *Unsur Yahudi.* Kepercayaan mereka akan hukum tentang makanan dan fokus pada silsilah mengusulkan latarbelakang Yahudi. Komentar Paulus mengusulkan bahwa mereka memiliki tafsiran mereka sendiri tentang Perjanjian Lama.

Paulus mungkin bertempur di dua fron -- melawan Yudaisme Helenistik yang menggabungkan unsur Yunani dan Yahudi untuk membentuk serangan berarti terhadap injil.

Contoh tentang hal yang mereka anjurkan

Kami telah mencatat sebelumnya bahwa Paulus memberitahu Timotius bahwa seorang penatua yang baik 'layak menerima penghormatan ganda.' Teks tersebut telah diterjemahkan secara tidak baik dalam kebanyakan versi Alkitab, tetapi artinya jelas. Seorang penatua yang bekerja dalam berkhotbah dan mengajar layak menerima honorarium ganda. Ini menyiratkan pelayan yang dibayar dan merujuk kepada mereka yang mewartakan injil kepada orang belum percaya dan yang mengajar kepada orang percaya. Sebaliknya, Timotius tidak boleh membayar apa pun kepada para penatua yang buruk, khususnya jika mereka adalah pecinta uang.

Kita dapat mengenali kesalahan karakter dalam para penatua ini dengan mencatat apa yang Paulus lawan dalam tulisannya. Ia berkata mereka mempunyai bentuk kesalehan, tetapi menyangkali kuasanya, mereka tampak baik di luar, tetapi motivasi di dalam mereka adalah melayani diri sendiri. Meski terkesan legalistik, mereka sesungguhnya menyalahgunakan kebebasan, bangga tentang apa yang telah mereka capai, dan serakah uang, dengan memercayai bahwa uang adalah ganjaran untuk kesalehan mereka.

Akibat yang mereka hasilkan

Dampak dari para pemimpin semacam ini pada gereja adalah bencana. Pengajaran palsu mereka beroperasi seperti gangren dalam tubuh. Mereka mendukung campuran aneh legalisme dan kebebasan salah. Yang mana pun dari kedua ini akan membunuh kemerdekaan dari Roh, dan keduanya bergabung menjadi bahaya sangat serius. Kepemimpinan harus memancar dari hati yang murni, hati nurani yang baik dan iman yang tulus, dan para penatua buruk ini tidak memiliki satu pun dari ketiga hal ini. Mereka tidak saja menganjurkan kesalahan, mereka menyajikan contoh buruk.

Mengkomunikasikan kebenaran

Tugas penting ketiga ketika meletakkan dasar dalam gereja ialah mengkomunikasikan kebenaran. Aspek terpenting puncak dari kehidupan gereja adalah pengajaran Alkitab yang baik dan konsisten. Gereja-gereja yang tidak menerima pengajaran firman Tuhan secara terus menerus menjadi sangat rentan kepada segala jenis kejahatan, tetapi konfrontasi terus menerus dengan firman Tuhan --

komunikasi kebenaran injil -- akan menyanggupkan pertumbuhan dalam kehidupan mereka yang diajar.

Timotius harus menantang para pencetus masalah, memperhadapkan mereka dengan apa yang mereka buat, mengurusnya dengan cepat, menyingkirkan mereka, dan mengganti dengan penatua yang baik. Gereja dapat menahan apa pun dari luar, tetapi ketika ia diserang dari dalam, itu menjadi situasi yang sangat berbahaya.

Pengajaran mencakup instruksi lisan, nasihat dan anjuran. Itu harus merupakan pengajaran dengan otoritas, bukan sekadar pendidikan atau pemberian informasi. Tetapi ia juga mencakup demonstrasi visual tentang kebenaran -- Timotius dan Titus harus membukakan kebenaran dan menjadi teladan tentang kebenaran.

Pesan yang harus dinyatakan

Pesan mereka didasari atas apa yang Paulus sebut 'iman itu' dan 'kebenaran itu.' Ada tiga sumber untuk mereka gunakan.

1. *Alkitab*. Perjanjian Lama harus dibacakan secara publik, sambil juga dikhotbahkan dan diajarkan.
2. *Ajaran para rasul*. Dalam Kisah Para Rasul 2 kita baca tentang para pemercaya baru mengabdikan diri mereka kepada ajaran para rasul. Paulus adalah di antara mereka yang perenungannya tentang kedatangan Kristus harus dianggap otoritatif untuk orang percaya dalam gereja-gereja Perjanjian Baru.
3. *Ujaran terpercaya*. Ada sejumlah ujaran, hampir mendekati pernyataan pengakuan iman yang dikenal mencerminkan kebenaran Alkitab. Lima darinya disebutkan dalam surat-surat.

Untuk menjadi komunikator yang setia, Timotius dan Titus harus memperlihatkan integritas dalam menangani kebenaran, dan bersiap melakukan itu 'baik atau tidak baik waktunya.' Paulus memaparkan doktrin yang harus diajarkan itu 'doktrin yang sehat,' yang datang dari kata Yunani berarti 'sehat.' Sebaliknya, penyimpangan dari ajaran rasul-rasul adalah penyakit, seperti gangren dalam tubuh.

Ajaran ini tidak boleh dibatasi kepada para anggota Gereja, tetapi memiliki perhatian lebih luas. Timotius didorong untuk 'melakukan pekerjaan seorang penginjil.'

Contoh untuk didemonstrasikan

Aspek visual dari kebenaran juga didorong dalam surat-surat ini. Paulus mengingatkan Timotius bahwa ia telah menjadi model untuk Timotius dalam sejumlah wilayah; ia menulis tentang 'pengajaranku, gaya hidup, tujuan, iman, kesabaran, kasih, ketekunan (yi. Menanggung aniaya dan penderitaan) dan kesiapan untuk mati. Ia menekankan bahwa apa adanya Anda lebih berbicara ketimbang apa yang Anda katakan. Kita harus mempraktikkan apa yang kita khotbahkan.

Dalam cara sama, ia mendorong Timotius menjadi model baik untuk mereka yang ingin ia pimpin. Kehidupan Timotius di hadapan keluarga gereja dan di pemandangan orang luar harus melampaui celaan. Meski ini terdengar menakutkan, fokusnya bukan pada 'menjadi sempurna' tetapi 'menjalani kemajuan.'

Ia didorong untuk melarikan diri dari kejahatan dan mengejar kesalehan. Dengan demikian contoh kehidupan salehnya dapat menjadi magnit untuk orang luar.

Bagaimana kita menerapkan surat-surat ini masa kini?

1. *Kemurnian bersifat internal ketimbang eksternal.* Penafsiran legalistik mana pun tentang iman sifatnya adalah eksternal.
2. *Pembedaan usia, seks dan kelas masih berlaku dalam persekutuan Kristen.* Ayat yang dipakai oleh sementara orang sebagai teks bukti untuk penghapusan perbedaan ini (Galatia 3:28) hanya berlaku pada hubungan vertikal kita dengan Tuhan -- yaitu, sejauh menyangkut Tuhan, pembedaan ini tidak membawa akibat pada kelayakan kita untuk keselamatan.
3. *Kebaikan gereja harus setara dan melampaui ide dunia tentang apa yang dianggap baik.* Ini merupakan prinsip sangat penting, sebab dunia tidak bisa dibodohi. Dunia tahu apakah seorang itu baik, dan mereka berharap melihat orang baik dalam gereja. Kita bertanggungjawab untuk hidup baik.
4. *Karakter lebih penting daripada kesanggupan.* Kepemimpinan Gereja adalah tentang menjadi contoh baik disamping juga menjadi pengelola yang baik; tentang hal ketampakan dan juga hal kedengaran.
5. *Para gembala bertanggungjawab untuk keadaan kawanannya, bukan sang domba yang bertanggungjawab.* Alkitab tidak pernah menyalahkan domba tentang keadaan kawanan domba, hanya gembala yang disalahkan. Saya bicara kepada banyak pendeta yang terlalu siap menyalahi umat mereka tentang keadaan gereja mereka, tetapi Tuhan selalu menuntut tanggungjawab para gembala untuk keadaan kawanannya.

6. *Ajaran sehat, mencakup bagaimana kita berperilaku dan apa yang kita percayai.* Dalam Alkitab ajaran sehat berarti kepercayaan yang diterjemahkan ke dalam perilaku.
7. *Gereja adalah keluarga tetapi ia tidak memiliki ayah di bumi.* Ia memiliki Bapa ilahi. Semua umat dalam Gereja -- pemimpin dan anggota juga -- adalah sama bersaudara. Itu sangat penting. Kita tidak boleh memanggil 'bapa' kepada siapa pun.
8. *Kesejahteraan sosial dalam Gereja harus melakukan pembedaan.* Kita tidak harus mengambil tanggungjawab orang lain. Kita diajar bahwa jika keluarga seorang janda sanggup menanggung kehidupannya, Gereja tidak perlu mengambil tanggungjawab itu. Ada kekeliruan tentang kedermawanan (filantrofi) yang menanggung terlalu banyak kesejahteraan sosial. Gereja diberitahu untuk mengambil pemeliharaan para janda yang tidak memiliki sanak saudara yang menanggung mereka. Gereja perlu peka dalam cara ia memerhatikan orang yang berkebutuhan.
9. *Sifat gereja adalah pencerminan sifat para pemimpinnya.* Anggota mengikuti pemimpin gereja, entah mereka suka atau tidak.
10. *Jika surat kepda Timotius dan kepada Titus mengandung pengajaran, itu adalah bahwa perang terbesar yang kita hadapi berlangsung dalam Gereja.* Kita perlu mempertahankan kebenaran injil terhadap beberapa penyimpangan halus, empat khususnya berlangsung masa kini.

- *Politisasi* -- Kerajaan Tuhan sebagai program sosial untuk dunia ini saja.

- *Feminisasi* – Tuhan sebagai ibu yang menyusui ketimbang ayah yang mendisiplin.
- *Relativisasi* – tanpa ada pembedaan mutlak apapun antara benar dan salah, tepat dan keliru.
- S*inkretisasi* – penggabungan dengan iman-iman lain atas nama agama dunia.

Ini membutuhkan tugas ganda: menjelaskan kebenaran dan menelanjangi kesalahan.

MELALUI PENDERITAAN KEPADA KEMULIAAN

53. Ibrani
54. Yakobus
55. 1 & 2 Petrus
56. Judas
57. 1, 2 & 3 Yohanes
58. Wahyu
59. Milenium

53. IBRANI

Pendahuluan

Sukar atau mengasyikkan?

Di antara para pembaca modern terdapat beragam pandangan tentang Surat Ibrani. Sebagian mendapatkan surat ini yang paling sukar dari Perjanjian Baru. Sebagian sebabnya, karena untuk mata orang bukan Yahudi, surat ini sangat Yahudi, memaparkan tentang korban, mezbah dan urusan keimamatan secara cukup terinci. Untuk mendapatkan pengertian tepat tentang Surat Ibrani dibutuhkan pengenalan akrab akan Alkitab Perjanjian Lama, khususnya Kitab Imamat, yang kebanyakannya kurang dimiliki oleh orang bukan Yahudi. Tambahan lagi, beberapa argumen dalam Ibrani tidak menyentuh pikiran modern. Siapa yang peduli tentang malaikat dan silsilah? Mereka hampir tidak pernah menjadi pokok utama percakapan, bahkan di kalangan Kristen sekali pun.

Lagi pula, bahasa Yunani Surat Ibrani ini sangat rumit, meski secara luas ini dianggap Yunani terbaik dalam Perjanjian Baru. Perjanjian Baru tidak ditulis dalam bahasa Yunani klasik tetapi dalam Yunani *koine,* bahasa yang di pakai di jalan-jalan yang beda dari bahasa perguruan tinggi. Tetapi Ibrani lebih dekat ke bahasa klasik ketimbang bagian lain dalam Perjanjian Baru. Bahkan dalam terjemahan modern bahasanya terasa lebih halus dan berkelas, dan untuk sebagian orang ini menghadirkan rintangan.

Tetapi Ibrani memiliki para pendukungnya. Sebagian berkata bahwa ini adalah buku yang paling mengasyikkan dalam keseluruhan Alkitab. Mereka menyukainya dan bersenang-senang di dalamnya, lazimnya karena tiga alasan.

1. PASAL MENGAGUMKAN TENTANG IMAN

Pasal ini bagaikan tur keliling menjelajahi mausoleum, sambil pembaca menatap balik ke masa lampau ke kehidupan para pahlawan iman yang agung. Untuk mereka yang mendapatkan argumen rinci di pasal-pasal sebelumnya cukup berat, pasal 11 adalah sesuatu yang melegakan. Akhirnya ada sesuatu yang mengena dengan mereka.

2. TERANG ATAS PERJANJIAN LAMA

Ibrani mengurus pertanyaan tentang bagaimana Perjanjian Lama berhubungan dengan Perjanjian Baru. Kitab ini menjelaskan bagaimana kita harus memperlakukan Hukum Musa, dengan menyingkapkan hubungan iman Kristen kita dengan upacara di bait dan memperlihatkan bagaimana umat Tuhan telah memasuki zaman baru dalam hubungannya dengan Tuhan. Dalam keadaan demikian ia menyediakan banyak model penafsiran bagi pengertian kita sebagai orang Kristen tentang Perjanjian Lama.

3. APA YANG IA BERITAHUKAN TENTANG KRISTUS

Mereka yang mengasihi Yesus mengasihi Surat Ibrani,

sebab ia menerangkan tentang Dia sebagaimana yang tidak dilakukan oleh bagian lain mana pun dalam Perjanjian Baru. Kata favorit dari penulis Ibrani adalah 'lebih.' Yesus dipaparkan sebagai 'lebih' ketimbang 'ter-' (meski ini pun benar juga), sebab Ia dibandingkan dengan alternatif lebih rendah yang atraktif bagi pembaca asalnya. Yesus lebih dari para malaikat, lebih dari para nabi, lebih dari semua para pengantara lainnya.

Pandangan bahwa kitab ini sukar atau mengasyikkan keduanya sesungguhnya adalah posisi yang ekstrim yang kehilangan pokok utama surat ini. Kunci sejati Ibrani adalah pertanyaan, 'Mengapa surat ini ditulis?' Meski cukup rumit untuk mendapatkan jawabannya secara penuh, sekali Anda menemukannya, seluruh surat ini menjadi terbuka.

Siapa pengarangnya?

Tetapi sebelum kita melihat pada mengapa surat ini ditulis, kita perlu mempertimbangkan siapa yang menulisnya. Seorang sarjana menyebut ini 'teka-teki Perjanjian Baru,' sebab ini satu-satunya kitab Perjanjian Baru yang kepengarangannya jelas tidak diketahui. Ada segala macam dugaan. Sebagian versi Alkitab terjemahan *King James* menyebutnya 'Surat Kiriman Paulus kepada orang Ibrani,' tetapi ini semata tebakan saja. Saya pikir bukan Paulus yang menulisnya. Bukan seperti ini gaya atau bahasa Paulus. Yang lain mengusulkan bahwa surat ini mungkin ditulis oleh Barnabas, sebagian karena banyak sekali penguatan di halaman-halamannya. Sebagian mengatakan, Stevanus, yang lain mendukung Silas atau Apolos. Satu usulan mengatakan penulisnya adalah Priskila, dan tidak dicantumkannya nama penulis adalah untuk menyembunyikan fakta bahwa perempuan yang menulis ini, walaupun menurut saya ini sangat tidak mungkin. Akhirnya saya harus mengatakan -- bersama Bapa gereja agung, Origenes dari Alexandria -- Tuhan saja yang tahu siapa yang menulis surat ini!

Kemana surat ini dikirimkan?

Kita juga tidak pasti kemana surat ini dikirim. Satu-satunya alamat yang dicantumkan adalah 'kepada orang Ibrani,' yang jelas jauh dari jelas! Sekali lagi ada banyak usulan. Sebagian mengatakan surat ini dikirim ke Alexandria, yang lain berkata Antiokhia atau Yerusalem atau Efesus. Kita tidak dapat memastikan, tetapi ada petunjuk penting tepat di bagian akhir, penulisnya mengatakan 'terimalah salam *dari* saudara-saudara di Italia.' Maka masuk akal menyimpulkan bahwa surat ini dikirim *ke* Italia, yang mengusulkan bahwa surat ini dimaksudkan untuk gereja di Roma.

Namun dapat kita lihat dengan jelas bahwa Surat kepada orang Ibrani ini ditulis sesudah Surat Roma. Maka saya mengandaikan bahwa Ibrani ditulis kepada orang Kristen di Roma, dan mengingat judulnya, kepada sebagian gereja yang Yahudi. Tetapi ini membangkitkan pertanyaan, 'Mengapa perlu surat yang hanya untuk sebagian dari gereja?'

Kapan surat ini ditulis?

Jelas, para pemimpin pertama gereja di Roma telah meninggal, sebab menjelang akhir surat ini penulisnya berkata, 'ingat para pemimpinmu.' Bait dan kurban-kurban yang dipersembahkan masih beroperasi, sebab penulis bicara tentang hal itu dalam bentuk waktu kini. Jadi pasti ia menulis surat ini sebelum tahun 70, ketika bait dihancurkan dan kurban-kurban dihentikan. Maka Ibrani ditulis sesudah Paulus menulis kepada jemaat di Roma tahun 55 dan sebelum tahun 70.

Nero

Alasan ditulisnya surat ini menjadi jelas ketika kita mempertimbangkan apa yang terjadi pada periode ini. Situasi telah sangat berubah sejak Surat Paulus kepada jemaat di Roma, terutama karena naiknya Nero ke takhta kerajaan. Telah kita perhatikan dalam studi surat Roma (lihat psl. 47) bahwa di bawah Klaudius sekitar 40,000 orang Yahudi diusir dari Roma di awal tahun 50-an, sebelum Paulus menulis suratnya. (Pada saat itulah Priskila dan Akuila lari ke Korintus, seperti disebut dalam Kisah Para rasul). Akibatnya gereja di Roma menjadi semakin bukan Yahudi, sampai ketika orang Yahudi kembali sesudah kematian Klaudius pada tahun 54, berkembang ketegangan antara orang percaya Yahudi dan mereka yang berlatar-belakang bukan Yahudi, yang kini memimpin persekutuan itu. Telah kita lihat dalam studi Roma bahwa Paulus menulis untuk menolong orang Yahudi untuk berintegrasi kembali bersama saudara seiman mereka bukan Yahudi.

Tetapi pemerintahan Nero merupakan masa penderitaan besar untuk gereja. Nero, seperti Hitler, melakukan beberapa hal baik pada awalnya. Jika Anda membaca kehidupan Hitler, Anda temukan bahwa ia menyelamatkan Jerman dari pengangguran dan inflasi, membangun jalan-jalan raya, dan memerintahkan pembuatan mobil Volkswagen Beetle sebagai 'mobil rakyat.' Demikian juga, apabila Anda membaca sejarah Nero, Anda dapatkan ia banyak berbuat baik untuk Roma pada awalnya. Ia mendengar nasihat orang lain dan sanggup memerintah dengan bijak. Seperti Hitler ingin membangun kembali Berlin, demikian juga Nero ingin membangun kembali Roma. Ia punya ide-ide besar dengan meruntuhkan banyak dan membangun bangunan-bangunan megah yang pernah dibangun. Singkatnya, ia menjadi seorang megalomaniak, dan orang yang paling banyak menderita ketimbang lainnya adalah orang Kristen, dan banyak dari mereka dibunuh oleh Nero.

Dalam Surat Roma tidak terlihat adanya penganiayaan. Gereja harus memerangi imoralitas di Roma, tetapi saat itu masih belum ada penganiayaan langsung. Tetapi dalam Surat Ibrani ada satu bagian yang menceritakan jenis penganiayaan yang sudah mereka derita. Belum seorang pun dari mereka yang menjadi martir, yang berarti masih di tengah masa pemerintahan Nero. Rumah-rumah mereka dirusak. Milik mereka disita. Beberapa dari mereka dipenjara -- karenanya menjelang akhir surat ini ada rujukan tentang melawat 'mereka di dalam penjara.' Timotius disebut sebagai salah seorang dari mereka yang dipenjara dan kemudian dilepaskan. Maka menjadi Kristen cukup berat waktu itu. Sampai di saat itu belum sampai terjadi korban jiwa, tetapi mereka sudah harus menanggung penderitaan lainnya.

Orang percaya Yahudi

Tentu saja, ini terjadi pada semua orang percaya, entah mereka bukan Yahudi atau Yahudi, jadi mengapa surat ini ditulis hanya kepada yang Yahudi? Jawabannya sangat sederhana dan menjelaskan keseluruhan surat ini. Orang Yahudi memiliki jalan terbuka untuk luput dari penderitaan, yang tidak terbuka untuk orang yang bukan Yahudi. Orang percaya Yahudi dapat ke luar dari kesulitan dengan kembali ke sinagoge. Pada saat itu Kekristenan ilegal, tetapi Yudaisme masih legal, dengan sinagoge secara resmi 'terdaftar.' Gereja adalah gerakan bawah tanah, mirip seperti gereja di negara komunis Rusia dan Tiongkok, dan di beberapa bagian dunia Muslim masa kini.

Maka para pemercaya Yahudi dapat kembali ke sinagoge dan dengan begitu membawa keluarga mereka luput dari penganiayaan. Mereka bahkan dapat mengklaim bahwa mereka kembali ke Tuhan yang sama. Tetapi harga dari tindakan itu -- bahkan, satu-satunya cara untuk mereka balik ke sinagoge Yahudi -- adalah menyangkal iman mereka akan Yesus secara publik. Itu dilema besar. Mereka telah mendengar tentang Yesus dan percaya Ia adalah sang Mesias. Tetapi dengan menjadi bagian dari gereja, mereka mengalami anak-anak mereka di sekolah dianiaya, jendela mereka dilempari dan harta mereka dirampas. Mereka tahu bahwa jika mereka membawa keluarga mereka kembali ke sinagoge mereka akan aman. Tetapi mereka harus mengucapkan di hadapan sinagoge, "Saya sangkali bahwa Yesus adalah Mesias."

Jadi surat ini terutama ditulis kepada orang percaya Yahudi dengan latarbelakang penganiayaan itu. Penulisnya memakai metafora berlayar untuk mendorong mereka berdiri teguh -- 'jangan angkat sauh kalian, jangan hanyut, jangan turunkan layar kalian' -- yang mengusulkan bahwa ia memiliki latarbelakang pelayaran.

Nasihat dan uraian

Di akhir ia berkata ia telah menulis 'surat singkat berisi nasihat.' Jelas surat itu sebuah nasihat, tetapi bukannya sangat singkat! Nasihat bersifat sangat praktis. Ia tidak berusaha mengajarkan doktrin kepada mereka, tetapi berusaha menghentikan godaan untuk berbalik ke sinagoge tersebut. Segala yang ia tulis dari awal sampai akhir ditujukan pada masalah itu. Ia melempar apa saja kepada mereka. Ia mengimbau kepada mereka, memperingatkan mereka, bicara dengan lembut namun tegas. Ia memakai setiap argumen sesanggup dia, sebab ia takut mereka akan kehilangan keselamatan jika mereka kembali ke Yudaisme.

Dengan menghargai imbauan penuh gairah ini kita akan terluput dari memahaminya sebagai uraian doktrinal. Saya pernah mendengar banyak pengkhotbah menguraikan surat ini seakan ini murni studi tentang Kristus, dan mereka kehilangan unsur praktisnya. Ini dalam bahasa Inggris adalah *exhortation*, artinya menurut *Oxford English Dictionary*, 'menasihati dengan cara mendesak, mendesak seseorang untuk melakukan suatu tindakan.' Seluruh surat ini adalah mendesak pembacanya untuk tindakan tertentu. Imbauan itu bersifat negatif dan juga positif; 'Ayo jangan berbalik, tetapi majulah terus.'

Ada kisah yang sungguh terjadi tentang seseorang yang meninggal di lubang jalan di Yorkshire. Ini yang dikatakan oleh pemeriksa jenazah kepada penyidik: 'Andai ia tetap bergerak ia pasti masih hidup sekarang.' Sebaliknya ia duduk dan diam di satu tempat, dan terjadilah hipotermia (suhu badan menurun). Inilah pesan dari Surat Ibrani: "'Gerak terus!' Tetapi ini bukan bahasa teguran. Penulis menyatukan dirinya dengan pembacanya. Ia berkata, 'Mari kita teruskan,' sambil menempatkan dirinya di samping mereka. Sesungguhnya, ia menyebut dirinya *parakletos* (julukan yang juga diberikan kepada Roh Kudus dalam Injil Yohanes dan berarti 'bersedia di samping, penguat'). Kita boleh berpikir tentang dia sebagai pendaki yang berbalik ke seseorang di ujung tali dan mendaki bersama untuk menolong mereka mencapai puncak.

Pola surat ini tidak biasa bagi Perjanjian Baru, dengan penulisnya secara konstan berpindah antara uraian dan nasihat. (Kebanyakan kitab-kitab Perjanjian Baru mulai dengan doktrin dulu dan diikuti dengan penerapan.) Ia secara konstan mengajukan anggapan dan imbauan, dan proporsi argumen dan imbauan tersebut berubah sepanjang kita menelusuri surat ini.

Dalam pasal 1 dan 2 kita memiliki argumen panjang dan imbauan singkat. Tetapi secara berangsur, sementara Anda membaca surat ini argumennya menjadi makin singkat dan imbauannya makin panjang, sampai pasal 11 memberi sedikit uraian, diikuti oleh imbauan panjang di pasal 12 dan 13. Jadi penulisnya menyajikan lebih banyak uraian dan sedikit imbauan di bagian awal, dan sedikit argumen dan lebih banyak imbauan di bagian akhir. Ini salah satu alasan mengapa bagian lebih awal terkesan sedikit lebih sukar untuk dimengerti ketimbang yang bagian kemudiannya.

Bagian imbauan ditandai dengan ungkapan berulang 'Sebab itu, baiklah kita...' Sebagai contoh, 'Marilah kita menanggalkan semua beban dan dosa yang begitu merintangi dan berlomba dengan tekun sambil memandang kepada Yesus'; 'Marilah kita maju terus'; 'Marilah kita maju sampai ke garis akhir'; 'Mari kita mengejar hadiah yang telah disediakan.' 'Marilah kita' muncul tiga belas kali di seluruh surat, tetapi delapan di bagian terakhirnya. Ini dukungan kuat untuk imbauan pribadi, yang akan menggerakkan semua orang kecuali yang paling keras hati.

Kebanyakan argumen diambil dari Perjanjian Lama, yang merupakan satu-satunya kitab Suci yang ada waktu itu (di samping Surat Paulus kepada jemaat di Roma). Maka argumen-argumen ini pasti siap diterima oleh pemercaya Yahudi. Penulisnya memperlakukan Perjanjian Lama dalam dua cara: secara negatif, dengan mengkontraskan kehidupan batiniah di bawah Perjanjian Lama terhadap yang dinikmati orang percaya Perjanjian Baru; dan secara positif, dengan memerhatikan kelanjutan antara kedua Perjanjian dan banyak contoh yang dapat kita ambil. Dengan mengutip Agustinus, 'Yang Baru terselubung dalam yang Lama, yang Lama tersingkap dalam yang Baru.'

Bahasa dan struktur

Banyak orang mendapatkan bahasa dan struktur Ibrani sukar dipahami. Diagram berikut akan menolong kita. Diagram itu memberikan garis besar lekuk pasal 1-2, dengan memperlihatkan pembagian antara surga dan bumi. Tuhan di surga mengucapkan firman-firman-Nya melalui malaikat dan kepada para nabi dalam penggalan-penggalan. Anda dapat menyatukan semua penggalan dari Perjanjian Lama itu ke dalam seluruh kehidupan Yesus. Itu seperti *jigsaw puzzle* ketika kotaknya pertama kali dibuka. Para nabi menyampaikan firman kepada manusia, tetapi kenyataannya firman itu membawa kematian kepada mereka, sebab firman Taurat membawa kematian.

Kemudian kita melihat bagaimana 'di hari-hari terakhir Ia berbicara kepada kita melalui Anak-Nya yang telah mati.' Sang Anak telah berbicara kepada kita melalui para rasul. Kita mendengar firman-firman dari para nabi dalam Perjanjian Lama dan firman-firman dari para rasul dalam Perjanjian Baru.

Yesus menjadi manusia, mati dan kembali ke surga sebagai Pionir kita. 'Pionir' adalah julukan favorit untuk

IBRANI 447

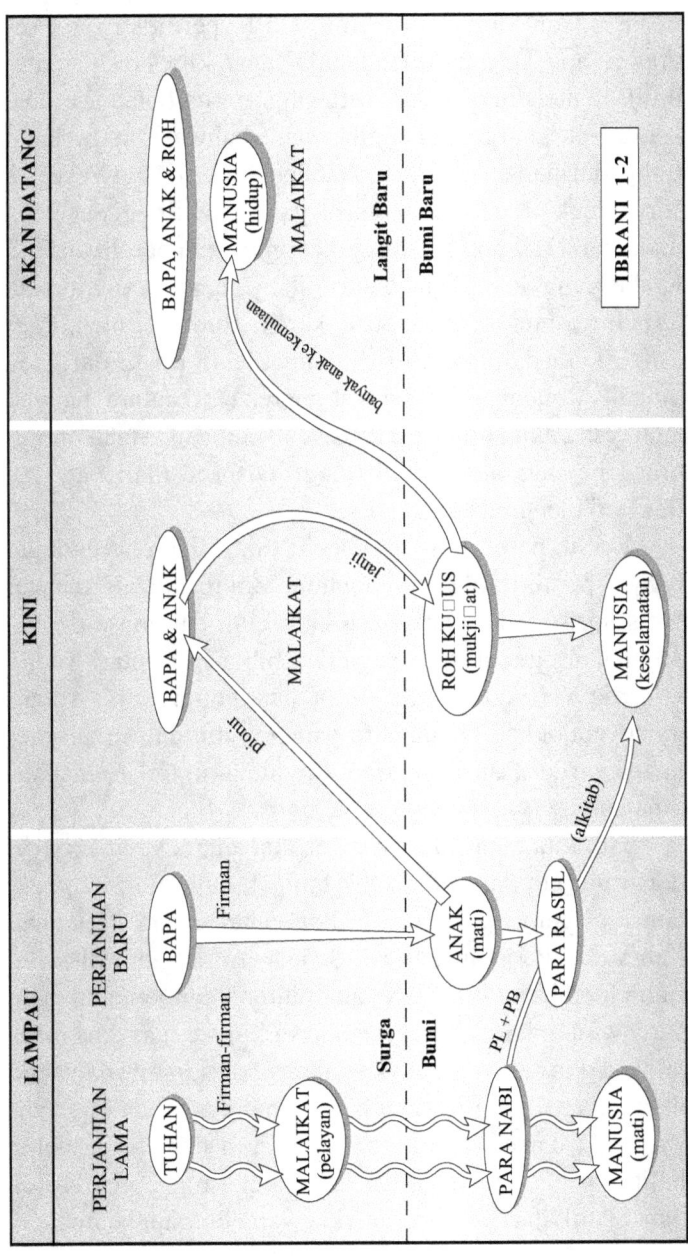

Yesus dalam Surat Ibrani. Ini berarti 'perintis', yaitu seorang yang berjalan mendahului agar kita boleh mengikuti. Ia melakukan semua itu supaya kita boleh ikut Dia kembali ke surga. Kita diberitahu bahwa kini Ia lebih tinggi daripada para malaikat. Sebelum kenaikan Yesus ke surga tidak pernah ada manusia yang lebih tinggi daripada malaikat. Dari posisi ditinggikan ini Ia mencurahkan Roh Kudus yang dijanjikan ke atas kita, yang menyanggupkan terjadinya mukjizat. Manusia karena itu boleh mengikuti sang Pionir dan berakhir di tempat lebih tinggi daripada malaikat, mengambil tempat mereka di antara banyak anak yang akan dibawa Yesus ke kemuliaan. Maka orang-orang percaya akan lebih tinggi daripada malaikat, dan dilayani oleh malaikat.

Lekuk pasal 4-10 agak lebih rumit. Kita harus ingat bahwa pemikiran Ibrani tentang waktu adalah sebagai garis horisontal antara masa lalu, kini, dan masa depan, sedangkan pemikiran Yunani lebih berorientasi ruang -- garis vertikal antara surga dan bumi. Surat Ibrani menggabungkan kedua cara pandang itu, dan inilah mengapa garis besar di diagram itu mungkin terkesan sukar dipahami.

Jadi kita memiliki garis vertikal antara yang surgawi dan yang bumiah, dunia tak tampak dan dunia tampak, dan kita punya garis waktu horisontal antara Perjanjian Lama dan Perjanjian Baru. Semua itu bertemu di salib. Iman membawa kita dari yang bumiah dan lama ke yang surgawi dan baru. Iman membawa kita ke luar dari masa lampau dan yang bumiah ke dalam yang surgawi dan akan datang. Kuadran di kanan bawah mengingatkan kita bahwa Anda dapat jatuh berbalik ke arah lain. Anda dapat balik dari Perjanjian Baru ke dalam yang Lama; Anda dapat balik dari yang surgawi ke yang bumiah kembali.

IBRANI 449

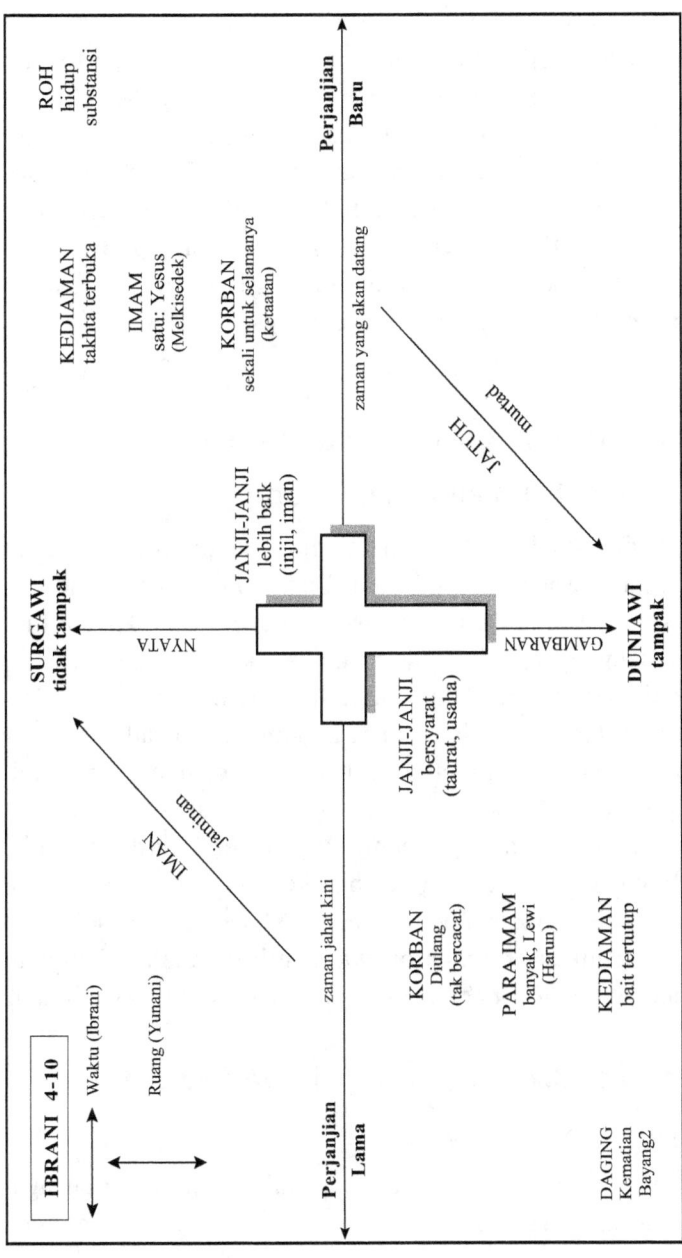

Korban-korban lama harus diulang; korban yang baru adalah sekali untuk selamanya. Para imam lama di satu sisi; Imam satu-satunya, Yesus, yang dari ordo Melkisedek, adalah di sisi lainnya. Tempat kediaman yang lama memiliki bait yang tertutup, dan tempat kediaman yang baru memiliki takhta yang terbuka -- kita dapat langsung datang ke dalam Ruang Maha Kudus sekarang ini.

Mari kini kita lihat buku ini agak lebih rinci, sambil berusaha menangkap tema-tema keseluruhannya.

Kontras negatif (pasal 1–10)

Jangan kembali ke masa lampau

Dalam pasal 1–10 penulisnya membuat perbedaan tajam antara Perjanjian Lama dan Baru, antara Yudaisme dan Kekristenan. Argumennya sangat sederhana. Kalian kini sedang naik Rolls-Royce; apakah kalian ingin kembali naik gerobak tua? Apakah kalian ingin kembali merebus air dalam panci lalu menuangkannya ke dalam ember untuk kemudian mandi di depan alat pemanas air mandi yang ada? Siapa ingin melakukan tindakan sebodoh itu apabila mereka sudah memiliki yang terakhir dan terbaik? Ia mengatakan bahwa kembali ke Yudaisme berarti balik ke posisi yang jauh lebih rendah. Maka dalam pasal 1-6 ia mengajukan argumen bahwa memiliki Anak Tuhan adalah jauh *lebih baik* daripada memiliki para hamba Tuhan.

Anak dibanding para pelayan (pasal 1–6)

1. PARA NABI (1:1–3)

Sebagian sarjana menganggap kalimat pertama sebagai bahasa Yunani terbaik dalam Perjanjian Baru dalam arti konstruksi, irama dan keindahannya. Ini dibandingkan dengan kata-kata yang lebih termasyhur dalam Kejadian 1:1 dan Yohanes 1:1. Ayat ini mencakup di dalamnya baik keberlanjutan dengan Perjanjian Lama (Tuhan telah berbicara) dan kontras dengannya (oleh Anak-Nya).

Pertama penulisnya melihat ke 'firman-firman lama' dari para nabi sejak Musa sampai Maleakhi. Firman-firman ini ada dalam:

(a) *Banyak penggalan.* Mereka seperti keping-keping *jigsaw*. Amos melihat pada keadilan. Hosea pada kemurahan. Yesaya pada kekudusan. Tetapi masing-masing mengandung nubuatan tentang Kristus.
(b) *Banyak bentuk.* Gambar di tutupan kotak 'jigsaw' pun beragam. Ada prosa, puisi, nubuatan, sejarah, perumpamaan, hukum, lagu cinta dan penglihatan. Komunikasinya melalui orang-orang biasa dari rentang lebar latarbelakang sosial.

Kemudian penulisnya membandingkan metode-metode yang terdahulu itu dengan 'firman-firman baru.' Ia berkata bahwa di 'zaman akhir' ini (yi. Periode terakhir dari sejarah, sejak kedatangan Kristus) Tuhan telah memberikan kita cara terakhir Ia berkomunikasi. 'Firman' ini telah diberikan kepada kita sebagai orang percaya. Kali ini bukan sepotong-sepotong tetapi 'oleh Anak-Nya.' Ia melanjutkan dengan memberikan kita pemandangan tiga dimensi tentang Yesus.

(a) Ciptaan
i. *Ia mendapatkan semuanya di akhir.* Tuhan telah menjadikan Yesus pewaris dari segala sesuatu. Maka sang Anak satu hari akan memiliki semuanya. Mazmur 2:8

bicara tentang bangsa-bangsa sebagai warisan-Nya. Maka Ia yang jubah-Nya diundi di akhir kunjungan pertama-Nya akan kembali dan memerintah atas semua kerajaan dan manusia.

ii. *Ia menjadikan semuanya di awal.* Anak ini telah memulai semuanya. Ia bukan sekadar tukang kayu yang bersahaja, tetapi ada pada saat pertama sebagai sang Pencipta, memprakarsai dan memutuskan atas ciptaan.

iii. *Ia memelihara semuanya berlangsung sementara ini.* Sementara Ia ada di bumi Ia memperlihatkan kuasa-Nya untuk 'menenangkan angin ribut.' Dalam kehidupan kebangkitan-Nya, Ia ada di kendali alam semesta, menopang segala yang ada bersama.

(b) Ciptaan

i. Kita melihat *cerminan kecemerlangan-Nya.* Sama seperti sinar matahari untuk matahari, maka kemuliaan-Nya adalah untuk sang Anak. Kemuliaan adalah keberadaan intrinsik-Nya.

ii. Ia adalah *meterai keserupaan dengan Tuhan.* Sama seperti halnya meterai zaman dulu dibuat dengan ditera, maka Kristus adalah teraan persis dari Tuhan. Apabila kita melihat Yesus, kita melihat Bapa.

(c) Makhluk

i. *Juruselamat di salib.* Kendati semua hal yang telah kita bicarakan, Anak mulia ini mati di salib. Dalam semua yang Ia lakukan ini Ia membuat pemurnian untuk dosa-dosa. Kali ini bukan melalui kata-kata, tetapi melalui tindakan-Nya, dengan mengizinkan diri-Nya sendiri sebagai korban. Ini adalah karya-Nya. Bahkan Bapa-Nya sendiri, tidak dapat berbagi karya itu dengan Dia.

ii. Tuhan dengan mahkota. Tetapi Ia tidak tetap mati. Ia dibangkitkan dan dimuliakan. Ia adalah Tuhan, yang naik tinggi mengatasi segala sesuatu dan di kendali alam semesta – sang Raja Damai, Nabi, Imam dan Raja di sebelah kanan Tuhan. Posisi mulia Yesus ini wajar menuntun penulisnya ke bagian berikut, di mana ia melihat pada Anak sambil membandingkan dengan keberadaan para malaikat.

2. PARA MALAIKAT (1:4–2:8)

Alkitab menggambarkan para malaikat sebagai keberadaan surgawi, spiritual dan supernatural di atas manusia dan di bawah Tuhan. Mereka adalah yang tertinggi dari ordo. Meski mereka dihormati dalam Yudaisme, penulis Ibrani menganggap mereka hanyalah para pelayan. Ia menanyai pembacanya, 'Apakah kalian ingin kembali ke tahap di mana satu-satunya kontak kalian dengan surga adalah melalui para malaikat? Kalian sudah memiliki sang Anak -- kalian tidak mungkin lebih dekat dengan Bapa lebih dari itu.'

Orang Yahudi memberikan status tinggi kepada malaikat sebagai pengantara atau utusan Tuhan. Namun demikian, orang Kristen cenderung menganggap malaikat terlalu rendah. Karena itu penulisnya memandang perlu membandingkan Kristus dengan para malaikat, supaya pembacanya boleh melihat keduanya dalam terang yang benar.

(a) Masa kini -- Ia tidak duduk bersama para malaikat (1:4–14)

Kristus memiliki posisi mengungguli keberadaan malaikat. Penulis Ibrani memperlihatkan ini dengan serangkaian pertanyaan dan kutipan dari Perjanjian Lama.

(b) Masa lampau– Ia tidak bicara melalui para malaikat (2:1–4)

Firman melalui para malaikat mengikat, sebab datang dengan otoritas ilahi. Komunikasi perjanjian baru bahkan lebih serius lagi.

i. Komunikasi langsung. Ini datang pada tingkatan horisontal, firman-firman ini diberikan oleh para rasul, yang adalah para saksi mata Kristus. Mereka melihat dan mendengar pesan yang mereka wartakan itu.
ii. Peneguhan ilahi. Pada saat sama, ini bukan semata komunikasi 'manusiawi,' tetapi tanda, ajaib dan mukjizat meneguhkan firman para rasul. Maka, ada kedaruratan tentang menerima dan merespons firman ini. Firman baru ini menyediakan labuhan yang kita butuhkan jika tidak ingin hanyut dan hilang.

(c) Masa depan – Ia tidak menderita untuk para malaikat (2:5–18)

i. Dunia ini tunduk kepada manusia (2:5–9). Manusia ditempatkan di bumi untuk memerintah alam semesta. Dalam Kejadian 1:28 kita baca bahwa ia diberikan kuasa atas semua makhluk di bumi, udara dan laut. Mazmur 8:4-6 menguatkan posisi ini. Tetapi dalam realitasnya kita tidak melihat umat manusia secara umum yang memerintah atas segala sesuatu -- kecuali bahwa Yesus menjadi manusia dan menggenapi dalam diri-Nya rancangan Tuhan untuk umat manusia.
ii. Manusia tunduk kepada kematian (2:10–18). Kita diingatkan bahwa manusia tunduk kepada kematian dan bahwa takut akan kematian ini dipakai si Iblis untuk membelenggu kita. Yesus mengenal arti menjadi

manusia, dengan Ia pernah hidup di bumi sebagai 'daging dan darah' manusia. Dalam keadaan demikian Ia dapat bersimpati dengan semua orang yang menghadapi pergumulan yang sama yang pernah Ia hadapi.

3. PARA RASUL (3:1–4:13)

Rasul adalah seseorang yang 'diutus' oleh Tuhan dan memenuhi suatu tugas, sebagaimana halnya Musa dan Yosua. Tetapi Yesus adalah rasul 'lebih tinggi' ketimbang keduanya, 'diutus' untuk maksud lebih besar.

(a) Musa – ke luar dari Mesir (3:1–18)
Musa umumnya dianggap oleh orang Yahudi sebagai salah seorang pemimpin mereka yang terbesar, tetapi Yesus bahkan lebih besar lagi. Pada peristiwa Pemuliaan yang dicatat dalam Injil-injil, Yesus bertemu Musa dan Elia, tetapi Ia jelas yang unggul.

i. Rumah kesetiaan. Dalam bahasa Ibrani kata 'rumah' berarti 'bangunan rumah' dan juga 'keluarga' -- mirip dalam bahasa Indonesia rumah tangga, ketimbang *'House of Windsor'* yang berarti generasi yang terhisab ke dalam keluarga kerajaan. Yesus dipaparkan sebagai 'pembangun rumah kesetiaan.' Kita adalah batu-batu yang menjadi bagian dari bangunan itu. Tetapi penulis Ibrani menanyakan apakah kita setia dalam iman sebagaimana halnya Musa dan Yesus.

ii. Hati tak beriman. Sedihnya, Israel gagal dalam tugas mereka untuk setia kepada Tuhan, hanya dua dari 2,5 juta orang masuk ke dalam tanah Perjanjian. Para pemimpinnya baik tetapi para pengikutnya tidak.

Masalahnya adalah ketidakpercayaan, yang menyebabkan ketidaktaatan dan akhirnya kepada kemurtadan dan kebinasaan. Mereka gagal 'masuk ke tempat perhentian.' Sejarah Israel menyajikan peringatan untuk orang percaya Perjanjian Baru. Umat itu berontak di Masa (Keluaran 17:1-7) dan melakukan pencobaan di Meriba (Bilangan 20:1-13). Dalam kedua kasus itu masalahnya adalah kekurangan air.

Penulis surat Ibrani memperingatkan bahwa para pembacanya pun dapat melakukan hal yang sama. Mereka dapat menjadi dikeraskan oleh dosa. Nasib yang sama yang telah menimpa umat dalam Perjanjian Lama dapat menimpa mereka juga, sebab Tuhan akan murka dengan semua yang tidak taat (Roma 11:22).

(b) Yosua – memasuki Kanaan (4:1–13)

'Tanah perhentian' adalah tempat perhentian dari penyakit, perbudakan, serangan dan kemiskinan. Mereka juga akan memiliki satu hari perhentian dan perayaan setiap minggunya -- Hari Sabat. Mereka juga dimaksudkan mengalami perhentian dari pergumulan rohani (Ulangan 12:9; Yosua 1:13). Tetapi perhentian terakhir itu tidak pernah dimasuki, maka tetap menanti untuk diklaim.

i. Karya Tuhan (4:1–10). Pada hari ke tujuh penciptaan, Tuhan tidak lagi bekerja mencipta. Paparan tentang hari itu berbeda dari tentang enam hari lainnya dalam hal dihapuskannya penyebutan tentang petang dan pagi. Ini menyebabkan sebagian orang berspekulasi bahwa ada makna khusus yang terkait dengan fakta tersebut. Hari Sabat, ketika Tuhan berhenti dari pekerjaan-Nya, menggambarkan Tuhan yang senantiasa dalam damai dan perhentian di dalam diri-Nya sendiri.

ii. Firman Tuhan (4:11–13). Iman dapat didefinisikan sebagai respons benar kepada firman Tuhan. Firman hidup adanya, seperti Tuhan yang mengucapkannya; firman aktif, dalam hal berkat dan kutuknya memengaruhi manusia; ia tajam, seperti pedang Romawi yang bermata dua; ia menembus, sanggup membelah sendi dan sumsum; ia arif, sanggup mendapatkan kebenaran dari sesuatu.

Yesus seperti Musa dalam hal Ia memimpin umat ke luar, tetapi juga seperti Yosua dalam hal Ia memimpin umat masuk ke Tanah Perjanjian. Ini menjadi pengingat bahwa penting untuk kita ingat tidak saja dari apa kita telah diselamatkan, tetapi juga mempertimbangkan untuk apa kita diselamatkan itu.

Kenyataan ke bayangan (pasal 7–10)

Sesudah mengajukan argumen bahwa Anak lebih daripada para pelayan, penulis Ibrani kemudian mengubah uraiannya, dan dalam pasal 7-10 kita memiliki argumen penting bahwa kenyataan melebihi bayangannya.

Hal ini barangkali paling baik digambarkan oleh kisah *Daddy Long Legs* (Ayah Kaki Panjang), buku yang asalnya dikarang oleh Jean Webster dan kini telah difilmkan. Itu kisah seorang gadis kecil di rumah piatu. Ia tahu ada seorang kaya yang menyediakan kebutuhan rumah piatu itu, suatu hari ia melihat bayangan orang itu di dinding, dan karena itu adalah bayangan yang memanjang dengan kaki yang sangat panjang, karena posisi cahaya yang ada, ia menyebut bayangan itu 'Ayah Kaki Panjang.' Bertahun-tahun ia memimpikan bayangan itu. Tetapi suatu hari ia berjumpa orang itu dan jatuh cinta kepadanya. Orang itu pun jatuh cinta kepadanya dan hubungan mereka berkembang.

Inti pelajarannya adalah ini. Begitu ia telah mendapatkan orangnya sendiri, ia tidak lagi memikirkan tentang bayangan itu, sebab kenyataannya jauh melebihi bayangannya. Bagaimana kesan Anda jika gadis itu kembali ke bayangan di tembok dan mencoba menciumnya, sesudah kini ia mengenal orangnya sendiri?

Dalam Perjanjian Lama ada banyak 'bayangan' Yesus. Sebagian orang menyebutnya 'tipos,' tetapi saya lebih suka menyebutnya 'bayang-bayang.' Itu seolah Yesus memproyeksikan bayangan diri-Nya ke dalam Perjanjian Lama, tetapi karena bayangan selalu terdistorsi, ia tidak akan pernah memberikan Anda gambaran jelas yang Anda butuhkan.

Ketika membaca Perjanjian Lama ada kesan bahwa kita membaca bayang-bayang Yesus. Berikut adalah tiga contoh tentang apa yang saya maksudkan.

1. KEIMAMATAN (MELKISEDEK)

Dalam Kitab Imamat kita melihat ke banyak bayang-bayang Yesus. Korban-korban adalah bayangan korban yang Ia buat untuk dosa di salib. Korban-korban binatang adalah bayang-bayang Yesus, yang dalam Perjanjian Baru disebut sebagai Domba Paskah. Keimamatan Harun dan keluarganya adalah bayangan dari keimamatan Kristus dalam bersyafaat untuk kita.

Juga jelas bahwa Yesus dibayangkan dalam Kitab Kejadian oleh Melkisedek -- sang raja-imam misterius yang memerintah atas Yerusalem beberapa abad sebelum kota itu direbut oleh orang Yahudi, dan yang memberi roti dan air anggur kepada Abraham.

2. PERJANJIAN (BARU)

Tetapi juga ada bayangan hubungan perjanjian Tuhan dengan umat-Nya melalui Kristus. Penulis Ibrani bertanya mengapa mereka mempertimbangkan untuk balik ke Perjanjian Lama sementara kini mereka ada dalam yang Baru. Pada akhirnya, Perjanjian Baru, didasari pada pengampunan dan yang saya sebut 'pelupaan.' Saya pikir mukjizat paling ajaib ialah bahwa ketika Tuhan mengampuni, Ia juga melupakan.

Ketika saya Pastor di Millmead Center di Guildford, pada suatu hari Minggu ketika semua orang sudah pulang seusai kebaktian, tetapi ada seorang perempuan tua kurus duduk di gereja sendirian, mencurahkan isi hatinya. Saya mendatangi dan duduk di sebelahnya sambil menanyakan apa masalah dia. Ia menjelaskan bahwa beberapa tahun yang silam ia melakukan perkara mengerikan, dan andai keluarga serta sahabatnya tahu tentang itu mereka tidak akan lagi mau bicara dengan dia. Ia berkata bahwa selama 30 tahun ia telah memohon Tuhan mengampuni dia, dan Ia tidak pernah mengampuni. Saya beritahu kepada dia bahwa pertama kali ia memohon Dia, Ia mengampuninya dan melupakannya. Jadi selama 30 tahun Ia tidak tahu apa yang wanita itu bicarakan? Wanita itu menjawab ia tidak percaya itu. Saya membimbing dia menelusuri beberapa nas Alktiab yang bicara tentang Perjanjian Baru dan bagaimana Tuhan tidak lagi akan mengingat dosa-dosanya. Perlu 20 menit untuk meyakinkan dia bahwa Tuhan telah sepenuhnya melupakan itu. Ia bangkit, dan saya tidak percaya apa yang saya lihat -- ia menari sekeliling gereja! Ia sudah berusia 70-an, dan kini ia menari ke sekeliling gereja karena sukacita luar biasa. Tuhan telah melupakan itu! Masalah kita adalah, kita tidak dapat melupakan, maka kita bergumul untuk mengampuni diri kita sendiri.

3. KORBAN-KORBAN (SALIB)

Kita juga melihat bayangan ketika Abraham mempersembahkan Ishak sebagai korban. Banyak orang mengandaikan bahwa kejadian ini terjadi ketika Ishak masih kecil, tetapi sesungguhnya itu terjadi ketika ia berusia tigapuluhan awal. Semua lukisan Yahudi memperlihatkan pemandangan itu tentang seorang dewasa yang dapat dengan mudah mengalahkan sang ayah, tetapi sebaliknya tunduk kepada dia. Kegagalan kita menyadari usianya ini sebagian disebabkan oleh pembagian pasal. Kita luput memerhatikan peristiwa dalam pasal berikutnya, yang bicara tentang kematian Sarah dan memberitahu kita berapa usia Ishak ketika Sarah meninggal. Jadi Ishak berusia sekitar 33 tahun, dan gunung itu -- Gunung Moria -- adalah persis gunung tempat Yesus mati di salib. Kesejajarannya jelas sekali. Dalam peristiwa itu, tentu saja, malaikat datang menghentikan Abraham, dan seekor anak domba yang ditangkap dari dalam semak belukar dikorbankan di gunung itu. Beberapa abad kemudian, sang Domba Tuhan dengan kepala bermahkotakan duri dipersembahkan di Gunung Moria.

Jadi penulis Ibrani menegaskan atas mereka inferioritas dari kembali ke Yudaisme, dengan korban-korbannya yang diulang-ulang dan perjanjiannya yang juga lebih rendah. Jika mereka kembali ke Yudaisme, mereka akan menolak korban Yesus yang sekali untuk selamanya.

Kesinambungan positif (pasal 11–13)
Pergi ke masa depan

Kini kita beralih ke sisi positif dalam paruh kedua surat ini, dimana penulisnya menarik perbedaan antara Perjanjian

Lama dan Baru. Ia menekankan kesinambungan antara Perjanjian Lama dan Baru. Ada hal-hal baik dalam Perjanjian Lama yang tidak menjadi usang -- beberapa langsung mengikuti.

Iman akan Tuhan

Satu tema sama dalam keduanya adalah tentang iman. Apabila kita mempertimbangkan sumber-sumber yang dimiliki oleh para pahlawan iman Perjanjian Lama, iman mereka membuat kita tegak. Mereka tidak memiliki penyataan yang kita miliki dalam Kristus. Mereka tidak memiliki pencurahan Roh Kudus. Namun orang-orang ini tetap percaya, bahkan meski mereka tidak pernah melihat apa yang mereka percayai. Jadi kita memiliki semacam hubungan ganda dengan Perjanjian Lama. Ada hal-hal yang kita tinggalkan di belakang, sebab mereka adalah bayang-bayang dan kini kita telah memiliki keyataannya. Tetapi ada beberapa hal perlu kita tiru, khususnya dalam wilayah iman ini. Penulis Ibrani maju melalui kelompok demi kelompok dalam Perjanjian Lama.

- Habil, Henoh dan Nuh.
- Abraham, Ishak dan Yakub. (Tuhan telah mengikatkan Nama-Nya dengan nama-nama ketiga orang ini. Ia selamanya akan dikenal sebagai Tuhan Abraham, Ishak dan Yakub.)
- Yusuf dan Musa.
- Yosua dan Rahab. (Rahab adalah perempuan pertama dalam daftar ini. Ia seorang pelacur dan bukan Yahudi, tetapi ia mempertaruhkan seluruh masa depannya atas umat Tuhan, menyembunyikan para mata-mata di Yerikho. Ia dijadikan teladan tentang iman, tidak saja

dalam Surat Ibrani, tetapi juga dalam Surat Yakobus. Ia muncul dalam silsilah Yesus, sebab ia adalah nenek buyut dari Daud.)
- Gideon, Barak, Samson dan Yefta.
- Daud.
- Samuel dan para nabi.

Ada dua hal yang harus kita perhatikan tentang daftar orang-orang beriman ini:

1. Iman mereka diperlihatkan di dalam apa yang mereka lakukan. Oleh iman Nuh membangun bahtera; oleh iman Abraham hidup dalam kemah sepanjang kehidupannya; oleh iman Musa meninggalkan kenyamanan Mesir, dan seterusnya. Seperti yang Yakobus nyatakan dalam suratnya, 'Perlihatkan imanmu melalui perbuatanmu.' Iman sejati menyatakan dirinya dalam tindakan.
2. Hal kedua yang penting untuk diperhatikan ialah semua orang ini tetap hidup oleh iman sampai mereka mati, namun mereka tidak pernah melihat apa yang mereka percayai. Untuk mereka iman bukan sekadar satu keputusan pada kebaktian kebangunan rohani lalu selesai, bahkan meski mereka tidak pernah melihat apa yang dijanjikan.

Di akhir pasal 11 terdapat pengingat dahsyat bahwa semua para pahlawan iman agung ini menantikan kita untuk mengejar mereka. Lalu kita akan bergabung dengan mereka melihat apa yang mereka imani! Maka, sebagai contoh, Abraham meninggalkan rumah tingkat dua, dengan pemanas dan instalasi air, untuk menaati suara Tuhan. Arkeolog menggali rumah-rumah di wilayah perumahan Abraham, di Ur bangsa Kasdim, dan ternyata itu adalah rumah-rumah nyaman sangat maju yang dapat Anda bayangkan. Abraham berusia 75 ketika Tuhan memerintahkan dia meninggalkan rumahnya untuk tinggal dalam kemah sepanjang sisa kehidupannya. Bayangkan bagaimana perasaan Anda jika Anda memiliki bungalow indah, nyaman, berpengatur suhu sentral di dekat laut, dan Tuhan berkata Ia ingin Anda meninggalkan kerabat dan sahabat Anda dan tinggal di dalam kemah di gunung sepanjang sisa hidup Anda! Namun Abraham melakukan itu, oleh iman, dan suatu hari kita akan bergabung dengan dia menikmati semua yang Tuhan sediakan untuk umat-Nya.

Fokus pada Yesus

Tetapi perhatian kita tidak boleh pada Abraham, atau pada para pahlawan iman agung lainnya. Kita harus memusatkan mata kita pada Yesus! Dalam pasal penutup penulisnya berfokus pada tiga wilayah di mana kita harus memusatkan pandangan kita pada Yesus.

1. Perintis dan penyempurna iman kita. Lupakan tentang para pengamat -- ada seorang yang berdiri di pos akhir yang sesungguhnya juga telah menembakkan aba-aba mulai di garis awal. Dialah yang telah membuat kita berangkat, dan Dia akan menjadi yang melihat kita selesai. Pesannya adalah, 'Tetap arahkan pandanganmu pada Yesus dan berlarilah!'
2. Pengantara dari Perjanjian Baru. Betapa pun berharganya seluruh Perjanjian Lama, ia tetap lebih rendah dibanding yang Tuhan bawa melalui Yesus.
3. Para penderita di luar kemah. Yesus perlu disiapkan

mengalami kematian penjahat dalam rangka memastikan keselamatan kita, yang secara harfiah telah menjadi orang yang dibuang di antara umat-Nya sendiri.

'Nas-nas masalah'

Sesudah melihat ikhtisar kitab ini, mari kita melihat pada apa yang dianggap sebagai 'nas-nas masalah' Surat Ibrani -- meski ada baiknya memerhatikan bahwa label 'nas masalah' umumnya diberikan kepada nas yang tidak sesuai dengan apa yang pembaca sudah percayai! Saya terus menerus ditanyai, misalnya, 'Apa pikiran Anda tentang nas masalah dari Paulus tentang perempuan?' Saya tidak menganggap ada nas masalah tentang perempuan. Itu hanya 'masalah' untuk mereka yang tidak menyetujuinya!

Yang disebut 'masalah' dalam Ibrani menyangkut usul bahwa orang percaya bisa jatuh dari iman dalam Yesus dan tidak selamat pada hari terakhir. Yang paling dikenal tentang peringatan ini adalah yang terdapat di Ibrani pasal 6. Tetapi surat ini juga mencakup beberapa peringatan keras lainnya kepada mereka yang menyimpang (lihat 2:1–2; 3:5–6, 12–14; 6:4–8, 11–12; 10:23–30, 35–39; 12:14–17). Ayat-ayat ini mewakili satu tema yang mengalir sepanjang surat ini mulai dengan pasal 2, dengan kata-kata 'Bagaimanakah kita akan luput jika kita menyia-nyiakan keselamatan yang sebesar itu?' Setiap kali saya mendengar ayat itu dikutip, itu ditujukan terhadap orang berdosa yang mengabaikan injil. Tetapi 'kita' di sini merujuk kepada orang percaya Kristen. Penulisnya berkata bahwa satu-satunya yang perlu kita buat supaya masuk ke dalam bahaya itu adalah menyia-nyiakan keselamatan kita. Kebanyakan gereja pasti memiliki anggota yang telah menyimpang jauh.

Tema ini berlanjut dengan dua nas dalam pasal 3, yang lebih panjang di pasal 6, dan satu lagi di pasal 10, yang berkata, 'Jika kita sengaja berbuat dosa sesudah memperoleh pengetahuan tentang kebenaran, maka tidak ada lagi korban untuk menghapus dosa itu...' Ini telah membuat beberapa penafssir menyimpulkan bahwa orang yang dimaksud sama sekali bukan orang percaya. Ia pasti menulis tentang orang tidak percaya yang pernah tertarik akan Kekristenan tetapi tidak melanjutkan. Pada akhirnya, bagaimana dengan 'Sekali selamat, tetap selamat?' Tetapi paparan di pasal 6 tentang orang yang dalam bahaya itu jelas adalah paparan tentang mereka yang telah lahir baru! Penulis Ibrani bicara kepada mereka yang pernah 'diterangi,' yang pernah 'mencicipi karunia surgawi,' yang pernah 'berbagian dalam Roh Kudus,' yang pernah 'mencicipi kebaikan firman Tuhan dan kuasa zaman yang akan datang.' Saya tidak dapat mencocokkan orang belum percaya dengan deskripsi itu. Dalam surat lain, ungkapan ini bahkan tidak dipertanyakan sebagai paparan tentang orang Kristen.

Ada satu nas dalam 1 Petrus yang memakai bahasa hampir sama untuk memaparkan orang Kristen: 'Seperti bayi yang baru lahir, yang haus akan susu rohani supaya olehnya kamu boleh tumbuh dalam keselamatan, sebab kini kamu telah mencicipi bahwa Tuhan baik adanya' (mengikuti terjemahan yang dipakai oleh penulis). Ini jelas mengenai orang percaya, namun nas ini memakai bahasa seperti Ibrani pasal 6. Keseluruhan 1 Petrus ditujukan kepada orang percaya. Bahkan memanggil mereka sebagai 'bayi rohani' menyiratkan bahwa mereka telah dilahirkan kembali. Peringatan yang diberikan mencakup dua tahap.

Tahap 1 menyia-nyiakan iman dan hanyut. Tahap 2 menyangkali iman. Ada perbedaan, karena itu antara Tahap 1 (yang dikenal sebagai berbalik / undur) dan Tahap 2 (yang disebut murtad).

Undur adalah kondisi yang masih dapat diperbaiki, tetapi menurut Ibrani 6 kita dapat sampai ke situasi tak mungkin kembali di mana tidak ada kemugkinan untuk mendapatkan kembali keselamatan kita. Jadi Ibrani 6 tidak membahas apakah Anda dapat kehilangan keselamatan, tetapi apakah sesudah kehilangan keselamatan Anda masih bisa mendapatkannya lagi. Jawabannya adalah tidak bisa. Kita harus memperingatkan mereka yang undur dan hanyut tentang bahaya yang sedang mereka alami, karena bisa datang keadaan dimana mereka tidak dapat lagi berbalik. Saya berharap Ibrani tidak mengatakan itu! Tetapi saya tidak dapat menghindari pasal 6 dan bagian-bagian lain dari surat ini, yang sedemikian mendesak dalam imbauannya sejak awal sampai akhir. Bahaya ngeri ini muncul di ujung jalan mereka yang 'mengangkat sauh mereka,' 'menurunkan layar mereka' dan 'hanyut.'

Sebagian mengusulkan bahwa ini adalah peringatan hipotetis -- bahwa bahaya ngeri ini tidak akan dapat terjadi. Tetapi argumen ini tidak kuat. Saya percaya bahwa menakuti orang dengan sesuatu yang tidak dapat terjadi adalah kemunafikan. Alkitab adalah firman kebenaran, bukan kitab yang mempermainkan orang. Ibrani sendiri meyakinkan saya bahwa adalah mungkin mencapai keadaan tak mungkin berbalik lagi untuk orang yang hanyut menjauhi Yesus, bahkan tanpa adanya nas-nas lain dalam Perjanjian Baru. Titik akhir kemurtadan itu untuk para pemercaya Ibrani adalah berdiri di hadapan sinagoge dan menyangkali bahwa Yesus adalah Mesias. Dengan melakukan itu berarti mereka menyalibkan Yesus kembali. Penulis Ibrani memperingatkan bahwa jika Anda menyalibkan Dia kembali, Ia tidak dapat lagi melakukan kembali kebaikan untuk Anda, dan ini adalah peringatan serius sekali.

Penting ditambahkan bahwa ini tidak berarti bahwa orang percaya harus bangun tiap pagi sambil bertanya-tanya apakah mereka selamat atau tidak. Ada jaminan dalam Perjanjian Baru yang merupakan hasil dari orang percaya berjalan bersama Tuhan. Jaminan dalam Perjanjian Baru tidak didasari atas keputusan yang dibuat pada satu saat dalam waktu, tetapi pada hubungan seseorang dengan Tuhan sekarang ini. Paulus memperingatkan kita dalam suratnya untuk jemaat Roma bahwa Roh terus menyaksikan bersama roh orang percya bahwa ia adalah anak Tuhan (Roma 8:16; bdk. 1 Yohanes 4:13).

Dalam ungkapan lain, Anda kini dapat memiliki jaminan bahwa Anda ada di jalan menuju surga, tetapi saya tidak percaya bahwa ada jaminan bahwa Anda akan tiba di sana. Jadi jika Anda tetap di jalan itu dan menjaga percaya Anda akan Yesus, Anda pasti akan tiba. Ajaran Surat Ibrani tidak menghasilkan orang Kristen syaraf (neurotik) yang senantiasa bertanya-tanya apakah mereka selamat atau tidak, tetapi menghasilkan orang Kristen yang serius yang tidak bermain-main dengan Tuhan, yang tidak undur dan tidak menyia-nyiakan iman mereka dan terhanyut.

Di seluruh Perjanjian Baru ada beberapa peringatan sangat serius kepada orang Kristen tentang kemunduran. Dalam Yohanes 15 Yesus berkata, 'Aku adalah pokok anggur yang benar; kamu adalah ranting-rantingnya. Jika seseorang tinggal di dalam Aku dan Aku dalam dia, ia akan menghasilkan banyak buah.' Tetapi kemudian Ia berkata, 'Jika seseorang tidak tinggal di dalam Aku, ia akan seperti ranting yang dibuang dan menjadi kering; ranting yang demikian kemudian diambil, dibuang ke dalam api dan dibakar.' Saya tidak dapat memelintir ayat ini! Akal sehat memberitahu Anda apa yang dikatakan ini.

Menarik bahwa kegagalan dari lebih dua juta orang Yahudi yang meninggalkan Mesir untuk memasuki Kanaan dipakai oleh tiga penulis Perjanjian Baru berbeda sebagai suatu peringatan untuk orang Kristen bahwa mereka boleh jadi mulai dengan benar dalam kehidupan Kristen mereka, tetapi mereka harus memastikan bahwa mereka sampai. Kita mungkin telah meninggalkan Mesir, tetapi kita perlu sampai ke Kanaan. Itulah yang Paulus pakai dalam 1 Korintus 10, yang oleh penulis Ibrani di pasal 4 suratnya dan oleh Yudas sebagai peringatan kepada orang Kristen. Bukan mereka yang mulai tetapi mereka yang selesai yang berhasil.

Saya teringat melihat Billy Graham diwawancarai di televisi. Pewawancara menanyai dia sebuah pertanyaan yang belum pernah diajukan kepadanya sebelumnya: 'Apa yang akan menjadi pikiran pertama Anda ketika Anda tiba di surga?' Billy segera menjawab, 'Lega! Lega bahwa saya berhasil.' Nah, inilah seorang yang rendah hati yang tidak yakin berlebihan, tetapi ia tahu ia ada di jalan itu. Saya kini cukup yakin bahwa saya sedang ada di jalan ke surga -- Roh memberitahu saya bahwa saya ada di jalan benar. Tetapi saya tidak dapat memberitahu lebih dari itu. Saya berniat meneruskan perjalanan ini sampai saya berhasil menuntaskannya.

Karya John Bunyan, *Pilgrim's Progress* menggambarkan kehidupan Kristen sebagai perjalanan, dari kota dosa ke kota surgawi. Di akhir, tokoh utamanya 'si Kristen' dan kawannya menghadapi penyeberangan Sungai Yordan -- sungai kematian yang gelap, dalam, hitam. Mereka sedikit pun tidak menyukainya. Kawan si Kristen berkata ia tidak bersedia menyeberangi sungai itu, dan berbalik ke sebelah kiri ke jalan menurun, berharap menemukan jalan lain yang lebih baik. Bunyan menulis, 'Maka aku melihat dalam mimpiku bahwa ada jalan ke neraka, bahkan dari gerbang surga.' Kawannya telah menempuh jalan yang benar, tetapi ia meninggalkan hanya sesaat sebelum ia tiba ke kota surgawi.

Tema ini juga jelas dalam Kitab Wahyu. Seluruh buku itu adalah pesan untuk umat yang berada di bawah tekanan berat. Janji bagi mereka yang menang ialah bahwa Tuhan tidak akan menghapus nama mereka dari Kitab Hayat sang Anak Domba. Apa artinya? Jika Anda ingin menjaga nama Anda tetap dalam Kitab Hayat, maka menanglah, majulah terus sampai akhir, jangan pernah berbalik, tetap arahkan mata Anda pada Yesus. Ada peringatan di halaman terakhir Alkitab bahwa jika Anda bermain-main dengan Kitab Wahyu dan mulai mengurangi atau menambahkan sesuatu, Tuhan akan mengambil bagian Anda dalam pohon kehidupan.

Jadi, Anda lihat, ada peringatan ini sepanjang nas-nas mulia Alkitab yang memberitahu kita tentang kuasa pemeliharaan Tuhan. Jika Anda memiliki Bapa, Anak dan Roh Kudus di samping Anda, Anda memiliki segala sesuatu yang mendukung Anda. Terus saja percaya, dan Anda akan menyelesaikannya.

Kesimpulan

1. Adalah mungkin kita 'kehilangan keselamatan kita'

Kitab ini adalah peringatan untuk semua kita bahwa kita

harus terus menerus percaya dan tidak berpikir bahwa satu kali keputusan untuk Kristus pasti berarti kita akan selamat di hari akhir. (Lihat juga buku saya *Once Saved, Always Saved?*)

2. Sekali Anda terhilang tidak mungkin dipulihkan lagi

Inilah pesan Ibrani 6. Ajaran demikian ditemukan juga di bagian lain, khususnya dalam 1 Yohanes 5:16. Ini sebuah pesan sangat serius, tetapi saya tidak percaya kita dapat menafsirkannya secara lain.

3. Predestinasi menuntut kerja sama kita berkelanjutan

Itu tidak otomatis. Tuhan memang memilih kita. Ia memilih kita sebelum kita memilih Dia, tetapi ia menuntut kerja sama kita. Itu seperti orang yang melemparkan tambang kepada orang yang tenggelam, dan orang yang melempar tambang itu berkata, 'Tangkap ini, dan pegang terus sampai saya berhasil menarik kamu ke tepi.' Apakah orang yang tenggelam itu, ketika tiba di tepi, akan berkata bahwa ia berhasil menyelamatkan dirinya sendiri dengan memegang terus tambang itu? Tidak! Ia akan berkata bahwa seseorang telah menyelamatkan dia. Ide bahwa Anda menyelamatkan diri sendiri karena berpegangan pada tambang itu tidak benar, tetapi Anda mempunyai bagian yang harus Anda lakukan. Itulah mengapa Petrus dalam Surat Keduanya, mendorong para pembacanya untuk membuat panggilan dan pilihan mereka menjadi pasti (2 Petrus 1:10-11). Tuhan telah memilih dan menetapkan kita, maka kita harus memastikan itu dengan terus maju, dengan maju dalam kedewasaan, supaya kita boleh disambut meriah di surga. Saya percaya akan predestinasi. Tuhan mempredistinasi saya menjadi anak-Nya; Tuhan telah memilih saya, menetapkan saya: jauh hari Ia telah mencari saya sebelum saya mencari Dia. Tetapi saya perlu membuat panggilan dan pilihan itu menjadi pasti dengan memegangi tambang sampai saya selamat di tepian.

Maka saya ingin menjadi baik Calvinis dan juga Armenian. Dua aliran pemikiran ini cenderung ditempatkan sebagai lawan satu sama lain. Calvinis antara lain menekankan karya pemilihan Tuhan, Arminian menekankan kebutuhan untuk kita bertekun.

Ibrani adalah satu kitab yang menurut saya tidak dapat dipelintir tentang isu ini dan mengatakan bahwa kitab ini penuh masalah. Kitab ini penuh dengan pernyataan jelas yang harus didengarkan.

4. Kekudusan sama perlunya seperti pengampunan

Telah kita lihat bahwa bukan mereka yang sekadar telah menerima pengampunan dari Tuhan yang akan sampai, tetapi mereka yang terus berjuang maju. Ini menyiratkan bahwa kekudusan sama pentingnya seperti pengampunan. Tidak ada gunanya mengklaim telah diampuni jika kita tidak bersedia mengakui KeTuhanan Kristus dan menghidupi kehidupan yang saleh. Ayat di Ibrani yang merangkumkan ajaran ini adalah 12:14: 'Berusahalah hidup dalam damai dengan semua orang dan kejarlah kekudusan; karena tanpa kekudusan tidak seorang pun akan melihat Tuhan.' menurut pengamatan saya ada terlalu banyak orang Kristen masa kini yang ingin pengampunan tetapi tidak ingin kekudusan; mereka ingin kebahagiaan dari

Yesus dalam kehidupan yang akan datang. Tetapi kehendak Tuhan dalam Perjanjian Baru jelas adalah kekudusan dalam kehidupan ini, bahkan jika ini membuat saya tidak bahagia. Generasi kita yang hedonistik hanya menginginkan kenikmatan, tidak kesukaran.

Ibrani 12:7 berkata Tuhan siap menghajar kita, menyebabkan kita mengalami kesakitan, jika itu akan membuat kita lebih kudus. Satu hal yang Ia cari adalah kekudusan kita, dan Ia dapat menyebabkan hal berat dialami anak-anak-Nya. Ibrani bahkan berkata bahwa jika Tuhan tidak menghajar Anda, Anda adalah anak jahanam dan bukan anak sejati. Injil penuh adalah bahwa pengampunan dan kekudusan keduanya adalah karunia dari anugerah. Keduanya diberikan atas dasar yang sama -- iman. Tetapi Anda butuh keduanya.

5. Tuhan kudus adanya

Sesudah penerbitan buku saya *The Road to Hell* (Jalan ke Neraka), di mana saya memberikan garis besar ajaran Alkitab tentang neraka, saya menerima beberapa wawancara radio BBC. Setiap pewawancara bertanya yang sama, 'Bagaimana dapat Tuhan yang mengasihi mengirim orang ke neraka?' Namun Tuhan adalah kudus, dan kasih-Nya adalah kasih yang kudus, yang berarti Ia tidak puas bila yang Ia kasihi tidak kudus. Ibrani menekankan pokok ini berulang kali. Perhatikan nas-nas berikut:

- Tanpa penumpahan darah tidak ada pengampunan (9:22).
- Tanpa iman tidak mungkin menyukakan Tuhan (11:6).
- Betapa mengerikan jatuh ke dalam tangan Tuhan yang hidup (10:31).

- Marilah kita mengucap syukur, dan beribadah kepada Tuhan dengan cara yang berkenan kepada-Nya, dengan hormat dan takut. Sebab Tuhan kita adalah api yang menghanguskan (12:29).

Apakah nilai Ibrani untuk orang percaya?

1. Surat ini melengkapi studi Alkitab kita. Ia menolong kita mengerti hubungan antara Perjanjian Lama dan Baru. Konsep bayang-bayang paling menolong untuk mengerti Perjanjian Lama; kita dapat mencatat cara di mana petunjuk tentang Yesus didapatkan di sana.
2. Surat ini berpusatkan Kristus dan karenanya menolong kita menujukan pandangan kita pada Yesus. Penulisnya terus menerus menjadikan Yesus fokus perhatiannya. Secara khusus, inilah satu-satunya kitab Perjanjian Baru yang mengutamakan keimamatan-Nya. Karya-Nya kini di surga adalah berdoa syafaat untuk kita. Sebagian orang bahkan menyebut Ibrani sebagai 'Injil Kelima' sebab tekanannya pada karya Kristus masa kini.
3. Surat ini membangunkan iman. Sangat menginspirasi jika kita pikirkan begitu banyak orang telah mendahului kita dan sedang mengamati kita (lihat khususnya pasal 11).
4. Surat ini memperingatkan kita tentang bahaya kemunduran. Kita diberikan peringatan keras tentang dua tahapan: hanyut, di mana kita berhenti berkumpul bersama orang percaya lain dan mengabaikan iman kita; dan kemurtadan yang sengaja, berniat di mana kita menyangkali iman kita akan Kristus sepenuhnya.

5. Surat ini menekankan pentingnya keanggotaan gereja. Ia menekankan bahwa keamanan ketika kita ada di bawah tekanan terdapat di dalam persekutuan. Si iblis akan mengambil orang Kristen yang sendirian. Maka ketika terjadi tekanan hidup, akrablah dalam keluarga Tuhan. Kitab ini medorong para pembaca untuk mengingat para pemimpin mereka (13:7) dan bekerja sama dengan mereka. Ia juga mengingatkan mereka tentang perlunya untuk terus mengasihi, mengunjungi mereka yang dalam penjara dan saling berlomba berbuat baik satu sama lain.
6. Surat ini menolong dalam masa penganiayaan. Kitab ini mengingatkan kita tentang cara orang percaya zaman dulu diperlakukan di tangan Nero. Mengingat tentang ancaman dan kesukaran sedemikian, penting untuk kita tetap berfokus pada Kristus. Nas-nas ini khususnya berharga untuk orang percaya yang masa kini sedang mengalami penganiayaan.

54. YAKOBUS

Pendahuluan

Ada dua kesukaran khusus dalam mempelajari Alkitab. Yang pertama adalah kesulitan mental, ketika Anda tidak dapat mengerti apa yang Anda baca, dan yang lainnya kesulitan moral, ketika Anda sungguh mengertinya! Lebih banyak orang yang memiliki kesulitan moral ketimbang mental, dan jika ada satu kitab yang lebih memberikan kesulitan moral, itulah Yakobus. Ini sebuah kitab menakutkan, sebab sekali Anda membacanya, Anda tidak bisa lagi mengatakan tidak tahu. Ini salah satu kitab paling mudah dimengerti dalam Alkitab dan salah satu paling sukar untuk dilaksanakan.

Betapa praktisnya!

Kebanyakan kesan pertama orang tentang kitab ini ialah kitab ini luar biasa praktis. Ini bukan Kekristenan yang tidak masuk akal untuk hidup keseharian -- hidup yang secara nyata kita jalani sehari-hari. Kitab ini realistik, dengan sedikit sekali perhatian pada doktrin dan banyak sekali pada tugas.

Di rak buku saya di rumah saya memiliki sejumlah buku tafsiran tentang Yakobus, semuanya dengan judul 'tindakan': *Truth in Action* (Kebenaran dalam Tindakan), *Faith that Works* (Iman yang Bekerja), *Behavior of Belief, Belief that Behaves* (Perilaku Kepercayaan, Kepercayaan yang Berkelakuan), *Make Your Faith Work* (Jadikan Iman Anda Berfungsi). Semua itu menekankan bahwa kata kunci Surat Yakobus adalah 'lakukan' -- satu kata yang juga penting dalam seluruh bagian Alkitab lainnya. Sayangnya kita cenderung melewati kata-kata kecil, lebih suka menggarisbawahi istilah-istilah teologis seperti 'pembenaran' dan 'pengudusan,' tetapi kata 'lakukan' juga umum dalam Alkitab dan sama pentingnya.

Dalam Injil Matius terdapat satu perumpamaan singkat tentang seorang ayah yang memerintahkan dua putranya untuk bekerja di kebun anggur. Yang satu awalnya berkata tidak, akhirnya pergi. Yang satu lagi berkata ya, tetapi tidak pernah sampai. Yesus bertanya siapa dari dua itu yang *melakukan* kehendak ayahnya. Bukan siapa dari dua itu yang *berkata* benar. Yang penting adalah melakukan.

Demikian halnya dengan Yakobus. Kita memiliki tantangan untuk menjadi 'pelaku firman' dan tidak sekadar pendengar firman.

Betapa tidak logis!

Di samping terkesan sederhana, kitab ini juga terkesan tidak logis. Kitab ini penuh dengan nasihat praktis yang tidak dapat ditempatkan dalam urutan logis. Saya berusaha membuat diagram tentang Yakobus dan gagal total. Saya bahkan mencoba mendapatkan garis besar terstruktur, tetapi tidak sanggup melakukannya karena cara ia berkeliling dari satu pokok ke lainnya. Ia memulai satu pokok, lalu ia tinggalkan, lalu kembali lagi sesudahnya. Semua ini bagaikan mutiara-mutiara hikmat yang tidak dipertautkan. Namun dalam beberapa cara ini sesuai maksud kitab ini, sebab kitab ini mendorong kita bertindak ketimbang menganalisis.

Unsur-unsur praktis dan tidak logis digabungkan bersama ini mengingatkan kita tentang Kitab Amsal Salomo dalam Perjanjian Lama. Amsal pun memiliki sedikit saja struktur dan berfokus pada isu-isu hidup keseharian. Ini dikenal sebagai sastra hikmat Yahudi. Para rabi memiliki bentuk khotbah berbeda, tetapi ada satu bentuk dimana mereka hanya 'merenung dengan suara keras.' Ini disebut *charaz*. Tidak ada catatan yang disiapkan, tetapi hanya seorang Rabi tua di sinagoge berbagi mutiara dan permata hikmat.

Yakobus jelas telah diajar oleh Rabi semacam itu ketika ia masih muda, sebab ia seorang ahli *charaz,* dan ia hanya melakukan hal yang sama untuk para pembacanya.

Siapakah Yakobus?

Ada lima orang yang bernama Yakobus dalam Perjanjian Lama. Barangkali yang paling dikenal adalah Yakobus anak Zebedeus dan saudara Yohanes, yang merupakan rasul pertama yang dimartirkan, dipenggal oleh Herodes pada tahun 44. Kemudian Yakobus anak Alfeus, seorang lagi dari Dua Belas Rasul. Ada Yakobus ayah dari Yudas (bukan Iskariot). Ada lagi Yakobus kecil (disebut dalam Markus 15). Akhirnya, ada Yakobus saudara tiri Yesus. Yakobus terakhir inilah yang menulis surat kiriman ini.

Yakobus adalah salah seorang dari empat saudara tiri Yesus, yang bersama dengan beberapa saudari (kita tidak tahu berapa orang persisnya), membentuk lingkar keluarga itu. Sedikit orang menyadari bahwa paling sedikit lima, kemungkinan tujuh, dari dua belas rasul adalah sepupu Yesus, yang menjelaskan mengapa begitu banyak dari mereka yang hadir di pesta pernikahan di Kana Galilea (lihat Yohanes pasal 2). Para murid tidak mungkin datang begitu saja tanpa diundang.

Jadi Yesus mendapatkan cukup banyak rasul dari lingkar luas keluarga-Nya. Tetapi keluarga dekat-Nya sendiri tidak tahu harus berbuat apa dengan Dia. Apabila Anda telah hidup dengan seseorang selama 30 tahun dan mereka tiba-tiba pergi berkeliling mengatakan dirinya Mesias, memang tidak mudah! Di permulaan pelayanan publik-Nya Ia terkesan memungkiri Maria (kebanyakan orang menganggap bahwa Yusuf telah meninggal saat itu). Ia tidak memanggilnya 'ibu' lagi -- Ia memanggilnya 'perempuan.' 'Hai perempuan, apakah yang kau ingin Aku lakukan?' merupakan komentar-Nya kepada Maria yang pertama dicatat, di pernikahan di Kana. (Terjemahan Indonesia menghaluskan kalimat Yesus ini dengan 'ibu'.)

Tambahan lagi, jelas ada ketegangan antara Yesus dan anggota keluarga itu. Pada satu ketika keluarga-Nya mengajak Dia pulang dan mengasingkan Dia di rumah, sebab mereka berpikir Ia gila (Markus 3:21). Mendapatkan banyak orang mengelilingi Dia, mereka mengirim pesan kepada Yesus: 'Ibumu dan saudara-saudarimu datang untuk menjemputmu pulang.' Ia menjawab, 'Ibuku -- siapakah ibuku? Saudara-saudariku -- siapakah saudara-saudariku?' Keluarga-Nya menganggap itu adalah ucapan gila, dan tidak ragu bahwa Maria merasa terluka oleh implikasi ucapan itu.

Agaknya Yesus hampir menjauhkan diri-Nya dari ibu-Nya sampai saat di salib, ketika Ia berkata kepada Yohanes, "Itulah ibumu' -- yang menyiratkan Ia meminta

Yohanes menjadi anak Maria menggantikan tempat-Nya. Terlepas dari penyebutan dirinya sebagai salah seorang yang hadir di pertemuan doa sebelum hari Pentakosta, itulah terakhir kali kita mendengar tentang Maria di Injil. Anda tidak pernah lagi mendengar namanya. Ia telah memainkan perannya, dan kini itu telah usai. Ia seorang perempuan luar biasa yang disebut oleh semua angkatan sebagai yang diberkati. Saya tidak bersedia menyebut dia perawan kini, sebab ia memiliki anak-anak lain sesudah Yesus dari Yusuf (Markus 6:3).

Hubungan Yesus dengan para saudaranya tidak mulus. Dalam Yohanes 7:3-5 para saudara-Nya mengingatkan Dia itulah saat Hari Raya Kemah Sembahyang, dan menggoda Dia bahwa sesungguhnya Ia harus hadir, sebab orang Yahudi berharap Mesias datang pada Hari Raya itu. Itulah saat ideal untuk mendeklarasikan diri-Nya!

Namun kendati kecurigaan dan perpecahan ini, dua dari saudara-Nya menjadi para penulis Perjanjian Baru -- Yudas dan Yakobus. Dikatakan bahwa ketika Yesus mati di salib, saudara-Nya Yakobus sedemikian sedih dan penuh penyesalan tentang apa yang pernah ia ucapkan tentang Dia dan bagaimana Ia menggoda Dia, sampai Ia berkata tidak akan makan makanan lagi. Ia ingin berpuasa sampai ia mati, hanya ternyata tiga hari kemudian Yesus menampakkan diri kepada para pengikut-Nya dan kepada Yakobus secara pribadi. Dari saat itu, Yakobus menyebut dirinya sendiri sebagai hamba Yesus.

Meski kedua bersaudara ini menulis dua kitab Perjanjian Baru, mereka tidak pernah memanfaatkan hubungan mereka dengan Yesus. Mereka tidak pernah berkata, 'dengarkan aku -- aku adalah saudaranya Yesus.' Sesungguhnya Yudas berkata, 'Aku adalah saudaranya Yakobus.' Jadi dengan demikian saudara-saudara-Nya sendiri diyakinkan oleh kebangkitan bahwa Yesus, yang pernah hidup bersama mereka di pondok tukang kayu di Nazaret, tidak lain adalah Anak Tuhan sendiri. Yakobus disebut sebagai anggota kelompok doa kecil yang menantikan kedatangan Roh pada Hari Pentakosta. Maka para sepupu Yesus mengikut Dia, dan keluarga terdekat-Nya percaya kepada-Nya. Itu memberitahu sesuatu tentang mutu karakter Yesus.

Penyebutan berikutnya tentang Yakobus ada di Kisah Para Rasul 15, dimana ia menjadi penatua yang mengetuai persekutuan di Yerusalem. Ia bukan salah seorang dari Dua Belas, namun jelas oleh suara bulat, ia diakui sebagai pemimpin dari gereja induk di Yerusalem.

Perannya dalam Kisah Para Rasul 15 khusus menentukan. Ia menghadapi krisis lebih sukar dan rumit -- yang terbesar dalam kehidupan gereja perdana. Masalahnya menyangkut pertanyaan tentang sunat, dan apakah Kekristenan akan tetap merupakan sekte Yahudi atau akan menjadi iman universal. Yakobus mengetuai persidangan tersebut yang berpotensi memecah gereja jika tidak tercapai persetujuan. Tetapi Yakobus mengamankan dengan membanding kepada Roh dan Alkitab. Petrus melaporkan apa yang Roh kerjakan dengan Kornelius dan isi rumahnya, dan kemudian Yakobus berkata, 'Baiklah, itu terkait apa yang Alkitab katakan,' dan ia mengutip dari Perjanjian Lama. Penting diperhatikan bahwa ketimbang memberikan perintah kepada kawanannya -- mengingat sebagai orang Kristen mereka tidak di bawah Taurat -- ia mendorong mereka untuk memilih berespons dalam kasih kepada isu ini.

Jika ada satu hal ingin saya lihat, itulah orang yang mengerti Roh dan orang yang mengetahui Alkitab datang bersama. Kita ada dalam bahaya perpecahan. Saya pernah menjadi bagian dari pembaruan krismatik di Inggris, tetapi keprihatinan terbesar saya ialah bahwa gerakan ini sedang menjauh dari landasan alkitabiahnya.

Saya juga memiliki keprihatinan yang sama untuk mereka yang tahu Alkitab dalam dan luar, tetapi tidak mengenal dinamika Roh Kudus. Saya sudah menulis tentang tema ini dalam *Word and Spirit Together* (Firman dan Roh Bersama).

Maka atas dasar pengertian tentang Roh dan firman ini, Yakobus memberikan pertimbangan yang dapat diterima oleh semua orang. Apa yang berpotensi menjadi bencana berubah dengan indahnya menjadi momen penyatuan, di bawah Yakobus.

Sesudah persidangan ini, sepucuk surat dikirimkan ke para pemercaya bukan Yahudi di semua tempat, yang menjelaskan bahwa yang bukan Yahudi tidak mesti dibebani dengan semua Hukum Musa, tetapi harus peka terhadap keberatan orang Kristen Yahudi ketika makan bersama mereka. Surat itu memajukan posisi sama dengan yang Paulus bentangkan di Surat Roma mengenai ketidaksetujuan antara orang Kristen tentang isu yang tidak langsung diurus dalam Alkitab. Paulus berkata bahwa mereka yang memiliki kebebasan dalam masalah-masalah yang disengketakan harus siap melupakan kebebasan mereka demi saudara mereka yang lebih lemah. Memang benar, tentunya, bahwa semakin dewasa Anda dalam iman Kristen, semakin bebas Anda dari berbagai keberatan, tetapi meski orang masih memiliki keberatan, orang percaya yang lebih dewasa harus mengalah.

Keberatan bisa jadi sangat janggal. Kerap kita merasa bersalah tentang suatu perbuatan sebab pada waktu anak-anak kita diberitahu bahwa itu salah. Sewaktu kecil saya diberitahu tidak boleh naik sepeda atau memakai kamera pada hari Minggu. Nah, perlu lama sebelum saya dapatkan bahwa tidak ada ayat Alkitab tentang kamera dan sepeda!

Ketika saya bekerja di pertanian saya harus mengayuh sepeda sejauh 8 kilometer untuk sampai ke gereja, dan sungguh janggal bahwa orang merasa bersalah karena bersepeda untuk menyembah Tuhan! Tetapi sementara Anda tumbuh dalam Kristus, Anda makin merasa bebas untuk menikmati apa-apa yang dengan bebas telah Tuhan karuniakan kepada Anda.

Orang lain mungkin merasa janggal tentang kebiasaan tertentu yang sebenarnya baik dalam dirinya tetapi yang bisa menjadi batu sandungan sebab hal itu dihubungkan dengan masa lampau mereka sebelum menjadi Kristen. Contoh klasiknya adalah soal minum air anggur dengan orang yang tadinya alkoholik. Jika Anda tahu ada seseorang yang mingkin memiliki masalah ini, melepas kebebasan Anda adalah tindakan mengasihi demi kebaikan nurani saudara atau saudari Kristen itu. Jika saya bersama seorang Yahudi, saya memegang diet makanan *kosher*, sebagaimana halnya yang rasul Paulus buat. Kita perlu sanggup menyesuaikan diri dan peka kepada hati nurani orang lain serta tidak memamerkan kebenaran kita sendiri.

Ketika Yakobus mengirim surat tersebut dari Yerusalem kepada orang percaya bukan Yahudi, ia juga menulis surat kepada orang percaya Yahudi, dan itulah Surat Yakobus ini. Itu adalah surat yang memberitahu orang Yahudi bagaimana berperilaku dalam dunia yang tidak percaya kepada Tuhan. Nasihat itu hampir sama persis dengan surat dalam Kisah Para Rasul 15 kepada orang bukan Yahudi tentang bagaimana mereka harus berkelakuan terhadap dunia Yahudi. Maka ini merupakan cerminan kecil tentang surat itu, kendati lebih panjang.

Dokumen historis lainnya memberitahu kita bahwa Yakobus tinggal di Yerusalem dan diberi julukan 'Yakobus yang Adil,' sebuah kualitas indah untuk sang pemimpin penatua itu. Ia juga memiliki nama kecil lain, 'Oblias,' yang berarti benteng, menunjukkan sifatnya sebagai pribadi yang sungguh andal.

Yakobus sampai ke akhir hidup yang tragis tetapi mulia. Sesudah kematian Festus, Gubernur Romawi, dan sebelum Albinius mengambil jabatan itu, terjadi kesenjangan sekitar dua bulan pada tahun 62 ketika tidak ada gubernur Romawi. Para pemimpin Yahudi mengambil kesempatan menyerang Kekristenan, sebab tidak ada gubernur yang berkata, 'Kalian tidak boleh menghukum mati siapa pun.' Padawaktu itu mereka menangkap dia, membawanya ke puncak Bait Tuhan dan berkata, 'Sekarang hujatlah Kristus, atau kami akan melempar kamu!' Ini adalah puncak Bait di mana si iblis pernah membawa Yesus dalam catatan Matius pasal 4. Yakobus yang Adil itu menjawab, 'Aku melihat Anak Manusia datang di awan-awan kemuliaan!' Maka mereka melemparkannya.

Tetapi itu tidak membuatnya mati, maka mereka mulai merajam dia dengan batu. Sambil terbaring di sana, dengan tulang-tulangnya patah dan batu dilemparkan kepadanya, ia berkata, 'Bapa, ampuni mereka, sebab mereka tidak tahu apa yang mereka buat.' Orang banyak yang melihat, berseru, 'Yakobus yang Adil berdoa untuk kita!' Betapa dahsyat kematian itu. Akhirnya seseorang, semata karema belas kasihan menemukan sebuah gada kayu besar, menghantamkan ke kepalanya, dan ia mati. Tentu saja, ia hanya salah seorang dari banyak yang dibunuh karena Yesus di masa awal itu.

Ketika sesama orang Kristen datang mengambil jenazahnya dan memberikan dia penguburan yang layak, mereka tercengang sebab pertama kalinya mereka melihat lututnya, yang tampak seperti lutut unta. Inilah orang yang banyak memakai waktunya untuk berlutut ketimbang berdiri! Eusebius, salah seorang bapak gereja awal, berkata tentang dia:

Filosofi dan kesalehan yang diperagakan dalam kehidupannya sedemikian nyata derajatnya, merupakan kenyataan tentang kepercayaan universal bahwa dia 'sungguh yang paling benar di antara semua manusia.'

Demikianlah asal-usul julukannya, Yakobus yang Adil. Salah seorang penulis waktu itu, Hegesipus berkata:

Yakobus adalah seorang nazir. Ia punya kebiasaan masuk ke bait sendirian, dan kerap kedapatan berlutut memohonkan pengampunan untuk bangsanya, maka itulah lututnya menjadi keras seperti lutut unta, sebagai konsekuensi ia terus menerus menekuk lututnya menyembah Tuhan, dan memohonkan pengampunan untuk bangsanya. Karena kebenaran/keadilannya yang sangat besar ia disebut 'yang adil.'

Kepengarangan

Yakobus sedemikian terkenal sampai tidak lagi perlu identifikasi tambahan di awal suratnya -- 'Yakobus' saja cukup. Menariknya, ia memasukkan sejumlah ucapan Yesus dari Khotbah di Bukit (23 kutipan). Sejauh yang kita ketahui, Yakobus tidak ada di antara pendengar pertama, maka entah ia mengambil itu langsung dari Yesus, atau kemudian hari dari Dua Belas sebagai kumpulan ucapan Yesus yang diedarkan.

Namun demikian, kendati bukti petunjuk sejarah yang menghubungkan Yakobus dengan surat ini, ada keraguan yang dilemparkan tentang kepengarangannya, karena gaya surat ini sangat tidak sesuai dengan yang diharapkan dari orang Galilea. Orang Yahudi lain menghina orang Galilea antara lain karena dialek khas mereka. Mereka dianggap orang buta aksara. Dalam Kisah Para Rasul Imam Kepala mengomentari tentang keberanian para rasul: 'Bagaimana mungkin orang-orang tak berpendidikan ini menantang kita seperti ini?' Tetapi gaya Yunani yang dipakai dalam surat Yakobus ini jauh lebih dipoles ketimbang yang orang harapkan.

Gaya tulisan

Yakobus memakai sejumlah alat terbaik tentang berbicara di depan publik. Mari saya bentangkan kepada Anda.

1. Ia memakai pertanyaan retorika -- yaitu, pertanyaan yang tidak perlu dijawab tetapi membuat pendengarnya berpikir. Lihat 2:4-5; 4-16; 3:11-12; 4:4, 12.
2. Ia memakai pernyataan-pernyataan paradoksal untuk menarik perhatian. Sebagai contoh: 'Anggaplah semua ini kesukaan, saudara-saudaraku, apabila kamu menghadapi pencobaan dalam berbagai jenisnya' (1:2). 'Sukacita' dan 'pencobaan' kesannya tidak berjalan bersama, maka ini menarik perhatian. Lihat juga ironi dalam 2:14–19; 5:5.
3. Ia memiliki percakapan imajinatif di mana ia mencipta dialog dengan seseorang. Sekali lagi ini membangkitkan tingkat perhatian orang. Orang selalu tertarik untuk mendengar percakapan Lihat 2:18; 5:13.
4. Ia juga memakai pertanyaan untuk memperkenalkan pokok baru. Lihat 2:14; 4:1.
5. Ia juga memasukkan banyak kalimat perintah dalam surat ini -- ada 60 dalam 108 ayat saja!

6. Ia memakai personifikasi. Ia bicara tentang dosa seakan itu adalah binatang, dan ia memakai gambaran dan ilustrasi dari kehidupan keseharian. Ia bicara tentang 'kemudi kapal, kebakaran hutan, dan kekang di mulut kuda dalam kehidupan pertanian, semua ini menarik perhatian pembaca.
7. Ia memakai orang termasyhur seperti Elia, Abraham, dan Rahab sebagai teladan.
8. Secara khusus ia memakai bentuk sapaan langsung -- 'kamu' -- yang merupakan cara penting mendapatkan perhatian.
9. Ia tidak takut memakai bahasa kasar. Lihat 2:20; 4:4.
10. Kadang ia memakai antittesis gamblang (membandingkan hal-hal berlawanan). Lihat 2:13, 26.
11. Ia sering memakai kutipan. Lihat 1:11, 17; 4:6; 5:11, 20.

Jadi bagaimana alat bicara semacam itu dapat masuk ke dalam surat ini? Saya pikir jawabannya terletak di dalam 1 Petrus 2. Banyak penulis Perjanjian Baru tidak sungguh menulis tetapi mendiktekan teksnya. Mereka memakai juru tulis -- yang pada masa kini kita kenal sebagai tukang tik atau sekretaris.

Baik Paulus maupun Petrus, sebagai contoh, cukup sering memakai Silas dalam kapasitas ini. Maka kelihatannya Yakobus menyampaikan semua ini secara lisan, dan mendapatkan seseorang yang menuliskannya untuk dia, yang membentuk lekuk surat ini dan mengirimkan sebagai surat edaran. Penjelasan ini dapat menyelesaikan semua 'masalah' yang dihadapi oleh beberapa sarjana. Maka kita memiliki retorika Yunani dan hikmat Ibrani dikombinasikan dalam surat ini.

Pembacanya

Surat ini tidak dialamatkan kepada suatu gereja, atau kelompok gereja-gereja, atau perseorangan, seperti kebanyakan surat Perjanjian Baru lainnya. Surat ini ditujukan kepada 12 suku yang tersebar di antara bangsa-bangsa, yang membuatnya jelas bahwa ini ditujukan kepada Diaspora Yahudi -- kepada gereja-gereja yang mulai di antara orang Yahudi perantauan di sekitar Mediteranea. Surat ini menyebut Tuhan Yesus Kristus dalam lima ayat pertamanya, dan 'saudara-saudaraku' di 12 kesempatan.

Orang Yahudi tersebar dua kali: sekali secara paksa dalam pembuangan ke Babilonia tahun 586 SK, dan sekali lagi sesaat sebelum Yesus lahir, ketika banyak yang memilih untuk tinggal di seluruh dunia Mediteranea. Ada lebih banyak orang Yahudi di luar ketimbang di dalam Israel, dengan sebanyak 40,000 orang Yahudi di Roma sendiri. Banyak yang pulang tiga kali dalam setahun untuk menghadiri hari raya Yahudi, tetapi dengan cepat mereka menerima kebudayaan di sekitar mereka, sedemikian banyaknya sampai kata Yahudi menjadi kata sindiran untuk kemunafikan.

Maka Kristus datang pada saat yang ideal untuk penyebaran injil. Orang Yahudi telah tersebar ke seluruh Mediteranea, jalan-jalan Romawi telah dibangun dan bahasa Yunani dipakai di mana-mana -- situasi ini mutlak sempurna. Tuhan telah menyiapkan keseluruhan situasi untuk penyebaran kabar baik tentang Yesus dengan cepat. Ketika rasul Paulus tiba di tempat baru pada perjalanan misionarisnya, pertama ia pergi ke sinagoge, karena percaya bahwa petobat pertama akan datang dari orang yang takut Tuhan di sana.

Jelas bahwa para murid Yahudi di perantauan sekitar Mediteranea itu menghadapi situasi yang sama sekali berbeda dari para pemercaya Yahudi di tempat asal. Gereja Yerusalem hampir seluruhnya terdiri dari orang percaya Yahudi. Mereka terisolasi dan terpencil, dan menjadi terlalu kaku. Legalisme dan kesombongan yang berjalan bersamanya merupakan masalah mereka paling besar. Tetapi di perantauan, orang percaya Yahudi menghadapi masalah asimilasi. Banyak yang merasa malu jika ketahuan sebagai Kristen dan terlalu longgar dalam perilaku mereka. Masalah mereka adalah keserakahan, sebab kebanyakan mereka meninggalkan Israel untuk tujuan bisnis dalam mencari kekayaan di tempat lain. Mereka menjadi terlalu menyerupai orang bukan Yahudi.

Isi

Kekayaan

Pendahuluan kami telah menyentuh sejumlah tema yang diangkat oleh Yakobus, dengan bisnis sebagai salah satu yang utama. Ini merupakan keprihatinan inti untuk orang Yahudi mana pun. Mereka telah diburu dari satu negara ke negara lainnya, maka mereka butuh perdagangan atau pekerjaan yang dapat dipindah-pindahkan dengan mudah. Itulah mengapa begitu banyak dari mereka menjadi penjahit, sebab mereka hanya perlu membawa jarum dan benang bersama mereka, dan mereka ada dalam bisnis. Yang lainnya menjadi pengrajin permata. Sebab perkakas pengrajin permata dapat dengan mudah dikemas ke dalam tas kecil. Mereka juga menjadi pemberi pinjaman, tentunya. dalam abad pertengahan orang Kristen Eropa tidak diizinkan menjadi pemberi utang, maka orang Yahudi menjadi bankir, dengan Rotschilds di antara yang paling masyhur. Tetapi fokus pada bisnis memiliki halangan tersendiri. Yesus berkata, 'Kamu tidak dapat menyembah Tuhan dan uang' -- kamu tidak dapat mengabdikan dirimu kepada Tuhan dan mengejar uang bersamaan. Orang Farisi tertawa ketika Yesus mengatakan itu, sebab mereka kaya dan religius. Tetapi Yesus berkata, 'Itu mustahil.' Mereka berkata, 'Ia tidak tahu bagaimana mencari uang, maka Ia menentang orang kaya.' Tetapi Yesus terus menerus memperingatkan kita bahwa sukar untuk orang kaya masuk ke dalam Kerajaan -- dan tentu saja, oleh standar Perjanjian Baru, kebanyakan orang Kristen Barat (juga yang maju dalam masyarakat) adalah kaya. Uang sendiri netral dan dapat menghasilkan banyak hal baik. Tetapi Paulus berkata, 'Kasih akan uang adalah akar *segala jenis* kejahatan.'

Dari Surat Yakobus jelas bahwa kekayaan telah merusak sebagian dari pembacanya. Mereka mengeksploitasi karyawan mereka, menahankan upah mereka untuk membantu aliran dana bisnis. Mereka memuaskan diri sendiri, memakai uang mereka untuk kemewahan yang tidak perlu. Mereka menyanjung orang kaya yang datang ke dalam pertemuan ibadah mereka, menyuruh orang miskin untuk duduk di bagian belakang, tetapi mengajak yang kaya untuk duduk di bagian depan. Yang lainnya mempermalukan dan menghina orang miskin.

Dunia ini sampai sekarang sama saja -- bila Anda punya uang, Anda menganggap diri Anda berhasil, dan orang lain yang tidak punya uang gagal. Keangkuhan berjalan bersama kekayaan.

Sikap ini bertahan dalam sementara gereja masa kini, di mana sedikit orang kaya dalam persekutuan berhasil mengendali apa yang terjadi. Pekerja gereja enggan menjadi tidak populer, karena takut membuat marah para penyumbang besar yang memiliki otoritas tidak sehat.

Sesungguhnya kekayaan bisa memberikan rasa aman yang palsu. Kesalehan adalah hidup yang dihidupi dengan menghormati Tuhan. Uang menyebar kekacauan pada kesalehan, sebab ketika Anda memiliki banyak uang, Anda membuat rencana tanpa menghormati Tuhan. Yakobus berkata mereka selalu harus menambahkan 'Jika Tuhan bekenan' kepada rencana apa pun yang mereka buat. Ayah saya selalu menambahkan D. V. (*Deo volente* -- bahasa Latin untuk 'Tuhan menginginkan') dalam surat-suratnya untuk mengakui bahwa rencana apa pun yang ia buat dilakukan dengan menghormati Tuhan. Yakobus berkhotbah melawan kekayaan yang meninggalkan 'D. V.'

Mengabaikan Tuhan dan mengabaikan orang miskin cenderung mengikuti perolehan uang. Yakobus mendaftarkan dosa-dosa lain yang umum untuk orang kaya: iri, sebab semakin Anda punya banyak, semakin Anda menginginkan, dan semakin Anda iri terhadap mereka yang mendapatkan lebih; kesombongan: pongah dan membesarkan diri; lancang; tidak sabar; kemarahan; keserakahan; berargumen; bertengkar; berkelahi dan menuduh. Membuat tuduhan adalah kesenangan para orang kaya. Anda bisa mengambil Surat Yakobus ini dan mengkhotbahkannya di kota besar mana saja.

Suatu ketika saya diminta pergi berbicara kepada para anggota Bursa Saham. Mereka meminta dari saya judul khotbah sebelum saya berangkat, dan karena itu saya beritahu mereka judulnya adalah 'Anda tidak bisa membawanya bersama Anda, dan jika Anda bawa itu akan habis terbakar.' Jelas mereka menolak mewartakan judul itu! Maka saya mengubahnya menjadi 'Bagaimana menginvestasi ke balik kubur,' dan mereka cukup tertarik!

Lidah

Yakobus juga berfokus pada lidah sebagai sebab utama masalah orang percaya. Kita boleh saja berspekulasi bahwa ia mungkin teringat perkataannya sendiri yang seenaknya ketika menyindir Yesus (dalam Yohanes pasal 7).

Orang Yahudi suka berkata-kata, tetapi ada kandungan bahaya dalam bicara terlalu banyak. Kelemahan khusus untuk para perantau adalah gosip. Orang yang jauh dari tempat asalnya bergosip di dalam komunitas kecil mereka. Yakobus mengerti ini dengan sangat baik, dan ada banyak hal tentang lidah dan perkataan yang ia sampaikan.

Ia menyampaikan hal seperti, 'Kalian memakai lidah yang sama untuk memberkati orang dan mengutuk mereka. Itu seperti air pahit dan manis yang keluar dari mata air yang sama.' Yakobus berkata bahwa lidah adalah anggota tubuh Anda yang paling sukar dikendalikan. Jika Anda dapat mengendalikannya, Anda sempurna. Jadi lidah adalah pengukur yang siap memperlihatkan seberapa kudus Anda. Pertimbangkan pembicaraan Anda, sebab 'dari kelimpahan hatilah Anda berbicara.' Anda dikuduskan sepenuhnya ketika Anda mengatakan hal yang benar, ketika Anda diam saat Anda harus diam, dan ketika Anda bicara ketika Anda harus bicara. Yesus berkata kita akan dihakimi pada Hari Penghakiman atas 'semua perkataan yang sembarangan,' sebab kata-kata yang diucapkan tidak hati-hati, diucapkan ketika Anda lelah atau sibuk, itu menyingkapkan hati Anda, bukan ucapan yang hati-hati, ketika Anda memikirkan apa yang ingin Anda katakan.

Gambaran lain dipakai untuk memaparkan tentang lidah: ia telah dinyalakan oleh api neraka; ia seperti kendali kapal, dan ia dapat mengendalikan keseluruhan kapal. Dampaknya seperti hutan yang terbakar yang hanya dimulai dengan satu percikan api saja. Dosa-dosa lidah seperti menggerutu, mengutuk, berbohong dan bersumpah, semua ini disebutkan dalam surat singkat ini.

Meski sedemikian pentingnya tema tentang kekayaan dan perkataan, dua kata yang membuka surat ini adalah 'dunia' dan 'hikmat.'

Dunia

Yakobus menjelaskan bahwa 'persahabatan dengan dunia ini adalah permusuhan dengan Tuhan' -- Anda tidak bisa populer dengan dunia dan dengan Tuhan. Yesus tidak, dan jika Ia tidak dapat mengelola keduanya bersamaan, kita pun tidak. Bahkan, rasul Paulus mengajar bahwa semakin saleh kita, semakin kurang populer kita jadinya. Sesungguhnya Paulus berkata kepada Timotius, 'Barangsiapa ingin hidup saleh dalam Kristus Yesus akan menderita penganiayaan.' Orang tidak percaya mungkin menghormati Anda, tetapi mereka akan berusaha menghantam keluar iman Anda.

Yakobus berkata bahwa 'agama yang murni di hadapan Tuhan' berarti dua hal: 'menjaga diri Anda tidak ternoda dari dunia dan melawat para janda dan yatim piatu dalam kesukaran mereka.'

Kerap dikatakan bahwa orang Kristen harus 'ada di dalam dunia tetapi bukan dari dunia.' Ini benar, tetapi ini tidak berarti bahwa kita harus menjauh dari orang tidak percaya. Ketika sahabat baik saya Peter menjadi pedagang mobil di Australia, ia akan memberhentikan siapa saja dari anggota stafnya yang menjadi Kristen. (Jangan khawatir -- ia mencarikan dulu pekerjaan lain sebagai gantinya!) Ia melakukan itu atas prinsip bahwa ia tidak dapat menjadi saksi di pekerjaan jika ia dikeliling oleh orang-orang Kristen!

Yakobus mengajar kita perbedaan antara diuji dan dicobai. Tuhan tidak akan pernah mencobai kita, tetapi Ia akan menguji kita. Perbedaannya seperti ini: Anda menguji orang dengan berharap bahwa mereka akan lulus ujian itu, tetapi Anda mencobai mereka dengan berharap mereka akan gagal. Tuhan akan menguji Anda, maka ketika situasi menjadi berat kita harus menerimanya dengan sukacita, sebab kita tahu Tuhan ingin kita naik kelas. Yang mencobai kita dan ingin kita gagal adalah si Iblis. Namun demikian, ia hanya dapat mencobai kita jika ada sesuatu di dalam kita yang dapat ia pakai untuk membuat kita ingin mengambil umpannya. Tetapi Tuhan telah menjanjikan kita tidak akan pernah dicobai melebihi kesanggupan kita mengatasinya -- yang berarti, tentu saja bahwa si iblis sepenuhnya ada di bawah kendali Tuhan. Iblis tidak dapat menyentuh kita kecuali ia mendapat izin dari Tuhan lebih dulu. (Lihat pasal-pasal awal Kitab Ayub untuk contoh jelas tentang hal ini.)

Jadi sebagai orang Kristen Anda tidak akan pernah dapat berkata, 'Saya tidak dapat menahan diri.' Maka dalam dunia ini kita menghadapi ujian dan pencobaan. Yang satu datang dari Tuhan dengan harapan kita akan lulus ujian itu; yang lain datang dari si iblis yang berharap kita akan jatuh. Kita butuh hikmat untuk membedakan yang mana dari dua itu yang kita alami. Ketika istri misionaris Hudson Taylor sakit berat menjelang akhir hidupnya, dan menjadi hampir buta total, seseorang berkata, 'Mengapa Tuhan sampai melakukan ini kepadamu ketika kamu telah melayani dia sedemikian setia?' 'Oh,' jawabnya, 'Ia sedang melakukan sentuhan akhir penyempurnaan karakter saya.' Maka hidup tidak menjadi lebih mudah sementara kita makin tambah usia. Saya alami bahwa bimbingan menjadi makin sukar. Di tahun-tahun awal kehidupan

Kristen, Tuhan berkasihan pada kita, memberi kita bimbingan sedemikian jelas sampai kita tidak ragu sedikit pun tentang apa yang harus kita lakukan. Tetapi kemudian Ia menempatkan kita dalam situasi dimana kita harus menggumulinya sendiri. Ia tidak lagi akan menyuapi kita sementara kita mendewasa, tetapi memberi kita lebih banyak tanggungjawab, dan memercayai kita untuk membuat pertimbangan ketimbang memberi kita petunjuk jelas.

Hikmat

Sebelum ini telah kita perhatikan kesamaan antara Yakobus dan Amsal, maka tidak heran bahwa hikmat adalah satu lagi tema penting surat ini. Yakobus membedakan dua kategori hikmat. Sama seperti ada dua jenis pengujian -- ujian dan pencobaan -- maka juga ada dua jenis hikmat -- hikmat dari atas dan hikmat dari bawah.

Hikmat dari bawah datang dari pengalaman manusia melalui mencoba banyak hal -- kita sebut ini sebagai sekolah pengalaman. Tetapi ada satu cara lain untuk mendapatkan hikmat, yang tidak perlu waktu lama. Kita cukup memohonkannya! Yakobus berkata bahwa jika ada orang kurang hikmat, mereka tidak harus menganggap bahwa mereka mesti tetap sama demikian. Ia menjelaskan bahwa hikmat datang dari meminta kepada Tuhan, tanpa bercabang pikiran dan tanpa ragu.

Ketersediaan hikmat jauh melebihi yang kita sadari. Yakobus berkata itu adalah hikmat yang indah sebab ia murni dan penuh damai adanya -- ia menyelesaikan masalah. Semua hikmat ilahi tersedia untuk Anda pada segala saat. Apabila Anda ada dalam kesukaran, yang Anda perlu katakan adalah, 'Tuhan, saya butuh hikmat.' Dan Anda akan takjub atas respons dari Dia.

Masalah

Kini kita perlu melihat ke bagian-bagian Surat Yakobus yang menyajikan hal yang biasa disebut sebagai 'masalah.'

Nadanya secara umum

Kesan sekilas, surat ini tidak sungguh Kristen. Tidak banyak tentang Kristus atau injil di dalamnya. Agaknya lebih banyak tekanan pada kegiatan manusia ketimbang tindakan Tuhan, lebih pada perbuatan ketimbang doktrin, pada taurat ketimbang injil, pada perbuatan ketimbang iman. Surat ini tidak menyebutkan tentang peristiwa-peristiwa penting, seperti kematian, kebangkitan dan kenaikan Yesus, atau tentang pelayanan Roh Kudus. Agaknya surat ini adalah mengenai hal melakukan perbuatan baik.

Maka sebagian orang mempertanyakan apakah kitab ini memaparkan Kekristenan sebagaimana yang ditemukan dalam bagian lainnya di Alkitab. Para pemikir penting telah menolaknya. Reformator Protestan, Martin Luther berkata ia merasa jijik dengan surat ini, sebab surat ini tidak mengandung sifat injil dan gagal memperlihatkan Kristus. (Sesungguhnya Kristus hanya disebut dua kali dalam seluruh surat ini.) Luther menyebutnya 'surat kiriman jerami' yang artinya tidak ada bulir gandum di dalamnya, hanya jerami, yang merupakan komentar paling buruk yang dapat Anda buat. Ia berkata, 'Saya tidak percaya surat ini rasuli. Lebih baik surat ini tidak ada dalam Perjanjian Baru.' Ketika ia menerjemahkan Alkitab, ia menempatkan Yakobus di bagian tambahan di akhir, bersama Ibrani, Yudas dan Wahyu. Ia tidak cukup berani mengeluarkannya, tetapi ia menggesernya dari teks utama.

Memang, hanya ada sedikit dalam keseluruhan surat yang tidak dapat diterima oleh orang Yahudi ortodoks. Ia bicara tentang Taurat, sinagoge, saudara dan penatua, dan menyebut Tuhan sebagai 'Tuhan Mahakuasa.' Jika Anda membuat dua penyebutan tentang Kristus, dan kata 'lahir,' 'nama,' 'datang,' dan 'orang percaya,' seorang Yahudi ortodoks akan setuju dengan semua lainnya.

Ajarannya yang spesifik

Sebagai tambahan kepada masalah-masalah tadi, ada lebih banyak keprihatinan khusus, yang menyebabkan kekhawatiran besar di antara para pembaca Alkitab. Dalam 2:24 Yakobus berkata, 'Kamu lihat, bahwa manusia dibenarkan karena perbuatannya dan bukan hanya karena iman.' Ini terkesan merendahkan ajaran Perjanjian Baru, dan khususnya dari rasul Paulus, tentang bagaimana kita dapat menjadi benar dengan Tuhan. Luther berkata bahwa surat ini merendahkan kebenaran dasar injil tentang 'pembenaran oleh iman saja.'

Nada umum surat ini dan perhatian spesifik tentang ajarannya mengenai iman menyebabkan ia harus berjuang keras untuk dapat masuk ke dalam Perjanjian Baru dan berjuang keras untuk dapat tetap ada di sana. Ini adalah salah satu surat terakhir yang diakui termasuk dalam Perjanjian Baru (pada tahun 350).

Jadi bagaimana kita mengurus hal yang seakan merupakan kontradiksi? Beberapa hal dapat dilakukan:

1. Yakobus mati tahun 62 dan karenanya ia tidak dapat membaca surat-surat Paulus tentang pokok itu, meski ia mengenal Paulus dan menganjurkan dia untuk melaksanakan hukum Nazir untuk memperlihatkan bahwa ia

masih Yahudi (lihat Kisah Para Rasul 21:18–25). Jadi jika ada kontradiksi, itu tidak mungkin disengaja.
2. Paulus menulis untuk orang bukan Yahudi, sedangkan Yakobus menulis untuk orang percaya Yahudi, maka tujuan mereka berbeda. Paulus menjaga orang bukan Yahudi dari legalisme Yahudi, sedangkan Yakobus menjaga orang Yahudi dari penyalahgunaan kebebasan pada orang bukan Yahudi. Tidak heran, karena itu, bahwa ada perbedaan dalam penekanan.
3. Ketika kita datang ke nas 'masalah' spesifik, kita temukan bahwa kata 'perbuatan' memiliki artian yang berbeda-beda. Paulus menulis tentang perbuatan Taurat, sedangkan Yakobus menulis tentang perbuatan iman -- artinya, tindakan. Yang Yakobus katakan ialah, 'Iman tanpa tindakan, mati.' Ia tidak mengomentari tentang perbuatan Taurat. Ia memakai sebuah ilustrasi untuk memperlihatkan bahwa kasih tanpa *tindakan* tidak berguna. Andaikan seseorang berkata kepada saudara seimannya, 'Aduh, kamu tidak punya pakaian atau makanan, ya?' Wah, semoga Tuhan memberkatimu, saudara!' Yakobus bertanya, 'Apa gunanya itu?' Itu adalah kasih tanpa tindakan, kasih tanpa perbuatan kasih.

Jadi, ketika ia bicara tentang iman, ia bicara tentang iman yang tanpa tindakan. Dan kecuali Anda bertindak dalam iman, Anda tidak memiliki iman. Pengakuan iman tidak dapat menyelamatkan Anda. Iman harus dipraktikkan. Ia berkata bahwa iblis sekali pun percaya akan Tuhan, dan mereka gemetar!

Tetapi kemudian ia memberikan ilustrasi tentang iman dengan tindakan, dengan memakai Abraham dan Rahab, laki-laki baik dan perempuan baik. Kedua mereka bertindak dalam iman, yang satu bersedia mengambil nyawa dan yang lainnya menyelamatkan nyawa. Abraham bertindak dalam iman ketika ia bersedia membunuh anaknya, satu-satunya harapan memiliki keturunan. Rahab si pelacur bertindak dalam iman ketika ia menyembunyikan para pengintai Israel dan meminta mereka menyelamatkan dia dari serbuan yang akan datang.

Yakobus berkata bahwa iman bukan sesuatu yang Anda ucapkan. Anda harus memperlihatkan Anda percaya akan Yesus melalui tindakan. Anda akan jatuh terkapar jika Ia tidak menangkap Anda. Itulah iman. Jadi Yakobus mutlak benar ketika ia berkata iman tanpa tindakan tidak dapat menyelamatkan Anda, sebab yang seperti itu adalah keadaan mati seperti mayat. Iman bukan melafalkan Pengakuan Iman, iman adalah bertindak dalam iman, mendemonstrasikan percaya akan Tuhan.

Jadi dengan Paulus dan Yakobus, Tuhan memberikan kita dua sudut pandang berbeda tentang isu penting dan menentukan ini supaya kita seimbang dan mendapatkan kebenaran keseluruhannya. Legalisme berkata kita diselamatkan oleh perbuatan; kebebasan salah mengatakan kita diselamatkan tanpa perbuatan; tetapi kemerdekaan sejati (posisi Kristen) berkata kita diselamatkan untuk berbuat; tetapi itu adalah perbuatan baik, perbuatan kasih. Bahkan Paulus, penganjur utama pembenaran oleh iman, dalam Efesus 2 berkata: 'Kita adalah buatan Tuhan, diciptakan dalam Kristus Yesus untuk melakukan perbuatan yang baik, yang dipersiapkan Tuhan sebelumnya. Ia mau, supaya kita hidup di dalamnya.' Maka kita tidak diselamatkan oleh perbuatan baik, tetapi kita diselamatkan untuk perbuatan baik, dan kita akan dihakimi melalui perbuatan kita. Yakobus, yang merupakan penganjur utama perbuatan, berkata dalam 2:5 bahwa orang percaya harus 'kaya dalam iman.'

Legalisme berkata, 'Kita harus memastikan bahwa Anda tidak bebas berdosa, dengan jalan membuat aturan dan pengaturan.' Penyalahgunaan kebebasan berkata, 'Kita bebas untuk berdosa.' Kemerdekaan sejati berkata, 'Kita bebas untuk tidak berdosa.' Kedengarannya ini klise halus, tetapi paling tidak itu benar adanya. Sungguh mengerti dengan jelas perbedaan antara ketiga pernyataan tersebut adalah hal yang paling penting dalam kehidupan Kristen, sebab ini adalah intisari injil, dan kita membutuhkan baik Paulus maupun Yakobus agar menangkap ini dengan tepat. Maka tentang pertanyaan umum mengenai 'iman versus perbuatan,' saya percaya bahwa Surat Yakobus membutuhkan bagian lain Perjanjian Baru, dan bagian lain Perjanjian Baru memerlukan Yakobus.

Dalam penilaiannya tentang surat ini, Martin Luther sepenuhnya gagal menangkap intinya ini. Ia berkata surat ini bertentangan dengan Paulus dan seluruh isi Alkitab lainnya, tetapi Luther bukannya tidak mungkin bersalah melebihi Paus yang ia tentang. Ia terlalu berfokus pada doktrin pembenaran oleh iman untuk dapat melihat betapa penting penekanan Yakobus sesungguhnya. Iman harus bertindak dan dikerjakan sampai mewujud. Apa yang telah Tuhan lakukan di dalam harus dikerjakan ke luar dalam dunia, dalam suasana yang asing.

Kesimpulan

Kita bukan orang Yahudi yang tersebar, jadi relevankah surat ini untuk kita? Ya, sangat relevan untuk kita, sebab kita adalah orang Kristen yang di perantauan. Sebagian orang Kristen sedemikian terselimutkan di dalam kehidupan gereja sampai mereka lebih seperti orang Yahudi di

Yerusalem. Masalah mereka adalah kesombongan, yang sebagiannya disebabkan dengan mengasingkan diri dari dunia.

Tetapi kebanyakan orang Kristen seperti orang Yahudi di perantauan, bekerja di dalam dunia keseharian, dicobai untuk melakukan asimilasi ke dalam dunia dan mengambil standar moralnya. Kita adalah warga kerajaan surga tetapi orang asing di dunia, bagian dari umat Tuhan yang di perantauan, yang sedang menantikan tempat kediaman masa depan kita di mana kita akhirnya akan berdiam. Kita ada dalam dunia tetapi bukan bagian dunia ini.

Posisi kita paling baik disimpulkan oleh Surat kepada Diognetus, yang ditulis di akhir abad pertama. Surat ini adalah respons kepada pertanyaan, 'Apakah bedanya tentang orang Kristen?' Ia berkata:

> *Orang Kristen dibedakan dari orang lain bukan oleh negaranya atau bahasanya. Dengan tinggal di berbagai tempat sesuai pilihan masing-masing telah membuat mereka mengikuti kebiasaan penduduk asli seperti dalam hal berpakaian, makanan dan kebiasaan kesehatian lainnya, sambil menunjukkan metode kehidupan mereka yang mengherankan dan diakui mencolok. Mereka tinggal di negeri mereka sendiri, tetapi sekadar sebagai perantau. Sebagai warga negara, mereka berbagi dalam semua hal dengan orang lain, namun menanggung segala hal sebagai orang asing. Setiap tanah asing untuk mereka seolah tanah asal mereka, dan setiap tanah tempat kelahiran mereka seolah tanah asing. Mereka menjalani hidup mereka di bumi, tetapi mereka adalah warga surga. Mereka menaati hukum-hukum yang tertulis, dan pada saat yang sama melampaui hukum-hukum itu dengan*

kehidupan mereka. Mereka dicaci maki dan mereka memberkati...

Orang Kristen masa kini perlu hidup dalam gaya hidup demikian -- untuk memastikan bahwa dunia tetap hal yang eksternal bagi mereka. Motif, metode dan moral dunia ini masih merupakan tantangan. Hakikat dari tekanan pada orang Kristen masa kini masih sama seperti pada orang Kristen dulu di abad pertama. Dalam artian ini, Surat Yakobus sangat relevan dan bernilai besar bagi orang percaya mana pun yang berusaha untuk mengikut Kristus. Surat ini berfokus pada bagaimana berperilaku dalam dunia ini dan dalam gereja. Secara khusus Yakobus tertarik akan apa yang kita lakukan, bukan apa yang kita katakan. Pengetahuan Alkitab tidak berguna kecuali kita melakukan sesuatu tentangnya.

55.
1 & 2 PETRUS

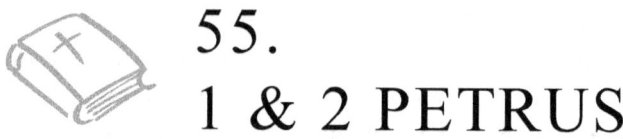

1 Petrus

Pada 2 September 1666 terjadi kebakaran besar di London. Api itu berasal dari sebuah pabrik roti dan menyebabkan kehancuran dahsyat. Dua ratus ribu orang kehilangan rumah mereka, sebab kebanyakan rumah dari kerangka kayu dan karena itu tidak sanggup menahan kobaran api. Diperkirakan bahwa api itu mengakibatkan kehancuran senilai GBP 10 juta. Keseluruhannya ada 90 gereja hancur, meski banyak yang kemudian hari dibangun ulang oleh Christopher Wren, termasuk Katedral St. Paul. Tentu saja, ketika terjadi bencana, itu adalah salah satu sisi kemalangan sifat manusia yang cenderung sering mencari kambing hitamnya. Kerap pihak yang tidak bersalah dituduh, dan dalam kasus kebakaran besar di London itu, orang Katolik asal Perancis yang disalahkan.

Pada 19 Juli tahun 64 kebakaran mulai di kota Roma yang berlangsung selama tiga hari, menghancurkan sebagian besar kota itu. Api melalap pusat kota Roma, menghancurkan kuil-kuil dan rumah-rumah. Warga mencari kambing hitam, dan mendapatkannya dalam diri Kaisar Nero. Mereka tahu ia berambisi untuk meruntuhkan bangunan-bangunan tua dan mendirikan struktur megah, maka mereka mengandaikan ia ada di balik kebakaran itu. Pada gilirannya, Nero menyalahkan orang Kristen, dan mulailah penganiayaan hebat atas gereja.

Mereka menghadapi masa mengerikan. Mereka disiksa, dijahit ke dalam kulit binatang buas dan dibuat merangkak atas kaki dan tangan mereka mengeliling ampiteater, sambil mereka diserang oleh singa dan binatang buas lainnya. Mereka diburu oleh anjing dan sebagian dari mereka disalibkan.

Saya ingat ketika berdiri membelakangi Koloseum di Roma dan melihat ke bawah, ke bukit hijau yang pernah menjadi taman istana Nero. Saya memikirkan tentang hari ketika ia mengadakan pesta *barbecue* di taman itu. Ia punya beberapa orang Kristen yang dilapisi dengan ter dan aspal, mengikatkan mereka ke tiang di sekeliling taman dan menyulut mereka dengan api. Mereka dibakar hidup-hidup untuk menyediakan penerangan bagi pestanya.

Kabar tentang barbarisme terhadap umat Tuhan ini tersebar ke seluruh Kerajaan Romawi dari gereja ke gereja. Tetapi sementara kabar itu menyebar, demikian juga surat dari rasul Petrus. Ia menuliskan ini kepada orang Kristen yang dengannya ia memiliki koneksi dan ketertarikan khusus di tempat yang kini kita sebut barat-daya Turki, untuk memperingatkan mereka dan menyiapkan mereka menghadapi penganiayaan.

Petrus sendiri akhirnya harus mati pada periode tersebut -- disalibkan di Roma di tangan Nero. Yesus telah menubuatkan bahwa ia akan mati dengan cara itu, meski ketika akan disalibkan ia meminta agar salibnya dibalikkan, sebab ia merasa tidak layak disalibkan sebagaimana yang Yesus alami.

Meski tidak disebutkan di Alkitab, Petrus barangkali pernah melayani di wilayah itu. Paulus telah melayani di selatan Turki, tetapi agaknya Petrus pergi ke utara Turki, dan dengan demikian kepada wilayah inilah ia mengirim suratnya.

Penulisnya

Kita tahu banyak tentang Petrus, dan surat pertamanya adalah favorit di kalangan Kristen. Surat itu hangat, manusiawi dan menyentuh ke hati. Di pasal pertamanya ia memberitahu pembacanya bahwa meski mereka belum pernah melihat Yesus, mereka mengasihi Dia dan mengalami sukacita besar melakukan itu. Kasih tersebut untuk Juruselamatnya berlanjut sepanjang surat ini.

Nama pertamanya adalah Simon atau Simeon atau Simone. Itu nama umum, meski tidak secara khusus disukai -- artinya adalah 'alang-alang.' Tetapi ketika Yesus menemui Simon, Ia memberinya nama baru 'Petrus,' nama yang kurang umum yang berarti 'batu karang,' menunjuk kepada perubahan karakter yang Yesus harapkan terjadi. Ia mulai sebagai seorang yang mudah terombang-ambing, bagaikan alang-alang ditiup angin, tetapi ketika Yesus meninggalkan dia ia teguh bagaikan batu karang.

Petrus adalah seorang penjala ikan dari Betsaida di Galilea, saudara Andreas. Mereka adalah dua yang pertama yang Yesus panggil untuk mengikut Dia. Petrus adalah yang pertama dalam setiap daftar Dua Belas dan merupakan juru bicara tidak resmi untuk kelompok itu.

Karakter Petrus tampil sangat jelas di sepanjang Injil-injil. Ia memiliki kekuatan cukup berarti: ia menarik, bersemangat, impulsif dan energetik. Tetapi kekuatan ini diimbangi oleh kelemahannya: ia tidak stabil, plin-plan, lemah, pengecut, tergesa-gesa dan tidak konsisten. Ia seorang yang impulsif dengan penyakit 'kaki-dan-mulut' -- membuka mulut dan memasukkan kaki ke dalamnya -- mudah bicara untuk kemudian menyesal! Tetapi itu juga berarti bahwa ia kadang mengatakan hal-hal mengherankan tentang Yesus. Banyak orang percaya mengidentikkan diri dengan Petrus, karena sama seperti dia.

Barangkali momen paling mengharukan dalam kehidupannya terjadi sesudah ia menyangkali Yesus tiga kali sebelum penyaliban Yesus, dan kemudian berjumpa Dia di pantai Galilea sesudah kebangkitan. Yesus memasak makanan pagi untuk para murid dan Petrus tiba-tiba mendapatkan dirinya memandang ke perapian. Hanya dua kali disebutkan tentang perapian dalam seluruh Perjanjian Baru -- yang pertama adalah di halaman Imam Besar, ketika Petrus menghangatkan tangannya dekat api, dan tiga kali menyangkali bahwa ia mengenal Yesus. Kini ia melihat ke perapian lagi, dan jelas kenangan tentang kepengecutannya masih sangat kuat.

Yesus tidak berkata kepada Petrus, 'Aku lebih berharap engkau menjadi pastor kepala, tetapi kini Aku takut kamu harus mengeluarkan buku nyanyian.' Ia tidak juga berkata, 'Aku akan menaruh kamu dalam masa percobaan selama setahun dan melihat jika kamu telah siap, dan sesudah setahun kita akan mempertimbangkan lagi kasusmu dan posisimu.'

Yang Ia ucapkan adalah: 'Petrus, Aku dapat menanggung kamu, asalkan Aku yakin tentang satu hal. Apakah engkau mengasihi Aku?'

Ini merupakan perkara paling penting untuk semua orang percaya. Apakah Anda mengasihi Dia? Yesus menanyakan tiga pertanyaan ini kepada Petrus tiga kali, dan entah bagaimana itu mengembalikan Petrus pada jalurnya.

Sesaat kemudian Petrus berkhotbah di Hari Pentakosta ketika 3,000 orang dibaptiskan. Tidak heran bahwa pentingnya kasih untuk Yesus dicakup dalam surat kiriman ini.

Tentu saja, Petrus disebutkan di bagian lain Perjanjian Baru, dan sangat kuat terlibat dengan Yohanes Markus dalam penghimpunan Injil Markus. Markus tidak termasuk seorang dari Dua Belas dan Markus mengumpulkan semua informasinya dari Petrus -- inilah mengapa, dari semua Injil-injil, Markus memasukkan kelemahan Petrus, dan mengapa kepribadian Petrus yang impulsif bersinar sepanjang Injil itu. Di dalam Markus, Yesus dilihat sebagai 'manusia yang bertindak,' tidak beda dari Petrus.

Paruh pertama Kitab Kisah Para rasul seluruhnya adalah mengenai Petrus, meski karena Lukas menulis kitab ini sebagai catatan pembela untuk persidangan Paulus, Petrus menghilang begitu Paulus tampil di panggung.

Ia mendapatkan catatan singkat, meski kurang mengenakkan di Galatia, ketika Paulus merenungkan tentang percakapan panas menyangkut penolakan Petrus untuk semeja persekutuan dengan orang bukan Yahudi di hadapan para pemercaya Yahudi. Petrus salah dalam kelakuannya itu dan Paulus memberitahu dia tentang itu.

Kita tahu bahwa ia menikah sebab Yesus pernah menyembuhkan ibu mertuanya, dan rasul Paulus menyebut bahwa Petrus mengajak istrinya bersamanya di perjalanan misionarisnya. Jadi kita lebih tahu tentang Petrus daripada tentang para rasul lain, dengan perkecualian tentang Paulus.

Surat itu ditulis sementara Petrus ada di Roma. Jelas bahwa baik Petrus maupun Paulus diam beberapa waktu di sana (Paulus dalam tahanan rumah sementara menanti pengadilanya dan kemudian dihukum mati di tangan Nero), tetapi tidak ada bukti petunjuk bahwa Petrus adalah uskup pertama Roma -- ini murni spekulasi mereka yang ingin memercayai adanya suksesi rasuli.

Para pembacanya

Kita tidak pasti bagaimana gereja di Asia Kecil (barat daya Turki) itu mulai, tetapi Kisah Para Rasul 2 mencatat bahwa pada Hari Pentakosta di Yerusalem ada orang-orang dari provinsi Kapadokia, Bitinia dan Pontus, yang membentuk Asia Kecil. Mungkin beberapa orang dari wilayah itu ditobatkan oleh khotbah pertama Petrus, dibaptiskan, pulang kembali dan kelak meminta Petrus mengunjungi mereka.

Petrus memberikan satu sebutan Yahudi kepada para pembacanya, 'Perantauan,' meski pun banyak dari mereka yang bukan Yahudi. Sebagaimana orang Yahudi tersebar ke seluruh dunia, demikian juga orang Kristen tersebar. Nama itu menekankan bahwa mereka juga tidak pada tempatnya. Ia memanggil mereka 'orang pendatang dan orang asing.' Kurangnya rincian spesifik menyatakan bahwa surat ini dimaksudkan sebagai surat edaran untuk orang percaya di wilayah tersebut.

Julukan 'tidak pada tempatnya' ini tepat adanya, bahkan masa kini. Salah satu masalah ketika Anda menjadi Kristen ialah bahwa Anda menjadi tidak sesuai. Saya tidak dapat tahan mendengar kesaksian seperti ini: 'Saya jadi mengenal Yesus dan semua masalah saya selesai.' Saya tidak percaya itu, sebagai awalnya, dan itu menyesatkan. Kesaksian saya jauh berbeda: 'Saya mengenal Yesus pada usia 17, dan masalah saya pun mulai! Beberapa tahun kemudian saya dipenuhi dengan Roh, dan masalah saya bahkan menjadi makin buruk!'

Dari waktu ke waktu saya ditanya apa bukti petunjuk dari dipenuhi dengan Roh, dan saya selalu berkata, 'Saya beritahu Anda dengan satu kata -- masalah!' Alasan mengapa Anda masuk ke dalam masalah ialah satu dampak langsung dari dipenuhi dengan Roh adalah Anda menjadi berani berbicara. Ini bahkan lebih umum dalam Kisah Para Rasul ketimbang bahasa lidah. Kata Yunaninya adalah *parrhesia*, yang berarti bahwa Anda menjadi berani berbicara. Ini bukan cara untuk mendapatkan sahabat dan memengaruhi orang!

Orang Kristen tidak sesuai dan tidak lagi menjadi bagian dalam dunia ini. Sesungguhnya mereka adalah bagian dari spesies baru -- bukan lagi *homo sapiens* tetapi *homo novus* -- 'laki-laki dan perempuan baru,' bukan lagi dalam Adam, tetapi dalam Kristus.

Perbedaan antara seorang percaya dan mereka di sekelilingnya khususnya menjadi sukar, tentunya, apabila suami atau istri bertobat lebih dulu daripada pasangannya. Di sini dua orang yang hidup dalam dua dunia berbeda. Inilah alasan mengapa Alkitab mengajarkan orang percaya tidak boleh menikah dengan orang tidak percaya, jika tidak akan ada wilayah kehidupan mereka yang tidak dapat saling mereka bagikan.

Karena itu orang Kristen harus mengharapkan masalah. Yesus jujur memberitahu para pengikut-Nya harus mengharapkan apa mereka. Paulus memberitahu gereja-gereja di selatan Galatia dalam Kisah Para Rasul bahwa 'harus melalui banyak penganiayaan kita memasuki kerajaan Allah.' Maka para penginjil harus jujur, menjanjikan orang yang datang kepada Yesus bahwa mereka akan mengalami masalah. Tetapi mereka boleh bergembira, sebab Yesus mengatasi semua itu.

Tema-tema besar

Kembali ke tema-tema besar yang diliput dalam 1 Petrus, mengherankan sekali bahwa Petrus tidak memberitahu para pemercaya bagaimana luput dari penganiayaan, melainkan, bagaimana menanggungnya. Perhatiannya adalah mereka berperilaku secara saleh dalam dunia yang memusuhi mereka, dan bukan pada menghindari masalah. Maka penderitaan adalah intisari dari surat ini dan merupakan satu kata yang paling sering dipakai di dalamnya.

Tetapi Petrus memiliki dua tema lain. Ia ingin mengingatkan para pembacanya tentang keselamatan yang adalah fondasi dari sikap mereka kepada penderitaan, dan kemudian ia ingin menjelaskan bagaimana menangani penderitaan. Kenangan merupakan bagian penting dari kehidupan Kristen. Petrus mendesak mereka untuk berpikir balik ke kebenaran sentral tentang iman mereka. Maka anugerah Allah adalah unsur kunci di awal dan akhir surat ini.

1. KESELAMATAN -- MELALUI KRISTUS

Petrus berkata ada dua aspek tentang keselamatan kita yang harus kita ketahui dengan pasti -- perseorangan dan secara bersama. Keduanya adalah bagian dari pengalaman diselamatkan, meski yang pertama lebih sering didiskusikan. Kita diselamatkan sebagai perseorangan, tetapi kita diselamatkan ke dalam keluarga yang akan mendukung kita sanggup untuk teguh, khususnya ketika tekanan berlangsung. Kita tidak akan sanggup bertahan sendirian. Kita butuh menjadi bagian dari persekutuan yang akan terus ada bersama.

(a) Perseorangan – firman Tuhan

Fokus pertama ada pada relasi vertikal kita dengan Tuhan. Sisi perseorangan datang melalui firman Tuhan, karena melalui firmanlah kita dilahirkan kembali. Petrus mendaftarkan tiga hal yang mengikuti -- iman, pengharapan dan kasih -- triad (tiga sekawan) yang lebih dikenal di akhir 1 Korintus 13, tetapi yang sebenarnya ada di sepanjang isi Alkitab. Iman utamanya menghubungkan kita kepada apa yang telah Tuhan lakukan di masa lampau. Pengharapan menghubungkan kita kepada apa yang akan Ia lakukan di masa depan, dan kasih menghubungkan kita kepada apa yang sedang Ia lakukan di masa kini. Mari kita lihat ketiga hal ini secara lebih rinci:

i. Pengharapan yang hidup. Pengharapan menentukan sebagai jangkar (Ibrani 6:10), karena ketika angin badai penganiayaan datang, pengharapan akan memegang teguh orang percaya. Masa kini pengharapan adalah yang paling banyak dilupakan dari ketiganya. Tetapi pengharapan masa depan adalah tema kunci dari Perjanjian Baru, dan demikian pun harusnya untuk kita masa kini.

Pastinya ini adalah kunci untuk para pembaca Petrus, sebab jika Anda tahu bahwa Yesus akan datang kembali untuk Anda, akan lebih mudah menghadapi masalah dan kesukaran. Surat pertama Petrus adalah surat tentang pengharapan. Ia memberitahu mereka bahwa 'Tuhan telah memberi kita pengharapan yang hidup melalui kebangkitan dari kematian.' Bahkan jika Anda sampai dibunuh, kematian tidak dapat menyentuh Anda! Kita memiliki pengharapan yang hidup untuk masa depan, dan pengharapan tentang tubuh baru dan planet bumi baru yang di dalamnya kita akan hidup. Pengharapan bukan angan-angan kosong. Kita tahu kita akan menerima warisan kita. Perbedaan nyata antara orang Kristen yang telah memiliki pengharapan untuk masa depan dari yang tidak memilikinya adalah ini: Orang Kristen yang tidak memiliki pengharapan ini bersedia meninggal dan bersama Kristus tetapi keinginannya adalah untuk tetap hidup, tetapi orang Kristen yang berpengharapan nyata ingin pergi tetapi bersedia untuk tetap hidup. Paulus berkata, 'Aku ingin pergi, tetapi jika Tuhan menginginkan aku masih hidup sedikit lebih lama, aku bersedia untuk tetap hidup.' Itulah sikap yang seharusnya kita miliki.

ii. Iman yang teruji. Petrus tahu para pembacanya segera akan mengalami ujian paling berat. Ia berkata bahwa iman kita harus diuji sebagaimana halnya emas dimurnikan di dalam api. Api mengujinya, dan emas itu keluar lebih murni. Dalam zaman ketika emas dimurnikan dengan tangan, mereka menggunakan tong besar. Pemurni akan terus memutarnya di atas api sampai ia dapat melihat wajahnya di cairan emas itu dengan sempurna, dan kemudian ia akan berhenti memurnikannya. Inilah yang ada di pikiran Petrus sebagai gambaran tentang apa yang Tuhan lakukan dengan kita! Iman kita diuji supaya kita menjadi makin serupa Kristus.

iii. Kasih yang penuh sukacita. Keselamatan mencakup bakti baru kepada Tuhan dan manusia. Petrus menyebutkan kesukaan dalam hati para pemercaya dalam hal mengetahui bahwa Kristus telah bangkit dan hidup adanya -- kesukaan yang telah ia alami sendiri di hari Minggu Paskah pertama.

Petrus jelas bahwa keselamatan mencakup baik masa lampau, yang telah dicapai di dalam Kristus (1:10; 4:10; 5:5), dan masa depan (1:13; 3:7; 5:10). Kita masih menantikan keselamatan akhir yang Tuhan akan bawa.

(b) Bersama – Umat Tuhan
Melengkapi perhatian kepada pengertian tentang keselamatan perseorangan, Petrus ingin para pembaca meraih dimensi kebersamaan. Melalui firman Tuhan kita mendapatkan keselamatan perseorangan untuk diri kita sendiri, tetapi itu juga memperkenalkan kita kepada umat Tuhan, sebuah tema penting untuk Petrus.

Ia memakai gelar Yahudi untuk memaparkan umat Tuhan:

i. Rumah rohani. Ia memberitahu mereka bahwa mereka adalah bait yang hidup, dengan Kristus sebagai batu penjuru dan mereka sendiri sebagai batu-batu yang hidup. Mereka adalah tempat kediaman Tuhan di bumi -- bait kudus-Nya. Ketika orang menyentuh mereka, mereka menyentuh bait kudus Tuhan. Ketika ungkapan 'kamulah bait Tuhan' muncul dalam Alkitab, 'kamu' selalu dalam bentuk jamak, dan 1 Petrus tidak terkecuali. Ia mendesak orang percaya untuk tidak merasa rendah diri sebab pengujian yang mereka hadapi, tetapi untuk mengingat siapa mereka dan punya siapa mereka.
ii. Imamat yang rajani. Ia juga memaparkan orang percaya sebagai imamat yang rajani. Saya ingat memberikan ceramah tentang keimamatan semua orang percaya di satu seminar di Zurich di Swiss. Seseorang datang sesudahnya kepada saya dan berkata, 'Itu hebat!' -- ia belum pernah mendengar tentang hal sedemikian sebelumnya. Tetapi ketika saya tanyai dia apakah ia

seorang imam, langsung ia menyangkalnya -- 'Bukan, saya seorang awam!' Hanya sesudah ditanya berulang kali apakah ia seorang imam ia baru menyadari bahwa menurut Perjanjian Baru, jawabannya adalah ya! Petrus mendorong para pembacanya untuk mengingat keimamatan mereka ketika menghadapi penganiayaan. Mereka harus melihat diri mereka sebagai para imam, yang dapat pergi ke hadapan Tuhan sebagai wakil dari orang yang menganiaya mereka. Mereka mungkin satu-satunya imam yang tersedia untuk orang yang menganiaya itu.

iii. Bangsa yang kudus. Petrus juga mendesak pembacanya untuk 'menjadi kudus.' Terkesan ia hampir mengangkat perintah itu langsung di Kitab Imamat. Sebagaimana halnya Israel harus menjadi model dan teladan untuk dunia tentang apa persisnya hidup untuk Tuhan, demikianlah para pemercaya harus melakukan yang sama di hadapan penganiayaan yang datang kepada mereka. Mengerti tentang posisi mereka yang tinggi itu akan menolong sementara mereka berusaha merespons dalam perilaku saleh kepada kesukaran hidup.

Maka Petrus melihat pembahasan tentang keselamatan ini sebagai fondasi. Mereka harus mutlak yakin mereka memiliki sisi perseorangan dari keselamatan -- iman, pengharapan dan kasih -- dan sisi kebersamaannya juga, bahwa mereka termasuk ke dalam bagian umat Tuhan.

2. PENDERITAAN

Menurut Petrus, penderitaan adalah akibat yang tak terelakkan dari keselamatan. Sungguh, mengherankan betapa banyak dari Perjanjian Baru yang ditulis kepada orang Kristen yang menderita, atau akan mengalami penganiayaan. Seperti surat-surat Petrus, Ibrani dan Wahyu ditulis terhadap latarbelakang ini. Baik Yesus maupun Paulus prihatin memperingatkan orang percaya bahwa mereka akan menghadapi penganiayaan. Kekristenan (Barat) di mana penganiayaan minimal, sesungguhnya tidak normal. Petrus menyebutkan tiga hal tentang penderitaan:

(a) Pastikan Anda tidak layak mengalaminya

Jika Anda masuk penjara karena kejahatan, maka pasti Anda tidak dapat mengatakan bahwa Anda menderita karena Yesus. Kerap kita melukai orang lain dengan perilaku atau kejanggalan kita, dan kita berpura-pura bahwa reaksi negatif mereka adalah serangan terhadap injil, padahal sama sekali bukan begitu. Kita perlu memastikan bahwa satu-satunya serangan adalah serangan terhadap injil. Maka Petrus mengingatkan bahwa para pembacanya tidak boleh menanggung penderitaan yang layak yaitu karena hukuman kepada kesalahan mereka sendiri.

(b) Jangan membalas

Ketika para pembacanya menderita, Petrus berkata mereka tidak boleh membalas. Insting alaminya ialah, tentunya, memukul balik. Seseorang suatu ketika berkata kepada saya bahwa ia tidak keberatan memberikan pipi satunya sebagaimana diajarkan dalam Khotbah di Bukit, asalkan ia dapat mengangkat lutut kanannya dengan hentakan tajam ke lawan! Kami tersenyum sebab kami tahu bagaimana perasaannya.

Apabila seseorang membahayakan Anda, secara insting kita ingin membalas. Petrus berkata bahwa orang Kristen tidak boleh melakukan itu. Ketika Yesus menderita Ia tidak membalas, bahkan ketika mereka meludahi Dia. Ketika anak domba disembelih dalam Perjanjian Lama, ia tidak disiksa lebih dulu -- lehernya dikerat secara cepat dengan sedikit rasa sakit. Tetapi ketika Anak Domba Tuhan disembelih, mereka mengejek Dia, mencambuk Dia, menghunjamkan duri ke kepala-Nya, memberi pakaian dan meludahi Dia. Namun respons-Nya adalah memohon Bapa-Nya mengampuni musuh-musuh-Nya sebab mereka tidak menyadari apa yang sedang mereka lakukan.

Petrus berkata bahwa sama seperti itu, kita tidak boleh berpikir untuk mempertahankan diri. Kita harus membalas kejahatan dengan kebaikan. Sebagaimana Yesus berkata, kita harus 'memberkati mereka yang mengutuk kita' ketimbang berusaha untuk seri.

(c) Jangan biarkan itu menaklukkan Anda
Para penganiaya berusaha menghancurkan orang percaya, maka Petrus menasihati untuk tidak mengizinkan mereka melakukan itu. Ia mengingatkan pembacanya bahwa meski tubuh mereka boleh dicederai, para penganiaya tidak sanggup menyentuh roh mereka. "Biarkan mereka melakukan apa yang mereka ingin terhadap tubuhmu, tetapi jaga rohmu tetap utuh -- dengan cara demikian, bahkan meski kamu sepertinya kalah, kamu akan pada akhirnya mendapatkan kemenangan.'

Penderitaan hanya untuk sesaat, pada akhirnya masa kehidupan tidak dapat dibandingkan dengan kekekalan. Lagi pula, si iblis ada di balik semua penganiayaan, maka jangan melihatnya murni dalam pertimbangan manusiawi.

3. KETUNDUKAN

Sebagaimana diisyaratkan sebelumnya, Petrus mendesak para pembacanya untuk tunduk kepada penderitaan ketimbang berusaha menghindarinya. Ia menerapkan nasihat luar biasa ini ke sejumlah wilayah. Ini bukan ketundukan membuta, seperti akan kita lihat, tetapi ini adalah belajar untuk memiliki roh ketundukan.

Satu hal yang membuat dunia takjub ketika orang Yahudi diangkut pergi ke kamp pemusnahan adalah betapa dengan tenangnya mereka berjalan ke dalam kamar-kamar kremasi. Itu fakta yang membuat orang takjub, sebab mereka tahu apa yang akan terjadi kepada mereka. Petrus berkata bahwa orang Kristen harus memiliki sikap yang sama.

Kelakuan sedemikian melawan seluruh insting manusia, berlawanan langsung dengan bagaimana normalnya kita berespons terhadap ketidakadilan. Ketika sesuatu yang tidak adil terjadi umumnya kita mengatakan demikian. Salah satu hal terawal yang anak-anak belajar ucapkan adalah, 'Itu tidak adil!' Anda lihat slogan atau dengar teriakan yang sama ketika buruh pabrik melakukan aksi mogok.

Namun Petrus berkata bahwa orang Kristen tidak punya hak. Mereka perlu bersiap untuk menderita dengan belajar menyerah dan menerima. Petrus secara sempurna mencontohkan sikap ini ketika ia sendiri harus disalibkan. Ia tidak melawan, tetapi mendesak untuk disalib dalam posisi terbalik.

Petrus meliput empat wilayah dimana ketundukan secara khusus diterapkan:

(a) Warga negara

Pertama, para pembaca harus belajar tunduk kepada penguasa sipil (tema ini juga dikembangkan dalam tulisan Paulus). Mereka harus menjadi warga yang jujur, mereka mesti menghormati Kaisar, dan mereka harus mendoakan para pemimpin. Orang Kristen harus dikenal sebagai orang yang senang membayar pajak mereka. Mereka tidak boleh menggerutu tentang pemerintah, tetapi harus dikenal sebagai rakyat yang setia.

Tentu saja ini tidak berarti bahwa mereka harus melakukan apa saja yang diperintahkan kepada mereka. Ada batasan pada ketaatan kepada otoritas sipil. Apabila otoritas memerintahkan para rasul untuk berhenti mewartakan Yesus di jalan-jalan, Petrus sendirilah yang berkata, 'Kami harus menaati Tuhan lebih daripada manusia.' Batasan itu datang ketika otoritas memberitahu kita untuk melakukan sesuatu yang melawan hukum Tuhan. Tetapi andai bukan demikian halnya, orang Kristen harus menjadi warga yang setia dan tidak boleh ditangkap karena mereka berontak atau agresif terhadap otoritas.

(b) Budak
Tidak heran bahwa orang Kristen yang adalah budak dari tuan yang tidak percaya juga menghadapi penderitaan. Budak adalah milik penuh dari tuan mereka. Ia tidak memiliki uang, waktu atau haknya sendiri. Banyak para majikan yang memperlakukan para budak secara tidak menyenangkan, dan ketika para budak menjadi Kristen, tuan tersebut memperlakukan mereka lebih buruk lagi sebab mereka berpikir para budak itu menempatkan diri di atas mereka dan perlu direndahkan. Tetapi di hadapan provokasi tersebut, Petrus mendesak para budak untuk tunduk kepada tuan mereka, untuk belajar menyerah dan tidak melawan atau membenci mereka.

(c) Para istri Kristen
Satu kelompok lagi yang menghadapi penderitaan besar adalah para istri yang Kristen dari para suami yang belum bertobat. Ini adalah situasi yang sangat berat yang menyebabkan sakit kepala hebat. Petrus memberitahu para

istri untuk tunduk kepada suami mereka, termasuk bahkan yang tidak percaya. Petrus memberi nasihat tentang bagaimana istri dapat memenangkan para suami mereka yang belum percaya untuk Kristus, yang merupakan hal yang bertentangan penuh dengan hal yang biasanya dilakukan. Ketika istri bertobat sebelum suami, ia berpikir bahwa dua hal yang harus dilakukannya adalah ia harus mengkhotbahi suaminya dan mendoakan dia (lebih baik berdoa bersama semua istri yang telah bertobat tentang para suami yang belum bertobat!).

Petrus tidak mengatakan semua itu -- bahkan ia berkata bahwa jika Anda mengkhotbahi justru itu hal yang terburuk yang dapat Anda buat. Ia berkata Anda harus memenangkan dia tanpa berkata. Jadi ia tidak punya waktu untuk istri Kristen yang pulang ke rumah dari gereja dan memberitahu suaminya bagaimana khotbah yang didengarnya sesuai untuk sang suami! Sayangnya, ketika istri bertobat, terlalu banyak suami yang tidak percaya berkata, 'Yesus merebut istri saya! Ia bukan lagi milik saya.'

Penting sekali bahwa para istri belajar serasi dengan suami mereka, tetapi terlalu banyak perempuan yang pergi ke pertemuan ngopi pagi dan studi Alkitab serta menjadi pembalap rohani, sementara suami mereka masih di garis start dan merasa makin hari makin bukan kepala keluarga itu.

Kebanyakan para istri Kristen kelak menyesali telah mengkhotbahi suami mereka. Berbeda dengan itu, Petrus berkata, 'Jadilah semakin menarik untuk dilihat dan semakin menarik untuk hidup bersama.' Itu saja program sederhana untuk para istri Kristen. Di pasal 3 Petrus menjelaskan bagaimana istri harus menjadi cantik, meski penting dicatat bahwa ia tidak menjelaskan bagaimana menjadi perempuan glamor. Kecantikan yang dmaksud pertama adalah di dalam; yang di luar akan mengikuti.

(d) Orang muda
Ada wilayah ketundukan yang ke empat, meski Petrus memisahkan itu dari tiga lainnya sebab hal ini tidak berkaitan dengan penderitaan. Ia berkata bahwa orang muda harus tunduk kepada yang lebih tua, mendahulukan mereka dan memandang kepada kepemimpinan mereka. Salah satu hukuman yang harus dikumandangkan nabi Yesaya kepada Israel adalah bahwa kegagalan mereka menjalani jalan Tuhan menyebabkan mereka diperintah oleh perempuan dan dieksploitasi oleh kaum muda -- hal yang bukannya tidak relevan untuk situasi dalam gereja masa kini. Dalam semua hal ini Petrus tidak berkata bahwa mereka harus tunduk membuta. Tetapi yang Petrus katakan ialah bahwa entah mereka istri yang masih muda, atau pegawai muda, mereka harus membangun sikap tidak agresif, tidak menegaskan diri mereka sendiri atau mengutamakan hak mereka.

Jika iblis pada akhirnya ada di balik semua penderitaan. Maka Tuhan perlu ada di balik semua ketundukan. Perlu semangat seperti Kristus untuk menanggung penderitaan dengan tenang dan tunduk kepada mereka di atas Anda. Namun dalam melakukan itu, orang percaya mengikuti jalan Tuan mereka, yang tidak membalas ketika dikirim ke salib, tetapi yang sanggup berkata, 'Bapa, ampunilah mereka -- sebab mereka tidak tahu apa yang mereka lakukan.'

Nas bermasalah

Meski umumnya 1 Petrus bersifat cukup jelas, ada satu masalah -- nas yang tidak biasa di pasal 3 yang paling tidak ada 314 penafsiran berbeda! Nas itu berkata bahwa Yesus mati dalam keadaan jasmani dan dihidupkan kembali dalam roh, di mana Ia pergi dan berkhotbah kepada mereka yang tidak taat pada zaman air bah Nuh. Beberapa ayat kemudian Petrus berkata, 'Inilah sebab injil bahkan diwartakan kepada mereka yang telah mati, supaya mereka boleh dihidupkan dalam roh mereka.'

Para pengkhotbah liberal menjadikan nas ini sebagai dasar dari ajaran tentang kesempatan kedua untuk keselamatan sesudah kematian, kendati fakta bahwa semua bagian Alkitab lainnya mengatakan itu tidak mungkin. Kematian memeteraikan nasib kita. Ada jurang lebar yang tetap sesudah kematian. Tetapi di sini, tampaknya Yesus berkhotbah kepada mereka yang telah mati.

Bagaimana kita harus mengertinya? Saya dapatkan bahwa masalah dengan banyaknya tafsiran tersebut ialah karena orang berusaha menghindari arti sederhana dan jelas dari nas ini, sebab nas ini terkesan janggal untuk cocok dengan ajaran umum Alkitab bahwa kematian adalah akhir dari kesempatan untuk beroleh keselamatan.

Saya selalu mulai dengan mengambil Alkitab dalam artiannya yang paling sederhana, paling jelas, dan hanya mengubahnya jika itu sungguh sukar. Dengan jelas dikatakan bahwa antara kematian dan kebangkitan-Nya, Yesus aktif, sadar dan sesungguhnya berkomunikasi dengan pihak lain, yang juga sepenuhnya sadar dan berkomunikasi dengan Dia.

Memang, tentu saja Anda tidak pernah mendengar tentang hal ini di gereja karena semua ibadah Minggu Kudus berakhir pada hari Jumat dan mulai lagi pada hari Minggu, maka Anda tidak pernah diberitahu apa yang Yesus lakukan di hari Sabtu! Secata kebetulan juga, hal ini membangkitkan pertanyaan menarik tentang peristiwa apa yang tepatnya terjadi di minggu itu. Injil-injil bicara tentang Yesus berada dalam kubur selama tiga hari dan tiga malam, tetapi penafsiran tradisional Jumat-sampai-Minggu membuat kita memiliki satu hari dan dua malam! sesungguhnya, saya percaya bahwa Yesus mati pada Rabu sore -- dengan semua bukti petujuk menunjuk ke hal itu. Kita telah mengandaikan bahwa Ia mati pada hari Jumat, sebab teks memberitahu kita Ia mati di hari sebelum Sabat. Tetapi pada tahun terjadinya kejadian itu, bukan Sabat Sabtu. Injil Yohanes memberitahu kita bahwa Sabat tersebut adalah hari Sabat Besar. Paskah mulai dengan Sabat, dan di tahun 29 yang hampir pasti merupakan tahun kematian Yesus, hari pertama Paskah itu jatuh di hari Kamis, dengan demikian Rabu adalah petang sebelum Paskah itu. Ini lebih cocok dengan semua bukti petunjuk ketimbang semua teori lainnya. Maka jika Ia mati jam 3 di hari Rabu itu dan bangkit antara jam 6 sore dan tengah malam hari Sabtunya, setiap keping bukti petunjuk Injil menjadi cocok.

Kembali ke nas Petrus, kita cenderung berpikir tentang Yesus tidak melakukan apa pun antara kematian dan kebangkitan-Nya, dalam keadaan tidak sadar, tidak aktif dalam kubur. Tetapi dikatakan hanya tubuh-Nya yang mati. Roh-Nya sangat amat hidup. Ia pergi ke dunia orang mati dan berkhotbah di sana. Dapat saya bayangkan Petrus menjumpai Yesus di Minggu Paskah pertama dan berkata, 'Yesus, ke mana saja Kau?'

Yesus menjawab, 'Aku bukan di bumi, Aku di Hades, dunia orang yang sudah meninggal.'

'Di sana (di hades itu) Engkau melakukan apa saja selama tiga hari tiga malam itu?'

Lalu Yesus memberitahu Petrus bahwa Ia berkhotbah kepada mereka yang tenggelam di air bah Nuh. Ini berarti, tentunya, bahwa mereka yang tenggelam dalam air bah Nuh juga sadar dan kita pun akan dalam keadaan sadar sesaat sesudah kematian kita. Kita akan tahu siapa kita, kita akan tetap memiliki ingatan kita. Hanya tubuh kita yang mati, roh kita tidak. Kematian memisahkan tubuh dan roh. Kelak kemudian, roh dan tubuh akan disatukan kembali dalam kebangkitan.

Tetapi Yesus pergi melalui semua ketiga tahap itu dalam kurang dari seminggu. Ia adalah roh bertubuh sampai Ia mati di salib. Kemudian Ia menyerahkan roh-Nya kepada Tuhan, dan tubuh-Nya diletakkan ke dalam kubur. Dalam keadaan hidup dalam roh, Ia pergi dan berkhotbah kepada mereka yang tidak taat dari zaman Nuh. Dan kemudian tubuh dan roh-Nya dipersatukan kembali di pagi Minggu Paskah pertama. Tetapi Ia sepenuhnya sadar dan sanggup untuk berkomunikasi sepanjang semua itu.

Jika kita terima itu sebagaimana adanya, itu berarti Yesus pergi dan memberitakan injil kepada generasi khusus itu, dan *hanya* kepada mereka. Jelas itu menyiratkan bahwa itu merupakan pewartaan injil yang dapat menyelamatkan dan menebus mereka, jadi bukankah ada kesempatan kedua sesudah kematian?

Saya percaya itu adalah kesempatan kedua untuk mereka dan hanya untuk mereka. Tidak ada petunjuk dalam Alkitab bahwa orang lain akan memiliki kesempatan seperti itu lagi. Tetapi sepertinya ini adalah satu generasi yang dapat menuduh Tuhan telah berlaku tidak adil. Mereka dapat berkata, 'Engkau meniadakan kami dan kemudian berjanji tidak akan pernah melakukan itu lagi.' Saya percaya bahwa Tuhan ingin agar jelas bahwa keadilan dan kebenaran-Nya murni adanya, maka Ia berkata kepada Anak-Nya, 'Nak, pergi dan beritahukan injil kepada mereka.' Aku tidak ingin ada yang menuduh Aku di Hari

Penghakiman bahwa ada orang yang Ku perlakukan dengan tidak adil.' Tuhan benar adanya, dan membungkuk ke belakang bukan untuk tidak adil atau memiliki favorit. Jadi mungkin itulah mengapa peristiwa luar biasa dan ekstrim ini terjadi.

Maka ketimbang berusaha memelintir Alkitab untuk sesuai dengan sistem kita, lebih baik menerimanya di tingkat yang paling sederhana, dan paling jelas. Tetapi ini tidak dapat dijadikan dasar untuk kesempatan kedua bagi orang lain mana pun -- itu adalah universalisme, dan itu tidak diajarkan dalam Alkitab.

Kesimpulan

Meskipun Kerajaan Inggris pada umumnya bebas dari penganiayaan, saya dapat mengantisipasi tekanan yang makin meningkat, paling tidak mengenai hal semacam Akta Diskriminasi Seks (Sex Discrimination Act), di mana gereja-gereja akan menghadapi tekanan untuk meliberalisasikan pendirian mereka tentang homoseksualitas dalam gereja dan tentang penatua perempuan. Saya mem-pra-lihat masa ketika melakukan kritik terhadap agama lain atau bahkan mengatakan bahwa kepercayaan Anda lebih baik daripada kepercayaan lain akan dianggap kesalahan. 1 Petrus suatu hari akan menjadi relevan khususnya untuk kita.

Kata pertama Yesus yang Petrus dengar adalah 'Ikutlah Aku.' Hal mengikut Yesus inilah yang bersinar di sepanjang surat ini. Kita harus berani menderita sebagaimana Yesus. Kristus adalah sang Batu Penjuru, para pemimpin Kristen adalah gembala bawahan-Nya. Sebagaimana Ia pernah dibenci dan mengalami kesengsaraan, demikian juga orang Kristen akan mengalaminya. Mereka harus hidup sebagaimana Ia pernah hidup.

2 Petrus

Surat ini ditulis pada tahun 67, tiga tahun sesudah surat pertama Petrus, tepat sebelum ia disalibkan di Roma. Dalam Injil Yohanes Yesus telah menubuatkan bahwa Petrus akan mati melalui cara kekerasan ketika ia sudah lanjut usia. Maka selama 40 tahun ia hidup dengan pengetahuan bahwa ia akan dibunuh, meski ia tidak tahu kapan. Dalam surat ini ia berkata bahwa ia percaya saat itu segera akan datang.

Gaya tulisan surat ini sangat berbeda dari 1 Petrus sampai beberapa sarjana mengatakan ini tidak mungkin ditulis oleh Petrus. Bahasa Yunaninya terasa ditulis dengan usaha lebih keras, hampir seperti ada orang menerjemahkan dari satu bahasa ke bahasa lain dengan memakai kamus, tetapi dengan sedikit pengetahuan tata bahasa. Juga, tidak ada salam di bagian akhir atau alamat di bagian permulaan.

Bahkan, 2 Petrus adalah salah satu dari kitab yang tidak langsung diterima ke dalam kanon Perjanjian Baru oleh gereja awal. Ini sebagian disebabkan banyaknya dokumen palsu yang mengaku telah ditulis oleh para rasul tetapi yang kenyataannya tidak demikian, dan sebagian lagi karena perbedaan gaya tulisan tadi.

Tetapi kesamaannya jelas ada. Kata-kata favorit Petrus masih muncul di surat kedua ini sebagaimana yang di pertama. Jika Anda membaca seluruh kedua surat ini Anda akan mendapatkan ia berulang kali bicara tentang iman kita yang 'berharga' dan Yesus kita yang 'mulia.' Ia memakai kata itu lima kali di suratnya pertama dan dua kali di surat kedua.

Tambahan lagi, ia merujuk ke suratnya terdahulu (2 Petrus 3:1). Ia menulis tentang dirinya sebagai saksi mata tentang Pemuliaan Yesus. Ia mengenal rasul Paulus secara pribadi dan bicara dengannya sebagai setara. Ada perkataan yang muncul dalam 2 Petrus yang hanya terdapat di 1 Petrus dan 2 Petrus serta dalam khotbah Petrus di Kisah Para Rasul. Jadi ada alasan kuat untuk percaya bahwa pengarang 2 Petrus ini sungguh adalah Petrus.

Jadi bagaimana kita menimbang tentang perbedaan gaya antara kedua surat Petrus ini? Saya percaya bahwa Petrus menulis 2 Petrus, tetapi tanpa memakai Silas sebagai penulis, seperti yang ia lakukan dengan surat pertama. Ia tahu ia perlu menulis segera, tetapi ia tidak mengetahui bahasa Yunani dengan baik, maka tata bahasanya lebih sejadinya, meski artinya jelas. Ini akan dengan mudah menjelaskan adanya perbedaan gaya itu. Dalam arti tertentu 2 Petrus adalah surat terakhir warisan Petrus, sebagaimana 2 Timotius adalah surat warisan Paulus.

Isi

Surat ini mengurus situasi yang sama sekali berbeda dari suratnya yang pertama. Para pembacanya sama, tetapi ini beberapa tahun kemudian, dan ia merasa terdesak untuk menyoroti bahaya di dalam gereja. Ada dua jenis tekanan yang gereja hadapi: tekanan dari luar gereja dan tekanan dari dalam, dan yang terakhir ini yang lebih berbahaya. Iblis tidak pernah menghancurkan gereja dari luar. Semakin ia menyerang dari luar, semakin besar dan makin kuat gereja. Itulah mengapa, semasa tiga abad pertama Kekristenan, ketika orang Kristen dilemparkan ke singa, gereja bertumbuh dengan sangat cepat. Ini juga mengapa masa kini Anda dapat pergi ke Tiongkok -- bangsa di mana Kristen dianiaya – dan mendapatkan desa-desa yang kebanyakan penduduknya telah lahir baru. Maka sementara permusuhan merupakan masalah di surat pertama, bidat adalah yang dihadapi di surat kedua.

KONTRAS ANTARA 1 DAN 2 PETRUS

1 Petrus (AD 64)	2 Petrus (AD 67)
'penderitaan' 18 kali	'pengetahuan' 13 kali
Bahaya	
Sederhana Eksternal Penganiayaan	Halus Internal Kesesatan
Kelemahan	
Kompromi Kecemasan	Kerusakan Murtad
Status	
Kelahiran Susu	Pertumbuhan Kedewasaan
Nada	
Penghiburan Merayu	Peringatan Memperingatkan
Berharap akan Kedatangan Kembali Kristus	
Untuk menyelamatkan Orang saleh	Untuk menghakimi Orang fasik

GARIS BESAR 2 PETRUS

Pasal 1: kedewasaan untuk dicapai
Pasal 2: moralitas untuk dijaga
Pasal 3: moril untuk ditopang

Surat Petrus kedua ini mengikuti persis pola yang sama seperti yang pertama, yang untuk saya menjadi bukti lanjut bahwa ini datang dari pengarang yang sama. Di dalamnya ada bagian tentang keselamatan, lalu bagian tentang bahaya. Ia kemudian menarik implikasinya dan menyiapkan mereka untuk dapat menanggung penganiayaan yang ia tahu pasti akan datang.

Pasal 1: Kedewasaan yang harus dicapai

Surat pertama bicara tentang kelahiran baru dan perlunya keinginan akan 'susu firman.' Tetapi dalam surat kedua ia menyapa mereka sebagai orang dewasa, mendorong mereka ke pertumbuhan dan kedewasaan. Orang Kristen yang tidak dewasa mendambakan hal-hal baru; orang dewasa menginginkan pengetahuan. Ia ingin mereka ada di dalam kategori kedua, karena percaya bahwa pengetahuan memimpin kepada kedewasaan.

Ia memakai kata 'pengetahuan' 13 kali, tetapi tidak pernah dalam artian akademis. Yang ia perhatikan adalah mereka boleh memiliki pengetahuan pengalaman akan Tuhan, yang berdasarkan Alkitab. Ia juga ingin bahwa mereka mengingat semua hal yang mereka ketahui tentang Tuhan dan iman mereka. Ia memakai kata seperti 'melupakan,' 'mengingat,' 'segarkan kenanganmu' dan 'ingatlah.' Kehidupan Kristen perlu terus menerus mengingat kembali kebenaran. Hal ini dilihat terutama, tentunya dalam memakan roti dan meminum angggur dalam Perjamuan Kudus -- suatu upacara yang dirancang supaya kita boleh mengingat Kristus.

Paparan Petrus tentang kehidupan yang dewasa yang harus dikejar oleh setiap orang percaya dapat disimpulkan

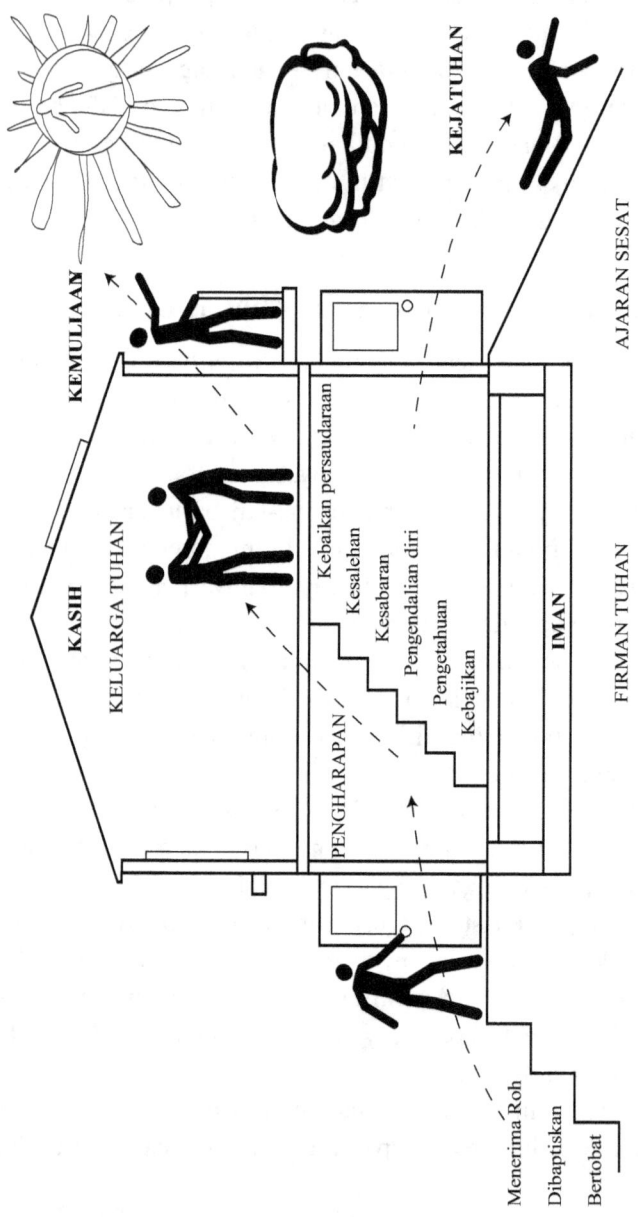

dalam diagram di halaman berikut yang memperlihatkan isi rumah tangga iman.

Perhatikan langkah-langkah iman menuju ke pintu depan, yang bukan di 2 Petrus tetapi adalah khotbah Petrus dalam Kisah Para Rasul 2:38. Langkah pertamanya adalah 'Bertobat'; keduanya adalah 'Memberi diri Dibaptis'; dan ketiga adalah 'Terima Roh Kudus.' Inilah semua langkah iman untuk masuk ke dalam 'rumah.' Tidak ada langkah lainnya selain itu. Buku saya, *The Normal Christian Birth* (Kelahiran Kristen yang Normal), memberikan penjelasan lanjut tentang mengapa semua ini harus menjadi bagian dari setiap orang percaya memasuki Kerajaan. Kita harus memastikan tidak mengangkat ambang pintu depan itu lebih tinggi ketimbang yang kita perlu. Terlalu banyak pengajar Alkitab membuat tambahan yang tidak perlu untuk orang menjadi bagian dari rumah tangga Tuhan.

Tetapi sesudah mengambil tiga langkah pertama masuk ke dalam rumah, ada anak tangga. Petrus berkata bahwa kita harus menambahkan kepada iman kita beberapa kualitas: kebajikan, pengetahuan, pengendalian diri, kesabaran, kesalehan, kebaikan persaudaraan, dan kasih.

Dengan mendaki anak tangga kualitas ini, kita membangun pengharapan kita, sebab berbagai kualitas itu menolong kita memastikan panggilan dan pemilihan kita. Sesungguhnya, keyakinan ini tidak bisa diperoleh dengan cara lain. Kepastian kita tentang apa yang Tuhan akan lakukan menjadi semakin kuat terus sambil kita mengalami kemajuan.

Jadi gereja dibangun atas iman, bertumbuh dalam pengharapan dan dipenuhi dengan kasih. Tiga sekawan dari surat pertamanya dan di bagian Alkitab lainnya ini tampak berulang kali.

Di tingkat atas ada balkon dan dari balkon itu Anda lepas landas ke dalam kemuliaan, dan Anda memasuki surga dengan jayanya. Maka Petrus mendesak para pembacanya untuk mengalami kemajuan. Jangan duduk di kursi di lantai bawah. Dakilah anak tangga, tinggallah di ruang atas, bangun secepat Anda bisa.

Jadi jawaban terhadap kesesatan adalah kedewasaan. Orang yang hanya maju sedikit menjadi rentan kepada ajaran sesat di lantai dasar. Jika mereka mendengar kepada ajaran sesat mereka akan kedapatan balik ke pintu belakang dan tergelincir ke lereng licin dan jatuh.

Petrus menekankan bahwa kebenaran yang ia beritakan bukan idenya sendiri. Melainkan, ia dan para rasul serta para nabi telah menerimanya dari Tuhan. Bahkan, para nabi kerap tidak menyadari implikasi penuh dari apa yang mereka katakan, sebab yang diucapkannya melayani generasi yang akan datang ketimbang pendengar langsung mereka.

Pasal 2: Moralitas yang harus dipelihara

Kata demi kata dari Pasal 2 dalam 2 Petrus hampir sama dengan Surat Yudas. Tentu saja, ini bukan satu-satunya tempat dalam Alkitab yang memiliki ciri seperti ini. Yesaya 2 dan Mikha 4 juga mencakup teks yang identik, tetapi tidak dapat dihindari bahwa pertanyaan bagaimana bisa terjadi demikian tetap saja muncul.

Apabila Anda bertemu gejala ini dalam Alkitab, ada lima kemungkinan. Berikut kemungkinannya:
1. Petrus meminjam itu dari Yudas.
2. Yudas meminjam itu dari Petrus.
3. Petrus dan Yudas meminjam itu dari seorang lain.
4. Petrus dan Yudas bertemu dan mendiskusikan masalah

dan setuju tentang solusinya, dan mengirimkan itu dalam surat berbeda.
5. Roh Kudus memberikan keduanya kata-kata yang sama.

Semua ini mungkin, meski saya cenderung menolak pilihan yang ke lima, karena Roh Kudus tidak memakai manusia sebagai program pengolah kata. Doktrin kita tentang pengilhaman Alkitab tidak mengusulkan bahwa para penulis Alkitab hanya seperti mesin tik manusia. Bukan demikian yang Alkitab katakan tentang bagaimana ia dituliskan. Bahkan, hampir tidak mungkin Roh Kudus akan memberikan kata-kata yang persis sama kepada dua orang yang berbeda.

Saya cenderung mengatakan bahwa telah terjadi kerja sama. Petrus adalah lingkaran dalam para murid dan Yudas adalah saudara Tuhan sendiri, maka sangatlah mungkin mereka saling kenal.

Dalam kasus apa pun, bahan yang tumpang tindih relatif sedikit. Yudas sangat singkat -- panjangnya sama dengan 2 Petrus 2. Bahan yang tumpang tindih dengan Yudas menyangkut empat kerusakan yang terjadi dalam gereja.

1. KREDO YANG CEMAR

Sama seperti halnya ada para nabi palsu di Israel, demikian juga ada nabi-nabi palsu dalam gereja. Kita tidak diberitahu bagaimana persisnya pemberitaan mereka, tetapi jelas dari cara Petrus menangani masalah itu bahwa khususnya ada dua kepercayaan yang diubahkan. Mereka telah bergeser ke pandangan tentang pribadi Kristus yang sinkrestik dan pandangan tentang anugerah Tuhan yang sentimental.

(a) Pandangan sinkrestis tentang pribadi Kristus

Sebagian gereja mengatakan bahwa Yesus bukan satu-satunya Tuhan, tetapi satu di antara banyak lainnya. Ia adalah jalan kepada Tuhan, tetapi ada banyak yang lain. Kata 'satu-satunya' ini yang menimbulkan gangguan. Dengan demikian mereka mencemarkan pribadi Kristus, membuat Yesus menurut imajinasi mereka sendiri ketimbang yang dinyatakan dalam Injil-injil. Pengajaran itu bukannya tidak lazim di dalam gereja awal, sebagai contoh, gereja Kolose yang dipengaruhi oleh ajaran Gnostik, dengan akibatnya yang merusak.

(b) Pandangan sentimental tentang anugerah Tuhan

Sebagian dari orang yang mengaku percaya berpikir tidak masalah bagaimana mereka hidup, sejauh mereka memiliki tiket ke surga. Sikap mereka ialah bahwa Tuhan suka mengampuni, dan akan terus mengampuni, apa pun yang Anda lakukan. Ini adalah sentimen yang banyak dikhotbahkan masa kini. Tetapi, tentu saja itu berarti bahwa orang Kristen terus menerus berdosa, dan menyalahgunakan kemurahan Tuhan. Pandangan demikian mencemarkan anugerah Tuhan dan akhirnya pasti menyebabkan imoralitas, sebab tidak terdapat kesadaran bahwa Tuhan memerhatikan tentang bagaimana orang Kristen hidup.

2. KELAKUAN CEMAR

Apa yang Anda percayai berakibat pada perilaku Anda. Maka jika orang mengubah atau menyesuaikan iman Kristennya, mereka tidak bisa tidak akan memperkenalkan kesalahan ke dalam gereja. Petrus memaparkan dosa pembicaraan yang menjadi ciri kehidupan mereka.

Ia berkata bahwa mereka bebal dan sombong, pemfirnah, penghujat, penuh dengan ucapan kosong dan meninggikan diri.

Tidak saja perkataan mereka cemar, tetapi demikian juga perilaku mereka. Mereka tidak dunduk ke bawah Ke-Tuhanan Kristus. Mereka mengabaikan perintah Tuhan.

Baik Petrus maupun Yudas menulis untuk menolong gereja-gereja yang telah jatuh ke dalam kesalahan. Maka, celaka, ada beberapa orang yang sudah masuk ke dalam rumah tangga iman dalam cara yang benar, tetapi mereka meninggalkan melalui pintu belakang. Lalu ada mereka yang mendaki anak tangga, menjadi kuat dalam pengharapan, mencapai ruang kasih dan lepas landas menuju kemuliaan. Yang pertama kembali ke bawah murka dan penghakiman Tuhan. Yang kedua menikmati cahaya anugerah dan kebajikan Tuhan.

3. KARAKTER YANG CEMAR

Karakter cemar mengalir dari perilaku cemar. Ada paparan tentang dampak dari ajaran salah pada karakter orang. Dikatakan bahwa mereka menjadi lebih mirip binatang ketimbang orang, berfungsi dengan dorongan insting rendah ketimbang Roh Tuhan. Mereka menjadi serakah dan penuh nafsu serta tidak lagi dapat diandalkan, atau mereka lebih dikendalikan oleh suasana hati ketimbang oleh prinsip. Mereka seperti 'awan ditiup angin,' seperti 'sumur kering' -- gambaran jelas tentang karakter lemah dan tidak berguna.

4. PERCAKAPAN YANG CEMAR

Tidak bisa tidak, perilaku dan karakter cemar nampak dalam jenis percakapan yang berlangsung dalam gereja.

Para penggerutu dan pencela berontak melawan kepemimpinan, dan terjadi semacam kegelisahan yang menghasilkan ketidaksatuan. Orang yang tadinya tidak terpengaruh menjadi terkurung dalam kumpulan api ketidakpuasan, dalam cara yang menyangkali kuasa injil yang mempersatukan.

Baik Petrus maupun Yudas menulis tentang rangkaian kecemaran ini dalam rangka melawannya, sebab mereka tahu bahwa orang yang demikian akan berakhir ke luar gereja. Penganiayaan tidak akan mengakhiri gereja, sebab gereja hanya runtuh dari dalam. Maka ketika penganiayaan sungguh datang, gereja yang telah dipengaruhi kecemaran akan tidak sanggup untuk berdiri.

Petrus karena itu prihatin tentang keadaan orang percaya dalam gereja. Ia mengeluarkan beberapa peringatan serius tentang kemurtadan. Ia berkata adalah lebih baik orang percaya tidak pernah mengenal jalan kebenaran ketimbang mengetahui itu, lalu hanya untuk kembali ke dalam dosa. Ia memakai bahasa kasar untuk memaparkan orang yang jatuh murtad -- mereka seperti anjing balik menjilat muntahnya sendiri. Mereka datang dari dosa dan kembali ke dosa lagi. Atau mereka seperti babi yang bergelimang dalam lumpur sesudah dimandikan dan dibersihkan.

Tuhan memerhatikan tentang dosa dalam orang percaya sebagaimana tentang dosa dalam mereka yang di luar gereja. Sesungguhnya, orang yang jatuh akan dihukum lebih berat daripada orang yang tidak pernah mengalami pertobatan. Ini merupakan peringatan keras dan serius untuk mereka yang percaya bahwa mereka 'aman' karena telah percaya kepada Kristus, bahkan meski kehidupan mereka menjadikan pengakuan iman mereka dusta.

Pasal 3: Moril untuk ditopang

Pasal terakhir 2 Petrus melihat pada pengharapan masa depan. Kembali ajaran ini dimotivasi oleh keprihatinan tentang keadaan gereja. Beberapa mengklaim bahwa pembicaraan tentang kedatangan kedua adalah kosong. Kristus tidak kembali. Dimanakah Dia?

Maka Petrus menjawab para pengejek itu. Ia memperingatkan mereka bahwa waktu untuk Tuhan berbeda. Untuk Dia satu hari adalah seperti seribu tahun. Setiap hari penundaan kedatangan itu adalah contoh tentang kesabaran Tuhan. Penundaan itu adalah 'keselamatan mereka.' Ia berkata bahwa satu hari kelak seluruh alam semesta akan diluluhkan dalam api. Akan terjadi bencana lagi, dan kali ini bukan banjir air, tetapi banjir api. Saya bayangkan itu bukan perang nuklir; saya pikir Tuhan akan melepas seluruh energi di dalam setiap atom. Ia memuatkan energi ke dalam atom-atom, maka yang perlu Ia lakukan hanya membuka-lepas itu, dan seluruh dunia akan tenggelam dalam asap.

Tetapi Petrus menyimpulkan bagian ini dengan memperingatkan para pembacanya bahwa dari api itu, sebagaimana dalam dongeng Arab burung merak baru muncul dari nyala api, akan terjadi langit dan bumi baru. Saya suka berkhotbah tentang bumi baru. Jangan serahkan itu kepada Saksi Yehovah -- ini adalah kebenaran Kristen, ada dalam Alkitab! Tetapi saya takut orang Kristen hanya ingin mendengar tentang pergi ke surga -- yang pada akhirnya, hanyalah ruang tunggu yang kita masuki sebelum kita masuk ke segala sesuatu yang Tuhan sediakan untuk kita.

Tema tentang kedatangan bumi baru dikembangkan oleh Yohanes di akhir Kitab Wahyu. Bumi akan menjadi pusat masa depan. Hanya orang Kristen yang mengetahui ini. Semua orang panik tentang lapisan ozon dan lautan yang terpolusi dan hutan rimba yang menyusut. Mereka prihatin karena mereka pikir inilah satu-satunya planet yang di dalamnya kita akan tinggal terus. Kita tahu lebih baik ketimbang itu; kita menantikan langit baru dan bumi baru. Kita tahu akan terjadi sesuatu yang berbeda dari planet yang kita kenal ini, sebab itu akan merupakan langit baru dan bumi baru yang di dalamnya berdiam kebenaran. Tidak ada ada kekejian, kejahatan, dosa, tidak ada apa pun yang kotor atau yang najis.

Petrus berkata bahwa jika kita mempertahankan pengharapan kita tertuju kepada hal ini, kita akan hidup sebagaimana kita nanti akan hidup dalam dunia baru itu. Kita tidak akan mendengarkan ajaran palsu dan tidak akan terjerat di dalamnya dan dinodai olehnya. Kita akan terpelihara tidak bercela dari gereja yang murtad, apalagi oleh dunia.

Maka pengharapan yang saleh adalah pertahanan sejati melawan imoralitas yang dapat masuk ke dalam gereja melalui ajaran palsu. Mantapkan pemandangan Anda pada dunia baru itu, dunia berperilaku benar yang akan menjaga Anda untuk hidup benar, sebab Anda tahu jika tidak demikian Anda tidak akan menjadi bagian dari dunia baru itu. Sesuai bagaimana kita hidup dalam iman, pengharapan dan kasih maka kita akan siap untuk kemuliaan. Ketika Anda mendengar suara sangkakala, Anda akan beroleh penerbangan bebas pertama ke Tanah Suci itu!

Di kuburan kakek saya di Newcastle terdapat tiga kata dari himne Metodis lama. Di sana terukir namanya, 'David Ledger Pawson', dan di bawahnya, 'O Pertemuan Indah (What a Meeting)'. Jika Anda tidak suka penyembahan bising, jangan ada di sana, sebab penghulu malaikat akan berteriak dan sangkakala akan ditiup. Itu akan cukup untuk membangkitkan orang mati, yang memang akan terjadi demikian. Mereka yang telah meninggal akan mendapat tempat duduk di depan, jadi tidak usah khawatir jika Anda meninggal lebih dulu.

Petrus mengakhiri dengan pilihan mencolok. Entah kita dapat mengabaikan pengajarannya dan ada di antara mereka yang murtad, atau kita dapat menjadi mereka yang terus bertumbuh dalam anugerah Kristus. Petrus berkata Tuhan sanggup menjaga Lot bahkan di Sodom dan Gomora. Maka Ia dapat memelihara Anda juga.

56. YUDAS

Pendahuluan

Kitab yang diabaikan

Yudas disebut 'kitab yang paling diabaikan dalam Perjanjian Baru.' Ada beberapa alasan untuk ini:

1. SINGKAT

Bersama dengan Filemon dan 2 dan 3 Yohanes, ia adalah salah satu kitab tersingkat dalam Perjanjian Baru.

2. JANGGAL

Para pembaca dibingungkan oleh rujukan kepada Penghulu Malaikat Mikhael berbantahan dengan Iblis atas tubuh Musa. Itu bicara tentang apa? Rujukan kepada 'pemberontakan Korah' dan kepada para malaikat yang dikunci dalam lubang terkesan sama membingungkannya. Pemberontakan apakah itu dan mengapa para malaikat itu dikunci dalam lubang?

3. MENCURIGAKAN

Sebagian orang membuat perkecualian terhadap cara Yudas

mengutip Apokrifa. Apokrifa adalah nama yang diberikan kepada kitab-kitab Yahudi yang ditulis selama 400 tahun antara akhir Maleakhi dan awal Matius -- kitab-kitab yang dimasukkan ke dalam versi Alkitab Katolik tetapi tidak ke dalam Alkitab Protestan. Tulisan-tulisan tersebut tidak pernah mengklaim sebagai firman Tuhan, sebab mereka tidak memasukkan ungkapan, 'Demikianlah Tuhan berfirman,' yang muncul 3,008 kali dalam Perjanjian Lama -- karenanya kitab-kitab ini ditiadakan dari Alkitab Protestan. Tuhan tidak bicara selama 400 tahun antara Perjanjian-perjanjian itu. Tidak ada nabi yang bicara untuk-Nya. Tulisan-tulisan itu karenanya tidak kenabian, tetapi ini tidak berarti mereka tidak memiliki nilai atau tidak mengandung pernyataan yang benar. Maka kutipan Yudas dari Apokrifa tidak perlu membuat kita meragukan Yudas, hanya karena tulisan apokrifa tidak bersifat kanonik. Tulisan-tulisan itu terkenal dan karenanya terbukti bernilai untuk dipakai mendukung hal yang ingin ia sampaikan.

4. KERAS

Yudas terkesan sebagai negatif dan tidak toleran, dengan ia memperingatkan para pemercaya dan menantang mereka bertindak.

5. TAJAM

Yudas seumpama ahli bedah yang menggunakan pisau untuk memotong kanker dalam tubuh Kristus. Karenanya sebagian bahasanya keras, sebab ia menyalahkan pengajaran yang jahat.

TEKANAN

Nada Yudas yang tajam diperlukan pada kesempatan,

khususnya tekanan internal dari para pengajar sesat yang dapat mencipta malapetaka di antara umat Tuhan. Gereja menghadapi bahaya dari dua sumber:

Eksternal
Tekanan dari penganiayaan selalu mungkin terjadi, meski pada beragam tingkatan. Masa kini gereja mengalami 'penganiayaan' di lebih dari 200 bangsa di seluruh dunia. Tetapi semasa tekanan luar ini, gereja terus menggeliat.

Internal
Tekanan dari dalam adalah penyebab keprihatinan lebih besar. Surat Paulus kepada jemaat di Galatia menjelaskan bagaimana legalisme dan liberalisme di dalam gereja menyebabkan keprihatinan besar pada tahun awal kehidupan gereja. Yesus menyalahkan baik legalisme dari kaum Farisi maupun liberalisme dari kaum Saduki. Namun bahaya ini terlalu nyata dalam gereja, khususnya di dalam generasi kedua. Mereka bisa menjadi berpikiran terlalu sempit, memaksakan standar disiplin yang melebihi tuntutan Alkitab. Atau mereka dapat menjadi terlalu kendur, gagal memberlakukan disiplin yang bertentangan dengan praktik rasuli pada perilaku mana pun.

Berbagai pandangan berbeda itu dapat disimpulkan seperti ini. Legalisme berkata Anda *tidak bebas untuk berdosa*, dan kami akan memastikan bahwa Anda sungguh tidak berdosa. Penyalahguna kebebasan berkata Anda *bebas berdosa* dan OK karena Anda kini adalah seorang Kristen -- Anda memiliki tiket kesurga, maka Anda tidak perlu khawatir. Tetapi kemerdekaan sejati dalam Kekristenan berkata, 'Anda *bebas untuk tidak berdosa.* Dosa sungguh masalah daam kehidupan orang percaya, tetapi Kristus membebaskan Anda dari kuasanya.' Maka perhatian Yudas tidak berbeda dari perhatian Yesus dan rasul Paulus. Yudas adalah surat kiriman sangat berarti dengan pesan yang sangat penting untuk gereja masa kini.

Tetapi sesudah menjelaskan beberapa kesukaran ini, tidak ragu bahwa ini merupakan kitab penuh tantangan untuk dimengerti. Saya telah memparafrasekannya supaya artinya boleh menjadi sedikit lebih jelas.

Parafrase

Surat ini datang dari Yudas -- salah seorang budak yang telah dibeli oleh Raja Yesus, dan saudara dari Yakobus yang kamu semua kenal baik.

Ini ditujukan kepada mereka yang telah dipanggil ke luar dari dunia, yang kini adalah para kekasih dalam keluarga Tuhan, Bapa mereka, dan yang dipelihara untuk dipersembahkan kepada Raja Yesus. Kiranya kamu semua semakin memiliki kemurahan, kedamaian dan kasih yang telah kamu alami.

Saudara-saudaraku yang kekasih, aku sepenuhnya bermaksud menulis surat kepadamu tentang keselamatan ajaib yang kita sama alami, tetapi ternyata akhirnya aku harus menulis surat yang cukup berbeda. Aku harus memberitahu kamu untuk melakukan perjuangan keras memelihara iman sejati yang telah disampaikan kepada para orang kudus awal sekali untuk selamanya. Aku telah mendengar bahwa beberapa orang tertentu, yang tidak akan disebutkan namanya, telah menyelinap ke antara kamu -- orang-orang yang tidak saleh yang ditentukan untuk terkutuk jauh hari sebelum ini. Mereka telah memelintir anugerah bebas dari Tuhan menjadi alasan untuk imoralitas terang-terangan, dan mereka menyangkali Raja Yesus sebagai satu-satunya Tuan dan Tuhan.

Kini aku ingin mengingatkan kamu tentang beberapa kebenaran mutlak yang sudah kamu ketahui dengan baik, khususnya bahwa Tuhan bukan yang dapat dianggap enteng. Kamu harus selalu ingat bahwa Tuhan telah membawa ke luar dengan aman seluruh umat dari Mesir, tetapi ketika Ia turun tangan kali berikutnya, mereka dilenyapkan karena tidak memercayai Dia.

Demikian juga malaikat-malaikat-Nya tidak lebih diperkecualikan ketimbang umat-Nya itu. Ketika beberapa dari mereka meninggalkan kedudukan mereka dan melepaskan posisi tepat mereka, Ia memenjara mereka dan merantai mereka secara permanen di lubang terendah dan tergelap sampai saat pengadilan pada Hari Penghakiman Besar.

Dan dalam cara yang sama, penduduk Sodom dan Gomora, bersama dengan kedua kota tetangganya, yang memuaskan diri dengan pesta pora menjijikkan, mengejar persetubuhan yang tidak wajar, sebagaimana yang telah dilakukan oleh para malaikat jatuh itu. Dan nasib yang mereka derita dalam api yang berabad-abad menjadi peringatan serius untuk kita semua.

Kendati contoh-contoh sejarah tersebut, orang-orang ini yang bagaikan cacing telah menyelinap masuk ke dalam persekutuan kamu mencemarkan tubuh mereka sendiri dalam cara yang persis sama. Mereka memandang ringan otoritas ilahi dan menodai para malaikat dalam kemuliaan. Namun bahkan penghulu semua malaikat -- Mikhael, yang namanya sendiri itu berarti 'serupa Tuhan' -- tidak berani menuduh Iblis secara langsung tentang penghujatan ketika mereka bertengkar tentang siapa yang berhak atas tubuh Musa, dan ia cukup menyerahkan tuduhan kepada Tuhan sendiri dan hanya berkata, 'Tuhan menghardik kamu.'

Tetapi orang-orang di antara kamu ini tidak ragu untuk memfitnah apa saja yang mereka tidak mengerti, dan satu-satunya yang mereka mengerti akan membuktikan kebinasaan mereka kelak, sebab pengetahuan mereka tentang hidup hanya datang dari insting kebinatangan, seperti binatang buas tanpa kapasitas untuk berpikir. Celakalah kiranya mereka! Mereka telah merosot seperti halnya Kain. Mereka bergegas menuju jalan yang sama seperti kesalahan Bileam, dan untuk motivasi yang sama -- uang. Mereka akan tiba di nasib akhir sama sebagaimana Korah dalam pemberontakannya.

Orang-orang ini tanpa hormat makan bersama kamu pada perjamuan persekutuan kasihmu, meski sebenarnya mereka mencari keuntungan untuk diri sendiri. Bagaikan batu karang yang tenggelam, mereka dapat merusakkan segala sesuatu. Mereka bagaikan awan yang ditiup oleh angin sedemikian kuatnya sampai mereka tidak mendatangkan hujan. Mereka seperti pohon yang tercerabut akar-akarnya di musim gugur, tanpa daun atau buah, jelas telah mati. Mereka bagaikan gelombang ganas di lautan, yang berbuih-buih dengan kenajisan mereka sendiri. Mereka seperti bintang yang melesat ke luar dari peredarannya, hanya untuk lenyap di telan lubang hitam (black hole) selamanya.

Henoh, yang hidup hanya tujuh generasi sesudah manusia pertama, Adam, telah melihat kedatangan semua ini. Ia merujuk kepada orang-orang ini ketika ia menubuatkan peringatan, 'Awasi! Tuhan telah tiba dengan sepuluh ribu malaikat-Nya untuk memasukkan semua manusia ke pengadilan dan menghukum semua orang fasik tentang semua perbuatan fasik yang telah mereka lakukan dalam kehidupan fasik mereka, dan penistaan yang telah mereka ucapkan terhadap Dia. Orang-orang ini penggerutu dan pengeluh yang tidak kenal puas, selalu mencari-cari kesalahan. Mulut mereka penuh penyombongan diri mereka sendiri, tetapi mereka tidak segan menjilat orang lain demi mendapatkan keuntungan.

Jadi, saudaraku kekasih, kamu harus mengingat apa yang para rasul Tuhan kita Yesus Kristus katakan akan terjadi. Mereka menubuatkan bahwa di zaman akhir pasti akan muncul orang-orang yang mengejek kesalehan, yang kehidupannya hanya dikendalikan oleh nafsu kefasikan mereka sendiri. Orang seperti ini hanya dapat menghasilkan perpecahan di antara kamu, sebab mereka hanya memiliki insting natural untuk mereka ikuti dan mereka kurang bimbingan dari Roh.

Mengenai kamu, saudaraku kekasih, pastikanlah kamu terus membangun dirimu atas fondasi imanmu yang kokoh dan teramat kudus, sambil berdoa dalam cara yang dipimpin Roh kepadamu. Tetaplah mengasihi Tuhan, sambil dengan sabar menantikan saat ketika Tuhan kita Yesus Kristus dalam rahmat-Nya yang besar membawa kamu ke dalam kehidupan yang kekal. Tentang orang lain, berikut nasihatku. Khusus untuk mereka yang masih terombang-ambing, bersikaplah baik dan lembut. Mereka yang telah terbawa ke dalam kesalahan harus direnggut ke luar dari api sebelum mereka hangus berat. Dan mereka yang telah tercemar sepenuhnya harus diperlakukan lebih baik ketimbang yang mereka layak terima, meski kamu sendiri jangan sampai kehilangan rasa takut yang sehat yang waspada jangan sampai dirimu sendiri terinfeksi, bahkan oleh pakaian mereka yang dicemarkan oleh dosa. Marilah kita hanya memuji satu Pribadi yang sanggup memelihara kamu dari tersandung dan membuat kamu berdiri tegak dalam hadirat-Nya yang mulia tanpa ada cacat dan kurang sedikit pun, tetapi dengan luapan kegembiraan -- satu-

satunya Tuhan yang ada, dan Ia adalah Juruselamat kita juga, melalui Yesus Kristus Tuhan kita. Karena bagi Dia dan kepunyaan Dia sajalah segala kemuliaan, keagungan, kuasa dan otoritas, sebelum sejarah mulai, kini di masa ini, dan sampai segala zaman yang akan datang. Jadilah demikian, [Itulah arti dari kata 'Amin'.]

Siapakah Yudas?

Yudas adalah saudara termuda kedua dari Yesus. Dalam Alkitab Inggris namanya disingkat menjadi *Jude* untuk membedakan dari Yudas rasul yang mengkhianati Yesus.

Apabila kita memeriksa surat yang ditulis oleh Yakobus, salah seorang saudaranya yang lebih tua, kita perhatikan bahwa semasa kehidupan-Nya para saudara Yesus tadinya tidak percaya akan Dia. Hal ini jelas oleh skeptisisme mereka tentang klaim kemesiasan-Nya yang dicatat di Injil Yohanes (Yohanes 7:5). Itu terjadi pada saat Hari Raya Kemah Sembahyang di Yerusalem, dan mereka menggoda Dia tentang klaim-Nya bahwa Ia diutus oleh Tuhan. Setiap orang tahu bahwa jika sang Mesias datang, itu akan terjadi semasa Perayaan tersebut, maka mereka berkata Ia sebaiknya pergi dan memperlihatkan diri-Nya. Yesus memberitahu mereka bahwa saatnya belum tepat untuk mengatakan siapa Dia di depan umum, tetapi Ia pergi juga secara diam-diam.

Tetapi sesudah kebangkitan, situasinya berubah dan para saudaranya menjadi misionaris bagi Yesus. Yakobus dan Yudas menulis dua surat dan keduanya berhati-hati tidak menonjolkan hubungan keluarga mereka dengan Yesus, karena lebih menekankan hubungan spiritual mereka. Keduanya menyebut diri mereka 'hamba Yesus Kristus.'

Isi

Kecemaran moral

Jelas bahwa Yudas bermaksud menuliskan surat yang sangat berbeda, di bagian awal suratnya ia berkata, 'Aku tadinya ingin menulis tentang keselamatan yang kita nikmati di dalam Yesus.' Tetapi ketika ia mendengar apa yang terjadi di gereja-gereja yang ia kirimi surat itu, ia mengubah pikirannya. Maka ia tambahkan, 'Aku menasihati kamu supaya kamu tetap berjuang untuk mempertahankan iman yang telah disampaikan kepada orang-orang kudus.'

Kata 'berjuang' atau 'bersusah payah' menunjukkan intensitas pergumulan itu. Sesungguhnya, memang yang akan mereka alami adalah pergumulan yang sangat berat. Secara khusus itu menjadi susah payah karena saudara dan saudari mereka sendirilah yang harus mereka urus. Pergumulan itu mengenai para pengajar sesat yang menyebabkan gereja menyimpang. Yudas tahu mereka akan terus mencemarkan para anggota gereja jika mereka tidak ditahan.

Paruh pertama surat ini adalah tentang bahaya besar kecemaran yang menyelinap masuk ke dalam gereja-gereja yang ia surati. Lalu paruh keduanya memberitahu mereka bagaimana menangani situasi itu dengan cara yang rumit. Kita akan lihat dulu empat tahapan yang melaluinya kecemaran memengaruhi gereja.

1. PENGAKUAN IMAN

Yudas mensarikan bagaimana orang dengan diam-diam menyelinap masuk ke dalam persekutuan mereka. Implikasinya ialah tindakan mereka bersifat sembunyi-sembunyi, dan maksud mereka jahat. Mereka meracuni persekutuan dengan ajaran dan kelakuan mereka. Pengajaran sesat bagaikan penyakit kanker yang menyebar ke seluruh tubuh, dan akan mengakibatkan kematian jika tidak diurus. Jelas bahwa ajaran palsu itu serupa dengan yang Petrus lawan dalam tulisannya di suratnya kedua, yang menyebabkan kedua surat ini memiliki bagian yang identik. Saya percaya bahwa Yudas menggunakan 2 Petrus sebagai bagian dari penelitiannya dan senang mencakupnya kata demi kata.

Ada dua wilayah khusus di mana para pengajar palsu melakukan kesalahan. Mereka memiliki pandangan sentimental tentang Tuhan dan pandangan sinkretis tentang Yesus.

(a) Pandangan sentimental tentang Tuhan
Pandangan sentimental mereka tentang Tuhan membuat anugerah Tuhan menjadi alasan untuk imoralitas. Mereka memandang Tuhan sebagai 'orang tua yang manis' yang mengusap kepala Anda dan berkata, 'Mari kita ampuni dan lupakan. Yang Ku kehendaki hanya supaya kamu bahagia.' Itulah karikatur tentang Tuhan yang sangat sering dikhotbahkan di televisi -- Tuhan yang baik, nyaman yang tidak akan mengusir lalat. Itu adalah pandangan tentang Tuhan yang sentimental, tetapi tidak alkitabiah. Tuhan tidak mengabaikan dosa, Ia mengurus dosa. Kita harus mendapatkan kembali pandangan tentang Tuhan yang tidak sentimental tetapi alkitabiah.

(b) Pandangan sinkretis tentang Yesus
Mereka juga memiliki pandangan sinkretis tentang Yesus. Mereka tidak lagi percaya bahwa Yesus adalah satu-satunya Tuan dan Tuhan, dan berusaha menempatkan Dia

setingkat dengan yang lainnya -- situasi yang sangat umum di zaman kita kini. Sekali Anda menempatkan Yesus dalam kumpulan para illah bersama Muhamad dan Budha dan lainnya, Ia bukan lagi satu-satunya 'jalan, kebenaran dan hidup' tetapi 'salah satu jalan, kebenaran dan hidup.'

2. KELAKUAN

Sekali pengakuan iman telah dicemarkan, tidak perlu lama sebelum kelakuan mereka ikut menjadi kacau juga. Pada akhirnya kepercayaan menentukan kelakuan, maka Yudas datang ke bagian paling keras dari peringatannya. Ia memperingati para pemercaya tentang apa yang telah terjadi kepada tiga kelompok dalam sejarah.

(a) Israel di padang gurun

Yudas mengingat kisah dari Keluaran 32 tentang bani Israel di padang gurun, yang membuat lembu emas dan dengan cepat jatuh ke dalam imoralitas dan penyembahan berhala. Pandangan mereka tentang Tuhan menyimpang dari yang diberikan oleh Musa dalam Sepuluh Hukum dan pengajaran ikutannya. Sebagai konsekuensinya, mereka mengembangkan pandangan saling menyalahkan dan saling memperlakukan salah, ketimbang saling mengasihi sebagaimana mereka telah diajar. Akibatnya tidak seorang pun mereka yang masuk ke Kanaan. Mereka telah dilepaskan dari Mesir tetapi mereka tidak masuk ke Tanah Perjanjian. Mereka memulai tetapi tidak satu pun menyelesaikan.

Kejadian ini tiga kali dipakai dalam Perjanjian Baru oleh tiga penulis berbeda untuk memperingatkan orang Kristen bahwa bukan mereka yang mulai tetapi yang sampai ke akhir yang akan mewarisi semua yang Tuhan siapkan untuk mereka. Paulus memakai ini, penulis Ibrani memakainya, dan di sini Yudas memakainya juga.

Maka peringatannya jelas: jika anak-anak Israel dibebaskan dari Mesir tetapi tidak sampai ke Tanah Perjanjian, itu pun dapat terjadi kepada orang percaya masa kini. Bukan saja apa yang telah Anda tinggalkan di belakang, apa yang ada di depanlah yang menentukan. Itu belum lagi menjadi milik Anda -- Anda harus betekun jika tidak ingin binasa di padang gurun.

(b) Malaikat di Gunung Hermon
Yudas melihat ke hal yang terjadi pada malaikat di Gunung Hermon. Kita tahu rincian tentang hal ini dari Kitab Henoh dalam Apokrifa (meski, seperti telah kami catat, Apokrifa bukan bagian dari Alkitab).

Di wilayah Gunung Hermon sekitar 200 malaikat merayu perempuan dan menghamili mereka. Persetubuhan mengerikan antara malaikat dan manusia ini secara mengerikan relah melahirkan makhluk hibrid yang disebut Nefilim -- syukur bahwa mereka semua telah punah. Kita tidak dapat memastikan seperti apa mereka adanya -- mereka dikenal sebagai 'raksasa' dalam sementara terjemahan Alkitab. Tuhan telah mengatur kehidupan, dan malaikat berhubungan seks dengan manusia adalah perbuatan yang memberontak terhadap Dia sebagaimana halnya manusia berhubungan seks dengan binatang.

Akibat dari perilaku ini adalah kekerasan memenuhi bumi, dan penyimpangan seks serta okultisme merajalela. Kita bahkan membaca di Kejadian bahwa Tuhan menyesal bahwa Ia pernah menciptakan umat manusia -- dalam pandangan saya, itu merupakan salah satu ayat paling sedih dalam Alkitab.

Maka Yudas berkata bahwa jika umat Tuhan Israel tidak luput dari penghukuman dan para malaikat tidak luput dari penghukuman, bagaimana mungkin kamu sebagai Kristen berpikir kamu dapat luput?

(c) Sodom dan Gomora
Contoh ketiga adalah tentang Sodom dan Gomora. Kedua kota ini terkenal, tetapi juga ada lagi Adma dan Zeboim, sehingga ada empat kota di ujung selatan Laut Mati. Pada saatnya mereka telah ditelan oleh gempa bumi. Laut Mati seumpama bentuk angka delapan. Kota-kota itu ada di bagian paling selatan yang kini telah mengering. Maka Sodom dan Gomora dapat muncul lagi pada masa kehidupan kita kini. Jika itu terjadi, sungguh merupakan peristiwa simbolik luar biasa!

Kita tahu dari sejarawan Yahudi Josephus bahwa api yang menghancurkanSodom dan Gomora 2,000 tahun sebelum Yesus masih membara di zaman Yesus. Ketika Yesus menyebut tentang kota ini dalam khotbah-Nya, para pendengar dapat berjalan hanya sekitar 30 menit ke luar Yerusalem dan melihat asapnya.

Kedua kota ini dihukum karena mereka menentang hukum-hukum Tuhan. Hubungan homoseksual ditoleransi, sebagaimana masa kini kritik terhadap persatuan sesama jenis seks dianggap sebagai kesalahan secara politis dan bentuk diskriminasi seks.

Yudas memperingatkan orang Kristen bahwa Tuhan akan menghakimi mereka jika mereka mengikuti pola yang sama. Tuhan tidak boleh dipermainkan. Ia muak terhadap penyembahan berhala (menyakiti hati-Nya) dan imoralitas (menyakiti mereka yang Ia ciptakan), tetapi pada puncaknya semua kecemaran moral dari ciptaan-Nya akan dihukum.

3. KARAKTER

Apabila pengakuan iman Anda dicemarkan, kelakuan Anda segera akan menyusul, ketika kelakuan Anda cemar, karakter Anda akan mengikuti jalan yang sama. Karakter adalah akibat dari kelakuan -- tindakan menghasilkan tuaian kebiasaan, kebiasaan menghasilkan tuaian karakter, karakter menghasilkan tuaian destini. Maka tahap ketiga dalam kecemaran moral gereja ialah bahwa karakter mereka menjadi semakin duniawi. Yudas kemudian berfokus pada karakter para pengajar palsu dan kesamaan mereka dengan karakter tiga orang dalam Perjanjian Lama.

(a) Kain

Ia mulai dengan Kain, yang membunuh saudaranya karena kecemburuan (Kejadian 4). Ia memberitahu para pembacanya bahwa para pengajar palsu sebagiannya dimotivasi oleh kecemburuan, seperti halnya Kain, dan pasti akan memengaruhi mereka yang mendengarkan.

(b) Bileam

Ia melanjutkan dengan nabi Bileam, yang ditawarkan uang untuk menyampaikan nubuatan yang melawan Israel (Bilangan 22). Cinta akan uang telah sedemikian melibat Bileam sampai Tuhan harus bicara kepadanya melalui keledai! Bileam adalah seorang yang tamak, sebagaimana Kain seorang pemarah.

(c) Korah

Korah adalah seorang berambisi yang cemburu akan Musa dan ingin menggelar pertunjukannya sendiri (Bilangan 16). Ia membentuk tiga sekawan yang menyedihkan. Ada paralel Korah di zaman modern ini. Gereja-gereja baru bisa menjadi sangat besar, tetapi jelas bahwa sebagian dibentuk karena alasan yang salah. Mereka didirikan sebab ada seseorang ingin melakukan pertunjukannya sendiri -- 'anak Korah' modern yang tidak menerima kepemimpinan yang Tuhan tetapkan dan ingin caranya sendiri. Di akhirnya Korah dihukum bersama 250 orang lainnya dengan binasa ditelan bumi karena penolakan mereka akan otoritas yang Tuhan tanamkan dalam kepemimpinan Musa.

Semua dari ketiga karakter ini diperintah oleh diri sendiri, dan ketiganya menyebabkan kematian orang lain. Mereka menggambarkan jenis karakter yang akan muncul dalam gereja jika ia tidak menangani pengajaran sesat. Kemarahan, ketamakan dan ambisi akan sungguh menguasai.

4. PERCAKAPAN

Tetapi bukan hanya ini masalah yang mereka hadapi. Sekali karakter telah tercemar, percakapan juga akan ikut tercemar, sebab percakapan mengalir ke luar dari karakter. Yudas membentangkan jenis percakapan yang menjadi ciri orang yang telah menyelinap ke dalam persekutuan. Tanda pasti dari pembusukan adalah terus menerus menggerutu dan mengeluh, bergumam dan mengerang, menghina yang lebih rendah, menyanjung yang lebih tinggi, menghina dan mengejek apa saja yang tidak dimengerti, dan di atas semuanya menolak otoritas semua orang lain. Hati-hati terhadap orang yang masuk ke dalam persekutuan Anda karena mereka tidak puas dengan persekutuan lainnya -- dalam enam bulan mereka akan tidak puas juga dengan persekutuan Anda! Penggerutu dan pencari kesalahan yang berpindah-pindah selalu mencari persekutuan yang sempurna. Peribahasa kuno benar: 'Jika Anda mencari persekutuan yang sempurna, jangan masuki, sebab Anda pasti akan menodainya!'

Nas yang membingungkan

Barangkali ayat-ayat paling membingungkan dalam Yudas adalah tentang malaikat yang berdebat tentang jasad Musa. Nas ini merujuk balik ke pernyataan luar biasa di akhir Kitab Ulangan, dimana kita diberitahu bahwa Musa meninggal di Gunung Nebo tetapi 'tidak seorang pun mengetahui dimana kuburannya sampai hari ini.' Jadi jika tidak ada seorang pun bersama dia dan tidak ada yang tahu dimana kuburannya -- siapa yang menguburkan dia? Jawabannya ialah Tuhan mengirimkan malaikat Mikhael untuk menguburkan Musa. Malaikat adalah makhluk sangat praktis. Mereka juru masak yang baik (Elia mengalami bahwa malaikat bisa memasakkan makanan yang nikmat) dan mereka dapat mengendarai kereta perang (sebagaimana yang dialami Elia). Dalam zaman modern saya pernah mendengar malaikat mengendarai sepeda, melindungi misionaris yang sedang naik sepeda! Malaikat tidak datang dengan pakaian jubah panjang bercahaya, sayap, harpa dan rambut panjang keemasan. Ibrani 13 bicara tentang 'beberapa orang dengan tidak menyadarinya telah menjamu malaikat,' jelas tidak mungkin jika penampakan mereka seasing tadi. Mereka tampak seperti manusia biasa.

Maka malaikat ini diutus dengan sekop untuk menguburkan tubuh Musa, tetapi ketika ia sampai di sana si iblis berdiri atas badan Musa dan memberitahu bahwa tubuh itu milik dia. Pelajaran yang perlu kita catat ialah dalam konfrontasi yang terjadi sesudah itu Mikhail bahkan tidak menghardik Iblis. Kita bisa menjadi sangat menyerang terhadap Iblis dan jika demikian kita sangat bodoh. Ia jauh lebih cerdik daripada kita. Saya khawatir bila mendengar seorang muda berkata, 'Kami hardik engkau, Iblis.' Sesungguhnya Mikhail berkata, 'Tuhan menghardik engkau,' dan si iblis pergi dan Mikhail menguburkan Musa selayaknya.

Mengurus kecemaran

Sesudah melihat ke empat wilayah yang menjadi keprihatinan Yudas -- pengakuan iman, kelakuan, karakter dan percakapan -- berikutnya kita perlu bertanya bagaimana kita harus menghadapi kesukaran yang sama masa kini.

1. KITA HARUS MENGANTISIPASI MASALAH

Hal pertama adalah tidak perlu terkejut ketika terjadi ketidakberesan dalam gereja. Sebagian orang Kristen kaget berlebihan, tetapi baik para nabi Perjanjian Lama maupun para rasul Perjanjian Baru memberitahu kita untuk mengantisipasi terjadinya ketidakberesan. Yesus sendiri memperingatkan kita tentang serigala berbulu domba. Mengapa kita menjadi sedemikian heran ketika prediksi mereka menjadi kenyataan? Pada akhirnya, kita belum selamat keseluruhannya dan karenanya pasti akan ada masalah dalam gereja. Yang penting adalah cara kita menanganinya. Kita harus tidak terkejut, terima mereka dalam langkah kita dan urus mereka.

2. KITA HARUS MENOLAK APA YANG TERJADI

Menarik untuk diperhatikan bahwa Yudas tidak mendakwa Iblis tentang kekacauan itu. Ia tegas menyalahkan 'orang-orang tersebut' yang bertanggungjawab karena menyebabkan kekacauan. Dan ia membuat cukup jelas bahwa beberapa orang dalam gereja harus bertugas bicara melawan kesalahan itu. Manusia yang harus mengurus masalah itu -- itu bukan tugas Tuhan. Yudas menyebut pelayanan Henoh, nabi yang paling pertama dalam Alkitab -- orang pertama yang mendapatkan pesan dari Tuhan untuk orang lain. Itu adalah peringatan bahwa Tuhan akan datang untuk menghakimi dan mengurus keseluruhan generasi itu.

Ia berusia 65 tahun ketika mendapat seorang putra, dan ia bertanya kepada Tuhan anak itu harus ia namai siapa? Tuhan memberinya nama yang luar biasa untuk seorang anak, ia berkata, 'Panggil dia "Ketika ia mati itu akan terjadi"' meski kita mengenal dia sebagai Metusalah. Jelas bahwa ia hidup jauh lebih lama daripada orang lain, sebab Tuhan sedemikian sabar sampai Ia menanti hampir satu milenium sebelum hukuman datang. Pada hari Metusalah meninggal, mulailah hujan turun. Tetapi sejak saat itu cucu Metusalah, Nuh telah membangun sebuah bahtera. Tuhan menanti 969 tahun sebelum menghukum generasi itu. Martin Luther pernah berkata, 'Jika saya Tuhan, saya telah menendang seluruh dunia jauh hari sebelum ini.'

Secara khusus Yudas rajin menunjukkan bahwa kelakuan dari para pengajar palsu itu 'fasik.' Ia menggunakan kata itu lima kali keseluruhannya. Kesalehan telah menjadi sasaran ejekan mereka, para rasul Perjanjian Baru memperingatkan kita bahwa di zaman akhir akan muncul para pengejek dan kesalehan akan menjadi lelucon. Ada masa dimana orang Kristen merupakan bahan tertawaan karena mereka ingin menjadi saleh dan itu berlawanan dengan arus zaman. Kefasikan adalah yang sedang *'in'*, dan siapa pun yang berpikir berbeda dianggap aneh.

3. KITA DAPAT MENGURANGI LUASNYA LINGKUP KEHANCURAN

Nasihat praktis Yudas berikutnya ialah bagaimana orang percaya harus memelihara diri mereka dan orang lain.

(a) Diri mereka sendiri

Jalan pertama menangani hal ini adalah orang percaya memastikan mereka beres dengan Tuhan dan membangun diri mereka dalam iman, pengharapan dan kasih.

Semakin kuat kita, semakin sanggup kita berdiri teguh. Jalan terbaik menghindari penyakit adalah meningkatkan kesehatan. Yudas mendesak penguatan tiga sekawan terkenal, iman, pengharapan dan kasih. Kehidupan yang sehat mencakup berdoa dalam Roh, memelihara perintah Tuhan dan hidup untuk masa depan, dengan menyadari bahwa Tuhan bermaksud agar kita menjadi kudus, itu tidak harus berarti bahagia. Pada akhirnya, dibandingkan dengan 'kebahagiaan' yang akan kita nikmati dalam kekekalan, kita tidak perlu terlalu memusingkan jika kehidupan kini berat. Adalah krusial kita memerhatikan bahwa kita bertanggungjawab memerhatikan diri kita sendiri dan membangun diri kita untuk maju. Tuhan tidak akan melakukan itu untuk kita.

(b) Orang lain
Ada tiga kategori manusia yang membutuhkan pertolongan.

i. Mereka dengan keraguan mental. Yudas mendesak orang percaya untuk menolong mereka yang terombang-ambing. Mereka bertanya-tanya apakah akan mengikuti para pengajar sesat atau tidak, dan mentalnya dalam keadaan ragu. Mereka harus diajak bicara, bahkan didebat, tetapi selalu harus dengan lembut ketimbang dengan cara keras. Sikap keras dapat mendorong mereka makin jauh ke dalam kesalahan.

ii. Mereka dalam ancaman kematian. Berikutnya, ada beberapa yang telah dipengaruhi lebih jauh ke dalam bahaya kematian sebab mereka mulai memercayai ide-ide baru itu. Yudas berkata orang percaya harus 'merenggut mereka dari api' -- mereka harus dianggap ada dalam rumah yang sedang terbakar dan harus diselamatkan dengan cara sebisa mungkin! Ungkapan 'merenggut mereka dari dalam api' telah dipakai dalam penginjilan dalam artian merenggut orang dari api neraka, meski ayat-ayat ini sama sekali tidak bicara tentang hal itu. Memang, tugas ini berarti merenggut orang dari api neraka, tetapi bukan karena mereka belum selamat, melainkan karena mereka orang Kristen yang sedang dibawa kepada kesesatan. Bahkan mereka yang menyebar kesesatan ini tidak boleh dilupakan saja tetapi juga diberikan kesempatan untuk bertobat.

iii. Mereka yang bercela secara moral. Kategori orang yang ketiga ini menyangkut mereka yang kehidupannya bernoda. Ungkapan Yunaninya mengatakan bahwa kita harus sungguh sangat berhati-hati agar tidak tertular oleh mereka, bahkan oleh pakaian mereka yang najis! (Aslinya menggunakan ungkapan 'pakaian dalam yang najis') yang merupakan ungkapan aneh, tetapi jelas bahwa ada penyakit yang ditularkan melalui penyimpangan dan kekacauan seksual dan kita harus takut terhadapnya.

4. KITA DAPAT MENGHINDARI APA YANG TERJADI

Pesan Yudas, kita tidak perlu terkejut oleh serangan kepada iman, tetapi harus menangani mereka dan selalu ingat bahwa Tuhan sanggup menjaga kita dari terjatuh. Namun demikian, penting bahwa kita menjaga keseimbangan ketika membaca ayat-ayat yang berbicara tentang kuasa pemeliharaan Tuhan. Ada serangkaian teks dalam Alkitab yang menegaskan kuasa pemeliharaan Tuhan, tetapi semua itu selalu dekat dengan ayat yang menekankan perlunya kita menjaga kedekatan dengan Dia. Jadi nas Yudas kedua dari akhir tidak berkata, 'Tuhan pasti akan menjaga kamu dari terjatuh,' tetapi ia berkata, 'Ia *sanggup* menolong kamu memelihara dirimu tetap di dalam

Dia.' Bukan semuanya bergantung pada kita, bukan juga semuanya bergantung pada Dia -- melainkan 'Memelihara dirimu dalam Dia, sebab Ia sanggup memelihara kamu. Teruslah percayai Dia dan kamu tidak akan jatuh.'

Kita dapat berkata bahwa Ia memiliki kesanggupan untuk memelihara kita dan mempersembahkan kita ke hadapan Tuhan, asalkan kita tetap setia. Ia juga memiliki otoritas, sebab Ia satu-satunya Tuhan dan satu-satunya Juruselamat.

Demikianlah Yudas mengakhiri dengan catatan pujian. Kendati adanya ajakan jahat dan ancaman bahaya nyata, Tuhan sanggup memelihara kita dan mempersembahkan kita dalam keadaan tak bercacat di hadapan Dia di Hari Akhir. Tidak perlu ragu tentang ini. Jika Tuhan di pihak kita (arti sejati dari nama 'Imanuel', yaitu 'Tuhan beserta kita'), kita dapat berperang dan menang. Jadilah demikian!

Kesimpulan

Ada satu pesan jelas dari mempelajari surat-surat dalam Perjanjian Baru. Bahaya terbesar bagi gereja adalah yang berasal dari dalam. Kita perlu mewaspadainya terus menerus dan dalam kebenaran dan kasih berjuang untuk injil yang 'telah dipercayakan' kepada orang-orang kudus. Sekarang ini sedang berlangsung peperangan besar di mana-mana di dunia yang menyangkut peperangan mengenai kebenaran. Kita harus jelas tentang kebenaran. Jika Anda tidak percaya bahwa tulisan saya sesuai dengan apa yang Alkitab katakan, lupakan saja. Tetapi jika Anda menemukannya, maka berpeganglah kepadanya dan berperanglah baginya dan pertahankanlah iman itu yang sekali telah dipercayakan kepada orang-orang kudus! Itu mungkin tidak terdengar sebagai pekerjaan yang menarik, tetapi itu krusial jika persekutuan gereja ingin tetap kuat.

Jadi meski Yudas adalah salah satu dari kitab dalam Perjanjian Baru yang paling diabaikan, pesannya selalu relevan dan perlu diperdengarkan oleh gereja masa kini jika ia tidak ingin semakin dikacaukan oleh masalah yang sama.

57.
1, 2, & 3 YOHANES

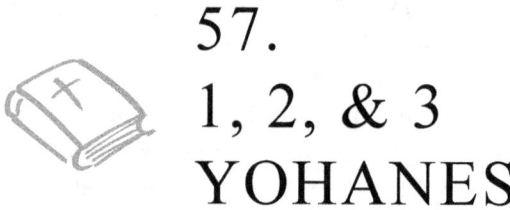

Pendahuluan

Ada dua jenis surat dalam Perjanjian Baru. Sebagian adalah surat umum atau edaran tanpa ada penerima spesifik -- mirip traktat. Yang lainnya pribadi, mencerminkan apa yang pembacanya perlu dengar.

Surat-surat Yohanes adalah campuran kedua jenis ini. Yang pertama adalah umum dan dengan kelima pasalnya yang membuatnya lebih panjang daripada suratnya yang lain, sambil menyoroti perhatian khusus Yohanes untuk orang percaya. Yang kedua dan ketiga lebih pribadi dan yang paling singkat dari kitab-kitab dalam Perjanjian Baru. Di dalamnya Yohanes menyoroti dua orang berbeda, dengan hanya memakai selembar papirus untuk masing-masingnya.

Surat-surat ini hangat dan pribadi, mencerminkan karakter sang santo, yang saat itu mungkin sudah berusia delapan puluhan. Beberapa orang menyebutnya 'surat-surat kebapaan,' tetapi mengingat usianya, 'kekakekan' mungkin merupakan deskripsi lebih tepat.

Surat-surat ini ditulis pada saat ketika gereja dipengaruhi entah baik atau tidak baik oleh para pengajar

Alkitab yang berkeliling. Yohanes sangat prihatin tentang kerusakan yang disebabkan oleh beberapa mereka, tetapi ia sudah terlalu tua untuk melakukan perjalanan -- tidak seperti para pengajar keliling itu, yang agaknya sanggup memajukan kesesatan dengan semangat besar. Karenanya surat-surat ini adalah cara terbaiknya untuk menyoroti masalah tersebut.

Yohanes adalah salah seorang dari dua belas rasul yang Ia panggil semasa pelayanan-Nya di bumi, dan satu-satunya yang masih hidup sampai usia lanjut. Catatan ekstra alkitabiah menyatakan bahwa ia memelihara Maria, ibu Yesus, di Efesus sampai Maria meninggal, ia juga meninggal di sana. Suratnya bernafaskan otoritas bukan saja dari seorang penatua, tetapi juga dari *sang* penatua. Sebab di sini dia yang telah memiliki kontak pribadi dengan Kristus (lihat 1:2; 2:1; 4:6, 14).

Sementara sarjana Alkitab beranggapan bahwa bukan rasul Yohanes yang menulis surat-surat ini. Pasti mengherankan bahwa tidak ada banyak rujukan ke Perjanjian Lama kecuali satu kepada Kain membunuh Habil -- mengingat, khususnya Kitab Wahyu, yang juga ditulis oleh Yohanes, memiliki lebih dari 300 rujukan. Tetapi apabila Anda membandingkan surat-surat ini dengan Injil Yohanes, mereka memiliki gaya tulisan dan kosa kata yang sama. Ungkapan yang ditermukan dalam Injil tersebut, sepeti 'hidup kekal,' 'perintah yang baru' dan 'tinggallah di dalam Kristus,' yang khusus untuk Yohanes, juga ada dalam surat-surat ini, dan dalam beberapa kasus ditemukan ungkapan identik -- semisal, 'berjalan dalam kegelapan' dan 'supaya sukacitamu penuh.'

Tambahan lagi, baik Injil Yohanes maupun surat-suratnya memaparkan kehidupan Kristen dengan perbedaan yang mutlak. Penilaian Yohanes tentang dunia, berbeda tajam dari relativisme samar dunia modern, yang percaya bahwa pembedaan adalah hal yang tidak pada tempatnya -- tidak ada yang benar atau salah -- segala sesuatu hanya pandangan. Yohanes menarik beberapa kontras: kehidupan dan kematian, terang dan gelap, kebenaran dan dusta, kasih dan kebencian, kehidupan benar dan pelanggaran hukum, anak-anak Tuhan dan anak-anak iblis, mengasihi Bapa dan mengasihi dunia, Kristus dan anti Kristus serta -- kontras paling besar dari semuanya -- surga dan neraka. Pertentangan sedemikian tidak memberi ruang untuk 'jalan ketiga.' Entah Anda di satu atau lainnya, dan tidak ada pilihan lanjutan.

Maka meski tidak ada nama di naskahnya, bukti petunjuk internal menunjuk kuat kepada Yohanes sebagai sang penulis. Lagi pula, Ireneus dan Papias, dua bapa gereja awal, mengukuhkan bahwa surat-surat ini datang dari pena Yohanes.

Tidak ada penunjuk waktu diberikan, tetapi agaknya surat-surat ini ditulis sesudah Injil Yohanes, dan sebelum pembuangan Yohanes ke Patmos, dimana ia menulis Kitab Wahyu. Tidak ada rujukan kepada serangan ngeri oleh Domitian atas gereja, yang terjadi pada tahun 95, maka kemungkinan surat ini ditulis sekitar tahun 90.

1 Yohanes

Pembaca Yohanes

Telah kita perhatikan bahwa surat pertama adalah surat edaran tanpa ada alamat spesifik. Tetapi ada tiga kategori pembaca yang diingat oleh Yohanes. Ini muncul dalam 2:12-14, dimana Yohanes menujukan suratnya kepada tiga kelompok orang: 'anak-anak,' 'orang muda,' dan 'para bapa.'

Yang dimaksud bukan usia jasmani tetapi usia rohani. 'Anak-anak' adalah petobat baru, yang butuh diberikan susu ketimbang daging untuk menolong mereka bertumbuh. Yohanes berkata 'anak-anak' telah mengalami dua hal: mereka mengenal pengampunan, dan mereka mengenal Tuhan sebagai Bapa, tetapi lainnya mereka hanya tahu sedikit.

'Orang muda' adalah mereka yang telah bertumbuh dan mendewasa. Yohanes menyebutkan tiga hal tentang mereka: mereka telah tumbuh cukup kuat melebihi bayi-bayi yang masih lemah, mereka telah makan firman Tuhan, dan mereka telah mengalami kemenangan dalam peperangan melawan Iblis.

Yohanes juga menulis kepada orang Kristen yang jauh lebih dewasa yang ia panggil 'para bapa.' Pengalaman mereka panjang dan dalam. Inilah orang-orang yang pengalamannya dengan Tuhan sangat kaya.

Penglihatan modern akan memerhatikan bahwa Yohanes menyebut ketiga kelompok ini dalam sebutan laki-laki. Ini bukan tidak lazim, sebab keseluruhan Perjanjian Baru ditujukan kepada 'saudara-saudara, ' bukan 'saudara dan saudari.' Kita perlu menjelaskan penekanan pada laki-laki ini, khususnya di zaman versi Alkitab dengan 'nir-seks' atau 'inklusivis' yang membingungkan ini tentang gender yang tepat dipakai untuk Tuhan.

Alasan utama untuk fokus Alkitab pada laki-laki ialah bahwa kekuatan dan karakter gereja dapat dilihat pada kaum laki-lakinya. Laki-laki memiliki tanggungjawab kepemimpinan dalam gereja seperti juga dalam keluarga, dan karakter merekalah yang akan menentukan kekuatan gereja keseluruhannya. Ini adalah alasan mengapa saya memakai banyak waktu menyelenggarakan dan bicara di konferensi 'Kaum Laki-laki Tuhan.'

Kebanyakan surat yang saya terima adalah dari kaum perempuan yang bersukacita melihat perubahan di dalam suami-suami mereka! Sayangnya, saya akan jadi kaya jika saya terima uang £10 untuk setiap keluarga dalam gereja yang istrinya lebih maju secara rohani daripada suaminya. Tetapi, tentu saja, ini tidak menyiratkan bahwa kaum perempuan lebih rendah dalam segala hal, dengan hanya peran sebagai pelengkap.

Alasan Yohanes menulis

Jelas bahwa perhatian pertama Yohanes dalam menulis surat ini adalah pastoral. Ia merujuk ke para pembacanya sebagai 'anak-anakku.' Ia memiliki kasih sayang besar kepada mereka, tetapi sama sekali tidak dapat mengunjungi mereka. Ada isyarat bahwa ia mungkin memiliki keprihatinan tertentu di pikirannya. Ada dua cara memeriksa alasan Yohanes menulis:

DAFTAR 1

Ia ingin para pembacanya menjadi:

> *Dipuaskan* (1:4). Ia menulis 'agar sukacita mereka menjadi penuh,' berarti ia ingin mereka dipuaskan dalam kehidupan.
> *Tanpa dosa* (2:1). Ia ingin mereka memiliki kehidupan yang tak bercacat cela.
> *Aman* (2:26). Ia ingin mereka terpelihara dari semua tipu daya si jahat, khususnya pengajaran sesat, yang merupakan pedekatan khusus iblis kepada kehidupan gereja dan yang memengaruhi orang percaya yang ia tulisi.
> *Pasti* (5:13). Di atas semuanya, ia ingin para pembacanya

memiliki kepastian tentang apa yang mereka percayai. Orang Kristen harus memiliki kepastian. Ada doktrin yang sangat penting tentang kepastian dalam surat singkat ini. Kita tidak ingin bangun tidur tiap pagi dalam keadaan tidak pasti, tetapi memiliki kepastian bahwa kita ada di dalam Kristus. Kita perlu 'tahu' (kata kunci dalam surat ini) bahwa kita ada di dalam tangan Tuhan.

DAFTAR 2

Di pihak lain, cara lain adalah memeriksa motif yang adalah sebagai berikut. Ia menulis:

untuk memajukan keserasian di antara mereka (1:3);
untuk menghasilkan kebahagiaan (1:4):
untuk mempertahankan kekudusan (2:1);
untuk mencegah kesesatan (2:26);
untuk menyediakan pengharaoan (5:13).

Yang jelas ialah bahwa ia menulis sekitar 60 tahun sesudah ia pertama kali mendengar ucapan Yesus 'Ikutlah Aku.' Ia saat itu sudah tua, dan dapat saya bayangkan ia dengan jenggot panjangnya berkata, 'Aku adalah kakek kalian dalam iman. Aku ingin kalian dipuaskan dan memiliki kepastian tentang siapa kamu sesungguhnya, dan aku ingin kamu menjadi kudus, dan hidup serasi serta penuh pengharapan.' Maka ada hati gembala yang teramat lembut yang menulis surat-surat ini.

Garis besar 1 Yohanes

Meski kita dapat membedakan motif-motif Yohanes dalam menulis, tidak mudah menemukan pola tentang cara ia menyusun tulisannya. Surat ini hampir mustahil dianalisis sebab agaknya ia berputar-putar dalam lingkaran. Pemikirannya lebih seperti lingkaran ketimbang garis lurus. Saya seorang berpikiran garis lurus -- saya suka melihat kemajuan dari suatu argumen dan suka menganalisis. Rasul Paulus, dengan pemikiran legalnya, menulis seperti itu. Maka saya mendapatkan diri saya agak kesulitan ketika bertemu orang yang berpikir dalam lingkaran dan berputar-putar pada tema-tema yang sama. Gaya sirkular Yohanes ini dapat dijelaskan oleh profesi, usia dan kebangsaannya.

1. PROFESINYA

Yohanes seorang penjala ikan, bukan seorang ahli hukum seperti Paulus, dan karena itu cenderung berpindah dari satu pokok ke pokok berikutnya jika ia melakukan percakapan. Ia bukan seorang berpendidikan dan karenanya tidak belajar berpikir dalam pola garis lurus.

2. USIANYA

Orang yang lanjut usia cenderung banyak bicara -- mereka bicara berputar-putar -- itu adalah ciri orang lanjut usia. Pendengar perlu berkonsentrasi menangkap hikmat yang mereka bagikan.

3. KEBANGSAANNYA

Tetapi saya pikir alasan utamanya ialah Yohanes mengikuti kebiasaan orang Yahudi, yang cenderung bicara seperti gaya dalam buku ini. Baik Kitab Amsal Salomo di Perjanjian Lama dan Yakobus di Perjanjian Baru membahas dan membahas ulang sejumlah pokok. Siapa pun yang mencari studi sistematik tentang satu wilayah di dalam buku-

buku ini perlu memburu di seluruh isinya. Mereka tidak disusun dalam struktur yang nyata.

DUNIA ATAU KATA?

Satu cara melihat 1 Yohanes adalah dengan berfokus pada tema yang Yohanes kembangkan sepanjang surat ini, dengan menggunakan diagram di bawah ini.

Diagram itu memperlihatkan dunia yang terbagi dalam dua lingkup. Paruh yang satu diperintah oleh firman Tuhan -- ini adalah lingkup kehidupan, kasih dan terang. Paruh lainnya diperintah oleh dunia -- tanpa hukum, dusta dan nafsu. Yohanes mendesak para pembacanya untuk hidup sesuai firman Tuhan. Ia memberitahu mereka bahwa ia ingin mereka berfokus pada firman Tuhan dan tidak tergoda mendengarkan dunia ini. Setiap orang Kristen harus membuat pilihan ini. Jika Anda mengasihi dunia ini, segera Anda akan hidup menurut jalan dunia ini. Jika Anda mengasihi firman, Anda akan menjalani hidup yang berbeda penuh.

Kerangka kerja sederhana ini menolong kita melihat bahwa surat ini memiliki bentuknya. Ia mulai dengan yang positif kemudian pindah ke yang negatif, dan kemudian balik positif lagi -- suatu *sandwich* yang menyenangkan dengan dua bagian positif melapis satu bagian yang negatifnya. Kita membutuhkan keduanya, kita perlu tahu apa yang harus dipercaya dan apa yang tidak, bagaimana harus berkelakuan dan yang bagaimana jangan dilakukan.

Jadi struktur 'sandwich' 1 Yohanes dapat disimpulkan sebagai berikut:

Hidup– 1:1–4 } Positif
Terang – 1:5–2:11 }
Nafsu, dusta dan melawan hukum – 2:15–3:10 } Negatif
Kasih – 3:11–4:21 } Positif
Hidup – 5:1–21 } Positif

Kini kita akan melihat ke tema-tema yang terdapat dalam 1 Yohanes.

Kasih

Yohanes satu-satunya orang dalam Alkitab yang membuat pernyataan, 'Tuhan kasih adanya.' Ini terdengar sebagai pernyataan 'biasa' untuk orang Kristen yang telah diajar baik, tetapi sesungguhnya ini adalah sebuah pernyataan revolusioner. Tidak ada agama lain dalam dunia yang pernah mengatakan hal ini, juga mereka tidak dapat berkata demikian. Yudaisme berkata, 'Tuhan mengasihi kita,' tetapi itu hal yang berbeda. Mengatakan, 'Tuhan kasih adanya' berarti keberadaan Tuhan dimengerti sebagai lebih dari satu Pribadi. Anda tidak dapat kasih ada-nya, hanya sendirian. Maka karena kita tahu Tuhan adalah tiga Pribadi -- Bapa, Anak dan Roh Kudus -- maka kita dapat berkata, 'Tuhan kasih adanya.' Sebelum dunia memperoleh keberadaannya, ada Bapa, Anak dan Roh Kudus, yang saling mengasihi satu sama lain.

Kadang orang bertanya, 'Mengapa Tuhan menciptakan kita?' Paling sederhananya, Tuhan memiliki Anak, dan Ia sangat mengasihi Dia sampai Ia menginginkan keluarga lebih besar. Ia ingin berbagi apa yang sudah Ia miliki dengan lingkup lebih luas -- itulah mengapa Ia ingin memiliki banyak anak.

Bidat

Sama seperti adanya perhatian umum untuk kesejahteraan rohani pembacanya, Yohanes juga menghadapi masalah spesifik, dan menulis untuk melawan ajaran sesat yang ia tahu sedang memengaruhi mereka. Di bagian-bagian berbeda dalam surat ini ia merujuk kepada 'mereka' (sebagai lawan dari 'kita' dan 'kamu'), maksudnya kelompok pengajar yang dikenal oleh gereja itu.

Para pengajar palsu itu mengajarkan filsafat Yunani, yang mencakup sejumlah unsur yang bertolakbelakang dengan wawasan dunia alkitabiah. Mereka mengajarkan hal yang dapat berpengaruh besar, yaitu keharusan membedakan antara yang jasmani dan yang rohani.

Kita menganut wawasan yang terpecah tentang hidup ini, bahkan sampai masa kini. Sebagai contohnya, Anda tidak pernah menemukan pembedaan antara 'sakral' dan 'sekuler' dalam Alkitab, namun orang Kristen berkata, 'Saya di pekerjaan sekuler.' Saya selalu menjawab mereka tidak ada dalam pekerjaan semacam itu. Kecuali pekerjaan itu imoral atau ilegal, maka itu tidak sekuler. Tidak ada sekuler kecuali dosa. Memang, saya pernah menegaskan pokok ini suatu kali di Inggris Utara, dan seorang penyanyi pop yang terkenal secara nasional bertobat. Ia pikir ia ada dalam pekerjaan sekuler, sebagiannya menyanyi untuk tujuan iklan di televisi. Perkataan saya menolong dia menyadari bahwa ia dapat melakukan pekerjaannya untuk kemuliaan Tuhan.

Mereka yang memajukan filsafat Yunani juga percaya bahwa yang jasmani jahat adanya, dan hanya yang rohani yang baik. Jadi tubuh ini jahat, dan jiwa baik. Mereka memberikan kesan bahwa apa pun yang jasmani entah selalu kotor atau bersifat dosa. Filsafat yang berpengaruh ini terasa gaungnya pada apa yang gereja percayai dan bagaimana ia berperilaku. Mari kita lihat pada kepercayaan dulu.

1. KEPERCAYAAN

Keprihatinan terbesar Yohanes adalah para pengajar palsu ini menerapkan pemikiran itu kepada Yesus. Mereka berpendapat mustahil menerima bahwa Tuhan dapat menjadi manusia. Mereka mengajukan alasan bahwa Tuhan kekal adanya dan manusia ada dalam waktu. Tuhan rohani dan manusia jasmani. Maka bagaimana dapat Tuhan menjadi manusia di bumi?

Kepercayaan ini mengambil banyak bentuk berbeda. Salah satunya adalah kepercayaan bahwa Yesus tidak datang dalam daging tetapi hanya seolah-olah. Bidat ini disebut 'doketisme,' yang semata berarti 'mengenakan topeng,' 'menampakkan diri.' Yohanes berkata dalam suratnya ini bahwa jika Anda mendengar seseorang berkata bahwa Yesus tidak datang dalam daging, Anda tahu bahwa pandangan ini diilhami si iblis. Yohanes bersusah payah menunjukkan bahwa ia telah melihat dan menyentuh Yesus sendiri. Ia adalah daging dan tulang, dan sungguh masih demikian adanya. Filsafat yang disebut Zaman Baru mengajarkan sesuatu yang serupa ketika ia memisahkan manusia Yesus dari Kristus yang ilahi.

Bidat lainnya berkata bahwa Yesus adalah manusia sampai baptisan-Nya pada usia 30, ketika 'sang Kristus' datang ke atas Dia. Lalu di kematian-Nya, 'sang Kristus' pergi lagi, dan yang mati dan dikubur adalah 'Yesus.' Maka dalam teori ini, sesungguhnya 'Yesus' dan 'Kristus' adalah dua entitas yang berbeda.

Dalam cara yang sama, para pengajar Zaman Baru bicara tentang Kristus tetapi tidak suka dengan nama Yesus. Mereka berkata bahwa setiap orang dapat memiliki Kristus datang ke atas mereka. Ajaran ini sangat halus dan membodohi banyak sekali orang, yang percaya bahwa karena Zaman Baru memakai bahasa alkitabiah maka artiannya juga alkitabiah. Salah satu pernyataan favorit para pengajar Zaman Baru adalah Tuhan di luar waktu -- kepercayaan yang bukannya tidak umum di kalangan orang Kristen. Sesungguhnya Alkitab tidak pernah berkata bahwa Tuhan nir-waktu. Alkitab mengatakan Tuhan kekal adanya, dan ini sama sekali berbeda. Waktu adalah riil untuk Tuhan dan Tuhan ada dulu, kini dan akan datang. Tuhan bukan dalam waktu; melainkan, waktu ada di dalam Tuhan.

Orang Yunani juga memisahkan Tuhan sepenuhnya dari waktu, dan kepercayaan ini masih beredar kini. Anda pasti heran betapa banyak orang Kristen berpikir bahwa ketika kita pergi ke surga, kita ke luar dari waktu. Tidak demikian -- kita pergi ke dalam kehidupan kekal. Kekekalan adalah waktu diperluas tanpa batas. Waktu riil adanya untuk Tuhan, dan waktu juga riil dalam Alkitab, dan karena itu sejarah adalah kisah-Nya (*history is 'his story'*).

Tetapi, tentu saja para pengajar ini percaya merekalah 'yang tahu.' Pengetahuan mereka unggul atas gereja. Ini adalah bentuk Gnosticisme, yang telah menyusahkan gereja selama berabad-abad, dan masih beredar dalam berbagai beragam samarannya masa kini.

Maka Yohanes harus melawan kesesatan dalam berbagai bentuknya. Inilah alasan ia mulai dengan menekankan bahwa ketika Kristus datang, Ia sungguh manusia sejati. Tiga indra jasmani paling kuat -- penglihatan, pendengaran dan sentuhan -- semuanya dipakai. Ia berkata, 'Kami telah melihat Dia, kami telah menyentuh Dia, kami telah mendengar Dia.'

Untuk Yohanes, Inkarnasi bersifat fundamental -- pada akhirnya segala sesuatu mengerucut kepada apa yang kita pikir tentang Yesus. Kita harus menyadari bahwa Ia sepenuhnya ilahi dan manusiawi -- bahwa di dalam Dia, yang jasmani dan rohani sepenuhnya berintegrasi. Dunia yang lain dan dunia yang ini sepenuhnya bertemu, dan ide Yunani yang membuat pemisahan antara waktu dan kekekalan, antara rohani dan jasmani, terbukti salah ketika Firman menjadi daging dan tinggal di antara kita. Sebagaimana dikatakan oleh Uskup Agung Temple, 'Kekristenan adalah yang paling materialis di antara semua agama dunia.'

2. PERILAKU

Pemisahan Yunani akan yang jasmani dari yang rohani tidak saja memengaruhi kepercayaan mereka tentang

Yesus, tetapi juga mewarnai perilaku mereka. Orang Yunani percaya bahwa keselamatan (entah bagaimana yang mereka percayai tentangnya) tidak bersangkut paut dengan apa yang orang lakukan dengan tubuh mereka, dan ini menjadi pandangan normal di dalam gereja. Sebagian orang hidup cukup imoral tetapi mengklaim diri rohani, sebab mereka percaya bahwa tubuh mereka tidak bersangkut paut dengan jiwa mereka.

Hanya satu langkah kecil dari pemikiran tadi ke pandangan bahwa dosa tidak masalah dalam Kekristenan. Sesunguhnya, sebagian maju lebih jauh dan berkata, 'Dosa tidak eksis dalam orang Kristen, dengan mengusulkan sejenis perfeksionisme -- sejauh menyangkut Tuhan, mereka tidak berdosa.

Salah satu kesalahan terbesar yang orang buat ketika mereka datang kepada Kristus adalah berpikir bahwa dosa-dosa masa depan mereka telah diampuni. Tetapi hanya dosa-dosa masa lampau yang telah diampuni ketika orang datang kepada Kristus. Mereka harus terus menerima pengampunan untuk dosa-dosa yang dibuat sesudahnya. Yohanes harus berkata, 'Jika kita terus menerus mengakui dosa-dosa kita, ia setia dan adil dan akan terus menerus mengampuni dosa-dosa kita, dan darah Yesus akan menyucikan kita dari segala kejahatan.' Jika saya datang kepada Kristus, saya tidak memiliki cek kosong utuk berdosa. Dosa masa lampau saya sudah diampuni, tetapi masih harus memegang catatan singkat dengan Tuhan. Dengan mengakuinya, Ia akan mengampuni, tetapi hanya jika saya mengakuinya.

Penekanan yang Yohanes buat sangat dibutuhkan dalam gereja masa kini. Pemikiran Yunani menyebabkan kehidupan yang tidak peduli hukum dalam gereja, imoralitas dan elitisme rohani yang berpikir bahwa orang Kristen berada di atas peraturan normal tentang benar dan salah. Tuhan mutlak adil; Ia tidak mengabaikan dosa di dalam orang tidak percaya atau orang percaya. Tetapi Ia menunggu untuk mengampuni jika terjadi pertobatan sejati.

Dalam masa Yohanes ajaran sedemikian menyebabkan kekacauan dalam gereja. Hal ini membuat gereja bingung dan kacau, tidak pasti tentang apa yang harus mereka percayai dan di mana mereka berdiri di hadapan Tuhan. Mereka tidak pasti tenatng keselamatan dan tidak peduli tentang dosa. Para guru tersebut seolah tidak memiliki kepedulian untuk 'orang Kristen biasa' yang menurut mereka belum dicerahkan.

Jaminan

Tetapi dengan hati penggembalaan yang agung, Yohanes memerhatikan bahwa orang Kristen harus pasti bahwa mereka adalah orang Kristen, dan karena itu ia memberitahu mereka untuk memeriksa diri dalam kaitan dengan empat wilayah, dan ini adalah pemeriksaan yang sangat berat. Ia membahas semuanya dengan sangat teliti dan secara terinci.

1. PEMERIKSAAN DOKTRINAL

Yang pertama adalah pemeriksaan doktrinal. Setiap orang Kristen sejati harus lulus ujian ini. Ini menyangkut bagaimana mereka berpikir tentang Kristus. Jika seseorang memiliki pengertian yang goyah dan tidak pasti bahwa Yesus manusia adalah Kristus ilahi, mereka tidak lulus pemeriksaan itu. Pada 25 kesempatan dalam ketiga suratnya Yohanes memakai kata kerja 'tahu.' Ia percaya bahwa pengetahuan penting untuk orang percaya, khususnya di dalam latar hal yang disebut 'pengetahuan lebih tinggi' yang diklaim oleh para pengajar Gnostik. Ada banyak sekali orang dalam gereja-gereja yang berpikir tentang Yesus sebagai manusia agung yang berespons kepada Tuhan jauh lebih baik daripada orang lain, tetapi mereka gagal memercayai bahwa Ia sepenuhnya Tuhan dan sepenuhnya manusia, sebagaimana yang Alkitab ajarkan.

2. PEMERIKSAAN ROHANI

Yohanes berkata, 'Kita tahu kita adalah anak-anak Tuhan sebab kita diberikan Roh-Nya.' Ada kesaksian Roh Tuhan dan roh kita bahwa kita adalah anak-anak Tuhan. Maka tanpa Roh Kudus kita tidak dapat lulus ujian kedua ini, karena Roh yang memberitahu kita apakah kita sungguh anak-anak Tuhan. Sebagian orang berusaha mendapatkan jaminan dari Alkitab dengan berargumen bahwa Alkitab mengatakannya, mereka memercayainya, maka itu cukuplah. Tetapi Alkitab tidak pernah mendorong kita melakukan itu. Sesungguhnya jaminan kepastian datang dari Roh ketimbang dari Alkitab dalam Perjanjian Baru. Anda tidak bisa berusaha membuktikan Anda orang Kristen dengan mengutip ayat-ayat. Roh Kuduslah yang memberitahu Anda bahwa Anda orang Kristen, bukan Alkitab. Karenanya ini adalah ujian spiritual, dan sangat menentukan, sebab jika Anda tidak memiliki Roh, maka Anda masih milik si iblis.

3. PEMERIKSAAN MORAL

Ujian ketiga adalah pemeriksaan moral. Jika Anda hidup benar di hadapan Tuhan, maka hati nurani Anda memberitahu bahwa Anda milik Bapa. Hati nurani diberikan sebagai bagian dari kepastian kita. Dalam ungkapan alkitabiah, jika kita mempraktikkan kehidupan yang benar dan kedapatan melakukan hukum-hukum Tuhan, maka kita memiliki peneguhan bahwa kita adalah anak-anak-Nya. Tetapi jika kita memberontak melawan hukum-hukum-Nya, dan menolak jalan yang Ia inginkan untuk kita hidupi, maka kita tidak lulus dari pemeriksaan ketiga.

4. PEMERIKSAAN SOSIAL

Pemeriksaan terakhir adalah ujian sosial. Kita diberitahu bahwa kita tidak dapat berkata kita mengasihi Kristus jika tidak mengasihi orang Kristen lainnya, sebab Kristus ada di dalam orang Kristen lain. Jika Anda mengasihi Kristus, maka Anda akan mengasihi Kristus yang diam di dalam saudara-saudari Anda. Jika Anda membenci saudara Anda, pasti Anda tidak mengasihi Bapa, sebab Ia mengasihi mereka.

Satu bukti lagi ialah kasih kita kepada orang Yahudi. Mereka tidak pantas dikasihi. Secara manusia, saya percaya saya lebih suka orang Arab ketimbang Yahudi, tetapi Roh dapat memberi kita kasih yang besar untuk orang Yahudi. Ini sama sekali bukan soal natural, tetapi supernatural, Yesus menyebut mereka saudara-saudara-Nya,' dan Tuhan masih mengasihi mereka, kendati segala yang telah mereka buat kepada-Nya.

Secara khusus, Yohanes berkata bahwa kasih kita dan doa kita yang membuktikan bahwa kasih Bapa ada di dalam kita. Anda mendapatkan diri Anda mengasihi orang yang secara wajar tidak Anda sukai, sebab mereka adalah anak-anak Bapa dan kasih Bapa ada di dalam Anda.

Sekali seorang percaya memiliki kepastian tentang persekutuan dengan Tuhan, mereka memiliki keyakinan dahsyat untuk menjalani tiap hari dengan pengetahuan bahwa mereka adalah anak Tuhan. Keyakinan ini diperlihatkan dalam sikap mereka terhadap Tuhan. Mereka dapat berkata, 'Ayah, saya mohon ini kepada-Mu dalam nama Yesus,' dengan mengetahui bahwa Tuhan sanggup dan bersedia merespons.

Ini juga memberikan keyakinan di hadapan manusia. Apabila Anda pasti Anda anak dari keluarga kerajaan surga, Anda secara harfiah menjadi bagian dari keluarga kerajaan di bumi, ini mmberi Anda keyakinan untuk bicara dengan terus terang kepada orang lain.

Dosa

Demikian pula halnya, penting mengidentifikasi mereka yang bukan Kristen. Di masa Yohanes gereja sudah cukup tua untuk mencakup adanya orang Kristen nominal -- orang yang berpura-pura menjadi bagian keluarga Tuhan tetapi tidak sungguh memercayai Kristus. Satu ujian terpercaya ialah hadir atau tidak hadirnya dosa, dan ada banyak yang Yohanes katakan dalam suratnya tentang pokok ini. Sesungguhnya, ia punya beberapa hal sangat aneh tentang ini, yang kadang terkesan bertentangan satu sama lain. Dalam beberapa pernyataan ia mengandaikan orang percaya akan berdosa, tetapi dalam bagian lainnya ia berkata mereka tidak dapat berdosa, dan ini membingungkan banyak orang.

Kita perlu jelas tentang apa yang Yohanes bicarakan dengan 'dosa.' Ia mendefinisikan dosa sebagai 'kedurhakaan' (keadaan tidak berhukum), artinya orang tersebut menganggap dirinya tidak bertanggungjawab atau berakuntabilitas kepada siapa pun tetapi kepada diri mereka sendiri. Yohanes mengingatkan pembacanya bahwa Kristus datang untuk mengangkut dosa-dosa kita dan menghancurkan pekerjaan iblis. Dosa adalah hal normal untuk anak-anak iblis, tetapi tidak normal untuk anak-anak Tuhan.

1. KEMUNGKINANNYA

Tetapi kehadiran dosa di dalam orang percaya merupakan perhatian terbesar untuk Yohanes, dan di sinilah muncul pertentangannya. Ada sejumlah pernyataan tentang kemungkinannya. Untuk orang percaya dosa adalah:

> Tidak dapat disangkal -- kita memang berdosa.
> Tidak terelakkan -- kita akan berdosa.
> Tidak sesuai -- kita tidak mesti berdosa.
> Tidak dapat ditoleransi -- kita harus tidak berdosa.
> Tidak dapat dibela -- kita tidak perlu berdosa.
> Tidak berlaku -- kita tidak berdosa.
> Tidak terbayangkan -- kita tidak dapat berdosa.

Pertentangan ini berpusat pada pernyataan-pernyataan dalam surat-surat Yohanes yang tampaknya saling bertentangan satu dengan lainnya. Sebagai contoh, bandingkanlah pernyataan dalam 1 Yohanes 1:8 dengan yang berikutnya dalam surat tersebut:

Jika kita mengatakan kita tidak berdosa, kita menipu diri kita sendiri dan kebenaran tidak ada pada kita. (1:8)

Setiap orang yang lahir dari Allah, tidak berbuat dosa lagi; sebab benih ilahi tetap ada di dalam dia dan ia tidak dapat berbuat dosa, karena ia lahir dari Allah. (3:9)

Kita tahu, bahwa setiap orang yang lahir dari Allah, tidak berbuat dosa; tetapi Dia yang lahir dari Allah melindunginya, dan si jahat tidak dapat menjamahnya. (5:18)

Ayat pertama mengusulkan bahwa dosa tidak dapat dielakkan, dan dua yang berikutnya mengusulkan bahwa mereka yang lahir dari Tuhan tidak dapat berdosa. Namun sedikit saja orang berani mengklaim bahwa memang demikian halnya dengan mereka. Jadi bagaimana harusnya ayat-ayat ini ditafsirkan?

2. MEMERIKSA AYAT KUNCI

Mari kita lihat pada masalah dengan 1 Yohanes 3:9.

(a) Masalah besar

Ayat ini mengusulkan bahwa siapa saja yang lahir dari Tuhan (yi. dari air dan Roh, Yohanes 3:5) 1. Tidak berdosa dan 2. tidak dapat berdosa. Ada banyak penafsiran tentangnya:

i. Ini benar secara harfiah -- ayat ini tepat memaksudkan apa yang dikatakannya. Tetapi ini akan bertentangan dengan 1:8 dan 5:16, yang menyiratkan bahwa dosa adalah mungkin.
ii. Dosa merujuk kepada dosa-dosa kasar dan mencolok: penyimpangan moral, kejahatan dan dosa melawan kasih. Beberapa teolog besar, seperti Agustinys, Luther dan Wesley mengambil pandangan ini.
iii. Jika orang percaya berbuat salah, Tuhan tidak menyebutnya dosa. Maka akibatnya berlaku dua standar moral.
iv. Firman ini hanya merujuk kepada sifat baru kita. 'Manusia lama' masih berkelakuan salah, tetapi 'manusia

baru' tidak pernah. Namun demikian, orang Kristen bukan pribadi yang terbelah, tetapi kesatuan!

v. Ayat ini memaparkan idealnya, tanpa sungguh memercayai bahwa itu sungguh mungkin. Jadi ini mencerminkan sasaran yang harus kita ingini, tanpa pernah membayangkan bahwa kita akan mencapainya.

vi. Ayat ini hanya merujuk kepada dosa kebiasaan, yang terus menerus dilakukan. Bentuk waktu dari kata kerjanya berarti seseorang yang terus menerus berdosa.

(b) Masalah kecil

i. Alasan orang percaya tidak berdosa ialah mereka 'lahir dari Tuhan.' Kelahiran baru dikatakan memimpin kepada perilaku kebenaran. Tetapi siapa bisa mengklaim berperilaku benar di sisi sebelum surga ini?

ii. Kedua, kita diberitahu bahwa benih Tuhan tetap di dalam orang percaya. Kata itu secara harfiahnya berarti 'sperma,' yang merupakan suatu metafora sangat dahsyat! Tetapi bagaimana harusnya menafsirkan kata itu? Ia dapat dipakai secara harfiah sebagai menunjuk kepada sperma manusia, atau bahkan binatang atau tumbuh-tumbuhan. Tetapi tidak jelas kepada hal apa 'benih-Nya' ini merujuk. Apakah ini merujuk kepada Tuhan atau kepada orang percaya?

iii. Lalu ada lagi masalah ketiga. Apakah ini penyataan kategorikal atau pernyataan kondisional? Penggunaan ungkapan 'tinggal/tetap di dalam Kristus' juga agaknya terbuka untuk penafsiran. Apakah ini kategorikal seperti dalam ayat 9, benar tentang setiap orang yang pernah 'dilahirkan dari Tuhan'? Atau ini kondisional seperti di ayat 6, hanya benar tentang mereka yang *hidup* dalam Dia'? Pernyataan kategorikal adalah pernyataan yang selalu akan benar. Pernyataan kondisional adalah yang akan benar jika beberapa kondisi tertentunya mengikuti.

Jadi bagaimana harusnya kita mengerti ayat ini?

Pertama, kita perlu bertanya mengapa Yohanes membuat pernyataan ini. Ia tidak sedang membahas teka-teki 'sekali selamat, selalu selamat.' Ia sedang berurusan dengan mereka yang menyebut diri murid, tetapi terus menerus berdosa dan menerima itu, seolah hampir tidak masalah!

Maka Yohanes berkata kita tidak dapat berdosa sebab kita dilahirkan dari Tuhan, implikasi jelasnya ialah bahwa kelahiran baru memimpin kepada perilaku benar. Dosa tidak ada tempat dalam kehidupan orang percaya.

Kedua, kita harus memerhatikan bentuk waktu dari 'tidak ada orang yang hidup di dalam Dia yang terus menerus berdosa.' Kata kerjanya ini dalam bentuk waktu Yunani yang disebut sekarang terus menerus (*continuous present*). Jadi kata kerjanya tidak merujuk kepada sesuatu yang dilakukan pada waktu itu, tetapi sesuatu yang orang terus menerus lakukan.

Jadi, sebagai contoh, Yesus tidak sungguh berkata 'Mintalah, dan kamu akan menerima; carilah, dan kamu akan mendapatkan; ketuklah, dan pintu akan dibukakan.' Ia berkata, 'Minta terus menerus, dan kamu akan menerima; terus saja cari, dan kamu akan menemukan; terus saja ketuk, dan pintu akan dibukakan.' Ambillah ayat terkenal, Yohanes 3:16: 'Karena Tuhan sedemikian mengasihi dunia ini sehingga Ia memberikan Anak-Nya yang tunggal, supaya barangsiapa yang percaya kepada-Nya tidak akan binasa tetapi akan beroleh kehidupan yang kekal.' Ini bukan untuk mereka yang satu kali pernah percaya memiliki hidup kekal, tetapi ini untuk mereka yang terus menerus percaya yang akan memiliki hidup kekal.

Jadi kembali ke ayat ini, dikatakan 'Tidak ada orang yang terus menerus hidup di dalam Kristus akan terus menerus berdosa.' Kata 'hidup' adalah sama dengan kata 'tinggal/diam.' Yohanes 15 berkata, 'Akulah pokok anggur yang benar -- tinggallah dalam Aku,' yang berarti 'tetap di dalam Aku,' 'teruskan hidup di dalam Aku.' Ayat ini karena itu dikondisikan oleh konteksnya. Anda tetap hidup dalam Kristus, dan pernyataan itu menjadi benar. Barangsiapa terus hidup di dalam Kristus tidak akan terus berdosa dan tidak dapat terus menerus berdosa.

Orang yang tidak terus menerus dalam Kristus tidak akan memperlihatkan kemajuan secara rohani. Mereka tidak akan masuk ke dalam janji ini.

Ayat ketiga yang dikutip sebelum ini (1 Yohanes 5:18) mendukung ini: 'Kita tahu, bahwa setiap orang yang lahir dari Allah, tidak berbuat dosa; tetapi Dia yang lahir dari Allah melindunginya, dan si jahat tidak dapat menjamahnya.' Maka siapa saja yang lahir dari Tuhan 'tidak terus menerus berbuat dosa, sebab jika mereka hidup dalam Kristus mereka akan mengalami kemajuan dan akan memiliki kemenangan. Maka relasi dengan Kristus itulah yang menentukan kebenaran janji ini. Seluruh surat ini mengandaikan orang Kristen akan jatuh ke dalam dosa -- di sisi sebelum surga ini tidak akan ada orang yang sempurna -- tetapi bukan bahwa mereka akan terus menerus berdosa.

Untuk pengertian kita perlu ditambahkan perspektif Surat Ibrani, yang berkata bahwa jika Anda menerima pengampunan tetapi dengan sengaja terus menerus berdosa, tidak akan ada lagi korban bagi dosa. Ini tidak mengatakan bahwa orang Kristen tidak akan pernah berdosa lagi tetapi bahwa mereka memiliki cara untuk menangani dosa, dan jika mereka hidup dalam Kristus mereka akan berkeinginan mengurus dosa. Salah satu bukti bahwa Anda seorang Kristen ialah apabila Anda membenci dosa. Anda tidak mencintai dosa dan Anda ingin mengenyahkan dosa. Mereka yang terus menerus hidup dalam Kristus tidak dapat terus menerus berdosa. Itu tidak serasi dengan hidup baru di dalamnya.

Sesudah mengurus masalah ini, pasal 5 mengusulkan sesuatu yang lain yang sangat serius. Kita diberitahu bahwa apabila kita melihat seorang saudara berdosa, kita dapat menolong dia dan menobatkan dia dari kehidupannya yang jahat. Jika kita lakukan itu, kita telah 'menyelamatkan saudara itu, tetapi Yohanes menambahkan, ada 'dosa yang mendatangkan maut.' Tidak ada gunanya mendoakan seorang yang telah berdosa yang mendatangkan maut!

Di seluruh Alkitab kita dapatkan bahwa kemunduran dapat membuat orang mencapai titik tanpa kemungkinan berbalik. Ada dosa yang mendatangkan maut, dan kita perlu menerima peringatan ini dengan sangat serius. Hal ini sangat kuat disorot dalam Surat Ibrani. Bisa datang kondisi dimana pertobatan menjadi mustahil. Yohanes berkata bahwa seorang saudara dapat sedemikian rupa berdosa sampai tidak ada gunanya lagi berdoa untuknya. Ini berarti, tentu saja, bahwa ia tidak hidup di dalam Kristus, bahwa ia telah kehilangan hubungan dengan pokok anggur, dan tidak lagi diam di dalam Dia.

Maka jika kita menggabungkan semua yang Yohanes katakan tentang dosa dan orang percaya, kita akan memiliki keseimbangan yang indah. Di satu pihak kita tidak akan menjadi neurotik atau terlena di lain pihak. Akan ada takut yang kudus akan Tuhan yang akan memelihara kita dalam Kristus. Tetapi jika kita mengambil satu ayat ke luar dari konteksnya, kita dapat mencipta malapetaka.

Tuhan

Dalam terang keprihatinannya temtang dosa, Yohanes ingin para pembacanya mengerti seperti apa Tuhan. Ia mengingatkan mereka bahwa Tuhan 'terang' adanya -- Tuhan murni dan kudus dan secara moral terpisah dari dunia. Tuhan juga 'hidup' adanya. Dosa memimpin kepada kematian, tetapi hidup datang dari Tuhan -- itu merupakan karunia-Nya untuk kita. Tuhan yang Yohanes paparkan menginginkan persekutuan dengan kita. Kata 'persekutuan' secara harfiah berarti 'berbagi' atau 'kerekanan.' Yohanes menjelaskan prasyarat untuk persekutuan dengan Tuhan yang bersifat demikian.

1. BERJALAN DALAM TERANG

Kita harus memeluk terang dan menghindari gelap. Kita tidak dapat memiliki persekutuan dengan Tuhan atau umat-Nya jika kita memiliki kehidupan yang tersembunyi -- kehidupan kita harus transparan.

2. BERJALAN DALAM KASIH

Yang merupakan perintah adalah mengasihi Tuhan dan saudara-saudari kita yang baru. Sesungguhnya, jika kita tidak mengasihi mereka, kita tidak dapat mengasihi Dia -- sesederhana itu. Perintah untuk saling mengasihi disebutkan sebagai 'perintah yang lama,' bahkan meski Yesus memaparkannya sebagai 'perintah yang baru.' Alasannya sederhana -- saat Yohanes ini perintah itu sudah 60 tahun sejak pertama diberikan.

3. BERJALAN DALAM HIDUP

Kristus telah menyediakan semua yang dibutuhkan untuk menghidupi kehidupan baru itu; karena itu orang percaya didorong untuk hidup di dalam kebaikan hidup itu.

Jelas bahwa gairah Yohanes adalah bahwa para pembacanya boleh mengalami sukacita persekutuan dengan Kristus, dan tidak ada yang boleh masuk menghalangi di jalan itu.

2 dan 3 Yohanes

Pendahuluan

Untuk studi kita mengenai kedua surat ini, pertama kita akan melihat pada perbedaan antara laki-laki dan perempuan. Mungkin kesannya tidak lazim memulai dengan cara ini, tetapi ini memberikan fondasi berguna untuk mendapatkan garis besar dan tujuan masing-masing kitab. Ketika Tuhan menciptakan kita dalam citra-Nya, Ia menciptakan kita laki-laki dan perempuan, dan karenanya bersifat saling melengkapi. Adalah menakjubkan bagaimana kekuatan kelelakian melengkapi kelemahan keperempuanan, dan sebaliknya. Kita saling membutuhkan.

Diagram pada halaman berikut melihat pada perbedaan antara laki-laki dan perempuan -- yaitu, antara rata-rata lelaki dan rata-rata perempuan, diwakili oleh pihak satunya -- meski jelas, akan ada lelaki dan perempuan yang memperlihatkan karakteristik ini dalam ukuran besar atau kecilnya. Ada laki-laki yang agak kewanitaan dan perempuan yang agak kelelakian.

Yang humanis cenderung mengandaikan bahwa hanya ada satu spektrum -- ujung laki-laki dan ujung perempuan,

586 MEMBUKA ISI ALKITAB

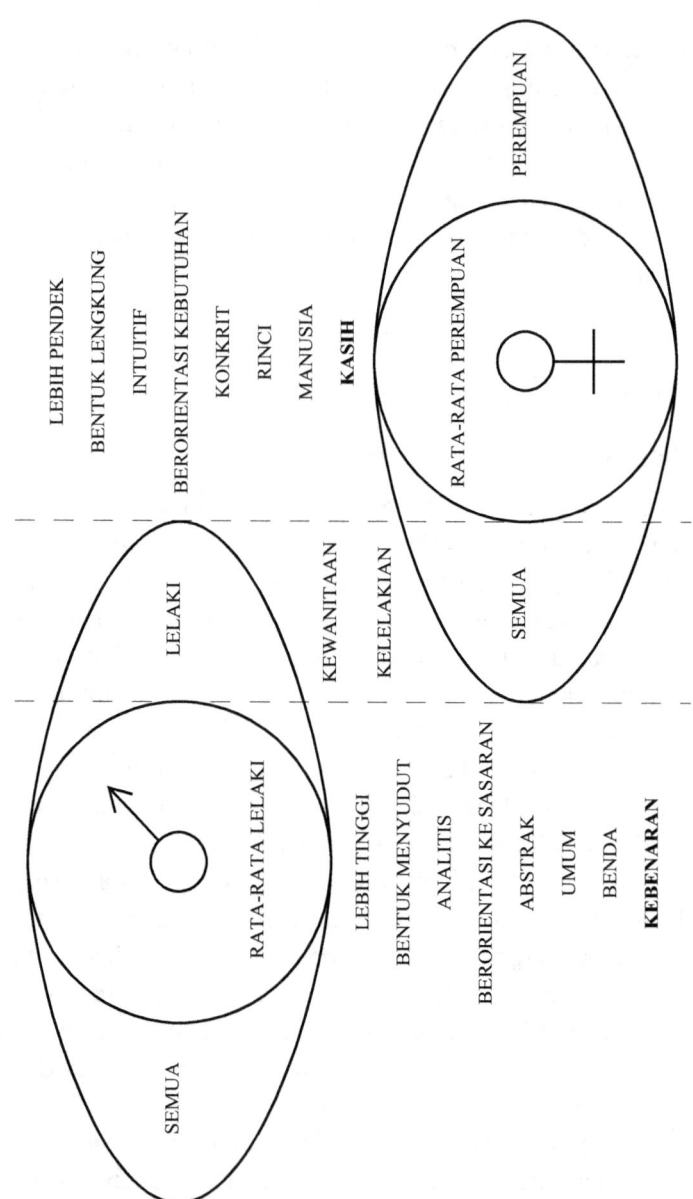

dengan campurannya di bagian tengah, seakan kita hanya satu jenis. Tetapi kita diciptakan berbeda laki-laki dan perempuan, dan kedua spektrum itu memiliki bagian yang tumpang tindih.

Ini menolong kita mengerti perbedaan antara 2 Yohanes dan 3 Yohanes. 2 Yohanes adalah satu-satunya surat dalam Perjanjian Baru yang ditujukan kepada seorang perempuan, dan 3 Yohanes surat yang hampir identik dengan surat kedua, ditujukan kepada seorang laki-laki. Keduanya berlawanan tujuan namun memiliki pokok yang sama.

Perbedaan visual yang jelas ialah bahwa kelihatannya laki-laki berbentuk tubuh menyudut sedangkan perempuan lebih melengkung. Laki-laki memiliki otak analitis, sedangkan perempuan lebih intuitif. Sangat mengganggu ketika istri saya datang ke kesimpulan yang sama dengan saya, khususnya ketika ia mencapai itu enam minggu sesudahnya! Intuisi lebih kuat dalam perempuan kebanyakan, sementara laki-laki lebih cenderung duduk diam dan berpikir menyeluruh.

Laki-laki dapat berpikir secara abstrak, dan perempuan dapat berpikir secara lebih konkrit. Laki-laki memikirkan hal-hal umum, perempuan memikirkan hal-hal terinci. Jadi sementara laki-laki berorientasi pada sasaran dan hidup untuk masa depan, perempuan lebih berorientasi pada kebutuhan. Laki-laki mengalami kepenuhan hidup jika ia memiliki sasaran untuk dicapai; permpuan merasakan kepenuhan hidup jika ada kebutuhan untuk dipenuhi. Laki-laki karena itu cenderung untuk lebih tertarik pada benda/masalah dan perempuan lebih tertarik pada manusia.

Yang berikut ini tercermin dalam percakapan. Laki-laki cenderung bicara tentang sepeda motor dan mobil, sedangkan perempuan cocok bersama membicarakan tentang orang dan hubungan.

Seorang laki-laki dapat memisahkan pemikiran dari perasaannya, sementara perempuan berpikir sebagai pribadi utuh. Inilah sebab laki-laki dapat mencintai lebih dari seorang perempuan pada waktu yang sama, tetapi perempuan umumnya hanya dapat mencintai seorang laki-laki. Perempuan perlu mengerti bahwa laki-laki menghadapi pencobaan berbeda karena alasan ini. Jika seorang istri mendapatkan suaminya pergi dengan perempuan di kantor, ia akan mengandaikan suaminya tidak lagi mengasihi dia. Klaim sang suami bahwa ia masih mencintai istrinya tidak dapat dimengerti karena adanya perbedaan ini. Namun demikian, kendati adanya ciri ini hal ini tetap salah.

Kesanggupan untuk tenang dan analitis ini adalah satu alasan mengapa laki-laki memiliki tanggungjawab khusus untuk disiplin. Mereka dapat memisahkan perasaan dari pikiran mereka dan lebih objektif tentang suatu situasi yang perlu konfrontasi dan penghukuman. Saya percaya perlunya hukuman mati. Orang bertanya apakah saya dapat menekan tombol pelaksanaan hukuman mati itu. Saya jawab, saya pikir saya bisa, tetapi saya tidak akan meminta istri saya melakukan itu.

Karena adanya perbedaan-perbedaan ini laki-laki lebih perhatian dengan kebenaran dan perempuan dengan kasih. Tetapi bahaya laki-laki adalah terlalu menekankan pada kebenaran dan terlalu sedikit pada kasih, dan bahaya perempuan adalah memiliki terlalu sedikit tekanan pada kebenaran dan terlalu banyak pada kasih. Surat Yohanes kedua dan ketiga ini sepenuhnya cocok dengan pola ini. Mereka sangat mirip, tetapi perbedaannya berhubungan dengan karakteristik gender ini.

Garis besar dari 2 dan 3 Yohanes

2 YOHANES ♀ PENYAMBUTAN	3 YOHANES ♂ KEBENARAN & KASIH
Untuk seorang perempuan	Untuk seorang lelaki
Bahaya:	Bahaya:
Terlalu mengasihi	Terlalu menekankan kebenaran
Sikap:	
Terlalu lembut hati	Sikap:
Pintu dibuka terlalu lebar	Terlalu keras hati
Menyambut orang yang salah	Pintu ditutup terlalu rapat
	Menolak orang yang tepat
Mengabaikan kebenaran	Mengabaikan kasih
Kepercayaan salah	Perilaku salah
Kita butuh keduanya ...	
Perempuan	Laki-laki
Kasih	Kebenaran
Kasih *dan* kebenaran	Kebenaran *dan* kasih
Dalam perempuan	Dalam laki-laki

Kedua surat ini sangat singkat. Mereka dapat dimuatkan ke satu lembar papirus saja, kira-kira berukuran A4. Keduanya memberi perhatian pada pokok pemberian tumpangan dan barangkali ditulis bersama.

Pemberian tumpangan khususnya penting di gereja awal karena orang Kristen pada umumnya tidak disambut di mana-mana. Waktu itu tidak ada gedung gereja, dan mereka bertemu di rumah masing-masing. Selanjutnya, penginapan kerap dirangkapkan menjadi tempat pelacuran, maka tidak terdapat tempat yang pantas untuk para pengkhotbah yang berpergian. Kebanyakannya akan bergantung pada dukungan finansial orang percaya.

Gereja membutuhkan baik para pelayan yang melakukan perjalanan maupun yang melayani di tempat tertentu. Sebagian gereja terkunci ke dalam pelayanan lokal mereka saja dan tidak cukup mendengarkan para pelayan lainnya. Yang lainnya hidup bergantung penuh pada para pengkhotbah berkeliling sepanjang waktu, tetapi tidak punya cukup yang melayani di dalam mereka sendiri. Tetapi dalam Perjanjian Baru terdapat para pelayan lokal -- gembala dan pengajar -- dan pelayan berkeliling -- rasul, nabi dan penginjil. Satu tulisan Kristen terawal, Didakhe, mengingatkan bahwa jika seorang nabi tinggal lebih dari tiga hari bersama kamu, ia nabi palsu. Nabi menjadi terlalu intens jika mereka permanen. Jika Anda memiliki nabi yang tetap, maka Anda akan bermasalah, sebab mereka akan membuat minggu demi minggu menjadi berat.

Para nabi dan penginjil perlu melakukan perjalanan; para gembala dan pengajar perlu tetap tinggal di satu tempat. Para pelayan gereja perlu memilih apakah mereka lebih suka menjadi gembala sebuah gereja atau pengkhotbah berkeliling. Adalah tidak adil untuk gereja jika mereka berusaha melakukan keduanya. Saya pernah menyaksikan gereja jadi hancur karena mereka tidak pernah tahu apakah sang gembala akan bersama mereka atau tidak.

Yohanes menulis kedua surat ini karena ia percaya sikap terhadap pemberian penumpangan telah kurang tepat. Masing-masing mencerminkan kelemahan yang umum pada gender mereka -- sang ibu membuka pintu terlalu lebar dan sang bapak menutupnya terlalu rapat. Mereka mewakili respons khas yang darinya kita bisa belajar sesuatu.

Bahaya di pihak yang perempuan adalah ia terlalu mengasihi dan kurang kebenaran. Ia menyambut orang yang seharusnya tidak boleh disambut. Ia memberikan tumpangan, tetapi sikapnya terlalu lembut hati dan mengakomodasi siapa saja yang ingin tinggal. Dengan tidak sadar ia dipakai untuk memperkenalkan pengajaran buruk kepada gereja itu. Yohanes harus menegur dia dengan lembut bahwa dengan berbuat demikian ia mengabaikan kebenaran.

Banyak bidat telah didorong dalam gereja melalui kaum perempuan. Hati perempuan itu mendukung pengajar, tetapi ia butuh meluangkan waktu mengevaluasi pengajarannya juga. Surat Paulus kedua untuk Timotius memperlihatkan bahwa para pengajar sesat khususnya berhasil menipu para janda dan perempuan lemah. Paulus harus mendesak Timotius untuk melindungi mereka dari disesatkan. Inilah satu alasan mengapa Paulus memberitahu Timotius bahwa perempuan tidak boleh terlibat dalam mengajar. Ia menunjukkan bahwa Hawa ditipu di hadapan Adam, yang menutup mulutnya.

Bahaya lawannya ditemukan dalam surat Yohanes ketiga. Ia menulis tentang seorang laki-laki yang terlalu cemburu untuk pelayanannya sendiri dan tidak menyambut pengajar lainnya. Para pengajar baik ditolak masuk padahal mereka dapat memberikan pertolongan nyata kepada persekutuan itu. Bahayanya adalah ia terlalu berfokus pada kebenaran sampai ia melupakan kasih. Ia berpikir ia memiliki semuanya 100 persen tepat secara doktrin dan tidak ada orang lain yang demikian. Maka ia menutup pintu, dan sikapnya ini adalah berhati terlalu keras.

Kedua surat ini menekankan pentingnya kerja tim antara laki-laki dan perempuan. Tuhan menciptakan kita untuk saling melengkapi, meski tidak berarti kita hanya mendapatkan kerekanan ini di dalam pernikahan. Yesus adalah contoh sempurna tentang laki-laki lajang yang memiliki hubungan sempurna dengan kaum perempuan. Ia menghargai mereka, melayani mereka dan mengizinkan mereka melayani Dia. Tetapi Ia masih membuat pembedaan jelas antara peran dan tanggungjawab laki-laki dan perempuan. Keduanya sama diciptakan dalam citra Tuhan dan setara dalam martabat, kecemaran dan harkat. Kita butuh kasih dan kebenaran dalam perempuan, dan kita butuh kebenaran dan kasih dalam laki-laki.

Analisis tentang 2 dan 3 Yohanes

	2 Yohanes		3 Yohanes
1-3	Kasih dalam kebenaran	1	Kasih dalam kebenaran
4	Mengikuti kebenaran	2-4	Mengikuti kebenaran
5-6	Mengikuti kasih	5-8	Mengikuti kasih
7-9	Sebagian menolak kebenaran	9-10	Sebagian menolak kasih
10-11	Jangan undang mereka	11-12	Jangan tiru mereka
12-13	Sukacita kita	13-15	Damai kamu

Kedua surat ini jelas ditulis pada saat bersamaan dan mengikuti pola yang persis sama. Surat 'kedua' ditujukan kepada Kiria, seorang 'ibu,' tetapi kita tidak tahu apakah ini gelar dari seorang perempuan terkemuka atau bukan. 'Anak-anak' bisa merujuk kepada anak-anak rohani yang bertemu di rumahnya. Analisis ini memperlihatkan bahwa garis besar yang sama diikuti dalam setiap surat, namun tekanan untuk laki-laki dan untuk perempuan sepenuhnya berbeda.

Surat yang 'ketiga' dialamatkan kepada Gayus, tetapi mengandung peringatan tentang seorang bernama Diotrefes. Paparan tentang dia tidak positif. Ia seorang yang bersalah karena terlalu tertutup rapat. Ia cerewet, suka mengatur, keras kepala dan haus kuasa. Ia cemburu karena persekutuannya yang kecil dan tidak ingin pengajar lain datang dan menjauhkan orang dari kepemimpinannya. Ia menolak mengizinkan rasul Yohanes bekunjung, bahkan mencabik surat yang telah ia tulis.

Ini adalah seorang yang mengucilkan semua orang yang tidak di pihak dia dan yang membenci mereka yang tidak setuju dengannya -- bahkan para rasul. Tidak ada catatan bahwa ia berkepercayaan yang ortodoks, tetapi ia pasti menjegal karunia pengajaran yang orang lain akan bawa.

Maka Yohanes harus mendesak Gayus untuk menyambut Demetrius -- seorang pengajar terhormat yang tidak semestinya untuk ditolak. Tidak jelas apakah Demetrius pengajar lokal atau keliling. Ia mungkin juga pengantar surat yang membawa surat-surat kepada gereja itu. Yang pasti ia dikenal oleh mereka.

Rasul lanjut usia

Ada dua kisah tentang Yohanes di usia lanjutnya yang kita ketahui dari catatan gereja. Catatan itu menyatakan keseimbangannya tentang kebenaran dan kasih. Ia berdiri teguh untuk kebenaran, menolak berkompromi, khususnya mengenai Pribadi Kristus. Tetapi di saat sama ia adalah seorang tua yang sangat mengasihi.

Seorang penulis gereja awal, Jerome, menceritakan sebuah kisah tentang Yohanes dari tahun 90-an. Pada saat itu Yohanes sudah sangat lanjut usia, dan terbiasa digotong ke dalam gereja di atas sebuah kursi dengan tongkat pengusung melalui kursi itu. Para angggota gereja kerap meminta dia berbicara. Ia duduk di bagian depan dan hanya berkata, 'Anak-anak, hendaklah kamu saling mengasihi!'

Hari Minggu berikutnya mereka mengusung dia lagi ke dalam gereja dan bertanya jika ia ingin menyampaikan sepatah dua kata untuk mereka. 'Ya,' jawabnya. 'Aku ada pesan untuk kamu hari ini.' Mereka membawa kursinya ke depan dan ia berkata, 'Anak-anak, kasihilah seorang kepada yang lain!'

Minggu berikutnya mereka membawa dia lagi dan hal sama terulang kembali. Mereka mulai berpikir bahwa ia mulai pikun. Tidak sadarkah ia bahwa ia hanya mengulang-ulang kata yang sama? Akhirnya mereka pergi ke orang tua tersebut dan berkata, 'Bapak, mengapa Anda selalu berkata, "Anak-anak, kasihilah seorang kepada yang lain"?' Ia menjawab, 'Sebab Tuhan memerintahkan itu, dan jika saja itu dilakukan, cukuplah.'

Kisah lainnya memperlihatkan bahwa perhatian Yohanes untuk kebenaran tidak kurang kuatnya. Ia sering mengunjungi tempat pemandian Romawi untuk mandi. Sekali waktu ia diturunkan ke dalam air, dan di ujung lain kolam itu ada seorang bernama Cerinthus. Itu adalah pemimpin pengajar sesat yang berkeliling gereja-gereja. Yohanes berkata, 'Ayo kita terbang! Ayo kita terbang! Jangan sampai rumah pemandian ini runtuh gara-gara Cerinthus, musuh kebenaran, ada di dalamnya!'

Jadi mereka mengangkat dia ke luar dan membawa dia pulang dalam keadaan belum mandi hari itu. Yohanes seorang yang sangat penuh kasih, tetapi kebenaran pun penting baginya.

Ketika Yesus berjumpa dia, ia adalah seorang dengan perangai sangat buruk dari semua orang di sekitarnya.

Yesus menjuluki Yohanes dan saudaranya Yakobus, 'Boanerges,' yang berarti 'anak-anak halilintar' -- bukan nama panggilan yang menyanjung! Reaksi Yohanes kepada orang Samaria bukan hal yang tidak biasa. Ketika orang Samaria membuang muka sewaktu mereka berjalan melalui Samaria, ia berkata, 'Aku akan meminta api turun dari langit. Jika Kau, Yesus mengizinkan, dan kita akan membakar sebagian besar mereka!'

Kemudian hari ia dan Yakobus dianjurkan oleh ibu mereka untuk meminta posisi lebih tinggi ketimbang para rasul lain ketika Yesus masuk ke Kerajaan-Nya.

Sebagian orang mengusulkan bahwa ia yang kemudian hari, perilakunya yang lebih lembut dikarenakan usia melunakkan dia. Tetapi tidak semua orang melunak dengan usia! Ini adalah orang yang Yesus kasihi, dan sedikit demi sedikit karakternya dibentuk menjadi seperti Tuannya.

Surat-surat ini membentangkan bahwa tidak ada satu pun dari ciri tidak menyenangkan di periode kehidupannya terdahulu. Inilah seorang yang kini penuh dengan kasih dan kebenaran, dan rincu agar orang lain juga demikian. Yesus telah mengubahkan dia, dan ia memerhatikan dalam surat-surat ini bahwa pembacanya juga boleh mengenal dan menghargai sang Juruselamat sebagaimana ia mengalaminya.

58. WAHYU

Perbedaan pendapat

Pertanyaan-pertanyaan tentang Kitab Wahyu mencakup spektrum sangat luas. Apabila digabungkan bersama, agaknya mustahil semua itu merujuk ke jenis sastra yang sama.

Pandangan Manusia

Pandangan manusia sangat berbeda. Reaksi orang tidak percaya bisa dimengerti, sebab surat ini bukan ditujukan kepada mereka. Barangkali ini adalah kitab terburuk untuk dijadikan perkenalan kepada Alkitab Kristen. Dunia menganggap kitab ini adalah akibat dari 'paling baiknya salah cerna atau paling buruknya kegilaan,' demikian komentar khas yang bisa dikutip.

Namun bahkan di antara orang Kristen ada sikap-sikap yang beragam, merentang dari mereka yang takut tidak dapat masuk ke dalam buku ini ke mereka yang fanatik yang tidak dapat keluar dari dalamnya! Para sarjana Alkitab telah membuat banyak pernyataan negatif: 'teka-teki di dalamnya sebanyak jumlah kata-katanya,' 'kumpulan kacau simbol-simbol aneh,' 'entah lebih baik menemukan orang gila atau membiarkannya tetap gila.'

Herannya, kebanyakan para reformator Protestan (yang 'magisterial, disebut demikian karena mereka bekerja sama dengan otoritas sipil untuk mencapai sasaran mereka) memiliki pandangan yang sangat rendah tentang kitab ini:

Luther: 'tidak bersifat rasuli atau profetis... setiap orang berpikir tentang kitab ini seperti yang rohnya usulkan... ada banyak buku yang lebih bermutu yang perlu dipelihara... roh saya tidak dapat menyetujui buku ini.'
Calvin: meniadakan buku ini dari tafsiran Perjanjian Barunya!
Zwingli: berkata bahwa kesaksian buku ini dapat ditolak sebab 'ini bukan buku yang termasuk dalam Alkitab.'

Sikap yang merendahkan ini telah memengaruhi banyak denominasi yang lahir dari Reformasi.

Sebagaimana kita ketahui, telah berlangsung berbagai perdebatan dalam Gereja awal tentang dimasukkannya Wahyu ke dalam 'kanon' (ukuran atau standar) Alkitab' tetapi sejak abad kelima kitab ini telah dimasukkan dengan yakin dan secara universal.

Sebagian penafsir sangat positif dalam penilaian mereka: 'satu-satunya maha karya seni murni dalam Perjanjian Baru; 'indah melampaui yang dapat dipaparkan.' Bahkan William Barclay, yang mengumpulkan beragam komentar tetapi dirinya sendiri cenderung ke pandangan Alkitab yang 'liberal,' memberitahu pembacanya bahwa kitab ini 'secara tanpa batas layak untuk digumuli sampai ia memberikan berkatnya dan membukakan kekayaannya.'

Pandangan satanik

Pandangan satanik secara konsisten negatif adanya. Si iblis membenci halaman-halaman pertama Alkitab (yang menyingkapkan bagaimana ia mendapatkan kendali atas planet kita) dan halaman-halaman terakhir Alkitab (yang menyingkapkan bagaimana ia akan kehilangan kendali itu). Jika ia dapat meyakinkan manusia bahwa Kejadian digubah dari mitos-mitos mustahil dan Wahyu dari misteri tak tertembusi, puaslah dia.

Penulis memiliki bukti jelas tentang kebencian khusus Iblis terhadap Wahyu 20. Banyak rekaman kaset berisi eksposisi pasal itu yang mengalami kerusakan di antara proses pengiriman dan penerimaannya. Dalam kasus tertentu bagian yang bicara tentang nasib si iblis yang akan dimusnahkan telah dihapuskan bersih sebelum mencapai ke tujuannya, dalam kasus lainnya terdengar suara teriakan memakai bahasa asing yang telah menindih kata-kata aslinya sampai tidak dapat dimengerti!

Kitab ini mengungkap kesombongan iblis. Ia hanya pangeran dan pemerintah dunia ini oleh izin dari Tuhan. Dan itu hanya diberikan untuk sementara.

Pandangan ilahi

Pandangan ilahi secara konsisten bersifat positif. Ini satu-satunya kitab dalam Alkitab yang kepadanya dikaitkan langsung sangsi pahala dan penghukuman ilahi. Di satu pihak, berkat khusus akan diam di atas mereka yang membacakannya dengan suara kuat, baik untuk dirinya sndiri dan orang lain (1:3) dan yang 'memelihara perkataannya' dengan merenungkan dan menerapkannya (22:7). Di pihak lain, kutukan khusus akan diam atas mereka yang mengkutak-katik teksnya. Jika ini dilakukan dengan menambahkan, atau menyelipkan, bencana yang dipaparkan dalam kitab ini akan ditambahkan ke pengalaman pelakunya. Jika itu dilakukan dengan mengurangi, menghapus, keterhisaban pelakunya dalam kehidupan kekal di Yerusalem Baru akan diambil darinya.

Berkat dan kutuk sedemikian itu memberitahu kita berapa serius Tuhan menganggap fakta dan kebenaran yang dipaparkan di sini. Ia hampir tidak dapat menegaskan pentingnya itu dengan cara lain yang lebih jelas.

Dari pandangan tentang kita ini, kita beralih ke melihat kitab ini sendiri.

Pertama pertimbangkanlah posisinya dalam Alkitab. Sebagaimana Kejadian tidak dapat ditempatkan di tempat lain kecuali di permulaan, Wahyu tidak dapat di tempat lain selain di akhir. Dalam begitu banyak cara kitab ini menyempurnakan 'kisah' seluruh Alkitab.

Jika Alkitab sekadar dianggap sebagai sejarah dunia kita, Wahyu diperlukan untuk menyimpulkannya. Tentu saja, sejarah alkitabiah berbeda dari semua publikasi lain semacam itu. Alkitab mulai jauh lebih awal, sebelum adanya pengamat untuk mencatat peristiwa-peristiwa dunia. Ia berakhir jauh kemudiannya, dengan memprediksi peristiwa-peristiwa yang masih belum dapat diamati dan dicatat.

Ini tentunya, membangkitkan pertanyaan mengenai apakah kita berurusan dengan karya imajinasi manusia atau inspirasi ilahi. Jawabannya begantung pada iman. Itu adalah pilihan sederhana: percaya atau tidak. Meski mengatasi akal, iman tidak melawan akal, catatan alkitabiah tentang asal dan destini alam semesta kita dapat diperlihatkan sebagai penjelasan terbaik tentang keadaan masa kini. Mengetahui bagaimana semesta akan berakhir merupakan makna dahsyat bagi cara kita hidup kini.

Tetapi perhatian Alkitab tertuju pada ras manusia dan khususnya umat pilihan Tuhan ketimbang pada lingkungan hidup. Dengan umat pilihan Ia memiliki hubungan 'perjanjian', yang dapat disejajarkan dengan pernikahan. Dari satu sudut pandang, Alkitab adalah kisah romans, Bapa surgawi mencarikan pengantin perempuan dari bumi untuk Anak-Nya. Seperti dengan semua romansa yang bagus, mereka 'akhinya menikah dan hidup bahagia selama-lamanya.' Tetapi klimaks ini hanya dicapai di Kitab Wahyu, tanpa kitab ini kita tidak pernah tahu entah pertunangan yang sudah dilangsungkan (2 Korintus 11:2) sungguh mewujud ke pernikahan atau putus.

Bahkan, sangat sukar membayangkan apa yang akan terjadi dengan memiliki Alkitab tanpa Kitab Wahyu, bahkan meski kita tidak terlalu sering memakainya. Bayangkan Perjanjian Baru yang berakhir dengan Surat Yudas ditujukan kepada gereja generasi kedua yang dicemarkan dalam pengakuan iman, perilaku, karakter dan percakapan mereka. Jadi seperti itukah akhirnya? Betapa itu akan menjadi anti klimaks menyedihkan!

Maka kebanyakan orang Kristen gembira bahwa ada Wahyu ini, bahkan jika mereka tidak terlalu akrab dengannya. Biasanya mereka akan sanggup menerima sedikit pasal awalnya dan sedikit pasal akhirnya, tetapi merasa di luar kesanggupan mereka menyelami bagian sentralnya (pasal 6-18). Sebagian besarnya ini disebabkan porsi tersebut sangat berbeda dibandingkan dengan lainnya. Ia sukar karena ia berbeda. Jadi apa yang membuatnya demikian?

Sifat tulisan apokaliptik

Wahyu tidak saja berbeda dari kitab-kitab Perjanjian Baru lain dalam isinya. Ia juga unik dalam asalnya.

Semua lainnya dimaksudkan untuk dituliskan. Setiap pengarangnya memutuskan untuk menggores kertas dengan pena mereka, entah oleh mereka sendiri atau melalui 'penulis' (yi. sekretaris, mis. Roma 16:22). Ia lebih dulu mempertimbangkan apa yang ingin ia katakan sebelum itu dituliskan. Akibatnya ciri temperamen, karakter, cara pandang dan pengalamannya nampak -- meski ia 'diilhami' oleh Roh Kudus yang mendorong pemikiran dan perasaannya.

Para sarjana telah mencatat banyak perbedaan antara Wahyu dan tulisan lain dari rasul Yohanes (satu Injil dan tiga Surat). Gaya tulisan, tata bahasa dan kosa katanya tidak lazim untuk dia sampai mereka menyimpulkan bahwa ini datang dari 'Yohanes' lain. Sesungguhnya mereka telah menemukan rujukan agak samar ke penatua tidak jelas dengan nama itu di Efesus untuk dicocokkan dengan yang dibutuhkan. Tetapi orang yang menulis Wahyu ini hanya memperkenalkan dirinya sebagai 'aku, Yohanes' (1:9), yang menyatakan bahwa ia dikenal baik dan luas.

Ada penjelasan lebih sederhana untuk kontras tersebut, bahkan lepas dari perbedaan jelas tentang pokok ini. Ia tidak pernah bermaksud menulis Wahyu. Itu bahkan tidak terpikirkan olehnya. Itu datang sepenuhnya kepadanya sebagai 'wahyu; yang tidak diharapkan baik dalam bentuk lisan maupun penglihatan. Sementara ia 'mendengar' dan 'melihat' rangkaian suara dan penglihatan mencengangkan, ia berulang kali diperintahkan untuk 'menuliskan' semua itu (1:11, 19; 2:1, 8, 12, 18; 3:1, 7, 14; 14:13; 19:9; 21:5). Perintah berulang ini mengusulkan bahwa ia menjadi sedemikian terserap dalam apa yang terjadi kepadanya sampai ia lupa untuk mencatatnya dari waktu ke waktu.

Ini menjelaskan 'Yunani yang kurang bagus,' dibandingkan dengan kelancaran wajarnya. Kitab ini ditulis tergesa-gesa dalam lingkungan yang sangat memecah konsentrasi. Bayangkan Anda menonton film dan diberitahu untuk 'mencatat semuanya di kertas,' sementara film itu ditayangkan. Para mahasiswa perguruan tinggi mengetahui gaya 'catatan cepat' dengan melihat catatan kuliah mereka. Lalu mengapa Yohanes tidak menuliskannya sesudahnya dari ringkasannya, supaya bentuknya yang permanen dapat lebih dihaluskan? Ia pasti tidak ingin melakukan itu ketika bagian terakhir yang didiktekan mengandung ancaman kutukan pada siapa saja yang mengubah apa yang telah dituliskan!

Semuanya ini berarti Yohanes memang bukan penulis Kitab Wahyu. Ia hanya sekadar 'amanuensis' (pencatat) yang mencatat. Jadi siapa pengarangnya? Pesannya kerap disampaikan kepada dia oleh malaikat. Tetapi juga Roh yang berbicara kepada gereja-gereja, dan itu adalah penyataan dari Yesus Kristus. Tetapi itu diberikan kepada Yesus oleh Tuhan. Maka ada rangkaian rumit keterlibatan Tuhan, Yesus, Roh, malaikat, Yohanes. Lebih dari sekali, Yohanes yang patut dikasihani ini bingung tentang siapa yang patut menerima kemuliaan untuk apa yang ia alami (19:10; 22:8–9). Hanya dua kaitan pertama yang disembah dalam kitab ini.

Ketimbang kitab lain dalam Perjanjian Baru, secara lebih langsung kitab ini layak dinamai 'Wahyu.' Kata Yunani yang diterjemahkan demikian di kalimat pertamanya adalah *apokalypsis*, yang darinya datang kata benda 'Apokalips' dan kata sifat' apokaliptik,' yang kini dipakai luas untuk sastra yang gaya dan isinya mirip ini. Akar kata itu berarti 'penyingkapan.'

Kata itu berarti menarik tirai untuk menyingkapkan apa yang tesembunyi (seperti dalam peristiwa penyingkapan lukisan atau piagam).

Dalam konteks Alkitab, ini adalah penyingkapan dari apa yang tersembunyi dari manusia, tetapi yang diketahui Tuhan. Ada beberapa hal yang tidak dapat manusia ketahui kecuali Tuhan memilih untuk memberitahukan. Khususnya, manusia tidak dapat mengetahui apa yang terjadi di surga dan tidak dapat mengetahui apa yang akan terjadi di masa depan. Pencatatan dan penafsirannya karena itu sangat terbatas dalam waktu dan ruang. Paling baiknya, ini hanya dapat terjadi sebagai catatan tidak lengkap tentang perjalanan sejarah. Apabila Tuhan menuliskan sejarah, Ia memberikan gambaran totalnya, paling tidak karena Ia yang memerintah sambil juga mengamati jalannya peristiwa-peristiwa. 'Sejarah' adalah 'kisah Tuhan' (History is his story). Ia 'yang memberitahukan dari mulanya hal yang kemudian' (Yesaya 46:10). Masa lalu, kini dan akan datang saling berhubungan dalam Dia.

Demikian juga surga dan bumi. Ada interaksi antara apa yang terjadi di atas sana dan apa yang terjadi di bawah sini. Salah satu fitur mengganggu dalam Wahyu ialah peralihan terus menerus pemandangan dari bumi ke surga dan balik ke bumi lagi. Itu disebabkan adanya koneksi antara kejadian-kejadian di atas dan di bawah (yi. Peperangan di surga menyebabkan peperangan di bumi; 12:7; 13:7).

'Apocaliptik' adalah sejarah ditulis dari sudut pandang Tuhan. Ia memberikan gambaran total. Ia memperbesar pengertian kita tentang peristiwa-peristiwa dunia dengan melihatnya dalam terang apa yang ada di atas dan di bawah melampaui pencerapan kita yang terbatas. Ini memberikan kita baik wawasan dan juga prawawasan, memperluas pengertian kita tentang apa yang sedang terjadi di sekitar kita, jauh melampaui yang dilihat sejarawan biasa.

Pola dan tujuan yang tentangnya ia buta, muncul. Sejarah bukan sekadar akumulasi kejadian-kejadian secara sembarangan. Kebetulan memberi jalan kepada pengaturan (Coincidence gives way to providence). Sejarah berjalan menuju sesuatu.

Waktu bermakna secara kekekalan. Waktu dan kekekalan saling berkaitan. Tuhan tidak di luar waktu, sebagaimana dibayangkan oleh filsafat Yunani. Ia di dalam waktu; atau lebih tepatnya, waktu di dalam Tuhan. Ia adalah Tuhan yang ada dulu, ada kini dan akan terus ada nanti. Bahkan Tuhan sendiri tidak dapat mengubah masa lalu, sekali itu telah terjadi! Kematian dan kebangkitan Yesus tidak pernah dapat diubah atau dibatalkan.

Tuhan sedang bekerja mewujudkan rencana dan maksud-Nya di dalam waktu (buku klasik tentang ini adalah *Christ and Time* oleh Oscar Cullmann, SCM Press, 1950). Ia adalah Tuhan atas sejarah. Tetapi merupakan pola Dia, yang hanya dapat dibedakan ketika Ia menyingkapkan keping-keping yang terhilang dari *jigsaw*. Hal-hal yang tersembunyi dari pengamatan manusia dan yang disingkapkan oleh Tuhan disebut 'rahasia/misteri' dalam Perjanjian Baru.

Arah dari peristiwa-peristiwa di masa lampau dan kini menjadi nyata dalam terang masa depan. Lekuk sejarah tidak dapat dilihat dalam jangka pendek, harus dalam jangka panjang. Sebab waktu bersifat relatif dan juga riil untuk Tuhan. 'Seribu tahun adalah seperti satu hari' untuk Dia (Mazmur 90:4, dikutip dalam 2 Petrus 3:8). Kesabaran-Nya yang ajaib dengan kita membuat Dia terkesan 'lambat' bagi kita (2 Petrus 3:9). Alkitab mengandung 'filsafat sejarah' yang cukup berbeda dari mereka yang mengambil pemikiran manusia yang tidak dibantu. Kontrasnya jelas apabila kita membandingkannya dengan empat ide yang paling umum orang pegang:

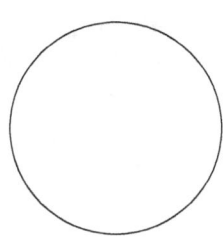

1. *Siklik*. 'Sejarah mengulang dirinya sendiri.' Sejarah semata berjalan berputar-putar dalam lingkaran atau siklus tanpa akhir. Kadang dunia menjadi lebih baik, kemudian lebih buruk, lalu membaik, kemudian memburuk lagi ... demikian seterusnya. Ini merupakan ide Yunani.

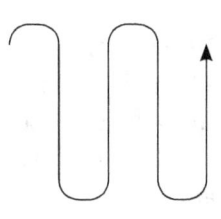

2. *Ritmik*. Ini adalah variasi pada siklis. Dunia masih bersilih ganti antara lebih baik dan lebih buruk, tetapi tidak pernah mengulang saja persis seperti sebelumnya. Sejarah selalu bergerak maju, tetapi entah akhirnya ia akan 'naik' atau 'turun' orang boleh menebaknya!

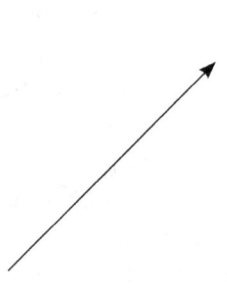

3. *Optimistik*. Dunia ini menjadi makin baik terus. Sebagaimana salah seorang Perdana Menteri Inggris katakan di awal abad ke dua puluh: 'naik dan naik dan naik dan terus dan terus dan terus.' Kata yang orang ucapkan untuk itu adalah 'progres.' Sejarah seperti eskalator yang mendaki terus.

4. *Pesimistik.* Kata di bibir semua orang di akhir abad dua puluh adalah 'kelangsungan hidup.' Para ahli yang menyuarakan 'suram dan seram' percaya kita sedang di eskalator yang menurun. Ia mungkin melambat, tetapi tidak dapat dihentikan. Dunia ini akan terus memburuk sampai kehidupan mustahil berlangsung (ramalan kekinian, itu akan sekitar tahun 2040!).

Pola alkitabiah jelas sangat berbeda dari semua ini, menggabungkan baik pesimisme dan optimisme dalam realisme yang didasarkan pada semua fakta yang ada.

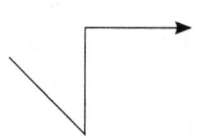

5. *Apokaliptik.* Dunia akan terus memburuk, kemudian tiba-tiba ia akan menjadi lebih baik jauh melampaui yang pernah terjadi -- dan akan tetap demikian.

Kepercayaan terakhir ini dipegang bersama oleh orang Yahudi, Kristen dan Komunis. Semua mereka mendapatkannya dari sumber yang sama: para nabi Ibrani (Karl Marx memiliki ibu Yahudi dan ayah Lutheran). Perbedaan dasar antara mereka ialah apa yang mereka percayai sebagai yang akan membawa perubahan arah yang tajam. Komunis percaya itu akan terjadi oleh revolusi manusia. Yahudi percaya itu akan terjadi oleh campur tangan ilahi. Kristen percaya itu akan terjadi oleh kembalinya sang Tuhan-manusia Yesus ke planet bumi ini.

Mereka yang telah membaca keseluruhan kitab Wahyu kini akan menyadari bahwa sesungguhnya kitab ini distrukturkan persis di atas dasar ini. Sesudah mengurus dengan masa kini di pasal-pasal terawalnya, ia beralih ke perjalanan sejarah ke depan, yang terus saja memburuk (dalam pasal 6-18), lalu tiba-tiba menjadi lebih baik (dalam pasal 20-22), perubahan itu bersamaan dengan Kedatangan Kedua Kristus (dalam pasal 19).

Ada dua lagi karakteristik sejarah 'apokaliptik' yang perlu kita bicarakan sebelum melanjutkan ke topik lain.

Ciri pertama adalah pola dasarnya adalah *moral*. Karena sejarah diatur oleh Tuhan dan Ia sempurna baik dan maha kuasa, kita harus berharap melihat keadilan-Nya dilaksanakan dalam dorongan untuk kebaikan dan hukuman atas kejahatan.

Tetapi sepertinya bukan demikian yang terjadi, baik di pengalaman internasional atau individual. Hidup seakan luar biasa tidak adil, sejarah terkesan tidak peduli terhadap moralitas. Orang benar menderita dan orang jahat berjaya. Seruan terus menerus yang diperdengarkan ialah: 'Mengapa Tuhan mengizinkan hal sedemikian ini terjadi?' Alkitab cukup jujur mencatat kebingungan Ayub, Daud (Mazmur 73:1-4), Yesus sendiri (Markus 15:34, perkataan dari Mazmur 22:1), dan orang Kristen yang dimartir karena dia (Wahyu 6:10).

Semua keraguan demikian terpancar dari pandangan jangka pendek yang utamanya berfokus pada masa kini dan sebagiannya pada masa lampau. Pandangan jangka panjang mengambil masa depan, hasil paling akhirnya, ke dalam penghitungan. Ini dapat mengubah pengertian secara total (Ayub 42; Mazmur 73:15– 28; Ibrani 12:2; Wahyu 20:4; Paulus menyimpulkannya dalam Roma 8:18).

Semua bagian Alkitab yang 'apokaliptik' mendorong pandangan jangka panjang ini yang menyingkapkan bahwa sejarah sungguh menjunjung moralitas (Daniel 7–12, yang dengannya Wahyu banyak memiliki kesamaan, adalah contoh istimewa tentang ini). Kita benar-benar hidup dalam alam semesta bersifat moral. Tuhan yang baik masih di takhta-Nya. Ia akan membawa segala sesuatunya ke kesimpulan yang benar. Ia akan menghukum orang jahat dan memberikan pahala kepada orang benar. Ia akan mengembalikan dunia ke kebenaran kembali dan memberikannya kepada mereka yang dalam dirinya bersedia untuk dijadikan benar. Kelak akan ada 'akhir bahagia untuk selamanya' kepada kisah ini.

Sastra 'apokaliptik', termasuk Wahyu, karenanya berkonsentrasi pada tema semacam pahala, pembalasan dan pemulihan. Di atas semuanya, ia menggambarkan Tuhan memerintah di atas takhta, mengendali sempurna segala urusan dunia. Perhatikan bahwa kata 'menggambarkan,' berarti memperkenalkan kualitas lainnya.

Ciri kedua adalah bahwa penyajian ini kerap bersifat *simbolis*. Memang harusnya demikian, sebab yang dikomunikasikan adalah hal yang tidak dikenal dengan baik. Sebagaimana setiap pengajar ketahui, yang tidak diketahui dalam batas tertentu harus dikaitkan dengan yang telah diketahui, biasanya melalui analogi ('nah, itu seperti ini'). Sebagian besar dari perumpamaan Yesus tentang Kerajaan Surga memakai situasi bumi untuk memandu pengertian ('Kerajaan Surga adalah seperti...').

Menolong orang agar mengerti sesuatu akan melibatkan imajinasi sama banyak seperti juga informasi. Jika mereka dapat 'menggambarkan' hal itu di pikiran mereka, itu akan menjadi lebih mudah untuk dimengerti. Karenanya, respons lazimnya adalah: 'Ahh, sekarang saya melihatnya (mengerti).'

Wahyu sepenuhnya adalah bahasa penggambaran. Melalui penggunaan 'simbol' secara terus menerus kita dapat membayangkan apa yang tanpa penggambaran itu akan tidak terpahami. Tidaklah berlebihan jika dikatakan bahwa ini dimaksudkan untuk menolong pengertian kita, bukan menghalanginya. Terlalu banyak orang yang telah memakai sifat 'sangat simbolis' buku ini untuk mengabaikan atau bahkan mengelakkan pengajarannya, seakan simbol-simbol itu terlalu mengaburkan untuk dapat menyampaikan pesannya yang jelas. Kasus sebenarnya bukan demikian, sebagaimana akan dijelaskan ketika mereka didaftarkan dalam empat kategori:

Sebagiannya *jelas* dalam artinya. Si 'naga' atau 'ular tua' adalah si iblis. 'Lautan api' adalah neraka. 'Takhta putih besar' adalah kursi penghakiman Tuhan.

Sebagian lagi *dijelaskan* dalam konteksnya. 'Bintang-bintang' adalah malaikat. 'Kaki dian' adalah gereja-gereja. 'Meterai,' 'sangkakala' dan 'cawan' adalah malapetaka. 'Kemenyan' mewakili doa-doa yang dinaikkan. 'Sepuluh tanduk' adalah para raja.

Sebagian *disejajarkan* di bagian Alkitab lainnya. Dalam Perjanjian Lama bisa ditemukan pohon kehidupan, pelangi, bintang fajar, tongkat besi, pengendara kuda, rezim tirani yang digambarkan sebagai 'binatang buas.' Cukup aman mengandaikan bahwa lambang-lambang ini masih mengandung arti asalnya yang sama.

Sebagian lagi *dikaburkan,* tetapi sangat sedikit. Satu contohnya adalah 'batu putih,' yang tentangnya telah diajukan banyak sekali penafsiran oleh para sarjana. Pernyataan tentang ketidaksalahan? Tanda penerimaan? Petunjuk keistimewaan? Mungkin kita tidak tahu apa maknanya sampai kita mengalaminya kelak!

Angka-angka juga dipakai sebagai lambang. Ada banyak angka 'tujuh' dalam Wahyu -- bintang, kaki dian, lampu, meterai, sangkakala, cawan. Angka ini dalam Alkitab adalah angka berarti genap, sempurna, yang menggambarkan kelengkapan. 'Dua belas' dihubungkan dengan umat Tuhan yang lama (suku-suku Israel) dan yang baru (para rasul); 'dua puluh empat' menggabungkan keduanya. 'Seribu' adalah angka terbesar. 'Dua belas ribu" dari masing-masing suku Israel membawa ke jumlah 'seratus empat puluh empat ribu.'

Angka '666' adalah yang banyak menangkap perhatian. Terdiri dari angka-angka enam, suatu gambaran yang selalu menunjuk kepada kegagalan manusia untuk mencapai tujuh yang 'menggambarkan kesempurnaan.' Ini dipakai disini sebagai petunjuk kepada jatidiri diktator terakhir dunia sebelum Yesus memerintah untuk seribu tahun (dalam Latin, *milenium*). Penting diketahui bahwa '666' adalah jumlah dari semua angka Romawi (I = 1 + V = 5 + X = 10 + L = 50 + C = 100 + D = 500) kecuali yang terakhir (M = 1000)? Tetapi semua usaha untuk menemukan nama dari tokoh ini akan gagal sampai penampilannya membuat itu menjadi jelas sekali.

Ada banyak dalam Wahyu yang cukup jelas sampai kita bisa mengatasi adanya sedikit yang tidak jelas kini, sambil percaya bahwa yang tidak jelas kelak akan dijelaskan oleh peristiwa-peristiwa akan datang ketika informasi tentangnya sungguh diperlukan. Sementara ini, kita bersyukur kepada Tuhan unuk sedemikian banyak yang telah Ia beritahukan kepada kita.

Tentu saja, Ia bicara melalui suara manusia, melalui mulut para 'nabi'-Nya. Yohanes menyadari bahwa pesan yang ia sampaikan bukan miliknya. Ia menyebut tulisannya 'nubuatan ini' (1:3; 22:7, 10, 18, 19). Dengan demikian ia adalah nabi sekaligus rasul. Ini adalah satu-satunya kitab 'kenabian' dalam Perjanjian Baru.

Nubuatan sekaligus bersifat 'mengisahkan keluar' (forth-telling -- firman Tuhan tentang masa kini) dan 'mengisahkan sebelumnya' (fore-telling -- firman Tuhan tentang masa depan). Wahyu bersifat keduanya, sebagian besarnya adalah prediksi tentang peristiwa-peristiwa yang masih akan terjadi.

Kapankah semua ini akan digenapi? Sudah terjadikah mereka? Apakah sedang terjadi kini? Atau masih akan terjadikah? Kita kini harus mempertimbangkan beragam jawaban yang diberikan kepada pertanyaan-pertanyaan ini.

Berbagai aliran penafsiran

Hampir sepertiga dari ayat-ayat dalam kitab Wahyu mengandung ramalan. Di antara mereka, sekitar 56 peristiwa terpisah yang diramalkan. Tepat setengahnya dalam bahasa jelas dan setengahnya lagi dalam bentuk gambaran simbolis. Kebanyakan darinya terdapat di pasal 4, yang membuka dengan penanda perubahan perspektif -- dari bumi ke surga dan dari masa kini ke masa mendatang ('Naiklah kemari dan Aku akan menunjukkan kepadamu apa yang akan terjadi sesudah ini'; 4:1).

Jelas, ini merujuk kepada kejadian-kejadian yang terdapat di masa depan penulis dan pembaca asalnya di abad pertama. Tetapi sejauh mana peristiwa yang dibentangkan nubuatan itu ada di muka mereka? Apakah yang dinubuatkan itu di masa lampau, kini atau masa depan kita yang kini hidup 19 abad sesudahnya? Apakah kita menengok ke belakang, ke sekeliling atau ke depan untuk penggenapan hal-hal itu?

Di sinilah terjadinya perbedaan. Di antara waktu sela antara waktu itu dan kini, empat pandangan besar telah bangkit, membawa kepada empat 'aliran penafsiran.' Kebanyakan penafsir menulis dari satu titik pandang saja. Adalah penting untuk melihat ke semuanya itu sebelum mengandaikan yang mana satu yang benar. Terlalu mudah dan berisiko jika kita hanya mengikuti hal yang pertama pernah kita dengar atau baca mengenainya.

Keempatnya ini kini sudah sedemikian mapan, sampai telah diberikan label: preteris, historisis (yang terbagi ke dalam dua ragam berbeda), futuris dan idealis. Jangan tergoda ingin berhenti oleh jargon yang agak teknis ini. Penting untuk kita sanggup mengenali pendekatan sangat berbeda yang mungkin akan dijumpai.

1. Preteris

Aliran ini menganggap nubuatan ini telah digenapi semasa kemerosotan dan kejatuhan Kerajaan Romawi, ketika gereja berada di bawah tekanan penganiayaan kerajaan. Buku ini ditulis untuk orang Kristen abad pertama, untuk menyiapkan mereka bagi apa yang akan terjadi di abad kedua dan ketiga. Kota besar 'Babilon, yang duduk di atas 'tujuh bukit' (17:9) dinyatakan sebagai Roma (agaknya Petrus membuat perbandingan yang sama di 1 Petrus 5:13).

Meski tebalnya Wahyu dengan demikian sudah 'di masa lampau' kita, itu tidak berarti nilainya sangat terbatas. Kita dapat belajar banyak pelajaran dari semua narasi sejarah dalam Alkitab. Bahkan, kisah masa lampau itu membentuk bagian terbesar Alkitab. Kita dapat menarik inspirasi dan instruksi dari apa yang telah terjadi.

Kekuatan pandangan ini ialah bahwa semua pelajaran Alkitab harus mulai dengan konteks asal penulis dan pembacanya. Apa artinya ini untuk mereka? Apa yang penulisnya maksudkan dan apa yang pembacanya mengerti dalam situasi mereka merupakan langkah vital menuju penafsiran dan penerapan yang tepat. Tetapi ada sejumlah kelemahan. Satu hal, jika ada pun, hanya sedikit dari nubuatan spesifik ini yang sungguh terjadi dalam Kerajaan Romawi. Hanya sedikit jenderal yang cenderung dapat diidentifikasi tetapi tidak ada persamaan (sebagian orang berusaha menyaring '666' dari nama 'Kaisar Nero,' meski Wahyu barangkali ditulis 30 tahun sesudah kematiannya!). Ini juga berarti bahwa sesudah Roma jatuh, bagian besar buku ini kehilangan relevansi langsungnya dan hanya bicara sedikit untuk gereja kemudiannya. Karena hampir semua sarjana menerima bahwa sedikit pasal terakhir kitab ini meliput akhir dunia, yang berarti masih di depan kita, ada kesenjangan besar antara sejarah awal gereja dan sejarah akhirnya, dengan tidak ada bimbingan untuk banyak abad-abad di antaranya. Kekurangan ini dijawab oleh pendekatan kedua.

2. Historisis

Aliran ini percaya bahwa prediksi yang ada meliput keseluruhan 'zaman gereja' antara Kedatangan Kristus Pertama dan Kedua. Ini adalah sejarah 'Tahun Tuhan' (Anno Domini -- AD) dalam bentuk sandi simbolis, mencakup tahapan-tahapan besar dan krisis dari keseluruhan periodenya. Maka penggenapannya adalah di masa lampau, kini dan akan datang bagi kita. Kita ada tepat di sana dan dari apa yang telah terjadi kita dapat mengetahui apa yang berikutnya pada programnya.

Seorang sarjana menerbitkan indeks rujukan silang antara setiap bagian Wahyu dengan banyak jilid dari seri

Cambridge Ancient and Modern History. Umumnya dipegang bahwa kita hidup di antara pasal 16 dan 17!

Paling tidak teori ini telah membuat kitab ini relevan untuk setiap generasi orang Kristen. Juga ini telah membangkitkan ketertarikan. Tetapi kelebihan ini dikalahkan oleh kelemahannya.

Satu di antaranya adalah banyak rincian agak dipaksakan untuk cocok dengan peristiwa-peristiwa yang diketahui, yang terkesan agak dibuat-buat. Tetapi masalah utamanya ialah bahwa tidak ada dua 'historis' yang tampak setuju tentang korelasi Alkitab dan sejarah! Andai mereka memakai metode yang tepat, seharusnya terjadi derajat kebulatan suara lebih besar dalam kesimpulan mereka. Dan mereka masih menyelesaikan dengan banyak rincian yang belum tergenapi.

Sejauh ini kita hanya mempertimbangkan satu jenis 'historisisme.' Kita akan menyebut ini *linear,* sebab pandangan ini percaya bahwa bagian pusat Wahyu berjalan dalam satu garis lurus dari Kedatangan Pertama Kristus ke Kedua.

Ada lagi satu jenisnya yang lain, yang akan kami sebut siklis, yang percaya bahwa ini meliput keseluruhan sejarah gereja lebih dari satu kali, dan secara terus menerus kembali ke awal dan 'mengulang' peristiwa-peristiwa dari sudut lain. Satu jilid terkenal adalah (*More than Conquerors* -- Lebih dari Pemenang -- oleh William Hendriksen, Baker, 1960) yang mengklaim telah menemukan tujuh siklus demikian, masing-masing meliput keseluruhan zaman gereja (di pasal 1–3, 4–7, 8–11, 12–14, 15–16, 17–19, 20–22)! Ini memungkinkan dia menempatkan 'Milenium' (di pasal 20) sebelum Kedatangan Kedua (pasal 19) dan karena itu memegang pandangan 'post-milenial. Tetapi kesejajaran progresif ini (progressive parallelism), demikian ia dinamai, terkesan terlalu dipaksakan ke teksnya, ketimbang terdapat di dalam teksnya. Secara khusus, pemisahan radikal antara pasal 19 dan 20 sama sekali tidak dapat dijamin.

Penafsiran historis barangkali adalah yang paling kurang memuaskan dan kurang meyakinkan, baik yang bentuk linear maupun yang siklus.

3. Futuris

Aliran ini percaya bahwa blok sentral dari nubuatan ini berlaku ke beberapa tahun yang menuju kepada Kedatangan Kedua. Karena itu hal ini masih di depan kita kini, dari situlah julukan futuris berasal. Ia memerhatikan klimaks kendali kejahatan dalam dunia, yang akan merupakan 'Penganiayaan Besar' untuk umat Tuhan (wahyu 7:14; juga dirujuk oleh Yesus dalam Matius 24:12–22).

Semua kejadian akan dipampatkan ke dalam waktu singkat -- persisnya tiga setengah tahun (yang secara gamblang dirujuk sebagai 'satu masa, dua dan setengah masa,' atau 'empat puluh dua bulan,' atau 'seribu dua ratus enam puluh hari': 11:2–3; 12:6, 14, mengutip Daniel 12:7).

Karena peristiwa-peristiwa ini masih di depan, nubuatannya cenderung diterima lebih harfiah, sebagai paparan tentang apa yang akan terjadi. Tidak ada lagi keperluan untuk menyesuaikannya dengan sejarah masa lampau Pastinya, rangkaian bencananya terkesan langsung menuju ke akhir dunia ini.

Lalu, apa pesannya untuk gereja sepanjang abad-abad? Kebanyakan isi kitab ini hanya akan relevan untuk generasi orang percaya paling akhir bila demikian halnya. Yang mengherankan, banyak futuris percaya bahwa gereja akan 'diangkat' sebelum kesukaran besar mulai, jadi orang Kristen terakhir pun tidak perlu mengetahui semua hal ini!

Satu lagi kelemahan ialah futuris cenderung memperlakukan Wahyu sebagai 'almanak,' yang membimbing kepada ketertarikan berlebihan pada peta waktu, jadwal masa depan. Fakta bahwa mereka tidak selalu bersetuju mengusulkan bahwa Wahyu bukan terutama ditujukan untuk tujuan spekulatif sedemikian.

4. Idealis

Pendekatan ini menyingkirkan semua rujukan spesifik ke waktu dan melemahkan dorongan mengkorelasikannya dengan kejadian-kejadian tertentu. Wahyu menggambarkan gumulan 'kekal' antara baik dan jahat dan 'kebenaran-kebenaran' yang terkandung di dalam narasinya dapat diterapkan ke abad mana saja. Perang antara Tuhan dan Iblis masih berlangsung terus, tetapi kemenangan ilahi dapat dialami oleh gereja yang 'menang' pada era mana saja. 'Pesan esensial' di dalamnya dapat diterapkan secara universal di seluruh waktu dan ruang.

Sumbangan utama dan barangkali satu-satunya dari pandangan ini adalah bahwa pesan kitab ini secara langsung menjadi relevan untuk semua yang membacanya. Mereka ada dalam pergumulan yang dipaparkan itu dan diyakinkan bahwa 'Ia yang ada di dalam kamu lebih besar daripada ia yang ada di dalam dunia ini' (1 Yohanes 4:4). Adalah mungkin untuk menjadi 'lebih dari pemenang' (Roma 8:37).

Namun demikian, ini berarti memperlakukan Wahyu sebagai 'mitos.' Ia benar secara spiritual, tetapi tidak secara historikal. Ini adalah peristiwa-peristiwa fiksi, tetapi kisah-kisah ini mengandung kebenaran -- sebagaimana dalam dongeng-dongeng Aesop atau *Pilgrim's Progress* (Perjalanan Seorang Musafir). Kebenaran itu harus digali keluar dari narasinya sebelum dapat diterapkan. Biaya dari proses 'demitologisasi' ini adalah dibuangnya sangat banyak bahan, sambil menganggapnya sebagai kebebasan puitis yang menjadi bagian dari bungkus ketimbang bagian dari isi.

Di balik semua ini adalah filsafat Yunani yang memisahkan rohani dan jasmani, sakral dan sekuler, kekal dan waktu. Tuhan, menurut mereka, bersifat nirwaktu. Maka kebenaran juga nirwaktu, meski ini pun karenanya adalah waktuwi. Tetapi kebenaran tidak di dalam waktu. Anggapan mereka tentang sejarah sebagai siklikal memenggal ke luar konsep 'akhir waktu/zaman,' yaitu ide bahwa waktu akan mencapai klimaks atau kesimpulannya.

Ini memiliki konsekuensi serius untuk 'eskatologi' (studi tentang 'hal-hal akhir,' dari kata Yunani *eskatos* = 'akhir' atau 'terakhir'). Peristiwa seperti Kedatangan Kedua dan Hari Penghakiman dipindahkan dari masa depan ke masa kini, atau dikatakan sebagai 'telah direalisasikan' (sebagaimana dalam 'realisasi investasi' -- yang uangnya dapat dipakai sekarang).

Tentu saja, harus dilakukan perubahan radikal kepada 'nubuatan' tersebut agar mereka menjadi cocok dengan masa kini -- biasanya dengan 'merohanikan' mereka (cara berpikir 'Platonis'). Sebagai contoh, 'Yerusalem Baru' (dalam pasal 21) menjadi paparan tentang umat ketimbang tempat, suatu gambaran yang 'diidealiskan' (perhatikan kata ini) tentang gereja, rincian arsitekturnya dengan enaknya dilupakan!

Kini saatnya untuk menyimpulkan survai ini. Ada empat jenis jawaban berbeda kepada pertanyaan: periode waktu manakah yang diliput oleh Wahyu?

Preteris menjawab: beberapa abad awal AD.

Historis menjawab: seluruh abad AD dari Kedatangan Pertama sampai Kedatangan kedua.

Futuris menjawab: tahun-tahun abad terkhir AD.

Idealis menjawab: abad AD mana saja, tidak ada yang khusus.

Jadi yang manakah yang benar? Ada pro dan kontra untuk masing-masingnya. Haruskah kita memilih salah satunya? Bisakah semuanya benar? Dapatkah semuanya salah?

Pengamatan berikut ini mungkin menolong pembaca untuk mencapai kesimpulan.

Pertama, agaknya jelas bahwa tidak ada satu kunci untuk membuka seluruh kitab ini. Setiap 'aliran' penafsiran itu telah melihat beberapa kebenaran, tetapi tidak satu pun yang menyatakan seluruh kebenaran. Apabila hanya satu yang dipakai selalu akan ada beberapa manipulasi terhadap teks.

Kedua, tidak ada alasan mengapa tidak boleh memakai lebih dari satu pendekatan. Berbagai teks memiliki berbagai arti dan aplikasi. Tetapi beberapa kendali dibutuhkan untuk menghindari pemakaian berbagai pendekatan itu secara serampangan untuk mendukung pandangan yang telah diputuskan sebelum mempelajari Alkitab. Pengekangan ini disediakan oleh konteks dan dengan terus menerus bertanya: apakah ini arti yang dimaksudkan oleh sang pengarang ilahi dan pembaca manusia?

Ketiga, beberapa bagian dari masing-masing dari empat metode itu sesuai dan dapat dipakai dalam hubungan timbal balik, meski itu harus dilengkapi dengan kesadaran bahwa ada unsur-unsur lainnya yang tidak serasi dan tidak dapat digabungkan.

Keempat, tekanannya mungkin berubah dalam bagian-bagian berbeda dari kitab ini. Di setiap tahapannya, metode atau metode-metode penafsiran yang paling memadai harus dipilih dan dipakai. Dalam bagian berikut pasal ini kami akan memberikan gambaran tentang hal ini secara praktis dengan mempertimbangkan tiga bagian besar kitab ini:

BAGIAN AWAL (PASAL 1-3)

Bagian ini tidak terlalu kontroversial, maka lebih sering dan yakin diuraikan ketimbang bagian berikutnya (lihat misalnya, *What Christ Thinks of the Church* (Apa Pikiran Kristus tentang Gereja) oleh John Stott, Lutterworth Press, 1958). Kebanyakan orang nyaman dengan tafsiran tradisional (meski tidak nyaman dengan penerapannya!). Masalah dengan bagian ini ialah bahwa kita *sungguh* mengertinya, hanya terlalu baik mengertinya. Ada sedikit masalah dengan bagian rincinya (malaikat) dan simbol (batu putih dan makna tersembunyi). Tetapi surat-surat kepada tujuh gereja di Asia bukannya beda dari surat-surat Perjanjian Baru lainnya. Jadi 'aliran penafsiran' mana yang tepat?

'Preteris' pastinya benar dalam mengarahkan perhatian kita ke abad pertama. Eksegesis mana pun yang benar harus *mulai* dengan apa yang dimaksud untuk mereka waktu itu. Tetapi haruskah itu berhenti di sana?

'Historisis' percaya bahwa tujuh gereja itu mewakili keseluruhan gereja dalam *waktu,* tujuh zaman berurutan dalam sejarah gereja. Efesus mencakup gereja mula-mula, Smirna penganiayaan Romawi, Pergamum masa Konstantin, Tiatira Abad Pertengahan, Sardis Masa Reformasi, Filadelfia gerakan misionaris sedunia dan Laodikea abad kedua puluh. Tetapi kesejajaran ini dipaksakan (gereja-gereja barat mungkin terkesan berciri Laodikea, tetapi Dunia Ketiga tidak sedikit pun!). Skema ini semata tidak cocok.

'Futuris' bahkan lebih janggal, karena percaya bahwa tujuh gereja itu akan didirikan ulang di kota-kota yang sama di Asia tepat sebelum Yesus kembali, didasarkan atas pengandaian salah bahwa 'Aku akan datang' (2:5, 16; 3:4) merujuk ke Kedatangan Kedua. Sesungguhnya gereja-gereja ini telah lama lenyap, 'kaki dian mereka telah diambil.'

'Idealis' biasanya mengambil pandangan sama dengan 'preteris' tentang bagian ini, tetapi menambahkan kepercayaan bahwa tujuh gereja historis ini mewakili seluruh Gereja dalam *ruang*. Efesus mewakili ortodoks tetapi yang persekutuannya tanpa kasih. Smirna yang menderita, Pergamum yang bertekun, Tiatira yang cemar, Sardis yang mati, Filadelfia yang lemah tetapi injili, Laodikea yang suam kuku.

Entah mereka meliput keseluruhan rentang karakter gereja di antara mereka menjadi perdebatan. Tetapi penghiburan dan tantangan dari teladan mereka dapat diterapkan di mana saja dan kapan saja. Maka preteris dengan tambahan idealis agaknya merupakan gabungan tepat untuk bagian pertama ini.

BAGIAN TENGAH (PASAL 4–18)

Di sinilah perbedaan menjadi sangat akut. Penglihatan pembuka tentang takhta Tuhan menghadirkan sedikit masalah dan menginspirasi penyembahan sepanjang abad. Ketika Yesus sang Singa/Domba melepas malapetaka-malapetaka ke atas dunia dan penderitan atas gereja, itulah awal dari perdebatan. Kapankah itu terjadinya? Itu pasti di satu waktu antara abad kedua (itulah arti dari 'sesudah ini' untuk tujuh gereja; 4:1) dan Kedatangan Kedua (dalam pasal 19).

'Preteris' membatasi bagian ini kepada 'kemerosotan dan kejatuhan Kerajaan Romawi.' Tetapi faktanya tetap bahwa kebanyakan peristiwa-peristiwa yang dinubuatkan, khususnya bencana 'alami', sama sekali tidak terjadi semasa periode itu. Kebanyakan dari teks ini telah diperlakukan sebagai 'kebebasan puitis,' yang dianggap secara samar mengisyaratkan ke apa yang mungkin terjadi.

'Historisis' memiliki banyak masalah sama ketika berusaha mencocokkan seluruh sejarah gereja ke dalam pasal-pasal ini, entah sebagai satu narasi yang berkelanjutan atau sebagai 'rekapitulasi' yang diulang-ulang. Rinciannya tidak akan cocok.

'Futuris' tentu saja, bebas untuk percaya akan penggenapan harfiah dari detail nubuatan itu, sebab tidak satu hal darinya yang telah terjadi. Dua ciri sepertinya mendukung bahwa ini lebih dekat ke penerapan tepat. Pertama, 'kesukaran' itu jelas lebih buruk daripada yang mana saja yang dunia pernah lihat (sebagaimana yang Yesus nubuatkan dalam Matius 24:21). Kedua, peristiwa-peristiwa itu sepertinya langsung memimpin ke peristiwa-peristiwa di akhir sejarah. Tetapi hanya itu sajakah? Tidakkah ada relevansi bagian ini untuk masa sebelumnya?

'Idealis' salah karena 'mendemitologisasi' bagian ini, menceraikannya sama sekali dari waktu. Tetapi ia benar karena mencari pesannya yang dapat berlaku ke tahap mana saja dari sejarah gereja. Petunjuknya terdapat dalam Alkitab sendiri, yang dengan jelas mengajarkan bahwa peristiwa-peristiwa masa depan mengeluarkan bayangannya lebih dulu dalam waktu. Yesus 'dibayangkan lebih dulu' dalam banyak cara di Perjanjian Lama (sebagaimana dijelaskan oleh Surat Ibrani). Antikristus yang akan datang didahului oleh 'banyak antikristus' (1 Yohanes 2:18); nabi palsu yang akan datang oleh banyak nabi palsu pendahulunya (Matius 24:11). Penganiayaan universal yang akan datang sudah dialami di banyak wilayah lokal. 'Penganiayaan Besar' hanya beda dalam skala dari 'banyak penganiayaan' yang wajar terjadi di segala waktu (Yohanes 16:33; Kisah Para Rasul 14:22). Maka pasal-pasal ini dapat menolong kita untuk mengerti kecenderungan yang kini berlaku sebagaimana juga klimaks akhirnya nanti. Maka futuris dan sebagian idealis membukakan arti bagian ini dalam cara terbaik.

BAGIAN AKHIR (PASAL 19–22)

Wahyu terkesan menjadi lebih jelas menuju ke bagian akhirnya, tetapi tetap masih ada beberapa wilayah pertentangan. Kebanyakan orang menerima pasal-pasal ini merujuk ke masa depan puncak, 'perkara-perkara paling akhir' yang akan terjadi, mulai dengan kedatangan kembali Kristus (dalam pasal 19).

'Preteris' berhenti di sini. Sangat sedikit dari mereka yang berusaha mencocokkan pasal-pasal ini ke hari-hari Gereja awal.

Aliran 'historisis' terbagi dua secara tajam. Ragamnya yang 'linear' secara langsung melihat bagian ini sebagai 'zaman akhir,' sesudah 'zaman gereja.' Tetapi yang 'siklikal' menemukan 'rekapitulasi-rekapitulasi' bahkan dalam bagian ini. Sebagian melihat Milenium di pasal 20 sebagai paparan tentang gereja sebelum Kedatangan Kedua di pasal 19! Yang lain melihat "Yerusalem Baru' di pasal 21 sebagai paparan tentang Milenium sebelum penghakiman akhir di pasal 20! Penempatan peristiwa-peristiwa secara salah seradikal itu tidak dibenarkan oleh teksnya sendiri dan mengesankan adanya manipulasi karena mementingkan sistem teologis dan dogma.

'Futuris' hampir tidak ada lawan mengenai bagian ini. Kedatangan Kedua, Hari Penghakiman, dan langit baru dan bumi baru jelas belum lagi tiba.

'Idealis' mendapatkan sedikit saja dukungan dalam bagian ini. Ini cenderung sama sekali mengabaikan bumi baru dan bicara tentang 'surga' seakan lingkup nirwaktu yang ke dalamnya orang percaya dimasukkan pada saat kematian. 'Yerusalem Baru' menggambarkan ranah kekal ini ('Sion surgawi' dari Ibrani 12:22), yang tidak pernah diharapkan 'turun dari surga' (kendati ada Wahyu 21:2, 10!).

Maka futuris yang dapat diberikan monopoli dalam menangani bagian ini.

Dalam pasal kemudian ini kami akan berbagi 'pendahuluan' kepada teks Wahyu sendiri, dengan memakai alat-alat yang telah kami pertimbangkan sebagai tepat (yang tidak mencakup historisis). Namun demikian, sebelum kami melakukan itu, ada satu lagi hal penting untuk dipertimbangkan.

Keempat 'aliran' penafsiran ini berbagi satu pengandaian yang sama: bahwa pertanyaan yang paling penting adalah -- KAPAN? Maksudnya, kapan nubuatan-nubuatan ini digenapi dalam waktu? Ini berarti memulai dari anggapan bahwa Wahyu terutamanya memerhatikan soal peramalan masa depan, untuk memuaskan keingintahuan kita atau mengurangi kecemasan kita dengan jalan menyingkapkan apa yang akan terjadi, baik cepat maupun di puncak dari masa depan.

Tetapi ini sangat perlu dipertanyakan. Perjanjian Baru tidak pernah terlibat dalam spekulasi kosong, malahan memberikan peringatan yang melawan hal itu. Setiap 'penyingkapan tentang apa yang ada di depan mengandung tujuan moral praktis. Pertanyaannya yang mendasar bukan 'kapan' tetapi MENGAPA? Mengapa Kitab Wahyu dituliskan? Mengapa ia dinyatakan kepada Yohanes? Mengapa ia diberitahu untuk meneruskannya? Mengapa kita harus membaca dan 'memelihara' perkataan ini?

Bukan semata untuk memberitahu kita tentang apa yang akan terjadi tetapi untuk membuat kita *sedia* untuk apa yang akan terjadi. Bagaimana kita tiba ke jawaban itu?

Kesan tentang tujuan

Mengapa Kitab Wahyu ditulis? Jawaban untuk itu siap dimasuki dengan menanyakan pertanyaan lainnya: Untuk siapa ia ditulis?

Kitab ini tidak pernah dimaksudkan menjadi buku teks universitas untuk pengajar atau mahasiswa teologi. Sering kali mereka yang membuat kesan rumit yang menyebabkan orang sederhana terintimidasi. Coba dengar salah seorang mengakui ini:

> *Dengan terus terang kami mendukung bahwa studi kitab ini mutlak tidak mungkin akan menghadirkan kesalahan jika saja prasangka teologis yang tak terpikirkan dan sering aneh yang berlangsung di segala zaman tidak sedemikian menjerat dan membuatnya penuh dengan kesukaran, yang membuat kebanyakan pembaca menarik diri dalam keterkejutan. Terlepas dari prakonsepsi ini, Kitab Wahyu akan menjadi kitab paling sederhana, paling transparan yang pernah ditulis oleh nabi (Reuss, in 1884, dikutip dalam The Prophecy Handbook, World Bible Publishers, 1991).*

Situasi ini hampir tidak membaik sejak itu, sebagaimana komentar baru ini mengatakannya:

> *Inilah kemalangan kebudayaan kita yang berorientasi pada keahlian yaitu bahwa ketika segala sesuatunya*

terkesan sukar lalu itu diserahkan kepada universitas untuk menjelaskannya (Eugene Peterson, menulis tentang Wahyu dalam Reversed Thunder, Harper-Collins, 1988, hlm. 200).

Ini menyebabkan anggapan meluas bahwa kitab ini tidak akan dapat dimengerti oleh 'kaum awam' (entah julukan itu dipakai dalam artian gerejani atau pendidikan).

Para pembaca biasa

Tidak berlebihan untuk ditekankan bahwa Kitab Wahyu ditulis bagi orang biasa saja. Kitab ini ditujukan kepada para anggota ketujuh gereja di saat ketika 'tidak banyak orang yang bijak, tidak banyak orang yang berpengaruh dan tidak banyak orang yang terpandang' (1 Korintus 1:26).

Tentang Yesus dikatakan bahwa 'khalayak umum mendengarkan Dia dengan gembira' (Markus 12:37, menurut terjemahan Authorized Version). Ini merupakan pujian untuk mereka sekaligus juga untuk Dia. Mereka menyadari bahwa Ia 'bicara dengan otoritas,' bahwa Ia tahu apa yang Ia katakan. Jauh lebih mudah membodohi orang yang berpendidikan tinggi!

Kitab Wahyu memberikan harta karunnya kepada mereka yang membacanya dengan iman sederhana, akal terbuka dan hati lembut.

Ada sebuah cerita yang beredar di Amerika yang menyoroti pokok ini, meski kedengarannya seperti dongeng pengkhotbah apokaliptik (sementara anak kecil sang pastor berkata: 'Ayah, ini cerita beneran, atau hanya khotbah ayah?')! Kelihatannya beberapa mahasiswa teologi lelah dan bingung oleh kuliah tentang 'apokaliptik' maka memutuskan untuk bermain bola basket di lapangan basket kampus. Sementara bermain, mereka melihat penjaga ruang membaca Alkitab sambil menanti saat untuk menutup tempat itu. Mereka bertanya bagian mana yang ia pelajari dan terheran-heran mendapatkan ia sedang membaca Kitab Wahyu. 'Kamu tidak mengerti itu, bukan?'

'Pasti ngerti.'

'Lalu, tentang apa sih, kitab itu?'

Dengan mata melihat ke atas dan senyum lebar datang jawabannya: 'Sederhana! Yesus menang!!'

Tentu saja, ada lebih banyak yang harus dikatakan daripada hanya itu. Tetapi itu bukan kesimpulan buruk tentang pesan Wahyu. Banyak orang telah mempelajari isinya dan kehilangan pesannya. Akal sehat adalah persyaratan dasarnya. Tidak seorang pun menerima keseluruhan kitab itu secara harfiah. Tidak seorang pun menerima semuanya simbolis saja. Tetapi di mana menarik garis di antara harfiah dan simbolis? Ini akan membawa dampak besar pada penafsiran. Akal sehat akan memberi banyak pertolongan. Empat penunggang kuda adalah simbol, tetapi perang, darah, kelaparan dan penyakit jelas mewakili yang harfiah. 'Lautan api' adalah simbol neraka, tetapi 'siksaa' tanpa akhir adalah harfiah (Wahyu 20:10).

Menerapkan peraturan tentang bicara secara umum boleh memberi manfaat. Kata-kata harus diterima dalam artiannya yang paling jelas, paling sederhana, kecuali jelas dinyatakan lain. Harus diandaikan bahwa para pembicara (termasuk Yesus) dan para penulis (termasuk Yohanes) memaksudkan apa yang mereka katakan. Komunikasi mereka harus diterima menurut nilainya yang nampak.

Satu lagi peraturan adalah bahwa kata yang sama dalam konteks yang sama diandaikan sebagai memiliki arti yang sama, lagi-lagi kecuali dengan jelas dinyatakan sebagai hal lain. Mengubah arti kata secara tiba-tiba dan tanpa peringatan akan menyebabkan kebingungan sebagaimana perubahan pengucapan atau pengejaan secara mendadak. Aturan ini berdampak pada dua 'kebangkitan' di Wahyu 20.

Sesudah mengatakan semua ini, kami harus menambahkan persyaratan penting bahwa Wahyu ditulis untuk orang biasa dalam waktu dan tempat yang sangat berbeda dari kita. Maka tidak mengherankan jika beberapa hal yang jelas bagi mereka adalah samar untuk kita 2,000 tahun sesudah mereka dan beberapa ribu kilometer jauhnya dari mereka.

Mereka adalah orang bukan Yahudi dari bermacam ras yang tinggal di provinsi Romawi, bicara Yunani, membaca Alkitab Yahudi dan dipersatukan bersama oleh iman Kristen yang sama. Maka kita perlu banyak memakai pengetahuan tentang latarbelakang mereka, kebudayaan dan bahasa mereka sebisa yang kita dapatkan. Objek latihan ini adalah menemukan apa yang *mereka* mengerti ketika mendengar Kitab Wahyu dibacakan dengan suara kuat kepada mereka, barangkali keseluruhannya satu kali baca. Itu bisa cukup berbeda dari apa yang kita tangkap sementara membaca dengan diam, satu penggal singkat tiap harinya.

Tetapi kitab ini jelas untuk kita di zaman kita juga, atau jika bukan demikian ia tidak ada dalam Perjanjian Baru. Tuhan pasti memaksudkan demikian ketika Ia memberikan ini kepada Yohanes. Maka kita dapat mengandaikan bahwa jarak waktu dan ruang kita bukan halangan yang tak dapat diatasi.

Faktor lebih penting ketimbang kesenjangan budaya adalah perbedaan suasana. Penting untuk ditanyakan situasi apa yang memerlukan pembacaan kitab ini. Ini adalah kunci utama yang diperlukan untuk membuka keseluruhan isinya. Di balik setiap kitab dalam Perjanjian Baru ada alasan mengapa ia dituliskan, kebutuhan yang kitab bersangkutan dirancang untuk menjawabnya. Wahyu bukan perkecualian.

Alasan praktis

Telah kami katakan bahwa tujuan utamanya bukan menyataan jadwal peristiwa-peristiwa di masa depan tetapi untuk mempersiapkan umat untuk apa yang akan terjadi. Jadi apa yang akan terjadi itu, yang tanpa kitab ini, akan membuat mereka tidak siap? Jawabannya datang di halaman pertama (1:9–10).

Yohanes, sang penulis, telah menderita karena imannya. Ia ada dalam penjara, tetapi bukan karena melakukan kejahatan apa pun. Ia adalah tahanan 'politik' di pulau Patmos di Laut Aegea (setara dengan penjara Alkatraz atau Pulau Robben di zaman modern ini). Ia telah ditangkap dan dibuang karena alasan keagamaan. Pengabdiannya yang eksklusif untuk 'firman Tuhan dan kesaksian Yesus' dilihat sebagai pengkhianatan oleh penguasa, ancaman kepada *pax Romana* yang didasarkan atas toleransi politeistik dan kultus imperial. Para warga dituntut untuk percaya akan banyak ilah dan sang Raja salah satunya.

Menjelang akhir abad pertama, situasi ini menjadi genting, mencipta krisis hati nurani untuk orang Kristen. Kaisar Yulius menjadi yang pertama mengklaim dirinya ilahi. Penggantinya, Agustinus, telah mendorong pembangunan kuil untuk menghormati dia; sejumlah dari kuil-kuil ini telah didirikan di Asia (kini bagian barat Turki). Meski Nero mulai menganiaya orang Kristen (melumur mereka dengan ter dan menyalakan mereka sebagai obor untuk menerangi pesta-pesta malam di kebunnya atau menjahit mereka ke kulit binatang buas untuk kemudian diburu oleh anjing-anjing), ini terbatas kelangsungan dan tempatnya.

Kedatangan Domitian di dekade terakhir dari abad pertama diresmikan sebagai serangan paling sengit atas orang Kristen yang akan berlanjut tanpa henti selama 200 tahun. Ia menuntut penyembahan universal kepada dirinya, atas ancaman kematian. Setiap tahun kemenyan dilemparkan ke atas mezbah api di hadapan patung dadanya dengan seruan: 'Kaisar adalah Tuhan.' Hari yang ditentukan bagi pelaksanaan upacara itu ditetapkan sebagai 'hari Tuhan.'

Hari yang sama inilah ketika Kitab Wahyu mulai dituliskan. Para pembaca modern boleh dimaafkan karena berpikir itu adalah hari Minggu. Sesungguhnya, boleh jadi demikian, tetapi Minggu disebut 'hari pertama dari minggu' dalam gereja mula-mula. Dua unsur dalam teks Yunani menunjukkan perayaan tahunan kerajaan. Yang satu adalah kata sandang definit (pada 'hari Tuhan *itu*' [on *the* Lord's day'] bukan 'pada hari Tuhan' ['a Lord's day']. Satunya lagi adalah fakta bahwa 'Tuhan' adalah dalam bentuk kata sifat, bukan kata benda (*'the Lordy* atau *Lordly day'* -- hari Pertuhanan), yaitu tepatnya nama yang diberikan kepadanya oleh Domitian, yang juga mengklaim gelar: 'Tuhan dan Allah kami.' Masa berat ada di hadapan. Untuk mereka yang menolak mengatakan apa pun kecuali 'Yesus adalah Tuhan,' itu berarti soal hidup dan mati. Kata 'saksi' (dalam bahasa Yunani: *martir*) boleh mengambil artian baru, yaitu yang membawa kematian. Gereja menghadapi ujian tersengitnya sejauh itu. Berapa banyak akan tetap setia di bawah tekanan sehebat itu?

Pada akhirnya, Yohanes hanya satu-satunya yang masih hidup dari 12 rasul. Semua lainnya telah menderita kematian martir. Tradisi Kristen mencatat Andreas mati di salib berbentuk X di Patras Akhaia, Bartolomeus (Natahael) dikuliti hidup-hidup di Armenia, Yakobus (saudara Yohanes) dipancung oleh Herodes Agripa di Yerusalem, Yakobus (anak Kleopas dan Maria) dilempar dari puncak bait dan dilempari batu, Yudas (Tadius) dipanah di Armenia, Matius dibantai dengan pedang di Partia, Petrus disalibkan terbalik di Roma, Filipus digantung atas tiang di Hierapolis di Frigia, Simon (Zelotes) disalib di Persia, Tomas dibantai dengan tombak di India, Matias dirajam dan dipenggal. Paulus juga telah dipancung di Roma. Maka penulis Wahyu sangat sadar akan biaya kesetiaan kepada Yesus. Ia waktu itu tidak tahu bahwa ia akan menjadi satu-satunya rasul yang meninggal secara alami.

Kitab Wahyu adalah 'manual untuk kemartiran.' Kitab ini menyerukan para pemercaya untuk 'setia, bahkan sampai ke titik kematian' (2:10). Para martir tampil jelas di halaman-halamannya.

Orang percaya didorong untuk 'tetap setia.' Satu nasihat yang berulang kali disebutkan adalah 'bertekun,' sebuah sikap pasif. Tepat di tengah kesukaran terbesar datang imbauan: 'Ini menuntut ketekunan orang-orang kudus, yang menuruti perintah Tuhan dan beriman penuh (setia) kepada Yesus' (14:12). Ini boleh dikatakan merupakan ayat kunci dalam keseluruhan kitab ini.

Tetapi ada juga panggilan untuk sikap aktif dalam menderita untuk Yesus: untuk 'memenangi.' Kata kerja ini bahkan dipakai lebih sering ketimbang 'bertekun' dan boleh disebut sebagai kata kunci dalam keseluruhan kitab ini.

Setiap surat yang ditujukan kepada ketujuh jemaat disimpulkan dengan seruan kepada setiap anggotanya untuk menjadi 'menang,' artinya, menang atas semua pencobaan dan tekanan, baik di dalam maupun dari luar gereja. Tergelincir dari kepercayaan dan perilaku Kristen sejati berarti tidak setia kepada Yesus.

Pesannya tidak saja bahwa Kristus menang, tetapi bahwa orang Kristen juga harus menang melaluinya. Mereka harus mengikuti Tuhan yang berkata: 'Kuatkanlah hatimu! Aku telah mengalahkan dunia' (Yohanes 16:33) dan yang kini berkata dalam Kitab Wahyu: 'Kamu pun harus mengalahkan dunia ini.'

Tentu saja, itulah alasan kitab ini menjadi sedemikian berarti untuk orang Kristen yang mengalami penganiayaan. Mungkin ini juga mengapa orang Kristen Barat dalam gereja-gereja yang nyaman gagal melihat kitab ini sebagai relevan. Ia harus dibaca melalui air mata.

Kitab ini menawarkan dua insentif untuk mendorong mereka yang dianiaya untuk 'menang.' Yang satu positif: *pahala*. Banyak hadiah ditawarkan untuk mereka yang bertekun -- hak untuk makan dari pohon hayat di firdausnya Tuhan; tidak akan mengalami kematian kedua; makan manna tersembunyi dan diberikan batu putih dengan nama baru rahasia di atasnya; memiliki otoritas untuk memerintah bangsa-bangsa; duduk bersama Yesus di takhta-Nya; diberikan jubah putih dan dijadikan tiang dalam bait Tuhan dengan menyandang Nama-Nya dan tidak pernah akan dipindahkan. Di atas semuanya, dan melampaui semua penderitaan, orang percaya yang menang dijanjikan tempat dalam langit baru dan bumi baru, dan menikmati kehadiran Tuhan selama-lamanya. Prospeknya sangat mulia.

Tetapi juga ada motivasi negatif: *penghukuman*. Apakah nasib orang percaya yang tidak setia di bawah tekanan? Singkat kata, mereka tidak akan memiliki satu pun dari berkat-berkat di atas. Lebih buruk lagi, mereka akan ikut menanggung nasib orang tidak percaya di dalam 'lautan api.' Hanya dua ayat saja, diambil dari bagian pertama dan terakhir, mendukung kemungkinan ngeri ini.

'Orang yang menang... Aku tidak akan menghapuskan namanya dari kitab hayat' (3:5). Jika bahasanya mengandung arti, itu tentu berarti bahwa mereka yang tidak menang ada dalam bahaya namanya dihapuskan (harfiah: dikorek ke luar dari perkamen dengan memakai pisau). Kitab hayat tampknya adalah keempat kitab dalam Alkitab (Keluaran 32:32; Mazmur 69:28; Filipi 4:3; Wahyu 3:5). Tiga dari konteks ini menyebutkan nama-nama umat Tuhan dihapuskan sesudah mereka berdosa melawan Tuhan. Membaca ayat-ayat janji dalam Wahyu seakan itu mencakup mereka yang tidak menang adalah membuat pahala yang dijanjikan menjadi tidak berarti.

'Barangsiapa menang, ia akan memperoleh semuanya ini, dan Aku akan menjadi Tuhannya dan ia akan menjadi anak-Ku. Tetapi orang-orang penakut, orang-orang yang tidak percaya, orang-orang keji, orang-orang pembunuh, orang-orang sundal, tukang-tukang sihir, penyembah-penyembah berhala dan semua pendusta, mereka akan mendapat bagian mereka di dalam lautan yang menyala-nyala oleh api dan belerang; inilah kematian yang kedua' (21:7-8). Seluruhnya, ini dialamatkan kepada 'orang-orang kudus' dan 'para pelayan-Nya.' Rujukan itu di sini adalah kepada para orang percaya yang pengecut dan tidak percaya. Ini didukung oleh kata 'tetapi,' yang secara langsung membedakan mereka yang pantas menerima nasib sedemikian dengan orang percaya yang 'menang,' Dengan kata lain, Wahyu menetapkan dua destini di hadapan orang Kristen. Entah mereka akan dibangkitkan bersama Kristus dan berbagian dalam pemerintahan-Nya, berakhir dalam alam semesta baru.

Atau, mereka akan kehilangan warisan dalam Kerajaan dan berakhir di neraka.

Alternatif ini diteguhkan di bagian lain dalam Perjanjian Baru. Injil Matius adalah 'manual untuk pemuridan' yang mengandung lima bagian besar ajaran yang ditujukan kepada 'anak-anak Kerajaan.' Namun kebanyakan pengajaran Yesus tentang neraka ditemukan di sini dan semuanya kecuali dua dari peringatan-Nya ditujukan kepada para murid. Khotbah di Bukit (dalam pasal 5-7), yang memberkati mereka yang dianiaya karena Yesus, berlanjut bicara tentang neraka dan menyimpulkan bahwa ada dua destini. Pengutusan misionaris (dalam pasal 10) mencakup peringatan: 'Jangan takut kepada mereka yang dapat membunuh tubuh tetapi tidak dapat membunuh jiwa. Melainkan takutlah kepada Ia yang dapat membinasakan tubuh dan jiwa di neraka' (ayat 28) dan 'barangsiapa menyangkali Aku di hadapan manusia, Aku akan menyangkali dia di hadapan Bapa-Ku di surga' (ayat 33). Khotbah Yesus di Bukit Zaitun (dalam pasal 24-25) menghakimi para hamba yang malas dan tidak peduli untuk 'ditetapkan senasib dengan 'orang-orang munafik' (24:51) dan 'dibuang ke dalam kegelapan, di mana akan ada tangisan dan kertak gigi' (25:30).

Paulus mengambil garis yang sama ketika mengingatkan Timotius tentang 'perkataan terpercaya':

Jika kita mati bersama Dia,
    kita akan juga hidup bersama Dia;
Jika kita bertekun;,
    Kita akan juga memerintah bersama Dia.
Jika kita menyangkali Dia,
    Dia pun akan menyangkali kita ...
        (2 Timotius 2:11–12)

Banyak orang Kristen menolak implikasi dari semua hal ini. Yang pasti ada banyak lagi yang harus dikatakan (penulis telah menangani lebih penuh pertanyaan penting ini dalam jilid berjudul *Once Saved, Always Saved?* Sementara ini, posisi Kitab Wahyu agaknya sangat jelas. Adalah mungkin untuk orang percaya kehilangan 'bagian mereka dalam pohon hayat dan dalam kota suci' hanya dengan mengubah teks kitab ini (22:19), yaitu dengan mengubah pesannya.

Kita dapat menyimpulkan tujuan Kitab Wahyu dengan mengatakan bahwa kitab ini ditulis untuk menasihati orang Kristen yang sedang menghadapi tekanan dahsyat agar 'bertekun' dan 'menang' dan dengan demikian menghindari 'kematian kedua' dengan mempertahankan nama mereka dalam 'kitab kehidupan.' Kita akan mendapatkan bahwa setiap pasal dan ayatnya cocok benar dengan tujuan menyeluruh ini, sementara kita melihat ke lekuk atau struktur keseluruhan kitab ini.

Struktur Kitab Wahyu

Jika kita memang benar mendefinisikan tujuan Wahyu sebagai persiapan orang percaya untuk menghadapi penganiayaan dan bahkan kemartiran, adalah mungkin menghubungkannya dengan setiap bagian kitab ini. Tambahan, struktur keseluruhannya harus menyatakan perkembangan dari tema ini.

Kita akan membangun sejumlah garis besar dengan menganalisis isinya dari berbagai perspektif dan untuk berbagai tujuan, dengan memulainya dari yang paling sederhana. Pembagian yang paling jelas muncul di 4:1, dengan peralihan radikal dalam titik pandang dari bumi ke surga dan dari situasi masa kini ke prospek masa depan.

1–3	Masa kini
4–22	Masa depan

Bagian kedua yang lebih besar itu juga terbagi dengan jelas antara kabar buruk dan kabar baik. Perubahan dari yang satu ke yang lain datang di 19. Maka kini kita miliki:

1–3	Masa kini
4–22	Masa depan
4–18	*Kabar buruk*
20–22	*Kabar baik*

Kini kita pertimbangkan bagaimana masing-masing bagian berhubungan dengan tujuan utama kitab ini. Yaitu, bagaimana masing-masing bagian menyiapkan orang percaya untuk kedatangan 'Kesukaran Besar?' Kita dapat meluaskan garis besar itu demikian:

1–3	Masa kini Segalanya harus dibereskan sekarang juga.
4–22	Masa depan
4–18	*Kabar buruk*: Keadaan akan menjadi makin buruk sebelum menjadi makin baik.
20–22	*Kabar baik*: keadaan akan menjadi jauh lebih baik sesudah tadinya menjadi makin buruk.

Hanya satu hal lagi tetap perlu ditambahkan, yaitu, pasal 19. Apa yang terjadi di pasal ini yang akan mengubah seluruh situasi? Kedatangan Kedua Yesus ke planet bumi! Ini sungguh kerangka kerja dari keseluruhan kitab ini, sesuai dengan pendahuluan dan penutupnya (1:7 dan 22:20).

Kini kita dapat memasukkan '19 rujukan ke kedatangan Yesus kembali' di antara kabar buruk dan kabar baik (ketimbang mengulang garis besarnya secara tidak perlu, pembaca diundang menuliskan sendiri hal-hal itu di dalam kesenjangan yang tersisa di atas).

Jika garis besar sederhana ini diingat apabila membaca seluruh kitab ini, banyak hal akan menjadi lebih jelas. Di atas semuanya, kesatuan dari keseluruhan kitab ini akan menjadi jelas. Objektifnya akan didapai dalam tiga tahapan.

Pertama, Yesus memberitahu gereja-gereja bahwa mereka harus membereskan berbagai masalah internal jika mereka ingin sanggup menghadapi tekanan eksternal. Kompromi dalam kepercayaan atau perilaku, toleransi kepada penyembahan berhala atau imoralitas, melemahkan gereja dari dalam.

Kedua, Yesus yang selalu dicatat karena kejujuran-Nya, memperlihatkan hal terburuk yang dapat terjadi kepada mereka. Mereka tidak akan pernah melalui hal yang lebih buruk! Dan saat paling buruk yang ada di depan, paling banyak hanya berlangsung beberapa tahun saja.

Ketiga, Yesus menyatakan keajaiban yang akan mengikuti. Membuang prospek kekal sedemikian demi menghindari kesukaran sementara akan merupakan tragedi terbesar dari semuanya.

Dalam ketiga jalan ini, Yesus mendorong para pengikut-Nya untuk 'bertekun' dan 'menang' sampai Ia datang kembali. Satu ayat menyimpulkan ini: 'Tetapi apa yang ada padamu, peganglah itu sampai Aku datang' (2:25). Lalu Ia dapat berkata: 'Masuklah dan turutlah dalam kebahagiaan tuanmu' (Matius 25:21).

Tentu saja, ada lagi cara lain menganalisis kitab ini. Garis besar secara 'topik' lebih menyerupai indeks pokok-pokok dan akan menolong kita untuk 'menemukan jalan mengelilingi kitab ini.

Garis besar demikian akan mengabaikan perpindahan dari bumi ke surga dan kembali lagi. Kita dapat bekerja dengan tiga periode waktu:

- A. Apa yang sudah terjadi di masa kini (1–5).
- B. Apa yang akan terjadi di masa depan dekat (6–19).
- C. Apa yang akan terjadi di masa depan lebih jauh (20–22).

Kemudian kita akan memerhatikan ciri utama dari masing-masing periode dan berusaha mendaftarkan semua ini dalam cara yang dapat dengan mudah dihafalkan. Berikut adalah satu contoh tentang 'katalog' peristiwa-peristiwa tersebut:

- A. Masa kini
  - 1–3 Satu Tuhan yang telah naik
  - Tujuh jenis kaki dian
  - 4–5 Pencipta dan ciptaan
  - Singa dan Domba

- B. Masa depan dekat
  - 6–16 Meterai, sangkakala, cawan
  - Iblis, antikristus, nabi palsu
  - 17–19 Babel – ibukota terakhir
  - Armagedon – peperangan terakhir
- C. Masa depan jauh
  - 20 Pemerintahan Milenium
  - Hari Penghakiman
  - 21–22 Langit dan bumi baru
  - Yerusalem baru

Perhatikan bahwa pasal 4–5 kini ada di dalam pembagian pertama. Itu disebabkan 'tindakan' yang memimpin ke 'Kesukaran Besar' sesungguhnya mulai dengan pasal 6. Pasal 19 kini ada di dalam bagian kedua sebab 'Kesukaran Besar' berakhir di sini, dengan Kristus mengalahkan 'tritunggal najis.'

Jenis garis besar ini dengan mudah dapat diingat dan menyediakan 'rujukan' bermanfaat ketika melihat ke pokok-pokok tertentu. Penting melakukan latihan semacam ini sebelum melihat lebih dekat ke beberapa bagiannya. Ada peribahasa yang terlalu sering digunakan tentang 'tidak sanggup melihat keseluruhan hutan karena pohon-pohonnya! Wahyu adalah salah satu kitab yang bisa sangat mudah membuat orang tertarik pada rinciannya sampai kehilangan pemandangan tentang tekanan menyeluruhnya.

Namun demikian, kini saatnya mengubah teleskop ke mikroskop -- atau paling tidak ke kaca pembesar!

Isi Kitab Wahyu

Dalam buku dengan ukuran ini mustahil dapat mencakup seluruh tafsiran. Yang akan kami lakukan adalah memberikan pendahuluan ke masing-masing bagian supaya pelajar Alkitab disanggupkan untuk 'membaca, menandai, mempelajari dan mencerna dalam hatinya hal yang sama' sebagaimana doa dalam *Book of Common Prayer* menyebutkannya.

Kami akan menyoroti ciri-ciri utama, menangani beberapa masalah dan secara umum membantu pembaca tetap maju melalui beberapa bahaya. Banyak pertanyaan akan harus dibiarkan tak terjawab, tetapi ini dapat ditindaklanjuti dalam beberapa tafsiran yang ada (tafsiran oleh George Eldon Ladd adalah salah satu yang terbaik; Eerdmans, 1972).

Diusulkan agar setiap bagian Kitab Wahyu dibaca sebelum dan sesudah bagian terkait dalam pasal ini.

Pasal 1–3: Gereja di Bumi

Sejauh ini bagian ini adalah yang paling jelas, mudah untuk dibaca dan dimengerti. Ini seperti mengayuh sepeda di tepi laut, yang tidak lama sesudahnya Anda mendapatkan berada di luar kesanggupan Anda dan dalam tarikan arus bawah, berputar-putar dalam kepanikan!

Meski seringkali menyatakan dirinya sebagai 'nubuatan,' sesungguhnya Kitab Wahyu adalah dalam bentuk surat (bandingkan 1:4-6 dengan 'sapaan' pembuka seperti pada surat kiriman lainnya). Namun demikian, ini dikirim kepada tujuh gereja ketimbang kepada satu saja. Meski mengandung pesan khusus untuk masing-masing, jelas bahwa semuanya harus saling mendengar pesan-pesan itu.

Sesudah salam lazim Kristen ('anugerah dan damai'), tema utamanya dicanangkan: 'Ia akan datang,' suatu peristiwa yang akan menyebabkan ketidakbahagian bagi dunia tetapi kesukaan bagi Gereja. Peristiwa ini mutlak pasti ('Amin').

'Pengirim' surat ini adalah Tuhan sendiri, Tuhan atas waktu, yang ada, dulu, kini dan akan ada selamanya, sang Alfa dan Omega (huruf pertama dan terakhir dalam abjad Yunani, melambangkan awal dan akhir dari segala sesuatu), Gelar yang sama akan diberikan kepada Yesus, oleh Dia sendiri (1:17; 22:13), bukti bahwa Ia percaya akan keilahian diri-Nya sendiri.

'Sekretaris' yang menuliskan surat ini adalah rasul Yohanes, yang dibuang ke pulau berukuran dua belas kali enam kilometer bernama Patmos di gugusan pulau-pulau di Laut Aegea, tahanan politik karena alasan keagamaan. Isinya diberikan dalam bentuk lisan dan penglihatan. Perhatikan bahwa ia 'mendengar' sesuatu sebelum ia 'melihat' apa pun. Suara itu yang memerintahkan dia untuk menulis diikuti dengan penglihatan dahsyat tentang Yesus seperti yang tidak pernah Yohanes lihat sebelumnya: rambut seputih salju, mata bercahaya menyala-nyala, suara menggeledek, lidah tajam, kaki bersinar. Bahkan di Gunung Pemuliaan, Ia tidak pernah terlihat seperti ini. Tidak heran Yohanes pingsan, sampai ia mendengar beberapa kata sangat dikenalnya: 'Jangan takut!'

Setiap tokoh agung lainnya dalam sejarah pernah hidup dan kemudian mati. Hanya Yesus yang mati dan kini hidup, 'selama-lamanya' (1:18: harfiah berarti 'sampai ke zaman atas segala zaman').

Yohanes diperintahkan untuk menuliskan 'apa yang ada kini' (pasal 1-3) dan 'apa yang akan terjadi sesudahnya' (pasal 4-22). Perkataan untuk kini adalah mengenai keadaan dari tujuh gereja di Asia, masing-masingnya memiliki 'malaikat penjaga' dan yang untuknya Yesus mengamati (baik wawasan [*insight*] maupun pralihat [*foresight*]!) Semua itu diwakili dalam penglihatan orisinal oleh tujuh bintang (malaikat) dan tujuh kaki dian (gereja-gereja). Perhatikan bahwa Yesus secara khas dinyatakan 'berjalan' berkeliling di antara mereka, sebagaimana Yohanes pasti pernah melakukan ketika ia bebas. Dalam Injil-injil, kebanyakan dari pesan dan mukjizat yang Yesus sampaikan dan lakukan, adalah sementara Ia berjalan 'dalam perjalanan,' baik sebelum kematian-Nya dan sesudah kebangkitan-Nya.

Ketujuh surat kepada tujuh gereja itu paling baik dipelajari bersama dan saling diperbandingkan satu sama lain. Akan sangat mencerahkan bila mereka ditulis bersebelahan, yang memperlihatkan baik kesamaan maupun perbedaan yang ada.

Tiba-tiba menjadi jelas bahwa bentuk mereka identik, terdiri dari unsur tujuh ('tujuh' hal lainnya):

1. Alamat:
    'Kepada malaikat dari gereja di ...'
2. Sifat:
    'Inilah firman dari Dia yang...'
3. Persetujuan:
    'Aku mengetahui perbuatanmu ...'
4. Tuduhan:
    'Tetapi Aku mempunyai beberapa keberatan terhadap engkau'
5. Nasihat:
    '... atau bila tidak Aku akan datang dan ...'
6. Jaminan:
    'Kepada ia yang menang, Aku akan ...'
7. Imbauan:
    '... hendaklah ia mendengarkan apa yang Roh katakan ...'

Satu-satunya yang beda dari urutan ini adalah ke empat surat terakhir, di mana dua hal bagian akhirnya dibalikkan (alasan untuk ini tidak jelas). Kini kita akan membandingkan dan mengkontraskan surat-surat tersebut.

ALAMAT

Dalam ketujuhnya ini persis sama, kecuali tujuan yang disebutkan. Kota-kota itu terletak pada rute melingkar, mulai di pelabuhan besar Efesus (kita memiliki informasi paling banyak tentang gereja di sana ketimbang lainnya dari masa tersebut), yang menuju ke pesisir di utara, kemudian ke tanah dalam di timur dan akhirnya ke selatan ke lembah sungai Meander yang kaya.

Satu-satunya yang diperdebatkan adalah kata *angelos* (secara harfiah 'utusan') apakah merujuk kepada makhluk surgawi atau seorang manusia. Karena di bagian lain dalam Wahyu ini diterjemahkan sebagai 'malaikat,' praduga kuat untuk yang di bagian ini pun sama. Para malaikat sangat terlibat dengan gereja-gereja (bahkan sampai memerhatikan potongan rambut para penyembah! - 1 Korintus 11:10). Berhubung Yohanes sama sekali terisolir, para 'utusan' surgawi yang harus mengirimkan surat-surat ini. Hanya karena skeptisisme modern terhadap keberadaan malaikat yang membuat terjemahan untuk itu adalah 'pelayan' (barangkali disertai gelar 'Pdt.'!).

SIFAT

Penting dicatat bahwa Yesus tidak pernah merujuk kepada diri-Nya dengan nama, hanya dengan gelar, dan banyak darinya cukup baru. Bahkan, Ia memiliki lebih dari 250 gelar, jumlah terbesar dari pribadi manapun dalam sejarah (mendaftarkannya bisa merupakan latihan berguna untuk perenungan). Dalam tiap surat, gelar Yesus dipilih dengan hati-hati untuk memaparkan aspek sifat-Nya yang cenderung dilupakan oleh gereja bersangkutan atau yang perlu mereka pertimbangkan. Sebagiannya didapatkan dalam penglihatan Yohanes yang orisinal tentang Dia. Semuanya ini sangat bermakna. 'Kunci Daud' menunjuk kepada penggenapan-Nya akan pengharapan mesianis Israel. 'Pemerintah atas ciptaan Tuhan' menunjukkan otoritas semesta-Nya (Matius 28:18).

PERSETUJUAN

Ini membuka bagian paling akrab tentang setiap surat, berpindah dari kata ganti orang ketiga ('Dia') ke pertama ('Aku'). Apakah ini orang yang sama? 'Dia' pasti menunjuk kepada Kristus, tetapi 'Aku' bisa Roh, 'Roh Kristus,' tentunya. Komentar berikutnya (yi. 'Aku telah menerima kuasa dari Bapa-Ku' dalam 2:27) mendukung yang terdahulu. 'Aku tahu' adalah klaim bahwa Ia sepenuhnya mengetahui, baik tentang keadaan internal maupun situasi eksternal mereka. Pengetahuan-Nya, dan karena itu pengertian-Nya bersifat lengkap menyeluruh. Penghakiman-Nya akurat, pandangan-Nya menentukan dan kejujuran-Nya transparan.

Di atas semua itu, Ia tahu 'pekerjaan' mereka, yaitu tindakan mereka, kelakuan mereka. Tekanan pada pekerjaan ini mengalir di seluruh wahyu. Yaitu karena temannya adalah penghakiman. Yesus akan datang kembali -- untuk menghakimi orang yang hidup dan yang mati. Kita dibenarkan oleh iman, tetapi kita akan dihakimi oleh perbuatan kita (2 Korintus 5:10). Yesus menyetujui pekerjaan baik mereka dan mendorong kelanjutannya.

Apabila surat ini dilihat berdampingan, langsung terlihat bahwa tidak ada hal baik yang Yesus ucapkan kepada dua dari mereka, yaitu Sardis dan Laodikea. Namun keduanya ini 'berhasil' pada pemandangan manusia. Pandangan Yesus mungkin bisa sangat berbeda dari kita. Jemaat-jemaat besar, kolekte besar dan program penuh tidak mesti merupakan tanda dari kesehatan rohani.

Lima dari gereja-gereja ini dipuji: Efesus karena usaha, kesabaran, ketekunan dan kearifannya (menolak para rasul palsu); Smirna karena keberaniannya menghadapi tentangan dan kemiskinan (meski berdekatan dengan 'sinagoge Iblis,' yaitu kemungkinan okultisme berakarkan

Yudaisme); Pergamum karena tidak menyangkali iman di bawah tekanan, bahkan ketika seorang anggotanya dimartir (meski di bawah bayangan 'takhta Iblis,' yaitu sebuah kuil raksasa yang kini dibangun kembali di museum di Berlin Timur). Tiatira karena kasih, iman, kesabaran dan kemajuannya; Filadelfia karena kesetiaannya yang mahal (dengan satu lagi keberadaan 'sinagoge Iblis' di dekatnya).

Selintas kita perhatikan bahwa Yesus sering bicara tentang Iblis, yang ada di balik semua permusuhan terhadap gereja-gereja. Ia juga bertanggungjawab untuk krisis yang membayangi dan akan mereka hadapi, 'hari pencobaan yang akan datang atas seluruh dunia untuk mencobai mereka yang diam di bumi' (3:10)

Akhirnya, bagaimana karakteristik Yesus yang memuji sebelum mengkritik, menjadi teladan yang diikuti oleh para rasul. Paulus mensyukuri Tuhan bahwa jemaat Korintus memiliki semua 'karunia rohani' (1 Korintus 1:4-7) sebelum mengoreksi penyalahgunaan mereka atas karunia-karunia itu. Tentu saja, ia juga menghadapi situasi gereja yang tidak memungkinkan pola ini, seperti di Galatia. Tetapi prinsip ini ditiru oleh semua orang Kristen.

TUDUHAN

Sekali lagi, dua luput dari kritikan, Smirna dan Filadelfia. Betapa lega pastinya perasaan mereka ketika surat itu dibacakan! Mereka lebih lemah dari yang lain dan sudah menderita, tetapi mereka tetap setia, hal ini menyukakan Yesus lebih dari apa pun lainnya (Matius 25:21, 23).

Apa yang salah dengan mereka yang lainnya? Efesus telah menolak 'kasih yang mula-mula' (untuk Tuhan, satu sama lain atau pendosa terhilang? Barangkali ketiga-tiganya, sebab mereka saling terkait). Pergamum terlibat dalam penyembahan berhala dan imoralitas (sinkretisme dan permisivisme adalah padanan modernnya); Tiatira bersalah tentang hal yang sama (akibat mendengarkan kepada 'Isebel,' nabiah palsu); Sardis karena pernah memulai usaha baru, membuatnya dikenal sebagai gereja yang 'hidup,' tetapi mereka tidak pernah meneruskannya atau menyelesaikannya sampai ke akhir (apakah ini terdengar bergema kini?); Laodikea sakit, tetapi tidak mengetahui itu.

Surat terakhir ini mungkin adalah yang paling dikenal dan paling mencolok. Mereka menyombongkan diri memiliki persekutuan yang hangat, dengan sambutan hangat kepada banyak pengunjung. Tetapi gereja-gereja yang 'suam kuku' membuat Yesus merasa muak. Ia dapat menerima yang sedingin es atau yang panas berapi-api dan menangani itu lebih mudah! Ini merupakan rujukan kepada sumber air panas bergaram yang menutupi sisi bukit di luar kota ('istana putih' Pamukkale dengan 'spa' yang masih populer di antara para pencari kesehatan); ketika aliran air itu mencapai Laodikea ia menjadi 'suam kuku' dan berfungsi menjadi obat peluruh, yang menyebabkan peminumnya muntah.

Yesus tidak lagi menghadiri kebaktian-kebaktian di sini! Ia tidak dapat dijumpai di dalamnya -- tetapi hanya berdiri di luar. Wahyu 3:20 barangkali adalah teks yang paling sering disalahgunakan dalam Alkitab dan mungkin secara universal telah dipakai untuk undangan penginjilan dan di antara para pencari penyuluhan. Ayat ini tidak ada hubungannya dengan hal menjadi Kristen. Bahkan, bisa terjadi kesan salah apabila dipakai dalam cara demikian (sesungguhnya, orang berdosalah yang berdiri di luar dan perlu mengetuk agar masuk Kerajaan, dengan Yesus sebagai pintunya; Lukas 11:5–10; Yohanes 3:5; 10:7). 'Pintu' dalam 3:20 adalah pintu gereja di Laodikea.

Ayat ini merupakan pesan kenabian kepada gereja yang telah kehilangan Kristus dan penuh dengan pengharapan. Hanya perlu satu anggota yang ingin duduk di meja perjamuannya bersama Dia agar Kristus balik ke dalam! Untuk kupasan lebih penuh tentang ayat ini dan jalan Perjanjian Baru untuk menjadi seorang Kristen, lihat buku saya *The Normal Christian Birth*.

Sebelum kita meninggalkan bagian ini, perlu untuk ditunjukkan bahwa tuduhan ini berasal dari kasih Yesus untuk gereja-gereja. Ia sendiri mengatakannya: 'Barangsiapa Kukasihi, ia Kutegor dan Kuhajar' (3:19). Sesungguhnya, ketiadaan disiplin semacam itu dapat merupakan tanda yang bersangkutan tidak termasuk ke dalam keluarga-Nya sama sekali (Ibrani 12:7-8)! Ia tidak ingin menekan mereka, tetapi mengangkat mereka. Di atas semuanya, Ia berusaha membuat mereka siaga untuk tekanan yang sedang menunggu, yang akan 'menguji' mereka (3:10). Jika mereka kini berkompromi, kelak mereka akan menyerah. Itu dapat menyebabkan mereka kehilangan warisan mereka.

NASIHAT

Ada ucapan nasihat untuk semua ketujuh gereja ini. Bahkan untuk kedua yang sepenuhnya Ia setujui ada nasihat untuk memelihara pekerjaan baik, untuk 'memegang apa yang kamu punya sampai Aku datang' (2:25).

Yang lima lainnya diperingatkan dengan dua kata: 'ingatlah' dan 'bertobatlah.' Mereka harus mengingat bagaimana mereka tadinya dan harus bagaimana mereka. Dan pertobatan sejati melibatkan lebih dari hanya penyesalan; pertobatan menuntut pengakuan dan perbaikan.

Ia memperingatkan mereka yang menghina imbauan-Nya bahwa Ia 'akan datang' dan mengurus mereka. Akan datang waktu ketika terlalu lambat untuk membereskan segala sesuatunya. Kadang ini menunjuk kepada Kedatangan Kedua-Nya, ketika 'mahkota kehidupan' akan diberikan kepada mereka yang 'setia, bahkan sampai kepada kematian' (2:10, bandingkan dengan 2 Timotius 4;6-8), tetapi mereka yang tidak siap akan mendengar perkataan mengerikan: 'Aku tidak kenal engkau' (Matius 25:12).

Lazimnya, 'Aku akan datang' merujuk kepada 'kunjungan' sebelumnya ke masing-masing gereja, untuk memindahkan 'kaki dian' (2:5). Yesus memiliki pelayanan menutup gereja-gereja! Gereja yang kompromi dan tidak bersedia diperbaiki lebih buruk ketimbang tidak berguna bagi Kerajaan Tuhan. Adalah lebih baik menyingkirkan keadaan yang merupakan iklan buruk bagi injil itu sama sekali.

Kita dapat menyimpulkan bagian surat ini dengan: 'bereskan itu atau Aku akan menutupnya.'

JAMINAN

Adalah jelas bahwa imbauan untuk 'menang' tidak ditujukan kepada gereja secara keseluruhan, tetapi kepada masing-masing anggota perseorangan. Hukuman selalu individual, entah untuk maksud pahala atau hukuman, tidak pernah untuk bersama (perhatikan 'masing-masing' dalam 2 Korintus 5:10). Tidak ada usul tentang meninggalkan gereja yang cemar dan mendapatkan kereta ke yang lebih baik di jalan! Juga seseorang tidak bisa diberikan alasan untuk kompromi karena seluruh gerejanya tergelincir. Kecenderungan salah dalam suatu persekutuan tidak boleh diikuti. Dengan kata lain, orang Kristen mungkin harus belajar menolak tekanan di dalam gereja lebih dulu sebelum menghadapi mereka yang di dalam dunia. Jika kita tidak dapat 'menang' dalam yang terdahulu, tidak mungkin kita dapat 'menang' di yang berikutnya.

Yesus tidak ragu dalam mengajukan pahala sebagai insentif (5:12). Ia sendiri menanggung salib, mencemooh keaiban salib, 'karena sukacita yang disediakan bagi Dia' (Ibrani 12:2). Dalam setiap surat itu Ia mendorong 'para pemenang' untuk memikirkan tentang hadiah yang menantikan mereka yang 'terus maju mengejar sasaran' (Filipi 3:14).

Sebagaimana gelar-Nya dalam setiap surat itu diambil dari pasal pertama, pahala yang Ia tawarkan diambil dari pasal terakhir. Pahala-pahala itu akan datang di puncak masa depan ketimbang di masa kini langsung. Hanya mereka yang memiliki iman yang memelihara janji-Nya yang akan dimotivasi oleh kompensasi di masa depan.

Sekali lagi, kita harus menyadari bahwa sukacita dari langit baru dan bumi baru tidak untuk semua pemercaya, tetapi hanya untuk mereka yang menang atas tekanan pencobaan dan penganiayaan (21:7–8 membuat hal ini teramat jelas). Hanya mereka yang tetap taat dan setia 'sampai ke akhir' (2:26) yang akan diselamatkan (bandingkan Matius 10:22; 24:13; Markus 13:13; Lukas 21:19).

IMBAUAN

Panggilan terakhir, 'ia yang memiliki telinga, hendaklah ia mendengar,' adalah kesimpulan terkenal kepada perkataan Yesus (Matius 13:9, misalnya). Artinya menjadi jelas dalam terang salah satu teks yang paling sering dikutip dari Perjanjian Lama di Peranjian Baru: 'Kamu selalu mendengar, tetapi tidak pernah mengerti... mereka hampir tidak mendengar dengan telinga mereka.. jika tidak mereka sudah... mendengar dengan telinga mereka, mengerti dengan hati mereka dan bertobat, dan Aku akan menyembuhkan mereka' (Yesaya 6:9–10, dikutip dalam Matius

13:13–15; Markus 4:12; Lukas 8:10; Kisah Para Rasul 28:26–27).

Yesus tahu bahwa ini akan merupakan respons umum dari orang Yahudi. Kini Ia menantang orang Kristen untuk tidak melakukan reaksi yang sama. Ia menyoroti perbedaan antara mendengar dan memberikan perhatian kepada suatu pesan. Pertanyaannya ialah seberapa banyak perhatian diberikan kepada apa yang Ia katakan. Perkataan-Nya dalam Kitab Wahyu hanya akan menjadi berkat jika mereka membaca dan 'memeliharanya,' yaitu tidak hanya menerima ke dalam telinga tetapi 'mengambil ke hati' (1:3). Orangtua yang anaknya mengabaikan perintahnya akan berkata, "Tidakkah kamu dengar apa yang aku katakan,' dengan tahu sungguh bahwa itu sudah didengar, tetapi tidak diperhatikan.

Cukup sederhana, komentar penutup dalam setiap surat kepada ketujuh gereja ialah Yesus mengharapkan jawaban, dalam bentuk respons positif ketaatan. Ia berhak mengharapkan ini. Ia adalah Tuhan.

Pasal 4–5: Tuhan di Surga

Bagian ini relatif jelas dan membutuhkan sedikit saja pendahuluan. Secara khusus, pasal 4 barangkali dikenal dalam konteks penyembahan; bagian ini sering dibacakan untuk merangsang pujian dan telah menyediakan isi untuk banyak himne dan lagu pujian. Ia memberikan kilas pemujaan surgawi yang mengenainya semua penyembahan bumiah adalah gemanya.

Yohanes diundang untuk 'naiklah ke sini' (4:1) dan melihat seperti apa surga terlihatnya, ini suatu hak istimewa yang hanya dialami oleh sedikit orang semasa hidupnya (Paulus mengalami hal yang sama; 2 Korintus 12:1-6).

Ini adalah tempat dimana Tuhan memerintah dan dari sini Ia memerintah. 'Takhta' adalah kata kunci dan muncul 16 kali. Perhatikan tekanan pada 'duduk' (4:2, 9, 10; 5:1). Ini adalah pusat kendali dari 'Kerajaan Surga.'

Pemandangannya indah menakjubkan, hampir tidak mungkin dipaparkan. Pelangi hijau (!), mahkota emas, guruh dan halilintar, lampu berkilauan -- orang dapat membayangkan mata Yohanes bergerak cepat dari satu fitur mencolok ke lainnya sementara ia menatap dengan takjub dan heran. Dalam usahanya memaparkan apa yang Ia lihat tentang Tuhan sendiri, ia hanya dapat membandingkan dengan dua batu mulia paling cemerlang yang pernah dilihat oleh matanya (permata yaspis dan permata sardis).

Lebih dari semuanya, ada kesan damai pada keseluruhan pemandangan itu, yang diungkapkan sebagai 'lautan kaca,' yang membentang ke cakrawala. Kontras tajam dengan gangguan hebat di bumi (dari pasal 6 seterusnya) jelas disengaja. Tuhan memerintah mengungguli semua peperangan antara baik dan jahat. Ia tidak perlu berjuang; bahkan Iblis harus meminta izin-Nya sebelum ia dapat menjamah manusia (Ayub 1). Ia bahkan tidak terkejut oleh sesuatu apa pun. Ia tahu benar bagaimana menangani apa pun yang muncul, sebab itu juga hanya dapat terjadi atas izin-Nya.

Ia adalah Tuhan, bukan manusia. Karenanya Ia layak menerima penyembahan (kata *worship* dalam bahasa Inggris dari kata *worth-ship* -- pe-layak-an, yaitu tindakan memberitahu seseorang bagaimana kelayakan mereka bagi Anda). Sang pencipta menerima pujian non-stop dari para makhluk yang telah Ia ciptakan. Empat makhluk 'hidup' hanyalah 'mirip/seperti' singa, lembu, manusia dan elang; bersama mereka boleh mewakili semua makhluk dari segala penjuru bumi (meski ada 20 penafsiran lainnya tentang ini!). Pujian mereka samar-samar bersifat 'trinitarian': 'kudus' disebutkan tiga kali dan Tuhan dalam tiga dimensi waktu -- masa lampau, kini dan akan datang.

Dua puluh empat tua-tua membentuk 'dewan' surga (Yeremia 23:18). Hampir pasti mereka mewakili umat dari kedua perjanjian Tuhan, Israel dan Gereja (perhatikan 24 nama di pintu gerbang dan fondasi Yerusalem Baru; 21:12–14). Mereka memiliki 'mahkota' dan 'takhta,' tetapi hanya merupakan otoritas yang didelegasikan.

Tidak ada tindakan dalam pasal 4, kecuali penyembahan tanpa henti. Itu merupakan pemandangan permanen dengan tidak ada rujukan waktu. Dengan pasal 5 tindakan pun mulai -- dengan pencarian akan seseorang 'di surga dan bumi,' seseorang yang 'layak membuka meterai dan membuka gulungan kitab.'

Kepentingan gulungan kitab menjadi jelas dalam terang peristiwa-peristiwa yang terjadi. Di atasnya dituliskan program yang akan mengakhiri zaman sejarah bumiah di mana kita hidup. Pemecahan meterai memulai hitung mundur.

Sampai ini terjadi, dunia harus berlanjut dalam keadaannya sekarang. 'Zaman jahat ini' harus ditutup sebelum 'zaman yang akan datang' dapat dibuka. Harus ada alat penghenti dari 'kerajaan dunia ini' jika 'Kerajaan Tuhan' akan ditegakkan secara universal di bumi. Itulah mengapa Yohanes 'menangis dan menangis' dalam frustrasi dan duka ketika tidak ada seorang pun 'layak' untuk memulai gerak ini.

Tetapi mengapa ini menjadi masalah? Tuhan sendiri telah melepas banyak penghakiman atas bumi sepanjang sejarah. Mengapa tidak juga yang terakhir? Entah karena Ia memilih untuk tidak melakukan demikian atau Ia merasa tidak memenuhi kualifikasi untuk melakukannya!

Pemikiran terakhir ini tidak terlalu aneh atau bahkan menghujat sebagaimana yang mungkin terpikir, bila dilihat dalam terang apa yang dikatakan tentang satu Pribadi yang kedapatan sebagai yang 'layak.'

Siapakah dia? Seseorang yang sekaligus adalah 'Singa' dan 'Domba'! sesungguhnya, kontras antara kedua itu tidak sebesar yang banyak orang pikir. Domba itu jantan dan sudah dewasa penuh, sebagaimana setiap domba yang dipakai dalam persembahan, 'usia satu tahun'; (Keluaran 12:5). Dalam hal ini, sang Domba Jantan itu memiliki tujuh tanduk (lebih satu dari domba Yakub), memaknai kuasa sempurna dan tujuh mata, memaknai penglihatan sempurna. Namun ia telah 'disembelih' sebagai kurban persembahan.

Singa adalah raja hutan rimba, tetapi di sini adalah raja dari suku Yehuda dan berakar dalam dinasti Daud. Maka kita memiliki kombinasi unik antara Singa yang berdaulat dan Domba Jantan persembahan, yang menunjuk kepada sang raja akan datang dan sang hamba yang menderita yang dinubuatkan oleh para nabi Ibrani (yi. Yesaya 9–11 dan 42–53).

Tetapi ini bukan saja menyangkut siapa Dia, tetapi apa yang telah Ia lakukan, yang membuat Dia cocok untuk melepas kesukaran-kesukaran yang mengakhiri dunia ini, sebab 'akhir' dapat berarti dua hal: penyelesaian dan penyempurnaan. Ia akan membawa dunia ini ke penyempurnaan. Ia telah menyiapkan suatu umat untuk mengambil alih pemerintahan dunia ini. Ia telah membeli mereka dari setiap suku bangsa dalam umat manusia, dengan harga darah-Nya sendiri. Ia telah melatih mereka dalam tugas-tugas kerajaan dan keimamatan dalam pelayanan Tuhan dan karenanya telah menyiapkan mereka untuk tanggungjawab *memerintah bumi ini* (ini sepenuhnya dikembangkan dalam Wahyu 20:4–6).

Hanya seorang yang telah melakukan semua ini yang sanggup untuk memulai rangkaian malapetaka yang akan menumbangkan semua rezim lainnya. Menghancurkan sistem yang buruk tanpa memiliki yang baik untuk menggantikannya hanya akan membawa kepada anarki.

Dan Ia sendiri adalah yang berdaulat dan layak atas pemerintah yang telah Ia siapkan, tepatnya karena Ia telah bersedia menyerahkan semua yang Ia miliki untuk memungkinkan itu. Karena Ia telah 'taat sampai mati -- bahkan mati di salib!' maka 'Tuhan meninggikan Dia ke tempat paling tinggi' (Filipi 2:8–9).

Tidak heran ribuan malaikat setuju, dalam aklamasi musikal, bahwa tepatlah memberikan Dia kuasa, kekayaan, hikmat, kekuatan, kehormatan, kemuliaan dan pujian. Maka semua makhluk dalam alam semesta bergabung dalam lagu paduan suara tersebut, meski dengan satu tambahan berarti. Kuasa, kehormatan, kemuliaan dan pujian akan diberbagikan antara Ia yang duduk di takhta dan Ia yang berdiri di pusat di hadapan-Nya, Bapa dan Anak bersama. Sebab itu merupakan usaha bersama. Mereka berdua terlibat. Mereka berdua menderita untuk membuat itu mungkin, meski dalam cara yang sangat berbeda.

Tidak ada yang lebih jelas menyatakan keilahian Tuhan kita Yesus Kristus seperti persembahan pujian dan penyembahan yang ditujukan kepada Dia dan kepada Tuhan bersama.

Pasal 6–16: Iblis di Bumi

Bagian ini adalah inti dari kitab ini dan merupakan yang paling sukar untuk dimengerti dan diterapkan.

Kita akan masuk ke kabar buruk. Segala sesuatunya akan menjadi makin buruk sebelum menjadi lebih baik.

Paling tidak ada penghiburan dari mengetahui bahwa situasi tidak dapat selamanya makin buruk ketimbang yang telah dinubuatkan dalam pasal-pasal ini. Tetapi itu cukup buruk!

Ada tiga masalah besar untuk para penafsir

Pertama, apakah *urutan* dari peristiwa-peristiwanya? Agak sukar menempatkan semua itu pada peta waktu, sebagaimana mereka yang mencobanya segera mendapatkan itu.

Kedua, apakah arti dari semua *simbol* itu? Sebagiannya jelas. Sebagian dijelaskan. Tetapi sebagian lagi masalah ('perempuan yang mengandung' di pasal 12 adalah hal yang bisa ditunjuk).

Ketiga, kapankan *penggenapan* dari nubuatan ini? Di masa lampau kita, masa kini kita atau masa depan kita? Sudah terjadikah mereka, sedang terjadikah mereka kini atau masih akan terjadi?

Kita akan berkonsentrasi pada urutan peristiwanya, yang jauh lebih jelas pada pembacaan pertama, dengan melihat ke simbol-simbol sementara kita datang ke mereka. Tugas ini rumit karena penyelipan tiga ciri yang tidak beraturan, tersebar secara acak di sepanjang pasal-pasal ini.

Pertama, ada *penyimpangan*. Dalam bentuk 'selingan' atau komentar dalam tanda kurung, yang mengurusi pokok-pokok yang terkesan ada di luar peristiwa-peristiwa arus utamanya.

Kedua, ada *rekapitulasi*. Dari waktu ke waktu narasinya terkesan balik ke lintasannya, mengulang lagi peristiwa yang telah disebutkan.

Ketiga, ada *antisipasi*. Peristiwa-peristiwa disebutkan tanpa penjelasan sampai di bagian berikut dalam kisah tersebut (misalnya, 'Armagedon' pertama muncul di 16:16, tetapi tidak terjadi sampai pasal 19).

Semua ini telah membawa kepada kesalahmengertian dan spekulasi, khususnya dalam penafsiran 'historisis siklikal' yang telah dibahas sebelum ini. Kita akan mengikuti rute yang lebih sederhana, yaitu bekerja mulai dari yang jelas ke yang samar.

Apabila pasal-pasal ini dibaca secara keseluruhan sekaligus, ciri yang paling mencolok adalah tiga rangkaian meterai, sangkakala dan cawan. Simbolisme dalam hal-hal ini relatif mudah untuk diuraikan.

Meterai:
1. Kuda putih– agresi militer
2. Kuda merah – penumpahan darah
3. Kuda hitam -- kelaparan
4. Kuda hijau -- penyakit, epidemi

* * *

5. Penganiayaan dan doa
6. Gemetar dan takut

* * *

7. Hening di surga, mendengarkan doa-doa yang kemudian dijawab dalam malapetaka terakhir: gempa bumi dahsyat

Sangkakala:
1. Bumi dibumi-hanguskan
2. Lautan terpolusi
3. Air tercemar
4. Cahaya matahari meredup

* * *

5. Serangga dan tulah (lima bulan)
6. Serbuan dari timur (200 juta)

* * *

	7. Kerajaan datang, dunia diambil alih oleh Tuhan dan Kristus sesudah gempa bumi dahsyat
Cawan:	1. Bisul-bisul di kulit 2. Darah dalam air laut 3. Darah dari sumber-sumber air 4. Dibakar oleh matahari

* * *

5. Kegelapan
6. Armagedon

* * *

7. Badai es dan gempa bumi dahsyat, menyebabkan keruntuhan internasional

Secepat mereka digelar seperti ini sejumlah hal menjadi jelas:

Berbagai kejadian itu sama sekali bukan hal yang tidak dikenal. Secara samar mereka mengingatkan tentang tulah-tulah di Mesir ketika Musa menantang Firaun, bahkan sampai ke kodok dan belalang (Keluaran 7-11). Mereka juga mulai terjadi sekarang pada skala lokal atau regional. Sebagai contoh, urutan empat kuda dapat diamati di banyak tempat di dunia ini, masing-masing sebagai akibat dari yang sebelumnya. Kebanyakan yang baru adalah skala universal terjadinya peristiwa yang bersangkutan, seakan kesukaran menyebar seluas dunia.

Setiap rangkaian terbagi ke dalam tiga bagian. Empat yang pertama satu kelompok, contoh paling jelas adalah 'empat penunggang kuda Apokalips' sebagaimana yang dipopulerkan sejak pelukis Albrecht Dürer menggambarkan mereka. Dua berikutnya tidak begitu terkait erat dan yang terakhir berdiri sendiri. Masing-masing dari tiga yang terakhir disertai dengan seruan 'wai/celaka,' yaitu kata yang menunjukkan kutukan.

Dengan melihat pada ketiga rangkaian ini secara bersama, tampak adanya *peningkatan* dalam kedahsyatan kejadian-kejadian itu. Meski seperempat dari umat manusia binasa dalam 'meterai,' sepertiga sisanya tidak dapat bertahan hidup pada 'sangkakala.' Tambahan lagi, ada kemajuan dalam penyebab bencana. 'Meterai' disebabkan oleh manusia; 'sangkakala' agaknya merupakan kemerosotan lingkungan hidup alami; 'cawan' dituangkan langsung oleh agen-agen malaikat.

Terdapat juga *percepatan* kejadian-kejadian itu. 'Meterai' agaknya menyebar dalam waktu, tetapi rangkaian berikutnya tampak diukur dalam bulan atau bahkan hari.

Semua ini mengusulkan adanya kemajuan dalam tiga rangkaian ini, yang membawa kita ke pertanyaan tentang relasi di antara mereka. Jawaban paling jelas ialah bahwa mereka *berurutan,* yang mungkin dapat dipaparkan demikian: Meterai: 1234567, lalu sangkakala: 1234567, kemudian cawan: 1234567. Dengan kata lain, rangkaiannya semata mengikuti satu sama lain, 21 kejadian keseluruhannya.

Tetapi, ini tidak sesederhana itu! Studi lebih teliti menyatakan bahwa yang ketujuh dalam setiap kasusnya sepertinya merujuk ke peristiwa yang sama (gempa bumi dahsyat pada skala bumi merupakan faktor umum; 8:5; 11:19; 16:18). Ini telah membawa ke teori alternatif, yang disukai oleh aliran 'historisis siklikal,' yang percaya bahwa rangkaian itu berlangsung *simultan,* maka:

Meterai: 1 2 3 4 5 6 7
Sangkakala: 1 2 3 4 5 6 7
Cawan: 1 2 3 4 5 6 7

Dengan kata lain, mereka meliputi periode yang sama (lazimnya dipegang sebagai keseluruhan waktu antara Kedatangan Pertama dan Kedua) dilihat dari sudut berbeda. Yang lebih meyakinkan, tetapi pola yang lebih rumit menggabungkan kedua pandangan, dengan memperlakukan enam yang pertama sebagai berurutan dan yang ketujuh simultan.

Meterai: 1 2 3 4 5 6   7
Sangkakala: 1 2 3 4 5 6   7
Cawan: 1 2 3 4 5 6 7

Dengan kata lain, masing-masing rangkaian maju atas yang sebelumnya tetapi semua memuncak dalam akhir malapetaka yang sama. Ini agaknya paling cocok dengan bukti petunjuk dan terutama dipegang oleh aliran 'futuris' yang percaya bahwa ketiga rangkaian ini masih di sejarah di depan kita.

Semua ketiganya berkonsentrasi pada apa yang akan terjadi kepada dunia ini. Sambil lalu, reaksi umat manusia harus diperhatikan juga. Meski menyadari bahwa tragedi ngeri ini adalah bukti murka Tuhan (dan sang Domba!), respons manusia adalah ketakutan (6:15-17) dan mengutuki Tuhan (16:21) ketimbang bertobat (9:20-21), bahkan meski injil pengampunan masih tersedia (14:6). Ini merupakan komentar menyedihkan tentang kekerasan hati manusia, tetapi sungguh benar adanya. Dalam kemalangan entah kita akan datang kepada Tuhan atau melawan Dia (ucapan terakhir pilot yang pesawat udaranya tabrakan seringkali mengutuki Tuhan; hal itu biasanya diedit dulu dari rekaman 'kotak hitam' sebelum itu diputar atas permintaan).

Kini waktunya melihat ke pasal-pasal yang diselipkan antara ketiga rangkaian meterai, sangkakala dan cawan -- atau lebih tepatnya, di dalam mereka, sebagaimana akan kita lihat. Ada tiga sisipan semacam itu: pasal 7, pasal 10-11 dan pasal 12-14. Dua bagian pertama ditempatkan antara meterai keenam dan ketujuh dan sangkakala-sangkakala, tetapi yang ketiga ditempatkan sebelum cawan pertama, seakan ada skala waktu antara cawan keenam dan ketujuh. Kita dapat menggambarkan dalam bentuk diagram, dengan memakai ilustrasi sebelumnya:

Meterai: 1 2 3 4 5 6 (psl. 7)   7
Sangkakala: 1 2 3 4 5 6 (psl. 10–11) 7
Cawan: (psl. 12–14) 1 2 3 4 5 6 7

Kita kini memiliki garis besar lengkap dari pasal 6–16.

Sementara ketiga rangkaian meterai, sangkakala dan cawan terutama menyangkut apa yang akan terjadi kepada *dunia,* ketiga sisipan mengurusi apa yang akan terjadi kepada *Gereja*. Di sini kita diberikan informasi tentang umat Tuhan semasa pergolakan mengerikan ini. Bagaimana dampaknya pada mereka? Karena Kitab Wahyu bertujuan untuk mempersiapkan 'orang-orang kudus' untuk apa yang akan datang, sisipan ini lebih relevan dan penting bagi mereka.

Pasal 7: kedua kelompok

Di antara meterai keenam dan ketujuh, kita temukan kilas dari dua jenis manusia berbeda dalam dua tempat sangat berbeda.

Di satu pihak, *sedikit jumlah orang Yahudi dilindungi di bumi* (ayat 1–8). Tuhan tidak membuang Israel (Roma 11:1, 11). Ia membuat janji tanpa syarat bahwa mereka akan bertahan selama alam semesta berlangsung (Yeremia 31:35– 37). Ia akan memelihara firman-Nya. Mereka memiliki masa depan.

Angkanya terkesan agak sembarangan, bahkan dibuat-buat. Barangkali mereka merupakan angka 'bulat' atau mungkin simbolis dalam arti tertentu. Yang jelas ialah akan ada proporsi bangsa secara sangat terbatas yang kini dihitung dalam jumlah jutaan. Dan totalnya akan dibagi rata antara 12 suku, tanpa mengutamakan yang mana pun. Ini berarti bahwa untuk Tuhan 10 suku yang dibuang ke Asyur tidak hilang, dan bahwa Ia akan mempertahankan yang selamat dari tiap suku yang diketahui oleh Dia. Ada satu suku yang hilang, Dan, yang berontak melawan kehendak Tuhan untuknya dan digantikan -- demikian juga halnya dengan Yudas Iskariot di antara 12 rasul. Keduanya peringatan terhadap sikap memperlakukan tempat kita dalam tujuan Tuhan secara seenaknya.

Di pihak lain, *tak terhitung jumlah orang Kristen terpelihara di surga* (ayat 9–17). Kerumunan internasional berdiri di tempat yang dimuliakan di hadapan sang Raja, bersama dengan para tua-tua dan makhluk-makhluk hidup dalam nyanyian pujian mereka. Tetapi mereka menambahkan catatan pujian baru: karena 'keselamatan' mereka.

Yohanes tidak menyadari signifikansi mereka dan mengakui ketidaktahuannya tentang kualifikasi mereka untuk kehormatan sedemikian. Salah seorang tua-tua menerangkan: 'Ini adalah mereka yang keluar dari Penganiayaan Besar' (ayat 14; bentuk waktu kata kerjanya dengan jelas menunjukkan prosesi berlanjut dari perseorangan dan kelompok melalui seluruh masa kesukaran itu). Bagaimana mereka luput? Tidak secara mendadak dan 'pengangkatan' rahasia, tetapi dengan mati, kebanyakannya melalui kemartiran, yang tergambar secara sangat menonjol dalam pasal-pasal ini sendiri (kita telah mendengar seruan 'jiwa-jiwa' mereka untuk pembalasan; 6:9–11).

Tetapi yang telah meluputkan mereka adalah penumpahan darah sang Anak Domba ketimbang darah mereka sendiri. Penderitaan-Nya, bukan penderitaan mereka, korban penyelamatan untuk dosa-dosa mereka yang membuat mereka cukup bersih untuk berdiri di hadirat Tuhan dan mempersembahkan pelayanan mereka.

Tetapi Tuhan ingat tentang penderitaan mereka demi Anak-Nya dan Ia akan memastikan bahwa mereka 'tidak akan pernah lagi' mengalami kesusahan semacam itu. Terik sinar matahari tidak akan membakar mereka (7:16; 16:8). Mereka akan dipelihara oleh 'gembala yang baik' (Mazmur 23; Yohanes 10). Mereka akan disegarkan dengan air 'hidup' (bergelora!) ketimbang 'diam' (Yohanes 4:14; 7:38; Wahyu 21:6; 22:1, 17). Dan Tuhan, seperti semua orangtua yang anaknya menangis, akan 'menghapus setiap air mata dari mata mereka' (21:4). Perhatikan bahwa berada di surga kini adalah cicipan awal dari kehidupan di bumi baru.

Pasal 10–11: Dua saksi

Antara sangkakala keenam dan ketujuh, perhatian berfokus pada sarana manusia yang melaluinya penyataan ilahi dikomunikasikan. Kata kunci di masing-masing pasal adalah 'nubuatkan' (10:11; 11:3, 6). Di awal zaman Gereja, Yohanes di Patmos adalah nabinya: di akhir zaman akan ada dua 'saksi' yang akan bernubuat di dalam kota Yerusalem.

Ada kesan tentang malapetaka yang akan datang dalam penampakan spektakuler dari dua malaikat 'penuh kuasa.' Kebenaran mengerikan yang diutarakan oleh yang pertama dalam suara menggeledek adalah untuk Yohanes sendiri dan tidak boleh disampaikan kepada orang lain (bandingkan 2 Korintus 12:4). Yang kedua mencanangkan bahwa tidak akan ada penundaan lagi dalam susunan kejadian-kejadian itu -- sangkakala ketujuh akan menjadi klimaks (mendukung kesimpulan kami bahwa meterai ketujuh, sangkakala dan cawan ketujuh semuanya merujuk ke hal 'akhir' yang sama).

'Kabar buruk' terakhir dan terburuk sedang akan diberikan. Itu tertulis pada 'gulungan kecil' (versi perpanjangan, lebih rinci dari bagian yang lebih besar yang telah dibukakan?). Yohanes diperintahkan untuk 'memakannya' (menurut kami; 'mengunyahnya'). Itu akan terasa 'manis dan masam,' pertamanya manis tetapi menjadi masam ketika ia mulai ditelan (reaksi yang banyak orang lakukan terhadap Kitab Wahyu ketika mereka mulai menangkap pesannya).

Yohanes diperintahkan untuk 'bernubuat lagi'; untuk melanjutkan pekerjaannya memprediksi masa depan dunia. Lalu ia 'diperlihatkan' keliling kota Yerusalem dan baitnya. Ia mengukur halamannya, tetapi bukan bagian yang paling luar untuk para penyembah bukan Yahudi, sebab mereka akan datang 'menginjak-injak' kota itu ketimbang berdoa di dalamnya. Namun demikian, mereka akan berhadapan dengan dua pribadi luar biasa yang akan berkhotbah kepada mereka tentang Tuhan yang mereka hinakan.

Akibatnya adalah kematian bagi kedua pengkhotbah itu dan juga para pendengarnya! Kedua saksi itu akan memiliki kuasa membuat mukjizat, untuk menghentikan hujan (seperti Elia; 1 Raja-raja 17:1; Yakobus 5:17) dan mendatangkan api ke atas para musuh mereka (seperti Musa; Imamat 10:1–3). Tetapi mereka akan dibunuh ketika kesaksian mereka selesai. Jasad mereka akan tergeletak di jalan selama lebih dari tiga hari saja, sementara orang banyak segala bangsa yang 'tersiksa' hati nuraninya oleh perkataan kesaksian mereka, menertawakan dan merayakan penyingkiran kedua saksi itu. Kelegaan itu akan berubah menjadi kengerian ketika keduanya dibangkitkan di depan mata mereka semua. Suara besar dari surga 'Naiklah ke sini' akan menyebabkan kenaikan mereka. Pada saat kepergian mereka, gempa bumi dahsyat akan menghancurkan sepersepuluh dari bangunan kota itu dan 7,000 penduduknya.

Kesamaan antara nasib kedua saksi dan Yesus 'sang nabi' mencolok sekali. Mustahil tidak mengingat penyaliban, kebangkitan dan kenaikan-Nya dalam kota itu juga. Tentu saja, ada perbedaan: dalam kasus-Nya, gempa bumi terjadi pada saat kematian-Nya (Matius 27:52) dan baik kebangkitan maupun kenaikan-Nya tidak disaksikan oleh orang banyak. Tetapi itu masih menjadi pengingat jelas, khususnya untuk penduduk Yahudi, tentang hari-hari di masa lampau itu. Itu akan menghasilkan takut akan, dan kemuliaan kepada Tuhan.

Siapakah kedua saksi ini, kita tidak diberi tahu. Semua usaha untuk mengidentifikasi mereka hanya spekulasi belaka. Tidak ada usulan bahwa mereka adalah 'reinkarnasi' tokoh-tokoh dari masa dulu, jadi mereka bukan Musa dan Elia, meski dalam beberapa segi mereka lebih mirip kedua itu, ketimbang mereka seakan dua Yesus, meski memang juga mereka seperti Dia dalam orang lain. Kita harus 'menunggu dan melihat' siapa mereka, tetapi jelas itu tidak terlalu penting. Apa yang mereka lakukan dan apa yang dilakukan kepada mereka itulah yang penting.

Sebelum meninggalkan bagian ini, dua 'antisipasi' perlu diperhatikan. Yang pertama, adanya penyebutan pertama kali tentang periode waktu 1,260 hari, yaitu 42 bulan, atau tiga setengah tahun. Kita akan bertemu lagi dengan angka ini dalam pasal-pasal berikut, di mana agaknya ini menunjukkan lamanya 'Kesukaran Besar.' Banyak yang menghubungkan ini dengan 'setengah minggu' yang dinubuatkan Daniel (Daniel 9:27; Alkitab New International Version tepat menerjemahkan itu 'minggu/masa' itu sebagai 'tujuh'). Itu waktu cukup singkat dan mengingatkan tentang prediksi Yesus sendiri bahwa masa itu akan dipersingkat (Matius 24:22).

Satu hal lainnya, ini pertama kalinya disebutkan tentang 'binatang buas,' yang sangat menonjol dalam bagian sisipan di kelangsungan narasi ini.

Pasal 12–14: kedua binatang buas

Mengikuti pola sastra sejauh ini, bagian ini harus datang di antara cawan keenam dan ketujuh, tetapi hal-hal ini saling mengikuti sedemikian dekat sampai tidak ada waktu atau ruang di antara mereka untuk kejadian lainnya. Maka tiga pasal ini disisipkan sebelum ketujuh cawan dicurahkan sebagai ungkapan terakhir dari murka Tuhan ke atas dunia yang memberontak (lihat diagram di halaman 683-684).

Enam meterai dan enam sangkakala sudah berlalu. Rangkaian malapetaka yang paling akhir sekali akan terjadi. Itu akan menjadi yang paling mengerikan untuk dunia --- dan paling berat untuk gereja. Kuasa kejahatan akan mendapatkan cengkeraman kuatnya atas masyarakat ketimbang yang pernah terjadi sebelumnya, meski cengkeraman mereka itu akan dihancurkan.

Bagian ini memperkenalkan tiga pribadi yang membentuk aliansi untuk mereka sendiri memerintah dunia. Yang satu asalnya dan sifat tadinya adalah malaikat; 'naga besar' dan 'ular tua,' atau yang dikenal juga sebagai 'Iblis,' atau 'si jahat' (12:9). Dua yang lainnya asal dan sifatnya adalah manusia: 'binatang buas,' dikenal juga sebagai 'antikristus' (1 Yohanes 2:18; juga 'manusia durhaka' dalam 2 Tesalonika 2:3) dan 'nabi palsu' (16:13; 19:20; 20:10). Bersama mereka membentuk sejenis 'tritunggal najis' dalam peniruan menyeramkan tentang Tuhan, Kristus dan Roh Kudus.

Iblis diperkenalkan ke dalam 'kesukaran' untuk pertama kalinya. Ia belum disebutkan sejak surat-surat untuk ketujuh gereja (2:9, 13, 24; 3:9). Meterai dan sangkakala telah melepas muatannya ke atas bumi, sementara Iblis di surga. Sebagai malaikat ia memiliki akses ke 'tatanan surgawi' (Efesus 6:12; bandingkan Ayub 1:6–7). Di sanalah berlangsungnya perang nyata antara kebaikan dan kejahatan, sebagaimana yang akan ditemukan oleh tiap orang sewaktu memasuki tatanan ini melalui doa.

Peperangan ini, antara malaikat baik dan jahat di surga, tidak akan berlangsung selamanya. Karena alasan pertamanya, kekuatannya tidak setara dalam jumlah. Pihak iblis terdiri dari sepertiga makhluk surgawi (12:4); yang dua-per-tiga lainnya dipimpin oleh penghulu malaikat Mikhail, yang akan memimpin kekuatannya untuk menang (ukiran yang menggambarkan perjuangan ini menghiasi dinding timur Katedral Coventry).

Iblis akan 'dilemparkan' ke bumi. Sesudah itu ia akan kembali dikalahkan dan dibuang ke dalam 'jurang maut' (20:3). Sementara itu, selama beberapa tahun ia dibuang, kemarahan dan frustrasinya dipusatkan ke planet kita. Tidak sanggup lagi menantang Tuhan secara langsung di surga, ia mencanangkan perang atas umat Tuhan di bawah sini. Ini merupakan tindakan mundur ke belakang, yang dilakukan dengan harapan untuk mempertahankan kerajaannya di bumi, melalui para pemimpin boneka dan keagamaan lain.

Sejauh itu pesan pasal 12 cukup jelas, bahkan jika ia merentangkan imajinasi. Tetapi kami telah mengabaikan (dengan sengaja) tokoh besar lainnya dalam drama ini -- perempuan hamil, bermandi cahaya matahari, berdiri di bulan dan memakai mahkota dengan 12 bintang di kepalanya.

Siapakah dia? Apakah ia pribadi perseorangan nyata, atau barangkali 'personifikasi' tempat atau manusia (seperti halnya 'perempuan' lain dalam Kitab Wahyu; misalnya, 'pelacur' yang mewakili Babilon di pasal 17-18)?

Yang pasti, tokoh ini telah menjadi sumber banyak perdebatan dan banyak perbedaan di antara para pelajar Alkitab. Untuk sebagian orang, masalahnya selesai dengan fakta bahwa si iblis ingin 'melulur anaknya pada saat ia dilahirkan' (ayat 4) dan kemudian pernyataan bahwa 'ia melahirkan seorang anak laki-laki, yang akan memerintah semua bangsa dengan tongkat besi' (ayat 5). Pastilah, kata mereka, ini tidak salah lagi merupakan rujukan kepada kelahiran Yesus dan usaha langsung Herodes yang gagal untuk membunuh Dia. Maka, perempuan itu adalah ibu-Nya, Maria (ini lazim merupakan penafsiran Katolik), atau personifikasi Israel, yang darinya Mesias datang (lazimnya penafsiran Protestan untuk tidak memasukkan Maria).

Tetapi hal ini tidak sesederhana itu. Mengapa tiba-tiba dan tanpa diduga harus kembali ke permulaan sekali dari era Kristen paling awal di tengah nas yang sedang memaparkan berakhirnya masa? Mengapa membawa Maria ke dalam gambaran itu (sesudah Kisah Para Rasul 1 ia tidak lagi muncul di Perjanjian Baru, pekerjaannya sudah selesai). Tentu saja, 'historisis siklikal' melihat ini sebagai satu lagi bukti 'rekapitulasi' dari keseluruhan siklus sejarah Gereja, kali ini mulai dengan kelahiran Yesus. Iblis dikalahkan dan disingkirkan dari surga pada saat itu.

Tetap masih ada masalah. Tampaknya anak itu 'direbut kepada Tuhan dan ke takhta-Nya' hampir langsung sesudah ia lahir. Ini bisa jadi penglihatan 'teleskopik' dari inkarnasi dan kenaikan, tetapi ketiadaan rujukan apa pun kepada pelayanan, kematian dan kebangkitan Yesus di antara dua itu paling tidak adalah hal mencolok. Dan jika perempuan itu adalah ibunya, siapakah yang dimaksud dengan 'keturunan lain perempuan itu' yang kepadanya naga yang frustrasi itu mengalihkan perhatiannya (12:17)? Kita tahu ia mempunyai anak-anak lain, termasuk empat laki-laki dan beberapa perempuan (Markus 6:3), tetapi mereka hampir tidak mungkin calon penjelasan itu. Tidak pasti juga 'memerintah bangsa-bangsa dengan tongkat besi' harus menunjuk kepada Yesus; itu diberlakukan kepada Dia (19:15, dalam penggenapan akan Mazmur 2:9), tetapi juga dijanjikan kepada para pengikut-Nya yang setia (2:27). Lalu ada penyelamatan perempuan itu di 'padang gurun' selama 1,260 hari (12:6), periode yang sudah muncul sebagai masa kesukaran terbesar di akhir zaman Gereja.

Tafsiran yang paling cocok dengan semua data ini ialah melihat perempuan tersebut sebagai perwakilan Gereja di akhir zaman, yang diselamatkan di luar wilayah perkotaan semasa kesukaran terburuk itu. Anak laki-lakinya juga adalah personifikasi, mewakili para pemercaya yang dimartir pada masa ini, aman di surga, di luar jangkauan Iblis. Suatu hari nanti mereka akan kembali ke bumi dan memerintah bersama Kristus (20:4 memaparkan ini dengan kuat). 'Sisa keturunannya' adalah mereka yang selamat dari pembantaian, namun 'menaati perintah Tuhan dan memegang kesaksian Yesus' (12:17; bandingkan 1:9; 14:12). Pandangan ini masih menyisakan ketegangan dengan teks ini, tetapi jauh lebih sedikit ketimbang penjelasan yang lainnya.

Sekali lagi, agaknya ada perbandingan tersirat antara pengalaman Kristus di awal era Kristen dan para pengikut-Nya di akhir era (sebagaimana sudah kita lihat sebelumnya). Secara khusus, sebagaimana Ia 'menang' (Yohanes 16:33) para pengikut-Nya akan 'menang,' dengan 'tidak menyayangkan hidup mereka sampai ke dalam maut' (12:11). Kemenangan mereka mendemonstrasikan 'kerajaan Tuhan kita, dan kekusaan Kristus-Nya' (12:10; bandingkan 11:15 dan Kisah Para Rasul 28:31).

Kedua 'binatang buas' tiba di pasal 13. Yang pertama dan paling menonjol adalah tokoh politik, seorang diktator dunia yang memegang rezim totaliter atas semua kelompok etnis yang ada. Ia adalah si 'antikristus' (1 Yohanes 2:18; perhatikan bahwa *anti-* dalam bahasa Yunani berarti 'sebaliknya'; dan bukan 'lawan,' ini lebih menunjuk ke peniruan ketimbang persaingan, 'manusia durhaka' (2 Tesalonika 2:3–4) tidak mengakui adanya hukum yang lebih tinggi ketimbang kehendaknya dan karena itu mengklaim keilahian dan menuntut penyembahan. Si binatang buas adalah seorang manusia yang menerima tawaran satanik yang Yesus tolak (Matius 4:8–9; andai Ia menerima tawaran itu Ia akan menjadi Yesus yang antikristus!).

Tetapi ia juga 'anti Kristen' dalam arti melawan orang Kristen. Ia memiliki kuasa untuk 'memerangi orang-orang kudus dan untuk *mengalahkan* mereka' (13:7; ia mengalahkan mereka untuk sementara, tetapi mereka mengalahkan dia secara kekal, 12:11).

Ciri-cirinya adalah seperti binatang buas lainnya -- macan tutul, beruang dan singa. Agaknya ia bangkit dari federasi para pemimpin politik, mendapatkan perhatian dunia melalui kesembuhan mencengangkan dari luka fatal, diduga sebagai upaya pembunuhan. Egotisme hujatannya disiarkan selama 42 bulan.

Posisinya didukung oleh binatang buas kedua, rekan keagamaan dengan kuasa supernatural yang memfokuskan penyembahan dunia pada keunggulannya. Mukjizat yang ia buat menipu bangsa-bangsa dengan ia memerintahkan api turun dari langit dan dan patung sang diktator berbicara. Penampakannya akan 'seperti domba,' anak domba dengan hanya 'dua tanduk.' Agaknya ini menunjuk pada kelembutan ketimbang keserupaan dengan Kristus, sebab hal itu dikontraskan dengan bicaranya yang seperti si naga.

Gebrakan hebatnya bukan peragaan mukjizat yang ia buat tetapi dominasinya atas pasar. Hanya mereka yang memakai angka khusus di bagian tubuh mereka yang tampak (tangan atau dahi) yang diizinkan untuk berdagang dan angka itu hanya akan ditandai pada mereka yang terlibat dalam penyembahan berhala kerajaan. Karena itu orang Yahudi dan Kristen akan disingkirkan dari semua perdagangan, bahkan dari membeli kebutuhan hidup biasa.

Angka '666' adalah kode nama sang diktator. Kita telah mendiskusikan artinya (lihat hlm 595). Sampai ia datang, ketika identitasnya dengan tokoh ini menjadi teramat jelas, semua usaha untuk menyingkap kode tersebut adalah spekulasi tidak berguna. Satu hal jelas, ia akan kurang dari kesempurnaan (7) dalam segala hal.

Pasal 14 terkesan untuk mengimbangi pemandangan ngeri ini dengan mengalihkan perhatian kita kepada kelompok manusia yang berdiri (secara harfiah) dalam kontras tajam terhadap mereka yang mengizinkan diri untuk terperangkap dalam sistem tersebut. Ketimbang nama samar si binatang buas, mereka membawa nama Bapa sang Domba di dahi mereka (ciri lain yang diambil di 22:4). Ketimbang dusta sombong, mereka dikenal karena integritas bicara, dan juga hubungan seksual mereka yang murni.

Ada sedikit ketidakpastian tentang lokasi mereka, entah di surga atau di bumi, tetapi konteksnya lebih mendukung yang pertama, sebab lagu pujian dari para makhluk hidup dan tua-tua (14:3 terkesan mengulang 4:4–11), lagu-lagu yang hanya dapat 'dipelajari' oleh orang yang telah ditebus, apalagi dinyanyikan. Angka (144,000) merupakan teka-teki. Ini tidak untuk dikacaukan dengan angka yang sama di pasal 7. Di sana angka ini merujuk kepada orang Yahudi di bumi, yang ini kepada orang Kristen di surga. Di sana itu terdiri dari 12 suku, di sini tidak. Tidak juga dapat disamakan dengan 'sejumlah besar orang yang tidak dapat dihitung' dalam pasal yang sama. Lagi-lagi, ini mungkin merupakan angka 'pembulatan.' Tetapi petunjuknya barangkali terletak dalam keberadaan mereka yang 'telah dibeli dari antara manusia dan dipersembahkan sebagai *buah sulung* untuk Tuhan dan Anak Domba' (ayat 4). Mereka hanyalah sedikit cicipan awal dari panenan yang sangat besar. Maka artinya mungkin adalah apa yang merupakan keseluruhan jumlah orang Yahudi yang diselamatkan di bumi hanyalah sebagian jumlah dari orang Kristen yang memuji di surga.

Sisa pasal ini memiliki prosesi malaikat membawa berbagai pesan dari Tuhan kepada manusia:

Yang pertama menuntut takut dan penyembahan akan Tuhan, dengan pengingat bahwa injil masih tersedia untuk menyelamatkan siapa saja dari 'murka yang akan datang' (Lukas 3:7).

Yang kedua mencanangkan kejatuhan Babilon. Ini kembali adalah 'antisipasi,' sebab inilah pertama kali hal itu disebutkan. Semuanya akan dijadikan jelas di bagian berikutnya (pasal 16–17).

Yang ketiga memperingatkan orang percaya tentang konsekuensi ngeri dari menyerah kepada tekanan yang berasal dari sistem totaliter tersebut. Bahasanya menunjuk ke neraka: 'siksaan' tanpa henti (kata yang sama memaparkan pengalaman si iblis, antikristus dan nabi palsu di 'lautan api'; 20:10). Dengan kata lain, mereka akan berbagi nasib dengan pihak-pihak yang kepadanya mereka menyerah. Fakta bahwa 'orang kudus' bisa mendapatkan diri mereka dalam destini ngeri ini digarisbawahi dengan panggilan untuk 'bertekun dengan sabar' langsung sesudah peringatan itu (14:12, yang mengulang 13:10). Kedua konteksnya menyadari bahwa sebagian akan membayar untuk kesetiaan mereka dengan hidup mereka. Untuk mereka dituliskan sebuah ucapan bahagia khusus: 'Berbahagialah orang yang mati dalam (maknanya hampir sama dengan 'karena') Tuhan dari sekarang ini seterusnya' (14:13). Berkatnya ganda: mereka kini dapat beristirahat dari penderitaan, dan karena catatan tentang kesetiaan mereka disimpan, mereka dapat menatap ke depan untuk pahala. Bahkan mereka yang mati karena sebab alami pada masa itu akan menikmati berkat ini. Tetapi ayat ini belum boleh dipakai dalam kebaktian penghiburan, sebab janji ini disyaratkan dengan 'sejak sekarang ini,' yang merujuk ke pemerintahan si 'binatang buas.'

Yang keempat berteriak kepada seseorang 'bagaikan

anak manusia di awan-awan' (rujukan jelas kepada Daniel 7:13), memberitahu dia sudah tiba masa untuk panenan. Entah ini untuk mengumpulkan lalang untuk dibakar atau gandum untuk disimpan (Matius 13:40–43) tidak begitu jelas.

Yang kelima masih muncul dengan sabit di tangannya.

Yang keenam mengarahkan sabit kepada 'buah-buah anggur' untuk diinjak-injak di 'kilangan besar murka Tuhan,' yaitu 'di luar kota itu.' Bahwa ini merujuk kepada pembantaian manusia secara masal dinyatakan oleh kolam darah masif (semeter dalamnya sejauh 280 kilometer -- sungguh suatu hiperbola!). ini barangkali suatu antisipasi tentang perang Armagedon, dimana burung bangkai akan membersihkan mayat-mayat (19:17–21). Sambil lalu, kita perhatikan kaitan antara darah, anggur dan murka Tuhan, yang muncul cukup sering. Hal ini memberi terang besar atas salib dan khususnya doa kegentaran di 'Getsemani,' [Getsemani berarti 'tempat penghancuran/pembuatan minyak].' Penggunaan 'cawan' metaforis dalam Alkitab selalu merujuk kepada murka Tuhan (Yesaya 51:21–22; Markus 14:36; Wahyu 16:19). Keenam malaikat ini diikuti oleh tujuh lagi yang melaksanakan ketimbang mengucapkan tentang pencurahan murka Tuhan. Mereka membawa tujuh cawan murka untuk merambahi bumi. Ini diikuti dengan lagu kemenangan dari para martir di surga, yang dengan sadar menggemakan sukacita Musa sesudah pasukan Mesir ditenggelamkan di Laut Merah (15:2–4). Temanya adalah tentang keadilan dan kebenaran Tuhan, diungkapkan dalam perbuatan besar dan ajaib yang mendukung kekudusan-Nya dengan menghukum para penindas.Sang 'Raja atas segala raja' mungkin menunda waktunya Dia menghukum yang bersalah, tetapi hukuman itu pasti akan tiba -- dan akhirnya itu sungguh datang.

Sebelum kita tinggalkan bagian tengah besar dari Kitab Wahyu ini, dua pengamatan lanjut perlu dilakukan.

Yang pertama menyangkut *urutan* kejadian-kejadian itu. Ada usaha untuk mencocokkan meterai, sangkakala dan cawan, bersama beberapa bagian sisipan, menjadi semacam jadwal berurutan. Entah usaha ini berhasil harus dipertimbangkan oleh para pembaca, yang mungkin telah menyusun skema berbeda.

Kenyataannya ialah bahwa mencocokkan semua kejadian yang dinubuatkan ini ke dalam suatu pola yang terpadu adalah usaha yang sangat sukar, jika bukannya mustahil. Tetapi Yesus adalah pengajar yang terlalu baik untuk menyembunyikan pesan-Nya yang esensial dalam narasi yang sedemikian rumit. Apa yang hal ini ajarkan pada kita?

Ini saja: *urutan bukanlah tekanan utama* dalam bagian ini. Bagian ini jauh lebih menyangkut apa yang akan terjadi ketimbang kapan segalanya akan terjadi. Tujuan semua ini bukan untuk menyanggupkan kita menjadi peramal yang akurat, tetapi menjadi para hamba Tuhan yang setia, yang bersedia menghadapi yang terburuk yang dapat terjadi kepada kita. Tetapi akankah itu terjadi kepada kita?

Perhatian kedua mengenai *penggenapan* nubuatan ini. Jika 'Kesukaran Besar' hanya berlangsung beberapa tahun saja, kemungkinan kita tidak akan harus menghadapinya dalam masa kehidupan kita. Jadi apakah itu berarti penyia-nyiaan waktu untuk semua kecuali generasi orang kudus terakhir untuk bersiap terhadap hal itu?

Salah satu jawabannya ialah bahwa kecenderungan kecepatan peristiwa-peristiwa dunia masa kini membuat makin bertambahnya kemungkinan bahwa hal ini ada di masa depan dekat.

Tetapi respons utama kepada jenis pemikiran ini harus menjadi pengingat bahwa peristiwa-peristwa masa depan melepas bayangan mereka ke sebelum kejadiannya. 'Anak-anakku, waktu ini adalah waktu yang terakhir, dan seperti yang telah kamu dengar, seorang antikristus akan datang, sekarang telah bangkit banyak antikristus' (1 Yohanes 2:18). Si nabi palsu akan datang, tetapi bahkan sekarang telah datang para nabi palsu (Matius 24:11; Kisah Para Rasul 13:6; Wahyu 2:20).

Dengan kata lain, apa yang kelak akan dialami oleh seluruh gereja pada skala universal ('dibenci oleh bangsa-bangsa'; Matius 24:9) sudah terjadi di latar lokal dan regional. Kristen mana saja dapat melalui banyak penganiayaan sebelum semua masuk ke "Penganiayaan Besar.' Kita semua harus bersedia untuk jenis kesukaran yang mencapai klimaksnya kelak, tetapi dapat terjadi kini.

Bagian ini (pasal 6–16) karenanya secara langsung relevan untuk semua orang percaya, apa pun situasi kekinian mereka. Gereja sudah berada di bawah tekanan dalam kebanyakan negara dan jumlah mereka yang tidak demikian berangsur mengurang tiap tahunnya.

Dan melampaui semua ini ada kedatangan Tuhan Yesus Kristus, yang untuknya semua orang percaya harus bersiap siaga. Motif utama bersiap untuk setia di bawah tekanan adalah agar kita sanggup menghadapi Dia dengan tidak malu. Barangkali itu menjelaskan pengingat berikutnya yang disisipkan di antara cawan murka keenam dan ketujuh (secara kebetulan, meneguhkan bahwa sebagian orang Kristen akan tetap ada di bumi waktu itu). 'Lihatlah, Aku akan datang seperti pencuri! Berbahagialah dia yang berjaga-jaga dan yang memperhatikan pakaiannya, supaya jangan ia berjalan telanjang dan jangan kelihatan kemaluannya' (16:15; perhatikan tekanan yang sama tentang pakaian di Matius 22:11; Lukas 12:35; Wahyu 19:7–8).

Pasal 17–18: Manusia di Bumi

Bagian ini masih merupakan bagian dari 'Kesukaran Besar,' tetapi baru saja. Ini menyangkut akhir itu sendiri, saatnya gempa bumi dahsyat dalam meterai, sangkakala dan cawan ketujuh (see 16:17–19).

Sejarah dunia sedang bergegas menuju ke akhir. Penyingkapan terakhir sudah sangat dekat. Kendati semua peringatan itu, entah dalam firman atau tindakan ilahi, umat manusia masih menolak untuk bertobat dan mengutuki Tuhan karena semua kesukaran mereka (16:9, 11, 21).

Sisa kitab Wahyu didominasi oleh dua tokoh perempuan, yang satu pelacur najis dan yang lainnya mempelai perempuan yang murni. Keduanya bukan pribadi; keduanya adalah personifikasi. Mereka mewakili kota-kota.

Kita dapat memberinya judul: 'Kisah tentang dua kota.' Mereka adalah Babel dan Yerusalem, kota manusia dan kota Tuhan. Dalam bagian ini kita pertimbangkan yang pertama, yang telah disebutkan sebelumnya (14:8; 16:19). Umumnya kota-kota dianggap sebagai tempat tidak baik dalam Alkitab. Penyebutan pertama (yang biasanya hal signifikan) menghubungkan mereka dengan garis Lamekh dan pembuatan senjata untuk penghancuran masal. Kota-kota mengkonsentrasikan manusia, karena itu di dalamnya berkumpul para pendosa, dan dosa. Dengan berkurangnya komunitas dan meningkatnya anonimitas, kejahatan dan imoralitas menjadi subur. Lebih banyak hawa nafsu (pelacuran) dan kemarahan (kekerasan) di kota-kota ketimbang di komunitas pedesaan.

Dua dosa yang disendirikan di sini adalah ketamakan dan kesombongan. Keduanya dikaitkan dengan penyembahan uang. Karena tidak mungkin menyembah baik Tuhan maupun Mamon (Lukas 16:13), lebih mudah melupakan Pencipta langit dan bumi dalam kota yang makmur. Manusia menyembah pencipta buatan mereka sendiri! Keangkuhan menampakkan diri dalam arsitektur, bangunan-bangunan kerap adalah monumen ambisi dan pencapaian manusia.

Demikian halnya dengan menara Babel di tepi sungai Efrat, yang berlokasi di rute antara Asia, Afrika, dan Eropa. Didirikan oleh Nimrod si pemburu perkasa (atas binatang) dan pahlawan perang (antara manusia), kota itu didirikan atas kepercayaan bahwa kekuatan adalah kebenaran, bahwa yang paling kuat yang bertahan.

Biasanya, menara adalah struktur paling tinggi di dunia buatan manusia, sebagai pernyataan mengesankan baik kepada manusia maupun Tuhan. Tujuan yang dinyatakan oleh ungkapan 'membuat nama untuk diri kita' (Kejadian 11:4) menandai awal dari humanisme, pengilahian diri manusia. Tuhan menghakimi kelancangan itu dengan memberikan para penduduknya karunia lidah (bahasa-bahasa)! Tetapi peniadaan kesamaan bahasa mereka secara simultan membawa kekacauan pengertian, yang darinya kita mendapatkan kata kerja berceloteh (*babble*) (perhatikan bahwa pada Hari Pentakosta hal ini tidak terjadi karena karunia yang sama menghasilkan kesatuan -- Kisah Para Rasul 2:44).

Kota ini menjadi ibukota dari kerajaan besar dan kuat, khususnya di bawah Nebukadnezar, seorang tiran yang kejam yang membinasakan para bayi, binatang dan bahkan pohon ketika menaklukkan daerah baru (Habakuk 2:17; 3:17).

Sementara itu, Raja Daud dari Israel mendirikan Yerusalem sebagai ibukotanya. Hal yang berbeda, kota itu tidak berada dalam posisi strategis untuk perdagangan, sebab tidak di tepi laut, sungai besar atau jalan raya. Namun demikian, itu adalah 'kota Tuhan,' tempat di mana Ia menaruh nama-Nya dan memilih untuk tinggal di antara umat-Nya -- awalnya di dalam kemah pertemuan Musa, kemudian hari di dalam bait yang Salomo bangun.

Babilon menjadi ancaman terbesar kepada Yerusalem. Pada akhirnya Nebukadnezar menghancurkan kota suci itu, dengan baitnya, mengangkut hartanya dan membuang penduduknya ke dalam pengasingan selama 70 tahun. Tuhan mengizinkan ini terjadi sebab penduduknya telah membuat kota itu menjadi 'tidak kudus' seperti halnya kota-kota lain.

Tetapi ini adalah hajaran sementara ketimbang hukuman permanen. Melalui para nabi Tuhan menjanjikan pemulihan Yerusalem dan keruntuhan Babilon (contohnya, Yesaya 13:19–20; Yeremia 51:6–9, 45–48). Cukup pasti, bahwa kota jahat itu menjadi timbunan reruntuhan, sama sekali tidak berpenghuni, kecuali binatang buas padang gurun, persis seperti yang dinubuatkan.

Bukan kebetulan bahwa ada kesamaan besar antara kitab Daniel dan Wahyu. Keduanya mengandung penglihatan tentang zaman akhir yang memiliki kesetujuan berarti. Namun penyataan diberikan kepada Daniel semasa Nebukadnezar (ia seorang muda ketika berada di dalam kelompok pengasingan pertama). Ia telah 'melihat' perjalanan kerajaan-kerajaan dunia masa depan sampai ke masa Kristus dan sesudahnya, sampai ke akhir sekali dari sejarah, pemerintahan antikristus, pemerintahan milenial, kebangkitan orang mati dan Hari Penghakiman.

Kedua kitab bicara tentang kota bernama 'Babilon.' Tetapi apakah mereka bicara tentang tempat yang sama?

Jika demikian, kota itu harus dibangun kembali. Mereka yang menerima 'Babilon' di Wahyu sebagai kota yang sama menjadi menjadi cukup bersemangat bahwa bagian-bagiannya telah dibangun kembali oleh Presiden Irak, Saddam Hussein. Tetapi agaknya ia tidak bermaksud memulihkan kota itu untuk hidup lagi; itu hanya semacam pertunjukan prestise dirinya (sinar laser memproyeksikan gambarnya, di sebelah gambar Nebukadnezar, di awan-awan!). Sangat tidak mungkin bahwa Babilon purba, bahkan jika dibangun kembali penuh, akan dapat menjadi pusat strategis kembali.

Aliran penafsiran 'preteris' menerapkan 'Babilon' kepada kota metropolis Roma. Ada beberapa alasan untuk itu, paling tidak karena inilah barangkali cara pembaca Wahyu asalnya mengerti kota itu. Salah satu surat Petrus, ditulis untuk maksud yang sangat sama (menyiapkan para orang kudus bagi penderitaan), mungkin sudah membuat kaitan petunjuk ini (1 Petrus 5:13). Dan rujukan kepada 'tujuh bukit' barangkali dapat menyimpulkannya (17:9-10, meski perhatikan bahwa 'bukit' mewakili para raja).

Ciri kemerosotan moral Roma juga cocok dengan paparan di Kitab Wahyu. Daya tariknya yang menggoda dalam bentuk barang dan keuangan sebagai imbalan untuk kebaikan yang diberikan dan dominasinya atas para raja boneka cocok benar dengan penggambaran ini.

Namun bahwa ini merupakan penggenapan menyeluruh, masih patut diragukan. Roma pasti memang salah *satu* Babilon. Tetapi ia hanya bayangan awal dari *si* Babilon yang mendominasi akhir sejarah, dimana Wahyu menempatkannya.

Sebagian menyelesaikan masalah ini dengan mendalilkan kebangkitan kembali Kerajaan Romawi. Denyutnya meningkat ketika 10 bangsa (17:12) menandatangani 'Persetujuan Roma' sebagai dasar untuk sebuah adidaya baru, Masyarakat Eropa. Ketertarikan memudar dengan penambahan beberapa negara lain, sampai kini ada terlalu banyak 'tanduk'! tetapi benderanya memiliki 12 bintang dari Wahyu 12.

Keengganan melepaskan Roma sebagai calon tunggal juga terlihat dalam aliran penafsiran 'historisis.' Dengan mengambil kitab Wahyu sebagai pemandangan menyeluruh dari keseluruhan sejarah Gereja, Protestan tanpa terkecuali menunjuk kepada kepausan dan Vatikan, yang dengan klaim mereka baik kepada kuasa politik maupun keagamaan, sebagai 'perempuan yang duduk di atas binatang besar merah ungu' yaitu Babilon (identifikasi ini telah menciptakan kekacauan di Irlandia Utara yang mengalami 'masalah'). Katolik mengembalikan tuduhan ini dan menganggap Protestan dalam pengertian yang sama!

Sesungguhnya, tidak ada petunjuk dalam Wahyu bahwa 'Babilon itu akan merupakan pusat keagamaan. Tekanannya ada pada bisnis dan kenikmatan sebagai perhatian utama para penduduknya.

Aliran 'futuris' agaknya lebih mendekati kebenarannya dengan melihat kota itu sebagai metropolis baru yang bangkit untuk mendominasi lainnya semasa 'zaman akhir.' Karena ia disebut 'rahasia' (rahasia yang kini disingkapkan), ia akan tampil sebagai ciptaan manusia secara baru ketimbang pembangunan ulang kota sebelumnya (entah itu Babilon atau Roma).

Jelas ia akan menjadi satu, bahkan pusat dari perdagangan, tempat untuk mendapatkan dan menghabiskan uang (perhatikan bagaimana para pedagang menerima dampak dari kejatuhannya; 18:11– 16). Kebudayaan tidak akan diabaikan (perhatikan tentang musik di 18:22).

Tetapi itu akan cemar dan mencemarkan, dicirikan oleh materialisme tanpa moralitas, kenikmatan tanpa kemurnian, kekayaan tanpa hikmat, hawa nafsu tanpa kasih. Penggambaran dengan memakai pelacur adalah hal yang tepat, yaitu memberi siapa saja apa yang mereka mau dengan menukar dengan uang.

Sejauh ini kita hanya mempertimbangkan tentang 'si perempuan,' tetapi ia menunggangi 'binatang buas' dengan tujuh kepala dan sepuluh tanduk, yang jelas mewakili federasi tokoh-tokoh politik. Kita tidak diberitahu siapa mereka, tidak juga diberikan banyak rincian tentang mereka. Mereka adalah orang-orang berkuasa tetapi tanpa teritori untuk memerintah. Otoritas mereka berasal dari 'si binatang buas,' kemungkinannya adalah si antikristus, yang kepadanya mereka mengabdikan kesetiaan mutlak. Di atas semuanya, mereka akan teerang-terangan anti Kristen, melakukan 'perang melawan sang Anak Domba' dan mereka 'yang bersama Dia' 17:14), kemungkinan karena hati nurani mereka tertusuk.

Tetapi Babilon terkutuk. Ia dan mereka akan jatuh. Hari mereka akan dihitung. Bagaimana hal ini dapat terjadi secara mencengangkan, sepenuhnya dapat dipercaya dalam dunia modern ini.

Perempuan itu menunggangi binatang buas. Ratu duduk di atas punggung para raja (pembalikan gender yang menentang ciptaan). Ini cara lain mengatakan bahwa ekonomi akan memerintah politik, bahwa kuasa uang akan menunggangi otoritas lainnya. Sejak tahun 2000 besaran bisnis dunia ada dalam tangan 300 korporasi kolosal, skenario ini tidak sukar untuk dibayangkan.

Para politikus ambisius, haus akan kuasa, membenci kekuatan uang ini. Mereka bahkan bersedia untuk membawa malapetaka ekonomi jika itu akan menyanggupkan mereka untuk mengambil alih. Orang terpikir tentang perlakuan Hitler kepada orang Yahudi, yang mengendali banyak bank di Jerman.

Para 'raja' itu akan menjadi iri kepada 'perempuan' yang menunggangi mereka dan akan bersepakat untuk menghancurkannya. Kota itu akan diruntuhkan oleh api. Itu akan menjadi bencana ekonomi terbesar yang dunia akan pernah lihat. Banyak, banyak sekali orang akan 'menangis dan meratap' atas puing-puingnya.

Tuhan akan menyebabkan malapetaka itu, tetapi bukan melalui tindakan fisik apa pun. Ia akan melakukannya dengan 'menggerakkan hati mereka untuk menjalankan kehendak-Nya' (17:17 -- BIS). Ia akan mendorong mereka untuk membuat aliansi dengan binatang buas melawan kota itu. Antikristus akan memiliki kendali politik dan nabi palsu kendali keagamaan; 'raja-raja' kini akan mempersembahkan mereka kendali ekonomi sebagai balasan untuk pendelegasian kuasa untuk mereka sendiri. Tetapi waktu untuk mereka menikmati hak istimewa itu akan sangat singkat ('satu jam'; 17:12).

Sedemikian pastinya kejatuhan Babilon sampai itu digambarkan di Wahyu sebagai sudah terjadi. Orang Kristen mutlak dapat memastikan ini. Tetapi ada alasan praktis mengapa mengenai itu diberitahukan di sini. Apakah hubungan antara umat Tuhan dan 'Babilon' terakhir ini? Ada tiga pedoman yang dapat diberikan: Pertama, akan ada banyak martir di kota itu. Si pelacur 'meminum darah para orang kudus, darah mereka yang memberikan kesaksian kepada Yesus.' Ungkapan terakhir ini kembali menunjukkan kehadiran orang Kristen dan muncul di sepanjang Kitab Wahyu (1:9; 12:17; 14:12; 17:6; 19:10; 20:4). Tidak ada tempat untuk umat kudus di dalam kota yang mengabdi kepada imoralitas. Komunitas itu tidak menginginkan hati nurani.

Kedua, orang Kristen diperintahkan untuk 'Pergilah kamu, hai umat-Ku, pergilah dari padanya supaya kamu jangan mengambil bagian dalam dosa-dosanya, dan supaya kamu jangan turut ditimpa malapetaka-malapetakanya. Sebab dosa-dosanya telah bertimbun-timbun sampai ke langit, dan Allah telah mengingat segala kejahatannya' (18:4–5). Ini hampir sama dengan imbauan Yeremia kepada orang Yahudi di Babilon purba (Yeremia 51:6). Perhatikan bahwa mereka harus 'pergi/keluar'; Tuhan tidak mengambil mereka keluar. Jelas, tidak semua orang percaya akan dimartirkan; beberapa akan menyelamatkan hidup mereka, meski untuk itu mereka harus meninggalkan uang dan harta milik mereka.

Ketiga, ketika Babilon jatuh, diperintahkan suatu perayaan: 'Bersukacitalah atas dia, hai sorga, dan hai kamu orang-orang kudus, para rasul dan para nabi! Karena Tuhan telah menjatuhkan hukuman atas dia karena kamu' (18:20). Ini dilakukan dalam 19:1–5. Sangat sedikit orang menyadari bahwa pujian 'Haleluyah' yang terkenal dalam oratorio *Messias* dari Handel adalah perayaan ketumbangan ekonomi dunia, penutupan bursa efek, kebangkrutan bank-bank dan kekacauan bisnis dan perdagangan! Hanya umat Tuhan akan menyanyikan 'Haleluyah' (yang berarti: 'Puji Tuhan') di hari itu!

Si pelacur lenyap dan pengantin perempuan muncul. 'Pesta nikah sang Anak Domba' akan segera berlangsung. Yesus akan menikah -- tepatnya Ia akan datang untuk menikah (Matius 25:1–13). Mempelai perempuan telah 'membuat dirinya siap' dengan memakai pakaian linen putih murni (perhatikan rujukan kepada 'pakaian' lagi di sini); ini dijelaskan sebagai simbol dari 'tindakan benar para orang kudus' (19:8). Daftar tamu dilengkapi dan 'keberkatanlah' mereka yang hadir.

Kita telah menyimpang ke pasal 19, yang memimpin ke bagian selanjutnya, sambil mengelilingi hal yang satu ini. Tetapi pembagian pasal memang tidak merupakan bagian dari teks aslinya dan kerap ditempatkan secara yang salah, memisahkan apa yang telah Tuhan satukan, terutama menyangkut bagian paling puncak dari Kitab Wahyu.

Pasal 19–20: Kristus di Bumi

Rangkaian kejadian ini, sebagaimana kita ketahui, membawa sejarah ke penyelesaiannya. Akhirnya, kini kita berurusan dengan akhir. Kita kini berurusan dengan masa depan sejatinya. Sayangnya, bagian ini telah membangkitkan lebih banyak pertentangan ketimbang yang mana pun dari seluruh kitab ini, terutama berpusat pada Milenium, penyebutan berulang kali tentang 'seribu tahun.' Hal ini merupakan isu penting sehingga akan disoroti sebagai pokok terpisah. Perlakuan itu akan mencakup eksegesis teksnya secara lengkap saksama, maka tidak lain hanya kesimpulan akan diberikan di bagian ini.

Penting untuk diperhatikan perubahan dari penyataan lisan ke visual. Sepanjang bagian sebelumnya Yohanes berkata: 'Aku mendengar' (18:4; 19:1, 6). Kemudian ungkapan itu berubah berulang kali: 'Aku melihat,' sampai berubah kembali ke 'Aku mendengar' lagi (21:3).

Apabila bagian visual ini dianalisis, serangkaian penglihatan terdiri dari tujuh hal jelas terlihat. Tetapi karena sisipan pembagian pasal yang sebenarnya tidak tepat

('20' dan '21'), penyataan tujuh rangkap ini akan diperhatikan oleh kebanyakan pembaca. Bagaimana itu adanya, hanya sedikit orang yang memerhatikannya. Namun ini adalah 'tujuh' yang terakhir di Kitab Wahyu. Sebagaimana dengan 'tujuh' sebelumnya, empat yang pertama satu kelompok, dua berikutnya kurang terkait dekat dan yang paling akhir berdiri sendiri (kami akan tunda pelajaran tentang ini sampai kita melihat ke pasal 21–22). Mereka boleh dibagi sebagai berikut:

1. Parousia (19:11–16)
   Raja atas segala raja, Tuhan atas segala tuan (dan *logos* = 'firman')
   Kuda putih, jubah bernoda darah

2. Perjamuan (19:17–18)
   Undangan malaikat kepada burung …
   … untuk memakan mayat-mayat

3. Armagedon (19:19–21)
   Para raja dan tentara dihancurkan (oleh 'firman' = *logos*)
   Dua binatang buas dilempar ke dalam lautan api

4. Iblis (20:1–3)
   Diikat dan dilenyapkan ke 'jurang maut'
   Tetapi hanya untuk waktu yang terbatas

5. Milenium (20:4–10)
   Para orang kudus dan martir memerintah (kebangkitan pertama)
   Iblis dilepas dan dilemparkan ke lautan api

6. Penghakiman (20:11–15)
   Kebangkitan umum dari 'sisa'
   Kitab-kitab dan 'kitab hayat' dibukakan

7. Penciptaan-kembali (21:1–2)
   Langit dan bumi baru
   Yerusalem baru

Jelas ini menunjukkan serangkaian kejadian yang berurutan, mulai dengan Kedatangan Kedua dan berakhir dengan penciptaan baru. Ini didukung oleh rujukan silang internal (yi. 20:10 merujuk balik ke 19:20). Sayangnya, para penafsir telah berusaha mengganggu urutan itu karena alasan sistem teologis (contohnya, dengan mengklaim bahwa pasal 20 mendahului pasal 19). Tetapi urutan dalam pasal-pasal terakhir ini jauh lebih jelas ketimbang bagian tengah Kitab Wahyu -- dan ini sangat bermakna.

Sebagai contoh, para musuh umat Tuhan dikeluarkan dari pemandangan dalam urutan terbalik terhadap pendahuluannya. Iblis muncul di pasal 12, kedua 'binatang buas' di pasal 13 dan Babilon di pasal 17. Babilon lenyap di pasal 18, kedua 'binatang buas' di pasal 19 dan Iblis di pasal 20. Kota itu jatuh sebelum kedatangan Kristus, tetapi Ia dibutuhkan di bumi untuk mengurus 'tritunggal najis' iblis, antikristus dan nabi palsu.

Penglihatan pembukaan diakui merupakan gambaran dari Kedatangan Kedua oleh hampir semua sarjana (hanya sedikit, karena ketertarikan teologis khusus, mengatakan bahwa ini menunjuk ke yang Pertama). Tetapi kedatangan kembali Yesus ke bumi akan menyebabkan ketakutan di antara kuasa-kuasa yang akan ada itu. Terguncang oleh penampakan-Nya, mereka akan merencanakan pembunuhan kedua. Tetapi kali ini sedikit pasukan pelindung sama sekali tidak akan memadai, sebab jutaan pengikut yang mengabdi Dia akan berkumpul dengan-Nya di Yerusalem (1 Tesalonika 4:14–17). Kekuatan militer besar akan berkumpul beberapa mil di sebelah utara lembah Esdraelon di kaki 'gunung Megido' (dalam bahasa Ibrani, Har-mageddon); itu adalah jalan simpang dunia, di hadapan Nazaret. Banyak peperangan telah dilakukan disini; banyak raja-raja telah mati di sini (Saul dan Yosia diantaranya).

Yesus hanya perlu 'berkata' untuk membangkitkan yang mati atau membunuh yang hidup. Itu lebih merupakan pengucapan hukuman ketimbang konflik. Burung bangkai membereskan mayat, yang terlalu banyak untuk dikubur. Di saat itu, ada sejumlah perkembangan mengherankan. 'Kedua binatang buas' tidak dibunuh tetapi 'dilemparkan hidup-hidup' ke dalam neraka, manusia pertama yang pergi ke sana. Iblis tidak dikirim ke sana, tetapi dijadikan tahanan -- untuk kemudian dilepaskan lagi!

Di atas semuanya, bukan pada saat itu Yesus mengakhiri dunia ini, tetapi ia sendiri mengambil alih pemerintah itu, mengisi kekosongan politik yang ditinggalkan oleh 'tritunggal najis' dengan para pengikut-Nya sendiri, khususnya para martir. Tentu saja, mereka akan dibangkitkan dari kematian untuk memenuhi tanggungjawab ini. 'Kerajaan' ini akan berlangsung seribu tahun tetapi berakhir ketika iblis yang dilepas menipu bangsa-bangsa ke dalam pemberontakan terakhir tetapi gagal, dihentikan oleh api yang turun dari surga. Masa antara kedatangan kembali Yesus dan Hari Penghakiman ini secara luas ditolak oleh Gereja masa kini, namun inilah pandangan yang diterima dalam Gereja awal.

Ada persetujuan luas tentang hal yang berikutnya. Hari perhitungan akhir jelas diajarkan di seluruh Perjanjian Baru. Itu dicanangkan oleh dua pelajaran penting. Bumi dan langit akan lenyap. Kita tahu (dari 2 Petrus 3:10) bahwa keduanya akan 'dihanguskan' dalam nyala api. Orang mati, termasuk yang hilang di laut, akan muncul kembali. Ini adalah yang kedua, atau kebangkitan 'umum' (20:5) dan mengukuhkan bahwa orang jahat dan juga orang benar akan diberikan tubuh kembali sebelum memasuki destini kekal mereka (Daniel 12:2; Yohanes 5:29; Kisah Para Rasul 24:15). Keduanya 'jiwa dan tubuh' akan dilemparkan ke dalam lautan api (Matius 10:28; Wahyu 19:20). 'Siksaan' yang terjadi akan bersifat jasmani dan juga mental (Lukas 16:23–24). Karenanya, kedua 'kematian,' yang memisahkan tubuh dari roh, dan 'hades' tempat kediaman roh tanpa tubuh, kini akan ditiadakan (20:14). 'Kematian kedua,' yang tidak memisahkan tubuh dan jiwa dan tidak juga meniadakan, sejak itu mengambil alih.

Yang kini tampak adalah sang hakim yang duduk atas takhta, yang dihakimi berdiri di hadapannya dan ada tumpukan besar buku-buku. Takhta tersebut besar dan putih, melambangkan kuasa mutlak dan kemurnian. Barangkali ini tidak sama dengan yang Yohanes lihat ada di surga (4:2–4). Yang itu tidak disebutkan sebagai 'besar' atau 'putih.' Lagi pula, sangat tidak mungkin bahwa orang jahat yang dibangkitkan akan diizinkan mendekat ke surga. Bahkan, tidak ada petunjuk bahwa pemandangan di pasal 20 telah beralih balik ke surga; lebih mungkin itu terletak di tempat bumi pernah ada, bumi telah lenyap menyisakan penduduknya dari masa lampau dan kini. Lebih dari itu, pribadi yang duduk di atas takhta itu tidak dinyatakan sebagai Tuhan Bapa (sebagaimana dalam 4:8–11). Bahkan, memang bukan Tuhan Bapa, dan dari bagian Alkitab lainnya kita tahu bahwa Ia telah mendelegasikan tugas penghakiman umat manusia kepada Anak-Nya, Yesus: 'Sebab Ia telah menetapkan satu hari ketika

Ia akan menghakimi dunia dengan adil oleh seorang yang telah Ia tetapkan' (Kisah Para Rasul 17:31; bandingkan Matius 25:31– 32; 2 Korintus 5:10). Umat manusia akan dihakimi oleh seorang manusia.

Ini tidak akan merupakan pengadilan yang berlarut-larut. Semua bukti telah siap dikumpulkan dan diperiksa oleh sang hakim. Hal itu tertampung dalam 'kitab-kitab,' jilid yang sungguh layak diberi judul: 'Inilah Kehidupan Mu'! Catatan itu bukan seleksi dari peristiwa-peristiwa yang akan dipuji untuk presentasi televisi, tetapi catatan lengkap dari perbuatan (dan perkataan, Matius 5:22; 12:36) seluruh kehidupan, dari kelahiran sampai kematian. Kita memang dibenarkan oleh iman, tetapi kita akan dihakimi oleh perbuatan.

Jika ini saja bukti yang akan dipertimbangkan, itu akan mengutuk semua kita ke 'kematian kedua.' Masih adakah kemungkinan pengharapan? Puji Tuhan, satu lagi kitab akan dibukakan pada hari mengerikan itu. Itu adalah catatan kehidupan sang hakim sendiri, yang sekaligus membebaskan dan membuat Dia memenuhi syarat untuk menghakimi orang lain. Itu adalah 'kitab kehidupan sang Anak Domba' (21:27). Tetapi kitab itu berisi nama-nama lain di samping Dia. Mereka yang ada 'dalam Kristus' didaftarkan di sana, mereka yang telah mati dan hidup dalam Dia, mereka yang telah digabungkan dan tinggal tetap dalam 'Pokok Anggur yang benar' (Yohanes 15:1-8). Karenanya mereka telah menghasilkan buah yang membuktikan keberlanjutan kesatuan mereka dengan Dia (Filipi 4:3; bandingkan Matius 7:16–20). Keadaan berbuah-buah membuktikan kesetiaan mereka.

Nama mereka telah dimasukkan ke dalam kitab ini ketika mereka datang ke dalam Kristus, ketika mereka bertobat dan percaya (ungkapan 'sejak dari penciptaan dunia' dalam 17:8 merujuk kepada nama mereka yang *tidak* dituliskan ke dalam kitab itu dan semata berarti 'sepanjang sejarah manusia,' sama halnya dengan 13:8 meski ungkapan di situ mungkin terkait dengan penyembelihan sang Anak Domba). Nama mereka tidak 'dihapuskan' dari kitab hayat sebab mereka telah 'menang' (3:5).

Hanya mereka yang namanya masih ada dalam kitab ini yang luput dari 'kematian kedua' dalam 'lautan api.' Dengan kata lain, di luar Kristus sama sekali tidak ada pengharapan, sebab 'semua telah berdosa dan telah kehilangan kemuliaan Tuhan' (Roma 3:23). Injil, karena itu bersifat *eksklusif*: 'Keselamatan tidak ada di dalam siapapun juga selain di dalam Dia, sebab di bawah kolong langit ini tidak ada nama lain yang diberikan kepada manusia yang oleh-Nya kita dapat diselamatkan' (Kisah Para Rasul 4:12). Tetapi karena itu keselamatan juga harus *inklusif*: 'Pergilah ke seluruh dunia dan beritakan kabar baik kepada semua makhluk' (Markus 16:15; bandingkan Matius 28:19; Luke 24:47).

Ras manusia kemudian akan dibagi ke dalam dua kelompok secara permanen (Matius 13:41–43, 47–50; 25:32–33). Untuk yang satu, destinasi mereka sudah 'disiapkan' (Matius 25:41). Lautan api telah ada untuk paling tidak seribu tahun (Wahyu 19:20). Untuk yang lainnya, metropolis baru telah 'disiapkan' (Yohanes 14:2), tetapi tidak ada bumi yang di atasnya kota itu boleh berada, apalagi angkasa di atasnya. Suatu alam semesta baru dibutuhkan.

Pasal 21–22: Surga di Bumi

Dengan kelegaan besar kita masuki bagian terakhir ini. Suasana sudah berubah secara dramatis. Awan gelap telah tergulung pergi dan matahari bersinar kembali -- kecuali bahwa matahari pun telah lenyap, untuk diganti oleh yang jauh lebih cemerlang yaitu kemuliaan Tuhan (21:23).

Ini merupakan tindakan penyelamatan yang terakhir, membawa keselamatan ke keseluruhan alam semesta. Ini merupakan karya 'kosmis' Kristus (Matius 19:28; Kisah Para Rasul 3:21; Roma 8:18– 25; Kolose 1:20; Ibrani 2:8), pembaruan langit dan bumi (perhatikan bahwa 'langit' berarti 'angkasa,' yang kita sebut juga 'ruang'; ini adalah kata yang sama dalam 20:11 dan 21:1). Orang Kristen telah menerima tubuh baru, ketika Yesus datang kembali ke bumi lama ini. Kini mereka akan diberikan lingkungan hidup baru yang sepadan dengan tubuh baru mereka.

Dua ayat pertama meliput penglihatan terakhir dalam urutan tujuh yang dilihat oleh Yohanes (19:11 sampai 21:2), puncak dari peristiwa-peristiwa terakhir sejarah. Bukan hanya ada alam semesta baru di sini. Di dalam ciptaan 'umum' ada ciptaan 'khusus.' Sebagaimana di dalam alam semesta pertama Tuhan menempatkan 'taman yang ditanami' (Kejadian 2:8), demikian di sini Ia telah merancang dan membangun 'kota taman,' yang bahkan Abraham mengetahui dan mengharapkan pewujudannya (Ibrani 11:10).

Sebagaimana halnya 'langit dan bumi' baru dikenal cukup memiliki persamaan dengan yang lama sampai memakai nama yang sama, kota ini diberikan nama sama seperti ibukota Daud, Yerusalem mendapat tempat di Perjanjian Baru juga sebagaimana di Perjanjian Lama. Yesus menyebutnya 'kota Raja Besar' (Matius 5:35; bandingkan Mazmur 48:2). Kota itu tepat 'di luar tembok kota' di mana Ia mati, bangkit kembali dan naik ke surga. Kepada kota inilah Ia akan datang kembali untuk menduduki takhta Daud. Di dalam Milenium itu akan ada 'perkemahan umat Tuhan, kota yang Ia kasihi' (20:9).

Tentu saja, kota bumiah dalam arti terbatas merupakan replika sementara dari 'Yerusalem surgawi, kota Tuhan yang hidup,' dimana semua orang yang percaya akan Yesus adalah warganya, bersama dengan para kudus Ibrani dan para malaikat (Ibrani 12:22–23). Tetapi itu tidak berarti bahwa yang asal kurang riil ketimbang salinannya, bahwa yang satu materiil dan yang lain 'spiritual.' Perbedaan utama antara mereka adalah lokasinya. Dan itu akan berubah,

Kota surgawi akan 'turun dari surga' dan ditempatkan di atas bumi baru. Ia akan merupakan kota riil, berkonstruksi materiil, meski dengan material yang cukup berbeda! Sayangnya, sejak pemisahan platonis oleh Agustinus tentang tatanan jasmani dan rohani, Gereja mengalami kesulitan menerima konsep tentang bumi baru ini, apalagi kota baru di atasnya. Penyamaan antara 'spiritual' dengan 'tidak nyata' telah menyebabkan kerusakan besar kepada pengharapan Kristen untuk masa depan. Alam semesta baru ini dan metropolisnya akan tidak kurang 'material' ketimbang yang lama.

Bagian di 21:3–8 adalah komentar penjelasan tentang penglihatan terakhir ini. Perhatiannya langsung terbagi dari ciptaan baru ke sang Penciptanya. Perhatikan perpindahan dari apa yang Yohanes 'lihat' ke apa yang ia 'dengar.' Tetapi 'suara kuat' apakah yang ia dengar itu? Suara itu bicara tentang Tuhan dalam kata ganti orang ketiga, kemudian kata ganti pertama. Ini pasti Kristus yang berbicara (bandingkan 1:15). Ungkapan 'duduk di atas' takhta sama dengan yang terdapat di pasal terdahulu (bandingkan 20:11 dengan 21:5). Di dalam kedua konteks itu penghakiman diungkapkan dan 'lautan api' disebut (bandingkan 20:15 dengan 21:8). Di atas semuanya, klaim identik dibuat dengan 'suara' ini sebagai Yesus dalam kata penutup (bandingkan 21:6 dengan 22:13). Namun demikian, 'takhta Tuhan dan sang Anak Domba' di bagian berikut dilihat sebagai satu hal (22:1).

Tiga pernyataan mencengangkan berikutnya:

Yang pertama adakah penyataan paling luar biasa tentang masa depan dalam keseluruhan kitab ini. Tuhan sendiri mengubah kediaman-Nya dari surga ke bumi! Ia akan tinggal bersama umat manusia di alamat mereka, bukan lagi 'Bapa kami di surga' (Matius 6:9), tetapi 'Bapa kami yang di bumi' memimpin kepada hubungan paling akrab antara manusia dan pribadi-pribadi ilahi. Karena kematian, kesedihan dan kesusahan bertentangan dengan sifat-Nya, semua itu tidak akan mendapat tempat. Tidak akan ada lagi pemisahan, tidak ada lagi air mata. Sambil lalu, kita ingat tempat lain di mana disebutkan tentang Tuhan di bumi dalam Alkitab: Ia berjalan-jalan di taman Firdaus (Kejadian 3:8). Sekali lagi, Alkitab tiba di lingkar penuhnya.

Kedua adalah pengumuman bahwa 'Aku akan menjadikan segala sesuatu menjadi baru' (Wahyu 21:5). Di sini tukang kayu dari Nazaret mengklaim sebagai Pencipta alam semesta baru, sebagaimana Ia juga pencipta atas yang lama (Yohanes 1:3; Ibrani 1:2). Karya-Nya tidak terbatas kepada memperbarui manusia, meski itu pun adalah 'ciptaan baru' (2 Korintus 5:17). Ia memperbarui segala sesuatunya juga.

Ada perdebatan sengit tentang arti kata 'baru.' Seberapa baru, 'baru' tersebut? Apakah alam semesta 'baru' itu sekadar yang lama 'direnovasi' atau sungguh buatan baru? Pastinya, ada dua kata Yunani untuk 'baru' (*Kainos* dan *neos*), tetapi keduanya agaknya sinonim dan penggunaan yang pertama di sini tidak menyelesaikan isu tadi. Rujukan kepada alam semesta lama sebagai 'dihanguskan oleh api' (2 Petrus 3:10) dan 'telah berlalu' (Wahyu

21:1) mengusulkan penghapusan ketimbang pengubahan. Tetapi prosesnya sudah mulai -- dengan kebangkitan Yesus. Tubuh 'lama'-Nya larut di dalam kain pembungkus jenazahnya dan Ia datang dari kematian dengan tubuh baru 'mulia' (Filipi 3:21); lihat juga buku saya *Explaining the Resurrection*. 'Koneksi' tepatnya antara kedua tubuh itu tersembunyi di dalam kegelapan kubur itu, tetapi apa yang terjadi di sana suatu hari akan terjadi pada skala universal.

Yang ketiga menjelaskan implikasi praktis dari ciptaan baru ini untuk para pembaca Kitab Wahyu (perhatikan bahwa Yohanes perlu diingatkan lagi untuk terus menuliskan apa yang ia dengar karena 'perkataan ini adalah tepat dan benar' -- 21:5). Di sisi positifnya ini adalah janji untuk memuaskan mereka yang mencari 'air kehidupan' (21:6; 22:1, 17). Tetapi ini harus memimpin kepada kehidupan yang 'menang,' dalam rangka untuk mewarisi tempat di dalam bumi baru itu dan menikmati hubungan keluarga dengan Tuhan di dalamnya.

Pada sisi negatifnya ada peringatan bahwa mereka yang tidak menang, tetapi yang penakut, tidak beriman, imoral dan pendusta, tidak akan pernah mendapat bagian dalam semua ini, tetapi akan berakhir di dalam 'lautan yang menyala-nyala oleh api dan belerang, itulah kematian yang kedua (21:8). Perlu ditunjukkan bahwa peringatan ini diberikan kepada para pemercaya yang menyimpang, bukan kepada orang yang tidak percaya, sebagaimana seluruh isi kitab ini. Kebanyakan dari peringatan awal Yesus tentang neraka ditujukan, bukan kepada orang berdosa, tetapi kepada para murid-Nya sendiri (lihat buku saya *The Road to Hell*).

Sampai di sini seorang malaikat membawa Yohanes ikut tur ke Yerusalem dan kehidupan di dalamnya (pandangan bahwa yang berikut sesunguhnya adalah 'rekapitulasi' dari Yerusalem 'lama' di Milenium ini adalah sangat janggal maka tidak perlu kita pertimbangkan; ayat 10 dengan jelas meluaskan ayat 2). Paparannya sangat mencengangkan, merentangkan kosa kata melampaui batas kemampuannya, yang membangkitkan pertanyaan mendasar: seberapa jauh ini harfiah dan seberapa jauh ini simbolis?

Di satu pihak, menerima seluruhnya sebagai harfiah kesannya salah. Jelasnya, Yohanes sedang memaparkan hal yang tak dapat dipaparkan (Paulus mengalami kesukaran yang sama ketika memperlihatkan realitas surgawi; 2 Korintus 12:4). Perhatikan betapa sering ia hanya dapat memakai perbandingan ('seperti' atau 'sebagaimana' dalam 21:11, 18, 21; 22:1), namun semua analogi hanyalah perkiraan dan tidak memadai secara penuh. Tetapi realitas tersebut yang digambarkan secara tidak sempurna ini pasti jauh lebih ajaib ketimbang penggambarannya ini, tidak mungkin kurang.

Di pihak lain, menerima hal ini seluruhnya secara simbolis juga terkesan salah. Menerima seekstrim ini, menyebabkan seluruh gambaran larut ke dalam ketidaknyataan yang 'spiritual,' yang gagal berlaku adil kepada 'bumi baru' itu sebagai lokasi yang jelas. Untuk menyoroti masalah ini, kita boleh bertanya: apakah Yerusalem Baru itu mewakili sebuah tempat atau suatu umat? Pertanyaan ini muncul karena ia disebut sebagai 'mempelai perempuan,' yang sebelumnya menunjukkan suatu umat, yaitu Gereja (dalam 19:7–8). Pertama, ini hanyalah analogi (dalam 21:3; 'sebagai pengantin perempuan') dan siapa pun yang pernah melihat pernikahan Semitik akan mengerti kemiripan tentang pakaian warna-warni berhiaskan batu-batu mulia. Namun demikian, sesudah itu kota ini secara spesifik disebutkan sebagai 'pengantin perempuan, istri sang Anak Domba' (21:9). Malaikat tersebut, yang berjanji akan *memperlihatkan*' 'pengantin perempuan itu' kepada Yohanes, *memperlihatkan* kota itu kepadanya (21:10), meski penglihatan itu beralih ke menyatakan kehidupan penduduknya (21:24–22:5).

Jawaban untuk dilema ini jauh lebih jelas untuk orang Yahudi ketimbang untuk Kristen. 'Israel,' pengantin perempuan Yahweh, selalu adalah suatu umat *dan* tempat, saling terlibat tak terhindarkan satu dengan lainnya, karenanya semua janji kenabian tentang pemulihan puncak umat itu ke tanah mereka sendiri. Sebagai perbandingan, orang Kristen adalah umat tanpa tempat di sini, orang asing, peziarah, pengembara, yang sedang berjalan lalu, 'diaspora' baru atau umat Tuhan yang tersebar dan sedang di pembuangan (Yakobus 1:1; 1 Petrus 1:1). Surga adalah 'rumah' kita. Tetapi pada akhirnya surga akan turun ke bumi. Orang Yahudi dan bukan Yahudi bersama akan menjadi umat yang memiliki tempat. Itulah mengapa nama-nama di kota itu adalah 12 suku dan 12 rasul (21:12–14).

Penyatuan ganda Yahudi dan bukan Yahudi, surga dan bumi ini, adalah dasariah bagi tujuan kekal Tuhan 'untuk mempersatukan segala sesuatu... bersama di bawah satu kepala, bahkan Kristus' (Efesus 1:10; Kolose 1:20). Maka 'mempelai perempuan' itu, yang menjadi satu baik di dalam dirinya sendiri dan dengan suaminya, adalah satu umat dan satu tempat. Dan, o betapa menakjubkan tempat itu!

Pengukurannya jelas penting, semuanya adalah kelipatan 12. *Ukuran* itu luar biasa: lebih dari 2,000 kilometer masing-masing dari tiga dimensinya; kota itu akan meliput sebagian besar Eropa atau tepat cocok ke dalam bulan, jika bulan adalah rongga. Dengan kata lain, cukup besar untuk mengakomodasi semua umat Tuhan. *Bentuknya* juga bermakna, lebih menyerupai kubus ketimbang piramida, menunjukkan kota 'kudus' seperti kubus 'ruang maha kudus' dalam kemah sembahyang dan bait. Dinding-dindingnya mendefinisi yang di luar ketimbang melindungi yang di dalam, sebab gerbang-gerbangnya selalu terbuka. Tidak ada ancaman bahaya sehingga penduduknya dapat dengan bebas pergi dan kembali kapan saja.

Bahan-bahan yang dipakai dalam konstruksinya sudah kita ketahui, tetapi hanya sebagai batu mulia yang langka dan mahal yang memberi kita sedikit kilasan tentang surga. Daftar di sini adalah salah satu bukti yang paling penting tentang keilhaman ilahi kitab ini. Masa kini kita dapat memproduksi sinar 'lebih murni' (terpolarisasi dan laser), kualitas batu-batu mulia yang saat itu sebenarnya belum dikenal namun telah disingkapkan di sini. Apabila bagian tipis dipaparkan kepada cahaya terpolarisasi silang (seperti ketika dua lensa dari kacamata ditempatkan pada sudut-sudut yang tepat), mereka tergolong ke dalam dua kategori sangat berbeda. Batu-batu 'isotropik' kehilangan semua warnanya, karena mereka bergantung pada cahaya acak untuk kecemerlangan mereka (yi. Berlian, rubi dan garnet). Batu-batu 'anisotropik' menghasilkan semua warna-warni pelangi dalam pola-pola yang berkilauan, apa pun warna asal mereka. *Semua* batu-batu dalam Yerusalem Baru termasuk ke dalam kategori terakhir ini! Tak seorang pun sanggup mengetahui ini ketika Kitab Wahyu ditulis -- kecuali Tuhan sendiri!

Satu lagi ciri mencengangkan dari paparan ini ialah bahwa hanya dalam 32 ayat terdapat lebih dari 50 rujukan kepada Perjanjian Lama (terutama dari kejadian, Mazmur, Yesaya, Yehezkiel dan Zakharia). Bahkan, setiap ciri utama adalah penggenapan dari pengharapan Yahudi yang diungkapkan dalam nubuatan. Ini juga menunjukkan bahwa nubuatan Perjanjian Lama dan Baru semuanya memancar dari sumber yang sama (1 Petrus 1:11; 2 Petrus 1:21). Kitab Wahyu adalah klimaks dan kesimpulan kepada keseluruhan Alkitab.

Ketika demonstrasi malaikat beralih ke kehidupan yang dinikmati oleh para penduduk kota itu, ada beberapa kejutan. Barangkali kontras terbesar terhadap Yerusalem 'lama' adalah ketiadaan dominasi bait untuk memusatkan penyembahan ke satu tempat tertentu (atau ke saat tertentu?). seluruh kota itu *adalah* bait-Nya, di dalamnya orang tebusan 'melayani Dia siang dan malam' (Wahyu 7:15), yang mengusulkan bahwa pekerjaan dan penyembuhan telah dijalin menyatu kembali, sebagaimana halnya untuk Adam (Kejadian 2:15; Adam tidak pernah diperintahkan untuk memiliki satu dari tujuh hari untuk penyembahan).

Kota itu akan diperkaya dengan kebudayaan internasional (Wahyu 21:24, 26). Itu tidak akan pernah lagi dicemarkan dengan perilaku imoral (21:27). Itulah mengapa orang percaya yang kompromi terancam bahaya mengalami nama mereka dihapuskan dari 'Kitab kehidupan sang Anak Domba' (3:5; 21:7–8).

Sungai dan pohon kehidupan menjamin kesehatan berkelanjutan. Sebagaimana pada permulaannya, buah ketimbang daging yang akan menjadi makanan (Kejadian 1:29), meski tidak ada kewajiban untuk menjadi vegetarian sebelum masa itu (Kejadian 9:3; Roma 14:2; 1 Timotius 4:3).

Melebihi semua ini, para orang kudus akan tinggal dalam hadirat Tuhan. Mereka akan sungguh melihat wajah-Nya, hak istimewa yang sebelumnya hanya diberikan untuk sedikit orang (Kejadian 32:30; Keluaran 33:11) tetapi kelak itu untuk semua (1 Korintus 13:12). Mereka akan mencerminkan Dia di wajah mereka, nama-Nya di dahi mereka, sebagaimana sebelumnya pihak lain yang menyandang angka 'si binatang buas' (Wahyu 13:16). Mereka akan 'memerintah selama-lamanya,' ini boleh diandaikan sebagai pemerintahan atas ciptaan baru ketimbang atas satu sama lain, sebagaimana yang dimaksudkan pada asalnya (Kejadian 1:28). Dalam cara ini mereka akan sekali lagi 'melayani' sang Pencipta. Sekali lagi perlu ditekankan bahwa umat manusia tidak akan pergi ke surga untuk ada bersama Tuhan selamanya; Ia yang datang ke bumi untuk bersama mereka selamanya. Yerusalem Baru sekaligus adalah 'tempat kediaman' kekal ilahi dan manusia, tempat kediaman permanen mereka.

Seperti sebelumnya, Yohanes harus diingatkan untuk menuliskan semua ini. Pecahnya perhatian dia dari tugas ini dapat dimengerti!

'Epilog' (Wahyu 22:7–21) memiliki banyak kesamaan dengan 'prolog'-nya (1:1–8). Gelar yang sama dikenakan kepada Tuhan di satu pihak dan kepada Kristus di lain pihak (1:8; 22:13). Nasihat penyimpul ini sepenuhnya trinitarian: Tuhan, Anak Domba dan Roh semuanya hadir.

Ada tekanan kuat pada fakta bahwa waktunya singkat. Yesus 'segera' datang kembali (22:7, 12, 20). Fakta bahwa banyak abad telah dilewati sejak hal ini diucapkan dan dituliskan harusnya tidak membuat kita lengah; kita pasti jauh lebih dekat ke 'perkara-perkara yang harus segera terjadi' (22:6).

Hari kesempatan masih di sini. Yang haus masih bisa minum dari air kehidupan sebagai pemberian cuma-cuma (22:17). Tetapi pilihan harus dibuat kini. Akan datang waktunya ketika arah moral kehidupan kita akan dijadikan tetap untuk selamanya (22:11). Firaun mengeraskan hatinya terhadap Tuhan tujuh kali, maka Tuhan mengeraskannya untuk dia tiga kali (Keluaran 7–11; Roma 9:17–18). Akan ada saat ketika ini terjadi kepada semua yang membangkang dan tidak menaati kehendak-Nya.

Pada akhir itu hanya ada dua kategori manusia: mereka yang 'terus menerus menyucikan jubah mereka' (Wahyu 22:14; bandingkan 7:14) dan karena itu masuk kota itu–dan mereka yang tetap di luarnya (22:15), seperti anjing-anjing geladak liar di Timur Tengah masa kini. Ini ketiga kalinya daftar pelanggaran-pelanggaran yang mendiskualifikasi dicantumkan dalam akhir yang mulia ini (21:8, 27; 22:15), seakan para pembaca tidak pernah diizinkan untuk melupakan bahwa kemuliaan masa depan tidak akan datang kepada mereka secara otomatis karena mereka telah percaya akan Yesus dan menjadi bagian dari gereja, tetapi kepada mereka yang 'berlari-lari kepada tujuan untuk memperoleh hadiah, yaitu panggilan surgawi dari Tuhan dalam Kristus Yesus' (Filipi 3:14) dan yang 'berusaha sungguh-sungguh mengejar kekudusan, sebab tanpa kekudusan tidak seorang pun akan melihat Tuhan' (Ibrani 12:14).

Satu lagi cara lain dimana orang percaya dapat kehilangan masa depan adalah dengan mengacaukan Kitab Wahyu ini, entah dengan menambah atau mengurangi. Karena ini adalah 'nubuatan,' Tuhan berbicara melalui hamba-Nya, mengubahnya dengan cara apa pun berarti menista, yang mengakibatkan hukuman paling berat. Agaknya tidak mungkin itu terpikirkan oleh orang tidak percaya. Adalah lebih mungkin itu dilakukan oleh mereka yang menerima ke atas diri mereka tugas menjelaskan dan menafsirkan hal ini kepada orang lain. Kiranya Tuhan mengasihani penulis papa ini jika pernah melakukan pelanggaran secara demikian!

Tetapi catatan terakhir ini positif, bukan negatif, dan disimpulkan dalam satu kata: 'Datanglah!'

Di satu pihak, undangan di bibir Gereja ini dialamatkan kepada dunia, kepada 'siapa saja' yang akan merespons kepada Injil (Wahyu 22:17; bandingkan Yohanes 3:16). Di pihak lain, ini ditujukan kepada Tuhan: 'Amin. Datanglah, Tuhan Yesus' (22:20).

Dua imbauan ini adalah ciri dari mempelai perempuan sejati yang digerakkan oleh Roh (22:17) dan yang mengalami anugerah Tuhan Yesus (22:21). Semua orang kudus berseru: 'Datanglah!', baik kepada dunia yang berkhianat dan kepada Tuhan yang akan datang kembali.

Sentralitas Kristus

Kitab terakhir dalam Alkitab ini adalah 'wahyu Yesus Kristus' (1:1). Adanya kata penunjuk kepunyaan (genitif) dapat dimengerti dalam dua cara: Ini adalah *dari* Dia atau *tentang* Dia. Barangkali kedua artinya yang dimaksud di sini. Yang mana pun Ia adalah pusat bagi pesan kitab ini.

Jika temanya adalah akhir dunia ini, Ia adalah ' yang akhir,' sebagaimana Ia adalah yang 'awal' (22:13). Rencana Tuhan adalah 'membawa segala sesuatu di surga dan di bumi berdamai di bawah satu kepala, bahkan Kristus' (Efesus 1:10).

Baik pendahuluan dan penutup keduanya berfokus pada kembali-Nya ke planet bumi (1:7; 22:20). Engsel yang di sekitarnya sejarah masa depan mengayun dari menjadi makin buruk ke makin baik adalah kedatangan kedua itu (19:11–16).

Yang akan kembali itu adalah 'Yesus yang sama ini' (Kisah Para rasul 1:11). Ia adalah Anak Domba Tuhan yang datang pertama kali untuk mengangkut 'dosa seisi dunia' (Yohanes 1:29). Sepanjang Kitab Wahyu Anak Domba itu terlihat 'seperti telah tersembelih' (5:6). Dapat diandaikan bahwa bekas-bekas luka masih terlihat di kepala, pinggang, punggung, tangan dan kaki-Nya (Yohanes 20:25–27). Ada berulang kali pengingat bahwa Ia mencurahkan darah-Nya untuk menyelamatkan umat manusia dari setiap jenis (5:9; 7:14; 12:11). Namun Yesus di Kitab Wahyu sangat berbeda dari manusia dari Galilea itu. Penampakan pertama-Nya kepada Yohanes sedemikian dahsyat sampai murid yang sudah demikian akrab dengan-Nya itu (Yohanes 21:20) jatuh lemas bagaikan mati (1:17). Kami telah menyebutkan rambut-Nya yang seputih salju, mata-Nya yang berkilauan, lidah-Nya yang tajam, wajah-Nya yang bercahaya dan kaki-Nya yang membara.

Meski ada kilas-kilas singkat tentang amarah Yesus dalam Injil-injil (Markus 3:5; 10:14; 11:15), murka-Nya yang berkelanjutan di Wahyu menimbulkan ketakutan dalam hati segala jenis orang, yang lebih baik remuk ditimpa batu karang ketimbang menatap ke mata-Nya (6:16–17). Ini bukan 'Yesus yang lembut dan lemah.' Meski itu boleh jadi adalah paparan meragukan tentang Dia kapan saja, khususnya di sini tidak tepat berpendapat demikian.

Banyak orang yang percaya Yesus mengkhotbahkan dan mempraktikkan pasifisme, kendati penegasan Dia sendiri menentang itu: 'Jangan mengira Aku datang untuk membawa damai ke bumi. Aku tidak datang untuk membawa damai, tetapi pedang' (Matius 10:34; Lukas 12:51). Tentu saja, perkataan-Nya dapat 'dirohanikan,' tetapi jauh lebih susah menyingkirkan itu dalam Kitab Wahyu, di mana pengertian paling wajar tentang konflik akhir itu bersifat jasmani.

Dari surga Yesus menunggangi kuda perang ketimbang keledai damai (Zakharia 9:9; Wahyu 19:11; bandingkan 6:2). Jubahnya 'dicelup dalam darah' (19:13), tetapi bukan darah-Nya. Meski satu-satunya 'pedang' yang Ia pergunakan adalah lidah-Nya, dampak penggunaan itu adalah pembantaian ribuan raja, jenderal dan orang hebat (baik yang relawan maupun yang wajib militer), sebagaimana sekali waktu lidah yang sama itu telah menyebabkan kematian satu pohon ara (Markus 11:20–21).

Jelas di sini Yesus digambarkan sebagai pembunuh masal, burung pemakan bangkai membersihkan kekacauan sesudahnya! Penggambaran grafis ini datang sebagai kejutan kepada para penyembah terhormat yang terbiasa melihat Dia dari lukisan dinding atau jendela gereja lazimnya. Bahkan akan terjadi kejutan lebih besar lagi bagi mereka yang biasa memakai minggu-minggu Adven dalam kalender Gereja untuk mempresentasikan Dia dalam drama kelahiran sebagai bayi tak berdaya. Ia tidak akan pernah seperti itu lagi.

Telah berubahkah Yesus? Kita tahu bahwa usia tua melembutkan sebagian orang tetapi yang lain menjadi suka bertengkar bahkan jahat. Apakah demikian yang terjadi pada Dia semasa abad-abad antara ini? Dijauhkanlah itu oleh Tuhan!

Bukan karakter atau kepribadian-Nya yang telah berubah, tetapi misi-Nya yang berubah. Kunjungan-Nya pertama adalah 'untuk mencari dan menyelamatkan yang sesat' (Lukas 19:10). Ia datang ke dalam dunia 'bukan untuk menghakimi dunia ini, tetapi untuk menyelamatkan dunia' (Yohanes 3:17). Ia datang untuk memberi manusia kesempatan untuk dipisahkan dari dosa sebelum semua dosa harus dibinasakan. Kunjungan-Nya kedua adalah untuk tujuan berlawanan -- untuk membinasakan ketimbang menyelamatkan, untuk menghukum dosa ketimbang mengampuninya, 'untuk menghakimi orang yang hidup dan yang mati,' sebagaimana Pengakuan Iman Rasuli dan Pengakuan Iman Nicea menyatakannya.

Telah menjadi klise bahwa Yesus 'mengasihi orang berdosa dan membenci dosa.' Yang terdahulu jelas terlihat dalam kedatangan-Nya pertama; yang berikutnya akan sama menjadi tampak pada kedatangan-Nya kedua. Mereka yang melekat pada dosa harus menghadapi konsekuensinya. Pada saat itu 'Anak Manusia akan mengutus para malaikat-Nya dan mereka akan mengumpulkan segala sesuatu yang menyesatkan dan semua orang yang melakukan kejahatan dari dalam Kerajaan-Nya' (Matius 13:41). 'Pembersihan' ini akan menyeluruh dan juga akan adil. Tetapi jika ia sepenuhnya adil, itu pun harus dikenakan kepada orang percaya juga sebagaimana kepada orang tidak percaya (ajaran jelas Paulus dalam Roma 2:1–11, menyimpulkan bahwa 'Tuhan tidak memperlihatkan pilih kasih').

Sekali lagi, perlu kita ingat bahwa Kitab Wahyu diuntukkan secara khusus kepada orang-orang percaya 'lahir baru.' Paparan tentang kobaran kemarahan-Nya melawan perbuatan dosa dimaksudkan untuk menimbulkan rasa takut yang sehat di dalam 'para orang kudus' sebagai insentif untuk 'menaati perintah-perintah Tuhan dan tetap setia kepada Yesus' (14:12).

Terlalu mudah bagi mereka yang telah mengalami anugerah Tuhan Yesus Kristus, untuk melupakan bahwa Ia masih akan menjadi hakim mereka (2 Korintus 5:10). Mereka yang telah mengenal Dia sebagai sahabat dan saudara (Yohanes 15:15; Ibrani 2:11) cenderung mengabaikan sifat-sifat-Nya yang lebih menantang. Paling tidak,

Ia layak 'pujian dan kehormatan dan kemuliaan dan kuasa, selama-lamanya' (5:13).

Dari 250 nama dan gelar yang diberikan kepada Yesus dalam Alkitab, jumlah cukup besar dipakai dalam kitab ini dan beberapa darinya adalah unik kitab ini saja, tidak terdapat di kitab lainnya. Ia adalah yang terawal dan yang terakhir, permulaan dan akhir, Alfa dan Omega. Ia adalah pemerintah atas ciptaan Tuhan. Itu adalah *relasi-Nya dengan alam semesta kita*. Ia terlibat dalam penciptaan, bertanggungjawab untuk keberlangsungannya dan akan membawanya kepada kesempurnaan (Yohanes 1:3; Kolose 1:15–17; Ibrani 1:1–2).

Ia adalah singa suku Yehuda, akar (dan keturunan) dari Daud. Itu adalah *hubungan-Nya dengan umat pilihan Tuhan Israel*. Ia dulu, kini dan akan selamanya adalah Mesias orang Yahudi.

Ia kudus dan benar, setia dan benar, saksi yang setia dan benar. Ia adalah yang hidup, yang sudah mati dan yang hidup untuk selamanya, yang memegang kunci kematian dan Hades (alam maut). Itu adalah *hubungan-Nya dengan Gereja*. Mereka perlu mengingat gairah-Nya untuk kebenaran, yang berarti untuk realitas dan integritas, sebagai lawan dari kemunafikan.

Ia adalah Raja atas segala raja, dan Tuhan atas segala tuan. Ia adalah bintang fajar cemerlang, yang masih bercahaya ketika semua lainnya (termasuk bintang pop dan bintang film!) lenyap. Itu adalah *hubungan-Nya dengan dunia ini*. Satu hari nanti otoritas-Nya akan diakui secara universal.

Maka banyak dari gelar-gelar ini diperkenalkan dengan rumusan yang dekat dari Injil Yohanes: 'Aku adalah.' Ini bukan sekadar klaim pribadi. Ungkapan ini terdengar sangat mirip nama yang melaluinya Tuhan memperkenalkan diri-Nya sendiri sampai penggunaan langsung oleh-Nya membawa kepada upaya pembunuhan dan memuncak pada hukuman mati untuk Yesus (Yohanes 8:58–59; Markus 14:62–63). Bahwa itu dimaksudkan untuk menunjukkan keilahian dan kesetaraan yang Ia miliki bersama Tuhan sendiri dikukuhkan dalam Kitab Wahyu dengan Bapa dan Anak mengklaim gelar yang sama persis, contohnya: 'Alfa dan Omega' (1:8 dan 22:13).

Dunia ini sedang menuju akhirnya, tetapi akhir itu lebih bersifat pribadi ketimbang impersonal. Bahkan, akhir itu adalah seorang pribadi, Yesus adalah sang akhir.

Mempelajari Wahyu untuk tujuan utamanya mendapatkan *apa* yang akan terjadi dengan dunia sesungguhnya adalah kehilangan pesan utamanya. Pesan hakikinya adalah tentang *siapa* yang yang dituju oleh dunia ini, atau lebih tepatnya *siapa* yang akan datang ke dunia ini.

Orang Kristen sesungguhnya adalah satu-satunya yang merindukan 'sang akhir itu' untuk datang, setiap generasi berharap bahwa ini akan terjadi semasa kehidupan mereka. Untuk mereka 'akhir itu' bukanlah semata peristiwa, tetapi 'seorang Pribadi.' Dengan rindu mereka menantikan 'Dia,' bukan 'itu.'

Ayat paling puncaknya (22:20) mengandung suatu kesimpulan pribadi tentang keseluruhan kitab ini: 'Ia yang menyaksikan semua hal ini berkata, "Ya, Aku datang segera".' Hanya terdapat satu respons dari mereka yang mengerti: 'Amin. Datanglah, Tuhan Yesus.'

Pahala dari studi

Telah kami catat bahwa Kitab Wahyu adalah satu-satunya buku alkitabiah yang membawa baik berkat atas mereka yang membacanya dan kutuk untuk yang menambah atau menguranginya (1:3; 22:18–19). Melalui cara penyimpulan, kami kini akan mendaftarkan 10 manfaat yang diakibatkan dari menangkap pesannya, yang semuanya akan menolong penghidupan Kristen yang otentik.

1. Pelengkapan Alkitab

Siswa akan mulai berbagian pengetahuan tentang 'yang akhir dari awalnya' (Yesaya 46:10). Kisahnya menjadi lengkap. Akhirannya yang bahagia dinyatakan. Romans berakhir dalam pernikahan dan hubungan sejati mulai. Tanpa kitab ini, Alkitab menjadi tidak lengkap. Ia akan dikenal sebagai 'Versi yang Dipenggal! Kemiripan mencolok antara halaman pertama dan terakhir Kitab Suci (yi. Pohon hayat) menjadikan semua yang di antaranya menjadi masuk akal.

2. Pembelaan terhadap bidat

Sering kali penganut bidat dan sekte, yang para wakilnya datang mengetuk pintu kita, menguasai Kitab Wahyu. Pengetahuan mereka tentang kitab ini terkesan sangat dalam untuk para anggota gereja yang tidak pernah memahaminya, terutama karena kurangnya pengajaran (dan kurangnya pengajar yang sungguh mengetahui kitab ini). Mereka tidak sanggup menantang tafsiran yang ditawarkan, yang sering bisa sangat janggal. Satu-satunya pertahanan riil adalah pengetahuan unggul.

3. Penafsiran tentang sejarah

Kesadaran dangkal tentang kejadian-kejadian kekinian dapat menyebabkan siapa pun bingung tentang bagaimana membedakan arah mana yang jelas. Karena kejadian-kejadian masa depan mengeluarkan bayangannya sebelum mereka terjadi, para pelajar Kitab Wahyu akan menemukan persamaan mencengangkan dengan kejadian-kejadian dunia, sementara dengan jelas mereka menuju ke arah satu pemerintahan dunia dan satu ekonomi dunia. Pengkhotbah mana pun yang secara sistematik mengupas kitab ini cenderung akan diberikan banyak guntingan surat kabar yang relevan oleh para pendengarnya.

4. Dasar untuk pengharapan

Segala sesuatu berlangsung menurut rencana, rencana Tuhan. Ia masih bertakhta, mengarahkan kejadian dan peristiwa menuju akhirnya, Yesus. Kitab Wahyu menjamin kita bahwa kehendak baik menang atas kejahatan. Kristus akan menaklukkan Iblis dan para kudus suatu hari akan memerintah dunia ini. Planet kita akan dibersihkan dari segala polusi, fisik dan moral. Bahkan alam semesta akan didaur ulang. Pengharapan dari semua ini adalah 'sauh bagi jiwa kita' dalam badai kehidupan (Ibrani 6:19). Kekafiran, sekularisme dan humanisme hanya tampaknya mengalami kemajuan. Hari-hari mereka sedang dihitung.

5. Motif untuk penginjilan

Tidak ada presentasi lebih jelas tentang destini alternatif di hadapan ras manusia -- langit baru dan bumi baru atau lautan api, sukacita kekal atau siksaan kekal. Kesempatan untuk memilih tidak akan berlangsung tanpa batas. Hari Penghakiman harus tiba, dengan setiap anggota ras manusia harus memberikan perhitungan. Tetapi hari keselamatan masih di sini: 'Barang siapa haus, hendaklah ia datang; dan barang siapa mau, hendaklah ia mengambil air kehidupan ini dengan cuma-cuma' (22:17). Undangan untuk 'Datang!' dikeluarkan bersama oleh 'Roh dan pengantin perempuan (yi. Gereja).'

6. Dorongan untuk penyembahan

Kitab Wahyu penuh dengan penyembahan, lagu dan teriakan oleh banyak suara. Ada 11 nyanyian utama, yang telah menginspirasi banyak himne lainnya sepanjang zaman, dari *Messiah*-nya Handel sampai ke 'Glori, Glori Haleluyah' (*Battle Hymn of the Republic*). Penyembahan ditujukan kepada Tuhan dan sang Anak Domba, bukan Roh, dan tidak pernah kepada malaikat. 'Karenanya, dengan para malaikat dan penghulu malaikat, kami sanjung dan besarkan nama-Mu yang kudus...'

7. Obat penawar untuk keduniawian

Sangat mudah menjadi 'berpikiran bumiah.' Sebagaimana diingatkan oleh William Wordsworth:

> *Dunia ini teramat sangat bersama kita, lambat atau cepat,*
> *Dengan mengambil dan memakainya, kita sia-siakan kuasa kita,*
> *sedikit saja dalam Alam kita lihat yang sungguh kepunyaan kita.*

Kitab Wahyu mengajarkan kita untuk lebih dan lebih lagi memikirkan tentang rumah kekal kita ketimbang yang sementara ini. 'Rumah ideal,' lebih tentang tubuh baru kebangkitan kita ketimbang kerangka tubuh kita yang menua ini.

8. Insentif untuk kesalehan

Kehendak Tuhan untuk kita adalah kekudusan di sini dan kebahagiaan sesudah ini, bukan sebaliknya, kekudusan adalah hal yang esensial jika kita ingin bertahan mengatasi kesukaran masa kini, memenangi pencobaan internal dan penganiayaan eksternal. Kitab Wahyu mengguncang kita keluar dari kelambanan, rasa puas dan sikap masa bodoh dengan mengingatkan kita bahwa Tuhan itu 'kudus, kudus, kudus' adanya (4:8) dan bahwa hanya orang 'kudus' yang akan ambil bagian dalam kebangkitan pertama ketika Yesus kembali (20:6). Seluruh kitab ini, tetapi khususnya ketujuh surat di bagian permulaan, mendukung prinsip bahwa 'tanpa kekudusan tidak ada seorang pun akan melihat Tuhan' (Ibrani 12:14).

9. Persiapan untuk penganiayaan

Ini tentu saja adalah tujuan fundamental untuk Kitab Wahyu ditulis. Pesannya datang kuat dan jelas kepada orang Kristen yang menderita karena iman mereka, menguatkan mereka untuk 'bertekun' dan 'menang,' dengan demikian menjaga nama mereka tetap ada dalam kitab hayat dan warisan mereka dalam ciptaan baru. Yesus memprediksikan kebencian universal terhadap para pengikut-Nya sebelum akhir itu (Matius 24:9). Jadi semua kita harus bersiap.

Pembaca, jika hal ini belum terjadi di negara Anda, ini pasti akan datang. Dan demikian juga Yesus, dan di hadapan-Nya para penakut akan 'ditelanjagi sampai malu' (16:15) dan dihukum ke neraka (21:8).

10. Pengertian tentang Kristus

Dengan Kitab Wahyu, gambaran tentang Tuhan dan Juruselamat kita menjadi lengkap. Tanpa kitab ini, gambaran itu tidak seimbang, bahkan menyimpang. Jika Injil-injil menghadirkan Dia dalam peran-Nya sebagai nabi dan Surat-surat kiriman sebagai imam, Kitab Wahyu menjernihkan peran-Nya sebagai Raja atas segala raja dan Tuhan atas segala tuan. Inilah sang Kristus yang belum pernah dunia lihat, namun satu hari kelak akan mereka lihat: Kristus yang kini orang Kristen lihat dengan iman dan satu hari akan bertemu dalam daging.

Sesudah mempelajari Kitab Wahyu, tidak ada seorang pun bisa tetap sama lagi. Namun pesannya bisa dilupakan. Itulah mengapa berkatnya tidak saja untuk mereka yang membacanya, bahkan dengan suara kuat kepada orang lain, tetapi untuk mereka yang 'memelihara' apa yang tertulis. Ini berarti kita 'ambil/simpan ke dalam hati' (1:3; mengikuti terjemahan New International Version) juga akal budi, tetapi juga kita mempraktikkannya. 'Jangan hanya menjadi pendengar firman, dan kemudian menipu dirimu sendiri. Lakukan apa yang firman katakan' (Yakobus 1:22).

59.
MILENIUM

Sedihnya, pasal 20 telah menyebabkan perpisahan mendalam di antara sesama Kristen. Sedemikian bedanya tafsiran tentangnya sampai terjadi persetujuan tidak tertulis untuk tidak membahasnya demi terjaganya kesatuan.

Para pembaca mungkin pernah mendengar tentang tiga pandangan besar -- milenial, premilenial dan posmilenial -- tetapi masih ada ragam lainnya.

Sebagian cenderung memperlakukan keseluruhan isunya sebagai hal yang akademis, spekulatif dan tidak relevan (seorang sahabat saya menyebutnya 'masalah pra-pos-an'!) dan telah menciptakan sebuah label baru *pan*milenial (kepercayaan samar bahwa segala sesuatu akhirnya akan terjadi, apa pun yang kita pikirkan kini).

Tetapi pengharapan adalah hal yang integral dengan kehidupan Kristen sebagaimana halnya iman dan kasih. Apa yang kita yakin akan terjadi di masa depan berdampak besar pada kelakuan kita di masa kini. Keyakinan 'milenial' kita memengaruhi penginjilan dan tindakan sosial kita.

Secara khusus, pengharapan kita untuk dunia *ini* bersifat menentukan. Akan semakin burukkah atau semakin baikkah? Akankah kedatangan Yesus kembali ke planet ini berdampak menguntungkan atau sekadar dapat diabaikan? Apakah Ia datang untuk menghakimi bangsa-bangsa atau memerintah mereka? Dan mengapa Ia membawa semua orang Kristen yang sudah mati bersama-Nya (1 Tesalonika 4:14)?

Tuhan tidak menyatakan masa depan untuk memuaskan keingintahuan kita atau memberi kita pengetahuan unggul tetapi supaya kita boleh menyiapkan diri untuk bagian kita di dalamnya. Jika kita yakin bahwa kita akan berbagian dalam pemerintahan-Nya atas dunia ini, kita akan berperilaku lebih bertanggungjawab sekarang ini.

Kita perlu melihat ke nasnya sendiri, dalam konteksnya sendiri; lalu bertanya kapan dan mengapa penafsiran yang sangat berbeda luas tentang hal itu sampai timbul; dan akhirnya membuat beberapa evaluasi dan harapan mencapai kesimpulan.

Eksposisi alkitabiah

Ayat 1-20 dari pasal 20 dalam Kitab Wahyu merupakan fokus dari keseluruhan perdebatan. Penting untuk memeriksa apa yang dinyatakan dengan jelas sebelum berusaha untuk menarik simpulan dari nas itu.

Ciri paling mencolok adalah ungkapan berulang 'seribu tahun' -- enam kali, dua dengan kata sandang definit 'seribu tahun *itu*.' Tekanan itu sangat jelas. Entah gambaran itu diterima secara harfiah atau metaforis, ia jelas dimaksudkan sebagai periode waktu yang panjang, sebagaimana kebanyakan penafsir menyetujuinya. Itu suatu era, zaman.

Herannya sedikit informasi diberikan di sini tentang keseluruhan waktu itu. Bahkan, hanya tiga hal diberitahukan kepada kita. Satu kejadian di permulaan, satu lagi di akhirnya dan situasi berkelanjutan di antaranya. Bagian pembukaan dan penyimpulan keduanya mengenai Iblis, sedangkan keadaan di antaranya mengenai para orang kudus.

'Milenium itu' mulai dengan penyingkiran iblis sepenuhnya dari pemandangan bumiah. Suatu malaikat turun dengan rantai besar menangkap, mengikat, melemparkan, mengunci dan memeteraikan dia. Lima kata kerja yang dipakai menekankan ketidakberdayaan sempurna dari si iblis, yang didukung oleh pernyataan jelas bahwa kariernya berupa penipuan cemerlang telah berakhir -- meski hanya untuk selama seribu tahun itu. Ia belum dilempar ke dalam lautan api (!) tetapi diamankan dalam penjara di 'liang' atau 'Jurang Maut,' biasanya diartikan sebagai di bumi bagian bawah, di luar jangkauan dan sentuhan penduduk bumi yang hidup.

Pembuangan Setan ini, bersama dengan dua pengikut utamanya, Antikristus dan Nabi Palsu (dua 'binatang buas' dari Wahyu 13), ke 'lautan api' (19:20), akan meninggalkan dunia tanpa pemerintahan, dalam kekosongan politis.

Dalam bagian kedua penglihatan milenial ini, Yohanes melihat 'takhta-takhta' (hanya di sini dan 4:4 dalam bentuk jamak), diduduki oleh mereka yang diberikan otoritas untuk 'menghakimi' (yi. Menyelesaikan pertikaian, memelihara hukum dan ketertiban, menerapkan keadilan). Di dalam kelompok lebih besar ini ia khususnya memerhatikan mereka yang telah dimartir karena menolak untuk menyembah Antikristus atau ditandai dengan angkanya (666). Sungguh pembalikan mencengangkan dari situasi mereka sebelumnya!

Jelas, baik kelompok kecil dan kelompok asal mereka yang lebih besar ini telah kembali dari kematian. Mereka 'hidup kembali' untuk memerintah bersama Kristus semasa milenium itu. Secara spesifik ini disebut sebagai 'kebangkitan,' kata benda yang dipakai dalam sepanjang Alkitab hanya untuk tubuh jasmani. Kita tahu bahwa mereka yang adalah milik Kristus dengan demikian dibangkitkan pada kedatangan-Nya (1Korintus 15:23). Mereka yang 'diberkati dan kudus' boleh dibangkitkan saat itu dan menjadi para imam yang rajani dalam milenium itu dan tidak akan pernah lagi mengalami risiko diuntukkan kepada 'kematian kedua' ('lautan api,' yaitu neraka).

Dalam nas ini terdapat pembedaan sangat jelas antara 'kebangkitan pertama' dari para orang kudus ini dan kebangkitan 'sisanya' dari umat manusia. Kedua peristiwa ini dipisahkan oleh keseluruhan 'milenium itu.' Dan kedua kebangkitan memiliki dua sasaran yang sepenuhnya berbeda. Yang satu adalah untuk memerintah bersama Kristus, yang satu lagi untuk dihakimi (20:12).

Bagian ketiga dari penglihatan ini membawa kita ke bagian paling akhir dari milenium itu -- Iblis dipindahkan (1-3), para orang kudus memerintah (4-6), dan Iblis dilepaskan (7-10). Ini suatu perkembangan mencengangkan, lebih mudah menghubungkannya dengan penyataan ilahi ketimbang imajinasi manusia! Siapa akan menduga bahwa iblis diizinkan kembali ke bumi untuk upaya kedua (dan terakhir) kalinya untuk mengklaimnya sebagai kerajaannya! Namun ia kembali dapat menipu banyak sekali orang untuk berpikir bahwa ia dapat memberikan mereka kemerdekaan, dan mengerahkan suatu pasukan tentara besar untuk berbaris ke 'perkemahan umat Tuhan, kota yang dikasihi itu' (pasti ini rujukan kepada Yerusalem). Kekuatan tersebut disebut 'Gog dan Magog' (dari Yehezkiel kita tahu bahwa ini merujuk ke serangan atas takhta Daud yang telah dipulihkan kembali) dan serangan ini karenanya dibedakan dari Armagedon (19:19–21). Tidak ada peperangan. Kekuatan itu dihancurkan oleh api dari surga dan si iblis akhirnya bergabung dengan Antikristus dan Nabi Palsu di neraka untuk disiksa selamanya (ungkapan Yunaninya 'sampai zaman atas segala zaman' tidak bisa kurang dari itu).

Tidak diberikan alasan tentang mengapa iblis diizinkan melancarkan serangan terakhirnya sesudah pemerintahan saleh sedemikian lama dan semua manfaat darinya. Tetapi ini berfungsi menggarisbawahi kebenaran bahwa pemberontakan dosa datang dari dalam hati dan bukan dari lingkungan dan untuk membenarkan terjadinya pembagian ras manusia ke dalam dua kelompok -- mereka yang ingin hidup di bawah pemerintahan ilahi dan mereka yang tidak. 'Milenium itu' membawa langsung ke dalam hari penghakiman akhir ketika pemisahan final terjadi.

Ada dua pertanyaan lagi untuk dijawab dan mereka menentukan untuk pengertian mengapa ada sedemikian banyak pertentangan tentang 'milenium' ini. Mereka adalah:

DIMANA semua ini terjadi?
KAPAN semua ini terjadi?

'Wahyu dari Yesus Kristus' dicatat dalam kitab ini, terdiri dari unsur lisan ('ku mendengar') dan visual ('Aku melihat'), dengan latar berubah antara surga dan bumi, menghubungkan kejadian-kejadian dalam keduanya. Kedua perubahan pemandangan jelas ditunjukkan (4:1; 12:13).

Seluruh nas dari 19:11 sampai 20:11 jelas terjadi di bumi. Raja atas segala raja dengan mengendara ke luar dari surga untuk 'memukul segala bangsa' di bumi; perang melawan kekuatan Antikristus dan Nabi Palsu terjadi di bumi; malaikat 'turun dari surga' untuk melenyapkan Iblis dari bumi; para martir 'memerintah bersama Kristus' yang kini di bumi; Iblis akhirnya mengumpulkan kekuatan 'Gog dan Magognya' dari 'ke empat penjuru bumi';

akhirnya 'dari hadapan-Nya [takhta putih besar] lenyaplah bumi dan langit dan tidak lagi ditemukan tempatnya.'

Menghindari kesimpulan bahwa 'milenium itu' terjadi di bumi merupakan suatu penyimpangan. 'Surga' hanya disebutkan ketika seseorang 'keluar darinya' untuk datang ke sini. Itu menjawab pertanyaan: 'Dimana?'

Pertanyaan 'Kapan?' akan memiliki jawaban yang sama jelasnya andai pada Abad Pertengahan firman Tuhan tidak dibagi-bagi ke dalam pasal-pasal. Pengaturan ini mungkin memudahkan (bersama dengan angka-angka ayat, merupakan pengembangan terpisah dan bukan diilhamkan) tetapi pembagian ini kadang di tempat yang salah, menyebabkan pemisahan hal-hal yang telah dipersatukan Tuhan. Khususnya ini terjadi di sini. Uskup yang mencantumkan '20' ke dalam teks jelas tidak takut akan kutukan atas mereka yang 'menambahkan apa pun kepada perkataan nubuatan kitab ini (22:18). Ia sedikit saja menyadari apa kerusakan yang diakibatkannya, meski barangkali itu mencerminkan pandangannya sendiri, sebagaimana akan kita lihat.

Jika ketiga pasal, 19, 20 dan 21 dibaca sebagai satu penyataan yang berkesinambungan, sebagaimana yang Tuhan maksudkan, urutan tentang tujuh penglihatan (dari 'Aku melihat' di 19:11 sampai 21:1) menjadi jelas. Mereka menyatakan peristiwa-peristiwa akhir dari sejarah dunia, dalam urutan yang masing-masing mengikuti yang sebelumnya (sebagai contoh 20:10 merujuk balik ke 19:20 sebagai peristiwa yang sudah terjadi). Membagi penglihatan-penglihatan dalam ketiga pasal ini menyebabkan mereka jarang dibaca, lebih jarang lagi dipelajari, bersamaan. Urutannya menjadi hilang. Peristiwa-peristiwanya disulap ke dalam urutan yang sangat berbeda -- dan memang itu yang terjadi.

Siapa pun yang membaca seluruh Kitab Wahyu, tanpa ada prakondisi dari pikiran mereka dan tanpa mengizinkan pembagian pasal-pasal memengaruhi mereka, akan secara wajar mengandaikan bahwa 'milenium itu' *mengikuti* kedatangan kembali Kristus dan perang Armagedon dan *mendahului* hari penghakiman serta langit dan bumi baru. Itu adalah artian sederhana dan jelas tentang teks ini.

Maka bagian ini tampaknya menyatakan periode panjang pemerintahan Kristen atas bumi sesudah Kristus datang kembali dan membangkitkan kepunyaan-Nya dari kematian tetapi sebelum akhirnya Ia menghakimi dunia ini. Mengapa tidak semua orang Kristen memercayai ini -- dan menantikan untuk berbagian di dalam transformasi yang dibawa oleh masa itu?

Penafsiran historis

Selama lima abad pertama tampaknya gereja setuju dengan penafsiran di atas. Lebih dari selusin para 'Bapa' gereja, demikian lazimnya pangilan untuk para teolog paling awal -- menyebutkan apa yang dirujuk oleh Papias, uskup dari Hierapolis, sebagai 'pemerintahan Kristus secara jasmani atas bumi ini.' Tidak ada satu pun petunjuk tentang pandangan lainnya, apalagi adanya perdebatan tentang hal ini. Mereka mengandaikan bahwa Alkitab harus diterima sebagaimana adanya, tentang hal ini sebagaimana tentang hal-hal lainnya.

Posisi ini, agaknya universal dalam gereja awal, lebih dikenal sebagai pre-milenial, sebab memegang bahwa Yesus akan kembali *sebelum* (yi. Pre') 'milenium' yang dipaparkan dalam Wahyu 20 ini.

Semua ini berubah melalui seorang uskup di Afrika Utara bernama Agustinus, yang memiliki pengaruh besar atas teologi 'Barat,' Katolik dan Protestan, lebih dari siapa pun lainnya. Ia mulai dengan pandangan pre-milenial, tetapi kemudian mengizinkan pendidikan Yunaninya (neo--Platonik) mengubah pemikirannya tentang hal ini dan banyak aspek kepercyaan dan perilaku Kristen lainnya.

Permasalahan dasarnya adalah bahwa pemikiran Yunani, lain dari pemikiran Ibrani dalam Alkitab, memisahkan tatanan spiritual dan fisikal, cenderung mengartikan yang terdahulu sebagai kudus dan yang kemudian sebagai berdosa. Seks, bahkan di dalam pernikahan dilihat dengan curiga dan pertarakan rohaniwan mengikuti sebagai akibatnya.

Mau tidak mau, kembalinya Yesus secara badani untuk memerintah atas bumi fisik menjadi sukar diterima dan mungkin ada reaksi terhadap khotbah yang terlalu menekankan kenikmatan jasmani di bumi milenial itu. Cukup dikatakan bahwa bahkan bumi 'baru' cenderung melenyap dan orang Kristen mengharapkan untuk 'pergi ke surga.' Kedatangan Yesus kedua dikerdilkan menjadi menghakimi 'orang yang hidup dan yang mati' dan menghancurkan bumi (sesungguhnya, Wahyu 20 menempatkan ini dalam urutan terbalik). Konsili Efesus pada tahun 431 sedemikian dipengaruhi oleh pendekatan baru ini sampai ia mengutuk pre-milenialis sebagai bidat, yang menyebabkan pandangan ini sejak itu dilihat dengan curiga!

Harus berbuat apa kita dengan Wahyu 20? Ini masih bagian dari Firman Tuhan dan kita tidak mungkin mengabaikannya. Solusi sederhananya adalah memindahkan milenium dari sesudah ke sebelum kedatangan Kristus, dan mengklaim bahwa pasal 20 terjadi sebelum pasal 19 dalam sejarah, bahkan meski hal itu tidak demikian dalam Alkitab! Pasal 20 membuat 'rekapitulasi' peristiwa-peristiwa yang menuju kepada kedatangan kedua. Hal itu adalah bagian dari sejarah gereja masa kini, bukan masa depan.

Tegas kata, ini memindahkan gereja dari posisi pre-milenial ke post-milenial sebab memegang bahwa Yesus akan kembali *sesudah* (yi, 'post') 'milenium itu' yang dipaparkan di dalam Wahyu 20.

Tetapi ada ketidakpastian dalam semua ini, yang kemudian memimpin kepada pembagian dalam empat pandangan besar. Agustinus tidak menguraikan cukup jelas apakah 'milenium' baru ini murni pemerintahan *spiritual* para orang kudus bersama Kristus (yang berarti dapat diterapkan ke seluruh sejarah gereja, dari kedatangan Kristus pertama ke kedua) atau apakah itu akan bersifat *politik* juga (ketika gereja menjadi cukup kuat untuk mengambil alih pemerintahan bangsa-bangsa dalam nama Kristus). Bukunya, *The City of God*, ditulis ketika kerajaan Romawi sedang runtuh, tidak menjelaskan apakah ia mengharapkan 'Kerajaan Tuhan' mengambil alih dari Roma (yang secara praktis memang terjadi) atau sekadar bertahan dan bertumbuh kendati terjadinya malapetaka itu. Ini membuka jalan kepada dua aliran pemikiran, keduanya mengklaim berakar dalam Agustinus.

Di satu pihak mereka yang percaya gereja akan 'mengkristenkan' dunia, bukan dengan menobatkan setiap orang tetapi dengan meraih kuasa politik untuk menerapkan hukum-hukum Tuhan -- dan dengan itu memperkenalkan periode panjang (bahkan secara harfiah seribu tahun) dari kedamaian dan kemakmuran universal, secara kebetulan menempatkan kedatangan kedua ke masa depan jauh, sebab 'milenium' ini masih belum dimulai, dan bahkan agaknya masih sangat jauh. Tetapi ide ini kerap muncul lagi

-- dalam himne misionaris Viktorian bersamaan dengan ekspansi 'Kristen' melalui Kerajaan Inggris, misalnya, dan lebih terkini di bawah label seperti Restorasi, Rekonstruksi dan bahkan Revival. Pandangan optimistik ini mengklaim penggunaan eksklusif dari kata sifat 'post-milenial.'

Di pihak lain mereka yang percaya 'pemerintahan' Yesus dan para orang kudusNya murni spiritual dan mulai di kedatangan pertama serta akan berlanjut ke kedua, harus mendapatkan julukan baru untuk diri mereka dan memilih 'a-milenial.' Ini sesuatu yang tidak tepat dan juga menyesatkan, karena awalan 'a'- berarti 'tidak ada' (seperti dalam 'a-teis'). Pandangan ini masih post-milenial dalam hal memercayai 'milenium' adalah satu peiode waktu *sebelum* Kristus kembali, tetapi hanya berbeda dari 'post-milenial' lain dalam hal bahwa kita *sudah* dalam milenium dan telah berlangsung dua ribu tahun!

Pandangan dari para Reformator Protestan ini surut balik ke Agustinus, barangkali adalah pandangan yang paling umum di Eropa, meski bukan di Amerika, sebagaimana akan kita lihat. Ada baiknya untuk berhenti demi memerhatikan bagaimana Wahyu 20 ditangani oleh mereka yang mendukung pandangan ini.

Ada banyak perubahan halus harus dibuat. 'Malaikat' yang menangani Iblis menjadi Yesus sendiri, 'pengikatan' terjadi entah pada pencobaan-Nya atau penyaliban-Nya. Iblis diikat tetapi tidak dilenyapkan. Ia hanya diikat dengan rantai panjang, sehingga hanya dibatasi gerakannya (dilempar, dipenjara dan dimeterai dilewati sebagai tanpa makna). Biasanya 'batasan' pada kegiatannya adalah hanya ketidaksanggupan untuk merintangi penyebaran injil dan pembangunan gereja. Ia dibiarkan di bumi, bukan dikunci dalam lubang atau 'jurang maut.' Mereka yang dimartirkan di bawah Antikristus adalah para orang kudus sepanjang zaman memerintah di surga bersama Yesus. 'Mereka 'hidup kembali' entah pertobatan mereka (dibangkitkan dari 'kematian' dosa) atau kepergian mereka ke surga pada saat kematian mereka -- tetapi tidak ada sangkutan dengan tubuh mereka. Namun demikian, 'orang-orang mati yang lain' 'dibangkitkan' (kata yang sama dalam konteks yang sama) *sungguh* berarti tubuh yang dibangkitkan! Dan semua keenam kalinya, 'seribu tahun' berarti paling tidak dua ribu tahun sejauh ini.

Dan demikianlah seterusnya. Akal sehat pembaca disilakan untuk menilai entah semua ini eksegesis yang baik (membaca Alkitab seturut apa yang dengan jelas ada di sana) atau eisegesis buruk (membaca ke dalam Alkitab apa yang orang ingin masukkan ke dalamnya). Penulis sendiri mendapatkan tafsiran sedemikian sama sekali tidak meyakinkan. Ada lagi satu perkembangan besar dalam perdebatan milenial yang perlu kita perhatikan, paling tidak karena pandangan itu dipegang luas di seberang Atlantik (Amerika), meski asalnya dari sini (Inggris), dalam pengajaran John Nelson Darby, pendiri gerakan Brethren. Ajaran ini dipopulerkan oleh muridnya, seorang ahli hukum Amerika bernama Dr. C. I. Scofield, yang menerbitkan 'Scofield' Bible, dan oleh seminari di Dallas, Texas, khususnya seorang mantan mahasiswanya, Hal Lindsay.

Sisi positifnya adalah bahwa sejak awal abad sembilan belas, banyak orang dibimbing balik ke keyakinan pre-milenial yang dari gereja awal. Pandangan ini tidak lenyap sama sekali (Isaac Newton adalah pendukung pandangan ini) dan lainnya menemukannya kembali termasuk uskup Anglikan seperti Ryle, Westcott dan Hort, tetapi pengaruh utamanya datang melalui gerakan *the Brethren*.

Sisi negatifnya ialah bahwa Darby menggabungkan kepercayaan kuno ini dengan beberapa anggapan yang agak baru ke dalam sebuah sistem teologis lengkap yang kini dikenal sebagai Dispensasionalisme, menurut tujuh era, atau dispensasi, yang ke dalamnya ia membagi sejarah, yang di dalam masing-masingnya Tuhan mengeluarkan anugerah-Nya atas dasar yang berbeda. Ia mengajar bahwa gereja ada di dalam keadaan hancur tak terpulihkan; bahwa orang Yahudi adalah umat 'bumiah' Tuhan dan orang Kristen umat 'surgawi'-Nya, dipisah selamanya; dan, di atas semuanya, Kristus akan datang kembali *dua kali*, satu kali secara rahasia untuk mengangkat gereja-Nya pergi sebelum Penganiayaan Besar dan kemudian secara publik, untuk memerintah dunia ini. Jadwal rinciannya tentang masa depan juga mencakup empat penghakiman terpisah.

Tragisnya, semua ini sedemikian ketat terintegrasi sampai secara luas dianggap bahwa kepercayaan 'pre-milenial' harus berarti 'dispensasional.' Menolak yang kemudian berarti menolak yang terdahulu! Tetapi itu berarti membuang bayi bersama air mandinya (peribahasa yang datang dari masa ketika seluruh keluarga besar memakai bak mandi yang sama sampai ke giliran yang paling muda airnya sudah menjadi sangat keruh sampai pemakai terakhirnya bisa tidak kelihatan!).

Karena itu perlu membuat pembedaan sangat jelas antara pre-milenialisme 'klasik' dari gereja awal dan premilenialisme 'dispensasional' dari kebanyakan orang Injili dan Pentakosta zaman modern. Sejumlah kecil yang terus meningkat dari para sarjana alkitabiah makin menyadari ini (nama seperti George Eldon Ladd dan Merrill Tenney muncul dalam ingatan).

Kesimpulan pribadi

Saya akan mengakhiri Tambahan ini dengan alasan mengapa saya seorang 'pre-milenialis klasik' dalam menafsirkan Wahyu 20.

1. Ini merupakan penafsiran paling natural, tanpa ada pemaksaan apapun pada teks.
2. Ini memberikan penjelasan paling memuaskan tentang mengapa Yesus perlu datang kembali dan membawa kita bersama Dia.
3. Ini pandangan yang memberikan tekanan paling besar pada penantian pengharapan kedatangan-Nya kembali.
4. Ini menjelaskan mengapa Tuhan menginginkan untuk membela Anak-Nya di hadapan mata seluruh dunia.
5. Ini 'membumikan' masa depan kita, sebagaimana halnya seluruh Perjanjian Baru, surga adalah kamar tunggu sampai kita kembali.
6. Ini realistik, menghindari optimisme dalam pandangan post dan pesimisme dalam pandangan a-, menyangkut dunia ini.
7. Ini memiliki paling sedikit masalah ketimbang pandangan lainnya, meski masih menyisakan beberapa pertanyaan tak terjawab.
8. Ini adalah yang gereja awal dengan pendapat bulat memercayainya dan mereka ada lebih dekat kepada para rasul.

Karena alasan-alasan ini, saya sanggup berdoa, dengan artian riil dan kerinduan: 'Datanglah kerajaan-Mu ke bumi ... seperti di surga.'

Catatan: Seluruh isu ini dibahas secara lebih mendalam dan mendetail dalam 'The Millennium Muddle' (Kekisruhan Milenium), bagian keempat dari buku saya *When Jesus Returns* (Ketika Yesus Kembali).

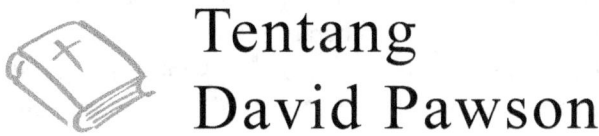

Tentang David Pawson

Pawson melanjutkan legasi para penulis Kristen besar di Inggris, karyanya yang paling dikenal, <u>Unlocking the Bible</u> (Membuka Isi Alkitab) adalah yang terkenal di seluruh dunia baik dalam bentuk cetak, rekaman audio atau video.

Pawson dikenal menerima teks alkitabiah sebagai firman Tuhan yang berotoritas sambil menjelaskan artinya dan konteksnya dalam bahasa yang praktis dan dapat dimengerti. Karena ia mengikuti pengajaran Alkitab andai terjadi bentrokan dengan tradisi gereja, buku-bukunya kerap kontroversial.

Hari ini David bicara ke seluruh dunia dan diterima di *God TV* oleh jutaan pemirsa di hampir semua negara.

Lahir tahun 1930, David tadinya berniat menjadi petani sesudah menyelesaikan B.Sc. dalam pertanian di Durham University. Ia terkejut ketika Tuhan campur tangan dan memimpinnya ke dalam pelayanan. Belajar dalam program gelar lebih tinggi dalam teologi di Cambridge, di bawah para pendidik liberal berpengaruh, Pawson kehilangan kepercayaannya akan Alkitab dan hampir kehilangan imannya juga akan Tuhan.

Ia kembali ke kepercayaannya akan sifat Alkitab yang tidak menyesatkan (*infallibility*) dan tidak mengandung kesalahan (*inerrancy*) sementara menjadi pendeta di Angkatan udara Inggris (Royal Air Force). Semasa periode ini ia memutuskan mengkhotbahkan Alkitab secara sistematis dari awal ke akhir. Akibatnya di antara para prajurit membuat dia dan orang lain heran, dan mengukuhkan bagi dia tentang inspirasi Alkitab. Sejak itu, khotbahnya entah merupakan pelajaran Alkitab atau pelajaran topikal yang didasari atas pemeriksaan rinci dan kontekstual tentang apa yang Alkitab katakan.

Sebagai pastor dari Millmead Centre, Pawson membuat reputasi sebagai ekspositor Alkitab kalangan injili dan karismatik. Di bawah pelayanan Pawson, Millmead menjadi gereja Baptis terbesar di Inggris.

Ia kerap bicara di Inggris dan ke banyak bagian dunia, termasuk Eropa, Australia, New Zealand, Afrika Selatan, Belanda, Israel, AsiaTenggara dan Amerika Serikat.

David Pawson tinggal di dekat Basingstoke, Hampshire di selatan Inggris dengan istrinya Enid.

Buku-buku lain oleh David Pawson

A Commentary on the Gospel of Mark (Tafsiran Injil Markus)

A Commentary on the Gospel of John (Tafsiran Injil Yohanes)

A Commentary on Acts (Tafsiran Kisah Para Rasul)

A Commentary on Romans (Tafsiran Surat Roma)

A Commentary on 1 & 2 Corinthians (Tafsiran Surat 1 & 2 Korintus)

A Commentary on Galatians (Tafsiran Surat Galatia)

A Commentary on Ephesians (Tafsiran Surat Efesus)

A Commentary on 1 & 2 Thessalonians (Tafsiran Surat 1 & 2 Tesalonika)

A Commentary on Hebrews (Tafsiran Surat Ibrani)

A Commentary on James (Tafsiran Surat Yakobus)

A Commentary on The Letters of John (Tafsiran Surat-surat Yohanes)

A Commentary on Jude (Tafsiran Surat Yudas)

A Commentary on the Book of Revelation (Tafsiran Kitab Wahyu)

By God, I Will (The Biblical Covenants) (Oleh Tuhan, Aku Akan (Perjanjian Alkitabiah)

Angels (Malaikat)

Christianity Explained (Penjelasan tentang Kekristenan)

Come with me through Isaiah (Ikut Saya Menelusuri Yesaya)

Defending Christian Zionism (Membela Zionisme Kristen)

Explaining the Resurrection (Menjelaskan Kebangkitan)

Explaining the Second Coming (Menjelaskan Kedatangan Kedua)

Explaining Water Baptism (Menjelaskan Baptisan Air)

Is John 3:16 the Gospel? (Apakah Yohanes 3:16, Injil?)

Israel in the New Testament (Israel dalam Perjanjian Baru)

Jesus Baptises in One Holy Spirit (Yesus Membaptiskan dalam Satu Roh Kudus)

Jesus: The Seven Wonders of HIStory (Yesus: Tujuh Keajaiban dari Sejarah/Kisah-NYA)

Kingdoms in Conflict (Kerajaan-kerajaan dalam Konflik)

Leadership is Male (Kepemimpinan adalah Laki-laki)

Living in Hope (Hidup dalam Pengharapan)

Not as Bad as the Truth (autobiography) (Tidak Seburuk sebagaimana Kebenarannya -- otobiografi)

Once Saved, Always Saved? (Sekali Selamat, Selamat Seterusnya?)

Practising the Principles of Prayer (Mempraktikkan Prinsip-prinsip Doa)

Remarriage is Adultery Unless.... (Nikah Ulang adalah Perzinahan, Kecuali...)

Simon Peter – The Reed and the Rock (Simon Petrus -- Jerami dan Batu Karang)

The Challenge of Islam to Christians (Tantangan Islam kepada Orang Kristen)

The Character of God (Sifat Tuhan)

The God and the Gospel of Righteousness (Tuhan dan Injil Kelakuan Benar)

The Lord's Prayer (Doa Bapa Kami)

The Maker's Instructions (Ten Commandments) (Instruksi Sang Pencipta -- Sepuluh Hukum)

The Normal Christian Birth (Kelahiran Kristen yang Normal)

The Road to Hell (Jalan Ke Neraka)

Unlocking the Bible (Membuka Isi Alkitab)

What the Bible says about the Holy Spirit (Apa Kata Alkitab tentang Roh Kudus)

When Jesus Returns (Ketika Yesus Datang Kembali)

Where has the Body been for 2000 years? (Dimanakah Tubuh selama 2000 tahun?)

Where is Jesus Now? (Dimanakah Yesus Kini?)

Why Does God Allow Natural Disasters? (Mengapa Tuhan Mengizinkan Bencana Alam?)

Word and Spirit Together (Firman dan Roh Bersama)

Buku-buku David Pawson dalam Terjemahan Bahasa Tionghoa

Bread of Life, Taiwan

Come with me through Isaiah (Ikut Saya Menjelajahi Yesaya)

Come with me through Mark (Ikut Saya Menjelajahi Markus)

Come with me through Revelation (Ikut Saya Menjelajahi Wahyu)

Jesus Baptises in one Holy Spirit (Yesus Membaptiskan dalam Satu Roh Kudus)

Word and Spirit Together (Firman dan Roh Bersama)

Elim Bookstore, Taiwan

Christianity Explained (Kekristenan Dijelaskan)

The God and the Gospel of Righteousness (Tuhan dan Injil Kelakuan Benar)

Is John 3:16 the Gospel? (Apakah Yohanes 3:16, Injil?)

Israel in the New Testament (Israel dalam Perjanjian Baru)

Leadership is Male (Kepemimpinan adalah Laki-laki)

Living in Hope (Hidup dalam Pengharapan)

Practising the Principles of Prayer (Mempraktikkan Prinsip Doa)

The Road to Hell (Jalan ke Neraka)

Why does God allow Natural Disasters? (Mengapa Tuhan Mengizinkan Bencana Alam?)

Untuk sumber tentang pengajaran David Pawson lainnya,

Termasuk DVD dan CD, kunjungi
www.davidpawson.com

UNTUK MENGUNDUH GRATIS
www.davidpawson.org

Buku-buku David Pawson bisa didapatkan melalui True Potential Publishing, Inc. dan tokobuku-tokobuku di seluruh Amerika Utara. Untuk informasi tambahan tentang David Pawson, bahan bacaan contoh dan pesanan secara online sila kunjungi **http://pawsonbooks.com**

www.ingramcontent.com/pod-product-compliance
Lightning Source LLC
Chambersburg PA
CBHW071112080526
44587CB00013B/1316